ADMINISTRAÇÃO DE CADEIAS DE SUPRIMENTOS E LOGÍSTICA

O GEN | Grupo Editorial Nacional – maior plataforma editorial brasileira no segmento científico, técnico e profissional – publica conteúdos nas áreas de ciências sociais aplicadas, exatas, humanas, jurídicas e da saúde, além de prover serviços direcionados à educação continuada e à preparação para concursos.

As editoras que integram o GEN, das mais respeitadas no mercado editorial, construíram catálogos inigualáveis, com obras decisivas para a formação acadêmica e o aperfeiçoamento de várias gerações de profissionais e estudantes, tendo se tornado sinônimo de qualidade e seriedade.

A missão do GEN e dos núcleos de conteúdo que o compõem é prover a melhor informação científica e distribuí-la de maneira flexível e conveniente, a preços justos, gerando benefícios e servindo a autores, docentes, livreiros, funcionários, colaboradores e acionistas.

Nosso comportamento ético incondicional e nossa responsabilidade social e ambiental são reforçados pela natureza educacional de nossa atividade e dão sustentabilidade ao crescimento contínuo e à rentabilidade do grupo.

HENRIQUE LUIZ **CORRÊA**

ADMINISTRAÇÃO DE CADEIAS DE SUPRIMENTOS E LOGÍSTICA

Integração na era da Indústria 4.0

2ª EDIÇÃO

- O autor deste livro e a editora empenharam seus melhores esforços para assegurar que as informações e os procedimentos apresentados no texto estejam em acordo com os padrões aceitos à época da publicação, *e todos os dados foram atualizados pelo autor até a data de fechamento do livro*. Entretanto, tendo em conta a evolução das ciências, as atualizações legislativas, as mudanças regulamentares governamentais e o constante fluxo de novas informações sobre os temas que constam do livro, recomendamos enfaticamente que os leitores consultem sempre outras fontes fidedignas, de modo a se certificarem de que as informações contidas no texto estão corretas e de que não houve alterações nas recomendações ou na legislação regulamentadora.

- O autor e a editora se empenharam para citar adequadamente e dar o devido crédito a todos os detentores de direitos autorais de qualquer material utilizado neste livro, dispondo-se a possíveis acertos posteriores caso, inadvertida e involuntariamente, a identificação de algum deles tenha sido omitida.

- **Atendimento ao cliente: (11) 5080-0751 | faleconosco@grupogen.com.br**

- A 1ª edição desta obra trazia o título *Gestão de redes de suprimento*.

- Direitos exclusivos para a língua portuguesa
  Copyright © 2019, 2024 (2ª impressão) by
  Editora Atlas Ltda.
  Uma editora integrante do GEN | Grupo Editorial Nacional
  Travessa do Ouvidor, 11
  Rio de Janeiro – RJ – 20040-040
  www.grupogen.com.br

- Reservados todos os direitos. É proibida a duplicação ou reprodução deste volume, no todo ou em parte, em quaisquer formas ou por quaisquer meios (eletrônico, mecânico, gravação, fotocópia, distribuição pela Internet ou outros), sem permissão, por escrito, da Editora Atlas Ltda.

- Capa: Anderson Junqueira

- Imagem de capa: Prasit Rodphan | 123RF

- Editoração eletrônica: Caio Cardoso

- Ficha catalográfica

CIP-BRASIL. CATALOGAÇÃO NA PUBLICAÇÃO.
SINDICATO NACIONAL DOS EDITORES DE LIVROS, RJ

C842a
2. ed.

Corrêa, Henrique Luiz
Administração de cadeias de suprimentos e logística : integração na era da Indústria 4.0 / Henrique Luiz Corrêa. – 2. ed. [2ª Reimp.] – São Paulo: Atlas, 2024.

ISBN 978-85-97-02199-8

1. Administração da produção. 2. Logística empresarial. I. Título.

19-57673 CDD-658.51
CDD-658.51

Vanessa Mafra Xavier Salgado – Bibliotecária – CRB-7/6644

*Para meus professores e
mentores, da vida toda,
com o meu muito obrigado.*

SOBRE O AUTOR

Ph.D em Industrial and Business Studies pela Universidade de Warwick (Reino Unido). Mestre e Engenheiro de Produção pela Escola Politécnica da Universidade de São Paulo. Certificado em gerenciamento de produção e estoque (CPIM) pela APICS.

É o *Steinmetz* (*endowed*) *Chair* em Administração e professor de Gestão de Operações e Administração de Cadeias de Suprimentos da Crummer Graduate School of Business, no Rollins College (Estados Unidos). Sua pesquisa concentra-se em gerenciamento global da cadeia de suprimentos, em operações flexíveis e em estratégia de operações. Foi professor na Escola de Administração de Empresas da Fundação Getulio Vargas e no Departamento de Engenharia de Produção da Escola Politécnica da Universidade de São Paulo. Professor visitante em diversas instituições, como MIP Business School no Politecnico di Milano (Itália), IPADE Business School (México), Escola de Negócios da Universidade do Porto (Portugal), Escola de Negócios IE (Espanha), Universidade de Warwick (Reino Unido), IESA (Venezuela), INCAE (Costa Rica), Fundação Instituto de Administração e Fundação Dom Cabral, entre outras.

Tem publicado extensivamente em revistas acadêmicas, incluindo *International Journal of Operations and Production Management*, *International Journal of Logistics Research and Applications*, *International Journal of Logistics Systems Management*, *Journal of Manufacturing Technology Management*, *International Journal of Operational Research*, *Expert Systems with Applications*, entre outras. Também faz parte do conselho editorial de vários periódicos, como o *International Journal of Operations and Production Management*, e é editor associado da *Revista de Administração de Empresas* da Fundação Getulio Vargas. Autor e coautor de livros de pesquisa e livros didáticos nos campos de estratégia de operações, operações de serviços, gerenciamento de operações e gerenciamento global da cadeia de suprimentos.

Foi consultor de empresas como Unilever, Ferrero Rocher, Diageo, Beiersdorf, General Motors, Pepsico, Natura, Hewlett-Packard, Embraer, 3M, Brazil Foods, Whirlpool e Monsanto, entre outras. Na Production and Operations Management Society (POMS), atuou como vice-presidente das Américas (2005-2007) e atualmente é vice-presidente de Comunicações. Foi agraciado com o prestigioso prêmio Bornstein Award for Faculty Scholarship da Rollins College, em 2011-2012, e com o Cornell Distinguished Faculty in Crummer Award, em 2017-2018, entre outros prêmios relacionados ao ensino.

PREFÁCIO

Há mais de 20 anos tenho focalizado meu interesse e dedicação acadêmica na pesquisa e, principalmente, no ensino de administração de cadeias globais de suprimentos em cursos de educação executiva, pós-graduação *stricto sensu* e MBA, primeiro na EAESP/Fundação Getulio Vargas (onde introduzi a disciplina de Gestão de Cadeias de Suprimentos, em torno de 1998), na FIA/USP e na Fundação Dom Cabral e, posteriormente, na Crummer Graduate School of Business, Rollins College (www.crummer.rollins.edu), onde hoje sou o *Steinmetz Professor of Operations Management*, e na Escola de Gestão da Universidade do Porto, Portugal, na MIP Business School (Politecnico di Milano) e na IPADE Business School, no México, onde sou professor visitante, ministrando cursos anualmente, além de ajudar grandes empresas, como Unilever, Diageo, Ferrero, Beiersdorf, Pepsico, General Motors, Embraer, entre outras, na gestão de suas cadeias.

Ao longo desse período, tenho procurado, de forma contínua e cuidadosa, selecionar e desenvolver os materiais mais atualizados e os métodos, casos, jogos de empresa e ferramentas mais adequados ao ensino do tema, utilizando as mais abrangentes bases de dados acadêmicas, como EBSCO, Proquest e Google Scholar, e os mais recentes artigos de revistas de negócios, como *Exame*, *Isto É Dinheiro*, *The Economist* e *Businessweek*, jornais como *Valor Econômico*, *The Wall Street Journal* e *Financial Times* e, evidentemente, *websites* com as últimas tendências tecnológicas, como MIT Technology Review. Também procurei ouvir atentamente as centenas de alunos, colegas professores, pesquisadores e, acima de tudo, os executivos com quem tenho interagido em cursos, seminários, congressos e trabalhos de consultoria a fim de identificar quais são e serão os temas mais relevantes atualmente e no futuro para os gestores que encaram a difícil tarefa de gerenciar as cadeias globais de suprimentos.

Muitos dos livros na área de gestão de cadeias de suprimentos disponíveis até hoje no mercado têm-me parecido parciais e desbalanceados nas suas abordagens, fazendo com que o aprendizado do leitor também resulte parcial e desbalanceado. Procurei, neste livro, usar esse aprendizado e balanceá-lo, tanto quanto pude, entre:

- as abordagens estratégica e operacional;
- as abordagens acadêmica (teoria) e prática (aplicação);
- os aspectos sociais e técnicos;
- as abordagens quantitativas e qualitativas;
- os casos globais e brasileiros;
- as cadeias de produtos físicos e de serviços; e
- as cadeias tradicionais e aquelas da Indústria 4.0.

Também procurei incluir no livro temas correntes com a ênfase que merecem, nem sempre presentes nos livros até hoje disponíveis:

- governança da cadeia de suprimentos;
- ética e aspectos culturais na gestão de cadeias globais;
- gestão de risco;
- cadeias de ciclo fechado e logística reversa;
- sustentabilidade;
- negociação;
- avaliação de desempenho;
- modelos/contratos colaborativos e alinhamento de incentivos;

- abordagem *lean* para análise de processos; e
- a Indústria 4.0 e as cadeias de suprimentos.

Este livro certamente se beneficiou da curva de aprendizado que percorri quando escrevi e coescrevi meus livros anteriores. Todos os capítulos se iniciam com os objetivos de aprendizagem e um caso de abertura que pretende apresentar o tema a ser tratado a partir da descrição de uma situação real de empresas de alta visibilidade e, ao final, a proposição de algumas perguntas a fim de provocar a curiosidade do leitor.

Os temas são então desenvolvidos, e numerosos itens (*boxes*, provocações, seções "para refletir", "saiba mais" etc., entre outros) ilustram ou complementam os conceitos apresentados – a maioria pode ser usada em aula como minicasos, já que apresenta situações reais e, ao final, perguntas que desafiam o leitor a ir além da mera leitura, integrando os conceitos estudados às situações apresentadas. Todos os capítulos também são fechados com um minicaso, com intuito de possibilitar que os leitores exercitem a aplicação dos temas tratados num exercício integrativo baseado numa situação real e corrente.

Ao final de cada capítulo, também são apresentados: o resumo do capítulo, uma lista completa das referências bibliográficas citadas, uma lista de sugestões para leituras adicionais, numerosas questões para discussão, atividades para sala de aula, aplicação e checagem de aprendizado, uma lista de exercícios numéricos, quando aplicável, e uma lista comentada de *websites* relacionados ao tema tratado.

O livro é estruturado em 12 capítulos. O Capítulo 1, "Introdução à administração de cadeias globais de suprimentos", introduz o tema, discute o seu impacto financeiro na organização, demonstra sua importância crucial no mundo dos negócios, globalizado e dinâmico, de hoje, tipifica as cadeias de suprimentos e discute aspectos relevantes referentes à sua governança.

O Capítulo 2, "Gestão estratégica da cadeia global de suprimentos", discute os aspectos estratégicos mais relevantes na gestão de cadeias: a adequação de modelos estratégicos alternativos de cadeia com as características dos mercados visados, a decisão de comprar ou fazer, a interação entre a função de projeto e a gestão da cadeia de suprimentos e os conceitos estratégicos de postergamento (*postponement*), padronização e customização em massa.

O Capítulo 3, "Gestão dos relacionamentos na cadeia global de suprimentos", discute o aspecto essencial da gestão de cadeias, que é o relacionamento entre os parceiros: importância, construção e manutenção de confiança no relacionamento, negociação, definição e gestão do *portfólio* de relacionamentos com fornecedores (SRM), gestão do relacionamento e do serviço ao cliente (CRM) e os contratos e acordos de nível de serviço (SLA).

O Capítulo 4, "Gestão global de suprimentos (*global sourcing*)", discute as estratégias, os processos e as estruturas organizacionais de compras e suprimentos, os desafios e oportunidades da terceirização global (*global sourcing*), do *offshoring*, os serviços compartilhados (*shared services*) e as importantes questões éticas, de responsabilidade social e de sustentabilidade relacionadas especificamente ao tema de compras e suprimentos globais.

O Capítulo 5, "Gestão de riscos na cadeia global de suprimentos", analisa os tipos de risco aos quais as cadeias globais de suprimentos, cada vez mais complexas e interconectadas, estão sujeitas e discute as formas e ferramentas para gerenciar esses riscos. Isso inclui formas de quantificar e tratar a probabilidade de ocorrência e o potencial impacto de eventos de risco que podem afetar as cadeias, de forma a torná-las mais resilientes.

O Capítulo 6, "Avaliação de desempenho e alinhamento de incentivos na cadeia global de suprimentos", discute como avaliar desempenho em cadeias de suprimentos com três objetivos em mente: prover os mecanismos de aferir progresso no desempenho da cadeia, permitir exercícios de *benchmarking* e prover alinhamento de incentivos entre os parceiros da cadeia, usando o fato de que os sistemas de avaliação de desempenho podem ser um poderoso instrumento de indução de comportamento e, portanto, um poderoso elemento no exercício da governança nas cadeias.

O Capítulo 7, "Mapeamento e análise de processos na cadeia global de suprimentos", descreve os principais e mais correntes conceitos, modelos (como o modelo SCOR) e ferramentas para análise para melhoramento de processos em cadeias globais de suprimentos. São descritas também as ferramentas mais tradicionais, mas, mais importante, é descrito em detalhes o *value stream mapping*, a principal ferramenta hoje em dia usada para análise de processos em cadeias, dentro da filosofia *lean*, também descrita e discutida.

O Capítulo 8, "Gestão de demanda na cadeia global de suprimentos", analisa e descreve os principais conceitos e técnicas usadas na tentativa das cadeias de suprimentos de reduzir a incerteza e a variabilidade das demandas percebidas pelos vários parceiros na cadeia. Com esse intuito, são discutidas as principais técnicas quantitativas e qualitativas para previsão e suavização da demanda, o CPFR e o importantíssimo efeito chicote (ou *bullwhip effect*), um problema que afeta a maioria das cadeias, assim como as suas causas e soluções possíveis.

O Capítulo 9, "Gestão e coordenação de estoques na cadeia global de suprimentos", discute tanto as técnicas mais relevantes de gestão de estoques como as principais formas e técnicas para obtenção de coordenação entre as decisões sobre estoques dos parceiros da cadeia, tanto para sistemas puxados como para sistemas empurrados de gestão de fluxo, tanto para itens com demanda dependente como independente. Aqui são analisados conceitos contemporâneos, como o *VMI*, o *VOI* (consignação), o *DRP* e a coordenação estilo *just in time/lean*.

O Capítulo 10, "Gestão da logística em cadeias globais de suprimentos", discute importantes aspectos logísticos envolvidos na gestão de cadeias de suprimentos: centralização *versus* descentralização, localização, papel estratégico e operacional de unidades logísticas (fábricas e armazéns) e gestão de transportes na cadeia. São também discutidas as mais modernas alternativas de configuração logística para cadeias de suprimentos, incluindo cadeias escalonadas, *milk run* e *cross-docking*, além do uso de operadores logísticos (*3PL*).

O Capítulo 11, "Logística reversa e sustentabilidade na cadeia global de suprimentos", discute o importante conceito de sustentabilidade nas cadeias de suprimentos e os relacionados temas de logística reversa e cadeias de suprimentos de ciclo fechado (como reutilização, reprocessamento e reciclagem), incluindo os aspectos empresariais, econômicos, técnicos e operacionais envolvidos na sua justificação e potencial uso.

Finalmente, o Capítulo 12, "Indústria 4.0 e suas implicações para as cadeias globais de suprimentos", em primeiro lugar, apresenta um apanhado histórico da área, depois descreve as novas tecnologias que compõem a Indústria 4.0 e a seguir discute em detalhes as implicações dessas tecnologias, incluindo *blockchain*, para a gestão de cadeias de abastecimento.

Espero que o(a) leitor(a) aprecie este livro e que seja de auxílio no aprofundamento do entendimento e das discussões sobre esse importante tópico da gestão empresarial contemporânea. Comentários e críticas construtivas são, como de costume, sempre muito bem-vindos.

Henrique L. Corrêa, Ph.D.
Steinmetz Chair of Management & Professor of Operations Management
Crummer Graduate School of Business, Rollins College Winter Park, EUA

AGRADECIMENTOS

Muita gente me auxiliou direta ou indiretamente neste livro. Mesmo correndo o risco de cometer injustiças por me esquecer de pessoas, não posso deixar de explicitamente reconhecer meu sincero agradecimento a:

Meus colegas, membros do corpo docente e corpo de funcionários de Crummer, por proporcionarem um fantástico ambiente de trabalho e constante desafio intelectual. Com eles, aprendi que produtividade e qualidade acadêmica não precisam necessariamente ser acompanhadas de *stress* – em particular, Dean Deborah Crown, que, junto com o Prof. Nigel Slack, contribuiu para que eu renovasse meu interesse pela vida acadêmica em momentos cruciais da minha carreira;

Meus alunos nos cursos de MBA de Crummer, da EAESP/FGV, da FIA/USP, da FDC, do IE, da EGP, do MIP e do IPADE, pelas excelentes discussões, perguntas e *insights* inteligentes;

Meu amigo, irmão, coautor e mais frequente interlocutor acadêmico, Prof. Dr. Carlos A. Corrêa, pelas revisões, discussões e contribuições, sempre valiosas;

Meus coautores em livros passados, Prof. Irineu Gianesi, do Insper, Dra. Lúcia Xavier, do CETEM, e Mauro Caon (*in memoriam*), da FCAV, que não tiveram participação direta neste livro, mas contribuíram no desenvolvimento de muitos dos conceitos aqui apresentados;

Colegas do POI da EAESP/FGV, pelas discussões recentes e menos recentes sobre temas deste livro: Professores Mauro Sampaio, João Mário Csilag (*in memoriam*), Susana Pereira, Marcos Vasconcelos, Luiz Di Serio, Claude Machline (*in memoriam*), Luiz Brito, Thomaz Wood, Orlando Cattini, José Bento Amaral Jr., Leão Carvalho, Jeovan Figueiredo, Ely Laureano de Paiva e José C. Barbieri;

Colegas da Coppead/UFRJ, Professor Peter F. Wanke, coautor em numerosos trabalhos acadêmicos, Professores Kleber Figueiredo, Paulo Fleury e Maurício Lima; da Trilha Projetos e da UFRJ, Professores Ricardo S. Costa e Eduardo Jardim; da USP, Prof. Marilson Gonçalves (*in memoriam*), pelas discussões valiosas sobre temas do livro;

Os seguintes executivos que me ajudaram muito no desenvolvimento do meu entendimento dos desafios da área: Mario Morhy, Executivo Global de Supply Chain Management da Bayer/Monsanto; Henrique G. Marcondes, VP da Duratex; Helcio Lima, fundador e COO da Genexis, um dos mais brilhantes pensadores de Gestão de Demanda do Brasil; Ricardo Trein, Executivo de Strategic Supply Chain Management; Marcos Paganini, Diretor Executivo de Value Chain da Johnson & Johnson EUA; Fábio Pollice, Diretor de Supply Management da Unilever; Dênio Nogueira Jr., Executivo de SCM da GM América Latina; Jim Lawrence, ex-VP Corporativo de Supply Chain Management da Darden Restaurants; Professor Carlos Bastos, da Embraer; Pedro Silveira, Presidente da Danone Canadá; Alexandre Eboli, VP Supply Chain Management Americas da Unilever; João Paulo Ferreira, CEO da Natura; e Nilson Santim, CEO na Corporação Boeing/Embraer;

Minha irmã, Thereza, que me ajuda tanto, independentemente deste livro, não só com sua amizade, mas também com sua competência, generosidade e amor incondicional, sendo a "representante" no Brasil para todas as questões práticas de nossa expatriada família, inclusive no apoio total e dedicado durante os últimos anos de vida de nossos pais. Sem ela, talvez eu nunca conseguisse ter feito o que fiz nos últimos 15 anos;

Meu amigo e mentor, Professor Martin Starr e à querida Polly Starr, pelos ensinamentos sobre tantos assuntos e pelo incrível exemplo de vida, que procuro seguir; e

Às minhas filhas Clara e Camila, fontes constantes de orgulho e alegria para mim, e pelo amor incondicional e felicidade que me proporcionam sempre, desde que entraram na minha vida.

RECURSOS DIDÁTICOS

A estrutura deste livro foi pensada para facilitar a consulta e o estudo, apresentando as seguintes seções:

- **Objetivos de aprendizagem:** apresenta um resumo do que o leitor deverá ter aprendido ao finalizar o estudo de cada capítulo.
- **Introdução:** com um exemplo atual, prepara o leitor para iniciar o estudo do capítulo e mostra como o tema se insere no cotidiano.
- **Conceitos:** de forma clara e gradativa, expõe a teoria. Tabelas e figuras ajudam a organizar as informações.
- **Estudo de caso:** discute uma situação prática e propõe questões que estimulam o leitor a trabalhar com os conceitos estudados.
- **Resumo:** organizado em tópicos, relembra os principais conceitos abordados no capítulo.
- **Exercícios:** propõe questões dissertativas e numéricas que testam o conhecimento do leitor.
- **Atividades para sala de aula:** sugere atividades para trabalhar os conceitos em aula.
- **Referências:** lista as obras citadas no capítulo.
- **Leituras adicionais recomendadas:** indica obras e *sites* para o leitor se aprofundar no estudo do tema.

Os recursos didáticos complementam o conteúdo e tornam as informações mais acessíveis, facilitando o aprendizado. Este livro conta com os seguintes recursos:

PARA PENSAR
Estimula o leitor a levantar dúvidas, analisar fatos, buscar soluções e formar opiniões.

SAIBA MAIS
Apresenta assuntos relevantes para complementar os temas abordados.

PARA REFLETIR
Traz um exemplo que provoca a reflexão sobre como o conceito é aplicado.

CONCEITO-CHAVE
Define o conceito que será trabalhado na seção.

FIQUE ATENTO
Chama a atenção para um aspecto importante que requer cuidado especial do leitor.

TEORIA NA PRÁTICA
Analisa um exemplo de aplicação prática da teoria e propõe questões.

Para facilitar o aprendizado, este livro conta com **videoaulas** do autor.

As videoaulas abordam os seguintes temas:
- Introdução às cadeias de suprimentos.
- Produtos, serviços e servitização.
- Gestão de risco em cadeias de suprimentos.
- A importância do alinhamento de incentivos na cadeia de suprimentos.
- O efeito chicote em cadeias de suprimentos e suas soluções.
- Previsão de vendas no médio prazo: método de decomposição.
- Gestão de estoques: demanda dependente.
- Gestão de estoques: demanda independente.
- Sustentabilidade em cadeias de suprimentos.
- Indústria 4.0 e as cadeias de suprimentos.

O acesso às videoaulas é gratuito para quem adquirir a obra mediante o código de acesso que acompanha o livro. Basta que o leitor siga as instruções apresentadas na orelha da obra.

Para complementar o estudo, o autor sugere que o leitor assista a alguns vídeos e visite diversos *sites*. Para acessá-los por meio dos QR Codes, é necessário ter um leitor de QR Code instalado no *smartphone* ou *tablet* e posicionar a câmera sobre o código. Também é possível acessar o conteúdo por meio da URL que aparece abaixo do código.

Material Suplementar

Este livro conta com os seguintes materiais suplementares:

- *Slides* (exclusivo para professores);
- Manual do Professor (exclusivo para professores);
- Ementa – sugestão de programa (exclusivo para professores).

O acesso ao material suplementar é gratuito. Basta que o leitor se cadastre, faça seu *login* em nosso *site* (www.grupogen.com.br) e, após, clique em Ambiente de aprendizagem.

O acesso ao material suplementar online fica disponível até seis meses após a edição do livro ser retirada do mercado.

Caso haja alguma mudança no sistema ou dificuldade de acesso, entre em contato conosco (gendigital@grupogen.com.br).

SUMÁRIO

CAPÍTULO 1
Introdução à administração de cadeias globais de suprimentos, 1

1.1 Introdução, 1
1.2 Conceitos, 4
    1.2.1 Por que o interesse crescente em administração de cadeias de suprimentos?, 4
    1.2.2 Atividades envolvidas na administração de cadeias de suprimentos, 9
    1.2.3 Administração de cadeias de suprimentos: uma definição operacional, 13
    1.2.4 Tipos de cadeias de suprimentos e empresas focais, 16
    1.2.5 A globalização e a administração de cadeias de suprimentos, 19
    1.2.6 Governança das cadeias de suprimentos, 19
    1.2.7 Alinhamento de incentivos na cadeia, 22
1.3 Estudo de caso: Governança para sustentabilidade na cadeia de suprimentos do McDonald's, 24
1.4 Resumo, 26
1.5 Exercícios, 27
1.6 Atividades para sala de aula, 27
1.7 Referências, 27
1.8 Leituras adicionais recomendadas, 28

CAPÍTULO 2
Gestão estratégica da cadeia global de suprimentos, 29

2.1 Introdução, 29
2.2 Conceitos, 34
    2.2.1 Estratégia, 34
    2.2.2 Qual a estratégia de cadeia de suprimentos mais adequada para seus produtos e seus mercados?, 34
    2.2.3 Fluxos empurrados, puxados e híbridos, 38
    2.2.4 A decisão estratégica de comprar ou fazer, 42
    2.2.5 Um modelo para a decisão de comprar ou fazer, 45
    2.2.6 Estratégia de cadeias de suprimentos e o desenvolvimento de produtos, 48
    2.2.7 Projeto de produto e processo para cadeias de suprimentos mais eficazes, 48
2.3 Estudo de caso: Consórcio Modular da Volkswagen Resende, 55
2.4 Resumo, 60
2.5 Exercícios, 61
2.6 Atividades para sala de aula, 61
2.7 Referências, 62
2.8 Leituras adicionais recomendadas, 62

CAPÍTULO 3
Gestão dos relacionamentos na cadeia global de suprimentos, 63

3.1 Introdução, 63
3.2 Conceitos, 67
    3.2.1 Fundamentos da gestão de relacionamento com parceiros da cadeia de suprimentos, 67
    3.2.2 Negociação, 69
    3.2.3 Gestão do relacionamento com clientes (CRM), 72
    3.2.4 Gestão do relacionamento com fornecedores (SRM), 82
3.3 Estudo de caso: Relacionamento com fornecedores na Toyota e na General Motors, 87
3.4 Resumo, 89
3.5 Exercícios, 90
3.6 Atividades para sala de aula, 91
3.7 Referências, 92
3.8 Leituras adicionais recomendadas, 92

CAPÍTULO 4
Gestão global de suprimentos (*global sourcing*), 93

4.1 Introdução, 93
4.2 Conceitos, 97
    4.2.1 Tipos de suprimentos, 97
    4.2.2 Terceirização global (*global sourcing*), 98
    4.2.3 Estrutura organizacional para suprimentos, 100
    4.2.4 O processo de suprimento, 102
    4.2.5 Terceirização de serviços e serviços compartilhados (*shared services*), 106
    4.2.6 Para onde terceirizar, 108
    4.2.7 Ética e responsabilidade social na prática de gestão global de suprimentos, 109
    4.2.8 Sustentabilidade na gestão global de suprimentos, 111
4.3 Estudo de caso: Procter and Gamble (P&G) serviços de suporte, 114

- 4.4 Resumo, 115
- 4.5 Exercícios, 116
- 4.6 Atividades para sala de aula, 117
- 4.7 Referências, 117
- 4.8 Leituras adicionais recomendadas, 118

CAPÍTULO 5
Gestão de riscos na cadeia global de suprimentos, 119

- 5.1 Introdução, 119
- 5.2 Conceitos, 122
    - 5.2.1 Risco, 122
    - 5.2.2 Tipos de risco, 126
    - 5.2.3 Categorias de riscos e seus fatores em cadeias de suprimentos, 127
    - 5.2.4 O processo de gestão de riscos em cadeias globais de suprimentos, 129
- 5.3 Estudo de caso: Cisco e a gestão de riscos na cadeia de suprimentos, 141
- 5.4 Resumo, 144
- 5.5 Exercícios, 144
- 5.6 Atividades para a sala de aula, 145
- 5.7 Referências, 145
- 5.8 Leituras adicionais recomendadas, 145

CAPÍTULO 6
Avaliação de desempenho e alinhamento de incentivos na cadeia global de suprimentos, 147

- 6.1 Introdução, 147
- 6.2 Conceitos, 150
    - 6.2.1 Por que o interesse crescente em medidas de desempenho, 150
    - 6.2.2 O que é medição de desempenho?, 152
    - 6.2.3 Quais as características de uma boa medida de desempenho, 154
    - 6.2.4 O que medir em cadeias globais de suprimentos, 156
    - 6.2.5 Alinhamento de incentivos em cadeias globais de suprimentos, 165
    - 6.2.6 Tipos de contrato de relacionamento, 168
- 6.3 Estudo de caso: Química Indústria e Comércio, 174
- 6.4 Resumo, 176
- 6.5 Exercícios, 177
- 6.6 Atividades para sala de aula, 179
- 6.7 Referências, 179
- 6.8 Leituras adicionais recomendadas, 179

CAPÍTULO 7
Mapeamento e análise de processos na cadeia global de suprimentos, 181

- 7.1 Introdução, 181
- 7.2 Conceitos, 184
    - 7.2.1 Principais processos na cadeia global de suprimentos, 184
    - 7.2.2 Análise e melhoramento de processos, 191
- 7.3 Estudo de caso: Rótulos e Etiquetas Flórida, 207
- 7.4 Resumo, 208
- 7.5 Exercícios, 209
- 7.6 Atividades para sala de aula, 210
- 7.7 Referências, 210
- 7.8 Leituras adicionais recomendadas, 210

CAPÍTULO 8
Gestão de demanda na cadeia global de suprimentos, 213

- 8.1 Introdução, 213
- 8.2 Conceitos, 216
    - 8.2.1 O que é e por que fazer gestão de demanda, 216
    - 8.2.2 Causas da variabilidade da demanda, 218
    - 8.2.3 Previsão de demanda, 224
    - 8.2.4 Processo de previsão, 228
    - 8.2.5 Processo de previsão de vendas, 229
    - 8.2.6 Métodos usados em previsões, 232
    - 8.2.7 Erros (ou incerteza) de previsão, 236
    - 8.2.8 Calibração de modelos de previsão – definição de parâmetros, 238
    - 8.2.9 Gestão de preços e de receitas (*revenue management*), 240
- 8.3 Estudo de caso: Genexis em expansão, 242
- 8.4 Resumo, 244
- 8.5 Exercícios, 245
- 8.6 Atividades para a sala de aula, 248
- 8.7 Referências, 248
- 8.8 Leituras adicionais recomendadas, 248

CAPÍTULO 9
Gestão e coordenação de estoques na cadeia global de suprimentos, 249

- 9.1 Introdução, 249
- 9.2 Conceitos, 254
    - 9.2.1 Estoques – conceitos básicos, 254
    - 9.2.2 Demanda independente e demanda dependente, 257

9.2.3 Aumentando a coordenação na gestão de estoque de itens de demanda dependente na cadeia de suprimentos, 258
9.2.4 VMI (*vendor managed inventory*) – estoque gerenciado pelo distribuidor – e VOI (*vendor owned inventory*) – consignação, 267
9.2.5 Aumentando a coordenação na gestão de itens de demanda independente na cadeia de suprimentos, 268
9.2.6 Modelo de revisão periódica, 273
9.2.7 Curva ABC, 278
9.3 Estudo de caso: Transparência faltando na cadeia de suprimentos de circuitos integrados, 280
9.4 Resumo, 282
9.5 Exercícios, 284
9.6 Atividades para sala de aula, 286
9.7 Referências, 287
9.8 Leituras adicionais recomendadas, 287

CAPÍTULO 10
Gestão da logística em cadeias globais de suprimentos, 289

10.1 Introdução, 289
10.2 Conceitos, 293
10.2.1 Centralização *versus* descentralização na estrutura logística, 293
10.2.2 Pontos de armazenagem/distribuição (armazéns), 294
10.2.3 Fatores intervenientes na decisão de centralização e descentralização de armazéns, 296
10.2.4 Localização de unidades da estrutura logística, 299
10.2.5 Métodos para localização de unidades de operações, 301
10.2.6 Configuração da malha logística (múltiplas unidades), 305
10.2.7 Um breve panorama da logística de transportes no Brasil, 309
10.2.8 Configurações logísticas de transporte na cadeia de suprimentos, 311
10.2.9 3PL (*3rd party logistics service providers*) ou provedores de serviços logísticos, 316
10.3 Estudo de caso: a Visteon terceiriza a gestão da sua estrutura logística, 318
10.4 Resumo, 320
10.5 Exercícios, 321
10.6 Atividades para sala de aula, 324
10.7 Referências, 324
10.8 Leituras adicionais recomendadas, 324

CAPÍTULO 11
Logística reversa e sustentabilidade na cadeia global de suprimentos, 327

11.1 Introdução, 327
11.2 Conceitos, 330
11.2.1 Sustentabilidade, 330
11.2.2 As regras da biosfera e a economia circular, 333
11.2.3 Pegada ecológica, 334
11.2.4 A pressão por maior sustentabilidade, 336
11.2.5 Tipos de ciclo fechado em cadeias de suprimentos, 339
11.2.6 Aspectos gerenciais das cadeias de suprimentos de ciclo fechado, 342
11.2.7 Configuração logística de cadeias reversas, 346
11.2.8 Aspectos de planejamento e controle em cadeias de ciclo fechado, 348
11.3 Estudos de caso, 349
11.3.1 Estudo de caso I: Remanufatura na Xerox, 349
11.3.2 Estudo de caso II: Cadeia de ciclo fechado na Hewlett Packard, 352
11.4 Resumo, 354
11.5 Exercícios, 355
11.6 Atividades para sala de aula, 355
11.7 Referências, 356
11.8 Leituras adicionais recomendadas, 356

CAPÍTULO 12
Indústria 4.0 e suas implicações para as cadeias globais de suprimentos, 357

12.1 Introdução, 357
12.2 Conceitos, 361
12.2.1 A quarta revolução industrial, 361
12.2.2 Manufatura aditiva (impressão 3D) – MA/I3D, 363
12.2.3 Veículos autônomos, 365
12.2.4 Robótica avançada (adaptativa), 367
12.2.5 Internet das coisas (IoT), 368
12.2.6 (*Big*) *data analytics* & inteligência artificial, 368
12.2.7 *Machine learning*, 370
12.2.8 Realidade virtual (RV) e realidade aumentada (RA), 371
12.2.9 *Blockchain*, 372
12.3 Estudo de caso: ABB e a Indústria 4.0, 375
12.4 Resumo, 376
12.5 Exercícios, 377
12.6 Atividades para sala de aula, 378
12.7 Referências, 378

Índice remissivo, 381

CAPÍTULO 1
Introdução à administração de cadeias globais de suprimentos

> **OBJETIVOS DE APRENDIZAGEM**
>
> - Explicar por que o interesse na administração de cadeias de suprimentos cresceu tanto nas últimas três décadas.
> - Ser capaz de examinar e avaliar como a administração das cadeias de suprimentos pode influenciar a competitividade e o desempenho financeiro da organização.
> - Elencar as principais atividades envolvidas na administração de cadeias de suprimentos.
> - Classificar os principais tipos de cadeias de suprimentos existentes.
> - Argumentar sobre questões de governança, ou seja, a quem cabe a responsabilidade pela administração das cadeias de suprimentos.

1.1 INTRODUÇÃO

A administração de cadeias de suprimentos tem estado, já há duas décadas, no topo da agenda dos principais executivos das empresas, sejam elas fornecedoras de bens ou de serviços. Para grande número destas empresas, a cadeia de suprimentos é o aspecto individual com maior potencial de tornar-se o mais poderoso fator na obtenção de vantagens competitivas nos mercados globais, assim como no aumento de lucratividade e crescimento das empresas.

Um exemplo de excelência na administração de cadeias de suprimentos, alavancando enorme sucesso no mercado, crescimento e lucratividade, é dado pela história do Walmart.

Figura 1.1 Evolução histórica da logomarca do Walmart.

A maior empresa do mundo

O Walmart é a maior empresa do mundo segundo o *ranking* "Fortune 500",[1] publicado em 2017 pela revista *Fortune*, com um faturamento de US$ 485,9 bilhões (mais que o dobro do faturamento da sexta maior empresa do *ranking*, a Volkswagen) e lucro líquido de US$ 9,86 bilhões. Seu faturamento mundial é maior que o produto nacional bruto de países como a Áustria, África do Sul e Noruega – se fosse um país, teria a 26ª maior economia do mundo.[2] Nos Estados Unidos, seu impacto na economia é tão grande (estima-se que tenha atingido 21,5% do mercado de varejo em que atua), que suas agressivas políticas de preços baixos são frequentemente apontadas por analistas como um importante fator para a manutenção dos baixos índices americanos de inflação das últimas décadas. Curiosamente, as vendas *on-line* do Walmart são de menos de 4% do seu total em vendas.

Uma corporação que gerencia uma cadeia de grandes "supermercados de desconto", a Walmart Stores, Inc. foi fundada em 1962 por um empreendedor americano chamado Sam Walton,[3] e hoje é a maior empregadora privada do planeta, com mais de 2,3 milhões de funcionários, sendo 67 mil no Brasil, onde começou a operar em 1995 com dois *Supercenters* e três lojas Sam's Club. Depois de alguns percalços iniciais, tornou-se, em 2008, a terceira maior rede varejista do país.

Esse crescimento da operação brasileira se deu tanto organicamente quanto por meio de aquisições. Hoje, são parte da corporação Walmart as seguintes marcas de varejo atuantes no Brasil, além das originais: Todo Dia, Bompreço (118 lojas adquiridas em 2004 no Nordeste), *BIG* (140 lojas adquiridas do grupo português Sonae em 2005), Nacional, Mercadorama e Maxxi Atacado, hoje totalizando 465 lojas. Além dos Estados Unidos e do Brasil, o Walmart atua em outros 25 países ao redor do mundo e, em 2018, serviu 200 milhões de clientes por semana, segundo o *website* da empresa.

A competência-chave que permitiu ao Walmart seu crescimento e sucesso está na administração de sua cadeia de suprimentos. Em 1989, por exemplo, quando foi considerado "Varejista da década", seus custos totais de distribuição foram estimados em 1,7% dos seus custos totais, contra, por exemplo, custos de 3,5% das vendas de concorrentes importantes, como o varejista Kmart. No mercado de grande varejo, com margens de lucro apertadas (normalmente em torno de 3 a 5% das vendas), essa diferença de custo tem uma alavancagem enorme nos resultados da organização. Sua organização logística, que apoia a administração de sua cadeia de suprimentos, é impressionante – são 88 mil funcionários, 150 centros de distribuição, 51 escritórios de transporte, 6.100 cavalos mecânicos, 61 mil reboques e 7.800 motoristas servindo mais de 6.200 lojas no mundo; números impressionantes se considerarmos que sua cadeia de distribuição começou nos anos 1960 em uma garagem alugada e que o primeiro centro de distribuição foi aberto em 1970.[4]

Evolução da cadeia de suprimentos do Walmart

Sam Walton, antes de fundar o Walmart, era um franqueado de uma cadeia de lojas chamada Ben Franklin Stores. Ele, embora por contrato fosse obrigado a comprar a maioria de suas mercadorias da Ben Franklin, podia, para certos itens, comprar maiores volumes de outros fornecedores, transportando-os diretamente para suas lojas.

Quando o mercado norte-americano começou a valorizar mais os "varejistas de desconto", nos anos 1960, Sam Walton viu a oportunidade de abrir lojas grandes de desconto com aparência de armazéns, chamadas Walmart Discount City. Para estocá-las, ele se viu forçado a incrementar seus esforços de compras e suprimentos. Em razão da localização remota (na cidade de Bentonville, interior do Arkansas, um estado rural do centro-sul dos Estados Unidos), os fornecedores se negavam a fazer entregas nas lojas, forçando o Walmart a desenvolver um sistema próprio de distribuição.

Sam Walton estabeleceu escritórios de compras em Nova Iorque, adotando a prática de compras diretas e eliminando os tradicionais intermediários (distribuidores

---

[1] Disponível em: http://fortune.com/global500/. Acesso em: 28 maio 2018.

[2] Disponível em: https://knoema.com/nwnfkne/world-gdp-ranking--2017-gdp-by-country-data-and-charts. Acesso em: 28 maio 2018.

[3] Interessantes informações sobre a história do Walmart podem ser encontradas no site: http://walmartstores.com/AboutUs/.

[4] Material interno da empresa: http://walmartstores.com. Acesso em: 28 maio 2018.

e atacadistas). Com o crescimento dos anos seguintes, muitos dos fornecedores passaram a fixar escritórios com vendedores e analistas em Bentonville. Adicionalmente, o Walmart começou cedo a procurar fornecedores globalmente, abrindo na China, no meio dos anos 1980, o primeiro de uma série de escritórios internacionais de compras. Esses escritórios trabalhavam diretamente com fabricantes que manufaturavam produtos da marca própria do Walmart.

O conceito de marca própria foi adotado pelo Walmart nos anos 1980 e é hoje responsável por aproximadamente 40% das vendas, com maiores margens que a venda de produtos de marcas não próprias. Pelos volumes impressionantes, a empresa desenvolveu enorme poder sobre seus fornecedores. Em 2005, por exemplo, as vendas para o Walmart representavam 17% da receita da gigante Procter & Gamble (P&G), enquanto os produtos Procter & Gamble representavam menos de 8% das vendas do Walmart.

A empresa usa esse poder para obter vantagens nas suas negociações por preço e também para fazer com que seus fornecedores utilizem seus próprios recursos para analisarem dados de vendas de seus produtos e assumirem parte da responsabilidade pela administração dos estoques de produtos nas lojas. Para isso, o Walmart disponibiliza aos fornecedores grandes volumes de dados de vendas por meio de um portal na internet chamado Retail Link.

A decisão de abertura de novas lojas do Walmart durante a fase de crescimento explosiva que se seguiu à sua inauguração era diretamente subordinada à sua estratégia de distribuição. A inauguração do primeiro centro de distribuição nos anos 1970 representou um relevante investimento, portanto, Sam Walton insistiu que a área ao redor fosse saturada de lojas dentro do raio de "um dia de viagem rodoviária", para que se obtivessem economias de escala. Ao longo dos anos, esse arranjo (chamado *spokes and hub* ou "raios e eixo", numa referência à roda de bicicleta) se mostrou muito eficiente, e muitos concorrentes copiaram o modelo, no qual um grande centro de distribuição era circundado por um aglomerado de lojas.

Essa estratégia de expansão persistiu ao longo das duas décadas seguintes, resultando em milhares de novas lojas. As lojas eram localizadas em locais suburbanos, com baixos custos de aluguéis e próximos de estradas. Em contraste, as cadeias de lojas de concorrentes, como a Kmart, eram dispersas ao longo do país e as lojas eram localizadas em pontos urbanos caros.

Antes que a concorrência pudesse reagir, o Walmart já havia construído a *cadeia logística* mais eficiente do mercado. Os produtos eram coletados pelos caminhões da empresa nos armazéns dos fornecedores e levados aos centros de distribuição e de lá para as lojas, em geral usando o sistema de *cross-docking*, em que os produtos são transferidos diretamente dos caminhões que trouxeram as mercadorias dos fornecedores para os caminhões que as levarão às lojas, sem estocagem intermediária. Para evitar ociosidade no transporte, os caminhões em geral trazem de volta das lojas os produtos não vendidos para redistribuição ou devoluções e o espaço adicional de carga é vendido ao mercado, um negócio hoje de mais de US$ 1 bilhão por ano. Para garantir fluxo suave e eficiente ocupação dos meios de transporte, o Walmart trabalha intensamente com os fornecedores a fim de padronizar tamanhos de embalagens e rotulagem de cargas. Na sua estratégia de baixos custos, uma das políticas mais importantes da empresa (e que a diferenciaram da concorrência) foi a de "preço baixo todo dia", com as mercadorias apresentadas sempre com preços estáveis, sem descontos temporários ou promoções frequentes. Num ambiente de descontos frequentes, os estoques de antecipação necessários para preparar as vendas maiores que virão com os descontos fazem com que os estoques cresçam e a demanda vista pelos fornecedores flutue, num efeito chamado *efeito chicote*, acarretando custos maiores para a cadeia de suprimentos. O Walmart, com preços estáveis, suaviza a demanda evitando esses custos – o resultado são preços ao consumidor em média 8 a 27% mais baixos que os da concorrência. Como o Walmart tem informações *on-line* das vendas de cada loja, a reposição de mercadorias pode ser automatizada, em fluxo quase contínuo. Essas informações também são compartilhadas com os fornecedores, a fim de promover melhor planejamento e consequentemente custos mais baixos.

Sam Walton sempre teve muita preocupação com a análise dos dados sobre a operação de sua empresa. Em 1966, quando tinha apenas 20 lojas, ele participou de um curso na IBM com a intenção de contratar o melhor aluno da sala para "computadorizar" sua operação. A partir daí, sempre investiu muito em *sistemas com base em tecnologia da informação*, tendo nos anos 1980 investido numa base de dados central, sistema de coleta de dados no ponto de venda e cadeia por satélite para comunicação de dados. Isso, aliado à adoção da tecnologia de código de barras, permitiu a obtenção centralizada e quase instantânea de informações para análise.

O desenvolvimento do Retail Link se deu no início dos anos 1990, na época, a maior base de dados de uso civil do planeta. Em troca do fornecimento de dados de venda históricos e atuais aos fornecedores via Retail Link, o Walmart espera que eles proativamente monitorem e reponham produtos de forma suave e contínua, uma prática chamada VMI ou *vendor managed inventory*, ou ainda, "estoques gerenciados pelo fornecedor". Isso deu origem a uma iniciativa adotada pela empresa nos anos 1990, chamada CPFR (*collaborative planning forecasting and replenishment*, ou "planejamento, previsão e reposição colaborativa"), em que se compartilham entre membros da cadeia de suprimentos informações, planos e decisões operacionais para maior coordenação e consequente eficiência. Uma das mais recentes iniciativas de uso de tecnologia na administração de sua cadeia de suprimentos é a adoção gradual de RFID (identificação do produto com *etiquetas de radiofrequência*) pelo Walmart. Estas aumentam em muito a capacidade de rastreamento de produtos, aumentando a visibilidade, o nível de serviço ao cliente (por exemplo, o Walmart afirma que suas faltas em lojas diminuíram em 16% depois da adoção de RFID) e a rapidez das transações de reposição de mercadorias e *check-out* (pagamento no caixa). Também merece ser destacada a iniciativa do Walmart de fazer crescer suas vendas *on-line*. Sua loja virtual (www.walmart.com), inaugurada em janeiro de 2000, oferece mais de um milhão de produtos com várias opções de entrega nos Estados Unidos, além de oferecer formas inovadoras de comercialização no caso de alguns deles, como *download* de músicas e revelação de fotos em uma hora, com *upload on-line*. Com o aumento das vendas *on-line*, hoje responsável por cerca de 4% das vendas totais da empresa, e a correspondente necessidade de políticas ainda mais tolerantes de aceite de devoluções que aquelas vigentes nas lojas físicas, o Walmart também tem processos avançados de *logística reversa*, visando ao eficiente fluxo das devoluções: do cliente para os armazéns de triagem de produtos devolvidos e daí a suas várias possíveis destinações (remanufatura, reciclagem ou outra).

Recentemente o Walmart tem se engajado no desenvolvimento de práticas que levam em conta a *sustentabilidade* e a *responsabilidade social*. Várias iniciativas junto a fornecedores e relacionadas aos seus próprios recursos (lojas, frotas, escritórios e armazéns) apresentam objetivos explícitos: "100% de suprimentos de energia renovável, produção zero de lixo/emissões e venda de produtos que conservem nossos recursos e meio ambiente", além de adotar códigos de conduta para seus fornecedores quanto a padrões mínimos de qualidade, condições sociais (por exemplo, quanto a trabalho infantil) e ambientais (por exemplo, quanto a condições poluidoras).

> **PARA PENSAR**
> 1. Liste, com base nas informações fornecidas, as iniciativas de administração de cadeias de suprimentos que você consegue identificar.
> 2. Localize, com o auxílio do índice remissivo, os capítulos do livro em que essas iniciativas são discutidas.
> 3. Procure identificar de que formas as iniciativas que você listou podem ter impacto no resultado financeiro da organização (como sugestão, analise separadamente aquelas iniciativas que podem afetar os custos e aquelas que podem afetar as receitas com vendas).

1.2 CONCEITOS

1.2.1 Por que o interesse crescente em administração de cadeias de suprimentos?

Quem vive o ambiente empresarial de hoje, em que o termo "administração de cadeias de suprimentos" (ou o correspondente termo em inglês *supply chain management*) incorporou-se definitivamente ao jargão gerencial, pode achar difícil crer que há pouco mais de 30 anos esse não era um termo amplamente conhecido, tendo sido cunhado por consultores apenas no início dos anos 1980 (Lambert e Cooper, 2000). Quando comparado à idade que a moderna concepção da área de administração de produção e operações tem, em torno de 250 anos, com acelerada evolução no último século (Corrêa e Corrêa, 2017), fica claro que a área de administração de cadeias de suprimentos é uma área ainda jovem que ganhou grande visibilidade, principalmente nas últimas duas décadas.

SAIBA MAIS

A evolução de tecnologia e os retornos decrescentes justificam o aumento recente do interesse por administração de cadeias de suprimentos.

Evolução tecnológica

Nunca em épocas passadas a tecnologia evoluiu a passos tão rápidos. Isso faz com que seja difícil para empresas manterem internamente os processos de atualização e desenvolvimento tecnológico em todas as áreas que contribuem para os produtos e serviços que oferecem ao mercado. Na esperança de evitar que se tornem "medíocres em tudo, tentando ser excepcionais em tudo", têm preferido delegar a terceiros parcelas cada vez mais substanciais não só da produção de partes de seus produtos e serviços, mas também do desenvolvimento destas partes. Isso aumentou substancialmente a quantidade e a intensidade de trocas nas interfaces entre as empresas: as cadeias de suprimentos em que as empresas se encontram se tornaram mais complexas. A administração das cadeias de suprimentos passou, portanto, a ganhar muito mais atenção gerencial.

> **Retornos decrescentes dos esforços internos de melhoria**
>
> Em paralelo, nota-se um desbalanceamento, dentro da área de administração de operações, entre o tratamento de operações *dentro das empresas* da cadeia de suprimentos e *entre as empresas* da cadeia de suprimentos. Historicamente, a grande ênfase dos modelos, das práticas, do ensino e da pesquisa em operações tem sido na administração de "empresas". Há numerosas escolas de administração *de empresas* no Brasil e no mundo, mas nenhuma dedicada à administração *de cadeias de empresas*. Não se advoga aqui que haja essas escolas, apenas se pretende que isso ilustre para onde é que tem se direcionado a ênfase dessa área do conhecimento. Apenas ultimamente a área de administração de operações passou a debruçar-se sobre as questões de como tratar as relações entre empresas numa cadeia. As principais técnicas desenvolvidas (e usadas) ao longo destes últimos dois séculos e meio de evolução predominantemente centraram-se na busca por aumentos de produtividade e qualidade *dentro* das organizações.
>
> Anteriormente aos anos 1990, foram raras as iniciativas que consideravam as cadeias de empresas e seu desempenho sistêmico. Isso de certa forma ajuda a explicar por que hoje grande número de empresas tem notado que os custos marginais de melhorias em qualidade e produtividade *dentro das empresas da cadeia de suprimentos* são grandes e crescentes (já que grande esforço já alocado em melhorias, ao longo de muitas décadas, leva a retornos decrescentes), enquanto o (relativamente) pequeno esforço colocado historicamente em melhorias nos relacionamentos *entre empresas da cadeia* faz com que os esforços de melhoria ainda tenham retorno relativamente mais alto que os esforços internos. Isso tem feito com que empresas procurem voltar sua atenção gerencial para melhorias em temas como logística e administração de cadeias de suprimentos.

Explorando as origens

Argumenta-se que a administração de cadeias de suprimentos não se iniciou a partir de uma "folha em branco", nos anos 1980, mas que representa mais uma etapa num processo de evolução que teria se iniciado nos anos 1960 e 1970, com o desenvolvimento do conceito de distribuição física. Este procurava de certa forma integrar alguns aspectos da logística "de distribuição" – tratados de forma isolada anteriormente –, como a administração dos transportes e dos armazéns de produtos acabados e a administração de embalagens de transporte.

A atenção sobre a questão da integração sistêmica destas atividades, por sua vez, teria resultado do desenvolvimento conceitual da "administração sistêmica" dos anos 1950 e 1960. O foco da "distribuição física" é o dos custos totais (sistêmicos) de distribuição, analisando opções para se chegar ao menor custo total do sistema em vez de tentar reduzir custos dos elementos logísticos isoladamente. Nos anos 1980, nos Estados Unidos, a desregulamentação dos sistemas de transporte e o desenvolvimento dos sistemas de informação deram aos analistas de distribuição física mais ferramentas e opções para a integração. O passo adicional seria, com estas novas opções, procurar integrar também a logística "de entrada" (insumos) das organizações, já que alguns transportadores poderiam se beneficiar, por exemplo, de menos fretes vazios de retorno.

Além disso, nos anos 1980, a globalização econômica se acelerou, e estava em curso a rápida evolução das empresas japonesas. Estas haviam recentemente sido alçadas à posição de importantes concorrentes globais em mercados como o automobilístico, o de produtos eletrônicos e o de aço, ganhando fatias importantes de mercados como o americano e o europeu.

Empresários, profissionais práticos e acadêmicos ocidentais passaram então a analisar as práticas e técnicas japonesas, responsáveis pelos níveis altíssimos de qualidade e produtividade que seus produtos apresentavam. O Ocidente aprendeu que práticas como o *Just in Time* (que originou a abordagem *lean*) e a abordagem japonesa inovadora para a qualidade eram responsáveis por boa parte do excelente desempenho das fábricas japonesas, mas um aspecto adicional também tinha um papel muito importante – o uso das chamadas *keiretsus*, ou "cadeias de compradores-vendedores".

Usando esse conceito, a Toyota e a Honda terceirizavam a fornecedores o equivalente a algo como 80% do valor dos carros que produziam (valores muito superiores aos 30% de terceirização dos concorrentes ocidentais como General Motors e Ford, que tinham altos níveis de integração vertical, ou seja, produzindo a grande maioria dos componentes dos seus carros internamente). Relações altamente cooperativas com fornecedores (frequentemente apenas um ou dois para cada item) eram frequentes nas *keiretsus*, em oposição à lógica geral ocidental de manter relacionamentos tênues com vários fornecedores de cada item, tanto para diluir riscos como para colocar os vários fornecedores concorrentes uns contra os outros, em processos de cotação que visavam reduzir os preços dos componentes.

> **PARA REFLETIR**
>
> A exemplo do *Just in Time* em relação às práticas internas de manufatura, as *keiretsus* japonesas e seu sucesso fizeram com que as empresas ocidentais passassem a repensar suas próprias práticas, passando a apreciar as vantagens de mais altos níveis de terceirização e relações mais cooperativas com fornecedores, abrindo caminho para o desenvolvimento de conceitos estratégicos importantes em administração de cadeias de suprimentos, como as decisões estratégicas de terceirizar ou fazer, os relacionamentos mais próximos e cooperativos com fornecedores e o uso dos fornecedores como fontes importantes de conhecimento e competências na cadeia de suprimentos.

> **SAIBA MAIS**
>
> As *keiretsus* surgiram no Japão depois da II Grande Guerra Mundial, durante o "milagre japonês", quando os aliados, vencedores da guerra, desmantelaram as chamadas *zeibatsus* (grupos empresariais dominados por grupos familiares tradicionais). As empresas resultantes do desmantelamento foram reintegradas por meio de aquisições cruzadas de participação acionária, formando alianças integradas horizontalmente, cruzando fronteiras entre setores industriais.
>
> Onde possível, as empresas pertencentes às *keiretsus* forneceriam apenas umas para as outras. As maiores *keiretsus* foram formadas em torno de bancos que emprestavam dinheiro para as empresas participantes e possuíam participação acionária nestas, mantendo sobre elas certo nível de controle. As *keiretsus* são intrincadas redes de empresas interdependentes.
>
> Dada a totalmente diferente estrutura de formação das *keiretsus* quando comparadas às cadeias de fornecimento ocidentais (nas quais em geral não há grandes conglomerados de empresas com participação acionária cruzada e relação de relativa exclusividade de fornecimento), foi e é praticamente impossível para as empresas ocidentais meramente "adotarem" esse modelo. Entretanto, as lições aprendidas com o modelo japonês de administração de cadeias de suprimentos, principalmente no sentido de valorizar muito mais as relações cooperativas com fornecedores, tiveram uma importância grande no desenvolvimento da área no Ocidente.
>
> As *chaebols* são a versão coreana das *keiretsus* japonesas, embora sejam mais similares às *zeibatsus* japonesas do período anterior à II Grande Guerra Mundial. As *chaebols* também são frequentemente mencionadas quando se discutem as diferentes formas de configuração e gerenciamento de cadeias de suprimentos, constituindo-se em grandes conglomerados industriais, controlados e gerenciados por grupos familiares coreanos e fortemente apoiados pelo governo. Exemplos de *chaebols* são a Samsung, a Hyundai e a LG. Embora sejam frequentemente comparadas com as *keiretsus*, em razão de ambas serem modelos gerenciais colaborativos e com alta interdependência e coordenação entre empresas fornecedoras e empresas clientes, algumas diferenças entre elas são importantes:
>
> - *chaebols* são controladas e gerenciadas por grupos familiares, enquanto *keiretsus* são gerenciadas por profissionais;
> - *chaebols* são centralizadas em termos de propriedade acionária, enquanto *keiretsus* são mais dispersas pela propriedade acionária cruzada entre empresas componentes;
> - *chaebols* formam subsidiárias para produção de componentes de produtos visando à exportação, enquanto *keiretsus* usam subcontratados; e
> - *chaebols* são proibidas de possuírem bancos, que têm papel essencial na configuração de *keiretsus*.

A concorrência hoje não é mais entre empresas, mas entre cadeias de suprimentos

Muitos autores afirmam que, hoje, a concorrência pelos mercados não é mais *entre empresas*, mas *entre cadeias de suprimentos*. Isso é verdade e deve ser bem entendido. Algumas cadeias de suprimentos concorrentes são autocontidas e de certa forma "isoladas", não compartilhando parceiros com as cadeias concorrentes. Um exemplo é a indústria de calçados. Os fabricantes chineses têm suas cadeias locais de suprimento e possivelmente não compartilham parceiros (exceto talvez no nível do varejo) com as cadeias de suprimentos do polo calçadista do Vale do Rio dos Sinos, no Rio Grande do Sul, que também tem suas cadeias de fornecedores, basicamente locais.

É evidente, portanto, que aqui vale a afirmativa de que são "cadeias competindo", em vez de empresas competindo, quando se pensa na concorrência entre uma empresa gaúcha e uma chinesa. Pense, por outro lado, numa situação menos evidente, como ocorre no mercado de sabões em pó.

Imagine dois dos grandes concorrentes nesse mercado no Brasil: Unilever (dona de marcas como OMO e Minerva) e Procter & Gamble (dona de marcas como Ariel e Ace). Ambas as empresas compartilham a maioria dos seus fornecedores de produtos químicos (grandes empresas químicas, capazes de fornecer os grandes volumes necessários à produção de sabão em pó das duas empresas), assim como compartilham parceiros em suas estruturas de distribuição. Grandes distribuidores e atacadistas, como Martins e Ciro, e grandes cadeias de supermercados, como CBA (Pão de Açúcar), Carrefour e Walmart, distribuem e vendem produtos de ambos os concorrentes. Isso pode dar a impressão de que a concorrência neste caso continua sendo como tradicionalmente, entre empresas e não entre cadeias.

Na verdade, entretanto, aqui também a concorrência hoje ocorre entre cadeias: embora compartilhem muitos dos parceiros, o nível de competência com que estas empresas conseguem integrar-se aos seus parceiros compartilhados pode ser completamente diferente. Se a Unilever, por exemplo, estiver mais bem integrada com um grande varejista do que a P&G, por exemplo, sua cadeia será mais eficaz, embora ambas estejam se relacionando com o mesmo varejista.

> **FIQUE ATENTO**
> A concorrência pelos mercados hoje se dá entre "cadeias de suprimentos" e não mais entre "empresas", mesmo quando grande parte dos elementos das cadeias concorrentes seja comum e compartilhada.

Uma poderosa arma competitiva

Numa área em que os modismos gerenciais são uma constante, hoje é evidente que este não é o caso da administração de cadeias de suprimentos, que pode ser uma fonte real e importante de vantagens competitivas sustentáveis, como demonstra o caso Walmart, discutido anteriormente neste capítulo.

A palavra-chave para entender a moderna administração de cadeias de suprimentos é "integração".

Vamos imaginar uma cadeia de suprimentos simples para ilustrar o conceito. Veja a Figura 1.2. Imaginemos que essa cadeia está fornecendo um produto, por exemplo, sabonete, para clientes finais (os usuários do produto).

Nela, um *Fabricante* recebe insumos (componentes do sabonete) de seus *Fornecedores*, agrega valor a eles por meio da atividade de manufatura e vende os sabonetes acabados para um *Distribuidor*. Este então agrega valor ao produto final por intermédio da atividade de distribuição, fazendo o produto chegar ao *Varejista*, que lhe agrega valor pela provisão de disponibilidade e conveniência ao *Usuário* final, que então adquire e usa o produto.

As entidades envolvidas aqui (fabricante, distribuidor, varejista e usuário) são muitas vezes chamadas de "nós" da cadeia de suprimentos, assim como as "ligações" (o relacionamento, os fluxos físicos de bens, os fluxos financeiros e os de informações) entre as entidades são denominados "elos" da cadeia.

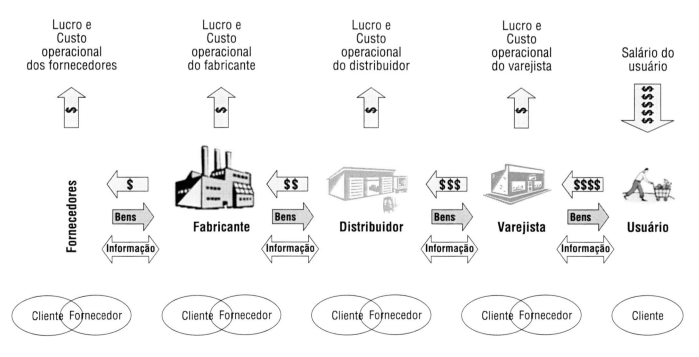

Figura 1.2 Uma cadeia de suprimentos simples.

Observe que todos os "nós" dessa cadeia de suprimentos têm um caráter duplo: são clientes (dos seus fornecedores) e fornecedores (dos seus clientes), exceto o usuário final. Este compra o sabonete para seu uso e não para vendê-lo, portanto, não tem clientes. Assim, o usuário não é um "fornecedor".

O usuário final vai ao varejista e compra sabonete. A transferência do sabonete do varejista para o usuário é representada pela seta "Bens" entre esses dois nós. Contra o recebimento do sabonete, o usuário paga ao varejista. O fluxo financeiro correspondente é representado na Figura 1.2 pela seta "$$$$". Como o usuário não tem clientes para quem vender o sabonete, não tem fluxo financeiro de entrada correspondente à venda do sabonete. Ele tem, portanto, que usar dinheiro que recebe de outras fontes, por exemplo, seu salário, conforme ilustra a Figura 1.2, para comprar o sabonete.

Consideremos o varejista, agora. Com a receita que obtém do pagamento feito pelo usuário, o varejista paga seus *Custos Operacionais* (salários, depreciação, energia etc., exceto materiais, na ilustração da figura) e paga dividendos aos acionistas na forma de *Lucro* (representados pelas setas verticais acima do nó).

Com o resto do dinheiro, ele adquire os bens e serviços que necessita para operar – entre eles, sabonetes, comprados do distribuidor. Note que o fluxo financeiro entre varejista e distribuidor ("$$$") é menor que o fluxo financeiro entre usuário e varejista ("$$$$") justamente porque uma parte do fluxo "$$$$" foi usada para pagar custos operacionais e lucros do varejista ("$").

Com o distribuidor ocorre o mesmo: com a receita que obtém do varejista pela venda de sabonetes, paga seus custos operacionais (salários, depreciação, energia etc., exceto materiais) e paga dividendos aos acionistas na forma de lucro (representados pelas setas verticais acima do nó). Note que uma vez mais o fluxo "horizontal", referente às "trocas" na cadeia, diminui à medida que viaja para montante da cadeia (no sentido dos clientes para os fornecedores), em razão das saídas financeiras que necessitam ocorrer em cada "nó" a fim de pagar seus respectivos custos operacionais e remunerar seus acionistas.

Vamos agora olhar não para os nós individuais da cadeia, mas para a cadeia inteira, como um todo, fechando uma "caixa-preta" ou um "volume de controle", como se costuma chamar na análise de sistemas, em torno do conjunto de nós que representa a cadeia de suprimentos, deixando apenas o usuário final de fora. Veja a Figura 1.3.

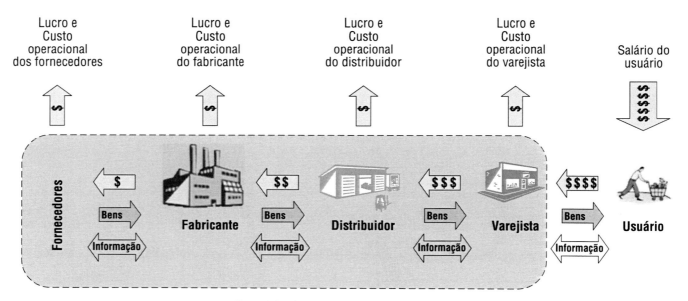

Figura 1.3 Uma cadeia de suprimentos simples.

A Figura 1.3 mostra que, quando se adota uma visão global da cadeia, o sistema passa a ter uma só entrada financeira (o dinheiro pago pelo usuário pelo produto final) e várias saídas: os custos operacionais e lucros de todos os nós da cadeia. Ou seja, o usuário final é o único nó "pagante" da cadeia de suprimentos.

O preço pago pelo usuário final, portanto, é o somatório de todo o custo operacional e de todo o lucro obtido por todos os nós da cadeia; isso implica que, mesmo que um nó da cadeia tenha alta eficiência (refletida em custos operacionais baixos), se os outros nós da cadeia forem ineficientes, com custos operacionais maiores, esses custos maiores somar-se-ão, resultando em preços mais altos ao usuário final, ou em margens de lucro menores, ou ambos, com consequentes níveis piores de competitividade da cadeia como um todo.

Com menos competitividade e preços mais altos, a cadeia venderá menos produtos, porque o usuário final, único pagante, poderá preferir comprar de uma cadeia mais eficiente – por preços menores. Ora, como a única fonte de dinheiro "novo" da cadeia é o usuário final, se este deixa de comprar, a fonte "secará" para essa cadeia inteira: não apenas os nós ineficientes serão penalizados, mas todos os nós, inclusive aqueles que, vistos individualmente, poderiam ser considerados eficientes.

> **FIQUE ATENTO**
>
> Hoje para uma empresa ser competitiva e bem-sucedida, não basta que tenha *eficiência* nas suas operações internas – suas parceiras de cadeia de suprimentos (os outros nós a montante e a jusante na cadeia) devem ser internamente *eficientes* e, além disso, os elos (fluxos físicos, financeiros, de informação e de relacionamento entre os nós) também devem ser *eficientes*. Isso só se obtém com uma adequada integração na administração dos nós e elos da cadeia de suprimentos.

Administração de cadeias de suprimentos envolve mais que apenas a gestão de custos

O raciocínio simplificado acima é ilustrativo, mas a administração de cadeias de suprimentos não afeta apenas custos. Afeta também outros aspectos de desempenho, como a velocidade e confiabilidade das entregas, a qualidade dos produtos, a flexibilidade com que a cadeia pode se adaptar a mudanças internas/ambientais, o nível de inovação e sustentabilidade da cadeia.

O usuário final toma sua decisão de compra (de que cadeia de suprimentos comprar) baseado na consideração ponderada de vários critérios, levando em conta suas expectativas/necessidades e as ofertas concorrentes. O importante, portanto, para uma cadeia de suprimentos não é apenas ser "eficiente", mas ser "eficaz".

Os termos *eficiência* e *eficácia* têm de ser usados com precisão nesse contexto.

- *Eficácia* refere-se a quanto os objetivos do sistema são atingidos, ou seja, em que grau as necessidades dos clientes e outros grupos de interesse da organização (por exemplo, funcionários, governo, sociedade) são satisfeitas. *Eficácia* pode resultar em vantagem competitiva porque clientes mais satisfeitos tendem a ser mais fiéis e recomprar, além de recomendar.
- *Eficiência*, por outro lado, é a medida de quão economicamente os recursos da organização são utilizados quando provendo determinado nível de satisfação dos clientes e de outros grupos de interesse. *Eficiência* pode resultar em vantagem competitiva porque permite preços mais baixos e pode também resultar em margens mais altas.

A Figura 1.4 ilustra essa diferenciação.

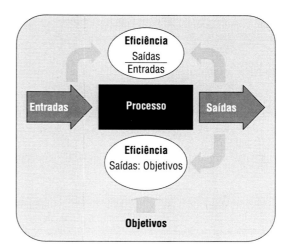

Figura 1.4 Diferença entre *eficiência* e *eficácia* (Corrêa e Corrêa, 2017).

O nível de desempenho de uma cadeia de suprimentos é uma função dos níveis de *eficiência* e *eficácia* que, não as empresas individuais, mas o conjunto de empresas que interagem na cadeia de suprimentos tem.

> **FIQUE ATENTO**
>
> Hoje para uma empresa ser competitiva e bem-sucedida, não basta que seja eficiente *e eficaz* nas suas operações internas – suas parceiras de cadeia de suprimentos (os outros nós a montante e a jusante da cadeia) também devem ser internamente eficientes *e eficazes*, e os elos (fluxos físicos, financeiros, de informação e relacionamento entre os nós) também devem ser eficientes *e eficazes*. Isso só se obtém com uma adequada administração integrada da cadeia de suprimentos.

1.2.2 Atividades envolvidas na administração de cadeias de suprimentos

Administração de cadeias de suprimentos envolve a administração integrada de uma multiplicidade de atividades, todas discutidas nos capítulos subsequentes deste livro. Uma lista delas, com menção aos respectivos capítulos onde são discutidas, pode ser encontrada na Figura 1.5, que ilustra a ideia de níveis crescentes de integração, de atividades para a ideia de distribuição física & logística integrada e de administração integrada de suprimentos e daí para a ideia de integração total da cadeia e seu uso estratégico como fator de diferenciação competitiva.

É importante observar que os conceitos de administração integrada de cadeias de suprimentos não se aplicam apenas a cadeias de produtos físicos, mas também a serviços. Evidentemente, as diferentes atividades terão importâncias relativas diferentes quando se analisam cadeias de produtos físicos, como a cadeia de suprimentos automotiva, e cadeias de serviço, como a cadeia de suprimentos de entretenimento *on-line* – como o *site* iTunes,[5] da Apple Corporation, que vende músicas e filmes por *download*, por intermédio da internet, em que a administração de tecnologia da informação é muito mais importante que a administração de estoques. A Figura 1.5 ilustra esse ponto com outro exemplo.

---
[5] Disponível em: http://www.apple.com/itunes/overview/.

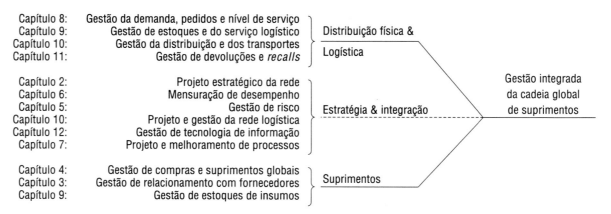

Figura 1.5 Atividades envolvidas na administração integrada da cadeia global de suprimentos.

SAIBA MAIS

Para consumidores mais tradicionalistas, que ainda usam DVDs para assistirem a seus filmes, os varejistas criaram uma operação inovadora, dando acesso instantâneo a milhares de títulos cuja manutenção em estoque físico seria impossível ou inviável de outra forma. O cliente consulta um enorme *menu* de títulos em quiosques localizados em supermercados e o filme é então baixado e impresso num DVD virgem. Trata-se de uma associação americana chamada Associação para Controle de Cópias de DVDs – um consórcio entre os estúdios cinematográficos e os fabricantes de hardware e software responsáveis pelos sistemas que impedem que DVDs "piratas" sejam produzidos domesticamente, permitindo que esses sistemas sejam licenciados mais amplamente. Isso abre as portas para a possibilidade de venda, em quiosques, de DVDs gravados no local. Grandes cadeias varejistas, como as cadeias de farmácias e lojas de conveniências americanas Walgreens e Publix já instalaram quiosques em suas lojas. Ter disponível o conteúdo dos grandes estúdios produtores de filmes fortalece o potencial de aumentar o fluxo de clientes nas lojas. Para os estúdios, adotar os quiosques permite vender os milhares de produtos recentes e mais antigos de seu catálogo sem terem que fisicamente produzir, armazenar e distribuir os DVDs. Além disso, com o uso dos quiosques os varejistas não precisam destinar espaço precioso de prateleira para estocar DVDs. Evidentemente, os clientes menos conservadores já não usam DVDs, preferindo *downloads* e *streaming* feitos diretamente pelo usuário final em televisores inteligentes ou *tablets*, computadores ou *smartphones*. Entretanto, enquanto ainda houver clientes que insistem em usar DVDs, os quiosques serão uma alternativa interessante, que já muda bastante a forma de distribuição de filmes.

Questões para discussão

1. Quais são as implicações dessa forma de distribuição de DVDs para a cadeia de suprimentos dos estúdios produtores de filmes quando comparada à distribuição tradicional de DVDs pré-gravados?

2. Quais elos da cadeia ganham importância e quais perdem importância, se é que este é o caso para os quiosques?

3. Quais mudanças essa forma de distribuir DVDs (por quiosques) trouxe para as várias atividades de administração de cadeias de suprimentos? Quais ganharam importância e quais perderam importância?

4. Agora vá um passo adiante e compare a distribuição de filmes por quiosques com a distribuição por serviços de *streaming* como Netflix, Hulu e Amazon Prime Video. Quais elos da cadeia ganharam importância e quais perderam importância com o *streaming*?

5. Analise e justifique, à luz das mudanças nas cadeias de suprimentos, a tendência recente de as tradicionais distribuidoras de filmes por *streaming*, como Netflix e Amazon Prime Video, estarem agora se tornando importantes geradoras de conteúdo, produzindo elas mesmas grande parte dos filmes e séries que distribuem.

Visão por processos é fundamental na administração de cadeias de suprimentos

Por trás do desenvolvimento da administração de cadeias de suprimentos está a chamada "administração por processos de negócios".

O conceito de organizar as atividades de uma empresa por processos foi introduzido nos anos 1980 e se tornou muito popular nos anos 1990, principalmente com a publicação do livro *Reengineering the corporation: a manifesto for business revolution* (Hamer e Champy, 1993).

Tradicionalmente, as organizações se estruturavam de forma "funcional", em que as várias funções eram "compartimentalizadas", resultando nos tradicionais organogramas funcionais ou hierárquicos. Nesse arranjo, no topo da estrutura, o principal executivo da empresa coordena a atividade dos vários grupos funcionais, que podem ser de marketing, de operação de finanças, de recursos humanos, e assim por diante. Cada uma destas funções, por sua vez, sofre também subdivisões com base funcional. O resultado é uma estrutura conforme ilustra a Figura 1.6.

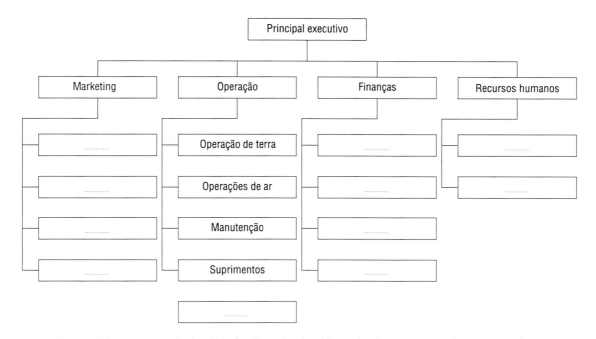

Figura 1.6 Estrutura organizacional hierárquica ou funcional ilustrativa de uma empresa de transporte aéreo.

> **ⓘ CONCEITO-CHAVE**
>
> Um processo de negócios pode ser definido como um conjunto estruturado e encadeado de atividades com resultados que atendem a clientes (Davenport e Beers, 1995).

O problema com a estrutura funcional é que, como pode ser visto pelas linhas verticais, as estruturas de coordenação e comunicação são predominantemente chefe-subordinado. Isso tende a fazer com que as respostas ao cliente, que na verdade está na ponta de encadeamentos de relações cliente-fornecedor internos que cruzam transversalmente a estrutura funcional, fiquem mais demoradas e falhas, exatamente porque os clientes e fornecedores internos não têm linhas diretas de comunicação e coordenação.

Além disso, as funções separadas umas das outras tendem a tornar-se feudos (ou "silos") isolados e autojustificados. Essas funções acabam lutando contra as outras funções em busca de poder, recursos e influência na organização, favorecendo objetivos individuais e locais e não objetivos da organização como um todo. À medida que as organizações se tornam grandes, as desvantagens das estruturas funcionais vão se tornando mais e mais claras até que a lentidão de resposta resultante as torna inviáveis para ambientes dinâmicos.

A solução passa pelas estruturas organizacionais com maior ênfase na gestão "por processo", em que linhas de fluxo de informação e decisão são definidas de forma a encadear sequências de relações fornecedor-cliente, em que uma atividade usa como "entradas" as "saídas" ou resultados da atividade anterior. É importante, portanto, que uma visão sistêmica (entrada-processo-saída) seja usada quando se adota a visão por processos.

Inicialmente, processos de negócios eram vistos como uma forma de integrar funções dentro das empresas, mas hoje são usados também para estruturar atividades *entre* membros da cadeia de suprimentos – a cadeia toda funcionando para atender o cliente usuário final, que está na extremidade de sequências de atividades encadeadas na forma de relações fornecedor-cliente e que cruzam não só os limites funcionais internos das organizações, mas também as próprias fronteiras das organizações, a fim de incluir atividades de parceiros na cadeia de suprimentos. O modelo da Figura 1.7 ilustra a visão de administração de cadeia de suprimentos com ênfase na gestão por processos.

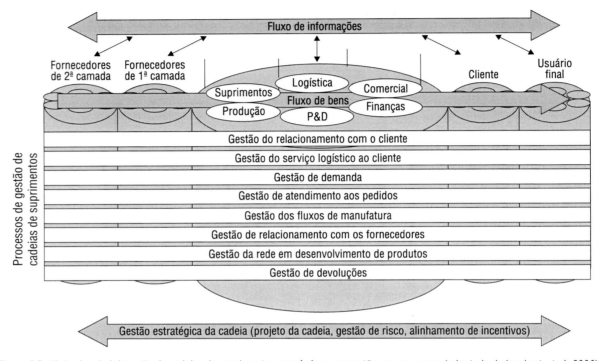

Figura 1.7 Visão da administração de cadeias de suprimentos com ênfase em gestão por processos (adaptada de Lambert *et al.*, 2006).

Observe como os processos listados cruzam transversalmente os limites das funções organizacionais (logística, comercial, finanças, pesquisa e desenvolvimento, produção, suprimentos) e cruzam também as fronteiras da organização, englobando fornecedores, fornecedores de fornecedores e clientes até os usuários finais. Imagine, por exemplo, a administração do processo "gestão do relacionamento com o cliente", na cadeia de suprimentos automobilística.

O cliente usuário final de uma cadeia automobilística é o indivíduo que adquire seu veículo. Entretanto, uma montadora, como a General Motors, não estabelece um relacionamento direto, na maioria das vezes, com o usuário do carro – o relacionamento se dá por intermédio da sua rede de concessionárias, que são os clientes imediatos da montadora. Isso significa que grande parte das atividades de relacionamento com o usuário final da montadora tem que envolver atividades realizadas pelo seu cliente imediato (a concessionária).

O relacionamento com o cliente se dá em vários níveis: há interações financeiras, logísticas (bens) e de informações entre a cadeia de suprimentos e o usuário final. Ou seja, o processo de relacionamento deve cruzar as fronteiras funcionais (tanto na concessionária quanto na montadora e nos fornecedores). O usuário final pode, em certo momento, contatar a concessionária sobre alguma dúvida ou problema específico com algum acessório de seu carro que demande uma resposta direta do fornecedor, ou do fornecedor do fornecedor da montadora, e isso requer coordenação "horizontal", de processos, entre concessionária, montadora e fornecedores.

> **PARA REFLETIR**
>
> Numa visão meramente funcional, ou segmentada, dos atores da cadeia de suprimentos, o cliente sofrerá as consequências da ausência de linhas de fluxo de comunicação, coordenação e colaboração entre as funções e empresas envolvidas – percebe custos mais altos, demoras, desencontro de informações, por exemplo. Daí o poder da abordagem por processos em administração de cadeias de suprimentos, principalmente aquelas cadeias que operam em ambientes dinâmicos e competitivos. A abordagem por processos reconhece o cliente como origem e destino principal das atividades da cadeia.

O Capítulo 10 trata da análise e melhoramento de processos na administração global de suprimentos.

1.2.3 Administração de cadeias de suprimentos: uma definição operacional

Para os objetivos deste texto, podemos definir administração de cadeias de suprimentos como abaixo.

> **CONCEITO-CHAVE**
>
> Administração de cadeias de suprimentos é a administração integrada dos processos principais de negócios envolvidos com fluxos físicos, financeiros e de informações, englobando desde os produtores originais de insumos básicos até o consumidor final, na geração e fornecimento de bens, serviços e informações, de forma a agregar valor para todos os clientes – intermediários e finais – e para outros grupos de interesse legítimos e relevantes para a cadeia (acionistas, funcionários, gestores, comunidade, governo).

Impactos da administração de cadeias de suprimentos no resultado financeiro da organização

Não é à toa que a administração de cadeias de suprimentos tem ocupado o topo da agenda dos executivos nos últimos anos. De fato, a administração de cadeias de suprimentos pode ter grande impacto no resultado financeiro da organização, que influencia diretamente o valor para o acionista, a quem os executivos respondem.

O valor das ações de uma empresa no mercado é influenciado por vários fatores, alguns bastante voláteis. Entretanto, mais a longo prazo, tende a ser influenciado pela lucratividade da empresa, relacionada ao valor econômico agregado por ela (ou *Economic Value Added* – EVA). O EVA define o lucro real que a empresa gera depois de descontados os custos totais de fazer negócios (custos operacionais, impostos e custos de capital); permite aos acionistas avaliar se estão tendo um retorno adequado sobre seu investimento. Os três principais fatores que influenciam positivamente o EVA são crescimento de receitas, redução de custos e uso de menos ativos.

A Figura 1.8 faz uso de um modelo simples de cálculo de EVA para ilustrar como as atividades da administração de cadeias de suprimentos influenciam diretamente os três fatores que, por sua vez, definem o valor econômico agregado das empresas.

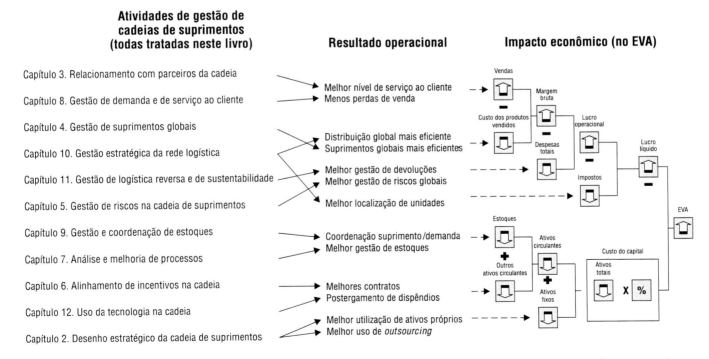

Figura 1.8 Atividades de administração de cadeias de suprimentos, seus potenciais resultados operacionais e correspondentes impactos no valor econômico agregado (EVA) pela empresa (apenas os fatores influentes mais diretos estão assinalados).

> **FIQUE ATENTO**
> A administração de cadeias de suprimentos pode ser uma importante arma competitiva, com impactos claros e relevantes no resultado econômico das empresas componentes.

Com a administração de cadeias de suprimentos todos podem ganhar

Um dos mais importantes resultados da administração de cadeias de suprimentos é que ela permite que todos na cadeia ganhem colaborativamente, em vez da tradicional abordagem conflituosa na qual, para alguns membros da cadeia ganharem, outros necessariamente têm de perder. Vejamos como isso ocorre analisando um processo de negociação tradicional.

Muitas vezes, as várias organizações componentes das cadeias de suprimentos e suas lideranças não só têm objetivos diferentes, mas, mais do que isso, têm objetivos conflitantes. Quando dois executivos de duas empresas que integram uma cadeia de suprimentos e têm relações comerciais diretas se sentam para negociar a compra e venda de um determinado produto ou serviço, cada um está imbuído do interesse de maximizar o resultado econômico de sua empresa individual.

Isso porque é com base nesse objetivo que suas recompensas como funcionário (salários, bônus, promoções) se baseiam. Analisemos como tradicionalmente se dá o processo de negociação numa parte da cadeia de suprimentos simplificada que usamos anteriormente neste capítulo. Essa parte está representada na Figura 1.9.

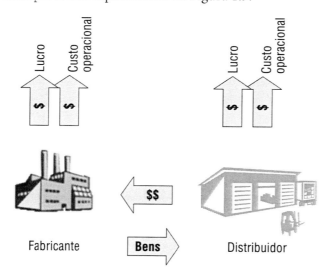

Figura 1.9 Relação tradicional cliente-fornecedor.

Imbuído do objetivo de obter mais lucro para a sua empresa, o vendedor do nó fabricante procura negociar preços maiores pelo seu produto, assim como o comprador do nó distribuidor procura negociar preços mais baixos. Ambos têm objetivos conflitantes aqui. É como uma competição de "queda de braço"; um sairá ganhador e um sairá perdedor.

Quem sair vitorioso dessa negociação terá aumentado o lucro da sua empresa ao custo da redução do lucro da empresa do seu oponente, numa clara ilustração de relação "ganha-perde". Na soma, não houve ganho líquido para a cadeia que pudesse, por exemplo, ser ao menos parcialmente repassado ao cliente final – o custo total da cadeia continua o mesmo, assim como a soma total de lucro dos nós da cadeia. Portanto, o preço total a ser pago pelo cliente final da cadeia continua o mesmo.

Foi um jogo de "soma zero". Soma zero já seria ruim o bastante como resultado de esforços gerenciais, num mundo extremamente competitivo como o atual. A questão aqui é que o jogo não é meramente de soma zero, mas de soma "negativa" – todos perdem com uma postura conflitante, de queda de braço, num processo tradicional de negociação. Vejamos o porquê.

Os profissionais com o encargo de realizarem o processo de negociação tradicional representando suas empresas são, em geral, competentes e experientes nas suas funções e sabem muito bem o que se espera deles: que saiam vitoriosos das quedas de braço com os seus "oponentes" na cadeia.

Um profissional competente numa competição de queda de braço achará formas de "reforçar seu braço", a fim de ser mais e mais competitivo neste jogo. E descobrirá rapidamente que uma das formas mais elementares de se ter vantagem numa negociação é ter mais e melhor informação que o oponente (o clichê empresarial "quem tem informação tem poder" vale aqui).

Para criar essa "assimetria de informação" em relação ao oponente, o negociador percebe que uma das formas é *não* compartilhar com ele e, muitas vezes, até mesmo esconder ou distorcer suas informações. Por exemplo, o distribuidor pode ter a informação de que sua demanda está crescente, mas prefere não compartilhar isso com o fabricante, porque, se este souber, terá motivo para relutar em, por exemplo, ceder a solicitações de desconto do distribuidor.

Por sua vez, o fabricante também procurará, pelo mesmo motivo, não compartilhar informações. Como ambos não compartilham suas informações, estão fazendo o oponente trabalhar sob maior incerteza. O resultado é que todos os nós envolvidos acabam tendo de lidar com maior grau de incerteza e isso prejudica a eficiência de todos – os custos de todos, para lidar com mais incerteza, serão maiores (por exemplo, sendo forçados a trabalhar com maior estoque de segurança e/ou com capacidade extra para lidar com o incerto).

Na Figura 1.9, como o lucro de um parceiro aumentou e, na mesma proporção, o do outro diminuiu, aparentemente a cadeia teve "soma zero", mas isso só é verdade quando levamos em conta apenas o lucro (representado por uma das setas verticais sobre os nós). Quando se considera o efeito colateral decorrente do jogo conflitante "ganha-perde", que é um maior nível global de incerteza, notamos que o resultado líquido não é zero, mas negativo, já que os custos totais da cadeia serão maiores e isso será repassado na forma de preços menos competitivos ao usuário final! Veja a Figura 1.10.

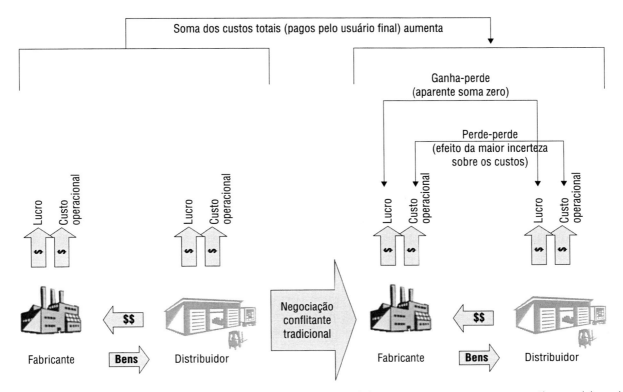

Figura 1.10 O jogo conflitante ganha-perde nas negociações tradicionais na verdade não tem soma zero, mas soma negativa: a cadeia perde.

> ⚠ **FIQUE ATENTO**
> Pelo menos em determinadas situações, relações mais colaborativas em que se compartilham informações e se coordenam processos decisórios podem ser mais indicadas que as relações conflituosas tradicionais. Mais colaboração resulta em reduções importantes do nível de incerteza e aumento do nível de integração na cadeia. Para isso, é necessário que haja uma administração de cadeia de suprimentos em que as ações sejam coordenadas e colaborativas, com algum *mecanismo gestor* por trás das ações dos vários nós para garantir essa coordenação.

Alinhamento de atividades e competências nas cadeias de suprimentos

Há outras situações que ilustram o potencial que a administração de cadeias de suprimentos tem para melhorar o desempenho percebido pelo usuário pagante das cadeias. Uma importante é o potencial para melhor alinhar as várias competências presentes na cadeia com as várias atividades que a cadeia tem de executar para satisfazer seus clientes.

Em outras palavras, a administração de cadeias de suprimentos permite uma melhor distribuição de atividades, alocando atividades a atores da cadeia que tenham maior competência para realizá-las. Um exemplo pode ilustrar essa ideia. Pense na relação entre um fabricante de inseticida e uma cadeia de supermercados do Rio de Janeiro, por exemplo, que tem clima quente.

Dentro da empresa fabricante do inseticida há gestores absolutamente focados nesse mercado. Sabem, por exemplo, que se no verão dois dias de chuva são seguidos por dois dias de sol forte e calor, haverá aumento na população de pernilongos em determinadas áreas da cidade – o que fará com que nesses locais a demanda por aerossóis de mata-mosquitos aumente nos próximos dias.

Por ser focado e por conhecer mais o uso dos seus produtos, o fabricante de inseticida tem uma grande competência para identificar padrões e prever tendências de consumo dos seus produtos. Além disso, como vende seus produtos para várias cadeias de supermercados, detém informações bastante ricas sobre demandas dos produtos e suas correlações com várias outras variáveis que podem fazer com que suas previsões sejam ainda mais precisas e, sobretudo, mais que aquelas feitas pelo gestor de um supermercado individual que venda o produto.

Isso porque a administração de estoques num supermercado não é tarefa trivial, envolvendo um portfólio de produtos que pode chegar a mais de 30 mil diferentes itens. Para cada um desses itens, é necessário que o gestor do estoque, para tomar suas decisões de reposição, faça previsões de vendas (a previsão de vendas é tratada no Capítulo 8).

Quando as condições climáticas ou outras condições relevantes mudam, o gestor do supermercado tem de avaliar o efeito delas não para alguns, mas para 30 mil itens – continuamente!

Por sua própria posição na cadeia de suprimentos, e nesse caso pelo maior foco, o fabricante tem muito melhores condições que o supermercado para fazer previsões de vendas de curto prazo dos seus produtos e, portanto, está numa posição mais privilegiada para fazer a administração de estoques do supermercado do que o próprio gestor de estoques do supermercado! Isso significa que em certas situações pode valer a pena realocar a atividade de "previsão das vendas ao consumidor": em vez de ser realizada pelo supermercado, passar a ser realizada pelo fabricante (essa prática se chama *estoque gerenciado pelo fornecedor* – VMI e é utilizada em muitas situações, como será visto no Capítulo 9).

> **FIQUE ATENTO**
> Muitas vezes, as atividades da cadeia têm que ser realocadas para nós que tenham mais competência para realizá-las e isso só é possível com a abordagem global e por processos que a administração de cadeias de suprimentos adota.

1.2.4 Tipos de cadeias de suprimentos e empresas focais

Há vários tipos de cadeias de suprimentos, com estruturas das mais simples às mais complexas. Na identificação das cadeias e suas estruturas, é necessário identificar as empresas participantes. A inclusão de *todas* as empresas participantes pode fazer com que a representação e análise da cadeia se torne excessivamente complexa, pois o número de participantes aumenta exponencialmente quando se adicionam camadas de fornecimento. A chave é identificar quais membros são críticos para o sucesso da empresa focal (aquela que é o foco da análise) e alocar atenção e recursos especial e prioritariamente para estes. A Figura 1.11 ilustra várias configurações de cadeias de suprimentos de bens.

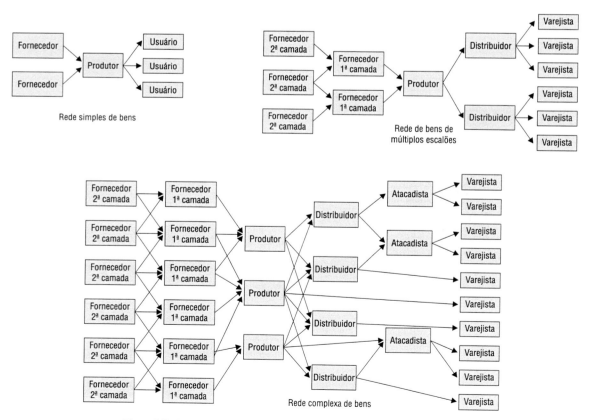

Figura 1.11 Representação de três tipos de cadeias de suprimentos de bens.

Cadeias simples de bens

Nestas, um produtor individual lida diretamente com o consumidor final. Um exemplo seria uma pequena fábrica de geleia do interior de Minas Gerais, que adquire frutas de um produtor local, prepara e embala as geleias e as entrega diretamente aos usuários. O controle dessa cadeia é muito simples e todos os fluxos são controlados pelo fabricante, pois ele tem contato direto com o cliente a jusante e, a montante, em relação aos fornecedores, a complexidade da cadeia é baixa.

Cadeia de bens com múltiplos escalões

As cadeias de múltiplos escalões são mais complexas, porque necessitam de armazéns de distribuição e pontos de venda, para que níveis de escala viáveis sejam atingidos no transporte a clientes localizados a distâncias maiores. A preocupação adicional com a administração dos fluxos logísticos e de informações pelos vários escalões e a administração dos múltiplos estoques envolvidos são a razão da complexidade adicional. Um exemplo seria uma fábrica de jeans, que produz mais altos volumes e tem sua produção escoada por intermédio de uma cadeia de distribuidores regionais que fazem chegar seu produto a numerosos pontos de varejo dispersos geograficamente.

Cadeias complexas de bens

Nessa situação, que de fato ilustra a situação enfrentada pela maioria das grandes empresas, a complexidade é grande. A empresa tem várias unidades produtivas, uma complexa cadeia de fornecedores e subfornecedores e, ao mesmo tempo, uma complexa cadeia de distribuição, que tem ramificações com vendas diretas ao varejo e vendas a estruturas de distribuição mais intrincadas, passando por grandes distribuidores, atacadistas que, então, fazem o produto chegar ao varejo.

Um exemplo seria uma grande fabricante de produtos de consumo, como cereal matinal. Empresas grandes, como a Kellogg's e a Nestlé, que produzem cereal matinal, têm uma cadeia bastante complexa a montante, com numerosos fornecedores de insumos, embalagens, consumíveis, entre outros, e também complexa a jusante.

As chamadas *key accounts* ou contas-chave são clientes atendidos diretamente, como as grandes cadeias de supermercado. Entretanto, o pequeno varejo também é bastante importante, mas é inviável atendê-lo diretamente, por questões de escala operacional no transporte. Então, nesse caso, há grandes distribuidores regionais que podem fazer os produtos chegarem ao varejo diretamente ou, ainda, utilizar atacadistas que "quebram" as embalagens de grande volume como páletes de produtos, fazendo a distribuição em menores quantidades com carga mista para os pequenos varejistas. Diferentes estruturas e estratégias são necessárias, por exemplo, para atender um pequeno varejista presente no interior rural e um pequeno varejista presente num aglomerado urbano com população de baixa renda, como as comunidades de alguns morros do Rio de Janeiro. A diversidade, então, agrega complexidade à administração de cadeias como estas.

Cadeias complexas de serviços

Serviços também têm suas cadeias de suprimentos e sua administração também é bastante complexa. Além das complexidades já descritas pelas cadeias complexas de bens, há um fator adicional: muitas vezes não só a empresa focal tem contato direto com o cliente, mas seus fornecedores e fornecedores dos fornecedores também têm. Um exemplo são as cadeias de serviços de saúde. Se considerarmos a empresa focal como a empresa de seguro saúde, ela tem que gerenciar uma complexa cadeia de "distribuidores", as corretoras de seguros de saúde e uma complexa cadeia de fornecedores: esta inclui hospitais, clínicas, médicos individuais, laboratórios de análises etc. Os fornecedores principais, por exemplo, os hospitais, têm suas próprias cadeias complexas de suprimento de bens (remédios, materiais etc.) e de serviços (muitas vezes, alguns serviços médicos, como radiologia, e a maioria dos serviços de apoio, como limpeza, hotelaria e alimentação, são terceirizados). Ocorre que, numa cadeia como esta, o contato com o cliente, uma atividade tão importante quanto complexa para os negócios, não pode ser concentrada, mas tem necessariamente que ser dispersa: o cliente não só tem contato direto com o corretor de seguro, como com a empresa de seguro saúde em si, com o hospital, com as empresas terceiras que prestam serviços de radiologia, limpeza, alimentação e assim por diante. A Figura 1.12 ilustra uma cadeia complexa de serviços.

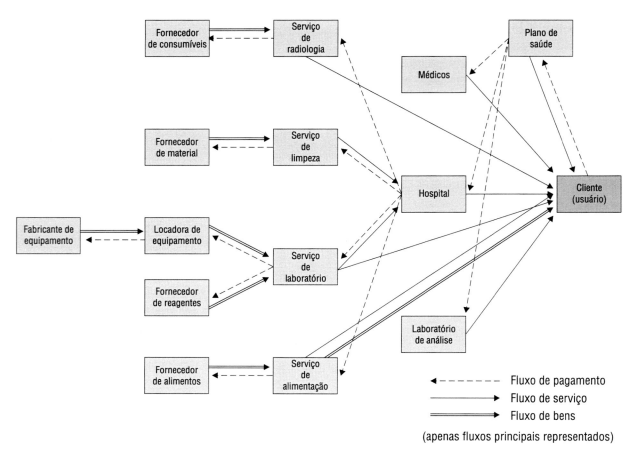

Figura 1.12 Cadeia de suprimentos complexa de serviços de saúde e seus principais fluxos.

A terceirização de *atividades de apoio é outro* importante aspecto das cadeias de suprimentos de serviços. Atividades de apoio são processos que não estão totalmente vinculados aos processos logísticos principais da organização, mas são cruciais no apoio a estes. Como exemplo, podemos citar os serviços de contas a pagar e receber, folha de pagamento, contabilidade, entre outros. Eles basicamente são processos que lidam com informação e que, ao mesmo tempo, não necessitam contato direto com o cliente e podem ser feitos em *back office* ou na "retaguarda" da operação. Muitas corporações, como a Unilever, usam "centros de serviço compartilhado" (terceirizados ou não) em que recursos são compartilhados por todas as empresas do grupo, visando a ganhos de escala. A terceirização de serviços de apoio se configura numa importante ilustração de cadeias de suprimentos de serviços. Esse assunto será abordado em mais detalhes no Capítulo 4.

Arranjos produtivos locais

Uma outra configuração que tem ganhado muita visibilidade, em termos de configuração de cadeias de suprimentos, é uma cadeia complexa em que é acrescentada a dimensão espacial; são os chamados "arranjos produtivos locais" ou, na língua inglesa, *clusters*. Trata-se da ideia de que quando as cadeias de suprimentos de um mesmo determinado setor industrial se concentram territorialmente (muitas vezes em torno de uma ou algumas empresas "âncoras") em certa região, o caldo cultural favorece a criação de competências focalizadas. Além disso, a proximidade logística e a possibilidade intensa de interação entre membros das cadeias colocalizadas (incluindo concorrentes) cria vantagens comparativas e fomenta o desenvolvimento e difusão tecnológica na região. Internacionalmente, esse fenômeno é observado em regiões que experimentaram grande progresso em relação à competitividade das cadeias que lá se concentraram: o Vale do Silício na Califórnia, EUA, arranjo produtivo local de produtos de alta tecnologia e a chamada Terceira Itália, um arranjo extremamente competitivo no norte da Itália, com indústrias como a têxtil e de máquinas.

Pelo potencial de alavancar competitividade, os governos e órgãos de fomento têm tratado os arranjos produtivos locais como alternativa importante de desenvolvimento regional. No Brasil, há vários arranjos produtivos locais, como o aeronáutico (em torno da Embraer) em São Paulo; o de vinho (na Serra Gaúcha), de couro e calçados no Vale do Rio dos Sinos, no Rio Grande do Sul; o têxtil e de vestuário em Santa Catarina, entre outros.

1.2.5 A globalização e a administração de cadeias de suprimentos

A tendência recente no sentido de crescente globalização das cadeias de suprimentos tem feito com que os profissionais práticos e acadêmicos questionem o que *globalização* significa para as pessoas que têm de gerenciar processos de criação de valor. Claramente, no domínio da administração de cadeias de suprimentos, globalização implica fluxos de materiais que cruzam fronteiras nacionais com a complexidade logística, cultural e legal que isso traz. Exemplos são:

- o aumento das distâncias percorridas pelos materiais que vêm e vão a países muitas vezes localizados do outro lado do mundo;
- o aumento dos riscos associados a interrupções de fluxos mais longos e complexos;
- a emergência de concorrentes internacionais e suas cadeias, agora muito mais presentes até mesmo nos mercados domésticos;
- o surgimento de inúmeras oportunidades de exploração de fontes de suprimentos internacionais.

A enorme exposição a novos e aumentados riscos e retornos leva as empresas a encarar desafios, com a globalização, que vão muito além do portfólio de competências que as fazia desempenharem-se bem num mundo mais restrito de concorrência apenas por mercados domésticos (Mentzer *et al.*, 2007, p. 40). O movimento de globalização não parece dar sinais de reversão no médio prazo e provavelmente nem no longo prazo. Tratar de administração de cadeias de suprimentos, hoje, é tratar de cadeias globais de suprimentos, o que faz com que o termo "globais" na frase anterior seja, até certo ponto, redundante.

1.2.6 Governança das cadeias de suprimentos

Governança se refere à forma com que uma organização é gerenciada e controlada pela autoridade exercendo a liderança. Numa cadeia de suprimentos, a governança é um assunto controverso, pois não existe uma clara "autoridade" exercendo liderança (como seria o caso do corpo diretivo ou do proprietário de uma empresa privada, por exemplo). De fato, muito é discutido nas empresas e na literatura a respeito da "administração de cadeias de suprimentos", mas raramente se fala explicitamente do "gestor" da cadeia de suprimentos. Isso porque, numa cadeia de suprimentos, diferentemente de uma empresa isolada, há inúmeros atores (os nós da cadeia), que têm seus próprios objetivos e cujos gestores sofrem pressões de diferentes grupos de interesse (seus próprios acionistas, seus próprios funcionários etc.), o que dificulta a administração da cadeia como um todo.

Não há em geral "um chefe" ou "um dono" que possa usar seu poder hierárquico ou acionário para "gerir" todas as atividades realizadas em uma cadeia de suprimentos, de forma que elas atendam um grande objetivo comum e bem focalizado.

Parece plausível que a responsabilidade repouse sobre algum dos participantes da própria cadeia, ou seja, um dos nós da cadeia. Dentre os nós da cadeia, há os que são mais fortes (por serem compradores mais importantes, detentores de tecnologia, de marcas – ou por outra competência ou característica relevante) e os que são menos fortes, os coadjuvantes da cadeia. Parece também plausível que, se algum dos nós lograr sucesso na tarefa de assumir atividades gestoras da cadeia toda, induzindo comportamentos nos seus vários nós (por exemplo, realocando atividades de um nó para outro), será um dos nós fortes. Isso porque os nós mais fracos dificilmente terão poder para induzir comportamento nos outros. A partir daí podemos formular uma proposição:

> **Proposição 1**
> A iniciativa e a responsabilidade por iniciativas de administração de cadeias de suprimentos em geral recaem sobre os elos mais fortes da cadeia.

O interesse por uma administração de cadeias de suprimentos, entre outros, vem do fato de que é conveniente que as tradicionais relações negociais do tipo "ganha-perde" entre elos da cadeia sejam substituídas por relações mais virtuosas, do tipo "ganha-ganha", com efetiva agregação de valor adicional na cadeia e escapando da situação de soma-zero ou soma negativa discutida anteriormente neste capítulo. Outra proposição:

> **Proposição 2**
> Iniciativas de administração de cadeias de suprimentos visam principalmente a substituir as relações "ganha-perde", dentro da cadeia, por relações "ganha-ganha".

Entretanto, de forma mais pragmática, quando se analisa a história das relações "ganha-perde" tradicionais, percebe-se que numa relação negocial interna à cadeia, nos moldes tradicionais, em geral, os nós que acabavam "do lado ganhador" na relação "ganha-perde" eram exatamente os nós que tinham o poder para lá estarem – ou seja, os nós mais fortes. Daí outra proposição:

Proposição 3
Nas relações tradicionais do tipo "ganha-perde", em geral, os elos mais fortes acabavam no lado ganhador e os mais fracos acabavam no lado perdedor.

Agora imagine um nó forte pensando nas suas opções de ação. Se disparar uma iniciativa de sensibilização, coordenação, integração e/ou outras, com objetivo de obter uma administração coesa e integrada da cadeia em que se encontra, isso demandará um esforço gerencial relevante e, certamente, sob sua ótica, custos relevantes a serem incorridos. O resultado da iniciativa é a troca de relações "ganha-perde" por relações "ganha-ganha", conforme o esquema da Figura 1.13. Analise a Figura 1.13. O nó forte certamente a analisa tendo em vista o retorno esperado sobre seu investimento na iniciativa de desenvolver uma administração de cadeia. E a conclusão a que alguns têm chegado é clara: aparentemente, o maior beneficiário (pelo menos no curto e médio prazos) de iniciativas como essa são os nós fracos. Uma outra proposição:

Proposição 4
Os elos fortes das cadeias, que têm maior probabilidade de êxito, têm relativamente pouco interesse em disparar iniciativas de administração de cadeia, visto que não são aparentemente os maiores beneficiários, pelo menos no curto prazo.

	Nó forte	Nó fraco
Situação tradicional	Ganha	Perde
Situação nova	Ganha	Ganha

Figura 1.13 Resultados gerais das iniciativas de assumir a governança e desenvolver administração de cadeias de suprimentos.

SAIBA MAIS
Ilustremos a dificuldade que algumas cadeias de suprimentos às vezes têm de escapar do paradoxo de governança (os atores fortes da cadeia de suprimentos que teriam o poder de fazer acontecer uma administração mais colaborativa da cadeia de suprimentos na qual se insere, muitas vezes não têm o interesse de fazer com que isso aconteça por um motivo simples: ganha mais, pelo menos no curto prazo,

mantendo o *status quo*). Uma destas ilustrações é a postura que algumas grandes cadeias de varejo no Brasil mantiveram durante boa parte dos anos 1980 e 1990, com uma relação altamente conflitante com os seus fornecedores a fim de se beneficiar do grande poder de barganha que tinham por estarem vivendo um momento de grande concentração de cadeias de supermercados no país. O texto ilustra um resumo (o original completo tem 32 "artigos") de um suposto "Manual do Comprador" que uma delas alegadamente utilizava para treinar seus compradores. Não se nota muito, no clima geral do manual, assim como na abordagem eticamente questionável de alguns assuntos, uma disposição de cooperar ou colaborar para uma melhor administração da cadeia como um todo.

"MANUAL DO COMPRADOR"
Leia com atenção:
- Nunca demonstre simpatia a um vendedor, mas diga que é parceiro.
- Considere o vendedor como inimigo nº 1.
- Jamais aceite a 1ª oferta, deixe o vendedor implorar, isto dá margem a maior barganha para nós.
- Use sempre o lema "você pode fazer melhor do que isso".
- Quando o vendedor dá facilmente ou pede para ir ao banheiro ou telefonar e vem com a aprovação, considere que o que ele está dando já poderia ser dado, peça mais.
- Seja inteligente, finja-se de idiota.
- Não faça concessões sem contrapartida.
- Lembre-se de que o vendedor não oferece, já está esperando que o comprador peça e em geral não exige nada em troca.
- Não tenha dó do vendedor, jogue o jogo dos "maus".
- Não hesite em usar argumentos, mesmo que sejam falsos. Por exemplo: o concorrente do vendedor sempre tem a melhor oferta, maior giro e maior prazo.
- Mantenha-se repetindo as mesmas objeções, mesmo que sejam absurdas, e de tanto repeti-las o vendedor acaba acreditando.
- Nunca se esqueça de que devemos obter o máximo de informações sobre a personalidade e as necessidades dos vendedores que nos visitam diariamente. Descubra o ponto fraco deles.
- Sempre convide o vendedor a participar de uma promoção, acerte com volume alto, consiga o máximo de descontos que puder, faça a promoção rápida e lucre com o saldo.
- Desestabilize o vendedor exigindo coisas impossíveis, ameace romper a negociação a qualquer momento. Deixe-o esperando; marque horário e não cumpra; faça

outro vendedor passar a frente dele; ameace tirar os produtos dele de linha; ameace diminuir os espaços de seus produtos na gôndola; expulse o promotor da loja; dê pouco tempo para ele se decidir; faça cálculos mesmo que sejam falsos; o vendedor acaba dando mais.

- Fuja do assunto "margem" como "o diabo foge da cruz".
- Se o vendedor demorar para dar a resposta, diga que fechou com o concorrente dele, assim ele fará mais concessões.
- Jamais deixe o vendedor questionar qualquer promoção.
- Evite que o vendedor fique lendo nossas informações no visor – quanto mais desinformado o vendedor for, mais ele acreditará em nós.
- Se o vendedor estiver acompanhado de um superior, exija mais descontos, mais participação nas promoções, ameace tirar de linha seus produtos. O superior não vai querer perder o pedido e o cliente na frente do vendedor.
- Finalmente, não se esqueça da regra de ouro de um bom comprador: "não perca tempo com vendedores profissionais, invista seu tempo no vendedor despreparado, não se assuste com grandes marcas (por trás de uma grande marca pode estar um vendedor despreparado que só conta com a marca), invista seu tempo no vendedor que não faz cálculos, que cede facilmente, quer entrar ou tem medo de sair da cadeia".

Questões para discussão

1. Identifique itens do manual do comprador acima que claramente ilustrem a tentativa de criação de assimetria de informação favorecendo o comprador.

2. Identifique itens que, claramente, para você, representem transgressões éticas. Discuta-os com seus colegas e verifique o quanto vocês concordam quanto ao que é ou não eticamente aceitável numa negociação comercial.

3. O manual acima de certa forma "legitima" práticas eticamente questionáveis. Qual o risco de que estas "práticas" se voltem contra a própria empresa por ações:

   a) dos seus fornecedores;

   b) dos seus próprios funcionários.

Ora, o que então, do ponto de vista pragmático de negócio, faria com que os nós fortes se sensibilizassem para exercer a governança e disparar iniciativas de administração de cadeia que só eles, em princípio, têm o poder de fazer acontecer? Em geral, não são ocorrências internas à cadeia aquelas capazes de fazer os elos fortes tomarem estas iniciativas, mas *externalidades* à cadeia. Daí podemos formular outra proposição:

Proposição 5

Iniciativas dos elos fortes para desenvolver uma lógica de administração de cadeias de suprimentos *são mais prováveis de ocorrerem quando uma externalidade relevante põe em risco a cadeia como um todo e, por conseguinte, a até então segura posição dos nós fortes.*

Isso fica claro, por exemplo, em algumas situações da História recente: empresas do setor automobilístico no Brasil, como a General Motors, apenas dispararam ações sérias para melhoria de sua administração de cadeia a jusante (relações com as suas concessionárias), no que se refere a serviços e peças de reposição, após 1990, quando o Governo Federal reduziu drasticamente o imposto de importação para veículos, o que trouxe muitos novos concorrentes internacionais para o mercado com práticas muito melhores que aquelas então vigentes e usadas pelos quatro únicos concorrentes da época: Fiat, General Motors, Ford e Volkswagen.

Algo similar ocorreu com a indústria farmacêutica no final dos anos 2000, quando também o Governo Federal regulamentou o uso de medicamentos genéricos no Brasil. Os laboratórios tradicionais, em uma posição até então relativamente confortável, protegidos por suas marcas, viram a chegada de novos concorrentes, fabricantes de genéricos, e só então passaram a disparar ações mais enfáticas de coordenação de suas cadeias de distribuição de remédios.

FIQUE ATENTO
A questão de governança de cadeias de suprimentos ainda é uma questão controversa e em estudo. No caso de cadeias com nós fortes bem definidos, a tendência parece sinalizar que estes são os atores que têm mais probabilidade de sucesso quando se dispõem a liderar iniciativas de administração de cadeias de suprimentos, embora em muitos casos possam não ter interesse imediato em fazê-lo em razão de pressões e visões de curto prazo.

SAIBA MAIS
Bitran *et al.* (2007), pesquisadores ligados ao MIT, nos Estados Unidos, argumentam que alguns setores industriais (como o têxtil) sofreram nos últimos anos um processo de fragmentação, com níveis crescentes de terceirização e subterceirização em que empresas pequenas e médias tem se esforçado muito para sobreviver. Segundo os autores, não está claro se com esse nível de fragmentação estas empresas são mesmo viáveis. Portanto, creem que depois de completado

o ciclo de fragmentação, será só uma questão de tempo para que haja uma necessidade premente de reintegração destas cadeias, o que teria, ainda segundo os autores, de ser feito por entidades independentes (e, portanto, não por uma das empresas da cadeia), principalmente nos casos em que não haja empresas da cadeia que tenham poder, competência, disposição e interesse para assumir a liderança do esforço de coordenação. Nesses casos, mais cedo ou mais tarde, haverá a necessidade de algum "mecanismo integrador" da cadeia ou mais provavelmente de subgrupos de empresas da cadeia que fique responsável pela coordenação e governança do subgrupo, de forma a: garantir alinhamento entre os objetivos do subgrupo e os objetivos da cadeia como um todo; facilitar a cooperação entre membros do subgrupo; garantir uma rápida integração de novos membros ao subgrupo; garantir comunicação e principalmente olhar pelas pequenas e médias empresas que operam na periferia de outras empresas maiores e/ou com maior poder.

Os autores propõem que há espaço para um novo ator nas cadeias, um "terceiro" independente que assuma esse papel de "maestro" desses subgrupos. Nas cadeias em que há um nó forte e dominante, o papel de "maestro", em geral, será assumido por ele, mas ainda pode haver espaço para terceiros independentes assumirem papéis de "minimaestros" responsáveis por coordenar e integrar subgrupos de empresas da cadeia com as quais o nó forte não tenha interesse de interagir diretamente nos seus esforços de integração.

Um exemplo de empresa trabalhando como "minimaestro" é o Li & Fung Group (www.lifung.com), uma empresa (faturamento de US$ 13,5 bilhões em 2017) baseada em Hong Kong que apoia clientes, em geral, empresas de vestuário com marcas próprias que operam na Europa e nos Estados Unidos. Ao longo dos anos, a Li & Fung evoluiu de uma empresa de trading entre a China e países ocidentais para um coordenador mutifacetado de manufatura têxtil. Embora mantenha uma cadeia de 15 mil fornecedores e 260 escritórios em 40 países, não possui nenhuma fábrica. Quando recebe um pedido, a empresa divide a tarefa de produção em partes e aloca cada parte para fornecedores que podem estar em qualquer parte do mundo, mas principalmente na Ásia, coordenando os fluxos e a produção dos componentes, montagem, controle de qualidade e armazenagem/transporte do produto final para os clientes. Usando seu poder de compra e uma relação de confiança desenvolvida ao longo de anos com sua base de fornecedores, a Li & Fung pode reduzir custos e encurtar consideravelmente os ciclos de entrega num setor industrial em que custo e tempo são cruciais. Seus clientes individuais, em geral grandes varejistas ocidentais de roupas, teriam grande dificuldade de realizar essa tarefa de coordenação ou não teriam interesse de fazê-lo, preferindo focalizar-se nas suas atividades mais centrais. Qualquer dos outros elementos da cadeia (em geral pequenos fabricantes/facções) não teria poder ou competência suficiente para exercer essa coordenação. A Li & Fung é, portanto, tipicamente um "terceiro" independente com papel de "minimaestro" das cadeias de suprimentos desses varejistas.

SAIBA MAIS

Assista aos vídeos abaixo e discuta as questões a seguir.

Vídeo corporativo da Li & Fung
Fonte: http://www.youtube.com/watch?v=h1f7hSCs8QI
Acesso em: 19 jun. 2019

uqr.to/fcrt

Globalizando um negócio de família: William Fung
Fonte: http://www.youtube.com/watch?v=6OoFZG2s2E0
Acesso em: 19 jun. 2019

uqr.to/fcrv

Questões para discussão

1. Quais os benefícios e riscos para os varejistas ocidentais de trabalharem com empresas ("minimaestros") como a Li & Fung em suas cadeias?

2. Pesquise na internet sobre empresas como a Flex (https://flex.com), previamente chamada de Flextronics (vendas de US$ 23,9 bilhões em 2017), que operam em vários setores industriais, incluindo eletroeletrônicos. Descubra o que fazem e procure traçar paralelos entre sua atuação e a atuação da Li & Fung na indústria têxtil. Você considera que também façam papel de "minimaestros" nas cadeias em que atuam?

3. Esse papel (de "minimaestros") faz sentido para uma cadeia que basicamente fornece serviços? Use possíveis exemplos para justificar sua resposta.

1.2.7 Alinhamento de incentivos na cadeia

Em que pese o papel importante dos chamados "nós fortes" ou de terceiros independentes na governança e administração de cadeias de suprimentos, há um fator adicional que tem papel essencial na coordenação dos atores das cadeias de forma que busquem objetivos comuns da cadeia, e não individuais – o alinhamento de incentivos. É impossível ou muito difícil exigir que os nós das cadeias de suprimentos abram mão de seus interesses individuais em prol do interesse da cadeia. Isso é simplesmente incompatível com os princípios mais elementares do capitalismo, com a obrigação fiduciária dos gestores e, portanto, não sustentável num mercado competitivo. É, portanto, necessário que se desenvolvam mecanismos a fim de alinhar os interesses individuais das empresas da cadeia com os interesses da cadeia em si. Isso passa por novas formas de contratação, em que riscos, custos e benefícios são mais bem distribuídos, de modo mais racional, ao longo dos atores da cadeia (esse importante tópico será discutido em detalhes no Capítulo 6). Isso exige níveis elevados de confiança e cooperação entre os atores da cadeia.

Conclusão

A administração de cadeias de suprimentos representa tremendo potencial de, se bem feita, trazer enormes benefícios às empresas participantes e seus clientes. As discussões do Capítulo 1 deixam muito claro, entretanto, que a boa administração de cadeias de suprimentos não é tarefa trivial. Requer técnicas, conceitos e abordagens que não são exatamente os mesmos que têm sido desenvolvidos, aperfeiçoados e usados largamente na administração operacional interna das empresas, consagrados ao longo dos últimos dois séculos e meio. São necessárias novas abordagens e certamente uma visão mais ampla dos processos empresariais. Essas novas abordagens serão descritas e analisadas detalhadamente nos capítulos subsequentes deste livro. Usaremos, como um "guia" ou "mapa", o quadro de referência da Figura 1.14. No início de cada capítulo, esse quadro de referência aparecerá, com ênfase na parte a ser tratada, para que o leitor sempre saiba onde os assuntos do capítulo se encaixam no quadro geral.

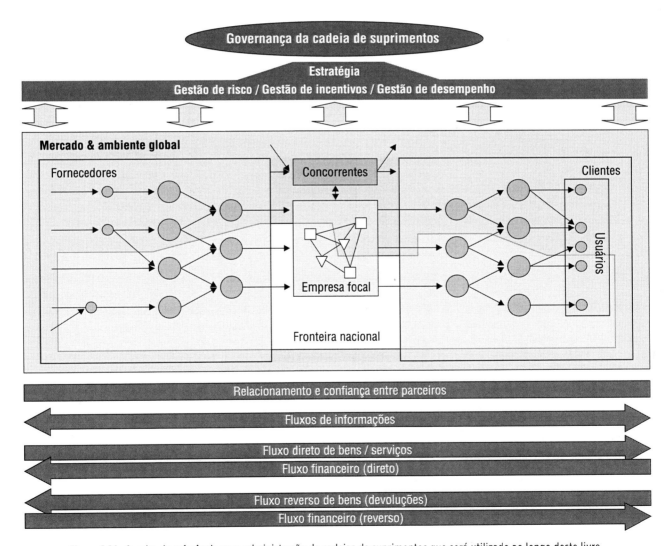

Figura 1.14 Quadro de referência para administração de cadeias de suprimentos que será utilizado ao longo deste livro.

1.3 ESTUDO DE CASO: GOVERNANÇA PARA SUSTENTABILIDADE NA CADEIA DE SUPRIMENTOS DO MCDONALD'S

História

O McDonald's foi fundado por Roy Kroc em 1955. Ele acreditava que uma forma de conseguir crescimento rápido da empresa seria pela cessão de franquias com seu método inovador de produzir hambúrgueres e *milk-shakes* (muito mais eficientemente que a concorrência) e de sua marca a empreendedores independentes. Desde o princípio, procurou estabelecer uma cadeia de suprimentos inovadora para suportar o crescimento do seu negócio. Diferente de outros franqueadores de restaurantes de *fast-food*, que ganham seu dinheiro com as margens de lucro sobre a venda de produtos que os franqueados, por contrato, são forçados a comprar, Kroc alinhava os interesses do McDonald's e dos franqueados, associando seu lucro à excelência na administração operacional e crescimento destes. Ele recusava qualquer presente ou favor especial oferecido pelos fornecedores, focalizando-se apenas em garantir que estes fizessem entregas consistentes, com qualidade excelente e preços baixos (negociados com o poder de compra que os altos volumes lhe proporcionavam), o que facilitava o sucesso dos restaurantes. Outras inovações do McDonald's em relação à administração de sua cadeia de suprimentos também foram importantes. Diferente de outros varejistas do ramo de alimentação da época, o McDonald's estabelecia padrões estritos para os ingredientes e aparência de todos os produtos. Sua administração frequentemente fazia visitas sem avisar aos fornecedores, a fim de garantir que estes de fato aderissem aos padrões. Kroc não hesitava em cortar aqueles que consistentemente não atendessem aos altos padrões de qualidade exigidos, mas também premiava os que o fizessem com dedicação. Desde o início, fez com que seus fornecedores fossem verdadeiros parceiros. Alguns cresceram junto com o McDonald's, começando como pequenos negócios e se transformando em líderes em seus mercados.

Figura 1.15 Fachada de restaurante McDonald's na China.

McDonald's hoje

Essa estratégia teve grande sucesso, ilustrado pela presença atual da empresa em mais de cem países, liderando uma cadeia de 37.200 restaurantes próprios e franqueados (de propriedade e gerenciados por empreendedores independentes) e servindo 70 milhões de pessoas diariamente, o que representou faturamento de US$ 22,8 bilhões em 2017, consolidando-a como a maior cadeia de restaurantes *fast-food* do mundo.

As compras de materiais, alimentos e bebidas do McDonald's em 2017 foram de US$ 8 bilhões. Uma cadeia de suprimentos assim proporciona enorme poder de compra à empresa focal, mas também representa tremenda complexidade gerencial.

Organização

A estrutura gerencial do McDonald's é bastante descentralizada e guiada pelo princípio de "liberdade dentro de um modelo básico". O "modelo básico" é um conjunto de orientações que visam a reforçar a excelência operacional e a marca da empresa ao redor do mundo por intermédio da definição de padrões para, entre outras coisas, ingredientes de produtos, limpeza dos restaurantes e uso da logomarca (os "arcos dourados"). Liberdade se aplica a praticamente todo o resto, dentro do pressuposto de que aqueles mais próximos do cliente estão mais bem posicionados para tomar as decisões. Na prática, a sede global da empresa estabelece padrões e executa funções que alavancam a escala da operação global, mas delega outras decisões para gestores locais. A corporação é dividida em "áreas do mundo", que podem ser nacionais (como o McDonald's Brasil) ou regionais (como McDonald's Europa). Estas organizações "regionais" funcionam quase como minicorporações, com alto grau de autonomia.

Governança e administração da cadeia de suprimentos

Uma estrutura similar se aplica à administração da cadeia de suprimentos. Um time global de governança, o *McDonald's Supply Leadership Board* (SLB), determina o "modelo básico" necessário para coordenar atividades-chave de administração da cadeia de suprimentos. Este inclui padrões de qualidade, políticas de negócios e práticas relacionadas a cadeia de suprimentos. Cada time de cada "área do mundo", então, supervisiona, dentro das orientações definidas pelo SLB, os padrões, práticas e políticas regionais detalhadas e apoia os gestores no nível nacional, que devem então zelar para que a maioria dos suprimentos venha de fontes locais e que estes estejam de acordo com os padrões do McDonald's, assim como da legislação local. Outras complexidades devem ser contempladas:

- Planos de contingência devem ser mantidos, em razão da necessidade de consistência mesmo em situações de ameaças de doenças de produtos agropecuários, desastres naturais e outras circunstâncias incontroláveis.
- Devido aos padrões estritos e grandes volumes necessários, há um número limitado de fornecedores fora da cadeia que podem fornecer ao McDonald's. Trocas de fornecedores são possíveis, mas em geral são caras e problemáticas.
- O mercado fornecedor de produtos agropecuários é em geral fragmentado e pouco integrado.

Cadeia de suprimentos sustentável

O SLB lidera o desenvolvimento e a implantação de várias grandes iniciativas, dentre elas a de "cadeia de suprimentos sustentável". Qualidade, segurança alimentar e preços competitivos sempre foram grandes preocupações da administração de cadeias de suprimentos do McDonald's. Em anos mais recentes, responsabilidade social e, mais amplamente, sustentabilidade, também ganharam amplo reconhecimento corporativo. O objetivo é desenvolver uma cadeia de suprimentos que, lucrativamente, "forneça produtos seguros, de alta qualidade e sem interrupção". Em 2000, por exemplo, fornecedores do produto filé de peixe informaram ao McDonald's que os volumes pescados estavam declinando drasticamente. O time de administração da cadeia de suprimentos imediatamente iniciou estudos e discussões internas e com especialistas externos para desenvolver práticas de "pesca sustentável". O risco não era apenas para o sustento dos pescadores e das empresas de pesca, mas da própria continuidade do fornecimento do sanduíche feito com filé de peixe. Desde o final dos anos 1980, o McDonald's tem desenvolvido um documento chamado "Orientações e visão da cadeia de suprimentos", que define aspectos como código de conduta econômica-social para fornecedores (que regula aspectos como trabalho infantil etc.), aspectos ambientais (que trata de questões como não contribuir para a destruição de florestas tropicais, rejeitando fornecedores de carne oriunda de gado criado em pastagens estabelecidas em áreas de floresta tropical recentemente desmatadas) e de tratamento humano de animais (garantindo que animais envolvidos na cadeia de suprimentos do McDonald's não sejam sujeitos a crueldade, abuso ou negligência).

Risco para a imagem

Em abril de 2006, uma pesquisa do Greenpeace (www.greenpeace.org) alegou (e publicou) que um dos maiores fornecedores europeus de Chicken McNuggets (Sun Valley Foods, de propriedade da multinacional americana Cargill) alimentava seus frangos com soja vinda de áreas de cultivo em florestas tropicais recentemente desmatadas no Brasil. O Greenpeace visava a Cargill, mas decidiu direcionar a crítica ao McDonald's, uma empresa da cadeia altamente visível e sensível a ameaças a sua marca, a fim de atingir o fornecedor.

Rapidamente a campanha do Greenpeace chamou a atenção do McDonald's, temeroso pelos potenciais danos a sua imagem. Em horas, o SLB já havia sido envolvido e o McDonald's Europa já havia solicitado informações de todos os envolvidos: McDonald's Brasil, Greenpeace e Cargill. Convencido de que a alegação do Greenpeace estava bem embasada e dada a sua política de sustentabilidade, o McDonald's começou a estudar os cursos de ação possíveis e como implementá-los, já que se tratava de um fornecimento relativamente distante na cadeia de suprimentos (fornecedores de soja usada para alimentar os frangos que, por sua vez, originarão os *nuggets*, que, então, serão vendidos ao McDonald's).

As opções eram várias:

a) Deixar de comprar produtos que usassem soja do Brasil até que a situação se resolvesse – essa solução era considerada problemática, pois eliminar a soja brasileira da cadeia exigiria outra fonte de suprimento, o que não era garantido nos volumes e especificações necessários e aos preços que o Brasil praticava (consumidores na Europa exigem soja não geneticamente modificada, praticamente só produzida no Brasil nos níveis de preço necessários à cadeia do McDonald's).

b) Incluir nas orientações para fornecedores que não só carne de áreas recém-desmatadas seriam inaceitáveis, mas também soja de áreas recém-desmatadas para uso na alimentação animal da cadeia. Isso transferiria para os fornecedores a responsabilidade pela solução, com o McDonald's "lavando as mãos" para o problema, tentando assim preservar sua imagem.

c) Participar da resolução junto com os outros atores da cadeia, mobilizando todos os envolvidos e mais outras ONGs e especialistas, inclusive outras cadeias de suprimentos e até cadeias concorrentes. Com todos a bordo, seriam iniciadas discussões com associações de produtores de soja no Brasil, de forma a achar soluções para o plantio de soja sem desflorestamento. O risco aqui era a complexidade do encaminhamento e o tempo possivelmente longo para uma solução.

SAIBA MAIS

Assista aos seguintes vídeos sobre este caso:

Amazon Diary: McDonald's and Greenpeace Fact Finding Report
Fonte: https://www.dailymotion.com/video/x2p12w4
Acesso em: 4 jul. 2019

uqr.to/fcrw

Sustainable Supply: Our Approach | Sustainability | McDonald's
Fonte: https://www.dailymotion.com/video/x35kanf
Acesso em: 4 jul. 2019

uqr.to/fcrx

Menos é mais: embalagens sustentáveis no McDonald's
Fonte: https://youtu.be/86CSEVvmLXk
Acesso em: 4 jul. 2019

uqr.to/fcrz

Questões para discussão

1. Qual opção você acha que o McDonald's deveria adotar? Justifique.
2. Como o McDonald's deveria engajar os fornecedores, ativistas e outros grupos de interesse e pressão nos seus esforços de sustentabilidade da sua cadeia de suprimentos?
3. O que você acha do estilo de governança da cadeia de suprimentos do McDonald's? Descreva aspectos que você considera positivos e aspectos que você considera negativos.
4. Como, num sentido mais amplo, você considera que o McDonald's deveria ranquear sustentabilidade em relação a outros critérios e objetivos da sua cadeia de suprimentos (como minimizar custos e garantir segurança alimentar)?

1.4 RESUMO

- O aumento crescente de interesse pela administração de cadeias de suprimentos está ligado à evolução tecnológica (que levou a um aumento da terceirização e meios de transporte e comunicação mais eficientes), à globalização e aos retornos decrescentes dos esforços de melhoria interna.
- As *keiretsus* (cadeias de suprimentos em conglomerados japoneses) serviram de inspiração para que o Ocidente buscasse formas mais colaborativas de relacionamento com parceiros da cadeia.
- As *chaebols* são cadeias de suprimentos de conglomerados coreanos e são diferentes em sua estruturação; entretanto, também apresentam níveis altos de cooperação.
- A concorrência hoje não se dá mais entre empresas, mas entre cadeias de suprimentos.
- As cadeias de suprimentos bem gerenciadas têm alto potencial de serem armas competitivas poderosas, pois, baseando-se em relações "ganha-ganha" em vez de "ganha-perde", permitem que parte das vantagens obtidas sejam repassadas ao consumidor.
- O usuário é quem paga por todos os custos operacionais e por todo o lucro gerado na cadeia de suprimentos.
- Uma boa administração de cadeias de suprimentos permite que não só se obtenham vantagens em custo, mas também em serviço ao cliente.
- As principais atividades de uma administração integrada de cadeias de suprimentos são: distribuição física e logística, estratégia e integração e suprimentos.
- Um processo de negócios é um conjunto estruturado e encadeado de atividades com resultados que atendam a clientes.
- Uma gestão por processos é essencial para uma boa administração de cadeias de suprimentos.
- Administração de cadeias de suprimentos é a administração integrada dos processos principais de negócios envolvidos com fluxos físicos, financeiros e de informações, englobando desde os produtores originais de insumos básicos até o consumidor final, na geração e fornecimento de bens, serviços e informações, de forma a agregar valor para todos os clientes – intermediários e finais – e para outros grupos de interesse legítimos e relevantes para a cadeia (acionistas, funcionários, gestores, comunidade, governo).
- Uma boa administração de cadeias de suprimentos tem impacto relevante no resultado financeiro da organização.
- A administração tradicional de relações "ganha-perde" nas cadeias de suprimentos não são na verdade "jogos de soma zero", mas jogos de resultado negativo, visto o aumento de incerteza que o processo negocial tradicional tende a acarretar.
- É importante alinhar competências (atividades alocadas para os recursos mais aptos a realizá-las) e incentivos (o que é bom para o nó está alinhado com o que é bom para a cadeia) em cadeias de suprimentos.
- Há vários tipos de cadeia de suprimentos: cadeias simples de bens, cadeias de bens de múltiplos escalões, cadeias de bens complexas, cadeias complexas de serviços e arranjos produtivos locais.
- A governança das cadeias de suprimentos é uma atividade complexa, porque nem sempre os nós da rede que detêm o poder para administrar a cadeia têm o interesse de fazer isso pelo menos no curto prazo.

1.5 EXERCÍCIOS

1. Sempre houve "cadeias de suprimentos", já que em praticamente nenhum momento da História empresas foram totalmente autossuficientes e, portanto, sempre tiveram de lidar com fornecedores, revendedores etc. Por que você considera que apenas nos últimos 30 anos a área de administração de cadeias de suprimentos passou a despertar grande interesse dentro das organizações?
2. O conceito de administração integrada de cadeias de suprimentos, embora relativamente recente, não surgiu de repente. Descreva o processo de evolução que resultou no seu desenvolvimento.
3. O que são *keiretsus* e *chaebols*? Você considera que elas e seus conceitos subjacentes podem ser aplicadas a empresas brasileiras? Por quê?
4. O que significa a afirmativa de que "hoje a concorrência pelos mercados não se dá mais entre empresas, mas entre cadeias de suprimentos"? Explique.
5. Como uma empresa pode usar sua cadeia de suprimentos para se tornar mais competitiva? Dê exemplos.
6. O que significa "administração por processos" e por que esse conceito é tão importante para a administração de cadeias de suprimentos?
7. Em que aspectos uma estrutura com ênfase em processos é superior a uma estrutura funcional tradicional?
8. Por que se diz que o único "pagante" da cadeia de suprimentos é o usuário final? Quais as implicações disso para a administração de uma empresa que seja parte dessa cadeia?
9. Como a administração de suprimentos pode impactar o resultado econômico-financeiro da organização?
10. Quais as diferenças entre o conceito de eficiência e eficácia? É sempre necessário ser eficiente para ser eficaz? Discuta.
11. O que significa dizer que com uma adequada administração de cadeias de suprimentos é possível trocar relações "ganha-perde" por relações "ganha-ganha" entre membros?
12. Por que situações "ganha-perde" podem não resultar em "soma zero", mas em "soma negativa" nas relações entre parceiros em uma cadeia de suprimentos?
13. Por que as cadeias de suprimentos de serviços tendem a ser ainda mais complexas que as cadeias de suprimentos de bens para gerenciar?
14. De que forma a globalização aumenta a complexidade da administração de cadeias de suprimentos? Dê exemplos.
15. Quem deve ser o "gestor" de uma cadeia de suprimentos? Por que essa é, no geral, uma questão controversa na administração de cadeias de suprimentos?
16. O que significa e por que é importante "alinhar incentivos" em cadeias de suprimentos? Exemplifique.
17. Quais são os tipos de cadeias de suprimentos e como são diferentes entre si?
18. Explique em suas palavras o que são arranjos produtivos locais e quais as vantagens destas organizações?

1.6 ATIVIDADES PARA SALA DE AULA

1. Escolha uma empresa com a qual você e seu grupo tenham familiaridade (por exemplo, a General Motors, a Ambev, a Embraer, a Amazon ou outra). Desenhe uma representação simplificada de sua cadeia de suprimentos com pelo menos quatro camadas de fornecimento. Tente identificar qual empresa teria melhores condições para liderar iniciativas de administração integrada da cadeia e tente identificar uma lista de fatores inibidores e uma lista de fatores facilitadores dessa iniciativa.
2. Junto com seu grupo, pesquise na internet como funcionam as cadeias de suprimentos da Natura e do O Boticário, duas empresas brasileiras de sucesso no ramo de cosméticos. Discuta quais são as diferenças essenciais dos modelos de negócio de ambas e como isso afeta a administração das cadeias de suprimentos de ambas.

1.7 REFERÊNCIAS

BITRAN, G.; GURUMURTHI, S.; SAM, S. L. The need for Third-Party Coordination in Supply Chain Governance. *Sloan Management Review*. Spring, 2007.

CORRÊA, H. L.; CORRÊA, C. A. *Administração de Produção e Operações*. 4. ed. São Paulo: Atlas, 2017.

COYLE, J. J.; LANGLEY JR., C. J.; GIBSON, B. J.; NOVAK, R. A.; BARDI, E. J. *Supply Chain Management: a logistics perspective*. South-Western/Cengage Learning. Mason, EUA, 2007.

DAVENPORT, T. H.; BEERS, M. C. Managing information about processes. *Journal of Management Information Systems*. v. 12, n. 1, p. 57-80, 1995.

HAMMER, M.; CHAMPY, J. *Reengineering the corporation: a manifesto for business revolution*. 1. ed. New York: Harper Business, 1993.

LAMBERT, D. M.; COOPER, M. C. Issues in Supply Chain Management. *Indiustrial Marketing Management*. v. 29, p. 65-83, 2000.

LAMBERT, D. M. (Editor). *Supply Chain Management. Processes, partnerships, perfromance*. 2. ed. Supply Chain Management Institute. Sarasota, EUA, 2006.

MENTZER, J. T.; MYERS, M. B.; STANK, T. P. (Editores). Global Supply Chain Management. Thousand Oaks, EUA. Sage Publications, 2007.

1.8 LEITURAS ADICIONAIS RECOMENDADAS

BECHTEL, C.; JAYARAM, J. Supply Chain Management: A Strategic Perspective. *The International Journal of Logistics Management*. v. 8, n. 1, p. 15-34, 1997. Disponível em: https://doi.org/10.1108/09574099710805565. Acesso em: 30 maio 2019.

CARTER, C. R.; ROGERS, D. S. A framework of sustainable supply chain management: moving toward new theory. *International Journal of Physical Distribution & Logistics Management*. v. 38, n. 5, p. 360-387, 2008. Disponível em: https://doi.org/10.1108/09600030810882816. Acesso em: 30 maio 2019.

CHEN, I. J.; PAULRAJ, A. Towards a theory of supply chain management: the constructs and measurements. *Journal of Operations Management*. v. 22, n. 2, p. 119-150, 2004. Disponível em: https://doi.org/10.1016/j.jom.2003.12.007. Acesso em: 30 maio 2019.

LAMBERT, D. M.; COOPER, M. C. Supply Chain Management: Implementation Issues and Research Opportunities. *The International Journal of Logistics Management*. v. 9, n. 2, 1998.

LAMBERT, D. M.; POHLEN, T. L. Supply Chain Metrics. *The International Journal of Logistics Management*. v. 12, n. 1, 2001.

LEE, H. L. The Triple-A Supply Chain. *Harvard Business Review*. Out. 2004.

LI, S.; RAGU-NATHAN, B.; RAGU-NATHAN, T. S.; RAO, S. S. The impact of supply chain management practices on competitive advantage and organizational performance, *Omega*, v. 34, n. 2, p. 107-124, 2006. Disponível em: https://doi.org/10.1016/j.omega.2004.08.002. Acesso em: 30 maio 2019.

Sites relacionados

http://www.supply-chain.org – *Supply Chain Council* (em 2015 fundiu-se com a APICS) é uma associação de profissionais práticos interessados em gestão de processos e gestão de cadeias de suprimentos. Criadora e mantenedora do modelo SCOR, que será discutido no Capítulo 6.

http://cscmp.org/ – antigo *Council of Logistics Management*, hoje *Council of Supply Chain Management Professionals*: outra associação de profissionais de gestão de cadeias de suprimentos. O encontro anual do CSCMP é bastante importante na área.

https://www.gsb.stanford.edu/faculty-research/centers-initiatives/vcii – *University of Stanford Value Chain Innovation Initiative*: Stanford tem um dos melhores grupos de pesquisa de Gestão de cadeias de suprimentos do mundo e essa iniciativa traz informações interessantes e atualizadas.

http://web.mit.edu/supplychain/index.html – *Massachusetts Institute of Technology Center for Transportation and Logistics*: o MIT também tem um forte grupo trabalhando em gestão de cadeias de suprimentos e esse *site* tem conteúdo interessante, alguns artigos etc.

CAPÍTULO 2
Gestão estratégica da cadeia global de suprimentos

OBJETIVOS DE APRENDIZAGEM

- Ser capaz de desenvolver o melhor desenho estratégico geral de uma cadeia de suprimentos para que os produtos fornecidos por ela sejam mais competitivos no mercado.
- Analisar que parcela da cadeia de suprimentos uma empresa deve possuir e que parcela terceirizar.
- Entender qual a melhor configuração geral de fluxo de materiais (puxado, empurrado ou híbrido) a ser usada na cadeia de suprimentos.
- Sintetizar como o projeto do produto e dos processos pode influenciar a eficácia das cadeias de suprimentos.
- Descrever como os parceiros da cadeia de suprimentos podem colaborar não só na produção e entrega dos produtos, mas também no seu projeto e seus níveis de inovação.

2.1 INTRODUÇÃO

Pela sua importância estratégica para o sucesso competitivo das organizações hoje e no futuro, as decisões de gestão de cadeias de suprimentos não podem mais ser tratadas de forma *ad hoc* e localizada. É necessário que essas decisões se conformem a um padrão coerente que efetivamente leve a cadeia a atingir desempenhos maiores que aqueles de cadeias concorrentes, nos critérios de desempenho mais valorizados pelos clientes a quem atende ou pretende atender. Este capítulo trata de uma parte importante da formação desse padrão coerente de decisões.

A localização desses temas no quadro geral de referência proposto no Capítulo 1 se encontra na Figura 2.1, enfatizando a *Estratégia* da cadeia de suprimentos.

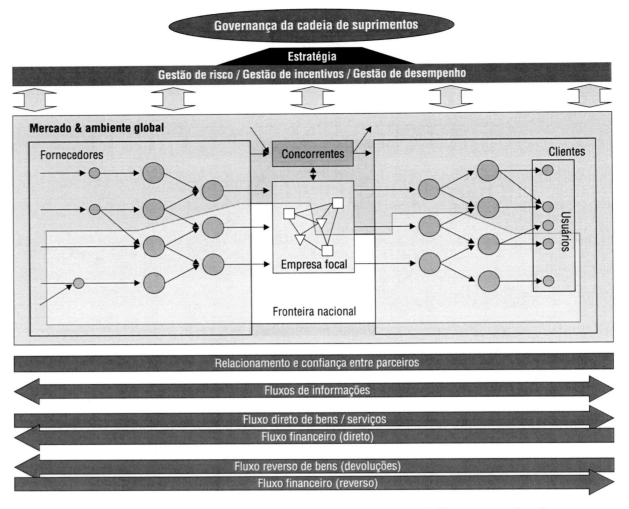

Figura 2.1 Quadro de referência para gestão de cadeias de suprimentos que será utilizado ao longo deste livro.

A seguir, uma breve descrição sobre a Embraer (Empresa Brasileira de Aeronáutica) e a evolução de sua estratégia de cadeia de suprimentos ao longo dos anos, ilustrando a sua importância para o sucesso competitivo da empresa.

Embraer: como a estratégia da cadeia de suprimentos apoia o sucesso competitivo

Recentemente adquirida pela americana Boeing, a Empresa Brasileira de Aeronáutica (Embraer), baseada em São José dos Campos, no estado de São Paulo, é uma das empresas das quais os brasileiros mais se orgulham. Foi fundada em 1969 numa iniciativa governamental e inicialmente era uma empresa estatal, tendo sido privatizada em 07 de dezembro de 1994.

Fonte: http://www.embraer.com/english/content/imprensa/press_releases_detalhe.asp?id=2045 e *website* da *Folha Online* (http://www.folha.uol.com.br). Acesso em: 11 set. 2008.

Figura 2.2 Avião Embraer da família 190 da Jet Blue.

Embora o período da Embraer como empresa pública tenha sido muito importante no desenvolvimento de competências avançadas em engenharia aeronáutica, foi a partir da privatização que a empresa iniciou sua jornada para se tornar, num espaço de tempo relativamente curto, uma das maiores e mais competitivas fabricantes de aeronaves do mundo. A Embraer focaliza-se em segmentos de mercado específicos com grande potencial de crescimento em aviação comercial, executiva e, hoje menos intensamente, militar. A empresa foi a maior exportadora brasileira nos anos de 1999 a 2001 e a segunda maior exportadora nos anos de 2002 a 2004. Em 2008 já empregava mais de 23 mil funcionários, mais de 85% deles baseados no Brasil. A Figura 2.3 ilustra o crescimento do número de funcionários da Embraer desde o ano 2000.

Fonte: Gomes (2012).

Figura 2.3 Evolução do número de funcionários da Embraer em anos recentes.

Desde 1996, a Embraer produziu e entregou mais de 3.300 aviões de sua família de jatos comerciais ERJ para mais de 37 linhas aéreas em 24 países. A família ERJ de jatos para aviação regional é composta de várias aeronaves: o ERJ-135 (37 lugares), ERJ-140 (44 lugares) e o ERJ-145 (50 lugares) têm plataforma comum e foram projetados para compartilharem grande número de peças componentes, permitindo grande flexibilidade no atendimento ao mercado. O mesmo acontece com as aeronaves maiores da linha da Embraer: EMBRAER 170 (70 a 80 lugares), EMBRAER 175 (78 a 88 lugares), EMBRAER 190 (98 a 114 lugares) e EMBRAER 195 (108 a 122 lugares).

Baseada na plataforma do jato de aviação comercial ERJ-135, a Embraer entrou no mercado de aviação executiva em dezembro de 2001 com o avião Legacy para o mercado executivo corporativo. Em maio de 2005, a Embraer anunciou o lançamento de dois novos jatos, o Phenom 100 e o Phenom 300, para o segmento de aeronaves executivas extraleves e leves, com grande expectativa de vendas futuras.

Acompanhe a evolução do número de aeronaves entregues pela Embraer desde 1997 na Figura 2.4.

A Embraer conta hoje com uma operação globalizada com unidades em quatro continentes, conforme a Figura 2.5.

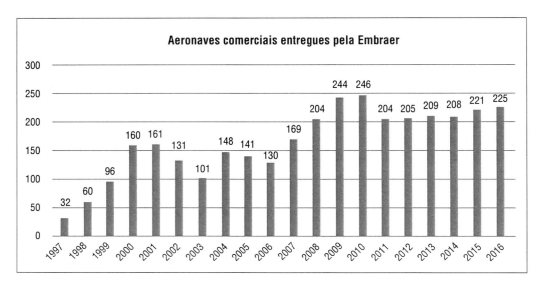

Figura 2.4 Evolução do número de aeronaves entregues pela Embraer de 1997 até 2016.

Fonte: http://www.embraerexecutivejets.com/en-us/about-embraer/pages/global-presence.aspx. Acesso em: 29 maio 2018.

Figura 2.5 A operação globalizada da Embraer, com operações de fabricação e de serviço ao redor do mundo (2018).

Cadeia de suprimentos

Acompanhando a sua impressionante evolução quanto à engenharia de desenvolvimento de produtos, a Embraer também, ao longo dos anos, fez evoluir sua gestão de cadeia de suprimentos, que tem tido um papel estratégico crucial no sucesso competitivo da empresa. De uma empresa verticalmente integrada nos anos 1970 e 1980 (anteriores à privatização), que produzia a maior parte das peças componentes de uma variedade relativamente modesta de produtos, a Embraer, desde os anos 1990, tem alterado substancialmente sua estratégia de cadeia de suprimentos no sentido de ampliar suas parcerias com fornecedores-chave. Alguns números podem ilustrar essa mudança: nos anos 1980, a Embraer trabalhava com mais de 500 fornecedores de componentes sem substancial compartilhamento de esforços de engenharia e desenvolvimento e com relacionamento relativamente tênue e de mais curto prazo com eles.

Praticamente todo o esforço de desenvolvimento de aeronaves como o "Brasília" era feito internamente, o que, pelas restrições naturais de recursos, levou a um tempo de introdução do produto no mercado de aproximadamente oito anos. Nos anos 1980, visando a mercados mais sofisticados de aviação regional, a Embraer percebeu que, com a evolução tecnológica cada vez mais rápida, seria lento e ineficaz continuar desenvolvendo o produto todo sozinha.

Havia no mercado especialistas em partes do avião que poderiam desenvolvê-las e produzi-las melhor e de forma mais inovadora que a Embraer. Para o projeto da então revolucionária família ERJ, a Embraer buscou parceiros tecnologicamente fortes que estivessem dispostos a desenvolver relacionamentos mais cooperativos com a empresa desde o projeto do produto, compartilhando, por exemplo, riscos e custos de desenvolvimento.

A Gamesa, a C&D, a Sonaca e a Enaer foram então selecionadas e passaram a desenvolver e fornecer parcelas maiores da estrutura e do interior da aeronave (o total de fornecedores envolvidos na família ERJ caiu de mais de 500 à época do "Brasília" para 350). Esse esforço conjunto resultou num produto avançado tecnologicamente e num desenvolvimento mais rápido, de apenas cinco anos, dando à Embraer a importante vantagem de "pioneira" do então crescente filão da aviação regional, em relação aos principais concorrentes (como, por exemplo, a canadense Bombardier).

Nos anos 1990, a gestão da cadeia de suprimentos da Embraer continuou a evoluir no seu esforço estratégico de aumentar a velocidade de lançamento de produtos, a atualização tecnológica e a sua flexibilidade de resposta ao mercado. O desenvolvimento da família Embraer (170, 175, 190, 195) foi feito não com apenas quatro, mas com 29 (por exemplo, Kawasaki, Honeywell, C&D, Latecoere e Gamesa) parceiros estratégicos, fornecedores de módulos da estrutura, do interior e também de sistemas.

O número total de fornecedores com os quais a Embraer trabalha em sua família de jatos Embraer foi reduzido dos 350 dos ERJs para apenas 22, com os quais a empresa tem relacionamento muito mais próximo, colaborativo e eficaz, com riscos e benefícios compartilhados desde o desenvolvimento dos produtos.

O resultado foi uma redução do tempo de desenvolvimento para menos de quatro anos (mesmo levando em conta que a família Embraer tem maior complexidade que a família ERJ). Esse relacionamento mais próximo se reflete em um grande número de iniciativas da Embraer, como, por exemplo, o ESAC (*Embraer and Suppliers Advisory Council*), um conselho consultivo formado por fornecedores parceiros e Embraer para realizar atividades como melhoramento de comunicação, compartilhamento de boas práticas gerenciais, compartilhamento de decisões estratégicas e táticas e melhoria do nível de confiança nos relacionamentos da cadeia.

A Embraer também realiza anualmente um congresso mundial com seus fornecedores, o ESC (*Embraer Suppliers Conference*), em que se celebram as conquistas e compartilham-se informações estratégicas importantes com os fornecedores (parceiros estratégicos ou não).

Hoje é muito claro para a Embraer que, pelo menos tão importante quanto suas estratégias de mercado, de engenharia e financeira, é a sua estratégia de cadeia de suprimentos. A gestão estratégica da cadeia de suprimentos da Embraer permite e alavanca sua vantagem competitiva, já que garante que ela possa se concentrar nas atividades que faz melhor do que ninguém e também que seus parceiros estratégicos tragam para o produto Embraer as mais avançadas competências complementares no projeto e produção eficientes e eficazes de seus aviões, resultando em um produto extremamente competitivo, no tempo certo e ao custo certo.

SAIBA MAIS

Assista aos vídeos abaixo e discuta as questões a seguir.

We are Embraer
Fonte: http://www.youtube.com/watch?v=3VG0c3aydRc
Acesso em: 19 jun. 2019
uqr.to/fcs0

Como um avião é construído pela Embraer
Fonte: https://www.youtube.com/watch?v=eljlbewmAUE
Acesso em: 4 jul. 2019
uqr.to/fcs2

Linha de montagem da Airbus
Fonte: https://www.youtube.com/watch?v=pdzHzOwf1Qk
Acesso em: 4 jul. 2019
uqr.to/fcs3

Questões para discussão

1. Como e por que a estratégia de cadeia de suprimentos da Embraer mudou desde 1996?

2. O fato de a Embraer terceirizar parcelas maiores da produção de seus aviões para parceiros representa risco de a empresa se tornar menos importante estrategicamente na sua cadeia de suprimentos?

3. Por que o desenvolvimento compartilhado do produto da Embraer resultou em tempo menor de desenvolvimento? Quais vantagens estratégicas isso pode trazer? Qual risco estratégico isso pode representar?

2.2 CONCEITOS

2.2.1 Estratégia

A seguir, será examinada a questão de como definir uma estratégia de cadeia de suprimentos que seja alinhada às estratégias do negócio em que se insere.

Estratégia corporativa

Há vários níveis de estratégia nas organizações. O nível mais alto é o da *estratégia corporativa* e, em geral, esta só tem sentido isoladamente quando se trata de corporações compostas por várias unidades de negócios. Quando a corporação é composta de apenas uma unidade de negócio, a estratégia corporativa se confunde com a estratégia competitiva, descrita mais adiante. Pense, por exemplo, na corporação japonesa Honda. Ela tem várias unidades de negócios, que vão de fabricantes de motocicletas, passando por veículos automotores (que fabrica carros como o Civic, o Fit e o Accord) até cortadores de grama. No nível corporativo, na sede da Honda, no Japão, estabelecem-se os objetivos de longo prazo para a corporação como um todo e as formas gerais de atingi-los. São decididos aspectos como: quais unidades de negócios criar, manter, adquirir ou vender; quais as sinergias entre elas (por exemplo, note que muitas das unidades de negócios da Honda foram criadas em torno da legendária competência da empresa em produzir motores leves e eficientes) e quais as expectativas em relação a cada uma delas para a contribuição esperada ao sucesso da corporação.

Estratégia competitiva

Dada a expectativa da corporação quanto às unidades de negócios, num nível intermediário está a *estratégia competitiva*, que vai definir as formas segundo as quais a unidade de negócio vai atuar nos seus mercados. Esse nível não se refere mais à corporação, portanto, mas a cada unidade de negócio. A estratégia competitiva define, frente às suas competências correntes, aos atuais e potenciais concorrentes, aos fornecedores e ao ambiente onde a unidade se insere, qual o conjunto de necessidades e desejos dos consumidores – de quais mercados e de que forma – a unidade de negócio pretende satisfazer com seus produtos e serviços. Porter (1980) identifica três estratégias competitivas genéricas: liderança em custo, diferenciação e foco. Na liderança em custo, a empresa busca se tornar o produtor de mais baixo custo no setor; as fontes de vantagens de custo são variadas e podem incluir, por exemplo, a busca de economias de escala, o uso de tecnologia mais eficiente ou o acesso preferencial a fontes de matérias-primas (pense nos fabricantes chineses de brinquedos).

Na diferenciação, a empresa busca ser a única em seu setor a oferecer algumas características valorizadas pelo mercado (pense na Apple e seus produtos diferenciados).

Numa estratégia de foco, a empresa escolhe um ambiente competitivo restrito dentro do seu setor. No foco, a empresa seleciona um segmento ou um grupo de segmentos com necessidades incomuns dentro do seu setor e adapta a sua estratégia de forma a ser a melhor em atendê-los. Uma estratégia de foco poderia, portanto, ter duas variantes: uma estratégia de foco em custo (pense nas empresas seguradoras de veículos americanas que têm como fim atender exclusivamente segmentos de motoristas de mais idade por custo menor) e uma estratégia de foco em diferenciação (pense na joalheria Tiffany's e seu foco em fornecer produtos diferenciados para segmentos de alto luxo) (Corrêa, 2008).

Estratégia funcional

A partir da definição da estratégia competitiva, as várias *estratégias funcionais* (que representam, portanto, um terceiro nível de estratégia nas organizações), para cada função dentro da unidade de negócio devem ser estabelecidas: estratégia de marketing, estratégia de finanças, estratégia de pesquisa e desenvolvimento, estratégia de operações e estratégia de cadeia de suprimentos são alguns exemplos. Essas estratégias funcionais devem ser coerentes entre si, apoiar-se mutuamente e ser coerentes com a estratégia competitiva da unidade de negócio, de forma a apoiarem-na no atingimento de seus objetivos. As diferentes funções numa unidade de negócio devem, a partir daí, estruturar seus processos de forma a executarem suas estratégias de forma eficaz.

Estratégia de cadeia de suprimentos

Da mesma forma que não há uma só forma de competir nos mercados, não há uma só forma de definir e gerenciar a estratégia de cadeia de suprimentos de uma organização. Isso significa que a formação da estratégia de cadeia de suprimentos deve ser coerente com (e apoiar) a estratégia competitiva da unidade de negócio e, ao longo do tempo, essa coerência deve ser acompanhada e controlada, com ações estratégicas de realinhamento sendo disparadas quando necessário. As seções a seguir discutem especificamente as estratégias de cadeias de suprimentos.

2.2.2 Qual a estratégia de cadeia de suprimentos mais adequada para seus produtos e seus mercados?

Uma forma de classificar os tipos de produtos e mercados (para então analisar quais características estratégicas sua cadeia de suprimentos deveria ter) é proposta por Fisher (1997) e tem bastante similaridade com a classificação de tipos genéricos de estratégias competitivas propostas por Porter (1980), brevemente discutidas anteriormente. Segundo Fisher, o padrão de demanda dos produtos é a mais importante variável para definir tipos de produtos e mercados. Segundo essa ideia, o padrão de demanda dos produtos permite classificá-los em dois tipos: *produtos funcionais* e *produtos inovadores*.

Produtos funcionais

 CONCEITO-CHAVE

Produtos funcionais são aqueles produtos do dia a dia que as pessoas compram, por exemplo, de vários canais varejistas, como supermercados, lojas de conveniência e postos de gasolina.

Exemplos são itens como sabão em pó, barra de chocolate e gasolina. São produtos que satisfazem necessidades básicas, não se alteram muito frequentemente, têm ciclos de vida em geral mais longos, permanecendo no mercado, em geral, por dois anos ou mais. Eles, portanto, têm demanda estável e previsível (com erros de previsão em torno de 10%, no momento em que a produção ocorre).

Essa estabilidade de características de projeto e demanda, entretanto, atrai intensa concorrência. Isso resulta em concorrentes estudando os produtos uns dos outros e copiando-se mutuamente, fazendo com que os produtos se tornem, com o tempo, similares – passam a ter um *design* dominante (Utterback, 1996) –, com poucas variantes por categoria.

Esses produtos em geral não têm necessidade de sofrer liquidações ao fim da estação, já que não perdem muito valor com o passar do tempo (como acontece, por exemplo, com os produtos de moda). São produtos mais *commoditizados* (pouco diferenciados). Isso em geral resulta em concorrência por preço, levando a margens de lucro modestas, não raro ficando na faixa de 5 a 20% – requerendo, portanto, que os custos envolvidos sejam muito bem controlados. Se não forem, as margens se tornam ainda menores ou mesmo negativas. Esses produtos frequentemente competem conforme a estratégia competitiva com ênfase em *custo* (tendo o *preço* um papel importante), de acordo com a classificação de Porter (1980).

Produtos inovadores

Numa tentativa de escapar da desconfortável situação de margens apertadas, muitas empresas procuram inovar, lançando os chamados produtos *inovadores*.

 CONCEITO-CHAVE

Produtos inovadores são produtos diferenciados, lançados frequentemente, em geral com ciclo de vida curto e demanda pouco previsível, características que dão ao cliente outras razões para adquirir estes produtos do que apenas o preço mais baixo.

Produtos eletrônicos (pense, por exemplo, na sempre inovadora linha de produtos da Apple, com seus iPods, iPads, iPhones, iWatches e Macs) e itens de moda (como roupas e acessórios) são exemplos de *produtos inovadores*, mas há também exemplos de empresas que, num certo momento, inovaram suas linhas de produtos, originalmente funcionais.

A Nike é um exemplo. Calçados de esporte no período anterior aos anos 1970 eram itens relativamente padronizados. A partir dos anos 1980, a Nike revolucionou o mercado com a introdução frequente de grande quantidade de novos *designs*, tornando o produto muito mais *inovador*, passando a comandar margens de lucro muito maiores. Não raro, os produtos inovadores têm lucratividade na faixa dos 20 a 80% ou até mais. O mesmo aconteceu quando a Swatch (do mesmo grupo suíço fabricante de relógios que produz os tradicionais Omega) revolucionou o mercado de relógios com seus inovadores e múltiplos *designs* lançados frequentemente e tornados quase itens de moda. Embora produtos *inovadores* permitam à empresa ter maiores margens de lucro, a própria novidade constante dos produtos *inovadores* torna sua demanda muito mais imprevisível que aquela associada aos produtos *funcionais*, levando à falta e sobra de produtos, que, com frequência, têm de ser liquidados ao final da estação (reduções de preço de até 40% são comuns). Além disso, seus ciclos de vida são em geral muito mais curtos (três meses a um ano), o que torna a demanda ainda mais imprevisível (erros de previsão na casa dos 40 a 100% ou mais são comuns). Esses produtos competem conforme a estratégia competitiva com ênfase em *diferenciação*, de acordo com a classificação de Porter (1980).

Produtos funcionais e inovadores e a estratégia de cadeia de suprimentos

 FIQUE ATENTO

As características estratégicas das cadeias de suprimentos necessárias para criar e fornecer *produtos inovadores*, com suas demandas voláteis e imprevisíveis, são fundamentalmente diferentes daquelas necessárias para lidar com os *produtos funcionais* e suas demandas mais firmes e estáveis.

Uma das funções mais relevantes das cadeias de suprimentos é conciliar suprimento e demanda. Na medida em que as demandas são mais estáveis e previsíveis, essa conciliação é mais simples de ser feita. Quando se gerenciam demandas mais voláteis e imprevisíveis, as empresas têm de organizar seus recursos de modo a serem capazes de responder mais rapidamente a fatores inesperados, já que estes causam frequentes desbalanceamento entre o suprimento e a demanda (às vezes, um crescimento de demanda inesperado pode resultar em custos por perda de venda se a cadeia de suprimentos não está preparada para responder a ele e, às vezes, uma demanda menor que a esperada pode resultar em custos de excesso e sobras de estoque, como a necessidade de redução de preços em liquidações). Com produtos cuja demanda é mais previsível, a necessidade de resposta rápida é menor, e as cadeias de suprimentos que os fornecem têm mais oportunidades de concentrarem seus esforços em prover um fluxo contínuo, ininterrupto e eficiente de produtos das fontes de matéria-prima até os consumidores.

As características necessárias aos recursos da cadeia de suprimentos para prover produtos *funcionais* e produtos *inovadores* são, não só diferentes, mas muitas vezes conflitantes entre si.

> **! FIQUE ATENTO**
>
> Para produtos *funcionais*, os recursos têm que enfatizar a *eficiência* de fluxos que atenderão demandas contínuas e esperadas, necessária para manter os custos dos produtos *funcionais* baixos; para produtos *inovadores*, por outro lado, a ênfase tem que ser na *resposta rápida* e na flexibilidade para adaptar-se ao inesperado, para compatibilizar, ágil e dinamicamente, o suprimento e a demanda incerta e volátil dos seus produtos.

O quadro da Figura 2.6 descreve as características estratégicas necessárias a esses dois tipos diferentes de cadeias de suprimentos: as chamadas *cadeias de suprimentos eficientes* e as *cadeias de suprimentos de resposta rápida*.

Característica	Cadeias de suprimentos eficientes	Cadeias de suprimentos de resposta rápida
Propósito principal	Suprir demanda previsível eficientemente ao menor custo possível	Responder rapidamente à demanda imprevisível para minimizar custos de falta (perda de venda) e sobra (obsolescência, liquidação)
Foco de manufatura	Manter alta média de utilização de equipamento para redução de custos	Empregar capacidade "colchão" (capacidade extra bem gerenciada para lidar com o incerto e responder rápido)
Estratégia de estoques	Gerar altos níveis de giro, minimizando os estoques ao longo de toda a cadeia de suprimentos	Empregar estoques "colchão" (estoques de segurança) de componentes ou produtos acabados para maior disponibilidade
Foco no tempo de resposta	Reduzir os tempos desde que isso não aumente os custos	Investir agressivamente para reduzir tempos (*lead times* e tempos de lançamento de produtos)
Abordagem para escolha de fornecedores	Selecionar principalmente com base no custo e na qualidade	Selecionar principalmente com base na velocidade de resposta, flexibilidade e qualidade
Estratégia de projeto de produto	Maximizar desempenho e minimizar custo	Uso de projeto modular para postergar diferenciação de produtos ao máximo

Fonte: adaptado de Fisher, 1997.
Figura 2.6 Cadeias de suprimentos eficientes *versus* cadeias de suprimentos de resposta rápida.

Quando se analisam os dois tipos de produtos discutidos anteriormente – *funcionais* e *inovadores* – e os dois tipos básicos de cadeias de suprimentos – *eficientes* e de *resposta rápida* –, pode-se perceber que existe quase que um casamento natural entre os tipos de produto e os tipos de cadeia de suprimentos, conforme a matriz da Figura 2.7.

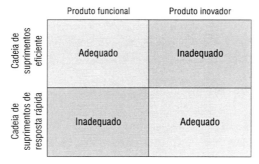

Fonte: Fisher, 1997.
Figura 2.7 Matriz de adequação entre as duas categorias de produtos (inovadores e funcionais) e os dois tipos de cadeia de suprimentos (eficientes e de resposta rápida).

Cadeias de suprimentos que pretendem competir com produtos classificados como *funcionais* deveriam organizar seus recursos e processos de acordo com as características descritas das *cadeias eficientes*. Dessa forma, sua necessidade de custos baixos será atendida e, ao mesmo tempo, não se incorrerão nos custos necessários a prover respostas rápidas e adaptáveis (que os produtos funcionais não requerem).

Cadeias de suprimentos que pretendem competir com produtos *inovadores*, por outro lado, deveriam organizar e gerenciar seus recursos e processos conforme as características descritas das *cadeias de resposta rápida*. Com isso, a necessidade de resposta rápida que vem com a imprevisibilidade e volatilidade da demanda desses produtos será atendida. Isso requer recursos extras com os correspondentes custos mais altos que os preços mais altos obtidos com os produtos inovadores permitem.

O uso de cadeias eficientes para produtos inovadores é inadequado, pois as cadeias eficientes, focalizando em maximização de utilização de recursos e redução de estoques ao longo da cadeia, têm comprometida sua capacidade de resposta rápida e sua flexibilidade, necessárias aos produtos inovadores.

Da mesma forma, o uso de cadeias de resposta rápida para produtos funcionais tornarão a cadeia pouco competitiva, já que seus recursos e processos não são organizados para minimização dos custos, mas para a resposta rápida e flexível às incertezas do mercado.

✓ TEORIA NA PRÁTICA

Dois produtos que exemplificam por excelência os conceitos de *produtos inovadores* e de *produtos funcionais* são, respectivamente, o telefone celular e o sabão em pó. Observe a variedade disponível de telefones celulares no mercado e a quantidade de lançamentos de novos produtos. O *site* da Samsung, por exemplo, trazia em outubro de 2008 uma linha de 132 diferentes telefones celulares, sendo 37 deles novos modelos, lançados nos últimos meses.

Figura 2.8 Diferentes modelos de telefone celular.

A concorrência no mercado de telefones celulares se dá mais por inovação (aparelhos que trazem a última tecnologia, como alta capacidade de armazenagem, câmeras e telas de alta definição, navegação rápida na Internet, GPS, *bluetooth*, carga sem fio, bateria de longa duração, à prova d'água e outras) e rapidez de introdução de novos produtos do que por preço, o que leva em geral a margens maiores de lucro. A demanda de telefones celulares, dado o dinamismo do seu mercado, a variedade e a novidade dos produtos, é bastante imprevisível.

Já o produto Omo, marca líder de mercado em sabões em pó no Brasil, foi lançado no país em 1957 e tem apenas algumas poucas variantes (como o Omo Baby, para roupas infantis) e raras introduções de novos produtos ao longo dos anos, sendo produzido em enormes quantidades (mais de 1,5 milhão de embalagens vendidas por dia no Brasil em 2018). Preço é um fator competitivo essencial. A demanda do sabão Omo é certamente muito mais previsível que a dos telefones celulares, tanto pela estabilidade da demanda como pela pouca variedade e pela maturidade dos produtos da linha.

Os dois produtos, para poderem ser competitivos em seus respectivos mercados, têm de ser produzidos e distribuídos por cadeias de suprimentos marcadamente diferentes, em termos de todos os aspectos mencionados no quadro da Figura 2.6.

Questões para discussão

1. Visite um supermercado e pergunte ao gerente qual o método usado para o ressuprimento de sabão em pó (estoque mantido, frequência de reposição, método de determinação de quantidades a repor, custo de manutenção do estoque e custo de falta do produto). Visite, então, um varejista que vende telefones celulares e faça as mesmas perguntas ao gerente. Compare as respostas e tire suas conclusões.

2. Considere os itens da Figura 2.6. Em relação a cada um deles, como você definiria a melhor opção de projeto e gestão para as cadeias de suprimentos específicas dos produtos sabão em pó e telefone celular?

Como as cadeias eficientes e de resposta rápida lidam com incertezas no lado do suprimento

A classificação entre cadeias de suprimentos eficientes e de resposta rápida é baseada no nível de previsibilidade da demanda a ser atendida. Lee (2002), entretanto, chama a atenção para o fato de que imprevisibilidade não afeta apenas o lado da demanda das cadeias de suprimentos. Afeta também o lado dos suprimentos e, de acordo com o autor, diferentes ações estratégicas seriam apropriadas quando cadeias eficientes encaram imprevisibilidade no lado do suprimento e quando cadeias de resposta rápida enfrentam o desafio.

ⓘ CONCEITO-CHAVE

Suprimentos *imprevisíveis* são, por exemplo: mais vulneráveis às quebras e a outros problemas que causam interrupções; mais sujeitos a níveis de qualidade variáveis, a ter poucas fontes disponíveis de suprimentos, a fornecedores menos confiáveis, a alterações de processo, a engargalamento, a serem inflexíveis ou terem *lead times* muito variáveis.

Exemplos de cadeias eficientes enfrentando suprimentos imprevisíveis podem ser achados em quantidade nos mercados de produtos com insumos agrícolas, que são dependentes de safras, por sua vez, sujeitas às imprevisibilidades do clima. Um exemplo extremo, apenas para ilustrar, é a demanda por sorvete de baunilha, vendido em grandes quantidades e, de forma geral, previsível. Cinquenta por cento do suprimento mundial de baunilha vem da ilha de Madagascar, que é não só sujeita a incertezas climáticas, mas também a instabilidade política, o que configura um exemplo de produto com demanda previsível, mas com suprimento imprevisível.

Outro exemplo, mais geral, de demandas bem-comportadas tendo que lidar com suprimentos imprevisíveis ocorre com o chamado "efeito chicote", segundo o qual, às vezes, pequenas flutuações de demanda no lado do varejo causam flutuações com amplitude crescente nas demandas percebidas por participantes mais a montante da cadeia. Isso ocorre porque, quanto mais distante do consumidor final a empresa está na cadeia, menos ela "enxerga" claramente sua demanda. Em outras palavras, a demanda do consumidor final da cadeia é gradual e sequencialmente distorcida, à medida que a informação passa de cliente a fornecedor, já que é alterada por decisões de ajustes dos estoques e das previsões dos vários nós intermediários da cadeia (num efeito que tem alguma similaridade com a brincadeira infantil de "telefone sem fio") até os fornecedores mais a montante na cadeia.

O resultado (explicado em mais detalhes no Capítulo 8) é que mesmo cadeias com pouca flutuação na demanda do consumidor podem ter grande flutuação mais para o lado do suprimento, simplesmente por distorção de informações interna à cadeia.

Por outro lado, pode-se também pensar em exemplos de cadeias de resposta rápida (necessárias para lidar com demanda mais imprevisível) que encaram também condições imprevisíveis de suprimento. Exemplos são os produtos de alta tecnologia, como computadores ou produtos avançados de telecomunicações: tanto a demanda é pouco previsível como também o são os processos de suprimentos, com as incertezas características dos processos de desenvolvimento, introdução no mercado e crescimento rápido de vendas de produtos de alta tecnologia de ciclos curtos.

> **FIQUE ATENTO**
> Quando cadeias eficientes encaram suprimentos imprevisíveis, segundo Lee (2002), elas deveriam usar principalmente estratégias de redução dessas incertezas.

As estratégias de redução de incertezas sugeridas por Lee (*op. cit.*) podem ser planejamento e gestão colaborativa de previsões e de estoques entre parceiros da cadeia, com muito compartilhamento de informações, de forma que as distorções de informação na cadeia sejam minimizadas (esses modelos colaborativos são explorados em mais detalhes no Capítulo 9). Quanto às incertezas não relacionadas à distorção de informações (por exemplo, devidas a engargalamento ou a fornecedores não confiáveis), estratégias de proteção e prevenção são recomendadas – por exemplo, o desenvolvimento de fornecedores alternativos e a criação de estoques de proteção de insumos-chave (que podem ser compartilhados entre concorrentes para minimização de custos). Os estoques estratégicos de combustíveis de países não produtores de petróleo, por exemplo, fazem esse papel. A ideia nesses casos é *reduzir a imprevisibilidade dos suprimentos*.

> **FIQUE ATENTO**
> Quando cadeias de resposta rápida têm processos de suprimentos mais imprevisíveis, a estratégia recomentada é a de aumento de proteção da cadeia, com a formação de colchões de estoques ou de capacidade que protejam a cadeia de possíveis interrupções.

Essas cadeias combinam características de proteção com resposta rápida e isso em geral só pode ser feito com uma boa gestão da *redundância* de alguns recursos (estoques e capacidade, tipicamente). Essa redundância vai aumentar os custos, mas, lembre-se, as cadeias de resposta rápida necessitam enfatizar mais a rapidez que a eficiência. Além disso, em geral as cadeias de resposta rápida conseguem, por seus produtos, preços que permitem esse aumento de custo, desde que ele permaneça em níveis competitivos. A ideia nesses casos é *preparar-se para responder bem à imprevisibilidade dos suprimentos*. A Figura 2.9 ilustra essa ideia.

	Suprimento previsível	Suprimento imprevisível
Produtos inovadores (demanda imprevisível)	Cadeia de resposta rápida	Cadeia de resposta rápida com agilidade para responder bem às imprevisibilidades de suprimento
Produtos funcionais (demanda previsível)	Cadeia eficiente	Cadeia eficiente com ações para redução dos níveis de imprevisibilidade de suprimento

Figura 2.9 Estratégias das cadeias eficientes e de resposta rápida para lidar com suprimentos imprevisíveis (Lee, 2002).

2.2.3 Fluxos empurrados, puxados e híbridos

Em gestão de fluxos de materiais, uma das classificações importantes que diferenciam a natureza dos fluxos é aquela que separa os *fluxos empurrados* (push, na literatura de língua inglesa) dos *fluxos puxados* (pull, na literatura de língua inglesa). Uma decisão estratégica importante em cadeias de suprimentos refere-se exatamente à natureza dos fluxos, que podem ser empurrados, puxados ou híbridos (empurrados-puxados). Além disso, para os sistemas híbridos uma decisão igualmente importante é onde localizar a chamada "fronteira entre os fluxos empurrados e puxados". Analisemos cada uma dessas opções estratégicas. A primeira é aquela em que os fluxos são *empurrados*.

> **CONCEITO-CHAVE**
>
> *Fluxos empurrados* são aqueles em que as atividades de produção e/ou movimentação de materiais ocorre antes da ocorrência de um pedido formal de um cliente que se encontre a jusante na cadeia de suprimentos.

Nessa modalidade, as atividades de produção e/ou movimentação são feitas baseadas numa previsão das necessidades futuras dos clientes que se encontram a jusante. Um exemplo, já familiar, é a produção tradicional de sabão em pó. O cliente, quando chega num supermercado, espera encontrar sabão em pó disponível imediatamente na prateleira. Para que o sabão esteja lá disponível, num certo momento anterior, ele teve de ser movimentado, com antecedência, do fabricante para o supermercado (o que pode ter levado algumas horas ou mesmo dias).

Com maior antecedência ainda, o sabão em pó teve que ser fabricado e embalado pelo fabricante, para que pudesse ser transportado. Com antecedência ainda maior, os materiais necessários à fabricação do sabão em pó (os componentes químicos e a embalagem) tiveram que ser encomendados, fabricados e transportados pelos fornecedores da fábrica de sabão para suas instalações e assim por diante. Todas essas atividades foram executadas antes de o cliente colocar seu pedido (no caso do supermercado, antes de o cliente pegar o produto na prateleira, colocá-lo no carrinho e pagar por ele), com base numa *expectativa* de o cliente colocar seu pedido (em outras palavras, numa previsão da demanda futura do consumidor).

Com base nessa previsão, o produto é produzido e "empurrado" para estágios a jusante da cadeia até que esteja disponível na prateleira esperando para ser comprado. A produção e/ou transporte dos materiais nos sistemas *empurrados* de gestão de fluxos de materiais são feitas *antes* e na *esperança* de o cliente colocar seu pedido. O oposto ocorre com os *fluxos puxados*.

> **CONCEITO-CHAVE**
>
> *Fluxos puxados* são aqueles em que as atividades de produção e/ou movimentação de materiais só ocorre depois de haver um pedido formal de um cliente que se encontre a jusante na cadeia de suprimentos.

Nessa modalidade, as atividades de produção e/ou movimentação não são feitas se não houver uma solicitação explícita de um cliente a jusante. Um exemplo extremo é a produção de produtos sob encomenda. O cliente, quando chega à oficina de um alfaiate para comprar um terno sob medida, não espera encontrar na prateleira exatamente o terno que será aquele de sua escolha já pronto nas suas exatas medidas – a menos que o alfaiate tivesse uma bola de cristal, o que, em geral, não é o caso.

O alfaiate, dada a solicitação do cliente e só então, dispara suas atividades de desenho e produção do produto sob medida: toma as medidas do cliente, cria os moldes, encomenda o tecido e os aviamentos, produz as partes, monta, prova, ajusta e entrega o produto. O fluxo de materiais só ocorre depois de o cliente fazer seu pedido, ou, em outras palavras, o fluxo é puxado pela informação dada pelo pedido do cliente. A produção e/ou transporte dos materiais nos sistemas *puxados* de gestão de fluxos de materiais são feitos *depois* de o cliente colocar seu pedido.

Na maioria das cadeias de suprimentos, entretanto, nem todos os fluxos envolvidos são *puxados* a partir do pedido do cliente e tampouco todos os fluxos são *empurrados*. Há nelas as duas modalidades presentes. No caso do alfaiate do exemplo anterior, os aviamentos, por exemplo, as linhas, os botões e até o tecido podem ter sido comprados pelo alfaiate com antecedência, na expectativa (ou, de acordo com suas previsões) de pedidos futuros de clientes. Ou seja, parte da cadeia teve fluxo *empurrado* – produção e/ou transporte feito *antes* do pedido, de acordo com previsões de necessidade futura – e parte da cadeia teve fluxo *puxado* a partir do pedido feito. Isso acontece porque há, na verdade, vantagens e desvantagens nos dois sistemas (empurrados e puxados) de gestão de fluxos de materiais, e trabalhar com ambos pode permitir à cadeia de suprimentos obter benefícios de ambos, minimizando, simultaneamente as desvantagens de ambos.

> **CONCEITO-CHAVE**
>
> Os *fluxos híbridos empurrados-puxados* ocorrem na maioria das cadeias de suprimentos nas quais parte dos fluxos (em geral a montante) são *empurrados* e parte dos fluxos (em geral a jusante) são *puxados*.

Os fluxos puxados têm como principal vantagem a redução da incerteza sobre as atividades – estas só são disparadas quando há um pedido do cliente. As incertezas típicas das previsões e dos processos que se disparam a partir delas são eliminadas, exigindo assim níveis de estoques de segurança menores (os estoques de segurança existem exatamente para fazer frente a incertezas) e, portanto, permitindo custos menores.

Em compensação, os fluxos puxados têm a desvantagem de apresentar tempos longos de resposta. Isso porque as atividades só são disparadas *depois* de o pedido efetivado. Nada foi feito com antecedência, portanto, o tempo de espera do cliente em geral pode se estender.

Os fluxos *empurrados*, por outro lado, têm como principal vantagem a velocidade de resposta ao cliente. Como nos fluxos empurrados muitas das atividades são realizadas antes de o cliente efetivar seu pedido, ele terá de esperar pela realização de relativamente menos atividades depois que o fizer.

Em compensação, essa velocidade não vem de graça: como as atividades disparadas antes de o cliente colocar seu pedido são baseadas em previsões, o nível de incerteza sobre elas é maior, exigindo assim maiores níveis de estoques de proteção, o que aumenta os custos.

Essas vantagens e desvantagens complementares dos sistemas empurrados e puxados levam algumas cadeias de suprimentos a tentarem utilizar ambos.

Na modalidade *híbrida*, os sistemas *empurrados-puxados* têm parte dos seus fluxos empurrados (em que as atividades são realizadas com base em previsão, antes do pedido, a fim de encurtar tempos de resposta, por exemplo, dos itens cuja obtenção leve mais tempo) e parte dos seus fluxos puxados (com parte das atividades realizadas apenas depois do pedido do cliente, para reduzir assim a incerteza e, por conseguinte, os custos de lidar com ela).

Se nosso alfaiate tivesse seu fluxo 100% puxado, ele teria toda a vantagem de trabalhar com altíssima personalização do produto e uma incerteza muito baixa, mas a desvantagem de ter de impor uma espera, por exemplo, de seis semanas para o cliente receber seu terno (três semanas para o alfaiate ter em mãos o tecido encomendado depois do pedido e três semanas de produção do terno em si). Se, por outro lado, ele trabalhasse com fluxo 100% empurrado, teria toda a vantagem desse sistema (prazos curtos, com entrega imediata), mas teria de manter um estoque praticamente infinito de produtos finais prontos para, dentre eles, ter exatamente aquele que o nosso cliente gostaria, precisamente de seu tamanho, desta forma provendo os 100% de personalização exigidos.

Os custos, nesse último caso, evidentemente seriam inviáveis. O alfaiate, então, poderia pensar numa solução *híbrida*. Ele poderia manter em estoque uma variedade limitada dos tecidos mais procurados nas cores mais comuns (como o azul-marinho e o preto, que são a maioria de sua demanda). Assim, talvez não para 100% dos clientes, mas para uma grande porcentagem, o prazo de espera poderia ser encurtado para três semanas (apenas aquelas relativas à produção do terno), com um estoque muito reduzido em relação àquele necessário para um fluxo 100% empurrado (já que grande parte da incerteza é eliminada pelo disparo da produção do terno apenas depois que o pedido entra).

Nesse caso, o alfaiate teria optado por um sistema empurrado-puxado para sua cadeia de suprimentos. O fluxo de tecido dos seus fornecedores até sua oficina foi empurrado, feito com base nas previsões de demanda futura e manutenção de algum nível de estoque de tecido na oficina. O fluxo, então, da oficina para o cliente, que envolve a produção em si do terno, foi puxado, porque todas as atividades dessa parte foram feitas depois do pedido. A fronteira entre o fluxo empurrado e puxado foi definida para estar localizada no nível dos estoques de insumos do terno.

Se o alfaiate optasse por trabalhar com ternos prontos, com estoque de produtos acabados, a fronteira estaria localizada no nível dos produtos acabados. Quanto mais a montante da cadeia de suprimentos se encontra essa fronteira, maior parte da cadeia trabalha de forma puxada, com menores estoques, mas com tempos de resposta maiores. Quanto mais a jusante a fronteira se localiza, por outro lado, maior parte da cadeia trabalha de forma empurrada, com tempos de resposta mais rápidos, mas, em compensação, com maiores estoques. A Figura 2.10 ilustra o conceito.

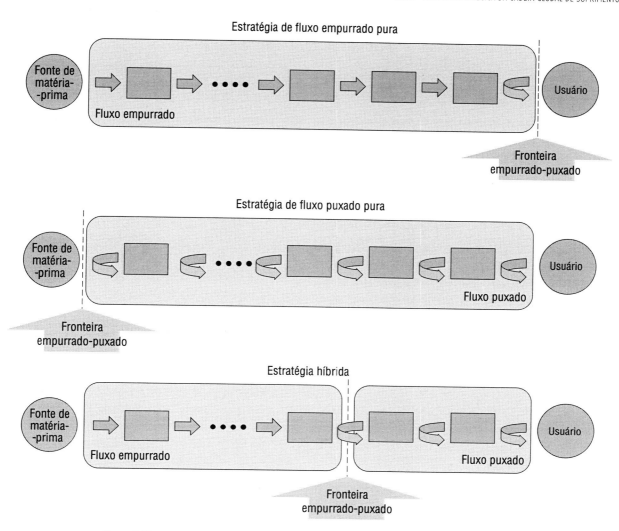

Figura 2.10 Estratégias de cadeias de suprimentos com fluxo empurrado, puxado e híbrido.

Quando são adequados os fluxos empurrados, puxados e híbridos

Estrategicamente, é importante que na gestão de cadeias de suprimentos a escolha da natureza dos fluxos na cadeia seja coerente com a sua forma de competir. Há basicamente três possibilidades para a definição do projeto estratégico do fluxo: fluxo empurrado puro, fluxo puxado puro, ou fluxo híbrido empurrado-puxado. O mais comum é o fluxo híbrido empurrado-puxado. Quando uma cadeia define que vai trabalhar de forma híbrida, a decisão mais importante passa a ser onde ela vai localizar a chamada *fronteira entre o fluxo empurrado e o fluxo puxado*, ou seja, qual parte da cadeia vai trabalhar executando atividades antes da entrada efetiva do pedido de um cliente (para maior velocidade de atendimento) e quais atividades só vão ser realizadas depois de um pedido ter entrado (para trabalhar sob menor incerteza). A localização da fronteira entre o fluxo empurrado e o puxado numa cadeia de suprimentos é uma decisão estratégica que deve ser coerente com as necessidades de eficiência e custos baixos e de capacidade de resposta, analisadas anteriormente neste capítulo.

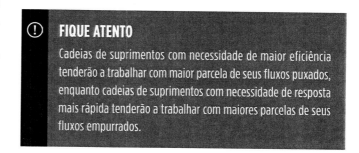

> **FIQUE ATENTO**
> Cadeias de suprimentos com necessidade de maior eficiência tenderão a trabalhar com maior parcela de seus fluxos puxados, enquanto cadeias de suprimentos com necessidade de resposta mais rápida tenderão a trabalhar com maiores parcelas de seus fluxos empurrados.

A Figura 2.11 ilustra o conceito. Situações completamente fora da diagonal indicada tendem a ser menos adequadas. Por exemplo, uma cadeia que exige resposta extremamente rápida, como produtos de moda de ciclo curtíssimo e alta margem; nesse caso, poderá haver problemas caso se opte por trabalhar com parcelas grandes de suas cadeias com fluxos 100% (ou próximos de 100%) puxados ou contrapedido, pois isso faria com que até as matérias-primas mais básicas só fossem extraídas e beneficiadas quando um pedido acontecesse. Isso evidentemente faria com que o tempo de resposta fosse muito lento, causando uma resposta insatisfatória às suas necessidades estratégicas.

O mesmo se aplica a produtos que exigem cadeias eficientes (por exemplo, com baixos estoques ao longo da cadeia), como os produtos com menos diferenciação – caso do nosso sabão em pó. Neste caso, hoje em dia, a reposição de estoques nos canais de distribuição é normalmente feita com base em reposição automática – só se repõem os produtos nas prateleiras dos supermercados à medida que são consumidos.

Os fluxos são, então, em grande parte da cadeia, puxados pela informação da demanda ocorrida. Se fosse utilizado um fluxo 100% (ou próximo de 100%) empurrado, ou seja, fora da diagonal, isso significaria movimentar estoques ao longo dos canais independentemente da demanda, o que levaria a estoques altos e custos correspondentemente mais altos, o que seria também uma resposta inadequada à necessidade estratégica de alta eficiência.

Note que os casos "puros" são as exceções. Em geral, as cadeias têm desenhos híbridos com diferentes ênfases em fluxos empurrados e puxados. Essas ênfases, conforme discutido anteriormente, são definidas pela posição da fronteira entre os fluxos empurrados e puxados.

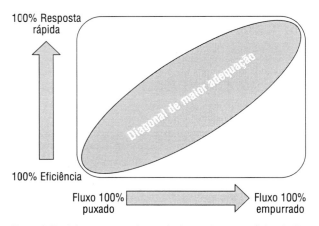

Figura 2.11 Orientação geral para decisão sobre estratégias de fluxo puxado e empurrado.

2.2.4 A decisão estratégica de comprar ou fazer

Outra decisão importante a ser tomada por uma empresa ao desenvolver sua estratégia de cadeia de suprimentos é a que define quais atividades da cadeia ela própria executará e quais delegará a terceiros para que estes as executem. Em outras palavras, isso representa, para cada uma das atividades produtoras de bens e de serviços dentro da cadeia, a decisão de comprá-los de terceiros (ou, de acordo com o jargão mais corrente, *terceirizá-los*) ou de fazê-los internamente.

Tradicionalmente, a decisão de comprar ou fazer era feita com base apenas na consideração dos custos marginais incorridos. Se um banco, por exemplo, tivesse que tomar a decisão de estabelecer e gerenciar seu próprio *call center* ou contratar uma empresa para fazê-lo, ele compararia os custos incorridos de estabelecer e gerenciar seu *call center* com os custos de contratar uma empresa externa para fazê-lo. A opção que resultasse em custos menores seria a ganhadora e a decisão seria então tomada.

A noção de que os custos marginais de comprar ou fazer seriam a única consideração a ser feita (ou a consideração dominante) está superada. Considera-se hoje que a decisão de comprar ou fazer tem implicações estratégicas sérias demais para que se leve em conta apenas o conceito de custos marginais. Em tempos atuais, há pelo menos duas vertentes de considerações vistas como essenciais para uma boa decisão sobre *comprar* ou *fazer* nas cadeias de suprimentos: considerações relacionadas aos *custos de transação* envolvidos e considerações relacionadas às *competências centrais* da organização.

Custos de transação

A parte da economia que trata dos custos de transação, originada pelos trabalhos seminais de Coase (1937), procura compreender por que as firmas existem e *fazem* coisas (em vez de *comprá-las* de terceiros). Seus conceitos podem ajudar a compreender melhor as decisões envolvidas na nossa discussão. Comecemos por discutir alguns conceitos fundamentais.

Uma *transação* é a transferência de um bem ou serviço entre unidades de operação tecnologicamente separadas.

> **CONCEITO-CHAVE**
>
> Os *custos de transação* são os custos totais associados a uma transação, excetuando-se o menor preço possível do produto para a "sobrevivência" do produtor.

Custos de transação só existem porque os mercados são imperfeitos – por exemplo, as informações nos mercados não são 100% disponíveis e as pessoas não são 100% perfeitas na sua capacidade de analisá-las ou 100% racionais nas suas decisões. Esses custos incluem a busca por informação sobre o fornecedor, o fato de não o conhecer perfeitamente, os custos de cotação, os custos de elaboração de contratos, os eventuais custos judiciais de fazer os contratos terem efeito, entre outros.

A *análise de transações* visa a obter eficiência na gestão dessas transações, ou, em outras palavras, visa à *minimização dos custos de transação*. De acordo com a teoria de organização industrial, os custos de transação incorridos na relação de uma empresa com seus fornecedores na compra de um item são influenciados por pelo menos quatro fatores:

- o *número de fornecedores* potenciais;
- a *especificidade de ativos* dedicados à transação;
- o nível geral de *incerteza* em torno da transação; e
- a *frequência* com a qual as transações ocorrem.

Número de fornecedores: se há poucos fornecedores potencialmente capazes de fornecer o item em questão, a tendência de haver comportamento oportunista do fornecedor é maior – por exemplo, com o aumento do preço cobrado em virtude da sua condição de monopolista ou quase-monopolista, ou mesmo com o relaxamento do atendimento às especificações de qualidade e prazos de entrega. Dessa forma, transacionar com o fornecedor aumenta os custos da empresa cliente. Quanto menor o *número de fornecedores* potenciais, portanto, mais os mercados fornecedores com que se transaciona se aproximam da condição de monopólio ou quase-monopólio e maior é a probabilidade de aumento nos custos de transação incorridos pelo comprador.

Especificidade de ativos: ativos são específicos a uma transação quando altamente especializados e, portanto, têm pouco ou nenhum uso geral fora da específica relação fornecedor-cliente em questão. Quando uma empresa, por exemplo, tem de comprar uma máquina para processar um material de um fornecedor e essa máquina é capaz de processar somente aquele material específico, porém inapta a processar materiais de outros fornecedores concorrentes, considera-se que esse ativo (a máquina) é específico para a relação entre a empresa e aquele fornecedor. Uma decisão de trocar o fornecedor exigiria a troca da máquina, aumentando substancialmente o custo de trocar esse fornecedor. Esse custo alto de troca pode também levar a comportamento oportunista do fornecedor, como, por exemplo, aumentos de preço ou complacência na qualidade e nas entregas, o que acarreta maiores custos para a empresa cliente. Portanto, quanto maior a *especificidade de ativos* de uma transação, maiores os custos de transação do item.

Incerteza: são as fontes de perturbações para as quais adaptações são requeridas numa relação fornecedor-cliente. Num mundo imperfeito, no qual os indivíduos têm uma capacidade limitada de processar informações e, portanto, estão sujeitos a negociações oportunísticas dos interlocutores comerciais, uma alta incerteza torna mais difícil para a empresa cliente avaliar as ações do fornecedor. Numa transação, a um maior nível de incerteza percebida pelo cliente, em relação à incerteza percebida pelo fornecedor, dá-se o nome de *assimetria de informação*. O grau geral de incerteza envolvendo uma transação tende a aumentar seus custos, mas quando, além disso, há assimetria de informação (e, portanto, do nível de incerteza) favorecendo o fornecedor, a possibilidade de comportamento oportunista deste aumenta, aumentando os custos de transação. Portanto, quanto maior o nível de *incerteza* em torno da transação, maiores seus custos.

Frequência: quanto mais frequentemente uma empresa transaciona com um fornecedor, mais vezes ela tem que incorrer nos custos de realizar cada transação e, portanto, maiores serão seus custos de transação em relação àquele item, ao longo de um determinado período. A escolha, por exemplo, do fornecedor do carpete da firma ocorre talvez uma vez a cada dez anos. Os custos de cotação, coleta de informações, elaboração de contrato e outros ocorrem, portanto, a cada dez anos. Já um fornecedor de certa matéria-prima frequentemente necessária levará, teoricamente, à ocorrência de custos de transação várias vezes por ano. O custo de transação desse item será, portanto, maior que o custo de transação do carpete. Quanto maior a *frequência* das transações, maiores seus custos.

A Figura 2.12 ilustra o processo de análise de custos de transação.

Figura 2.12 Fatores influentes nos custos de transação.

> **FIQUE ATENTO**
> Quanto maiores os níveis de especificidade do ativo do cliente, das incertezas, da frequência, e quanto menor o número de potenciais fornecedores envolvidos com a transação, maiores seus custos.

Custos de transação e a decisão estratégica de comprar ou fazer

> **CONCEITO-CHAVE**
>
> A teoria econômica por trás da análise dos custos de transação preconiza que, quanto mais altos os custos de transação incorridos, mais as empresas tenderão a tentar minimizá-los via integração vertical, ou seja, tenderão a optar por *fazer* internamente o item em questão em vez de terceirizar sua produção. Do mesmo modo, quanto menores os custos de transação, mais as empresas tenderiam, assumindo comportamento racional (embora limitado), a optar por *comprar* o item.

Os custos de transação são necessários à nossa análise, mas não são suficientes (McIvor, 2009). Também é necessário levar em conta uma outra vertente de considerações: aquela que trata do conceito de *competências centrais* (*core competencies*).

Competências

Hamel e Prahalad (1994) definem competências como, mais do que apenas uma única habilidade ou uma única tecnologia, um conjunto de habilidades e tecnologias. Um exemplo é a Motorola e sua competência em produção de ciclos curtos (tempo que decorre entre o recebimento e o atendimento de um pedido) que se apoia numa larga faixa de habilidades, incluindo disciplina no projeto dos produtos que se preocupa com modularidade e intercambialidade de partes e conjuntos entre produtos, manufatura flexível, sistemas sofisticados de internação de pedidos, gestão de estoques e gestão de fornecedores. Uma competência representaria um somatório de aprendizados ocorridos cruzando fronteiras de equipes e unidades operacionais ou funcionais e, portanto, raramente é encontrada confinada em uma unidade ou equipe.

Competências centrais

Dada a definição do que sejam competências, Hamel e Prahalad (1994) definem então o que seriam três características necessárias para que uma competência seja considerada central (essa definição é importante porque as competências centrais seriam, segundo os autores, as mais valiosas fontes de vantagem competitiva sustentável de uma empresa):

Valor para o cliente

Uma competência central deve proporcionar uma contribuição *desproporcional* para o valor percebido pelo cliente. Nesse sentido, uma competência central é uma competência da organização que proporciona ao cliente um valor (ou benefício) percebido por ele como determinante. Note que o que é percebido pelo cliente é o benefício advindo da competência, e não a competência em si. As empresas, nessa análise, devem se questionar continuamente sobre quais seriam os elementos de valor, presentes nos seus produtos ou serviços, pelos quais o cliente está de fato disposto a pagar.

Diferenciação sobre concorrência

Para que uma competência se qualifique como central, ela deve ser competitivamente única ou exclusiva. Isso não significa que ela tenha de ser dominada por uma única empresa, mas que uma competência que é comum a todo um setor industrial não deveria ser considerada como central. Um exemplo é a competência em logística de distribuição desenvolvida no Brasil ao longo dos anos pela Avon Cosméticos, que faz chegar seus produtos, em pequenas quantidades por remessa, a quase 1,5 milhão de revendedores e revendedoras em todo o país com altos níveis de perfeição (pedidos pontuais, completos e em condição perfeita). Não significa que seja a única empresa no mercado com essa competência. A Natura Cosméticos também tem desempenho destacado nessa área e com um modelo similar de negócio, com 1,7 milhão de consultores e consultoras, por exemplo. Entretanto, certamente não se trata de competência dominada por todo o setor industrial.

Extendabilidade

Competências centrais seriam também importantes portas para os mercados do futuro. Isso significa que os gestores deveriam abstrair-se dos mercados de hoje e imaginar que tipos de novas oportunidades a posse de certas competências pode abrir no futuro. Uma competência é realmente central quando a sua posse tem papel importante na abertura de novos mercados e oportunidades futuras. Ainda como exemplo podemos citar a Avon Cosméticos, que, por dominar uma competência (central) na logística de distribuição dos cosméticos que sempre fabricou, teve para si abertas as portas da distribuição de outros produtos, como utilidades domésticas. Hoje a Avon é uma relevante distribuidora de utilidades plásticas domésticas do Brasil e tem boa parte do seu faturamento mensal vindo da distribuição e venda de produtos que, a exemplo de utilidades domésticas, não são cosméticos, não fabrica e não distribuía inicialmente.

> **CONCEITO-CHAVE**
>
> Uma competência central é um conjunto de habilidades e tecnologias que contribuem desproporcionalmente para o valor percebido pelo cliente, é competitivamente única ou exclusiva (portanto, de difícil imitação) e tem o potencial de abrir portas para mercados promissores futuros.

A Figura 2.13 ilustra o processo de identificação de competências centrais.

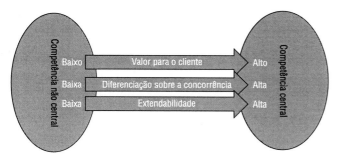

Figura 2.13 Fatores que ajudam a definir uma competência central.

Ainda na tentativa de melhor conceituar o que são competências centrais, Hamel e Prahalad (*op. cit.*) seguem descrevendo o que uma competência central *não é*.

Não é um *ativo* numa definição tradicional: competências centrais não aparecem no balanço patrimonial. O que se esclarece aqui é que qualquer coisa física ou objetivável na forma contábil tradicional é passível de ser imitada facilmente e, portanto, não poderia ser considerada como competência central.

Ao contrário de ativos tradicionais, competências centrais não se desgastam ou depreciam, muito ao contrário – quanto mais utilizadas, mais valiosas se tornam. Uma competência central é uma habilidade que melhora com o uso. Isso sinaliza para um ponto crucial de nossa análise da decisão de comprar ou fazer atividades numa cadeia de suprimentos: o risco de se terceirizar atividades que sejam competências centrais em um setor industrial e, portanto, de portas competitivas importantes do futuro se fecharem.

Os autores também sinalizam para o fato de que *brand name* (marca), apenas, não pode ser, por si só, considerada uma competência central, se não for suportada por competências centrais em termos de operações que levem a desempenho superior efetivo. O caso do declínio da Porsche, que baseou sua vantagem competitiva exclusivamente no seu forte *brand name*, é emblemático, com vendas caindo 90% no mercado americano de carros esportivos entre 1986 e 1993, período durante o qual a empresa encarou concorrentes altamente competentes,

como o Lexus (marca de luxo da Toyota) ainda que sem a força de uma marca.

O raciocínio por trás das competências centrais advoga que uma empresa não faça internamente tudo o que vende. Por exemplo, a Canon tem muito clara a noção da importância estratégica de competências centrais; ela terceiriza em torno de 75% dos componentes que integram suas copiadoras. O que a empresa busca controlar são as competências que fazem as maiores diferenças para o valor ofertado ao cliente. A Nike, por exemplo, pode não costurar os seus tênis, mas controla competências em logística, qualidade, *design*, desenvolvimento de produto, testemunhos de atletas, distribuição e *merchandising*.

Competências centrais e a decisão estratégica de comprar ou fazer

> **FIQUE ATENTO**
>
> Os itens resultantes da ação de competências centrais numa organização não deveriam ser terceirizados.

A Gillette tem como competência central para suas lâminas de barbear seu conhecimento do processo de produção das lâminas de aço que equipam os seus aparelhos. O desenvolvimento desse processo não é, portanto, terceirizado, pois se trata de uma fonte de vantagem competitiva sustentável para a empresa. A Honda também não terceiriza o projeto ou a produção de seus motores leves e supereficientes. Hoje, mais do que nunca, essa competência, dados os aumentos periódicos de preço do petróleo, é fonte importante de vantagem competitiva da empresa.

2.2.5 Um modelo para a decisão de comprar ou fazer

> **PARA REFLETIR**
>
> São dois os grandes conceitos a serem levados em conta quando se decide sobre comprar (terceirizar) ou fazer determinada atividade (que resulta na produção de um bem ou serviço) numa cadeia de suprimentos: os *custos de transação* e as *competências centrais* da organização envolvida. Quanto menores os custos de transação, mais recomendada é a decisão de terceirizar a atividade. Por outro lado, quanto maiores os custos de transação, mais a empresa deve considerar manter a atividade sendo feita internamente.

Quanto maiores os custos de transação, maiores os riscos de a empresa ter seus custos aumentados por comportamento oportunista dos fornecedores.

Entretanto, a existência de altos custos de transação pode não ser motivo suficiente para manter a atividade sendo realizada internamente. Para que a decisão de *fazer* seja tomada, é importante checar antes se a atividade envolve competências centrais da organização.

Quando uma habilidade de executar uma atividade que concorre para a produção de um bem ou serviço é considerada uma competência central para a organização, esse bem ou serviço não deve ser terceirizado. Se, por outro lado, a habilidade de executar uma atividade não é considerada uma competência central para a organização, a empresa deveria considerar seriamente a possibilidade de terceirizá-la, principalmente se os seus custos de transação são baixos. Isso permitirá que a empresa não disperse esforços na execução de atividades que não são fontes de vantagem competitiva, concentrando-se naquelas que são.

A Figura 2.14 ilustra um processo para decisão de *comprar* ou *fazer*.

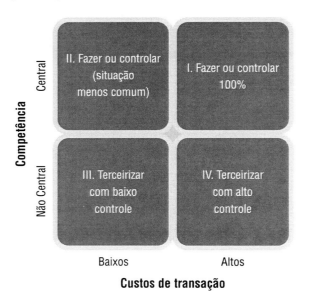

Figura 2.14 Matriz simplificada para decisão de comprar ou fazer.

Quadrante I. Fazer ou controlar 100%

Atividades classificadas nesse quadrante não deveriam ser terceirizadas, mas mantidas internamente. Isso porque se trata de algo que é uma competência central, crucial para a competitividade futura da organização, e, ao mesmo tempo, se terceirizada, por ter altos custos de transação, colocaria a empresa numa desconfortável situação potencial de cair vítima de comportamento oportunista de seus fornecedores. Em raras situações, a empresa pode se ver vítima de uma decisão anterior equivocada, que levou à terceirização de uma atividade dessa natureza. Nesses casos, a primeira opção seria reverter a decisão, trazendo a atividade para ser feita internamente de novo. A segunda, caso a primeira não seja possível ou viável, seria a empresa tentar, via estabelecimento de contratos fortes, garantir que continue mantendo 100% de *controle* sobre a atividade, o que nem sempre é fácil conseguir. Neste quadrante estão, por exemplo, as atividades relacionadas à inteligência logística da FedEx, da Coca-Cola ou da Avon; ao projeto dos circuitos integrados da Intel e AMD; ao relacionamento com os clientes da Dell, da Amazon e da Netflix; ao projeto dos motores da Honda; e à habilidade de ser uma grande projetista/integradora de aeronaves (ou espaçonaves) da Embraer, Volkswagen Resende e da Boeing (ou da NASA), por exemplo – todas atividades cruciais para o sucesso competitivo futuro dessas empresas.

Quadrante II. Fazer ou controlar (situação menos comum)

Neste quadrante, as atividades são consideradas competências centrais para o sucesso futuro da organização, mas os custos de transação não são altos. Não se trata de situação comum, pois, pela própria natureza, as habilidades necessárias para realizar atividades que se caracterizam como competências centrais não podem ser dominadas por grande quantidade de empresas. Apenas uma ou poucas empresas deveriam dominá-las, o que não é característica que leve a baixos custos de transação. Entretanto, às vezes, isso pode acontecer. Um exemplo pode ilustrar. Ter a variedade certa de batata desenvolvida, que garanta o atendimento às altas exigências de consistência de sabor do McDonald's para suas batatas fritas é uma competência central, crucial para a competitividade futura da empresa no mercado de *fast-food*. Entretanto, quando o McDonald's expande sua atuação para países onde não atuou anteriormente, pode ter que desenvolver parcerias com produtores locais no desenvolvimento da variedade certa, adaptada às condições locais de clima e terreno. Isso aconteceu no Brasil e na Rússia, por exemplo. Nessa situação, a terceirização do desenvolvimento em geral ocorre na forma de parcerias bastante próximas, porque o McDonald's sabe que é importante manter tanto controle quanto possível sobre este processo central para sua competitividade.

Quadrante III. Terceirizar com baixo controle

Esse é o quadrante em que a decisão de terceirização é mais simples e direta. Aqui, a atividade a ser terceirizada não envolve diretamente competências consideradas centrais e, ao mesmo tempo, tem custos baixos de transação (alto número de potenciais fornecedores, baixa ou nenhuma especificidade de ativos, baixa incerteza e, possivelmente, baixa frequência). Isso quer dizer que se trata de item ou atividade produzida por mercados confiáveis, em que vários concorrentes lutam pela preferência dos clientes, com produtos similares. Um exemplo é a compra de papel para impressora por uma fabricante de bebidas. A produção de papel branco não envolve nenhuma competência central da empresa, o mercado fornecedor é confiável, vários fornecedores têm produtos similares e a impressora da empresa trabalha igualmente bem com quaisquer deles. Assim, a fabricante de bebidas não deveria considerar, portanto, *fazer* papel de impressora, mas sim *comprar* de fornecedores externos. Essa terceirização também não exige alto grau de controle do fornecedor por parte da contratante – via, por exemplo, contratos detalhados e de longo prazo, dada a confiabilidade do mercado e a similaridade dos produtos concorrentes, que levam à pouca probabilidade de comportamento oportunista dos fornecedores. Outros exemplos são os consumíveis utilizados em processos produtivos, os materiais de escritório, os materiais de limpeza, e aqueles itens de prateleira e serviços padronizados (confiavelmente disponíveis e providos por vários fornecedores) que entram nos processos produtivos (como parafusos e embalagens comuns) ou nos serviços de apoio (como os serviços de entrega de documentos simples e limpeza geral).

Quadrante IV. Terceirizar com alto controle

Aqui a atividade não envolve competências centrais da organização, portanto, em princípio, não seria uma candidata a ser realizada internamente. Entretanto, os custos de transação são altos. Imagine um fabricante de microcomputadores como a HP ou a Dell. Produzir *software* de sistemas operacionais para seus computadores não está entre suas competências centrais (observe que, curiosamente, isso não seria válido para uma análise da Apple, que desenvolve seu próprio sistema operacional por considerá-lo produto de uma competência central da empresa, desenvolvida ao longo de anos). Entretanto, suas máquinas certamente necessitam de um sistema operacional para funcionarem. E não são muitas as alternativas de fornecimento que podem oferecer sistemas operacionais, além da Microsoft (talvez o sistema aberto Linux seja a única opção com alguma aceitação hoje). Isso significa que, pelo menos do ponto de vista do número de potenciais fornecedores e da especificidade de ativos (a maioria dos microcomputadores hoje é construída para rodar o sistema operacional Windows, da Microsoft), os custos de transação são bastante altos.

Esse conjunto de condições leva à decisão de terceirização pelos fabricantes de microcomputador do tipo Dell e HP (por ser atividade não central), mas a forma de terceirização e o nível de controle sobre o fornecimento não deveria ser o mesmo do Quadrante III, dados os riscos de a empresa cliente se tornar vítima de comportamento oportunista do fornecedor. Aqui, portanto, é recomendável que a terceirização venha acompanhada de maior nível de controle (via, por exemplo, contratos mais detalhados, exigentes e de mais longo prazo). Outros exemplos são o fornecimento de motores para os fabricantes de avião, como a Embraer, e os provedores de serviço logístico para os varejistas da Internet.

As referidas discussões sinalizam para o fato de que, além da decisão de fazer ou comprar, também é essencial que a empresa, quando decide por comprar, elabore as nuances do tipo de relação que deveria ter com seus vários potenciais fornecedores. A simples matriz 2 × 2 da Figura 2.7 deixa isso claro. Os quadrantes I e II são quadrantes de *fazer* – mas há nuances. Há situações em que se podem obter os níveis necessários de controle sobre o fornecimento mesmo sem ter propriedade acionária. Os quadrantes III e IV são quadrantes de *comprar* – mas também aqui há nuances. Há situações em que se necessita maior nível de controle sobre o fornecimento e situações em que esse maior nível de controle pode ser não apenas desnecessário, mas também não recomendável. As nuances possíveis e adequadas para o estabelecimento e gerenciamento dos relacionamentos com os vários fornecedores de uma empresa numa cadeia de suprimentos é um tema que será retomado e discutido em mais detalhes no Capítulo 5 – Gestão de risco na cadeia global de suprimentos.

> **✓ TEORIA NA PRÁTICA**
>
> A Dell está tentando vender suas fábricas de computadores no mundo todo, uma ação que pretende reformar drasticamente um modelo de produção que por muito tempo foi a marca registrada da estratégia da empresa, mas que agora não tem mais sido considerado competitivo.
>
> Atualmente, a Dell tem procurado empresas de terceirização de manufatura de produtos eletrônicos com ofertas para vender suas fábricas de PCs. O plano parece ser o mais recente sinal das mudanças no mercado mundial de microcomputadores e da pressão crescente que a empresa tem sofrido para aumentar sua lucratividade. A Dell, que liderou o mercado a partir da sua abordagem de manufatura enxuta (*lean manufacturing*), com produção de PCs sob encomenda direta dos clientes, agora se vê seguindo os rivais na terceirização das suas operações. Qualquer venda de fábrica ainda depende de a Dell encontrar compradores. Os mais prováveis candidatos são as grandes empresas de terceirização de produção de eletrônicos – a maioria localizada na Ásia. As fábricas da Dell foram originalmente projetadas para o mercado corporativo, que adquiria diretamente da empresa altos volumes de microcomputadores de mesa, configurados sob encomenda. Nos últimos três anos, entretanto, a demanda migrou para *notebooks* muito mais padronizados, vendidos para clientes em lojas de varejo. A Dell está atrás da concorrência a fim de encontrar uma forma de tornar sua produção de computadores portáteis mais enxuta.

> **Origens**
>
> Michael Dell, o fundador da empresa, liderou uma estratégia inovadora de vender computadores diretamente aos clientes, iniciando a configuração e montagem das máquinas apenas depois de os pedidos terem sido recebidos. Depois de o cliente efetuar seu pedido, via internet ou por telefone, as fábricas da empresa produzem os computadores a partir de componentes (cujo estoque, muitas vezes, é mantido pelos fornecedores nas fábricas da Dell, que, então, só paga por eles quando os utiliza) que são configurados com *softwares* e despachados em questão de horas. O sistema original minimizava estoques e maximizava o fluxo de caixa da empresa. A Dell tem fábricas nos Estados Unidos (nos estados do Texas e Flórida), na Irlanda, na China, na Índia, no Brasil (Hortolândia), na Malásia e na Polônia. Elas ainda são consideradas bastante eficientes na produção de PCs de mesa, mas não são apresentam o mesmo resultado para a produção de *notebooks*. Estes são mais complexos e intensivos em mão de obra, embora mais padronizados que os PCs de mesa.
>
> Um dos principais concorrentes da Dell, a HP, já terceiriza toda a sua produção de *notebooks* e 88% da sua produção de PCs de mesa.
>
> **Saiba mais**
>
>
>
> *Dell modelo direto*
> Fonte: http://www.youtube.com/watch?v=EG5z-d8leml
> Acesso em: 19 jun. 2019
>
> uqr.to/fcs4
>
> **Questões para discussão**
>
> 1. Analise com a matriz da Figura 2.7 a mudança que o mercado de microcomputadores está sofrendo e o possível motivo pelo qual a Dell tem perdido competitividade no mercado.
>
> 2. Analise a decisão da Dell de terceirizar suas fábricas de computadores à luz dos conceitos discutidos na seção sobre "comprar ou fazer", anteriormente neste capítulo. Quais os benefícios e riscos dessa decisão para a empresa?
>
> 3. Quais as mudanças na localização da fronteira entre os fluxos empurrado e puxado da Dell, com a mudança do mercado para demandar mais *notebooks* padronizados que PCs de mesa configurados sob encomenda? Quais as implicações dessa mudança para a Dell e a gestão de sua cadeia de suprimentos?

2.2.6 Estratégia de cadeias de suprimentos e o desenvolvimento de produtos

Frequentemente, as decisões, estratégicas ou não, sobre a cadeia de suprimentos são feitas assumindo que o produto já foi projetado, já existe e está sendo produzido em processos produtivos também já existentes. A partir daí, a empresa procura definir e gerenciar sua cadeia da melhor forma para que a demanda futura do produto seja atendida eficiente e eficazmente, sem faltas ou sobras.

Mais recentemente, alguns executivos e acadêmicos perceberam duas coisas muito importantes.

A primeira é que, se determinadas questões estratégicas das cadeias de suprimentos forem levadas em conta já na fase de projeto do produto e do processo, a cadeia será capaz de operar muito melhor. Em outras palavras, o projeto do produto e do processo tem o potencial de ajudar a gestão da cadeia de suprimentos que irá supri-lo.

A segunda é que a cadeia de suprimentos pode ajudar o projeto do produto e do processo. Isso porque as várias empresas da cadeia de suprimentos, além de terem competências *produtivas* complementares (esta, afinal, é uma forte razão pela qual foram trazidas à cadeia), têm frequentemente competências de projeto de produto e processo e competências de mercado também complementares e ricas. O envolvimento de parceiros da cadeia no projeto do produto e do processo da empresa pode ser uma fonte importante de vantagem competitiva (veja, por exemplo, o quadro de abertura deste capítulo, sobre a Embraer). Esses dois aspectos serão analisados a seguir.

2.2.7 Projeto de produto e processo para cadeias de suprimentos mais eficazes

O desenvolvimento de produtos feito de forma tradicional tinha o foco quase que exclusivamente nos aspectos tecnológicos envolvidos no produto em questão, e o escopo de considerações dos engenheiros projetistas ia pouco além dos limites do laboratório onde trabalhavam – procuravam projetar produtos que *funcionassem* e, em alguns casos, utilizar os materiais componentes da forma mais eficiente possível. A partir daí, na sequência, os engenheiros de processos, partindo do projeto do produto, projetavam os processos que os manufaturaria e, em seguida, os engenheiros de produção tinham, então, a responsabilidade de produzir o produto projetado no processo projetado, de forma eficiente. Eram passos sequenciais, em que os responsáveis por uma etapa tinham relativamente pouca preocupação com (e pouca experiência nos) processos seguintes. A partir dos anos 1980, esse paradigma começou a mudar. Os gestores e engenheiros começaram a perceber que as atividades precedentes eram tremendamente influentes na eficiência das tarefas seguintes. Era o nascimento do chamado *projeto para a manufatura* (*design for manufacturing*, na língua inglesa).

Segundo essa ideia, já na etapa de projeto deveria haver uma preocupação em gerar projetos de produtos que não apenas funcionassem e usassem eficientemente os materiais componentes, mas também fossem facilmente manufaturáveis. Por exemplo, se na etapa de projeto de um produto o engenheiro projetista faz escolhas de projeto (por exemplo, em relação a várias geometrias ou materiais possíveis) levando em conta o objetivo de facilitar a sua produção, os tempos, os custos e a dificuldade da sua manufatura (que ocorrerá repetitivamente, às vezes por vários anos futuros) podem ser substancialmente reduzidos.

Alguns estudos consideram que no projeto do produto chegam a ser definidos 85% dos custos do produto. Isso significa que, uma vez que o produto foi projetado, as ações dos engenheiros de produção só são capazes de alterar uma parcela relativamente pequena dos custos envolvidos. A conclusão é clara: o projeto para manufatura vale a pena.

A partir daí, gestores e engenheiros passaram a explorar várias modalidades de "projeto para...", percebendo que na etapa de projeto do produto, na verdade, não só se definem grandes parcelas dos custos de manufatura, mas também dos custos de manutenção do produto (*projeto para manutenção* – em que os produtos são projetados, por exemplo, com intuito de facilitar o acesso dos técnicos de manutenção a componentes relevantes), os custos de desmontagem e reciclagem do produto ao final de sua vida (*projeto para reutilização, remanufatura, reciclagem* – em que materiais mais recicláveis são preferidos – veja o Capítulo 11), os custos de compras (*projeto para compras* – em que, por exemplo, materiais mais disponíveis localmente são escolhidos) e, mais recentemente considerados, os custos logísticos e da cadeia de suprimentos (*projeto para logística e cadeia de suprimentos*, discutido a seguir).

Projeto para logística e cadeia de suprimentos

PARA REFLETIR

O conceito de projeto para logística e cadeia de suprimentos recomenda que já na etapa de projeto do produto e do processo se procurem opções de projeto que facilitem e tornem os processos logísticos e de gestão da cadeia de suprimentos que irá produzi-lo e distribuí-lo mais eficientes, rápidos, simples e eficazes.

Custos de transporte e de estoques ao longo da cadeia de suprimentos são fatores influentes na definição do seu custo e de seu nível de capacidade de resposta. Os quatro fatores a seguir são importantes para o conceito de projeto para logística e cadeia de suprimentos:

- embalagem e transporte econômicos;
- processamento paralelo;
- padronização;
- postergamento (*postponement*).

Embalagem e transporte econômicos

A implicação aqui é quase imediata. O projeto de produtos que possam ser transportados e armazenados economicamente tem impacto direto no desempenho da cadeia de suprimentos em termos de custo. Produtos que possam ser transportados e armazenados de forma mais compacta ocupam menos espaço valioso e caro em armazéns e meios de transporte. O projeto inteligente de produtos e suas embalagens pode contribuir substancialmente, desde que esta seja uma preocupação explícita da fase de projeto. Como as cadeias de suprimentos são em geral globais, com maiores distâncias a serem percorridas, economias com transporte são ainda mais substanciais. Produtos plásticos volumosos, como cadeiras e contêineres para uso doméstico, são em geral projetados de forma a se encaixarem quando empilhados visando a economias de espaço ao longo de toda a cadeia, do fabricante ao varejista, passando pelos meios de transporte. Os varejistas em particular favorecem produtos cuja ocupação de *espaço em prateleira* seja racional, porque esse recurso é muito valioso e deve ser usado de forma eficiente. Esse aspecto é importante para todas as cadeias de suprimentos (tanto *eficientes* como de *resposta rápida* – veja discussão anterior neste capítulo), mas tem especial relevância nas cadeias de suprimentos *eficientes*.

Processamento paralelo

Aqui a ênfase é mais no projeto do processo e como ele pode influenciar o desempenho logístico e da cadeia de suprimentos. Tradicionalmente, as etapas de manufatura de produtos obedeciam a uma lógica sequencial, com etapas sendo iniciadas apenas quando as etapas anteriores terminavam. Isso fazia com que os tempos de processamento se somassem, levando a tempos de resposta mais longos da cadeia. Se na etapa de projeto do produto e do processo, partes diferentes do produto são projetadas para permitirem que sejam manufaturadas de forma desacoplada (separada), isso permite que essas partes possam ser feitas em paralelo, reduzindo os tempos totais de processamento e, portanto, aumentando a capacidade de resposta da cadeia de suprimentos. Há também outras vantagens de se reduzirem os tempos numa cadeia de suprimentos, como a redução dos erros de previsão (por serem feitas com horizontes menores) e a correspondente redução da necessidade de estoques de segurança. Embora os processamentos paralelos sejam importantes para qualquer configuração estratégica de cadeias de suprimentos, são particularmente relevantes para cadeias de *resposta rápida*.

Padronização

Padronização de produtos e embalagens tem várias virtudes. Embalagens de produtos padronizadas e projetadas inteligentemente serão mais fáceis de ser montadas com aquelas de outros produtos de forma compacta em páletes, contêineres e outras plataformas de transporte, reduzindo custos de armazenagem e movimentação. Padronização de produtos e de peças ou de submontagens componentes (ou, como são comumente chamadas, de *módulos*) de produtos traz uma série de vantagens. A primeira e talvez mais imediata é que, se vários produtos da linha de uma empresa usam partes comuns, essas partes serão, individualmente, necessárias em quantidades maiores. Isso leva a vantagens de economias de escala nos processos de produção (ou compra) dessas partes, com correspondentes reduções de custo para a cadeia de suprimentos.

A segunda é mais sutil, mas não menos importante e se refere a um efeito chamado *risk pooling* (veja a seguir uma explicação mais detalhada deste efeito). Como as peças padronizadas de uso comum têm seu consumo associado à necessidade de atendimento dos planos de produção de vários produtos diferentes, quando há a necessidade de alterações dos planos de produção em termos de *mix* (quando, por exemplo, a necessidade de um produto é reduzida e a de outro é aumentada), a quantidade total da parte comum se altera percentualmente muito menos do que seria a alteração percentual de cada uma de duas partes diferentes equipando cada produto.

Essa menor flutuação de demanda das partes padronizadas faz com que a gestão dos seus estoques seja muito mais eficiente, requerendo, por exemplo, menores estoques de segurança. O mesmo fenômeno ocorre com peças padronizadas servindo ao mercado de pós-venda (por exemplo, de peças de reposição) – peças padronizadas comuns a vários produtos têm sua demanda agregada e, portanto, a sua previsão está menos sujeita a erros do que a demanda de peças específicas de produtos.

> ⊕ **SAIBA MAIS**
>
> *Risk pooling*: imagine que se solicite que você faça uma previsão das vendas de sanduíches de um restaurante específico da cadeia de *fast-food* McFast para o mês que vem. Suponhamos que usando as melhores informações e técnicas disponíveis (o Capítulo 8 discute técnicas usadas em previsão de vendas em detalhes, mas elas não são necessárias neste exemplo), sua previsão seja conforme a coluna "Previsão" da Figura 2.15.
>
> | McFast | Previsão | Real | Erro | Média dos erros |
> |---|---|---|---|---|
> | BigFast (hambúrguer) | 3.400 | 2.913 | 14% | 15% |
> | FastFish (peixe) | 2.300 | 2.714 | 18% | |
> | VeggieFast (vegetariano) | 2.600 | 3.017 | 16% | |
> | FastChicken (frango) | 1.400 | 1.119 | 20% | |
> | FastLombo (porco) | 1.200 | 1.256 | 5% | |
> | Total | 10.900 | 11.019 | 1% | |
>
> **Figura 2.15** Ilustração do chamado efeito *risk pooling*.
>
> Suponha que todos usem recheios específicos (hambúrguer, peixe etc.) e, portanto, não padronizados. Suponha, entretanto, que o pão usado em todos os sanduíches seja um item padronizado, de uso comum a todos. Imagine agora que, após o mês seguinte ter passado, você tenha acesso às vendas reais de sanduíches daquela loja do McFast e que as vendas sejam conforme a coluna "Real" da Figura 2.15. Os cálculos dos erros percentuais de previsão dos sanduíches individuais (e, portanto, da necessidade dos recheios individuais) está ilustrado na coluna "Erro %". A média dos erros percentuais é de 15% e dá uma ideia da ordem de grandeza dos estoques de segurança necessários para estes itens de recheio (não padronizados), caso se possa assumir que esses erros sejam de fato representativos do processo geral de previsão da empresa. Agora, veja a linha "Total", representando os totais de sanduíches previstos (coluna "Previsão") e os totais de sanduíches realmente vendidos (coluna "Real"). A diferença percentual (e, portanto, o erro de previsão para o item comum "pão", que é usado em todos os sanduíches) é de apenas 1%, que ilustra a ordem de grandeza – muito menor do que aquela dos itens não padronizados – dos estoques de segurança necessários para o item padronizado "pão". Isso ocorre porque alguns erros de previsão dos sanduíches individuais (e, portanto, da necessidade dos seus recheios específicos) ocorreram por superestimação da previsão (previsão maior que a venda real) e alguns erros de previsão foram por subestimação da previsão (previsão menor que a venda real). Para itens padronizados comuns a vários produtos, grande parte dos erros de superestimação compensam os erros de subestimação, resultando em previsões melhores e estoques menores, o que não ocorre com os itens específicos.
>
> **Questão para discussão**
>
> 1. Liste três exemplos práticos reais em que você consiga identificar o uso do conceito de *risk pooling* descrito anteriormente.

Aqui a vantagem de se desenvolverem, sempre que possível, projetos que utilizem peças, partes e submontagens comuns é clara e com implicações diretas para a melhor gestão de cadeias de suprimentos, tanto para o suprimento de produtos novos como para pós-venda (peças de reposição). Padronização de módulos que são usados em múltiplos produtos é muito comum em vários setores industriais. Na indústria automobilística, por exemplo, é comum que veículos diferentes da mesma corporação compartilhem a mesma "plataforma", como os Audi A6 e os VW Passat, os Audi A3 e os VW Golf, os Audi TT e os VW Beetle, todos os pares compartilhando plataformas comuns (chassis, partes da carroceria e muitas outras partes internas, como chicotes de cabos etc.). Na indústria de computadores, os vários computadores tipo *laptop*

Lenovo, por exemplo, compartilham grande quantidade de partes (teclado, tela, gabinete, bateria, cabos etc.). Nos restaurantes, é comum que molhos e acompanhamentos comuns sejam utilizados em vários pratos diferentes, o que é outro exemplo de padronização de componentes.

Postergamento (*postponement*)

Este talvez seja o item de projeto de produto e processo com maior potencial de impacto no desempenho da cadeia de suprimentos e vem quase que como decorrência do conceito de *padronização* e de *risk pooling* anteriormente discutidos. Imagine que uma empresa utilize itens padronizados, comuns a vários produtos diferentes de sua linha e, evidentemente, também utilize itens específicos a cada um dos produtos (que são os itens que farão com que os vários produtos sejam diferentes entre si). O tempo total de montagem dos itens específicos é de duas horas e dos itens comuns é de oito horas, totalizando dez horas de montagem para o produto todo. Se o primeiro item montado no produto é um item específico, isso significa que o processo definiu que aquele semiacabado será um produto final específico dez horas antes de o produto ficar pronto. Ou seja, a velocidade de resposta, por exemplo, para a mudança dos produtos finais produzidos será de dez horas. Em outros termos, a partir do momento em que uma mudança do *mix* de produtos produzidos é decidida, o novo *mix* só começará a sair da linha de montagem dez horas depois.

Imagine agora que o projeto de processo desse produto seja alterado de tal forma que, em primeiro lugar, sejam montados nos produtos apenas os itens comuns a todos. Isso significa que, durante toda a parte inicial de montagem (nas primeiras oito horas), não haverá diferenciação dos produtos montados (já que só estarão sendo montadas as partes dos produtos que são comuns a todos). Isso quer dizer que qualquer dos semiacabados montados até o final da parte inicial (indiferenciada) pode, daí para a frente, transformar-se em qualquer dos diferentes produtos. Só nas últimas duas horas de montagem é que se definem os semiacabados como produtos finais específicos. Ou seja, a mesma decisão de mudança de *mix*, que na situação anterior levava dez horas para tomar efeito, na situação nova leva apenas duas horas, um tempo de resposta muito mais rápido. Essa é a natureza do *postergamento*.

FIQUE ATENTO

O *postergamento* até o momento mais tarde possível da diferenciação do produto pode aumentar em muito a velocidade de resposta e a flexibilidade para mudanças de *mix* da cadeia de suprimentos.

A seguir, é ilustrada uma situação em que um projeto inteligente de produto e processo com diferenciação postergada para estágios mais adiante da cadeia de suprimentos de tintas para parede aumentou substancialmente o desempenho tanto em custo da cadeia como de nível de serviço ao cliente.

TEORIA NA PRÁTICA

Tradicionalmente, quando alguém resolvia pintar sua casa e se dirigia a um varejista ou loja de material de construção para comprar tinta, era limitado em suas opções de escolha a cerca de 60 cores disponíveis nos catálogos dos diversos fabricantes. Dificilmente um cliente mais exigente encontraria no catálogo a cor exata de seus sonhos, sendo, portanto, forçado a escolher uma tonalidade próxima àquela por ele considerada ideal. Nem sempre a tonalidade escolhida estava disponível na loja, já que nem sempre os estoques haviam sido dimensionados adequadamente. Isso não é de admirar, já que um correto dimensionamento de estoques depende de uma boa previsão de vendas, que, nesse caso, era difícil de fazer, já que não é fácil prever quantos galões do "Verde Palestra" serão vendidos este mês, em meio a tantas alternativas. Além disso, o espaço da loja e o seu capital de giro disponível podem não permitir que um alto nível de estoque de todas as tintas seja mantido para a eventualidade de ocorrência de uma demanda mais alta de qualquer das tintas do catálogo. Isso levava a um nível de serviços ruim, mesmo com níveis relativamente altos de estoques no varejo. O mesmo ocorria com outros estágios do canal de distribuição: para cada fabricante, distribuidores, por exemplo, também eram forçados a carregar estoques de 60 diferentes cores de tinta, sob incerteza alta de demanda de cada uma, levando a altos estoques de segurança. O fabricante, por sua vez, tinha um processo de produção bastante ineficiente, porque seus equipamentos de produção e mistura de tinta tinham de operar com 60 variedades de produtos. Cada vez que uma cor é produzida e o processo tem de ser preparado para a produção de outra cor, os equipamentos precisam passar um bom tempo inativos, sendo limpos, para que vestígios da tinta anterior não contaminem a cor seguinte. Uma cadeia de suprimentos ineficiente, que não atende ao cliente nas suas necessidades e desejos de forma adequada nem no preço adequado, já que a ineficiência da cadeia é repassada ao consumidor final.

Num certo momento, entretanto, os fabricantes de tinta perceberam que a solução para os seus vários problemas estava na ideia de *postergamento*. Reorganizaram, então, sua cadeia de suprimentos da seguinte forma: todas as tintas são formadas a partir de uma base (comum) branca, que deve ser misturada com diferentes quantidades de aproximadamente dez diferentes concentrados de cores a fim de gerar as tintas finais coloridas. Essa mistura era feita nas instalações dos fabricantes de tinta, muito antes de o cliente ter feito seu pedido na loja. Isso significa que a variedade específica da tinta era definida na fábrica, muito tempo antes de o cliente fazer seu pedido.

> Com o *postergamento*, a nova configuração do processo de produção passou a ser de forma que apenas os itens comuns a todas as tintas seriam produzidos e assim mantidos até que o pedido do cliente acontecesse, na loja do varejo. Ou seja, a fábrica apenas produziria a base branca comum (e, claro, também os dez concentrados de cores em quantidades muito menores que a de base branca, perfazendo uma quantidade de apenas 11 itens diferentes produzidos na fábrica). A base seria mantida branca e assim percorreria, junto com os concentrados de cores, os canais de distribuição até chegarem ao varejista. Como a base branca entra em todas as tintas, sua demanda é praticamente a demanda agregada de todas as tintas – e, portanto, o canal se beneficia do efeito *risk pooling*, anteriormente discutido, com previsões muito mais precisas e estoques muito menores. Agora, na loja, a partir da base branca e dos dez concentrados de cores, o varejista, com uma máquina dosadora/misturadora, consegue gerar não mais apenas 60 cores, mas aproximadamente 2.500 cores, aumentando muito a satisfação do cliente, que agora pode solicitar, a partir de um amplo catálogo, nuances muito mais variadas das cores.
>
> A nova cadeia de suprimentos de tintas para parede conseguiu, fazendo bom uso do conceito de *postergamento*, aumentar o nível de serviço ao cliente (tanto na variedade oferecida quanto na disponibilidade, já que agora a base branca está sempre disponível por ser comum, assim como os concentrados de cores, por serem poucos e em volumes muito menores) com simultâneo aumento de eficiências na cadeia (menores estoques ao longo do canal de distribuição por efeito *risk pooling* e processos produtivos mais eficientes por menos paradas para preparação de máquinas).
>
> **Questão para discussão**
> 1. O mercado de tintas para parede já usa postergamento há muito tempo. Pense em outros produtos no varejo que, você imagina, também se prestariam a esse tipo de estratégia. Exemplifique.

Mass customization (customização em massa): postergamento, **risk pooling** e fronteira entre fluxos empurrados-puxados coordenados.

> **ⓘ CONCEITO-CHAVE**
>
> Customização em massa é como se chamam as operações na cadeia de suprimentos que criam produtos muito variados, segundo a especificação do cliente, com processos tão eficientes quanto aqueles tradicionalmente apenas associados aos processos de produção em massa.

O exemplo anterior sobre a cadeia de suprimentos de tinta para parede é um exemplo de *mass customization*, uma estratégia de cadeia de suprimentos que combina as vantagens das cadeias *eficientes* com aquelas das cadeias de *resposta rápida* (com eficiência e nível de serviço melhorados simultaneamente). Para isso, concorrem vários conceitos discutidos anteriormente neste capítulo.

a) Um projeto de produto e processo que considere o *desacoplamento* de atividades produtivas, de modo a permitir que partes do processo sejam realizadas independentemente de outras, é importante para permitir flexibilidade para reorganizar a sequência de tarefas necessárias a produzir o produto.

b) A *padronização* de partes do projeto dos produtos, a fim de permitir que parcelas substanciais dos diferentes produtos sejam comuns entre si. Assim, com nível alto de comunalidade, o benefício trazido pelo efeito *risk pooling* no aumento de eficiência é potencializado.

c) O *postergamento*, que reorganiza a sequência do processo produtivo de modo a manter a incorporação dos itens padronizados nos estágios iniciais do processo, postergando ao máximo a diferenciação do produto.

d) A definição da *localização da fronteira entre fluxos empurrados e puxados* da cadeia de suprimentos exatamente no ponto anterior ao estágio do processo produtivo que diferencia os produtos a partir de *módulos* comuns. Dessa forma, uma de muitas variedades de produto acabado só é gerada a partir de um pedido do cliente. A produção só é feita com base em previsões nos processos de baixa variedade, anteriores ao ponto de diferenciação. Este é postergado até um ponto posterior ao pedido do cliente para garantir *resposta rápida* e *cadeia eficiente*.

Essa combinação de conceitos estratégicos também foi usada pela Dell desde a sua fundação e foi em parte responsável pelo seu crescimento impressionante nos anos 1990 e em boa parte da primeira década do século XXI. A montagem dos seus computadores de mesa (correspondente à mistura das tintas nas lojas) era *postergada* até que um pedido do cliente entrasse via telefone ou internet. A produção dos módulos (submontagens dos componentes do computador) era feita a partir de previsão de vendas porque os tempos envolvidos na manufatura dos módulos eram muito longos (o cliente não estaria disposto a esperar semanas pela produção dos módulos, mas estava disposto a esperar cinco dias pela montagem e entrega do seu computador "customizado" – configurado de acordo com suas preferências – da mesma forma que o cliente da tinta não estaria disposto a esperar pela fabricação da base branca ou dos concentrados de cores, mas suporta esperar 15 minutos para que a mistura final seja feita na loja). Ao mesmo tempo, a variedade dos módulos era muito menor que a variedade possível dos computadores montados, com os decorrentes benefícios do efeito *risk pooling* (assim como a variedade da base branca mais os dez concentrados de cores é muito menor que as 2.500 cores finais de tinta possíveis).

Em algumas situações, conforme visto, portanto, é possível as cadeias de suprimentos escaparem da escolha obrigatória entre uma estratégia eficiente e uma estratégia de resposta rápida, com uma estratégia de customização em massa, que traz os benefícios de resposta rápida e eficiente.

Integração de parceiros da cadeia de suprimentos no projeto de novos produtos e processos

> **FIQUE ATENTO**
> À medida que as empresas cada vez mais procuram se concentrar nas suas próprias competências centrais, tornam-se crescentemente dependentes das competências complementares de seus fornecedores, não só para a produção e distribuição dos seus produtos, mas também para o seu projeto.

As competências trazidas pelos fornecedores de uma empresa à sua cadeia têm de ser superiores àquelas trazidas aos concorrentes pelos fornecedores deles.

As empresas estão cada vez mais conscientes das vantagens que relações mais colaborativas e próximas com seus fornecedores podem trazer aos seus vários processos: compras, produção, distribuição, serviço e desenvolvimento de produto.

Em termos de desenvolvimento de produtos especificamente, um alto nível de integração com fornecedores é necessário. Isso pode envolver a formação de alianças estratégicas com fornecedores que detenham competências em tecnologias relevantes ao produto ou serviço a ser desenvolvido, troca ampla e aberta de informações, colocalização de pessoal de desenvolvimento e engenheiros residentes, planejamento compartilhado de tecnologias futuras, desenvolvimento de protocolos de comunicação comuns e integração de sistemas. Isso implica que muitas vezes um comprometimento interno forte com o desenvolvimento tecnológico pode nem ser necessário. Algumas empresas têm tido bastante sucesso em localizar fornecedores fontes de tecnologias relevantes e coordenar a configuração e integração dessas tecnologias, mais do que desenvolvê-las internamente. Veja, por exemplo, o caso da VW Resende, ao final deste capítulo.

Envolver fornecedores no processo de desenvolvimento de produtos é importante. Entretanto, para ter sucesso, a integração de fornecedores requer uma substancial alteração dos processos internos de desenvolvimento de produtos da própria organização. Essa alteração de processos deve envolver todas as funções pertinentes, desde o marketing até a logística.

Segundo Handfield *et al.* (1999), as formas de integração de fornecedores no processo de desenvolvimento de novos produtos podem ser descritas a partir de um processo genérico de desenvolvimento de produtos, mostrado na Figura 2.16.

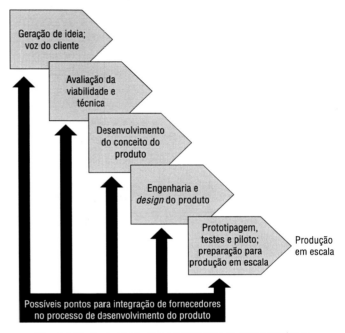

Figura 2.16 Processo de desenvolvimento de novos produtos (Handfield *et al.*, 1999).

O processo de desenvolvimento de novos produtos é composto de uma série de estágios interdependentes, frequentemente paralelos, superpostos e interativos em que o desenvolvimento de um novo produto ou serviço é conduzido desde o estágio da ideia inicial até o ponto do início da produção em escala.

O grau de integração dos fornecedores ao processo de desenvolvimento do produto também pode variar. São os seguintes os crescentes graus de integração possíveis:

1. *Nenhuma integração* – a empresa faz todo o desenvolvimento e depois cota os possíveis componentes com vários fornecedores que não tomaram qualquer parte no desenvolvimento. Um exemplo é o fornecimento de parafusos padrão para a indústria de eletrodomésticos.

2. *Integração para fornecimento "caixa-branca"* – o fornecedor é trazido de forma pontual e informal, na medida da necessidade, ao processo de desenvolvimento para atuar como consultor a fim de auxiliar o time interno de desenvolvimento a especificar melhor o componente tecnológico de especialidade do fornecedor. Um

exemplo é o apoio de fornecedores de matérias-primas plásticas na especificação de peças injetadas na indústria de brinquedos.

3. *Integração para fornecimento "caixa-cinza"* – o fornecedor é trazido de maneira mais formal, com atividades conjuntas entre seus engenheiros de projeto e aqueles da empresa. Essas atividades podem ser de projeto conjunto, produção de protótipos, testes, entre outros. Exemplos são fornecedores de tecidos, que trabalham junto com os estilistas e produtores de roupas, para desenvolvimento conjunto.

4. *Integração para fornecimento "caixa-preta"* – nesse nível máximo de integração e confiança, o fornecedor ganha formalmente o poder de projetar completamente o seu componente segundo especificações funcionais de desempenho dadas pela empresa. Um exemplo são os fornecedores de motores para aviões, como a GE, a Rolls-Royce e a Pratt & Whitney trabalhando com montadoras de aeronaves como a Embraer ou a Boeing.

TEORIA NA PRÁTICA

Uma equipe de 200 pesquisadores – quase todos com mestrado ou doutorado – trabalha no centro de pesquisas da sede da fabricante de cosméticos Natura, em Cajamar, na Grande São Paulo. O time de cientistas aumentou de tamanho nos últimos anos – e os investimentos da empresa em pesquisa alcançaram 187 milhões de reais em 2016, equivalentes a 2,4% de seu faturamento líquido. Mesmo com esse orçamento, a Natura não seria capaz de desenvolver sozinha os mais de 250 produtos que lançou no mercado em 2016. Hoje, a pesquisa de grande parte das novas tecnologias em estudo pela empresa está nas mãos de uma cadeia de parceiros e fornecedores que vem se multiplicando rapidamente e já representa um grupo de mais de uma centena de universidades e companhias dentro e fora do país. Graças a essa cadeia, coordenada pela estrutura de gestão de cadeias de inovação da Natura, o tempo médio de desenvolvimento de novos produtos da empresa caiu de cinco para menos de dois anos. A meta é fazer com que parceiros brasileiros, franceses, alemães e americanos continuem a suprir um percentual cada vez maior da necessidade de inovação da empresa. A cadeia de inovação da Natura é um exemplo de uso de parceiros inovadores da cadeia de suprimentos da empresa a fim de melhorar seu desempenho em termos de lançamento de novos produtos, considerado estrategicamente essencial neste mercado.

Aprenda mais sobre inovação aberta:

Comunidade de inovação aberta
Fonte: http://www.openinnovation.net/
Acesso em: 19 jun. 2019

uqr.to/fcs6

Inovação aberta
Fonte: http://www.openinnovation.eu/open-innovation
Acesso em: 19 jun. 2019

uqr.to/fcs7

Questões para discussão

1. Quais você considera serem as competências centrais da Natura?
2. Qual tipo de relacionamento você acha que a Natura deve manter com seus parceiros de desenvolvimento?
3. Quais riscos e benefícios o arranjo da cadeia de inovação da Natura traz à estratégia da empresa?

Evidentemente, a definição de quais fornecedores e que tecnologias deverão ser trazidos ao processo de desenvolvimento de produtos e qual o nível de integração mais adequado dependerá da configuração de competências da empresa em relação ao seu setor industrial e, em particular, do seu mercado fornecedor. O processo decisório geral descrito pela Figura 2.17, entretanto, pode ajudar a estruturar processos decisórios específicos de empresas em particular, buscando fazer melhores decisões quanto à integração de fornecedores nos seus processos de desenvolvimento de produtos.

Fica claro, entretanto, que a exploração da possibilidade de usar a cadeia de suprimentos nos esforços de desenvolvimento de produtos, num ambiente que exige cada vez mais produtos lançados frequentemente, com ciclos de vida cada vez mais curtos e que incorporem as tecnologias mais atuais, pode significar fatores importantes na obtenção de vantagens competitivas.

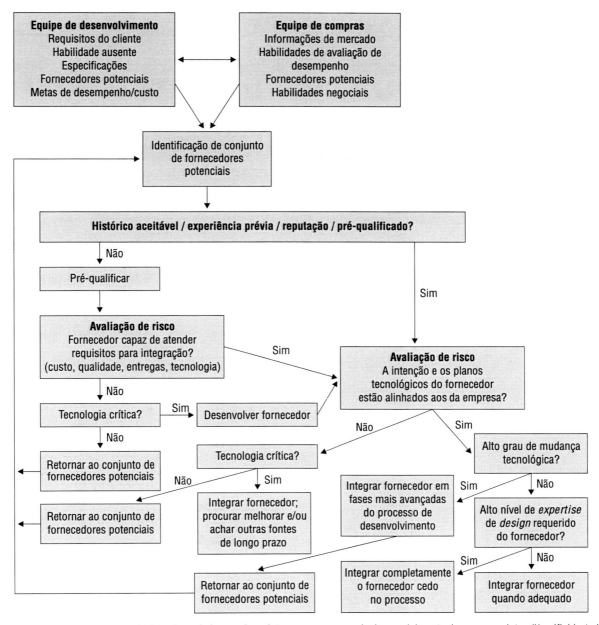

Figura 2.17 Modelo de processo para decisão de quais fornecedores integrar no processo de desenvolvimento de novos produtos (Handfield *et al.*, 1999).

2.3 ESTUDO DE CASO: CONSÓRCIO MODULAR DA VOLKSWAGEN RESENDE

O dia 02 de novembro de 1996 testemunhou o maior acontecimento da história recente da pacata Resende, no interior do estado do Rio de Janeiro. José Ignacio López de Arriortúa, um polêmico executivo de operações da Volkswagen (VW), estava prestes a ver em operação seu mais revolucionário projeto: o chamado *consórcio modular* levava ao extremo a ideia de *outsourcing* e parceria, com um pequeno número (apenas sete) de fornecedores, com responsabilidades tremendamente ampliadas, tanto no projeto quanto na produção dos caminhões Volkswagen no Brasil.

Figura 2.18 Fábrica da VW em Resende e detalhe de inspeção de qualidade na linha de montagem.

Os fornecedores não só projetariam e montariam a totalidade dos sete *módulos* (grandes submontagens) nos quais os produtos foram divididos, mas seriam também os únicos responsáveis pela montagem dos módulos na linha da VW. Pela primeira vez, uma fábrica da montadora alemã não teria nenhum funcionário de mão de obra direta da própria VW – apenas dos parceiros.

A experiência pioneira de Resende, se bem-sucedida, poderia tornar-se padrão para a VW em todo o mundo, iniciando uma nova era na indústria automobilística. Numa entrevista para o jornal *Folha de São Paulo*, dias antes (16 de outubro de 1996), López havia dito:

> Qualificamos o nosso relacionamento com os fornecedores de revolução, mas ele é, também, uma profunda parceria. Essa parceria é clara para a Volkswagen, no momento, com a instalação da nova fábrica de caminhões e ônibus que, por meio do sistema "consórcio modular", trará os fornecedores para dentro da nossa fábrica, com seus empregados, para montar nossos caminhões e ônibus. O mesmo acontecerá na futura fábrica de motores. Além disso, estamos em um processo de engenharia simultânea com nossos fornecedores. Dentro de poucos meses, a Volkswagen começa um programa de projeto e desenvolvimento de peças de novos produtos, numa nova e importante parceria com seus fornecedores. A Volkswagen do Brasil é a criadora do processo de produção "consórcio modular" e será a primeira companhia do mundo a implementá-lo. A unidade de Resende se converterá na primeira fábrica desta nova geração no processo de manufatura. Resende é o novo "platô" da Terceira Revolução Industrial. [...] Com o advento do "consórcio modular", a discussão sobre produtividade vai acabar. Nenhum processo de fabricação será mais moderno e não haverá maior produtividade e qualidade quando este conceito for definitivamente aplicado em todas as fábricas da Volks no mundo.

Menos de um mês depois da inauguração, López de Arriortúa deixaria a VW, supostamente em razão de um acordo motivado por um parecer favorável à GM dado por um juiz de Detroit num nebuloso processo legal que envolveu a mudança de López da GM para a VW alguns anos antes. A saída de López traria mais incertezas sobre o futuro do consórcio modular: seria esta realmente uma ideia revolucionária capaz de mudar a forma de produção da indústria automobilística mundial ou seria apenas uma última cartada de um dirigente sob forte pressão e com a carreira em risco?

Antecedentes

Entre 1987 e 1995, vigorou na América Latina uma *joint venture* entre VW e Ford, chamada Autolatina. Embora as duas marcas originais fossem mantidas nos veículos fabricados, estes eram produzidos em fábricas comuns. Os caminhões tanto da VW como da Ford passaram a ser produzidos pela fábrica da Ford do bairro do Ipiranga, na cidade de São Paulo.

Em 1995, a Autolatina foi dissolvida e na partilha dos ativos a VW acabou ficando sem fábrica de caminhões (a do Ipiranga voltou à Ford). O acordo de dissolução rezava que no final de 1996 a Ford não mais forneceria caminhões para a VW.

Na ocasião em que a VW se viu sem uma fábrica de caminhões no Brasil, López acumulava o cargo de vice-presidente de operações para a América Latina. Com um passado importante em gestão de suprimentos (onde de fato construiu sua reputação como executivo na GM) e sendo um forte defensor da política de *outsourcing* (terceirização), ele decidiu que a nova fábrica teria a configuração revolucionária na qual nenhum funcionário da VW executaria qualquer operação de montagem ou manufatura – todas essas operações seriam terceirizadas para fornecedores.

Antes de iniciar uma descrição mais detalhada do modelo adotado na fábrica de Resende, porém, vale a pena analisar o mercado brasileiro de caminhões e sua evolução ao longo do tempo. A Figura 2.19 traz um resumo do histórico da manufatura de caminhões no Brasil.

Ano	Fatos relevantes no mercado e manufatura de caminhões no Brasil
1951	Daimler (Mercedes) Benz começa a estudar a possibilidade de fazer caminhões no Brasil.
1953	Construção da primeira fábrica da Mercedes se inicia; produção começa em 1956.
1957	Ford começa produção na sua primeira fábrica de caminhões no Brasil.
1959	Scania e GM, ambas, começam produção em suas novas fábricas no Brasil.
1965	Chrysler começa a fazer caminhões numa velha fábrica da International Harvester.
1968	Mercedes faz seu caminhão brasileiro de número 100.000, já tendo 30% do mercado.
1968	Alfa Romeo compra a FNM e começa a produzir caminhões no Brasil.
1975	Scania começa a produzir caminhões pesados.
1976	Fiat compra operação da Alfa Romeo de caminhões e começa a fabricar caminhões Fiat.
1978	Mercedes atinge 50% de *market share*; mercado brasileiro ainda fechado para importados.
1978	Volkswagen compra 67% da Chrysler Brasil, fabricante de caminhões Dodge.
1980	Volvo inaugura fábrica nova no Paraná para fazer caminhões pesados.
1980	Volkswagen assume 100% da operação de caminhões da Chrysler Brasil.
1981	Volkswagen Caminhões lança, pela primeira vez, no mundo, sua própria marca de caminhões médios e leves.

(continua)

(continuação)

Ano	Fatos relevantes no mercado e manufatura de caminhões no Brasil
1985	Fiat encerra operação de manufatura de caminhões no Brasil.
1987	Criada a Autolatina, uma joint venture entre VW e Ford para a América Latina.
1987	Caminhões Autolatina começam a ser feitos pela Ford (Ipiranga).
1990	Brasil começa a abrir a economia – GM, Asia, Kia começam a importar caminhões.
1991	Volkswagen (Autolatina) começa a produzir caminhões pesados.
1994	Fiat começa a importar caminhões.
1995	Autolatina termina – na divisão de ativos, Ford fica com a fábrica de caminhões (Ipiranga, em São Paulo).
1996	Fábrica nova da VW em Resende começa a operar em novembro.
1997	GM começa comercialização de caminhões Isuzu e GMC no Brasil.
1998	Novos produtos passam a ser introduzidos frequentemente no mercado.
1999	VW compra operação mundial da Scania Caminhões.
2000	Iveco-Fiat volta a produzir caminhões no Brasil.

Figura 2.19 Resumo histórico da manufatura de caminhões no Brasil.

Mercado

Uma tendência clara do mercado de caminhões brasileiro é que os líderes tradicionais (principalmente a Mercedes-Benz) perdem participação a partir do final dos anos 1990, abrindo espaço para novos ingressantes como a VW. Veja no gráfico da Figura 2.20 a evolução das participações de vários concorrentes desse mercado, a partir da inauguração da fábrica de Resende. Um fato relevante é que em janeiro de 2009, a MAN, fabricante alemã de caminhões, adquiriu a operação da VW Caminhões no Brasil, entretanto, a MAN manteve a configuração de consórcio modular e a marca VW nos caminhões produzidos no consórcio.

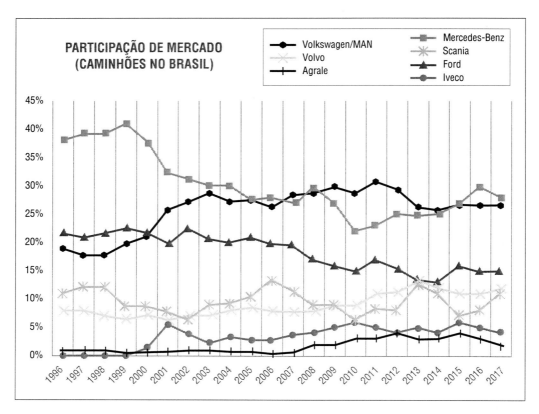

Figura 2.20 Participação aproximada no mercado dos vários concorrentes fabricantes brasileiros de caminhões.

A concepção do Consórcio Modular de Resende

O Consórcio Modular de Resende foi construído numa lógica segundo a qual a VW decidiu terceirizar a manufatura de todas as partes de seus caminhões. Decidiu manter internamente apenas as atividades de coordenação (compras, planejamento, programação e controle de produção e materiais), marca, controle de qualidade do produto final e engenharia para configuração dos ônibus e caminhões produzidos, além de marketing, distribuição e serviço pós-venda.

Projetistas dividiram o produto em (grandes) submontagens ou conjuntos de componentes (módulos) cujo fornecimento seria inteiramente terceirizado. Os fornecedores dos módulos para a fábrica de Resende teriam ainda a responsabilidade adicional de montar os módulos diretamente na linha de montagem da VW. A fábrica foi então desenhada para abrigar as operações de preparação e montagem final dos módulos de sete fornecedores na linha da VW:

- Maxion – fornecedor do módulo chassis;
- Meritor – fornecedor do módulo de eixos (dianteiro e traseiro);
- Powertrain (MWM + Cummins) – fornecedor do módulo que inclui motor e transmissão;
- Remon (Bridgestone + Borlem) – fornecedor do módulo rodas e pneus;
- Delga – fornecedor do módulo estrutura e painéis da cabine;
- VDO – fornecedor do módulo de interior da cabine e instrumentos;
- Carese – fornecedor dos serviços de pintura da cabine.

Apenas menos de 15% dos funcionários do consórcio modular de Resende (em 2017 eram 4.500 trabalhadores no total, produzindo 250 caminhões por dia, em dois turnos) são da VW. Isso significa a necessidade de gerenciar um caldo cultural que inclui empresas de passado, porte, origem e políticas gerenciais bastante variadas, todas convivendo sob o mesmo teto. Com todas as dificuldades, a fábrica de Resende iniciou operação em novembro de 1996, dentro do cronograma estabelecido. Passados poucos mais de 20 anos desde a inauguração, o consórcio modular parece estar consolidado e ter sido um sucesso, pelo menos nesse período e, principalmente, logo após a implementação do modelo de consórcio modular.

Vantagens e desvantagens do consórcio modular do ponto de vista dos envolvidos

Uma pesquisa realizada a partir de entrevistas com diversos gerentes da VW, além de executivos das empresas modulistas, identificou as seguintes vantagens do ponto de vista dos envolvidos:

- Comprometimento dos fornecedores de módulos com o sucesso do conjunto e não de partes do produto, já que só são remunerados quando o produto é aprovado e funcionalmente aceito.
- Prioridade junto à casa matriz do fornecedor do módulo em caso de problema de entrega ou qualidade, pois há "embaixadores" do modulista dentro da montadora.
- Qualidade de montagem melhorada, pois feita pelo fornecedor do módulo, que tende a seguir à risca prescrições de montagem, o que não acontece em fábricas montadoras convencionais.
- Melhora rápida de níveis de produtividade e qualidade, já que o ciclo de resolução de problemas e de melhoramentos fica encurtado pela presença do fornecedor dentro da montadora.
- Aprendizado aumentado pela presença, debaixo de um mesmo teto, de numerosas empresas diferentes, que trazem um arcabouço de conhecimentos rico, permitindo fertilização cruzada.
- Encurtamento de prazo de desenvolvimento e lançamento de novos produtos, já que a parceria é forte e não há alternativas de parceiros, já trabalham juntos há tempos e a engenharia simultânea fica facilitada.
- Para alguns modulistas (como o responsável por eixos), há garantia de fornecimento, permitindo planejamento de mais longo prazo.
- Estruturas menores e descentralizadas de cada fornecedor dentro do consórcio permite decisões mais ágeis do que se tomadas dentro de uma só grande estrutura, como no caso de uma montadora tradicional.
- Menor tendência de agendas paralelas pessoais de gerentes e executivos interferirem nas decisões, já que os vários gerentes dos diferentes módulos não estão competindo pelas mesmas promoções.
- Aprendizado organizacional em negociação. Como trata-se de empresas separadas, não pode haver imposição de posições resultando em um perdedor e um ganhador. A única forma de fazer um ponto de vista prevalecer é o convencimento, a persuasão, que não geram perdedores.
- Possibilidade de presença física de fornecedores de módulos sem necessidade de estabelecerem unidades industriais independentes – relevante quando se trata de volumes de produção que trariam dificuldade de *break-even* dessas unidades independentes.

Por outro lado, observaram-se algumas desvantagens, ainda segundo a opinião dos executivos entrevistados:

- Negociação salarial nivelada pelos padrões de montadora, com possível perda de margem pelas fornecedoras de autopeças.
- Assuntos tratados têm de passar pela concordância de oito parceiros, podendo levar a tempo mais longo, como no caso de uma negociação sindical.
- No *startup*, narrado por todos os entrevistados como tendo sido difícil em razão do caldo cultural gerencial, a curva de aprendizado foi árdua e poderia ter tomado rumo diferente.
- Questões e ações trabalhistas que porventura surjam devido aos modulistas estarem executando atividades-fim da VW são uma incógnita. Não se sabe que rumos a jurisprudência pode vir a tomar.
- Risco estratégico de haver evoluções tecnológicas num módulo, mas que porventura não seja acompanhada pelo parceiro correspondente – dificuldade de mudar o parceiro. Sinaliza para o grande cuidado na seleção de parceiros num modelo de consórcio modular.

A questão central parece ser o risco estratégico que o modelo de consórcio modular representaria em termos de terceirização de competências centrais (*core competences*). Num contínuo variando de "fazer tudo internamente" até "terceirizar tudo", a VW optou, para sua fábrica de Resende, por colocar-se no extremo de terceirizar tudo, pelo menos em relação às atividades de manufatura e em relação a grande parte das atividades de projeto. Com isso, uma das mais cabíveis questões a se levantar é até que ponto a VW, com essa decisão, corre o risco, no longo prazo, de tornar-se uma *hollow company*, ou uma empresa vazia, despida de competências que a distingam de concorrentes ou que reforcem sua importância para a cadeia em que se insere. Em outras palavras, tornar-se vazia significa terceirizar todas as competências ficando sem "músculo" suficiente para suportar o esforço competitivo.

Um dos funcionários de uma das empresas modulistas disse em uma entrevista: "hoje em dia nós, modulistas, sabemos muito mais sobre fazer caminhões que a própria VW – afinal, somos nós que estamos no dia a dia da fábrica resolvendo problemas, melhorando processos e aprendendo...".

Adicionalmente, embora López tenha dito que acreditava fortemente que o modelo de consórcio modular deveria ser o ponto final de modelo de projeto de cadeia de suprimentos para todas as fábricas da VW ao redor do mundo, nenhuma das duas fábricas pertencentes ao grupo alemão inauguradas no Brasil depois de 1996 foram projetadas conforme o modelo de consórcio: a primeira, uma fábrica de motores em São Carlos, construída para suprir a alta demanda de motores de 1.000 cc, embora anunciada por López como mais uma fábrica a usar o conceito de consórcio modular, na verdade foi drasticamente alterada quando o executivo deixou a empresa. A segunda fábrica inaugurada foi a de São José dos Pinhais,

Paraná, para montar veículos Golf e Audi A3. Embora adote fortemente a filosofia modular, com mais de 20 fornecedores de grandes submontagens colocalizados num assim chamado "condomínio industrial" ao redor da fábrica montadora em si, nem todos os modulistas são responsáveis por montar os seus módulos na linha de montagem da montadora. Outra diferença, ainda mais substancial em relação ao modelo de Resende, é que os módulos considerados principais do veículo (motor e transmissão incluídos) não foram terceirizados, continuando a ser feitos por operações internas da VW. Isso denotaria uma percepção da VW de que o modelo de consórcio modular fracassou?

QUESTÕES PARA DISCUSSÃO

1. Qual o risco de a VW/MAN se tornar, com o tempo, uma empresa vazia de competências na fabricação de caminhões e, por fim, dispensável na cadeia de suprimentos?
2. Se a ideia do consórcio modular é tão boa e representou impressionante sucesso comercial para a VW no mercado de caminhões, principalmente nos dez anos iniciais, por que não foi seguida nas plantas subsequentes da VW inauguradas no Brasil (como a fábrica de veículos leves do Paraná)?
3. Se uma empresa modulista causa uma parada de linha no consórcio modular, com correspondente prejuízo para todos, ela não é responsabilizada e por contrato não pode ser acionada judicialmente pelas outras modulistas por perdas incorridas. Quais os prós e contras dessa forma de conduzir os relacionamentos entre os parceiros do consórcio?
4. Você acha possível criar uma situação similar à customização em massa para a produção de caminhões em Resende? Descreva brevemente como isso poderia ser feito.
5. Como os parceiros da cadeia de suprimentos da VW Resende colaboram com a inovação dos projetos de novos produtos da empresa?

2.4 RESUMO

- Há vários níveis de estratégia nas organizações: estratégia corporativa, competitiva e funcional. A estratégia de cadeias de suprimentos está no nível das estratégias funcionais; a formação da estratégia de cadeia de suprimentos deve ser coerente com (e apoiar a) estratégia competitiva da unidade de negócios.
- Produtos funcionais são aqueles produtos do dia a dia que as pessoas compram, por exemplo, de vários canais varejistas, como supermercados, lojas de conveniência e postos de gasolina; produtos inovadores são produtos diferenciados, lançados frequentemente, em geral com ciclo de vida curto e demanda pouco previsível.
- Para produtos funcionais, os recursos têm de enfatizar a eficiência de fluxos que atenderão demandas contínuas e esperadas, necessária para manter os custos dos produtos funcionais baixos; para produtos inovadores, por outro lado, a ênfase tem de ser na resposta rápida e na flexibilidade para adaptar-se ao inesperado, para compatibilizar, ágil e dinamicamente, o suprimento e a demanda incerta e volátil dos seus produtos.
- Fluxos empurrados são aqueles em que as atividades de produção e/ou movimentação de materiais ocorrem antes da efetivação de um pedido formal de um cliente que se encontre a jusante na cadeia de suprimentos; fluxos puxados são aqueles em que as atividades de produção e/ou movimentação de materiais só ocorre depois da efetivação de um pedido formal de um cliente que se encontre a jusante na cadeia de suprimentos; fluxos híbridos empurrados-puxados ocorrem na maioria das cadeias de suprimentos, nas quais parte dos fluxos (em geral a montante) é empurrada e parte dos fluxos (em geral a jusante) é puxada.
- Dois corpos de conhecimento informam a decisão de comprar ou fazer: a economia dos custos de transação e a visão estratégica baseada em recursos.
- Atividades ligadas a competências centrais não devem ser terceirizadas, assim como atividades com altos custos de transação; tanto os níveis de centralidade das competências usadas quanto os dos custos de transação definem os tipos de relacionamento a estabelecer com os fornecedores.
- Decisões tomadas no desenvolvimento de produtos (embalagem e transporte, padronização, postergamento) tem papel essencial no nível de dificuldade e custo na gestão das cadeias de suprimentos que irão produzir e distribuir o produto.
- Postergamento até o momento mais tardio possível da diferenciação do produto pode aumentar em muito a velocidade de resposta e a flexibilidade para mudanças de *mix* da cadeia de suprimentos.
- À medida que as empresas cada vez mais procuram se concentrar nas suas próprias competências centrais, tornam-se crescentemente dependentes das competências complementares de seus fornecedores, não só para a produção e distribuição dos seus produtos, mas também para o seu projeto.

2.5 EXERCÍCIOS

1. Quais os diferentes níveis de estratégia numa corporação e como eles diferem entre si? Em que nível encontra-se a estratégia de cadeia de suprimentos?

2. Quais as características das cadeias eficientes e como diferem das características das cadeias de resposta rápida? Dê exemplos reais de cadeias eficientes e de resposta rápida que produzam produtos físicos e exemplos de cadeias eficientes e de resposta rápida que produzam serviços ou informações. Justifique seus exemplos.

3. As cadeias de suprimentos eficientes e de resposta rápida são mais adequadas a produzir e entregar quais tipos de produto?

4. Qual a relação entre as alternativas genéricas de estratégia competitiva de Porter (1980) estudadas no capítulo – custo, diferenciação e foco – e as alternativas de desenho estratégico de cadeia de suprimentos (Fisher, 1997) – eficientes e de resposta rápida?

5. Como a consideração do nível de imprevisibilidade dos suprimentos afeta as estratégias das cadeias eficientes e de resposta rápida? Dê exemplos de cadeias eficientes e de resposta rápida que encaram imprevisibilidade de suprimentos e explique como elas lidam com o problema.

6. Como diferem entre si as estratégias de gestão de fluxos de material puxados e empurrados em cadeias de suprimentos? De exemplos reais de cadeias ou partes de cadeias puxadas e empurradas.

7. Qual a relação entre escolha estratégica da alternativa de gestão do fluxo (puxado *vs.* empurrado) e escolha estratégica entre cadeias eficientes *vs.* cadeias de resposta rápida?

8. Do que dependem as decisões estratégicas de comprar ou fazer numa cadeia de suprimentos? Analise uma operação real de serviço. Identifique quatro atividades feitas internamente e quatro atividades que são terceirizadas. Analise se a decisão corrente de fazer as quatro primeiras e comprar as outras quatro analisadas é correta do ponto de vista estratégico.

9. O que são e do que dependem os custos de transação de uma atividade? Exemplifique.

10. O que caracteriza uma competência central de uma organização e por que sua consideração é importante na decisão de comprar *vs.* fazer na cadeia de suprimentos? Entreviste o gestor de uma unidade de operação de manufatura ou serviço. Identifique com ele quais são as competências centrais de sua operação.

11. O que significa "customização em massa"? Descreva o funcionamento e ilustre com um exemplo de uma cadeia de suprimentos que você considera uma boa representação de um processo de customização em massa.

12. No que os processos de desenvolvimento de produtos podem ajudar (ou atrapalhar) a gestão da cadeia de suprimentos que irá produzi-los e distribuí-los? Pesquise situações reais em que empresas consideram suas cadeias de suprimentos quando projetam seus produtos. Sugestão: pesquise o modelo de negócio da fabricante de móveis sueca IKEA.

13. Como os participantes da cadeia de suprimentos podem apoiar os processos de desenvolvimento de produtos numa organização? Pesquise situações reais em que o desenvolvimento de produtos beneficie-se da participação de parceiros a montante e a jusante da cadeia.

2.6 ATIVIDADES PARA SALA DE AULA

1. Com seu grupo, analise como você escolhe os fornecedores a seguir e qual tipo de relacionamento (próximo, com alto controle e alta fidelidade, desenvolvendo um relacionamento de longo prazo; ou mais distante, transacional, sem necessidade de qualquer controle e com pouca fidelidade ao fornecedor) você tem (ou terá) com cada um deles:

a) seu fornecedor de carros;

b) seu fornecedor de cortes, serviços de cabelo;

c) seu fornecedor de papel de impressora;

d) seu fornecedor de água de torneira;

e) seu fornecedor de serviços de educação para seus filhos.

Analise as diferenças identificadas para cada tipo de fornecedor e tente identificar o porquê dessas diferenças.

2. Liste dez atividades que precisam ser realizadas para que você conduza sua vida com normalidade. Por exemplo, é necessário que você se comunique com várias pessoas de várias formas; é necessário que você se alimente; que você se informe; que você se transporte para locais onde precisa estar etc. Analise quais atividades são desenvolvidas por você mesmo e

quais atividades você "terceiriza" para outras pessoas ou instituições. Faça um exercício com seus amigos identificando o porquê de fazer algumas coisas você mesmo e terceirizar outras coisas para especialistas. Faça paralelos entre o que você concluiu e o que o capítulo propõe.

2.7 REFERÊNCIAS

COASE, R. The Nature of the Firm. *Economica, New Series*. v. 4, n. 16, p. 386-405, 1937.

CORREA, C. A. *O Processo de formação da estratégia de manufatura em empresas brasileiras de médio e pequeno porte*. Tese de Doutoramento. EAESP/FGV, 2008.

FISHER, M. What is the right supply chian for your product? *Harvard Business Review*. March-April, 1997.

GOMES, S. B. V. *A indústria aeronáutica no Brasil*: evolução recente e perspectivas. 2012. Disponível em: http://www.bndes.gov.br/bibliotecadigital. Acesso em: 4 jul. 2019.

HAMEL, G.; PRAHALAD, C. K. *Competing for the Future*. Harvard Business School Press. Boston, EUA. 1994.

HANDFIELD, R.; RAGATZ, G.; MONCZKA, R.; PETERSON, K. Involving Suppliers in New Product Development. *California Management Review*. v. 42, n. 1, p. 79-91, Fall 1999.

LEE, H. Aligning Supply Chain Strategies with Product Uncertainties. *California Management Review*. v. 44. n. 3, Spring, 2002.

MCIVOR, R. How the transaction cost and resource-based theories of the firm inform outsource evaluation. *Journal of Operations Management*. v. 27, p. 45-63, 2009.

PORTER, M. *Competitive Strategy*. The Free Press. New York, 1980.

UTTERBACK, J. M. *Mastering the Dynamics of Innovation*. Harvard Business School Press. Boston, EUA, 1996.

2.8 LEITURAS ADICIONAIS RECOMENDADAS

KRISTAL, M. M.; HUANG, X.; ROTH, A. V. The effect of an ambidextrous supply chain strategy on combinative competitive capabilities and business performance. *Journal of Operations Management*. v. 28, n. 5, p. 415-429, 2010. Disponível em: https://doi.org/10.1016/j.jom.2009.12.002. Acesso em: 31 maio 2019.

LEE, H. The Triple-A Supply Chain. *Harvard Business Review*. October, 2004.

NARASIMHAN, R.; KIM, S. W.; TAN, K. C. An empirical investigation of supply chain strategy typologies and relationships to performance. *International Journal of Production Research*. v. 46, n. 18, p. 5231-5259, 2008. DOI: 10.1080/00207540600847137.

PETERSEN, K. J.; HANDFIELD, R. B.; RAGATZ, G. L. A model for supplier integration into new product development. *The Journal of Product Innovation Management*. v. 20, n. 4, p. 284-299, 2003.

SIMCHI-LEVI, D.; KAMINSKY, P.; SIMCHI-LEVI, E. *Managing the Supply Chain: the definitive guide for the business professional*. McGraw-Hill, New York, 2004.

TOWILL, D.; CHRISTOPHER, M. The Supply Chain Strategy Conundrum: To be Lean Or Agile or To be Lean And Agile?. *International Journal of Logistics Research and Applications*, v. 5, n. 3, p. 299-309, 2010. DOI: 10.1080/1367556021000026736.

Sites relacionados

http://www.embraer.com – Embraer.

http://www.dell.com – Dell Computadores.

http://www.natura.com.br – Natura Cosméticos.

https://www.vwco.com.br/produtos-volkswagen – VW Resende.

http://franchisor.ikea.com – Ikea.

http://www.scdigest.com – *Supply Chain Digest*, uma publicação sobre o tema geral de gestão global de suprimento.

http://www.scmr.com – *Supply Chain Management Review*, uma publicação sobre o tema geral de gestão global de suprimentos.

CAPÍTULO 3
Gestão dos relacionamentos na cadeia global de suprimentos

OBJETIVOS DE APRENDIZAGEM

- Explicar a influência do nível de confiança que se estabelece entre parceiros no desempenho da cadeia global de suprimentos.
- Discutir os fatores influentes na determinação do adequado nível de serviço ao cliente.
- Sintetizar o que é o CRM (*customer relationship management*) e como gerenciar o relacionamento com os *clientes* na cadeia de suprimentos.
- Sintetizar o que é o SRM (*supplier relationship management*) e como gerenciar o relacionamento com os *fornecedores* na cadeia global de suprimentos.
- Analisar os aspectos éticos mais relevantes na gestão dos relacionamentos entre os parceiros da cadeia global de suprimentos.

3.1 INTRODUÇÃO

A gestão de cadeias de suprimentos difere da gestão de operações tradicional porque inclui em suas análises várias unidades operativas e as interações entre elas. Estas interações ocorrem em vários níveis: materiais são trocados (na forma de fluxos diretos de vendas e reversos de devoluções), informações são trocadas (em ambos os sentidos, direto e reverso) e fluxos financeiros são trocados (também em ambos os sentidos).

É por intermédio destas trocas, por exemplo, que importantes informações sobre o que o cliente necessita/deseja serão capturadas pelos gestores da cadeia de suprimentos para que recursos e processos sejam definidos e gerenciados a fim de que os clientes atinjam níveis de satisfação que os transformem em clientes fiéis e retidos, e, muitas vezes, em propagandistas gratuitos, que recomendarão os produtos e serviços da cadeia.

Também é por meio destas trocas de informações que a empresa pode se beneficiar de desenvolvimentos tecnológicos recentes dos itens disponibilizados pelos fornecedores, incorporando-os, antes da concorrência, aos seus produtos. Além disso, pelo menos tão importante quanto estas trocas é o *relacionamento* que se estabelece entre parceiros da cadeia de suprimentos.

Esse relacionamento tem aspectos mais objetivos, como os contratos e os acordos de nível de serviço que os regulam, e aspectos mais subjetivos, mas nem por isso menos importantes, que são, por exemplo, os níveis de confiança entre os parceiros. Este capítulo trata dos relacionamentos entre parceiros da cadeia de suprimentos e da sua gestão, procurando responder às seguintes perguntas:

- Qual a influência do nível de confiança que se estabelece entre parceiros no desempenho da cadeia global de suprimentos?
- Quais os fatores influentes na determinação do adequado nível de serviço ao cliente?
- O que é o CRM (*customer relationship management*) e como gerenciar o relacionamento com os *clientes* na cadeia de suprimentos?
- O que é o SRM (*supplier relationship management*) e como gerenciar o relacionamento com os *fornecedores* na cadeia global de suprimentos?
- Quais os aspectos éticos mais relevantes na gestão dos relacionamentos entre os parceiros da cadeia global de suprimentos?

A Figura 3.1 localiza a gestão dos relacionamentos com os parceiros e do nível de serviços da cadeia global de suprimentos no quadro de referência geral usado neste livro.

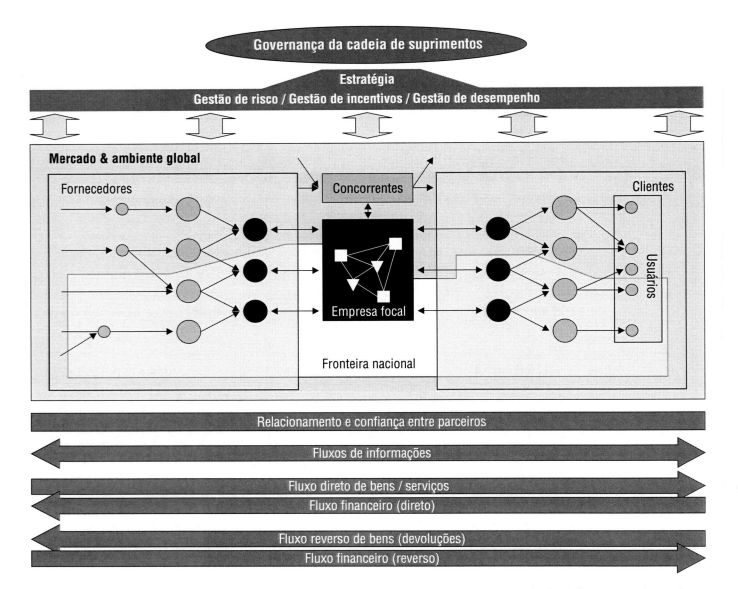

Figura 3.1 Localização (em preto) da gestão dos relacionamentos com os parceiros da cadeia de suprimentos no quadro de referência geral usado neste livro.

Relacionamento com clientes na Amazon, um dos maiores varejistas *on-line* do mundo

A Amazon é um dos maiores varejistas *on-line* do mundo, com vendas líquidas de mais de US$ 177,9 bilhões em 2017, com impressionante crescimento desde 2004, como pode ser visto na Figura 3.2.

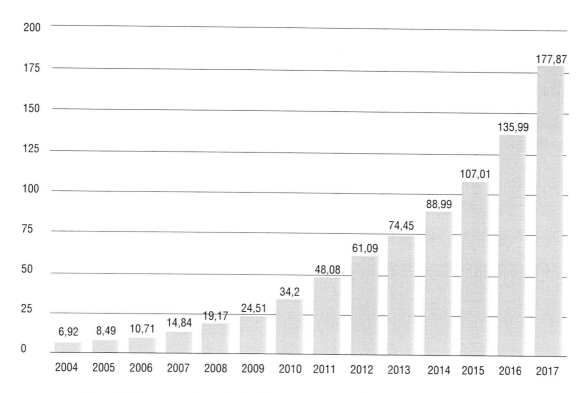

Figura 3.2 Crescimento de vendas líquidas (em bilhões de US$) da Amazon desde 2004.

Histórico

O fundador da Amazon, Jeff Bezos, graduou-se na Universidade Princeton, nos Estados Unidos, em Ciências da Computação e Engenharia Elétrica. Intrigado com o surgimento da Internet, particularmente a *world wide web*, e buscando oportunidades de negócio, em 1993, Bezos passou a investigar categorias de produtos com maior vocação para comercialização *on-line*, passando a se concentrar na categoria "livros". Esta tinha algumas características que poderiam tornar a venda *on-line* mais atraente que a venda no varejo tradicional, entre elas, uma vastíssima quantidade de títulos, o que possibilitaria a um varejista *on-line* ofertar ao cliente uma seleção muito mais ampla que uma livraria convencional. Bezos acreditava que uma mais ampla oferta poderia ser uma fonte de vantagem competitiva importante nesse mercado.

A empresa iniciou sua operação em julho de 1995 anunciando-se como "a maior livraria do mundo", com uma seleção inicial de um milhão de livros, rapidamente crescendo para 2,5 milhões. Sessenta por cento dos seus produtos mais vendidos eram comprados de um grande fornecedor, o distribuidor Ingram Book Distributors, e os demais 40% adquiridos de vários editores e distribuidores.

A Amazon nessa época mantinha poucos produtos em estoque, com pouca necessidade de armazéns e capital de giro. Em 1997, a empresa já vendia US$ 16 milhões por ano em livros e tinha uma base de 340 mil clientes, com 80 mil visitas diárias a seu *site*. Com base no sucesso inicial em vendas (embora ainda deficitária), abriu seu capital em 1997. Em 1998, expandiu seu negócio passando a vender música (CDs) além de livros; em meses, tornou-se a maior varejista *on-line* de música do mundo. Em novembro de 1998, entrou no negócio de vídeos/DVDs. Para todas as categorias de produtos, então, a Amazon tinha a faixa completa de atividades: compras, vendas, armazenagem, despacho e serviço ao cliente.

Ao longo de 1999 e 2000, com a internet ganhando força, a empresa, agora avaliada em US$ 17 bilhões, continuou a ampliar sua oferta de produtos, passando a incluir brinquedos, produtos eletrônicos, ferramentas, *softwares*, produtos para jardinagem, casa e cozinha, além de telefones celulares. Começou também a expandir-se internacionalmente, com a inauguração de instalações dedicadas na Inglaterra, Alemanha, Japão e outros países. Na preparação para as vendas do Natal de 1999, decidiu investir mais pesadamente em armazéns a fim de aumentar sua capacidade de atendimento de pedidos. A empresa estabeleceu cinco grandes armazéns próprios para estocagem e distribuição e vários centros de atendimento a clientes nos Estados Unidos. Em 2016, a Amazon tinha 103 grandes armazéns e 61 centros de separação e despacho de produtos.

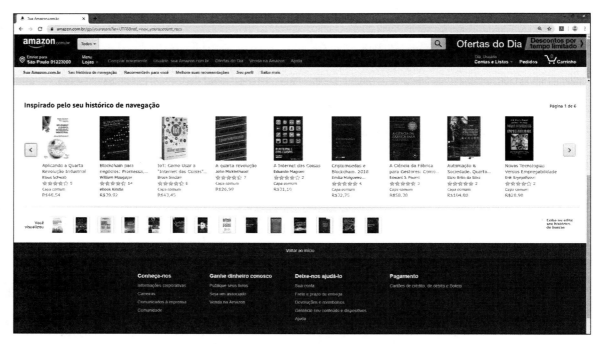

Figura 3.3 Página de sugestões personalizadas do *site* da Amazon.

Tecnologia a serviço do relacionamento com o cliente

Ao longo da sua evolução, um dos esforços mais relevantes da empresa foi relacionado à tecnologia de suporte aos seus negócios: integração do *software* que gerencia o seu *website*, sua unidade de atendimento ao cliente, seus sistemas de pagamento e segurança contra fraude e suas operações de armazém. A Amazon realizou várias inovações na gestão da experiência do cliente em comprar pela internet. Estas incluem *one-click buying*, que consiste em clientes pré-cadastrados poderem realizar a compra de produtos com apenas um clique (melhorando a experiência de compra do cliente, mas também facilitando a compra por impulso), e o uso de *tabs* (ou rótulos virtuais que levam a várias páginas, como num arquivo suspenso tradicional) que facilitam a navegação do cliente pelo *site*. A empresa foi também uma das pioneiras na customização em massa em *websites* comerciais: os clientes são saudados pelo nome quando entram, recebem ofertas de sugestões personalizadas de produtos com base em seus históricos de compras, e estimativas de interesse baseadas em outros clientes com perfil de compras similar (veja a Figura 3.3). Oferece também promoções personalizadas. Além disso, a tecnologia da Amazon armazena uma enorme quantidade de informação sobre os clientes: endereços, cartões de crédito, destinatários de presentes, preferências de pagamentos, histórico de páginas visitadas, histórico completo de transações, opiniões, avaliações feitas sobre o nível de serviço recebido, entre muitas outras. Estas características da tecnologia da Amazon tornam mais fácil a experiência de compra do cliente, aumentando o custo de troca do fornecedor pelo cliente e, portanto, sua retenção. Permitem também que a empresa seja ativa em seus esforços de marketing e mantenha comunicação mais eficaz com o cliente em questões relativas a serviço e pós-venda, mantendo informações completas e detalhadas sobre pedidos em aberto e seus *status*. Finalmente, a tecnologia permite também acompanhar com maior perfeição as preferências e expectativas dos diferentes clientes, o que possibilita à

Amazon segmentá-los para servi-los de forma mais próxima às suas expectativas por meio de um melhor e mais localizado gerenciamento da sua cadeia de suprimentos. O uso de tecnologia da informação em gestão de cadeias de suprimentos é tema do Capítulo 12.

Baseado em Leschly et al. (2003), no *site* da Amazon.com e no *site* da Statista.com https://www.statista.com/statistics/266282/annual-net-revenue-of-amazoncom/ consultado em 19 de julho de 2018.

SAIBA MAIS

Assista aos vídeos abaixo antes de responder as questões para refletir:

Jeff Bezos, fundador e CEO da Amazon.com, contando a história da Amazon
Fonte: http://www.youtube.com/watch?v=YlgkfOr_GLY
Acesso em: 19 jun. 2019
uqr.to/fcs8

Segmento do programa "60 Minutes" com Jeff Bezos discutindo o futuro da empresa
Fonte: https://www.youtube.com/watch?v=32rCNumOu4E
Acesso em: 25 jun. 2019
uqr.to/fcs9

Amazon Prime Air
Fonte: http://www.youtube.com/watch?v=98Blu9dpwHU
Acesso em: 19 jun. 2019
uqr.to/fcsa

Questões para discussão

1. Como você imagina que a tecnologia de gestão do relacionamento com o cliente usada pela Amazon pode auxiliar o projeto e a gestão de outras cadeias de suprimentos? Dê exemplos reais.

2. Onde você colocaria a fronteira empurrada-puxada (*push-pull*, veja o Capítulo 2) da cadeia de suprimentos da Amazon? Seria a mesma para todos os tipos de produto? Por quê? Como a tecnologia de gestão de relacionamento com o cliente descrita anteriormente pode apoiar a decisão de localização da fronteira *push-pull*?

3. Visite o *site* www.amazon.com e identifique o maior número possível de mecanismos que você considera como parte do esforço da empresa para gerenciar o relacionamento com seus clientes com o específico fim de facilitar a gestão de sua cadeia de suprimentos.

4. Explore o produto "Kindle" no *site* da Amazon e a forma de comercialização que ele permite para a venda e distribuição de livros. Analise as implicações que essa forma (*download* de livros) traz para a cadeia de suprimentos da empresa.

3.2 CONCEITOS

3.2.1 Fundamentos da gestão de relacionamento com parceiros da cadeia de suprimentos

No Capítulo 1, foram discutidos alguns aspectos da governança das cadeias de suprimentos que às vezes dificultam sua gestão. Muitas vezes, o comportamento oportunista dos nós da cadeia de suprimentos predomina, o que faz com que tomem decisões de forma a maximizarem seu próprio desempenho local à custa do desempenho local de outros nós da cadeia, levando ao que se chama de relações ganha-perde, ou de "soma-zero". Foi discutido também que, muitas vezes, esses comportamentos oportunistas levam os parceiros da cadeia a não compartilharem informações. Isso faz aumentar os custos gerais dos nós da cadeia, pois, com menos informação compartilhada, os parceiros acabam trabalhando com maior nível de incerteza, o que sempre leva a operações e desempenhos menos eficientes.

Outra causa de resultados indesejáveis por comportamento oportunista se refere à falta de um aspecto essencial do relacionamento entre parceiros da cadeia: *confiança*. Isso pode ser ilustrado por um efeito comumente chamado de "dilema do prisioneiro", discutido a seguir.

Confiança nos relacionamentos entre parceiros e o dilema do prisioneiro

Imagine que dois indivíduos, Pedro e Paulo, de passado não exatamente honesto, encontram-se pela primeira vez em um bar. Entre uma tacada e outra, em volta da mesa de bilhar, depois de alguns copos de cerveja, resolvem traçar um plano para um furto a uma empresa localizada nas proximidades. Perpetrado o crime naquela mesma noite, cada um vai para sua casa. No dia seguinte, são presos pela polícia, que aparentemente teria achado evidências (circunstanciais) de que ambos teriam estado nas dependências da empresa roubada na noite anterior. Seguindo procedimento padrão, a polícia conduz ambos separadamente, sem permitir comunicação entre eles, a duas salas diferentes de interrogatório. Lá, começam a ser interrogados por dois investigadores diferentes. Os dois suspeitos, com experiência do sistema penal local para crimes que envolvem cumplicidade, sabem perfeitamente as opções que têm e os resultados destas opções. As opções que Pedro e Paulo têm são basicamente duas: confessar ou não confessar o crime de roubo. Pedro começa a analisar, racionalmente, o que deveria fazer (confessar ou não), e para isso analisa o quadro da Figura 3.4, que traz as consequências possíveis das suas duas opções.

	Paulo confessa	Paulo não confessa
Pedro confessa	Paulo: pena de cinco anos Pedro: pena de cinco anos	Paulo: pena de dez anos Pedro: sai livre
Pedro não confessa	Paulo: sai livre Pedro: pena de dez anos	Paulo: pena de dois anos Pedro: pena de dois anos

Figura 3.4 Quadro com as consequências para Pedro e Paulo, das suas possíveis opções de confessar ou não o seu crime.

Basicamente as opções são: se ambos, Pedro e Paulo, confessam o furto, as penas são de cinco anos de prisão para cada (e não de dez anos, como normalmente seria), pois considera-se que estejam arrependidos do crime e, confessando, ajudaram a justiça. Se nenhum dos dois confessa o crime, dado que as provas da polícia são circunstanciais, ambos são acusados de invasão de propriedade, mas não de furto e ganham uma pena de dois anos de prisão cada. Pela vigência do mecanismo de delação premiada, entretanto, se um suspeito confessa e o outro não, o confessante/delator sai livre (premiado) e o outro suspeito sofre a pena mais pesada, de dez anos. Isso vale, naturalmente, para Pedro e para Paulo.

Pedro começa a analisar o quadro, primeiro considerando o que aconteceria com ele se Paulo confessasse (dois quadrantes da esquerda na matriz da Figura 3.4).

Se Paulo confessar, a melhor decisão para Pedro será a de confessar também (Pedro nesse caso leva cinco anos de pena), porque a outra opção (não confessar) lhe daria dez anos de pena e livraria o delator Paulo.

Se Paulo não confessar (dois quadrantes da direita da Figura 3.4), a melhor decisão para Pedro será a de confessar, já que sai livre nesse caso e porque a outra opção, de não confessar, lhe daria dois anos de pena (o mesmo, nesse caso, que Paulo).

Note que, para ambas as possibilidades de opção adotadas por Paulo (lembre-se de que Pedro não sabe qual opção Paulo escolherá), a estratégia que Pedro deveria adotar é a de confessar – ou seja, desse ponto de vista, a estratégia que domina, que é a melhor, independentemente da opção adotada pelo outro prisioneiro, é a de confessar.

Paulo, na outra sala de interrogatório, passa pelo mesmo exercício e, portanto, também decide confessar. Com a confissão de ambos, tanto Pedro quanto Paulo ganham cinco anos de pena, o que nitidamente não é o melhor resultado para ambos (que seria o de não confessar, o que implicaria em apenas dois anos de pena para cada um).

O que ocorre no dilema do prisioneiro é que os dois prisioneiros assumem que o outro não é confiável. Não querem correr o risco de agir para o bem comum (não confessar), porque, caso o outro aja em interesse próprio, não só o prisioneiro que visa ao bem comum vai pegar a maior pena, como o prisioneiro delator oportunista será premiado com a liberdade!

Não é de admirar que os dois suspeitos não tenham confiança um no outro – encontraram-se fortuitamente na noite anterior e não se conhecem bem. Se tivessem uma história longa de cumplicidade com muitas interações, talvez tivessem desenvolvido um nível de confiança tal que os levasse a manter silêncio para o bem comum. Mas isso só ocorre com inter-relação reiterada, desenvolvida gradualmente, em relacionamentos de maior duração. Em relações fortuitas, os parceiros acabam preferindo adotar um comportamento oportunista que acaba por penalizar a todos.

> **PARA PENSAR**
>
> Visite o *site* e explore um jogo interativo de "dilema do prisioneiro", codificado em Java por Wayne Davies, no qual você poderá testar várias estratégias diferentes (como "prisioneiro") e seus resultados. Observe que o jogo está na parte inferior da página inicial do *site* e não está relacionado ao botão que diz "Jogar" no lado direito.
>
> Explore a parte de "simulação" do *site* (leia as descrições da estratégia primeiro clicando no *link Strategy definition*). Apenas como sugestão, defina a estratégia de Lucifer como "Aleatório 50%-50%" e teste várias estratégias diferentes para você, simulando-as. Qual estratégia é a mais vantajosa quando se joga contra a estratégia "Aleatório 50%-50%" de Lucifer?
>
>
> Fonte: http://www.iterated-prisoners-dilemma.net/
> Acesso em: 19 jun. 2019
>
> uqr.to/fcsd

Um exemplo mais próximo do mundo dos negócios pode ilustrar o dilema do prisioneiro numa cadeia de parceiros comerciais. Imagine que quatro laboratórios farmacêuticos, conscientes dos altos custos de desenvolvimento de novas drogas, decidam formar uma equipe comum de desenvolvimento para pesquisar um novo remédio. Todos combinam que as empresas devem mandar seu melhor pesquisador para se dedicar em tempo integral ao projeto de desenvolvimento comum. Entretanto, individualmente, os parceiros podem pensar que, se enviarem seu segundo melhor, mantendo o melhor dedicado a seus outros projetos importantes, como os outros três parceiros mandarão seus melhores pesquisadores, a equipe ainda será muito boa. Por outro lado, sabem que os outros podem não querer mandar seus melhores, pelos mesmos motivos. Por qualquer dos dois motivos, cada laboratório acabou mandando seu segundo melhor pesquisador, resultando numa equipe de segunda categoria, com resultados ruins para todos.

> **FIQUE ATENTO**
>
> Níveis mais altos de confiança entre parceiros contribuem para que haja menor incidência de comportamento oportunista na cadeia de suprimentos, com benefício para a cadeia como um todo. Reiteração de relacionamentos, com contratos de prazo mais longo, mais intensidade de interações pessoais e cumprimento reiterado de promessas e acordos, favorece o desenvolvimento de níveis mais altos de confiança entre parceiros bem-intencionados.

Confiança em relações de suprimentos globais: o *guanxi* chinês

Guanxi é o termo chinês que significa o uso da confiança e parceria dentro de uma cadeia de relacionamento para a obtenção de determinadas vantagens. Para fazer negócios na China e com a China, os estrangeiros têm de entender e respeitar esse antigo e tradicional sistema social. *Guanxi* facilita a entrada no sistema social chinês de forma dificilmente obtenível por outras formas de apresentação, como a que ocorre nas feiras e congressos, por exemplo. Esse é o motivo pelo qual, em geral, as empresas que resolvem entrar no mercado da China pela primeira vez optam por associar-se com um parceiro local, a fim de usar seu *guanxi* para construir, por exemplo, cadeias de distribuição e relações adequadas com fornecedores locais.

Figura 3.5 Símbolo em chinês simplificado que representa *guanxi*.

Guanxi é baseado em relações pessoais desenvolvidas com o tempo. Não se podem queimar etapas. Argumenta-se que em sociedades nas quais os indivíduos ou empresas não podem confiar inteiramente nos sistemas formais de garantia de justiça e tratamento igualitário acabam depositando sua confiança em relacionamentos pessoais testados, tipo *guanxi*. *Guanxi* pode ter outros nomes, ocorrer de formas diferentes e com outras regras em outras regiões do mundo, mas, em muitos lugares, cadeias informais de relacionamentos pessoais serão essenciais para que cadeias de suprimentos sejam estabelecidas e mantidas com níveis adequados de eficiência apenas possível quando há altos níveis de confiança. É essencial, portanto, que, antes de uma empresa passar a ter relações em uma cadeia de suprimentos em determinadas regiões ou países, seus executivos procurem se familiarizar com os "*guanxis*" locais.

> **SAIBA MAIS**
>
> *Peter Li, professor de Estudos Empresariais Chineses, falando sobre* Guanxi
>
> Fonte: http://www.youtube.com/watch?v=PFurWMtSgZ0
> uqr.to/fcse
> Acesso em: 19 jun. 2019
>
> **Questões para discussão**
>
> 1. Você considera que o papel de cadeias locais de relacionamentos pessoais tem papel importante para uma empresa que vem fazer negócio no Brasil pela primeira vez?
>
> 2. Como você compara esse possível papel com o papel do *guanxi* chinês?

3.2.2 Negociação

Parte importante da gestão de relacionamento em qualquer cadeia de suprimentos é o processo de *negociação* que frequentemente tem de ocorrer entre parceiros.

> **CONCEITO-CHAVE**
>
> Negociação é uma discussão entre dois ou mais participantes tentando chegar a uma solução para um problema (Maiese, 2003).

Negociações, em geral, ocorrem porque as partes envolvidas querem algo que não conseguiriam sozinhas ou para resolver um problema ou disputa entre elas. Então, reconhecem que há algum conflito de interesse e acreditam poder exercer certa influência sobre a outra parte para conseguir um resultado melhor do que obteriam se simplesmente aceitassem 100% das condições oferecidas pelo outro lado. Assim, preferem negociar a fim de chegar a um acordo, em vez de optar por uma luta aberta (por exemplo, pela via judiciária), ceder completamente ou desistir completamente do relacionamento.

Quando partes negociam, esperam em geral soluções compromissadas. Embora seus objetivos sejam interdependentes e não possam ser atingidos de forma isolada, elas não querem ou necessitam exatamente as mesmas coisas. Essa interdependência pode, em natureza, ser do tipo *ganha-perde*, *ganha-ganha* ou *perde-perde*, e o tipo de negociação varia de forma correspondente.

As partes tentarão: ou forçar o outro lado a atender suas demandas (buscando a maior fatia do bolo); ou modificar a posição do interlocutor de forma a obter uma solução compromissada (buscando dividir mais equitativamente o bolo); ou inventar uma solução completamente diferente, que atenda os objetivos de todos os lados envolvidos (buscando fazer crescer o bolo).

Ganha-ganha, ganha-perde e perde-perde são termos da teoria dos jogos (para uma abordagem introdutória, ver Fiani, 2004) que se referem a possíveis resultados de um jogo ou disputa entre dois lados, e, mais importante, como cada lado percebe seu resultado em relação à sua expectativa antes do jogo ou disputa. Por exemplo, "ganha" indica um resultado melhor do que a expectativa inicial e "perde" indica um resultado pior do que a expectativa inicial (Spangler, 2003).

- *Ganha-ganha* é um resultado que ocorre quando ambos os lados têm a percepção de que ganharam. Como ambos ganharam nesse cenário, a resolução do impasse provavelmente será aceita de forma voluntária. Esse cenário é, em geral, atingido por cooperação em vez de conflito.
- *Ganha-perde* ocorre quando só um lado tem percepção positiva do resultado atingido, portanto, é menos provável que esse cenário seja aceito de forma voluntária. Processos conflituosos tendem a resultar em ganha-perde. O princípio aqui é de competição, mais do que cooperação, entre os participantes.
- *Perde-perde* significa que todas as partes envolvidas saíram-se mal. Em alguns desses processos negociais, todas as partes entendem que perdas são inevitáveis e que serão equitativamente distribuídas. Nestas situações, resultados perde-perde podem ser preferíveis a ganha-perde, porque pelo menos são considerados mais justos.

Em outras situações, entretanto, resultados perde-perde ocorrem mesmo quando um resultado ganha-ganha poderia ser atingido. Um exemplo clássico é o dilema do prisioneiro, discutido anteriormente neste capítulo. Perde-perde é um resultado frequente quando o resultado ganha-ganha só pode ser identificado (como no caso do dilema do prisioneiro) por intermédio de um relacionamento cooperativo – identificação esta que pode passar despercebida se as partes envolvidas na negociação se engajam numa postura competitiva e quando há baixo nível de confiança entre as elas.

Algumas lições podem ser tiradas do dilema do prisioneiro em termos de negociação:

- se ambos os lados cooperam, ambos podem ter bons resultados;
- se um lado coopera e outro compete, o cooperante terá péssimo resultado e o concorrente terá ótimo resultado;
- se ambos competem, ambos terão resultados medíocres – no curto ou no longo prazo;
- na presença de incerteza sobre qual postura (concorrente/oportunista ou cooperativa) o outro lado vai adotar, a melhor escolha para todos os lados é concorrer.

No mundo real, diferentemente do nosso exemplo hipotético dos prisioneiros, as partes podem se comunicar e se comprometer com uma abordagem mais cooperativa. Podem adotar normas de comportamento justo e cooperativo e se concentrar no relacionamento futuro. Isso cria confiança e ajuda a garantir ganhos para todos.

Pressupostos para uma negociação de sucesso

Embora nem sempre presentes, os seguintes aspectos são fatores importantes para que uma negociação tenha sucesso nos relacionamentos em cadeias de suprimentos:

- manter na negociação uma atitude de confiança na outra parte;
- preferir sempre a abordagem cooperativa à competitiva;
- buscar soluções que resultem em ganha-ganha, procurando criar valor conjuntamente (fazer crescer o bolo e não apenas buscar a maior fatia);
- buscar soluções que contemplem a negociação presente como parte do relacionamento futuro e não de forma isolada;
- reconhecer as necessidades e limitações da outra parte; e
- preparar-se para e planejar a negociação.

Planejamento para negociação

Preparação é condição essencial para uma negociação de sucesso. Os seguintes passos podem auxiliar para uma boa preparação:

1. *Defina objetivos claros e específicos:* quanto mais clara e específica for a definição dos objetivos da negociação, mais focalizada ela será e maiores as chances de sucesso. Além disso, quanto mais comuns forem os objetivos das partes participantes, maiores chances de um resultado ganha-ganha.

2. *Defina os itens a serem negociados:* uma lista combinada dos itens das partes envolvidas definirá a agenda da negociação – o compartilhamento com antecedência dos itens listados como importantes pode ajudar muito a dinâmica do processo negocial.

3. *Colete informações relevantes:* fatos e dados, não apenas opiniões – a diferença de poder de persuasão entre partes numa negociação é diretamente proporcional à diferença de informação que as partes detêm. Analise a situação negocial de vários pontos de vista

e contemplando os vários aspectos que possam estar envolvidos.

4. *Defina as metas para cada um dos itens:* não só os resultados mais desejáveis, mas também os resultados mínimos aceitáveis para cada um dos itens – isso dá ao negociador maior firmeza quanto a até onde pode ceder no processo.

5. *Planeje a ordem em que os itens serão negociados:* isso pode obedecer a várias lógicas: do mais simples para o mais difícil, o contrário ou outra, dependendo da preferência dos negociadores – mas defina sua estratégia quanto à ordem dos itens;

6. *Reconheça e analise as necessidades da outra parte*: o conhecimento de quais são as reais *necessidades vs.* os *desejos* da outra parte ajuda na argumentação.

7. *Planeje a estratégia negocial:* embora numa grande maioria de situações em gestão de cadeias de suprimentos a postura cooperativa seja a mais desejável, em certas situações de conflito pode ser necessário adotar parcelas maiores de uma postura mais competitiva. Defina sua estratégia mais apropriada para cada situação. Não use argumentos não éticos, mas seja capaz de reconhecer quando a outra parte o está fazendo.

8. *Saiba suas táticas:* argumente com base em fatos e não opiniões; trate o interlocutor sempre com respeito; saiba ouvir atentamente; responda a questões de forma cuidadosa e clara; saiba dizer não; seja aberto e honesto; tome a iniciativa; saiba perguntar – perguntas certas podem conduzir a discussão para o rumo desejado; priorize os assuntos e não perca as prioridades de vista; programe paradas periódicas para permitir avaliações do processo; seja ético e firme (adaptado de Fawcett *et al.*, 2007).

> **PARA PENSAR**
>
> Assista a este vídeo da professora Margaret Neale, da Universidade de Stanford, sobre negociação, que lhe dará interessantes perspectivas sobre o assunto.
>
>
> *Margaret Neale: Negotiation: getting what you want*
> Fonte: http://www.youtube.com/watch?v=MXFpOWDAhvM
> Acesso em: 19 jun. 2019
>
> Reflita e escreva as principais lições aprendidas com o clipe.

Negociações internacionais

Além desses princípios, estratégias e táticas, as empresas e seus negociadores, quando envolvidos com negociações internacionais, deparam-se com algumas questões relacionadas a diferenças culturais que podem, em algumas situações, fazer a diferença entre uma negociação de sucesso e uma fracassada. São numerosos os casos de gafes que resultaram em negócios perdidos narrados por negociadores internacionais, como aquele de um fornecedor ocidental cujo negociador apresentou uma proposta de milhões de dólares numa elegante pasta de couro de porco para um potencial cliente de um país do Oriente Médio. Por ser o porco um animal considerado vil naquela cultura, a empresa fornecedora não só foi eliminada da concorrência, mas também excluída de futuros negócios. Segundo Sebenius (2002), a enorme diversidade cultural dos países impede que se discutam todas as diferenças possíveis, mas se o negociador, na sua preparação, buscar informações sobre os seguintes assuntos, em relação ao contexto cultural do seu interlocutor internacional, correrá menos riscos de cometer gafes importantes:

- *Cumprimentos:* Como as pessoas se cumprimentam e se referem umas às outras? Primeiro nome, sobrenome, com título, sem título? Qual papel têm os cartões de visita?

- *Grau de formalidade:* Meus interlocutores esperam que eu os trate e me vista de maneira mais formal ou mais informal? A cultura de negócios brasileira é até bastante informal, mas não se esqueça de que muitas outras culturas não são.

- *Presentes*: Pessoas de negócios trocam presentes? Quais presentes são apropriados? Há tabus associados a certos presentes? Em algumas culturas, alguns itens podem ser considerados de mau agouro, por exemplo.

- *Contato corporal:* Como o contato corporal é recebido? É constrangedor? Ameaçador? Normal? Esperado?

- *Contato visual:* Contato visual direto é considerado educado? É esperado? Tem algum significado especial?

- *Emoções:* É rude, constrangedor ou normal expressar emoções?

- *Silêncio:* Silêncio é constrangedor? Esperado? Considerado um insulto? Representa respeito?

- *Comer:* Quais as boas maneiras para as refeições? Há comidas que são consideradas tabus?

- *Linguagem corporal:* Há gestos ou expressões corporais que são consideradas rudes?

- *Pontualidade:* Devo ser pontual e esperar que meu interlocutor também o seja? Ou os horários são mais fluidos?

Além destas questões de etiqueta social e nos negócios, há questões culturais mais profundas que também podem ser muito diferentes entre povos e países. Hall e Hall (1960) desenvolveram quatro categorias culturais (1 a 4, a seguir), posteriormente complementadas por mais quatro categorias definidas pelo pesquisador Geert Hofstede (Sebenius, 2003) na década de 1980 (5 a 8, a seguir), que auxiliam a entender o contexto de negócios e que podem ser importantes em processos de negociação internacional ou intercultural (não se esqueça de que muitos países podem ter diferentes culturas em diferentes regiões):

1. *Relacionamentos*: A cultura é focalizada no negócio ou nos relacionamentos? Nas culturas que focam no negócio, os relacionamentos se desenvolvem a partir dos negócios. Nas culturas focalizadas nos relacionamentos, os negócios são feitos a partir de relacionamentos já existentes (por exemplo, o *guanxi* chinês).

2. *Comunicação*: As comunicações são indiretas e muito dependentes do contexto ou diretas e pouco dependentes do contexto? Formas não verbais e mais contextuais de comunicação (por exemplo, onde a negociação ocorre ou como se comportam os negociadores) têm papel importante ou menos importante nas negociações? As comunicações requerem informação concisa ou mais detalhada? Negociadores norte-americanos, por exemplo, são conhecidos por serem concisos, enquanto os asiáticos são mais detalhistas.

3. *Tempo*: A cultura é considerada *monocrônica* ou *policrônica*? Em culturas anglo-saxônicas, a pontualidade e as agendas e seus horários são estritamente seguidos (são *monocrônicos*). Os assuntos são seguidos sequencialmente. Já em algumas culturas latino-americanas e asiáticas, a pontualidade e as agendas e horários não têm papel tão importante. Às vezes, vários assuntos são abordados de forma simultânea ou intercalada (negociadores são em geral *policrônicos* no Brasil, enquanto nos Estados Unidos são *monocrônicos*).

4. *Espaço*: As pessoas apreciam ter muito ou pouco "espaço pessoal"? Em algumas culturas, como no Japão, mover-se para muito perto de outra pessoa pode causar desconforto. No Brasil, por exemplo, é diferente: tende-se a ter mais contato e proximidade.

5. *Distribuição de poder*: Disparidades relevantes de poder são aceitáveis? As organizações são geridas de forma mais vertical, hierarquicamente de cima para baixo, ou o poder é mais horizontalmente distribuído?

6. *Tolerância à incerteza*: Quanto as pessoas são tolerantes à incerteza ou a processos e acordos menos estruturados? Em regiões no norte da Itália, por exemplo, onde a indústria têxtil é forte, é comum que mesmo empresas grandes tenham uma relação informal, quase familiar com seus fornecedores, algo não tão comum em culturas anglo-saxônicas.

7. *Individualismo vs. coletivismo*: A cultura enfatiza mais o individualismo ou o coletivismo, por exemplo, na tomada de decisão? Isso pode afetar drasticamente a dinâmica e o tempo de duração das negociações.

8. *Harmonia vs. assertividade*: A cultura enfatiza mais a harmonia interpessoal ou a assertividade? Por exemplo, algumas culturas não têm problemas em dizer não (como os negociadores brasileiros). Já em culturas asiáticas, o "não" muitas vezes só é dito de forma indireta.

Esses aspectos culturais e de negociação são importantíssimos para uma adequada gestão de cadeias de suprimentos, que se fundamenta muito nos aspectos negociação, comunicação e relacionamento entre parceiros da cadeia. Numa tentativa de sistematizar a gestão dos relacionamentos com os parceiros clientes nas cadeias de suprimentos (principalmente no que tange aos fluxos de informação trocados), foi desenvolvido o conceito de CRM (*Customer Relationship Management*), discutido a seguir.

PARA PENSAR

Assista ao vídeo abaixo com o professor Geert Hofstede, uma das autoridades mais reconhecidas em diferenças culturais:

Descobertas recentes sobre diferenças culturais
Fonte: http://www.youtube.com/watch?v=LBv1wLuY3Ko
Acesso em: 19 jun. 2019

uqr.to/fcsg

Reflita e escreva um pequeno ensaio sobre as ideias do prof. Hofstede expressas no vídeo.

3.2.3 Gestão do relacionamento com clientes (CRM)

Isso ocorreu no final dos anos 1990, seguindo a onda de implantação dos ERP (*Enterprise Resource Planning*: sistemas integrados de gestão, como o sistema alemão SAP ou o sistema americano Oracle Applications, largamente adotados por empresas – ver Corrêa *et al.*, 2018), impulsionada pelas empresas fornecedoras de *softwares*. Muitas empresas, então, gastaram quantias consideráveis de dinheiro com a implantação dos chamados sistemas de CRM (*Customer Relationship Management* – que são baseados em sistemas computacionais complexos comercializados por várias empresas com nomes comerciais diferentes, como o Siebel, da Oracle, ou Microsoft Dynamics CRM, ou, ainda, SAS CRM).

A promessa era melhorar o relacionamento com os clientes na cadeia de suprimentos, permitindo às empresas responder de forma rápida e eficiente aos desejos mutáveis dos clientes, garantindo assim receitas aumentadas com clientes retidos e custos de marketing reduzidos.

Como as implantações iniciais falharam em entregar o prometido, as vendas dos sistemas de CRM caíram significativamente nos anos subsequentes. Nos anos iniciais da década de 2000, entretanto, segundo Rigby e Ledingham (2004), algo inesperado ocorreu. Houve uma retomada do interesse e dos investimentos em CRM e pesquisas começaram a indicar aumento dos índices de satisfação dos executivos. Os autores pesquisaram uma vasta gama de empresas adotantes do CRM a fim de buscar os porquês do renovado interesse.

Concluíram que, diferentemente das implantações originais, as implantações mais recentes não tiveram como fim transformar o negócio completamente, envolvendo todos os clientes, mas adotar uma postura mais gradual e pragmática, em projetos iniciais menores e mais focados, que visavam a melhorar relacionamentos para resolver problemas específicos, com troca mais intensa de informações com relativamente poucos clientes mais importantes.

Conscientes de que informação perfeita não é igualmente importante em todas as partes do negócio, focalizaram-se naquelas nas quais informação perfeita tem um papel estratégico importante. O importante aqui é perceber que CRM pode funcionar e ser uma parte importante da gestão de cadeias de suprimentos, já que se concentra em entender de forma rápida e eficiente o que os diferentes clientes necessitam/desejam, para que a cadeia possa então responder a estas necessidades e desejos de forma mais adequada. Mas o que é CRM, conceitualmente?

> **CONCEITO-CHAVE**
>
> CRM é um conjunto de aplicativos (em geral com intenso suporte de *software*) que centraliza as estratégias e ferramentas que apoiam a empresa na organização e no gerenciamento do relacionamento com seus clientes.

Tem o objetivo de otimizar o valor percebido pelos clientes por intermédio de melhores processos de interação pré-venda, pós-venda e de venda em si. Permite também à empresa ter em local centralizado todos os registros das interações com seus clientes, que passam então a ser acessíveis a toda a organização a fim de dar suporte à tomada de decisão. Informação para esses registros é intensamente capturada e armazenada de várias fontes, para ser então utilizada em vários processos, como na segmentação mais precisa dos clientes e no entendimento das necessidades e desejos de cada segmento, de forma a permitir que as cadeias de suprimentos respondam adequadamente a eles.

Os gerentes da organização podem usar informações dos sistemas CRM para definir e melhorar níveis de serviço, assim como para aumentar a retenção e a atração de novos clientes.

> **TEORIA NA PRÁTICA**
>
> **Xerox e South West Airlines: relacionamento com o cliente pode trazer valor para a empresa de várias formas**
>
> **Xerox**
>
> Um time de pesquisadores teve uma ideia para um novo tipo de impressora. Entretanto, em vez de seguir o processo padrão da empresa de desenvolvimento de produtos – construir um protótipo e, então, colher a opinião do cliente –, eles resolveram fazer reuniões de grupos de foco com o cliente antes. Num videoclipe de uma sessão em Boston, nos Estados Unidos, sete pessoas estão sentadas em volta de uma mesa de reuniões, parecendo entediadas. Uma pergunta, então, é feita, que capta a atenção de todos: o que eles achariam de uma impressora de alta velocidade que não tivesse de ser desligada se um problema acontecesse, mas sim passasse a trabalhar na metade da velocidade? Sorrisos. "Eu compraria!", um participante gritou. "Você está frito se a impressora para". Foi uma surpresa para a equipe de 30 projetistas da Xerox que assistia à reunião por videoconferência, na sede da corporação em Webster, estado de Nova Iorque, nos Estados Unidos. O modelo em estágios iniciais de discussão era a primeira máquina Xerox de motorização dupla. A equipe dos 30 projetistas achou que os clientes apreciassem o duplo motor para fazer trabalhos especiais e usar tintas mais sofisticadas, e não como uma "muleta" para a máquina continuar operando até que a assistência técnica chegasse. "A equipe tinha uma certa ideia do que o cliente queria, mas temos de reconhecer que falando com ele essa ideia mudou", disse o vice-presidente de pesquisa e desenvolvimento da Xerox, Stephen Hoover. Esse é um bom exemplo do que a Xerox chama de "inovação conduzida pelo cliente". O processo teve papel essencial no desenvolvimento e projeto da nova máquina de dupla motorização Nuvera 288 Digital Perfecting System, oficialmente lançada em abril de 2008. *Brainstorming* ou "sonhar junto com o cliente" é determinante para o processo, e o objetivo é "envolver os *experts* que conhecem a tecnologia com o cliente que sabe onde estão os problemas e as necessidades". Mas o relacionamento com os clientes para apoio à inovação não para aí. Os cientistas e engenheiros da Xerox são encorajados a se encontrar com clientes face a face, dentre os 1.500 a 2.000 que visitam os *showrooms* da empresa anualmente.
>
> **South West Airlines**
>
> A South West Airlines (SWA), fundada em 1967, foi uma das companhias aéreas precursoras da prática de oferecer pacotes de serviços limitados

por tarifas mais baixas. Muitas outras (como a Jet Blue e a brasileira Gol) seguiram esse modelo. A South West, entretanto, argumenta que não oferece "menos por menos", mas "mais por menos", procurando compensar a limitada oferta de serviços explícitos (só são oferecidos gratuitamente salgadinhos e água a bordo, por exemplo, e os assentos não são pré-marcados) por um alto nível de serviços implícitos (a cortesia e o bom humor dos atendentes da SWA são legendários no setor), pontualidade e rapidez. Com altíssimos níveis de fidelidade e retenção de clientes, a SWA nunca deixou de ter lucro em sua história, mesmo atravessando períodos de crise do setor (como depois do ataque às torres do World Trade Center em Nova Iorque, em setembro de 2001) que penalizaram fortemente a concorrência. A SWA usa a opinião do cliente para muitas de suas decisões, mas uma em particular que não é usual é o uso de painéis de clientes que, junto com os recrutadores da empresa, entrevistam e decidem quem contratar como novos atendentes de bordo. "Quem melhor para decidir quem é a melhor pessoa para atender o cliente a bordo do que... o cliente?", pergunta retoricamente Herb Kelleher, fundador e ex-CEO da empresa, em um dos muitos vídeos sobre a empresa.

Baseado em: "Xerox" New Design Team: Customers, por Nanette Byrnes. *BusinessWeek* de 7 de maio de 2007, p. 72.

uqr.to/fcu2

Assista ao vídeo a seguir que mostra um comissário da SWA fazendo o anúncio de segurança cantando um rap. O bom humor é uma das características procuradas pela SWA nos seus comissários.

Fonte: https://www.youtube.com/watch?v=G9IZV_8280A
Acesso em: 19 jun. 2019

Questões para discussão

1. Além das descritas no *boxe*, quais outras formas a Xerox poderia explorar para promover o envolvimento dos seus *experts* com os clientes?
2. Quais riscos e benefícios você identifica no uso do próprio cliente durante o processo de seleção de atendentes de bordo pela SWA? Para quais outros profissionais, na sua opinião, esse processo também poderia ser usado e para quais não deveria?

Ferramentas como o CRM visam a aumentar a intensidade de captura de informações sobre o cliente, seus desejos, necessidades e sua importância para a organização. Isso, para a gestão de cadeias de suprimentos, é essencial. Diferentes decisões sobre os recursos das cadeias de suprimentos serão adequadas a diferentes necessidades e desejos dos clientes, e clientes com diferentes níveis de importância para o futuro da organização também devem merecer tratamento diferente. O CRM pode ser usado para a captura de informações que permitam identificar aqueles clientes que têm, pelo seu potencial futuro, mais importância para o futuro da empresa e da cadeia de suprimentos.

Segmentação dos clientes quanto à sua importância para o futuro da cadeia de suprimentos

> **FIQUE ATENTO**
>
> Clientes têm valor diferente para a organização. Organizações que visam ao lucro em geral olham para seus clientes de acordo com o potencial de lucro futuro que representam.

Essa é a ideia, por exemplo, por trás dos programas de fidelidade que as companhias aéreas mantêm (nos quais as empresas oferecem serviços especiais, como salas VIP em aeroportos e embarque prioritário, para clientes que elas supõem, por voarem frequentemente com a empresa, terem o potencial de gerar muito lucro voando com ela no futuro, se retidos).

Outras empresas também oferecem diferentes níveis de serviço conforme o lucro prospectivo de cada cliente – bancos têm diferentes "classes" de clientes, por exemplo, conforme o volume de negócios que fazem com eles.

Um conceito que pode ajudar as empresas a entenderem melhor o valor de cada cliente prospectivo é o de "valor do cliente para a vida toda".

> **CONCEITO-CHAVE**
>
> O valor do cliente para a vida toda (VVT) é o quanto o cliente representará de lucro para a empresa ao longo de sua vida futura, caso continue a ser um cliente.

O cálculo do "valor do cliente para a vida toda" considera dois tipos de variáveis: o tempo durante o qual ele permanecerá como cliente da empresa e quanto lucro trará para a empresa ao longo desse período, descontado o custo de conquistá-lo, servi-lo e mantê-lo. Incluídos estão os custos de marketing e promoções para atraí-lo (por exemplo, a oferta de um aparelho de telefone celular para uma companhia telefônica conquistar um cliente). Também devem ser levados em conta os custos de servir cada cliente. Estes se referem a quanto a empresa despende para atender as várias exigências do cliente. Diferentes clientes têm diferentes graus de exigência, requerem diferentes níveis de tratamento e isso pode se traduzir em custos relevantes que devem necessariamente ser incluídos nas análises. Considerando estas variáveis, a empresa pode calcular um número, um valor em reais, que aquele cliente tem para a empresa.

Veja a tabela da Figura 3.6 para ter uma ideia de quanto, em números, pode representar o lucro trazido por dois clientes fiéis em dois ramos de atividade, ao longo de cinco anos.

(R$)	Quanto lucro um cliente fiel gera ao longo do tempo (dois setores)	
	Cartão de crédito	Distribuição industrial
Ano 0	– 120	– 4.000
Ano 1	80	8.550
Ano 2	100	9.290
Ano 3	104	10.920
Ano 4	110	14.400
Ano 5	120	16.800

Figura 3.6 Valores de lucros trazidos por clientes fiéis ao longo do tempo em dois tipos de serviço.

Se o exercício de quantificar o lucro trazido pelos clientes fiéis ilustrados na tabela da Figura 3.6 fosse estendido até o "final" da vida deles (considerando que continuassem fiéis por todo esse tempo), isso representaria uma estimativa do fluxo de caixa que esses clientes em particular gerariam.

Ao trazer estas séries de lucros a valor presente e somar todos (descontado o custo inicial de conquistá-los), o valor resultante é uma estimativa do valor presente dos clientes caso fiquem retidos pela vida toda.

É relativamente simples fazer esses cálculos. Em primeiro lugar, estima-se qual o fluxo de lucros que o cliente traz. Tomemos o exemplo da empresa de distribuição industrial. Considerando que ele continue fiel pelos próximos 30 anos, isso significa um fluxo de caixa positivo por esse período. Descontando-se esse fluxo de caixa a valor presente (para fluxos simples, usando a função financeira correspondente do Excel, por exemplo) usando uma taxa de desconto de 10% ao ano, acham-se os valores.

Para os dois clientes dos setores ilustrados, os valores presentes aproximados de fluxos de lucros obtidos (para a empresa de cartão de crédito assumimos aqui que o cliente tem 35 anos de idade e permanecerá fiel até os 75 anos; para ambos os casos, por simplificação, assumiu-se estabilidade dos lucros obtidos depois do quinto ano), os valores para a vida toda seriam de R$ 982 para o cliente da empresa de cartão de crédito e de R$ 134.608 para o cliente da empresa de distribuição industrial.

Clientes diferentes terão VVT diferentes. Não são valores precisos, mas o que se quer aqui é uma representação aproximada e comparativa entre clientes. Um cliente mais retido (que permanece como cliente por mais tempo) será mais lucrativo, assim como um cliente que comprar produtos e serviços mais lucrativos em maior volume terá mais valor para a organização. Esta terá, então, maior interesse em garantir a ele níveis mais altos de satisfação a fim de retê-lo, já que é bem conhecida a relação positiva entre o nível de satisfação e o nível de retenção e lucratividade dos clientes. Veja a Figura 3.7.

Figura 3.7 Relação conceitual entre níveis de satisfação e níveis de retenção do cliente para mercados competitivos.

Oferecer maiores níveis de satisfação aos clientes muitas vezes custa mais à empresa, portanto, é necessário estabelecer critérios para a tomada de decisão quanto a qual nível de satisfação oferecer a cada cliente. Uma forma de fazer isso é segmentar os clientes conforme o seu valor para a vida toda (VVT). Segundo essa lógica, clientes com maior valor para a vida toda deveriam receber prioridade e mais recursos, no esforço de lhes prover maiores níveis de satisfação (já que o retorno financeiro sobre essa retenção, resultante dos maiores níveis de satisfação, é maior).

Uma análise do tipo Pareto pode auxiliar nessa segmentação. Um exemplo ilustrativo é dado a seguir sobre o método de Pareto usado para esse fim. Imagine que uma empresa tem 30 clientes e que seus VVTs são dados pela tabela da Figura 3.8. Nela, há quatro colunas: a coluna A traz os nomes dos clientes; a coluna B traz os VVTs de cada um, organizados do maior para o menor; a coluna C traz os valores de VVT acumulados em valor; e a coluna D traz o cálculo percentual dos valores de VVT.

Note que aproximadamente 80% do valor total do VVT de todos os clientes está concentrado em apenas sete clientes (aproximadamente 20%). Isso é usual em fenômenos classificatórios e sinaliza para o fato de que, nos relacionamentos com os clientes, uma especial atenção talvez tenha de ser dada a esses poucos e muito importantes clientes.

Um segundo grupo de clientes (em torno de 30%), que são importantes em nível intermediário, é responsável por cerca de 15% do VVT de todos os clientes, e um último grupo (os últimos 50%) de clientes é responsável por apenas 5% de todo o VVT dos clientes. Veja graficamente na Figura 3.9.

Ao primeiro e mais importante grupo de clientes chamamos grupo "A", que deveria merecer o maior esforço de relacionamento e recursos para aumento dos seus níveis de satisfação. Ao segundo grupo de clientes chamamos grupo "B", merecedor de esforço e recursos intermediários, e ao terceiro, grupo "C", clientes que individualmente não têm peso muito relevante no valor futuro para a empresa, assim, merecem menor nível de esforço de relacionamento e recursos.

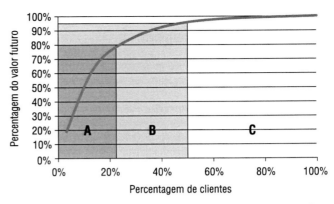

Figura 3.9 Análise gráfica de Pareto para segmentação de clientes de acordo com seu "valor para a vida toda – VVT".

O fenômeno da "cauda longa"

Embora as análises de Pareto sejam adequadas para grande número de situações, mais recentemente alguns estudiosos das novas tecnologias de produção e entrega de produtos e serviços via internet têm chamado a atenção ao fato de que a relação 80-20 de Pareto (na qual, a exemplo do caso discutido neste capítulo, cerca de 20% dos clientes são responsáveis por cerca de 80% do valor de lucro futuro) pode não estar presente em alguns negócios de varejo pela internet. Eles chamam esse fenômeno de "cauda longa" (Anderson, 2006), numa referência a perfis de venda de produtos que têm uma cauda extremamente longa – por exemplo, com uma enorme quantidade de clientes comprando muito poucas quantidades unitárias de cada produto, mas perfazendo uma soma muito considerável no total dos negócios.

Tome, por exemplo, o Spotify, uma empresa de *streaming de* música pela internet. Em razão de o "espaço de armazenagem" de faixas de música virtuais para *download e streaming* ser muito barato, o Spotify tem em "estoque" mais de 50 milhões de faixas, contra cerca de 55 mil faixas disponíveis num varejista tradicional como o Walmart. E o extraordinário é que cada uma destas faixas musicais é consumida, mesmo que algumas em quantidades muito pequenas. No caso do Spotify, apenas 60% de seu "consumo" se refere àquelas faixas disponíveis no Walmart. Os outros 40% são faixas tão pouco consumidas, que seria inviável disponibilizá-las se não fosse de forma virtual. Mas todas serão consumidas – pelo menos pelas famílias e amigos dos membros das milhares de bandas obscuras que podem ter suas faixas disponibilizadas pelo Spotify, mas jamais teriam seus CDs sequer produzidos, muito menos vendidos pelo Walmart. Isso faz com que, considerando os milhões de clientes absolutamente dispersos ao redor do mundo, mesmo que cada faixa não seja unitariamente importante, seu total pode representar 40% do acervo da empresa e talvez uma igual contribuição aos lucros e clientes! Isso porque o custo de servir clientes

A	B	C	D	
	VVT (R$ 000)	VVT acumulado (R$ 000)	VVT acumulado (%)	
Cliente 1	21.089	21.089	20%	Clientes
Cliente 2	17.119	38.208	36%	A
Cliente 3	15.542	53.750	51%	
Cliente 4	12.486	66.236	63%	
Cliente 5	8.490	74.726	71%	
Cliente 6	6.341	81.067	77%	
Cliente 7	4.159	85.226	81%	
Cliente 8	3.521	88.747	84%	Clientes
Cliente 9	2.750	91.497	87%	B
Cliente 10	2.429	93.926	89%	
Cliente 11	1.889	95.815	91%	
Cliente 12	1.680	97.495	92%	
Cliente 13	1.292	98.787	93%	
Cliente 14	1.020	99.807	94%	
Cliente 15	889	100.696	95%	
Cliente 16	870	101.566	96%	Clientes
Cliente 17	840	102.406	97%	C
Cliente 18	712	103.118	97%	
Cliente 19	580	103.698	98%	
Cliente 20	520	104.218	99%	
Cliente 21	319	104.537	99%	
Cliente 22	298	104.835	99%	
Cliente 23	221	105.056	99%	
Cliente 24	182	105.238	99%	
Cliente 25	150	105.388	100%	
Cliente 26	120	105.508	100%	
Cliente 27	88	105.596	100%	
Cliente 28	76	105.672	100%	
Cliente 29	50	105.722	100%	
Cliente 30	45	105.767	100%	

Figura 3.8 Cálculo para análise de Pareto para segmentação de clientes.

virtuais é muito menor do que o de servir clientes em lojas tradicionais – haja vista que estas simplesmente não fariam lucro algum servindo clientes interessados nestas faixas vendidas em pouquíssimas quantidades.

 PARA PENSAR

Assista a este vídeo antes de refletir e discutir as questões a seguir.
Identificando a cauda longa
Fonte: http://www.youtube.com/watch?v=0Yku0GTrcuw
Acesso em: 19 jun. 2019

uqr.to/fcu3

Questões para discussão

1. Quais outros negócios você imagina que também apresentam o fenômeno da "cauda longa" em suas vendas de produtos? Você acha que esse é um fenômeno exclusivo de vendas pela internet?

2. Quais são as principais preocupações estratégicas do gestor da cadeia de suprimentos de uma empresa como a Rhapsody?

Segmentação de produtos

No Capítulo 2, foi discutida uma forma de segmentar tipos de produtos e serviços que exercem influência estratégica em como as cadeias de suprimentos devem ser organizadas. Recordemos brevemente essa segmentação.

Produtos inovadores são produtos diferenciados, lançados frequentemente, em geral com ciclo de vida mais curto e demanda menos previsível, que dão ao cliente outras razões para adquiri-los além de apenas o preço mais baixo; enquanto *produtos funcionais* são aqueles produtos do dia a dia, que as pessoas compram, por exemplo, de vários canais varejistas, como supermercados, lojas de conveniência e postos de gasolina. As características estratégicas das cadeias de suprimentos necessárias para criar e fornecer *produtos inovadores*, com suas demandas voláteis e imprevisíveis, são fundamentalmente diferentes daquelas necessárias para lidar com os *produtos funcionais* e suas demandas mais firmes e estáveis. Produtos inovadores requerem cadeias estrategicamente projetadas e gerenciadas para oferecerem *respostas rápidas*, enquanto produtos funcionais requerem *cadeias eficientes*. Veja o Capítulo 2 para abordagem em detalhes das características das cadeias de resposta rápida e das cadeias eficientes.

Nas próximas seções, são discutidos aspectos referentes à gestão da satisfação dos clientes e à gestão do nível de serviço logístico das cadeias de suprimentos.

> **FIQUE ATENTO**
> Mesmo dentro de uma estratégia básica (de resposta rápida ou eficiente), os clientes não são iguais em relação à importância que dão a outros aspectos do relacionamento com o fornecedor (por exemplo, em relação ao nível de informação trocada, ou ao nível de cortesia esperado).

Gerenciando a satisfação do cliente

Existem vários aspectos que são possivelmente importantes e levados em conta pelo cliente das cadeias de suprimentos no seu processo de avaliação do que lhe for fornecido. Além disso, os aspectos potencialmente importantes não só são múltiplos, mas podem ser inter-relacionados e, em alguns casos, até conflitantes. Por isso, em cadeias de suprimentos é necessário ser mais preciso quando se definem objetivos a perseguir – isso porque há situações em que o gestor deve optar por renunciar a níveis de desempenho superiores em alguns critérios a fim de favorecer outros. Para que a decisão de renúncia seja mais acertada, é importante saber precisamente quais são as prioridades dadas pelo cliente da cadeia quanto aos diferentes aspectos, para que seja possível focalizar os aspectos adequados.

A fim de contribuir para que as operações tenham maior precisão sobre *em que* focalizar, listas de aspectos de desempenho que os clientes podem vir a valorizar são oferecidas na literatura. Isso para que os gestores, na falta de uma lista melhor, possam pelo menos utilizá-las como *checklists* iniciais, para então gerar sua própria lista, adequada para sua cadeia.

Na Figura 3.10, são propostos os aspectos de desempenho (ou critérios de desempenho) apresentados como relevantes.

Grandes objetivos	Subobjetivos	Descrição
Preço/custo	Custo de produzir	Custo de produzir o produto
	Custo de servir	Custo de entregar e servir o cliente
Velocidade	Acesso	Tempo e facilidade para ganhar acesso à operação
	Atendimento	Tempo para iniciar o atendimento
	Cotação	Tempo para cotar preço, prazo, especificação
	Entrega	Tempo para entregar o produto

(continua)

(continuação)

Grandes objetivos	Subobjetivos	Descrição
Confiabilidade	Pontualidade	Cumprimento de prazos acordados
	Integridade	Cumprimento de promessas feitas
	Segurança	Segurança pessoal ou de bens do cliente
	Robustez	Manutenção do atendimento mesmo que algo dê errado
Qualidade	Desempenho	Características primárias do produto
	Conformidade	Produto conforme as especificações
	Consistência	Produto sempre conforme especificações
	Recursos	Características acessórias do produto
	Durabilidade	Tempo de vida útil do produto
	Confiabilidade	Probabilidade de falha do produto no tempo
	Limpeza	Asseio das instalações da operação
	Conforto	Conforto físico do cliente oferecido pelas instalações
	Estética	Características (das instalações e produtos) que afetam os sentidos
	Comunicação	Clareza, riqueza, precisão e frequência da informação
	Competência	Grau de capacitação técnica da operação
	Simpatia	Educação e cortesia no atendimento
	Atenção	Atendimento atento
Flexibilidade	Produtos	Habilidade de introduzir/modificar produtos economicamente
	Mix	Habilidade de modificar o *mix* produzido economicamente
	Entregas	Habilidade de mudar datas de entrega economicamente
	Volume	Habilidade de alterar volumes agregados de produção
	Horários	Amplitude de horários de atendimento
	Área	Amplitude de área geográfica na qual o atendimento pode ocorrer

Figura 3.10 Grandes objetivos e subobjetivos das cadeias de suprimentos.

Note que os *grandes objetivos* listados (na primeira coluna da esquerda da tabela da Figura 3.10) têm subdimensões, muitas vezes necessárias para que se tenha uma visão mais precisa do que realmente importa ao cliente. É claro que nem todos esses critérios são igualmente importantes para todos os tipos de negócios ou para todos os tipos de clientes.

É importante observar que há relações conflituosas entre determinados pares de objetivos de desempenho: pense, por exemplo, nos riscos envolvidos para a operação do McDonald's, altamente voltada a oferecer um pacote absolutamente consistente de serviços – a "repetição" da experiência –, em passar a aceitar pedidos de sanduíches "personalizados" conforme a solicitação do cliente. Isso, por exemplo, representa um *trade-off* entre a qualidade/consistência e flexibilidade/produto.

Há também, entretanto, pares de objetivos de desempenho que não apenas *não* representam conflito, mas podem se auxiliar mutuamente. Se uma empresa distribuidora melhora sua embalagem de transporte, de forma a proteger melhor os produtos e gerar menos danos no transporte, ela estará aumentando o nível de serviço ao cliente (que recebe produtos bons da primeira vez) e ao mesmo tempo reduzindo seus custos (que incorrem quando da reposição dos produtos que chegam danificados ao cliente).

Nível de satisfação do cliente

> **CONCEITO-CHAVE**
>
> O nível de satisfação do cliente é o resultado de uma comparação entre suas expectativas anteriores ao serviço que a cadeia de suprimentos lhe prestou e a percepção *a posteriori* de seu atendimento. Se o atendimento superou em muito a expectativa, o cliente resultará muito satisfeito; se a expectativa for meramente atendida, o cliente resultará meramente satisfeito; e se a expectativa não for atendida, o cliente resultará insatisfeito.

A virtude da *satisfação do cliente* é que, quanto maiores os seus níveis, maiores os níveis de retenção do cliente e, consequentemente, maior a lucratividade da empresa (lembre-se de que clientes retidos são mais lucrativos). Nesse sentido, é importante identificar constantemente os níveis de satisfação dos clientes em relação àqueles aspectos (veja a Figura 3.10) mais valorizados por eles e agir nos casos em que altos níveis de satisfação não estejam sendo atingidos.

O gestor de cadeias de suprimentos não tem o potencial de influenciar igualmente todos os fatores importantes na determinação dos níveis de satisfação do cliente. Tem, entretanto, grande potencial de influenciar um fator de grande relevância na obtenção de níveis adequados de satisfação do cliente: o nível de serviço logístico oferecido.

Gestão do nível de serviço logístico ao cliente

 CONCEITO-CHAVE

O nível de serviço logístico ao cliente se refere ao resultado dos processos de gestão logística da cadeia de suprimentos, no sentido de promover a utilidade de local e tempo para o cliente (disponibilizar os produtos requeridos no local e momento certos).

A exemplo da discussão sobre as necessidades e os níveis de satisfação, os clientes também diferem em suas exigências quanto aos níveis de serviço logístico.

Os clientes, portanto, em muitas situações, não deveriam ser tratados da mesma forma, pois sequer exigem níveis similares de serviço. Clientes requerem e muitas vezes estão dispostos a pagar preços diferentes por diferentes níveis de serviço. Considere a Hewlett Packard (HP), por exemplo, uma empresa de produtos eletrônicos que vão de computadores pessoais e impressoras a equipamentos médicos. Diferentes clientes da HP apresentam diferentes exigências quanto ao nível de serviço oferecido pela empresa em seu mercado de reparos e peças sobressalentes. Alguns clientes podem incorrer em custos relativamente baixos quando suas impressoras ficam inativas por defeito durante um ou dois dias, já que em geral as empresas não têm apenas uma impressora – a redundância nesse caso ajuda a reduzir o custo do equipamento parado. Nesse caso, um nível de serviço de 100% (disponibilidade imediata de 100% das peças necessárias ao conserto) poderia ser considerado excessivo, já que o cliente usuário da impressora talvez não estivesse disposto a pagar por ele. Já outros clientes, por exemplo, os hospitais que utilizam os equipamentos médicos da HP, associam a indisponibilidade de um equipamento médico a custos de paragem muito mais altos, pois podem representar até mesmo risco à vida dos seus pacientes. Uma disponibilidade imediata de 100% das peças sobressalentes necessárias ao conserto do equipamento não será considerada excessiva, e o hospital estará disposto a pagar por ela.

Nesses casos, é comum que os níveis de serviço exigidos pelo cliente sejam explicitados em contrato ou em acordos de níveis de serviço (*service level agreements* ou SLA), que serão discutidos mais adiante, neste capítulo.

É importante saber distinguir entre os diferentes níveis de exigência dos diferentes clientes e itens a fim de que se possam prover os recursos e processos necessários a garantir o nível de serviço certo ao custo certo para cada cliente e para cada item (produto físico ou serviço).

Cálculo do nível ótimo de serviço logístico ao cliente – o problema do jornaleiro

Em algumas situações, é possível definir analiticamente quais são os níveis ótimos de serviço logístico para que o lucro de uma organização seja maximizado. Uma destas situações é o chamado "problema do jornaleiro", descrito e solucionado a seguir (baseado em Corrêa et al., 2018).

A formulação que segue foi originalmente desenvolvida para produtos que devem ser consumidos em um dado período, porque perdem valor substancialmente ao final desse período. Um exemplo típico é o problema do jornaleiro.

O jornaleiro deve vender seu jornal no dia da edição, porque o valor do produto nos dias seguintes é apenas uma pequena fração do valor original. Entretanto, essa é uma condição presente em muitos tipos de produtos e negócios. Pense, por exemplo, na indústria sazonal da moda. Um produto desse verão perderá muito do seu valor se não for vendido na própria estação. O pressuposto aqui assumido é de que não serão usadas sobras da estação anterior para atender a demanda da estação presente. Tomemos como exemplo os trajes femininos de banho. Chamemos de p o preço na venda do varejo, de c o custo do produto e de r o valor residual do produto, depois da estação, se não for vendido. A partir daí vem:

Ce = Custo de excesso de estoque (por unidade), $Ce = c - r$

Cf = Custo da falta do produto (por unidade), $Cf = p - c$

NS = Nível de serviço

E = Nível de estoque

NSO^* = Nível de serviço ótimo

E^* = Nível ótimo de estoque correspondente ao NSO^*

O nível de serviço NS corresponde a um determinado nível de estoque E. NS é a probabilidade de que a demanda durante a estação seja menor ou igual ao valor do correspondente E. Por exemplo, se o NS for de 95%, isso significa que existe 95% de probabilidade de que a demanda durante a estação seja menor do que o nível de estoque E, e, portanto, de que toda a demanda seja satisfeita pelo estoque E. Entre os diferentes NS possíveis, há um que maximiza o lucro e a este chamamos de NSO^* (nível de serviço ótimo). Assim, o nível de serviço ótimo NSO^* é aquele em que, se mais uma unidade for comprada (com o estoque correspondente passando de E^* para E^*+1), a contribuição dessa unidade adicional para o lucro é igual a zero (portanto, não vale a pena ser comprada!).

Se a quantidade pedida (para atender a demanda da estação) subir de E^* para E^*+1, a unidade adicional será vendida se a demanda for maior que E^*. Isso ocorre com probabilidade $1 - NSO^*$ e resulta numa contribuição (ao lucro) de $p - c$. Então:

Benefício esperado da compra da unidade extra
(adicional) = $(1 - NSO^*)(p - c)$

A unidade extra (adicional) não será vendida se a demanda for igual ou menor que E^*. A probabilidade de isso ocorrer é NSO^* e o resultado é um custo de $c - r$. Então:

Custo esperado da compra da unidade extra
(adicional) = $NSO^*(c - r)$

Portanto, a contribuição adicional (também denominada *marginal*) do aumento do estoque em uma unidade, de E^* para E^*+1 é:

$(1 - NSO^*)(p - c) - NSO^*(c - r)$

Mas já havíamos estabelecido que, para que o lucro fosse maximizado, a contribuição marginal da unidade adicional deveria ser zero e, portanto:

$(1 - NSO^*)(p - c) - NSO^*(c - r) = 0$

Desenvolvendo:

$p - c - pNSO^* + cNSO^* - cNSO^* + rNSO^* = 0$

$p - c - (p - c + c - r)\,NSO^*$

$p - c = [(p - c) + (c - r)]NSO^*$ é, portanto,

$$NSO^* = \frac{p-c}{[(p-c)+(c-r)]} = \frac{Cf}{Cf+Ce} = \frac{1}{1+\dfrac{Ce}{Cf}}$$

Por exemplo, imagine que um biquíni tenha:

Preço no varejo p = R$ 50,00

Custo c = R$ 25,00

Valor residual (biquíni não vendido) r = R$ 3,00

Qual o nível de serviço ótimo para esse item?

Como $Cf = p - c = 100 - 50 = 50$ e como o $Ce = c - r = 25 - 3 = 22$, vem que:

$$NSO^* = \frac{Cf}{Cf+Ce} = \frac{50}{50+22} = 69\%$$

Imaginemos que a demanda por biquínis obedeça a uma distribuição uniforme entre 1 e 100 biquínis (igual probabilidade, de 1%, de ser vendida cada uma das possíveis quantidades de biquíni entre 1 e 100 unidades). Um nível de serviço ótimo NSO^* de 69% significa que o lucro esperado será máximo para uma quantidade comprada E^* tal que a probabilidade de a demanda ser menor que E^* é igual a 69%. No caso da distribuição uniforme de demandas do biquíni do nosso caso fictício, 69 unidades.

Embora essa formulação seja otimizante para as condições descritas, para outras condições, as lições conceituais continuam válidas.

> **FIQUE ATENTO**
>
> Os níveis de serviço deveriam ser maiores quanto maiores forem os custos de falta do produto (sendo constantes as outras variáveis, ou *ceteris paribus*, como os economistas denominam essa condição), e os níveis de serviço deveriam, por outro lado, ser menores quanto mais altos forem os custos de "sobra" do produto (*ceteris paribus*, ou dado que as outras variáveis sejam constantes).

A consideração dos custos de falta nesse caso deve ser feita de forma abrangente e inteligente, levando em conta aspectos menos tangíveis, como a perda da inclinação do cliente a retornar e a eventual perda da boa vontade de recomendar a empresa. Esses aspectos serão mais relevantes quanto maior for o valor do cliente para a empresa.

Definição de pacotes de serviço por tipo de cliente

Um dos objetivos do CRM, conforme temos discutido, é adequar o atendimento aos clientes. De posse então da classificação dos clientes, por exemplo, nas classes A, B e C, pode-se definir o pacote de serviço mais adequado a cada classe. A Figura 3.11 ilustra com um exemplo hipotético.

Pacote de serviço	Clientes classe A	Clientes classe B	Clientes classe C
Nível de serviço logístico	98% mínimo	92% mínimo	88% mínimo
Prazo de entrega	3 dias	7 dias	14 dias
Tempo de retorno a solicitações	Em 1 hora máximo	No mesmo dia	3 dias máximo
Atendimento ao cliente	Representante exclusivo	Próximo representante disponível	Via *website*
Prazo de pagamento	30/60/90 dias	30/60 dias	30 dias

Figura 3.11 Exemplo de pacotes de serviço por classe de cliente.

Contratos e acordos de nível de serviço

É largamente aceito que, quando uma entidade presta serviços não triviais a outra, esse relacionamento deveria ser regulado por contrato, que explicita o pacote de serviços oferecido. Esses contratos são muitas vezes conhecidos como acordos de nível de serviço ou SLA (*Service Level Agreement*).

> **CONCEITO-CHAVE**
>
> No âmbito da gestão de cadeias de suprimentos, um SLA é um acordo formalmente negociado entre duas partes a fim de regular os serviços que um parceiro da cadeia presta ao outro. É um contrato, portanto, entre fornecedor e cliente, que registra o entendimento comum sobre a especificação dos serviços prestados, as prioridades, responsabilidades, garantias e, como um todo, o nível de serviço acordado.

Pode especificar, por exemplo, níveis de disponibilidade de estoques, níveis de pontualidade de entregas, níveis de precisão/completude de informações, níveis de desempenho operacional ou outros atributos do serviço, como cobrança, serviços pós-venda e até as penalidades em caso de violação do SLA. É importante que os termos usados em um SLA sejam precisos e bem definidos, e que as métricas a serem adotadas para avaliar se os serviços oferecidos atendem aos limites estabelecidos pelo SLA sejam definidas sem deixar margens a dúvidas. Isso evita que eventuais problemas futuros caiam em zonas cinza que possam trazer fontes adicionais de conflito para o relacionamento na cadeia de suprimentos. Por exemplo, um SLA que determina que as "As entregas de produtos devem ser feitas de forma pontual" pode parecer claro, mas deixa margem para questionar, por exemplo, se a entrega de produtos deve necessariamente ser completa ou não. Uma entrega de 90% de um pedido dentro do prazo combinado representa "entrega de produtos pontual"? A frase "A entrega de 100% dos produtos solicitados deve ser feita de forma pontual de acordo com a data solicitada no pedido" dá muito menos margem a interpretações.

Processo de entrada e atendimento de pedidos (ciclo de pedido)

Do ponto de vista do relacionamento com o cliente e da formação dos seus níveis de satisfação, a forma com que a empresa gerencia seu processo de entrada e atendimento de pedidos tem papel essencial. O tempo decorrido entre o cliente efetivar um pedido e receber o produto é chamado ciclo do pedido e tem impacto tanto no cliente como no fornecedor. Ciclos mais longos do pedido podem, por exemplo, amplificar o efeito chicote (descrito brevemente no Capítulo 2 e mais detalhado no Capítulo 8), aumentando a volatilidade da demanda percebida pelos nós a montante da cadeia de suprimentos. Podem também aumentar o tempo durante o qual os parceiros da cadeia carregam estoques, com implicações importantes sobre a necessidade de capital de giro das empresas, e tornar o cliente, na relação, menos ágil para atender aos seus próprios pedidos. Genericamente o processo de entrada e atendimento de pedidos tem as atividades descritas na Figura 3.12.

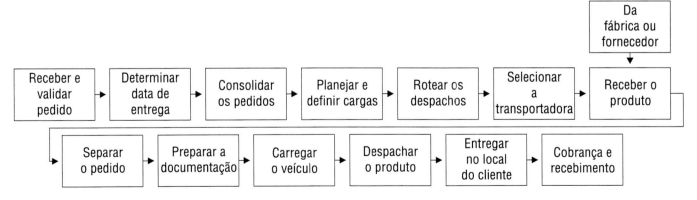

Figura 3.12 Processo genérico de entrada e atendimento de pedido.

A gestão do processo de entrada e atendimento do pedido deve sempre visar a reduzir tempos e eliminar atividades desnecessárias. Dar mais velocidade ao processo requer uma análise detalhada de todas as atividades e subatividades envolvidas, no sentido de questionar o valor que a atividade agrega ao processo (eliminando-a em caso de não agregação de valor), questionar o método com o qual está sendo realizada (com o objetivo de torná-la mais ágil) e, sempre que possível, questionar a sequencialidade das atividades. Quanto mais as atividades puderem ser realizadas em paralelo, mais ágil o processo será. A análise para melhoramento de processos em gestão de cadeias de suprimentos é discutida em detalhes no Capítulo 7.

3.2.4 Gestão do relacionamento com fornecedores (SRM)

Da mesma forma que é importante gerenciar adequadamente os relacionamentos com clientes, numa cadeia de suprimentos, é também importante gerenciar os relacionamentos com os fornecedores. O SRM (*Supplier Relationship Management*) visa exatamente isso, com objetivos similares aos do CRM, discutido anteriormente: segmentar os fornecedores (que, a exemplo dos clientes, também não são um grupo homogêneo) de acordo com sua importância para a empresa e desenhar formas de relacionamento adequadas para cada segmento, de forma a maximizar os resultados das interações entre a empresa e seus fornecedores. Veja uma discussão sobre as ferramentas tecnológicas para apoio ao SRM no Capítulo 12.

FIQUE ATENTO

Diferentemente da segmentação dos clientes – que basicamente obedece a uma lógica de lucratividade para a organização –, a segmentação dos fornecedores obedece a uma lógica diferente. Esta é governada basicamente por duas variáveis: os *custos de transação* e as *competências centrais* envolvidas.

Segmentação de fornecedores

No Capítulo 2, estas duas variáveis foram usadas para analisar o processo decisório sobre "comprar ou fazer" e para introduzir o conceito de que, para os itens que uma empresa decide por comprar (e não fazer), o relacionamento não deve ser o mesmo com todos os fornecedores.

Ainda de acordo com as discussões do Capítulo 2, os *custos de transação* são os custos totais associados a uma transação, excetuando-se o mínimo preço possível do produto, e são dependentes de quatro variáveis:

- o *número de fornecedores* potenciais;
- a *especificidade de ativos* dedicados à transação;
- o nível geral de *incerteza* em torno da transação; e
- a *frequência* com a qual as transações ocorrem.

Quanto menor o número de fornecedores potenciais, quanto maior a especificidade de ativos, quanto maior o nível geral de incerteza e quanto maior a frequência das transações, maiores os seus custos. Os custos de transação com os fornecedores dos diversos itens comprados por uma empresa podem variar num contínuo de muito baixos a muito altos.

O Capítulo 2 também define uma *competência central* como um conjunto de habilidades e tecnologias que:

- contribui desproporcionalmente para o valor percebido pelo cliente;
- é competitivamente único ou exclusivo (não facilmente imitável, portanto); e
- tem o potencial de abrir portas para mercados promissores futuros.

Competências centrais são fontes de vantagem competitiva sustentáveis e, portanto, a empresa deveria manter controle seguro sobre elas, por exemplo, evitando terceirizá-las.

Embora, às vezes, a literatura sugira o contrário, não é um exercício fácil definir se uma determinada competência dentro da organização é central ou não. Na verdade, os três fatores considerados ao analisar essa questão não são do tipo sim/não, mas do tipo contínuo.

Uma competência pode apresentar diferentes graus de contribuição para o valor percebido pelo cliente, variando de baixo a alto; da mesma forma, competências também podem ter graus diversos quanto à dificuldade de imitação, variando de baixo a alto; e, finalmente, diferentes competências também podem ter diferentes graus que impulsionam a abertura de portas para mercados do futuro, variando de baixo a alto.

Claro que, na realidade das empresas, há aquelas atividades que, muito claramente, são competências centrais. Por exemplo, ninguém questiona que uma competência central da Honda é a de projetar motores compactos e de alta eficiência, e ninguém questiona também que, para a Honda, atividades de produção de papel de impressora não são competências centrais.

Isso leva a uma conclusão clara: a Honda deve ter alto nível de controle sobre as atividades relacionadas ao projeto de motores e não precisa ter controle sobre as atividades relacionadas à produção de papel de impressora.

Entretanto, esses são casos extremos dos contínuos, e em geral casos extremos não são difíceis de analisar. Os casos não extremos é que são mais complicados e infelizmente muito mais numerosos. Por exemplo, a produção da transmissão dos veículos Honda é uma competência central da empresa? Possivelmente não, mas ninguém pode negar que o desempenho da transmissão de um carro Honda (trabalhando junto com o motor) tem potencial muito maior de influenciar a decisão de compra de um cliente que a influência do desempenho do papel de impressora usado nos escritórios da empresa! A competência de fazer transmissões é, portanto, *mais central* para a Honda do que a competência de fazer papel.

Isso sinaliza que talvez devamos tratar de fato as duas variáveis, *custos de transação* e *competências centrais*, como *contínuos*, e não como variáveis dicotômicas sim/não. Chamemos o contínuo relativo a competências centrais de "grau de centralidade" da competência usada na produção dos itens em análise, e de "custo de transação" o contínuo que representa os custos de transacionar com fornecedores para obter os itens em análise. Analisemos um gráfico cartesiano com estas duas variáveis como seus eixos.

No Capítulo 2, foi visto que a teoria econômica por trás da análise dos custos de transação preconiza que, quanto mais altos os custos de transação incorridos, mais as empresas tenderão a tentar minimizá-los por meio da integração vertical, ou seja, tenderão a optar por *fazer* internamente o item em questão, em vez de terceirizar sua produção. Tratada como um contínuo, essa variável significa que, quanto maiores os custos de transação, mais a organização deveria tender a adotar os níveis mais altos de controle trazidos pela integração vertical.

Segmentação de fornecedores e controle no relacionamento

Também foi esclarecido no Capítulo 2 que, quando uma atividade utiliza competências centrais de uma organização, esta deveria mantê-la produzida internamente. Essa variável, tratada como um contínuo, significa que, quanto maior o grau de centralidade da competência envolvida com a atividade, mais controle deveria ser mantido sobre ela.

Essa ideia é representada pela Figura 3.13.

A partir da análise da Figura 3.13, então, podemos passar a segmentar os diversos itens e por conseguinte os seus fornecedores. Evidentemente, trata-se de um contínuo de variação, e o estabelecimento de posições ou regiões nesses contínuos carrega certo nível de arbitrariedade, mas pode, por outro lado, ajudar na operacionalidade dos conceitos. Uma forma de segmentar é apresentada na Figura 3.14, em que as várias formas de relacionamento são definidas a partir da posição aproximada que os itens fornecidos ocupam na matriz centralidade – custo de transação.

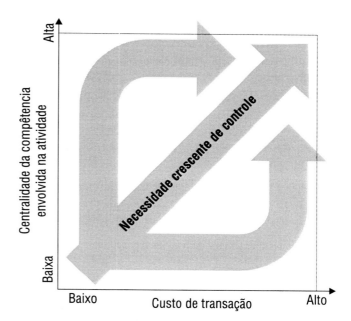

Figura 3.13 Relação dos custos de transação, graus de centralidade de competências envolvidas com a atividade em análise e sua necessidade de controle pela organização.

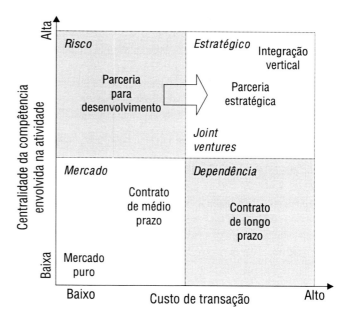

Figura 3.14 Segmentação de fornecedores e tipos de relacionamento conforme a posição na matriz centralidade – custo de transação.

Níveis de controle e tipos de relacionamento com fornecedores

Na matriz da Figura 3.14, apenas para facilitar a comunicação, batizamos as grandes regiões (quadrantes) como:

- *Mercado* – quadrante que representa tipos de relacionamento menos estratégicos, com relações relativamente tênues entre os parceiros, cuja interdependência não é grande.

- *Estratégico* – quadrante que representa os relacionamentos mais estreitos entre parceiros, já que a interdependência estratégica entre eles é muito grande.
- *Dependência* – quadrante em que o cliente depende de relativamente poucos fornecedores, embora os itens ou atividades trocadas não sejam fontes de vantagem competitiva futura – a dependência de poucos fornecedores indica, entretanto, relacionamentos próximos em nível intermediário.
- *Risco* – quadrante que representa relacionamentos em geral próximos com fornecedores que provavelmente virão a ser estratégicos – em geral a permanência nesse quadrante é transitória.

Analisemos mais em detalhes cada uma das posições nomeadas na matriz da Figura 3.14, dentro dos grandes quadrantes.

Mercado puro

Também chamado na literatura de língua inglesa de *arm's length*. Adequado para situações em que os custos de transação são baixos e a centralidade da competência envolvida no item também é baixa. Exemplos são os materiais de escritório e de limpeza para um fabricante de bebidas, ou os serviços de refeitório para um fabricante de impressoras. O relacionamento do tipo mercado puro representa a maioria dos relacionamentos cliente-fornecedor. Caracteriza-se por uma troca limitada de informações, em geral restringindo-se à especificação de compra, quantidades e prazos de entrega necessários, preço e condições de pagamento. Compras *spot* são tipicamente compras do tipo mercado puro. Empresas tradicionalmente usam mecanismos como cotações para executar transações desse tipo. O critério mais importante aqui é lidar com os milhares de itens que se encaixam nesse segmento da forma mais eficiente possível, mas sempre zelando para que não faltem, já que um produto não está pronto a menos que tenha todos os seus componentes presentes, sejam eles muito ou pouco valiosos ou importantes. A Boeing, por exemplo, em outubro de 2008, constatou problemas com os relativamente simples parafusos, porcas e rebites de titânio usados no seu novo produto, o jato 787 (Dreamliner), logo antes do seu lançamento. A dificuldade de obtenção rápida de itens para substituir aqueles com problemas fez com que o lançamento do produto fosse substancialmente atrasado, com prejuízos estimados em dezenas de milhões de dólares, sem contar os dos clientes que já haviam encomendado 900 jatos do referido modelo, contando com sua entrega para entrar em operação dentro da programação estabelecida. Tudo isso por problemas em itens que, aparentemente, têm valor relativo quase irrelevante.

Mecanismos baseados na internet podem ser usados para reduzir os custos dos processos de cotação, assim como para permitir aumento do escopo dos possíveis fornecedores cotados na região de *mercado puro*. Leilões reversos são um exemplo: empresas da internet chamadas *marketplaces* reúnem numerosos fornecedores, e o potencial cliente declara o que precisa comprar e em que condições de entrega. Os potenciais ofertantes, então, têm determinado prazo para apresentarem suas ofertas, para escolha do comprador. Tem havido um crescente movimento de consolidação de processos de compra desse tipo, possibilitando que empresas compradoras ganhem poder de barganha. Setores de compras de unidades operativas, anteriormente com certa autonomia de realizar suas transações de compras, têm sido centralizados em "compras corporativas" nesse sentido. Ainda com o propósito de ampliar ainda mais o poder de barganha de compra, empresas não concorrentes têm muitas vezes estabelecido *joint ventures* para o desenvolvimento de portais de compras na internet para que compras de materiais não produtivos, por exemplo, papelaria, material de limpeza, entre outros, sejam feitas em maiores quantidades. Um exemplo foi o portal da empresa Agrega (hoje descontinuada), uma *joint venture* entre a Ambev (hoje InBev) e a Souza Cruz a fim de ampliar o poder de barganha junto a fornecedores. Numa extensão desse conceito, empresas têm estabelecido *joint ventures* para viabilizar a formação de portais de compra na internet até mesmo com concorrentes diretos, para compra de serviços e itens materiais não centrais. Um exemplo é o *site* da empresa Covisint (hoje OpenText, que ampliou a gama de oferta de serviços da original Covisint para incluir, por exemplo, a *internet of things* – IoT), estabelecido pela Daimler-Chrysler, Ford e General Motors nos Estados Unidos, nos anos 1990, a fim de tentar reduzir seus custos com itens e serviços não centrais. Hoje é comum os governos em todos os níveis estabelecerem "portais de compras" para consolidar compras e aumentar o poder de barganha do comprador. Segundo Fawcett *et al.* (2007), em relações de mercado puro, as seguintes características garantem um bom relacionamento:

- contato pessoal (e não apenas pela internet) e clareza de comunicação, para reduzir chances de mal-entendidos;
- especificações claras, para redução de confusão e ambiguidades;
- pagamento pontual, para respeito mútuo;
- tratamento equitativo e justo com confidencialidade respeitada, para aumento de confiança;
- avaliação e realimentação adequadas, para favorecer melhoria de desempenho;
- respeito mútuo, para evitar simplesmente passar problemas adiante; e,
- integridade e ética, para que também se possa cobrar integridade e ética do fornecedor.

Integração vertical

No outro extremo da matriz, encontram-se materiais ou serviços que são "centrais" para a empresa e cujo custo de troca de fornecedores é muito alto. Para estes, a recomendação é clara: manter dentro de casa, via integração vertical. O risco de não fazê-lo é estratégico: tornar-se uma empresa vazia e, em última análise, dispensável na cadeia de suprimentos, devido ao grande potencial de as competências centrais serem fontes de vantagem competitiva sustentável. Exemplos são atividades como miniaturização para a Sony; a inovação frequente em sua linha de produtos para a Apple; a coordenação dos processos de projeto, produção, entrega e pós-venda da VW para seu consórcio modular de Resende (veja o estudo de caso ao final do Capítulo 2); o contato com o cliente para a Dell Computers; o projeto de métodos e manutenção de padrões para o McDonald's (veja o Capítulo 1); o aconselhamento e gestão de competências internas para a empresa de consultoria McKinsey.

Contratos de médio e de longo prazos

Muitas vezes, empresas se relacionam comercialmente por longos períodos sem ter entre si nenhum contrato formal que regule legalmente o relacionamento. Em situações em que crescem os custos de troca e a centralidade da atividade terceirizada, cresce também a conveniência de regular mais formalmente a relação entre terceirizado e contratante, com contratos e acordos bem elaborados de níveis de serviço. Uma faixa de durações pode ser estabelecida para esses contratos. Uma montadora de veículos pode estabelecer que um determinado fornecedor vai prover um determinado item até o final da vida útil de um determinado modelo, sendo que esse prazo pode se estender por alguns anos. Algum nível de comprometimento sobre volumes totais pode ser objeto desse contrato, assim como se tornam cada vez mais frequentes contratos que legislam sobre comprometimentos relativos a preços decrescentes e níveis de serviço crescentes ao longo de sua vigência. As ordens abertas *(blanket orders)* são um exemplo. Os contratos de média e longa duração estabelecem níveis gerais de volumes e preços unitários decrescentes com determinada taxa ao longo dos anos de vigência. A partir daí, os sistemas de planejamento das duas empresas se comunicam diretamente para estabelecer as "puxadas" *(call offs)* de peças à medida que as necessidades de curto prazo requeiram. O mesmo se aplica a situações de serviços, em que determinados serviços podem ser objeto de contratações de prazo mais longo e as "puxadas" ocorrem conforme necessário. Um exemplo é uma empresa que fecha um contrato de fornecimento de transporte aéreo para os executivos de um cliente com preços especiais e os diferentes departamentos fazem seus pedidos de reservas e passagens de acordo com suas necessidades diárias. Outro exemplo são empresas terceirizadas de limpeza prestando serviço a hospitais. Os contratos de prazo mais longo, com maiores amarrações, podem ser convenientes nas situações em que o fornecedor é mais monopolista em seu mercado de atuação, a fim de evitar que a empresa cliente se veja em situações de risco de o fornecedor procurar tomar partido ou tirar proveito de uma situação conjuntural favorável de curto prazo, como por exemplo redirecionar um determinado fornecimento para outro cliente que se disponha a pagar mais.

Joint venture

Situação em que os custos de troca são altos e o fornecimento tem grau alto de centralidade pode requerer um tipo de amarração entre fornecedor e cliente que inclua níveis mais altos de especificidade de ativos e trocas de informação tão intensas como sensíveis. Os parceiros se unem para um empreendimento com certo grau de compartilhamento de custos e benefícios. Quando a General Motors resolveu terceirizar seu setor de desenvolvimento e manutenção de tecnologia de informação, contratou a EDS para ser o terceiro. Entretanto, dado o custo de troca e centralidade da atividade, decidiu se associar com o terceiro numa *joint venture*. A General Motors por muitos anos foi um dos principais acionistas da EDS. O Unibanco, quando terceirizou seu *relationship center* (os antigos *call centers*) para a 4ª, preferiu se manter por longo tempo como um dos acionistas, tanto para analisar melhor a oportunidade de negócio representada pelas empresas de terceirização de *call centers*, como para manter mais sob seu controle uma atividade com alto grau de centralidade e custo de troca. Às vezes, considera-se que as *joint ventures* seriam arranjos com os quais os participantes exerceriam mais controle sobre a atividade que em parcerias estratégicas, devido à participação acionária. Isso, entretanto, pode não ser verdade. Um sócio minoritário numa *joint venture* pode ter um controle muito pequeno sobre o que se passa na gestão da empresa, enquanto um relacionamento fornecedor – cliente sem participação acionária, por exemplo, numa parceria estratégica ou mesmo um contrato de longo prazo –, com um contrato de fornecimento bem elaborado, pode dar à parte compradora o poder de cliente e os mecanismos legais para fazer os níveis de serviço acordados acontecerem. Ou seja, não se deve confundir o nível de controle com propriedade acionária. Nem é verdade que a propriedade acionária (principalmente quando minoritária) garante níveis altos de controle e nem é verdade que sem propriedade acionária não se pode ter níveis altos de controle.

Parcerias estratégicas

Nesse tipo de relacionamento, um alto nível de comprometimento é exigido das partes. Normalmente, o nível de pressão acompanha o alto nível de comprometimento, pois são amarrados mais intensamente os destinos dos parceiros, que se tornam profundamente interdependentes. Uma intensiva troca de informações (inclusive, muitas vezes sensíveis) é usual e a necessidade de confiança mútua é máxima. A presença de funcionários de um parceiro nas dependências do outro é comum (a figura dos engenheiros residentes, por exemplo). Os contratos tendem a ser complexos e difíceis de elaborar, podendo em muitas situações ser até considerados como fontes de vantagem competitiva e mantidos secretos, quando bem elaborados. Um exemplo são exatamente os modulistas do consórcio modular de Resende e sua relação com a Volkswagen, cujo contrato é mantido secreto (veja o caso de fechamento do Capítulo 2). Ou ainda a parceria do McDonald's no Brasil com a Brapelco (logística), Interbakers (pães) e Braslo (processadora de carnes) no seu empreendimento chamado Foodtown, em Osasco, um projeto integrado conjunto que produz e distribui a maioria dos insumos para as lojas McDonald's na região. Em geral, uma alta especificidade de ativos está envolvida na parceria estratégica e um exercício longo de escolha e negociação é requerido durante o processo de estabelecimento da parceria.

A pesquisadora e professora da Harvard University, Rosabeth Moss Kanter, que estuda as parcerias estratégicas, menciona oito aspectos que, no seu entender, são essenciais para o seu sucesso (Kanter, 1994):

- *Excelência individual*: ambos os parceiros são fortes e têm alguma coisa de valor para oferecer à relação. Seus motivos para entrar na relação são positivos (buscar oportunidades futuras) e não negativos (mascarar fraquezas).
- *Importância*: a relação se ajusta aos principais objetivos estratégicos dos parceiros, de modo que eles desejam que a parceria funcione bem. Os parceiros têm objetivos de longo prazo, nos quais a parceria desempenha papel fundamental.
- *Interdependência*: os parceiros precisam um do outro. Têm ativos e habilidades que se complementam. Nenhum dos dois pode atingir sozinho o que podem fazer juntos.
- *Investimento*: os parceiros investem um no outro. Mostram sinais tangíveis de compromisso de longo prazo.
- *Informação*: a comunicação é razoavelmente aberta. Os parceiros compartilham as informações necessárias ao bom funcionamento da relação, inclusive seus objetivos e metas, dados técnicos e identificação de conflitos, pontos de inquietação ou situações em mudança.
- *Integração*: os parceiros desenvolvem conexões e modos compartilhados de operação, de modo que possam trabalhar juntos, sem percalços. Constroem amplas conexões entre muitas pessoas, em muitos níveis organizacionais. Os parceiros se tornam instrutores e aprendizes.
- *Institucionalização*: a relação recebe um *status* formal, com responsabilidades e processos de decisão claros. Ela se estende além das pessoas específicas que a formaram e não pode ser desfeita por um motivo idiossincrático.
- *Integridade*: os parceiros se comportam, um em relação ao outro, de modo honrado que demonstra e acentua a confiança mútua. Eles não abusam da informação a que têm acesso, nem minam a posição do outro.

Parceria para desenvolvimento

No caso da região da matriz em que há baixo custo de troca e alto grau de centralidade, o cliente se vê numa desconfortável situação na qual uma determinada atividade central está terceirizada, mas pode haver numerosos fornecedores aptos a serem usados para realizá-la. Isso significa que a concorrência tem também acesso a esse grande número de fornecedores e que a atividade provavelmente não é tão diferenciada. Isso pode indicar que a fonte de vantagem competitiva que a atividade apresenta hoje pode não ser sustentável, e esforços podem ser compensadores no sentido de desenvolver um ou alguns poucos desses fornecedores a fim de que diferenciem sua oferta e possam migrar para o quadrante superior direito, o que virá acompanhado de esforços do cliente para intensificar o relacionamento, podendo a partir de certo ponto incluir cláusulas de exclusividade ou mesmo integração vertical. Expandindo a exemplo dado sobre essa questão no Capítulo 2, o McDonald's, ao chegar ao Brasil nos anos 1980, percebeu que as batatas produzidas pelos fornecedores brasileiros não atendiam às necessidades de padrões internacionais da empresa. Por se tratar de um item com grau considerável de centralidade e relativamente baixo custo de troca, apresentava-se, portanto, um risco estratégico de a imagem de "crocância" da batata frita do McDonald's se tornar apenas mais uma de tantas batatas fritas oferecidas pelos concorrentes. A empresa disparou então uma iniciativa em conjunto com alguns fornecedores a fim de desenvolver uma variedade de batata que se conformasse aos padrões internacionais da empresa. A partir disso, alguns fornecedores se tornaram exclusivos (subsequente migração para o quadrante estratégico), preservando-se a centralidade da atividade.

A empresa deve, portanto, desenvolver a habilidade de desenhar um adequado portfólio de relacionamentos com aqueles fornecedores para os quais resolver terceirizar atividades. Tratar homogeneamente fornecedores que tenham diferentes relevâncias estratégicas pode ser um erro estratégico importante.

3.3 ESTUDO DE CASO: RELACIONAMENTO COM FORNECEDORES NA TOYOTA E NA GENERAL MOTORS

Toyota

A Toyota Motor Co., maior fabricante de carros do mundo, gerencia a relação com muitos dos seus fornecedores de acordo com um modelo que é tradicional entre empresas japonesas. Trata-se de uma variação do modelo de *keiretsu* (veja o Capítulo 1), uma espécie de federação de empresas dominadas por uma principal, como a Toyota, com poderes especiais sobre o grupo. Os fornecedores associados com a *keiretsu* são chamados *kankei-kaisha* (empresas afiliadas); nessa relação, em geral a empresa dominante tem alguma participação acionária em cada uma das empresas afiliadas e, não raro, transfere funcionários para elas. Entretanto, mesmo empresas independentes fora da *keiretsu* e que não têm nenhuma relação acionária com a empresa dominante frequentemente trabalham com ela de forma similar.

O uso geral do modelo de *keiretsu* implica troca intensa de informação, realimentação e sugestões mútuas para melhoria de desempenho. Além disso, requer alto grau de comprometimento. No Japão, esse comprometimento pode assumir diferentes formas, incluindo investimento em ativos, contratos implícitos de longo prazo, colocalização de funcionários e investimento em ativos específicos da relação. Um problema ocorrido pela primeira vez dispara esforços para consertá-lo, em vez de suscitar a busca de um fornecedor alternativo – embora a recorrência do problema possa levar ao término do relacionamento.

Há muito tempo considerado o mais eficiente fabricante de carros do mundo, a Toyota se esforça muito para espalhar suas técnicas de *lean production* (também chamadas de manufatura enxuta, um conjunto de técnicas com inspiração no *just in time*, também conhecido como TPS – *Toyota Production System* – Sistema Toyota de Produção –, voltado para a eliminação de desperdícios e o melhoramento contínuo – para detalhes, ver Corrêa e Corrêa, 2017, Capítulo 20) entre seus fornecedores. Nos Estados Unidos, assim como na Europa e no Japão, a Toyota instituiu os chamados Centros de Apoio ao Fornecedor Toyota, escolas nas quais os fornecedores podem aprender os princípios *lean* do Sistema Toyota de Produção e desenvolver planos de implantação deles em suas próprias fábricas. Centenas de gestores de alto nível de fornecedores frequentam esses centros anualmente. A preocupação com fornecedores tem raízes históricas na Toyota. Em 1943, a empresa fundou no Japão uma associação de fornecedores a fim de promover "amizade mútua" e troca de informações técnicas. Mais tarde, inaugurou uma iniciativa similar com seus fornecedores americanos, o que foi visto inicialmente com certa desconfiança, mas posteriormente teve sucesso. A Toyota sempre valorizou o relacionamento face a face com seus fornecedores, daí ter sido mais lenta que as montadoras americanas para aderir a práticas de suprimentos baseadas na internet. O perfil dos fornecedores da Toyota quanto à percentagem dos custos de componentes mostrado na Figura 3.15 é bem diferente daquele dos da General Motors.

	Percentagem do custo total de componentes		
	Feitos internamente	Feitos por fornecedores parceiros	Feitos por fornecedores tipo mercado puro
Toyota	27%	48%	25%
General Motors	55%	10%	35%

Figura 3.15 Toyota e GM: distribuição de fornecimento por tipo de relação com fornecedor.

Coerente com o Sistema Toyota de Produção como seguido no Japão, a maioria das fábricas montadoras da Toyota está localizada num raio de 50 km da sede da corporação e de seu centro tecnológico. Os fornecedores, então, ficam em "aglomerados" ao redor das fábricas. As fábricas Toyota de componentes estão muito próximas (15 km em média); as de fornecedores *kankei-kaisha* um pouco mais afastadas (50 km em média); e as de fornecedores de fora do "*keiretsu* modificado" a 130 km em média. Estas distâncias todas, entretanto, são muito menores do que aquelas das cadeias de suprimentos das montadoras americanas. Em média, um fornecedor Toyota faz em torno de oito entregas *just in time* por dia – levando a estoques muito menores que os dos concorrentes americanos. A Toyota só parece fazer negócio com fornecedores que podem ter presença global, capacidade de inovação tecnológica e velocidade de atendimento. Assuntos como qualidade, confiabilidade e comprometimento com redução de custo parecem ser pré-requisitos para a consideração inicial de uma potencial empresa fornecedora. A evolução do relacionamento de um fornecedor com a Toyota segue a seguinte sequência: primeiro, o fornecedor provê uma peça que foi completamente projetada pela Toyota; apenas depois de um longo período de alto desempenho e contínua construção de relacionamento, o fornecedor atinge o estágio em que seus projetos e *expertise* técnica passam a ser usados. Mesmo quando a empresa se torna um fornecedor preferencial, é raro a Toyota delegar inteiramente a ele a tarefa de projeto da peça. A Toyota é contra a abordagem de comprar componentes "caixa-preta", principalmente em partes centrais como motores e transmissões. Ainda assim, os fornecedores apreciam fazer negócio com a empresa por causa de sua confiabilidade, justiça e previsibilidade nos processos de gestão de seus fornecedores.

General Motors

A General Motors foi por muitos anos a líder mundial (em volume) na fabricação de veículos. A GM se manteve bastante integrada verticalmente ao longo de toda a sua história e por muito tempo produzia internamente em torno de 65% dos componentes dos seus veículos. Suas compras, primeira e predominantemente, eram feitas de acordo com uma relação que chamamos neste capítulo de "mercado puro", muito baseada em cotações solicitadas a cinco fornecedores, com escolha daquele que pôde ofertar o mais baixo preço. Tradicionalmente, a relação da empresa com seus fornecedores poderia ser considerada como "adversária". As fábricas americanas da GM e de seus fornecedores são espalhadas pelo território americano, em claro contraste com a abordagem da Toyota. Previsivelmente, a empresa nunca priorizou muito as relações face a face com seus parceiros. De acordo com muitos pesquisadores, o nível de confiança entre a GM e seus fornecedores também nunca foi comparável àquele da Toyota com os seus. Em 1992, por exemplo, confrontada com um baixo desempenho financeiro, o então vice-presidente global de compras José Ignacio López de Arriortúa (o mesmo que acabou na VW – veja o estudo de caso do Capítulo 2) disparou uma iniciativa ainda mais agressiva com os fornecedores, em alguns casos demandando reduções percentuais de preço de dois dígitos. Ele até mesmo quebrou a tradição da renovação anual de contratos com fornecedores de longo prazo, passando a, em vez disso, trocar frequentemente de fornecedores com base em cotações e compra do mais barato. Alega-se que, em algumas situações, depois de um fornecedor comprometer recursos no desenvolvimento e projeto de uma peça, a GM sob a gestão de López usou o desenho da peça em questão para gerar "chamadas de cotação" junto a outros fornecedores. Compradores da GM eram proibidos de aceitar convites para refeições com fornecedores, exceto em situações extraordinárias – e mesmo assim essa prática era desencorajada. Um executivo teria dito: "Não entendemos bem o que parceria com fornecedores traz de benefícios. Parceria amarra você... Nós não gostamos nem da palavra 'parceiro'".

No curto prazo, a GM sob o comando de López conseguiu US$ 4 bilhões de economia em materiais, mas à custa do relacionamento de mais longo prazo com seus fornecedores, que se tornaram cada vez mais resistentes a compartilharem suas melhores ou mais recentes ideias com a GM, tendendo a vendê-las para empresas que estivessem inclinadas a valorizar mais um bom relacionamento. Depois que López deixou a GM, indo para a Volkswagen em 1993, o novo chefe de compras, Richard Wagoner (que foi presidente da VW Brasil e, até o início de 2009, foi CEO da Corporação GM), adotou uma postura mais suave quanto aos fornecedores. Ele não repudiou 100% dos métodos de López, mas aparentemente os mais radicais passaram a ser menos enfatizados. Wagoner afirmou em 1993: "A GM continuaria a ser dura com seus fornecedores. Não acreditamos na velha prática do 'abraço de urso', com todos falando o quanto nos amamos ou quanto nos odiamos. Parcerias têm de ser baseadas na demanda do mercado e expectativas dos clientes".

Seu sucessor, a partir da metade dos anos 1990, Harold Kutner, manteve uma filosofia similar. Ele disse: "Nosso foco não é necessariamente ter grandes parcerias com nossos fornecedores com relacionamentos assumidos para a vida toda. É ter relacionamento com fornecedores com altos níveis de expectativas. Os fornecedores devem esperar de nós que sejamos bons clientes. Precisamos compartilhar dados, oportunidades futuras e previsões de volume. E precisamos compartilhar com eles qualquer informação que auxilie a eliminar desperdícios do sistema. Por outro lado, nós temos altas expectativas: primeiro, que o fornecedor deve se tornar global; e segundo, que seu desempenho possa ser comparável com as melhores empresas do mundo". Mas Kutner foi suave só se comparado aos padrões tradicionais da GM. Ele tinha a reputação junto aos fornecedores de ser um negociador duríssimo na pressão para reduzir preços.

Conforme comentado neste capítulo, os três grandes fabricantes de veículos americanos – GM, Ford e Chrysler – estabeleceram em 2000 uma plataforma conjunta baseada na internet chamada Covisint a fim de aumentar volumes comprados por meio da consolidação de compras e conseguir vantagens em preço – através de um sistema de cotações e leilões *on-line*. Embora houvesse àquela época grandes expectativas em relação a soluções de compras baseadas na internet, a Toyota permaneceu fiel ao conceito de que relacionamentos face a face com fornecedores e inspeções nas suas fábricas não podiam ser feitas via internet. De fato, a partir de 2002, a Covisint já não apresentava o desempenho esperado, tendo sido posteriormente vendida (hoje chama-se OpenText). Muitos fornecedores relutaram em participar dos leilões da Covisint por enxergarem nessa inciativa uma forma adicional de as grandes montadoras cortarem preços via poder de barganha (conseguir fatias maiores do bolo em vez de fazer crescer o bolo).

Fonte: Baseado em Enright (2003).

QUESTÕES PARA DISCUSSÃO

1. Faça uma análise comparativa das posturas da GM e da Toyota quanto ao relacionamento com fornecedores.
2. Compare as duas abordagens, da GM e da Toyota, quanto ao desenvolvimento e manutenção de confiança entre membros das suas cadeias de suprimentos.
3. Compare as duas empresas quanto a suas posturas de negociação com seus fornecedores.

> 4. Analise a situação presente do mundo automobilístico (nos anos 1990, a Toyota era a quarta maior montadora do mundo, atrás das três grandes americanas; em 2018, ela era a maior do mundo, com a VW bem próxima, em segundo, e a GM era apenas a quarta maior, atrás da coreana Hyundai). Quanto você imagina que as diferentes posturas da GM e da Toyota em relação a suprimentos num ambiente em que mais e mais peças são terceirizadas influenciou o destino competitivo de ambas?

3.4 RESUMO

- A gestão de cadeias de suprimentos difere da gestão de operações tradicional porque inclui em suas análises várias unidades operativas e as interações entre elas.
- Muitas vezes, o comportamento oportunista dos nós da cadeia de suprimentos predomina, fazendo com que tomem decisões de forma a maximizarem seu próprio desempenho local à custa do desempenho local de outros nós da cadeia.
- Uma causa de resultados indesejáveis por comportamento oportunista se refere à falta de um aspecto essencial do relacionamento entre parceiros da cadeia: *confiança*.
- Reiteração de relacionamentos, com contratos de prazo mais longo, mais intensidade de interações pessoais e cumprimento reiterado de promessas e acordos, favorece o desenvolvimento de níveis mais altos de confiança entre parceiros bem-intencionados.
- Negociação é uma discussão entre dois ou mais participantes tentando chegar a uma solução para um problema.
- Embora os objetivos dos participantes de uma negociação sejam interdependentes e não possam ser atingidos de forma isolada, as partes não querem ou necessitam exatamente as mesmas coisas. Essa interdependência pode, em natureza, ser do tipo *ganha-perde*, *ganha-ganha* ou *perde-perde*, e o tipo de negociação varia de forma correspondente.
- Embora nem sempre presentes, há aspectos objetivos que são fatores importantes para que uma negociação tenha sucesso nos relacionamentos em cadeias de suprimentos. Preparação é condição essencial para uma negociação de sucesso.
- Quando envolvidos com negociações internacionais, as empresas e seus negociadores se deparam com questões relacionadas a diferenças culturais que podem, em algumas situações, fazer a diferença entre uma negociação de sucesso e uma fracassada.
- Clientes têm valor diferente para a organização. Organizações que visam ao lucro em geral olham diferentemente para seus clientes, de acordo com o potencial de lucro futuro que representam.
- CRM é um conjunto de aplicativos (em geral com intenso suporte de *software*) que centraliza as estratégias e ferramentas que apoiam a empresa na organização e no gerenciamento do relacionamento com seus clientes.
- O valor do cliente para a vida toda (VVT) é o quanto o cliente representará de lucro para a empresa ao longo de sua vida futura, caso continue a ser um cliente.
- Mesmo dentro de uma estratégia básica (de resposta rápida ou eficiente), os clientes não são iguais em relação à importância que dão a outros aspectos do relacionamento com o fornecedor (por exemplo, em relação ao nível de informação trocada, ou ao nível de cortesia esperado).
- O nível de satisfação do cliente é o resultado de uma comparação entre suas expectativas anteriores ao serviço que a cadeia de suprimentos lhe prestou e a percepção *a posteriori* de seu atendimento.
- O nível de serviço logístico ao cliente se refere ao resultado dos processos de gestão logística da cadeia de suprimentos, no sentido de promover a utilidade de local e tempo para o cliente (disponibilizar os produtos requeridos no local e momento certos).
- Os níveis de serviço deveriam ser maiores quanto maiores forem os custos de falta do produto e os níveis de serviço deveriam, por outro lado, ser menores quanto mais altos forem os custos de "sobra" do produto.
- Um SLA é um acordo formalmente negociado entre duas partes a fim de regular os serviços que um parceiro da cadeia presta ao outro.
- Da mesma forma que é importante gerenciar adequadamente os relacionamentos com clientes, numa cadeia de suprimentos, é também importante gerenciar os relacionamentos com os fornecedores. O SRM (*Supplier Relationship Management*) visa a exatamente isso.
- O tipo de relacionamento com fornecedores será definido pelos níveis de "custos de transação" e "centralidade estratégica" da atividade em questão.
- Genericamente, os tipos de relacionamento com fornecedores podem ser: integração vertical, parceria estratégica, *Joint ventures*, contrato de médio prazo, mercado puro, contrato de longo prazo, parceria para desenvolvimento.

3.5 EXERCÍCIOS

1. Por que se considera que uma das questões mais importantes para o sucesso de uma cadeia de suprimentos é o nível de confiança entre os parceiros componentes da cadeia? No que a falta de confiança entre parceiros pode afetar o desempenho da cadeia?

2. Explique em suas palavras o que é e quais as lições que podem ser tiradas do chamado "dilema do prisioneiro".

3. Como se pode influenciar o nível de confiança entre parceiros de uma cadeia de suprimentos?

4. Como os estilos de negociação entre componentes de uma cadeia de suprimentos podem afetar seu desempenho como um todo?

5. Explique em suas palavras, dando exemplos concretos, o que são os estilos ganha-ganha, ganha-perde e perde-perde de negociação. Você acha que o estilo perde-perde é sempre o menos desejável dos três? Por quê?

6. Pesquise com algum estrangeiro(a) ou imigrante do seu círculo de relacionamentos o contexto cultural de negócios do país de origem dele(a), utilizando as perguntas listadas no item "Negociações internacionais" do texto (quanto à "etiqueta nos negócios" e às características culturais). Trace paralelos (assinalando similaridades e contrastes) com o ambiente cultural do seu país de origem.

7. O que é CRM e qual a sua importância para uma boa gestão de cadeias de suprimentos?

8. Pesquise o *site* de um dos fornecedores de sistemas CRM e liste os recursos que a ferramenta tem. Analise quais podem ajudar mais diretamente na gestão de cadeias de suprimentos.

9. Por que é importante segmentar adequadamente produtos e clientes em gestão de cadeias de suprimentos? Mencione as formas mais interessantes de segmentação de produtos e clientes do ponto de vista da gestão de cadeias de suprimentos.

10. O que é o valor do cliente por toda a vida – VVT? Faça uma estimativa típica do seu VVT para um supermercado (considere lucratividade de 5% sobre vendas por simplificação) e para uma oficina mecânica especializada (considere 22% de lucro sobre vendas), para um cliente de 21 anos, usando taxa de desconto de 10% ao ano. Assuma os pressupostos necessários, fazendo-os explícitos.

11. Do que depende o nível de satisfação de um cliente? Analise duas situações de serviços: uma em que você, como cliente, ficou muito satisfeito, e uma em que você ficou insatisfeito. Explique sua insatisfação em termos da comparação entre sua expectativa prévia e sua percepção posterior à prestação do serviço. Você consegue identificar a falha na cadeia de suprimentos do serviço que causou sua insatisfação? Se sim, explique.

12. O que são e por que são úteis os contratos e acordos de nível de serviço (SLA) em cadeias de suprimentos?

13. Por que é importante segmentar fornecedores em gestão de cadeias de suprimentos?

14. Como podem ser segmentados os fornecedores de uma empresa? Quais as variáveis básicas que devem ser levadas em conta nessa segmentação?

15. Por que se considera que quanto maiores os custos de transação em relação a um item e quanto mais centrais forem as competências envolvidas na sua produção para uma empresa, mais esta deveria exercer controle sobre o processo de produzi-lo? Explique nas suas palavras.

16. Por que às vezes uma parceria estratégica permite a um cliente ter mais controle sobre o fornecimento de um item do que uma *joint venture* com o fornecedor?

17. Quais os elementos principais para que uma parceria estratégica funcione? Analise se os quesitos que você listou também fazem sentido para a parceria "casamento".

18. Um varejista de fantasias de carnaval de ocasião (máscaras e roupas das celebridades da estação) precisa decidir quantas fantasias pedir ao seu fornecedor. O preço pago por ele ao fornecedor é de R$ 10 por fantasia. O seu preço de venda é de R$ 20. Fantasias não vendidas antes do fim do carnaval têm de ser jogadas fora (o valor residual é R$ 0).

    a) Qual o nível de serviço logístico que maximiza a expectativa de lucro do varejista?

    b) Se a distribuição de probabilidade de vendas do varejista é uniforme, entre 201 e 400 fantasias (a probabilidade de o varejista vender 200 ou menos é zero; a probabilidade de vender mais de 400 unidades é zero também; e a probabilidade de venda de cada uma das quantidades entre 201 e 400 unidades é igual), quantas fantasias o varejista deveria pedir ao seu fornecedor a fim de maximizar sua expectativa de lucro?

c) Imagine que o valor residual de uma fantasia não vendida antes do fim do carnaval, em vez de ser zero, passe a ser de R$ 2, porque o varejista fez um acordo com uma empresa de eventos que comprará por esse valor cada uma das fantasias que sobrarem. Essa informação muda a decisão do varejista quanto a quantas fantasias pedir ao seu fornecedor? Quantas fantasias o varejista deveria pedir agora? Por quê?

19. Um quiosque de sanduíches num *shopping center* compra seus produtos de um fornecedor que lhe vende cada sanduíche por R$ 2,00. A distribuição de probabilidades de venda de sanduíches pelo varejista, baseada em dados históricos, é a seguinte:

   Cada sanduíche é vendido pelo varejista aos seus clientes por R$ 5,00. Os sanduíches não vendidos em um dia não têm nenhum valor, pois perdem o frescor.

   a) Qual o nível de serviço logístico que maximiza o lucro esperado do dono do quiosque?

   b) Qual o número de sanduíches que o dono do quiosque deveria, então, pedir para maximizar sua expectativa de lucro?

   c) Se o fabricante de sanduíches propõe uma mudança no relacionamento comercial com o dono do quiosque, adotando a consignação (o dono do quiosque fica livre para fazer seu pedido e qualquer sanduíche não vendido não será cobrado pelo fabricante), qual seria a quantidade de sanduíches pedida a fim de maximizar a expectativa de lucro do dono do quiosque? Por quê? O resultado é intuitivo para você?

20. Uma banca de jornais e revistas tem de decidir quantos jornais pedir ao seu editor. O jornaleiro, um empreendedor racional formado em Estatística, sabe que sua demanda tem uma distribuição de probabilidades de venda constante, entre 101 e 200 jornais (portanto, 0% de probabilidade de vender entre 0 e 100 jornais, 1% de vender 101 jornais, 1% de vender 102 jornais, ..., 1% de vender 200 jornais e probabilidade de 0% de vender mais de 200 jornais). O jornal custa ao jornaleiro R$ 0,40 e ele o vende a seus clientes por R$ 1,00. Jornais não vendidos são jogados fora e o prejuízo é do jornaleiro. Qual a quantidade ótima a ser pedida para que o jornaleiro maximize seu ganho esperado?

21. Se o jornaleiro do exercício anterior entra em acordo com o editor do jornal, de modo que este recompre os jornais não vendidos por R$ 0,10, que impacto isso tem na decisão de compra do jornaleiro? Por quê?

22. Se, no exercício 20, o editor do jornal resolve aumentar o preço do produto de R$ 0,40 para R$ 0,80, mas decide manter a margem do jornaleiro igual, ou seja, o preço de venda do jornaleiro para seus clientes passa a R$ 1,40, que impacto isso tem na decisão de compra do jornaleiro? Por quê? Considere que mesmo com o aumento de preço a distribuição de probabilidade de venda do jornal ao consumidor não se altera.

23. O dono de uma banca de queijo de coalho assado em Olinda está decidindo quantas unidades pedir ao seu fornecedor a fim de atender aos seus clientes durante o carnaval. O preço da unidade cobrado pelo fornecedor é de R$ 1,00. O preço do queijo assado vendido pelo dono da banca durante o carnaval (de sexta-feira, quando ele montar sua banca, a terça-feira), devido à grande demanda, é de R$ 2,50. Os queijos assados não vendidos até a terça-feira ainda poderão ser liquidados, mas pelo preço de R$ 0,50 na quarta e na quinta, quando o dono da banca encerra suas atividades de queijeiro para o ano (espera-se que todos os queijos que sobrarem do carnaval serão vendidos na quarta e na quinta).

   a) Sabendo que a probabilidade de venda de queijo de coalho assado durante o carnaval pelo dono da banca é uniformemente distribuída entre 201 e 400 unidades, qual seria a quantidade a ser pedida ao seu fornecedor na tarde da quinta-feira anterior ao carnaval (última oportunidade de pedir) para que sua expectativa de lucro seja maximizada?

   b) Como variaria a decisão do queijeiro se o prazo de validade do queijo comprado expirasse no final do carnaval e, como vendedor ético que é, ele decidisse que jogaria fora todo o queijo não vendido durante o período?

3.6 ATIVIDADES PARA SALA DE AULA

1. Com um grupo de colegas, liste dez fornecedores seus (como indivíduos) de serviços e produtos (cabeleireiro, restaurante favorito, a escola dos seus filhos, varejista *on-line* etc.). Para cada um, analise os custos de transação e a centralidade das competências envolvidas. Tente, com isso, explicar o tipo de relacionamento que vocês estabelecem com cada um (mercado puro, parcerias estratégicas, contratos de longo prazo etc.). Discuta diferenças identificadas entre você e seus colegas.

2. Você acha justo as empresas segmentarem os clientes por valor e proverem níveis de serviço diferentes conforme o segmento em que o cliente está? Você considera esse conceito justo para serviços públicos também? (Dessa forma, quem paga mais imposto tem direito a serviços melhores.) Discuta isso com seus colegas.

3. Com seu grupo, mas individualmente, imagine que você está dando uma festa em seu apartamento para comemorar a promoção dos seus sonhos. Seus convidados, inclusive o seu chefe, estão animadíssimos dançando, quando toca a campainha: é o seu vizinho de baixo, de pijama, demandando que a música seja desligada imediatamente, dado o avançado da hora. Todos os seus colegas têm você como um grande negociador e param para ver qual será sua reação. Use os "pressupostos para uma negociação de sucesso" do texto adaptados para a situação delicada em que você está, com sua festa suspensa, e defina para cada um dos itens listados o que você faria para ter "sucesso" nessa importante negociação. Descrevam individualmente suas estratégias e identifiquem diferenças entre os colegas. Concluam.

3.7 REFERÊNCIAS

ANDERSON, C. *The Long Tail*. Hyperion. New York, EUA, 2006.

BURGESS, G.; BURGESS, H. *Conflict Research Consortium*. University of Colorado. Boulder, Colorado, USA, 2003.

CHOPRA, S.; MEINDL, P. *Supply Chain Management: Strategy, Planning and Operation*. 3. ed. Pearson, Upper Saddle River, EUA, 2007.

CORRÊA, H. L.; CORRÊA, C. A. *Administração de produção e operações*. 4. ed. São Paulo: Atlas, 2017.

CORRÊA, H. L.; CAON, M. *Gestão de serviços*. São Paulo: Atlas, 2002.

CORRÊA, H. L.; GIANESI, I. G. N.; CAON, M. *Planejamento, programação e controle da produção: MRPII/ERP*. 6. ed. São Paulo: Atlas, 2018.

ENRIGHT, M. *Buyer-supplier relationships*. (case study). Center for Asian Business Cases. The University of Hong Kong, 2003.

FAWCETT, S. E.; ELLRAM, L. M.; OGDEN, J. A. *Supply Chain Management: from vision to implementation*. Pearson, Upper Saddle River, EUA, 2007.

FIANI, R. *Teoria dos jogos*. 2. ed. Rio de Janeiro: Elsevier, 2004.

HALL, E. T.; HALL, M. R. The Silent Language of Overseas Business. *Harvard Business Review*. May-June, 1960.

KANTER, R. M. Collaborative Advantage: The art of alliances. *Harvard Business Review*. July, 1994.

LESCHLY, S.; ROBERTS, M. J.; SAHLMAN, W. A.; THEDINGA, T. H. *Amazon.com-2002*. Harvard Business School Case 803-098, November 2002.

MAIESE, M. Negotiation. *Beyond Intractability*. Ed. Guy Burgess and Heidi Burgess. 2003. Conflict Research Consortium, University of Colorado, Boulder, Colorado, USA. Disponível em: https://www.beyondintractability.org/essay/negotiation. Acesso em: 25 jun. 2019.

SEBENIUS, J. K. The Hidden Challenges of Cross-Border Negotiations. *Harvard Business Review*. March, 2002.

SPANGLER, B. Win-Win, Win-Lose and Lose-Lose Situations. *Beyond Intractability*. Disponível em: https://www.beyondintractability.org/essay/win-lose. Acesso em: 25 jun. 2019.

3.8 LEITURAS ADICIONAIS RECOMENDADAS

JARILLO, J. C. Strategic Networks: Creating the Borderless Organization. Butterworth-Heinemann, Oxford, Inglaterra, 1995.

LAMBERT, D. M. (editor) *Supply Chain Management: Processes, Partnerships, Performance*. 2. ed. Supply Chain Management Institute. Sarasota, FL, EUA, 2006.

LAMMING, R. *Beyond Partnership: Strategies for Innovation and Lean Supply*. The manufacturing Practitioners Series. Prentice-Hall Hemel-Hempstead, Inglaterra, 1993.

LEVICKI, R. J.; LITTERER, J. A. *Negotiation: Readings, Exercises and Cases*. Homewood, IL, EUA, 1993.

RIGBY, D. K., Ledingham, D. CRM Done Right. *Harvard Business Review*. p. 118-129, November 2004.

SPECKMAN, R. E.; KAMAUFF JR, J. W.; MYHR, K. An Empirical Investigation on Supply Chain Management: a Perspective on Partnerships. *International Journal of Physical Distribution and Logistics Management*. v. 28, n. 8, p. 630-650, 1998.

Sites relacionados

http://www.beyondintractability.org – com numerosos artigos interessantes sobre temas como negociação e resolução de conflitos.

https://dynamics.microsoft.com/en-us/crm/what-is-crm/ – site da Microsoft referente ao seu produto de CRM (*Customer Relationship Management*).

https://www.sas.com/en_us/solutions/customer-intelligence.html – site da SAS, empresa de *software* que oferece soluções de CRM e *Customer Intelligence*.

https://www.oracle.com/uk/applications/siebel/ – *site* da Oracle Applications, apresentando seu sistema de CRM Siebel.

CAPÍTULO 4

Gestão global de suprimentos (*global sourcing*)

OBJETIVOS DE APRENDIZAGEM

- Sintetizar as vantagens e desafios enfrentados por uma empresa ao deixar de buscar seus suprimentos domesticamente para buscá-los globalmente.
- Explicar como se estrutura o setor de suprimentos dentro das organizações.
- Entender como selecionar fornecedores e avaliar seu desempenho numa escala global.
- Conhecer as vantagens comparativas atuais dos diversos países quando decisões de terceirização global são tomadas.
- Discutir as potenciais implicações éticas, de responsabilidade social e de sustentabilidade das decisões sobre gestão global de suprimentos.

4.1 INTRODUÇÃO

Pode-se afirmar que "gestão global de suprimentos" e "gestão de suprimentos" são, hoje, termos praticamente sinônimos, já que há algum tempo, com a redução ou queda das barreiras alfandegárias, as empresas não respeitam mais limites territoriais ou nacionais para buscar seus suprimentos ou comercializar seus produtos.

A gestão global de suprimentos é um tema cada vez mais importante para as empresas. Com a noção estabelecida de que cada empresa deveria se concentrar apenas nas atividades que exploram suas competências centrais e terceirizar o restante (sempre que isso trouxer vantagens em custo ou desempenho; ver Capítulo 2), além de a rápida evolução tecnológica fazer com que o escopo das competências centrais fique cada vez menor, a tendência parece ser que as empresas trabalhem cada vez com maior nível de terceirização – daí a importância crescente da gestão de suprimentos dentro das organizações. Hoje considera-se que os custos de materiais como percentagem das vendas estão numa faixa de 45 a 60% para empresas de manufatura (Lambert, 2006).

A Figura 4.1 ilustra, no quadro geral de referência deste livro, onde se localiza a gestão global de suprimentos.

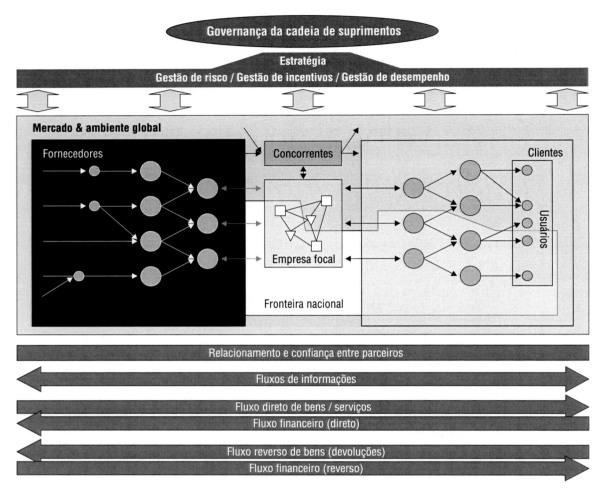

Figura 4.1 Localização (em preto) da gestão global de suprimentos no quadro de referência geral usado neste livro.

IBM Brasil e a transformação da *Big Blue*

Quando Rogério Oliveira percorre o enorme centro de serviços da IBM em Hortolândia, no estado de São Paulo, o contraste entre a velha e a nova IBM parece absoluto. O que um dia foi uma fábrica de grandes computadores (*mainframes*) agora é um galpão cheio de funcionários brasileiros, num tipo diferente de linha de produção. O produto que esses funcionários criam é *informação*, e eles ocupam centenas de cubículos que se estendem por uma área equivalente à de um campo de futebol, sob um teto com estrutura metálica. Anteriormente, o serviço prestado aqui era apenas para clientes brasileiros. Hoje, os cerca de 100 clientes dos serviços dessa unidade, que variam da programação e codificação de *softwares* à contabilidade, são de 40 países, incluindo Canadá, México, África do Sul e Estados Unidos. Oliveira, um veterano da IBM de 35 anos e gerente geral para a América Latina, está no centro do esforço da empresa a fim de se transformar no que chama de *empreendimento integrado global*. A IBM tem discutido essa nova visão já há alguns anos. Entretanto, apenas recentemente executivos como Oliveira conseguiram transformar essa visão num modelo de negócio prático e lucrativo. Esta não é a IBM do século XX, quando a empresa representava a definição do conceito de multinacional. Naquele tempo, suas subsidiárias em 160 países se comportavam como "mini-IBM's", essencialmente, servindo mercados e clientes locais em operações isoladas. Isso, entretanto, tornou-se muito caro para a empresa, que hoje se organiza em torno do princípio de que os serviços serão executados onde o trabalho puder ser mais bem feito, com aproveitamento dos talentos certos pelo preço certo, estejam onde estiverem, ao redor do mundo. Esta filosofia mudou muito a forma de a IBM fazer negócios. Nos últimos anos, a empresa contratou aproximadamente 90 mil pessoas em países de custo de mão de obra mais baixo, como Brasil, China e Índia. Essas pessoas, trabalhando em centros de serviços globais, prestam uma larga faixa de serviços aos seus clientes: além de produção de *softwares*, também oferecem *datacenters*, *call centers* e gerenciamento de benefícios de funcionários. Inicialmente, mão de obra barata era a principal motivação para essa transformação, com salários na Índia na faixa de 70% a 80% mais baixos do que nos Estados Unidos. Hoje, entretanto, o uso de talento disponível – e de novas ideias – em países emergentes como Brasil, Índia e China é considerado igualmente importante. Hoje, esses centros de serviços são responsáveis por 50% do faturamento global da IBM.

No centro de Hortolândia, ao andar pelos corredores é possível ouvir interações em inglês, francês, português e espanhol, pois os clientes que recebem os serviços lá prestados são empresas localizadas em numerosos países ao redor do mundo. Esta é a nova realidade chamada *global sourcing* (terceirização global). As empresas compram serviços, materiais e produtos de fornecedores, onde quer que estes estejam no globo, desde que apresentem os níveis adequados de qualidade, preço e entrega.

Fonte: Baseado em artigo da *BusinessWeek* de 28 de janeiro de 2008, p. 34, por Jena McGregor e Steve Hamm.

SAIBA MAIS

Assista aos vídeos e discuta as questões a seguir.

Vídeo institucional sobre serviços da IBM/BPO (Reinventing BPO with cognitive process capabilities)
uqr.to/fcu4
Fonte: https://www.youtube.com/watch?v=wRM4dL7Dq1E
Acesso em: 4 jul. 2019

IBM Voice Gateway: the cognitive call center solution (Inteligência Artificial transformando call centers)
uqr.to/fcu5
Fonte: https://www.youtube.com/watch?v=yz9bq3MnuxA
Acesso em: 4 jul. 2019

Questões para discussão

1. Quais os tipos de serviços que, na sua opinião, prestam-se a *global sourcing*, e quais não se prestam a essa prática? Por quê?
2. As vantagens para os clientes da IBM e de seus centros de serviço espalhados pelo mundo todo são, segundo o texto, referentes a preço do serviço e disponibilidade dos talentos para prestá-los a partir de países emergentes. Liste as potenciais *desvantagens* que esse modelo tem.
3. Com o advento da inteligência artificial (como o Watson da IBM), como você imagina que as decisões de *global sourcing* de BPO (*outsourcing* de serviços como *call centers*) mudam?

A descrição do centro de serviços globais da IBM ilustra o que parece ser uma tendência inevitável: as fronteiras nacionais gradualmente deixarem de significar barreiras às empresas que buscam excelência na gestão de suas cadeias de suprimentos, quando da busca de seus fornecedores, seja de itens físicos ou de serviços. A transição, entretanto, da busca de fontes de suprimentos apenas domesticamente para a adoção do chamado *global sourcing* (gerenciamento de compras e suprimentos numa escala totalmente global, ou, como será referido neste capítulo, *terceirização global*), embora claramente seja vantajosa do ponto de vista competitivo, não é simples, como será discutido adiante.

CONCEITO-CHAVE

A gestão global de suprimentos (*global sourcing*) se refere à prática de identificar oportunidades e buscar os insumos necessários à produção de bens ou serviços onde houver melhores condições de custos, qualidade e entrega, seja dentro ou fora do país de origem da organização.

SAIBA MAIS

Terceirização não é um fenômeno recente: já em meados do século XIX, fabricantes de produtos complexos (para a época), como máquinas de costura, em razão da dificuldade de se manterem atualizados nas várias tecnologias envolvidas, utilizavam pequenas oficinas de terceiros, especializadas em determinados processos ou materiais, como fornecedoras de componentes. Passando à atualidade, quando se observam situações extremas de terceirização, como aquela ilustrada no caso da VW Resende (ver estudo de caso do Capítulo 3), no qual uma montadora de caminhões terceiriza 100% dos componentes dos seus produtos, ou a tendência geral de as empresas terceirizarem mais de suas atividades, é difícil lembrar que a indústria automobilística, por boa parte do século XX, trabalhou de forma muito verticalmente integrada – por exemplo, nos anos 1920, a Ford produzia praticamente 100% de todos os componentes dos seus carros, incluindo os pneus, os vidros e o aço; e a General Motors, até os anos 1990, mais de 70%, inclusive mantendo seus próprios tapeceiros para produzir os assentos dos seus carros. Hoje, de fato, a tendência parece ser a de que as empresas se restrinjam a executar atividades que utilizem suas competências centrais – e fontes de vantagens competitivas mais sustentáveis (ver Capítulo 2) – e terceirizem o restante. Alguns autores, como Fine (1998), entretanto, creem que a tendência não seja de mão única, mas que as empresas ciclicamente alternem suas estratégias entre mais verticalmente integradas e mais verticalmente desintegradas.

Em um de seus exemplos mais ilustrativos, Fine cita a IBM e sua decisão – tomada no início dos anos 1980, sob a pressão de quem necessitava frear o crescimento da Apple Computers no mercado de microcomputadores – de terceirizar os *chips* processadores de seus computadores pessoais para a Intel e os sistemas operacionais para a Microsoft. Nesse momento, a estratégia de negócio selecionada foi embasada em um projeto modular do produto, de modo a facilitar o fornecimento de componentes por empresas externas (terceiros), com intuito de manter os custos baixos e permitir uma entrada rápida no mercado. Esta estratégia foi uma radical alteração, tendo em vista a tradição da IBM de fazer tudo "em casa", desde o desenvolvimento e manufatura do produto até sua distribuição e manutenção. Em outras palavras, a empresa migrou de um conjunto de decisões de "*make* or *buy*" (fazer ou terceirizar) em que predominava o "fazer" (integração vertical) para um em que predominaria o "comprar" (terceirização).

Entre 1975 e 1985, a IBM praticamente era sinônimo de indústria de computadores, uma das maiores corporações americanas. Em poucos anos, apesar de continuar lucrativa e influente quanto aos padrões da indústria de computadores pessoais, perdeu sua dominância. Empresas como Intel e Microsoft obtiveram retornos financeiros muito maiores, além de conseguir identidade junto ao consumidor final, "que se importa mais com os logotipos dos fornecedores – Intel Inside e Windows – do que com o nome da empresa que monta os componentes (Lenovo, Acer, Dell ou HP)" (Fine, 1998, p. 8). Desse modo, as mudanças implementadas pela IBM resultaram em uma alteração das forças na cadeia de suprimentos, juntamente com as recompensas financeiras, numa tendência de terceirização. Mas a história não acaba aí. Segundo Fine (*op. cit.*), a estrutura das organizações é na verdade instável e varia ciclicamente ao longo do tempo, percorrendo um movimento assemelhado a uma hélice dupla (numa referência à estrutura do DNA presente nas células dos organismos), que tenta ilustrar os movimentos alternados entre verticalização e horizontalização das organizações.

O ciclo dinâmico da hélice dupla está ilustrado na Figura 4.2, descrevendo a instabilidade e as forças atuantes. Quando a estrutura da indústria é vertical e a arquitetura do produto é integral (com pouca intercambialidade de componentes entre produtos concorrentes), as forças de desintegração pressionam para uma configuração horizontal e modular. Essas forças incluem:

a) a inevitável entrada de concorrentes especializados em nichos, atuantes em subsegmentos da indústria;

b) o desafio de se manter à frente da concorrência nas várias dimensões de tecnologia e mercados requeridos por um sistema integral; e

c) a rigidez organizacional e burocrática que frequentemente se estabelecem em grandes organizações.

Essas forças enfraquecem as empresas verticalizadas (que fazem tudo internamente) e exercem pressão em direção à desintegração, tornando as estruturas mais horizontais e modulares. A IBM teve todas essas forças agindo contra ela na década de 1980: pressão constante de novos ingressantes no mercado, particularmente especializados em nichos como *software* e periféricos; concorrentes que tomaram a dianteira em alguns segmentos tecnológicos, como a Intel com os processadores; e os crescentes níveis de burocracia enquanto a IBM se expandia, atingindo quase meio milhão de funcionários nos anos 1980. Segundo o autor, a indústria de computadores mostra que, uma vez disparado o processo de horizontalização e modularização, a partir da iniciativa da própria IBM, não existe fatia de mercado, avanço tecnológico, força financeira ou superioridade do produto que possa resistir à onda de novos ingressantes no mercado.

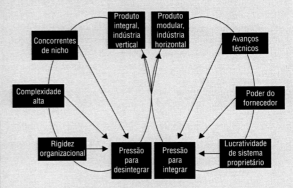

Figura 4.2 Hélice dupla (adaptada de Fine, 1998).

Por outro lado, ainda segundo Fine (*op. cit.*), quando uma indústria apresenta uma estrutura horizontal, um outro conjunto de forças a empurraria para uma integração vertical e, por conseguinte, uma arquitetura integrada de produto:

a) avanços técnicos em um subsistema pode torná-lo escasso e valioso na cadeia de suprimentos, dando poder de mercado ao seu proprietário;

b) poder de mercado em um subsistema encoraja o agrupamento com outros subsistemas, de modo a aumentar o controle e adicionar maior valor; e

c) poder de mercado em um subsistema encoraja a engenharia a integrá-lo a outros subsistemas, de modo a desenvolver soluções proprietárias integrais.

A Intel é um exemplo desse movimento: iniciou o seu negócio extremamente horizontalizada, centralizando-se no projeto e fabricação de um único produto, microprocessadores. Atualmente, a empresa engloba outros negócios, integrando atividades relacionadas a outros componentes que, juntos, formam a placa principal dos computadores. A empresa não entrega apenas os microprocessadores a montadoras de computador como a HP e a Dell; ela entrega a placa principal do computador completa, ou seja, entrou em uma atividade que anteriormente era efetuada pelas montadoras de computador. A Intel, portanto, passa a ser mais integrada verticalmente.

Outro exemplo de incursão em outras atividades é a Microsoft, que, após dominar os sistemas operacionais, começou a atuar em aplicativos, cadeias de serviços e desenvolvimento e entrega de multimídia.

Nesse sentido, a indústria de computadores já estaria completando quase que um ciclo completo no modelo de hélice dupla. Iniciou-se com uma indústria altamente centralizada, a exemplo da IBM; passou a uma descentralização intensa; e está voltando a ser centralizada a partir de seus fornecedores com maior poder de mercado.

Competências individuais da empresa que são determinantes em um momento podem rapidamente se tornar comuns em um momento seguinte, dominadas por toda a concorrência ou suplementadas por novas tecnologias ou novos modelos de negócios de domínio dos concorrentes. A empresa deve desenvolver a habilidade constante de prever as mudanças e escolher quais competências serão de maior valor no futuro, de modo a construí-las ou desenvolvê-las internamente.

Questões para discussão

1. Pense na situação atual da indústria automobilística, altamente horizontalizada. Na sua opinião, entre as opções a seguir, qual seria um subconjunto, componente dos carros, que, a exemplo do que ocorreu com a Intel, teria potencial de nuclear uma gradual alteração de tendência para maior verticalização e comando de uma iniciativa do tipo "Intel Inside"?

    a) Aparelhos de CD para "entretenimento de bordo".
    b) Ar-condicionado para "conforto de bordo".
    c) Motor para "motorização sustentável".

Você nota indícios de que isso está acontecendo?

PARA REFLETIR

Embora aparentemente haja uma tendência de as empresas terceirizarem crescentemente a produção de seus insumos, a fim de se concentrarem nas atividades que explorem suas competências centrais, alguns autores consideram que as "tendências" são apenas partes de ciclos mais longos que alternam *mais terceirização* com *mais integração vertical*.

4.2 CONCEITOS

4.2.1 Tipos de suprimentos

As empresas necessitam de insumos (bens físicos e serviços) para operar. Podem ser providos internamente pela própria organização ou adquiridos de terceiros, conforme discutido no Capítulo 2. Esses insumos podem, ainda, ser fornecidos domesticamente (vindos do mesmo país da empresa usuária) ou internacionalmente (vindos do exterior). Esta classificação simples aqui adotada define uma matriz de tipos de insumos, ilustrada na Figura 4.3.

	Nacional	Internacional
Compra	Terceirização doméstica (*outsourcing*)	Terceirização global (*global sourcing*)
Produção	Produção doméstica (*insourcing*)	Produção por subsidiária no exterior (*offshoring*)

Figura 4.3 Tipos de suprimentos em cadeias de suprimentos.

Produção doméstica (*insourcing*)

Ocorre quando a empresa decide produzir ela mesma o suprimento necessário, a partir de uma unidade produtiva localizada em seu próprio país. Um exemplo é a Embraer, que produz os anéis da fuselagem de seus jatos comerciais em sua fábrica em São José dos Campos. A opção de produção doméstica não será explorada em detalhes neste livro, por ser o objeto de estudo da área de gestão de operações tradicional. Para um tratamento detalhado, veja Corrêa e Corrêa (2017).

Produção por subsidiária no exterior (*offshoring*)

Ocorre nos casos em que a empresa decide produzir ela mesma o suprimento, mas o faz a partir de uma subsidiária sua no exterior. Um exemplo é a Tramontina, grande empresa brasileira produtora de produtos de cutelaria e utensílios domésticos, que em 2005 estabeleceu fábrica nos Estados Unidos, na cidade de Manitowoc, estado de Wisconsin. O Capítulo 7 discutirá essa opção no contexto do projeto e gestão da cadeia de operações logísticas.

Terceirização doméstica (*outsourcing*)

Ocorre nos casos em que o suprimento é obtido de uma empresa terceira localizada no mesmo país do cliente. Um exemplo é o fornecimento de chapas de aço pela CSN, consumidas pelas montadoras localizadas no Brasil. Ao longo das últimas três décadas, o papel do setor de suprimentos, a cargo de gerenciar os insumos terceirizados dentro das organizações, tem se tornado mais importante, conforme discutido na abertura deste capítulo.

> **FIQUE ATENTO**
>
> Se antes o setor de suprimentos das empresas se ocupava simplesmente da negociação e compra estrita de bens físicos e serviços, hoje envolve o gerenciamento integrado de um conjunto de funções gerenciais que vão desde aquelas operacionais, como o acompanhamento de contratos e entregas, até as mais estratégicas, como a identificação, escolha e desenvolvimento de fornecedores e de parcerias estratégicas.

À medida que as empresas passam a olhar não apenas para os seus custos de curto prazo (por exemplo, o preço de compra dos itens), mas também para os custos de prazo mais longo (como os custos totais de propriedade do item, que incluem também os custos de aquisição, operação, instalação, manutenção, consumo de energia, descarte, entre outros, além do preço pago em si), o escopo do setor de suprimentos é igualmente expandido. A necessidade de colocar a função de suprimentos num contexto estratégico mais amplo é ainda mais importante na era atual de intensa globalização, abrindo enormes oportunidades e também riscos correspondentes à terceirização global, discutida a seguir.

4.2.2 Terceirização global (*global sourcing*)

Ocorre quando o suprimento é obtido de uma empresa terceira localizada fora do país do cliente. Um exemplo é o suprimento de circuitos integrados de processadores da Intel, feito a partir de suas fábricas em locais como a Costa Rica, por exemplo, para a fábrica de computadores da Dell no Rio Grande do Sul. Terceirização global leva a ligação entre suprimentos e estratégia a um patamar ainda mais alto. Importantes decisões sobre de onde, ao redor do mundo, comprar, sob que condições e de qual fornecedor, ganham importância, não só pelo volume de custos envolvido, mas também pelo evidente impacto estratégico que essas decisões podem incorrer na competitividade da empresa.

> **SAIBA MAIS**
>
> **International purchasing (compras internacionais) vs. global sourcing (suprimentos globais)**
>
> Trent e Monczka (2005) diferenciam os termos *international purchasing* (compras internacionais) e *global sourcing* (suprimentos globais). Segundo os autores, compras internacionais abrangem meramente transações comerciais entre compradores e fornecedores localizados em diferentes países. Suprimentos globais, por outro lado, envolvem a integração e coordenação entre itens, materiais, processos, tecnologias, projetos e fornecedores ao longo de todos os locais onde se fazem projetos, compras, produção e operações dentro de uma corporação.
>
> O interessante, segundo os autores, é que, em uma pesquisa envolvendo centenas de organizações da lista das maiores 500 empresas da revista *Fortune*, aquelas que praticam "suprimentos globais", em comparação com as que praticam meramente "compras internacionais":
>
> - são maiores e tendem a ter concorrentes multirregionais ou multinacionais – ou seja, competem em mercados mais sofisticados;
> - têm processos de gestão estratégica implantados em estágios mais avançados;
> - percebem mais oportunidades de melhoramento e reduções de custo como resultados das suas atividades de gestão de suprimentos;
> - indicam que o desenvolvimento de estratégias globais é mais presente e mais avançado no seu corpo gerencial;
> - demonstram maior capacidade de lidar com mudanças rápidas nas tecnologias de produto e processo;
> - promovem maiores e mais variados benefícios, por exemplo, aprendizado, redução de custos, inovação e qualidade;
> - avaliam que aspectos-chave dos seus processos de suprimentos têm desempenho mais similar entre diferentes unidades de compra e diferentes regiões onde atuam;
> - contam com uma maior variedade de ferramentas e meios de comunicação para suportar seus esforços de suprimentos.
>
> Trent e Monczka (2005) propõem um processo de evolução dos setores de suprimentos das organizações de cinco estágios, ilustrado na Figura 4.4.

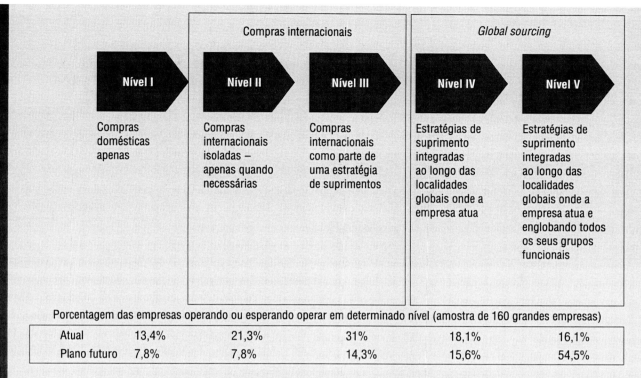

Figura 4.4 Cinco níveis de gestão de suprimentos (Trent e Monczka, 2005).

Não necessariamente todas as empresas deveriam visar a atingir o estágio V, ou mesmo o estágio IV. Por exemplo, uma empresa que contém apenas uma unidade operativa com apenas uma unidade de compras terá como objetivo maior chegar ao estágio III, porque os estágios IV e V simplesmente não fazem sentido para ela. Entretanto, para as empresas que almejam evoluir nos estágios de suprimentos, são os seguintes os requisitos recomendados pelos autores:

a) *Comprometimento da alta direção com "suprimentos globais".* O estágio de suprimentos globais dificilmente será atingido sem um alto executivo capaz e disposto a transformar uma visão estratégica em prática de negócios. Esse indivíduo deve ser o elo entre a iniciativa de suprimentos globais e um comitê diretivo de alto escalão responsável por direcionar e redirecionar a iniciativa.

b) *Processos rigorosos e bem definidos.* Desenvolver um processo de suprimento global bem definido e implantado acelera o aprendizado dos participantes, incorpora "melhores práticas" e conhecimento que aumentam as chances de sucesso, além de auxiliar a diminuir diferenças de práticas entre unidades de compras, alinhando-as aos objetivos corporativos.

c) *Disponibilidade dos recursos necessários.* Os recursos mais importantes normalmente são o acesso a pessoal qualificado, orçamento específico, tempo e apoio de outros membros da organização externos ao processo de suprimento. As empresas líderes em práticas de suprimentos globais reconhecem a importância da disponibilidade desses recursos e os providenciam mesmo antes das iniciativas de suprimentos globais terem início.

d) *Integração por intermédio da tecnologia da informação.* Embora aparentemente seja óbvio que dados acessíveis sejam essenciais para análises de suprimentos em escala global, a fim de, por exemplo, agregar globalmente requisitos comuns, muitas empresas ainda sofrem com múltiplos sistemas de compras não integrados, codificação de itens não padronizada etc. Bases de dados com informação rica sobre fornecedores e bases de dados globais de contratos são alguns dos recursos com os quais as empresas líderes em suprimentos globais contam.

e) *Desenho organizacional que apoie a iniciativa de suprimentos globais.* Desenho organizacional se refere à escolha da estrutura organizacional, divisão de trabalho, linhas de comunicação, autoridade, responsabilidade, coordenação e controle necessários a atingir os objetivos da organização. Empresas líderes em suprimentos globais, além de contarem com um líder e um comitê diretivo de peso, colocam grande ênfase no trabalho de equipes multifuncionais para analisar e propor as estratégias de suprimentos.

> **Questão para discussão**
>
> 1. A maioria das organizações pesquisadas (lembre-se de que a amostra usada é de empresas entre as maiores 500 da revista *Fortune*) se encontra nos níveis III e IV do modelo apresentado anteriormente. Por que, na sua opinião, são poucas as empresas no nível V?

> **FIQUE ATENTO**
>
> Há vários estágios evolutivos em que as empresas podem se localizar em relação a seus esforços de terceirização global. Empresas que apresentam práticas que as colocam em estágios mais avançados tendem a ter desempenho competitivo superior.

Dificuldades e desafios do *global sourcing*

Quando começam a lidar com fornecedores globais, os gestores encontram várias dificuldades; por exemplo, consideráveis custos adicionais, quando comparados ao trato com apenas fornecedores domésticos.

> **FIQUE ATENTO**
>
> Em gestão global de suprimentos, é importante que os custos totais de compras (ou os custos totais de propriedade) sejam considerados nos processos de análise e cotações, e não apenas o preço de compra.

Com intuito de auxiliar a identificar os custos envolvidos com compras em um mundo globalizado, den Butter e Linse (2008) chamam a atenção para o fato de que alguns fatores direcionadores de custos são objetivos e outros são subjetivos. Os dois tipos, entretanto, devem ser considerados, pois ambos contribuem para os custos de realizar uma transação (veja a tabela da Figura 4.5).

Fatores objetivos		Fatores subjetivos	
Fatores internos (sob controle da empresa)	*Fatores externos* (controlados por terceiros)	*Fatores internos* (sob controle da empresa)	*Fatores externos* (controlados por terceiros)
■ Custos de busca e informação ligados a identificação de fornecedores ■ Custos diretos de aquisição ■ Custos de transporte ■ Custos decorrentes dos eventuais maiores tempos de transporte envolvidos (estoques, obsolescência, menor capacidade de resposta) ■ Custos com seguro ■ Garantia de qualidade ■ Custos de instalação e manutenção ■ Custos de propriedade intelectual ■ Treinamento	■ Legislação comercial ■ Efeitos de taxas de câmbio ■ Autorizações e permissões para importação e exportação ■ Custos de mão de obra e padrões de segurança ■ Regras e regulamentos governamentais	■ Efeitos da decisão de suprimento nas vagas atuais de funcionários ■ Efeitos na reputação e no valor da marca ■ Cultura corporativa: a equipe vai apoiar os novos fornecedores? ■ Compromissos de sustentabilidade interna à empresa ■ Aversão a risco: a equipe vai conseguir lidar com os riscos associados à nova opção de fornecimento?	■ Considerações de sustentabilidade em relação aos ambientes econômicos locais e globais ■ Diferenças culturais quanto a fazer negócios ■ Diferenças políticas em relação a direitos democráticos, distribuição de riqueza, sindicatos e estabilidade política ■ Visão dos clientes quanto ao que sejam fontes desejáveis de suprimentos ■ Circunstâncias relativas ao mercado de trabalho ■ Ambiente

Figura 4.5 Classificação de custos em suprimentos (adaptado de den Butter e Linse, 2008).

Fica claro que, se a tomada de decisões de suprimentos agora não deve mais "respeitar" fronteiras nacionais, com o crescimento da terceirização global, as decisões se tornam muito mais complexas, envolvendo um número muito maior de variáveis, oportunidades e riscos que devem ser gerenciados de forma correspondente. A próxima seção discute as formas de estruturação organizacional do(s) setor(es) de suprimentos nas empresas.

4.2.3 Estrutura organizacional para suprimentos

Há basicamente três modalidades de estruturação da função de suprimentos nas organizações: estrutura centralizada, descentralizada e híbrida (Leenders e Johnson, 2000).

- *estrutura centralizada*: os suprimentos, para todas as subunidades operacionais (fábricas, divisões, departamentos) da empresa, são controlados por uma estrutura centralizada corporativa;

- *estrutura descentralizada*: as subunidades organizacionais da empresa são autônomas para tomar suas decisões de suprimentos; e
- *estrutura híbrida*: suprimentos são compartilhados entre o escritório corporativo central e as subunidades operacionais.

A literatura indica uma tendência de as organizações atuarem de forma híbrida, no entanto, o mais importante fator determinante do tipo de estrutura deve ser a coerência com a estrutura organizacional geral da empresa. Embora a tendência aponte para estruturas híbridas, há um contínuo de estruturas híbridas possíveis, desde uma estrutura híbrida com mais ênfase em centralização, passando por estruturas mais equilibradas entre centralizada e descentralizada, até uma estrutura híbrida com ênfase em descentralização.

A tabela da Figura 4.6 ilustra as principais vantagens e desvantagens de estruturas mais centralizadas e a Figura 4.7 mostra o mesmo para estruturas mais descentralizadas.

Potenciais vantagens e desvantagens das estruturas *centralizadas* de suprimentos

Vantagens	Desvantagens
Maior especialização da equipe	Especialização estreita e tédio
Possibilidade de pagar por bons talentos em razão da escala	Aparente excesso no *staff* corporativo
Consolidação de requisitos e de volumes com possibilidade de consequentes economias	Tendência a desconsiderar diferenças legítimas nos requisitos para ganhar escala
Coordenação e controle de políticas e procedimentos	Falta de reconhecimento de necessidades únicas
Planejamento e pesquisa eficazes	Foco nas necessidades da corporação e não nas necessidades das unidades operacionais
Com fornecedores comuns, a empresa se beneficia de maior poder de barganha; com fornecedores maiores, a empresa se beneficia oferecendo possibilidade de economias de escala a eles, podendo ganhar vantagens nos preços de compra de insumos	Mesmo fornecedores comuns se comportam de forma diferente conforme a região e os segmentos de mercado
Proximidade dos tomadores de decisão de alto nível na organização	Distância maior dos usuários
Reconhecimento e prestígio de marca corporativa	Tendência a criação de silos organizacionais
Maior poder organizacional	Falta de foco nas unidades operacionais de negócio
Foco estratégico	Processo de compra tende a ser mais lento e menos ágil
Custos de compra mais baixos	

Figura 4.6 Vantagens e desvantagens de estruturas organizacionais centralizadas de suprimentos (adaptado de Leenders e Johnson, 2000).

Potenciais vantagens e desvantagens das estruturas *descentralizadas* de suprimentos

Vantagens	Desvantagens
Mais fácil comunicação/coordenação com subunidade operacional	Mais difícil de coordenar e comunicar entre subunidades operacionais
Maior velocidade de resposta	Encoraja usuários a não planejar com antecedência
Uso eficaz de fontes de suprimentos locais	Foco operacional mais que estratégico
Autonomia da subunidade operacional	Muito foco em fontes locais de suprimentos, o que pode levar pessoal a ignorar melhores oportunidades
Simplicidade das linhas de comunicação e subordinação entre usuário e suprimentos	Pouca "massa crítica" e visibilidade organizacional para suprimentos
Autoridade e responsabilidade por suprimentos não divididas entre diferentes setores	Risco de subotimizações
Mais de acordo com preferências do pessoal de compras	Preferências das subunidades operacionais não coerentes com preferências corporativas
Definição e descrição do trabalho mais abrangentes	Pequenas diferenças excessivamente ampliadas ("nosso caso é diferente")
Maior adequação geográfica, cultural, social, de língua e de moeda	Posição organizacional tende a ser mais baixa na organização, limitando oportunidades de avanços funcionais importantes do setor de suprimentos
	Falta de padronização
	Custos mais altos de suprimentos

Figura 4.7 Vantagens e desvantagens de estruturas organizacionais descentralizadas de suprimentos (adaptado de Leenders e Johnson, *op. cit.*).

> **FIQUE ATENTO**
> A estrutura de suprimentos nas empresas pode ser mais centralizada, mais descentralizada ou híbrida. Cada uma tem vantagens e desvantagens estratégicas bem definidas.

É difícil generalizar nesse nível, mas, pelas características, vantagens e desvantagens já descritas, é possível identificar que estruturas com maior ênfase na centralização de suprimentos favorecem mais a obtenção de vantagens em custos, porém em geral acarretam desempenho pior em agilidade e velocidade de resposta. Estruturas com maior grau de descentralização, por outro lado, são mais ágeis e velozes nas respostas, mas normalmente levam a custos mais altos.

A partir disso, pode-se considerar que, em termos gerais, quando a cadeia de suprimentos é estrategicamente definida como uma cadeia de resposta rápida (ver Capítulo 2), estruturas organizacionais de suprimentos que tendem mais para a ênfase em descentralização são mais adequadas, e quando a cadeia de suprimentos é mais definida como uma cadeia eficiente (ver Capítulo 2), as estruturas com maior ênfase em centralização da estrutura de suprimentos são, em princípio, mais adequadas. A Figura 4.8 ilustra o conceito.

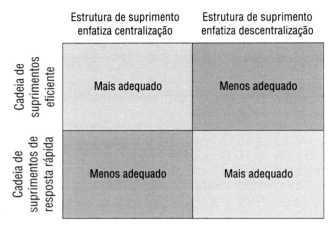

Figura 4.8 Estrutura de suprimentos e estratégia da cadeia de suprimentos.

> **FIQUE ATENTO**
> Estruturas mais descentralizadas do setor de suprimentos na organização tendem a se adequar melhor a cadeias de suprimentos de resposta rápida, enquanto estruturas mais centralizadas tendem a responder melhor às necessidades de cadeias de suprimentos eficientes.

Esta abordagem estratégica geral para a estrutura da função de suprimentos se aplica mais diretamente a insumos produtivos. Quanto aos insumos ditos não produtivos, de utilização quase universal para quaisquer subunidades operacionais consideradas, como os materiais de limpeza, de escritório, microcomputadores, impressoras etc., normalmente as vantagens de consolidação e centralização de compras são mais evidentes. O mesmo se aplica aos materiais mais *comoditizados* de aplicação mais geral (como aço, alumínio, alguns químicos etc.). Já itens de aplicação específica para uma determinada subunidade seriam mais bem gerenciados de forma descentralizada.

4.2.4 O processo de suprimento

Ter processos bem definidos é uma característica de empresas com excelência em gestão de suprimentos globais. O processo geral de suprimento tem cinco etapas gerais descritas na Figura 4.9. O detalhamento do mapeamento dos processos em gestão de cadeias de suprimentos será tratado no Capítulo 6.

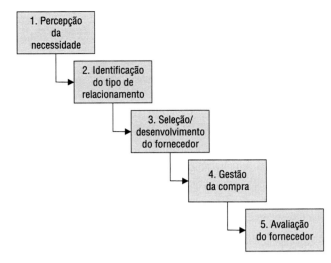

Figura 4.9 Processo de suprimento.

> **FIQUE ATENTO**
> Os processos de suprimentos dentro das organizações devem ser bem definidos, normalmente consistindo em cinco etapas: percepção da necessidade do insumo, identificação do tipo de relacionamento com o fornecedor, seleção/desenvolvimento do fornecedor, gestão das atividades de compra e avaliação do fornecedor.

Passo 1: Percepção da necessidade

O processo de suprimento começa quando alguém, em alguma unidade operacional, identifica a necessidade de adquirir algum insumo. Esta identificação pode ser feita por algum sistema automatizado, como os sistemas MRP (sistemas de gestão de necessidades de materiais), mas, automatizada ou manualmente, a responsabilidade por identificar a necessidade de insumos é do usuário. A partir daí, de forma automatizada ou manual, é gerada uma requisição de compra, que é um conjunto de informações que especifica de modo claro e inequívoco o insumo a ser adquirido, define a quantidade e a data para a qual o insumo é necessário, o setor requisitante, eventuais autorizações necessárias. O setor de suprimentos tem a responsabilidade de confirmar o entendimento das especificações em caso de dúvida e de fazer com que o fluxo de informações do requisitante para o setor de suprimentos ocorra sem demora, de maneira suave e com qualidade.

Passo 2: Identificação do tipo de relacionamento

Uma vez que a requisição de compra é percebida e compreendida pelo setor de suprimentos, no caso de material comprado pela primeira vez, é importante que, considerando o nível de centralidade da competência e os custos de transação envolvidos com a produção do insumo (ver

Capítulo 3), o tipo de relacionamento desejado com o eventual fornecedor seja definido e esteja claro. Caso não esteja, é responsabilidade do setor de suprimentos mobilizar um comitê multifuncional que estabeleça essa definição. Definir o tipo de relacionamento é a primeira consideração necessária para nortear a seleção e o possivelmente necessário desenvolvimento do fornecedor. Os tipos básicos de relacionamento, definidos no Capítulo 3, são: mercado puro, contrato de médio prazo, contrato de longo prazo, *joint venture* e parceria estratégica.

Passo 3: Seleção e desenvolvimento do fornecedor

O processo de seleção de fornecedores varia conforme o tipo de relacionamento considerado necessário no passo 2.

- *Mercado puro*: o processo começa por identificar uma lista de potenciais fornecedores que tenham capacidade, capacitação tecnológica e saúde financeira para atender estritamente os requisitos técnicos e de entrega definidos pela requisição de compra. Em seguida, um processo de pedidos de cotação normalmente se segue, o que pode ser feito de forma tradicional ou utilizando ferramentas mais contemporâneas apoiadas na internet, como os leilões reversos ou o uso de portais de compra, discutidos mais adiante neste capítulo. Ao recebimento de cotações, deve se seguir uma análise de custo total de propriedade (que inclui não só o preço cotado e condições de pagamento, mas também os custos de transporte, instalação, uso, manutenção, disposição e outros) para definir, entre os fornecedores qualificados, aquele de menor custo total de propriedade.

- *Contrato de médio prazo*: o processo é similar ao anterior, mas o peso atribuído ao quesito "saúde financeira" é ainda maior, já que a intenção é estabelecer com o fornecedor contratos com certo prazo de duração. Históricos de desempenho com a empresa são informações bastante úteis aqui, em relação àqueles requisitos definidos na requisição de compra: níveis de pontualidade de entrega, por exemplo, podem ter um papel importante para esse tipo de relacionamento.

- *Contrato de longo prazo*: aqui, além dos critérios já descritos (com ênfase ainda maior nos aspectos de saúde financeira), o processo de seleção deve incluir outros aspectos, como congruência dos planos de futura expansão de capacidade do fornecedor com aqueles da empresa, flexibilidade do fornecedor, atualização e postura tecnológica, comprometimento, abertura e disposição para integração de sistemas de informação, qualidade do time gerencial, abertura e disposição para coordenação de políticas de gestão de estoques, familiaridade e proficiência com conceitos mais avançados de gestão de materiais como o VMI e o CPFR, localização das plantas/armazéns do fornecedor, entre outros.

- Joint venture *e parceria estratégica*: aqui, além de todos os critérios utilizados nos processos de seleção descritos anteriormente, os seguintes são importantes de serem considerados (Kanter, 1994): o candidato a parceiro estratégico tem disposição para investir recursos na parceria? O seu tamanho e presença global são compatíveis com as necessidades atuais e futuras do relacionamento? A sua postura perante qualidade, entrega e serviço ao cliente é coerente com a da empresa e atende os requisitos de longo prazo necessários? O seu sistema de valores é compatível com o da empresa? Quais os riscos de vazamento de informações tecnológicas sensíveis envolvidos nessa parceria?

> **FIQUE ATENTO**
> Quanto mais próximo o tipo de relacionamento, mais complexo é o processo, e os critérios para seleção de fornecedores aumentam o nível de controle necessário sobre eles.

Nem sempre serão encontrados fornecedores plenamente capacitados a atender a empresa em todas as suas necessidades estratégicas presentes. Nesse caso, iniciativas de desenvolvimento de fornecedores serão necessárias. Este desenvolvimento pode tomar variadas formas, desde seminários e sessões de treinamento sobre tópicos tecnológicos e de gestão dados pela empresa para quadros dos fornecedores, até grupos formais de consultoria (interna ou externa), auxiliando os fornecedores a resolverem problemas e desenvolverem capacitação.

Passo 4: Gestão da compra

O processo de gestão da compra se inicia com a negociação (ver Capítulo 3) para definição do preço. Para itens governados por relacionamento do tipo mercado puro, as forças do mercado concorrencial que normalmente caracteriza esses itens terão papel importante na definição do preço. Processos de cotação com ampla participação, como aqueles envolvidos com leilões reversos, levarão naturalmente ao preço de compra. Se leilões e cotações formais não são usados, como nos contratos de médio e longo prazos e nas parcerias estratégicas, negociações amplas de preços, condições de pagamento e entrega terão um papel mais importante.

Depois da definição do preço, a próxima etapa é a preparação do pedido de compra ou do contrato de compra. Um pedido de compra é um documento que especifica precisamente as informações referentes ao fornecimento: especificações técnicas do produto e/ou serviço envolvido, preço acertado e eventuais evoluções futuras, condições de pagamento, prazos de entrega e quantidades. Para contratos de compra, por exemplo, são usuais os pedidos guarda-chuva (*blanket orders*), em que são especificados os termos gerais do acordo por determinado período de tempo e a quantidade total a ser fornecida, embora quantidades parciais sejam entregues periodicamente, muitas vezes contra a solicitação do cliente. Também são aqui incluídos os SLAs (*service level agreements*).

> **CONCEITO-CHAVE**
>
> SLAs (*service level agreements*), ou acordos de nível de serviço, são acordos estabelecidos numa relação de fornecimento em que se especificam detalhadamente as métricas e os níveis de desempenho esperados do fornecedor, em termos de cumprimento de prazos, qualidade, entregas e quaisquer outros fatores de desempenho considerados relevantes, com cláusulas claras sobre consequências em caso de desempenho insatisfatório.

Uma vez emitidos os pedidos de compra/definidos os contratos de compra, seguem-se o acompanhamento/confirmações destes via comunicação intensa com o fornecedor, a fim de tentar antecipar/identificar problemas antes ou assim que ocorrem. Informação fluida entre cliente e fornecedor é aspecto essencial para que os ciclos de identificação e solução de problemas se encurtem de forma a tornar a cadeia de suprimentos mais ágil e rápida para responder a mudanças.

Após o acompanhamento do pedido de compras, quando feita a entrega, seguem-se as atividades de recebimento e inspeção de recebimento. Aqui se procura identificar que os itens recebidos são exatamente aqueles constantes dos pedidos, na qualidade, nas quantidades e datas corretas. Para alguns fornecedores, um processo cuidadoso de pré-certificação pode tornar esta etapa desnecessária, agilizando substancialmente o processo de recebimento de materiais.

Uma vez constatado que o recebimento está conforme o pedido/contrato, cabe ao setor de suprimentos, então, solicitar ao setor responsável pelo pagamento ao fornecedor que o faça.

Passo 5: Avaliação do fornecedor

A avaliação do desempenho dos fornecedores deve ser feita de forma contínua e cuidadosa, tanto para tentar antecipar tendências e problemas quanto para usar essas informações a fim de manter a base de dados de fornecedores da empresa atualizada, de forma que seja útil para futura tomada de decisão. A avaliação contínua e criteriosa proporciona importantes elementos para a escolha futura de fornecedores com quem estabelecer vínculos mais fortes e parcerias.

Um aspecto importante da avaliação de fornecedores é que muitas vezes são esperadas coisas diferentes de diferentes fornecedores. Imagine, por exemplo, um fabricante de lavadoras de roupa como a Brastemp. Considere hipoteticamente dois de seus fornecedores (veja a Figura 4.10): o fornecedor A fornece um parafuso padrão, estrutural, que nunca, ou em raras vezes, entra em contato direto com o usuário. O fornecedor B fornece o módulo de controle da lavadora, que representa a principal interface entre o produto e o usuário final da máquina.

A Brastemp certamente espera coisas diferentes do fornecedor A e do fornecedor B. Do fornecedor A, por exemplo, provavelmente, espera atendimento estrito das especificações técnicas quanto a resistência, dimensões etc. e, acima de tudo, preço baixo. Do fornecedor B, por outro lado, a fabricante de lavadoras espera *design*, facilidade de uso, robustez, excelência tecnológica, habilidade dos times de projeto para trabalhar conjuntamente com os da Brastemp, enfim, uma quantidade de características muito diversas daquelas esperadas do fabricante de parafusos.

Os relacionamentos entre a Brastemp e os fornecedores A e B deveriam ser diferentes, pois a centralidade da competência envolvida com o módulo de controle é muito maior que aquela envolvida com o parafuso. Da mesma forma, deveriam também ser diferentes as formas usadas pela Brastemp para avaliar esses dois fornecedores, por dois motivos:

- É importante que a Brastemp acompanhe e controle mais de perto aquelas características que são mais centrais para sua competitividade, ou seja, o processo de avaliação do fornecedor B deveria ser muito mais próximo, intenso e detalhado. Além disso, os atributos importantes para o módulo de controle (tecnologia, *design* e, relativamente menos, o preço) são completamente diferentes daqueles para o parafuso (conformidade à especificação e preço são cruciais), e, portanto, os atributos avaliados deveriam ou ser diferentes, ou ter diferentes pesos de ponderação nos seus sistemas de avaliação.

- Conforme é mais discutido no Capítulo 6, os sistemas de avaliação de desempenho, além de desempenharem o papel de permitir o acompanhamento e garantir controle, também têm a importante função de induzir comportamento naqueles a serem avaliados. É plausível que a Brastemp queira induzir comportamentos diferentes nos fornecedores A e B. No fornecedor A, a Brastemp quer incitar o comportamento que leve a contínuas reduções de custo, dado que as especificações sejam atendidas. No fornecedor B, quer, por outro lado, induzir mais proatividade no desenvolvimento tecnológico e de *design*, projetos que facilitem o uso etc. Ora, se o intuito é provocar comportamentos diferentes em ambos, diferentes atributos de desempenho deveriam estar no centro dos sistemas de avaliação de desempenho de ambos! Ou seja, a forma de avaliar diferentes fornecedores deveria ser diferente. Curiosamente, em muitas empresas são utilizados sistemas de avaliação de fornecedores iguais para todos eles. Isso leva ao tratamento uniforme de aspectos que deveriam ser vistos individualmente a fim de garantir que cada membro da cadeia faça sua parte (o que implica fazer diferentes coisas, priorizadas diferentemente, de forma diversa) para o bom desempenho da cadeia como um todo.

Figura 4.10 Itens com diferentes importâncias estratégicas numa lavadora de roupas.

> **FIQUE ATENTO**
> Fornecedores de itens com importância estratégica diferente para a organização devem ser tratados de forma diferente: diferentes tipos de relacionamento e diferentes processos de seleção e avaliação.

Coopetição

Na gestão de suprimentos contemporânea, frequentemente se ouve este termo: coopetição. Um neologismo que carrega um instigante e potencialmente valioso conceito, por misturar o termo cooperação com o termo competição. A ideia é simples e poderosa: não é necessário competir com seus concorrentes em todos os aspectos. Alguns aspectos, em geral aqueles que não representam a arena competitiva principal (ou seja, aqueles componentes ou serviços que não representam alta centralidade de competências para a empresa), podem se beneficiar da cooperação entre concorrentes.

Um exemplo, já mencionado no Capítulo 3, pode ilustrar: em 1999, as então três grandes fabricantes de carros nos Estados Unidos, Chrysler, Ford e General Motors, além da Nissan e Renault, francos concorrentes entre si, chocaram o mercado ao anunciar que estavam disparando uma iniciativa que criaria uma empresa comum chamada Covisint, que ficaria a cargo de consolidar e comprar as necessidades de itens não produtivos (como materiais de escritório e limpeza, computadores, impressoras e seus consumíveis, entre outros) e de itens produtivos comuns não centrais (como pneus e limpadores de para-brisa, por exemplo) para as três empresas, conseguindo assim negociar com seus fornecedores preços e condições melhores para as três, devido aos enormes volumes, que permitiriam então aos fornecedores ganhar importantes economias de escala.

Hoje a empresa, adquirida pela OpenText, expandiu a gama de serviços com a prestação de serviços de comércio eletrônico e colaboração entre clientes e fornecedores, incluindo *Internet of Things* (IoT), para uma grande gama de setores industriais.

Outras iniciativas similares se seguiram e hoje são comuns no mercado. São quase clubes de compras, em que vários compradores juntam esforços para terem, em conjunto, mais poder de negociação do que teriam isoladamente. Iniciativas como esta são comuns entre clubes de pequenos supermercadistas e pequenas farmácias no Brasil que se juntam para consolidar compras e obter melhores condições junto a grandes fornecedores.

Clubes ou associações de compras não precisam necessariamente ter concorrentes entre seus membros. Um exemplo é a iniciativa conjunta da Souza Cruz e da Ambev, que em 2001 criaram a empresa de gestão de suprimentos Agrega (criada também com intuito de prestar serviços para terceiros). Ela agrega volumes de produtos, principalmente não produtivos e de serviços, como computadores e materiais de limpeza das duas empresas a fim de obter melhores condições junto a fornecedores.

> **CONCEITO-CHAVE**
> Não é, em geral, necessário competir com os concorrentes em absolutamente todos os aspectos. Em alguns, pode ser vantajoso cooperar com eles. A esse conceito dá-se o nome de coopetição.

4.2.5 Terceirização de serviços e serviços compartilhados (*shared services*)

As empresas prestadoras de serviço em geral realizam pelo menos algumas de suas atividades em contato direto com o cliente. Essas atividades são em geral chamadas de atividades de linha de frente. Numa clínica médica, por exemplo, toda a atividade de exame clínico do paciente e consulta com o médico são atividades de *linha de frente*. Entretanto, há uma grande quantidade de atividades que também são realizadas sem contato com o cliente. São atividades chamadas de *retaguarda*. Exemplos são o processamento da documentação do seguro saúde do paciente e até as análises e diagnóstico a partir dos exames de imagem realizados.

Mesmo empresas de manufatura têm atividades de retaguarda que muitas vezes são padronizadas (como processamento de folha de pagamento ou gestão da infraestrutura de tecnologia da informação) e que podem ser realizadas de forma totalmente desacoplada das atividades principais da organização. Além disso, muitas vezes esses serviços de retaguarda (ou de apoio), se consolidados entre várias empresas, podem apresentar importantes economias de escala. Algumas grandes corporações, apercebendo-se disso, passaram a desacoplar algumas de suas atividades de retaguarda de todas as suas divisões e criaram organizações com a responsabilidade de operá-las de forma consolidada. O grupo Camargo Corrêa foi um dos pioneiros no Brasil a criar uma organização separada para administrar uma variedade de serviços de retaguarda para as divisões do grupo. A essa prática se dá o nome de *shared services* (serviços compartilhados).

> **① CONCEITO-CHAVE**
>
> *Shared services* (serviços compartilhados) é a prática de se estabelecer e manter uma estrutura administrativa separada a cargo de produzir e entregar os serviços de apoio (como infraestrutura de tecnologia da informação e processos de gestão de pessoal) a várias divisões dentro de um grupo empresarial, buscando benefícios de especialização e economias de escala.

PARA REFLETIR

Assista ao vídeo a seguir para aprender alguns aspectos sobre a implementação do conceito de serviços compartilhados na IBM.

Líder Sakuntala Rao fala sobre serviços compartilhados oferecidos pela IBM

Fonte: https://www.youtube.com/watch?v=otoUeiJmwAE
Acesso em: 4 jul. 2019

uqr.to/fcu6

Com a evolução e barateamento das tecnologias de comunicação e de informação, que permitem que dados sejam transmitidos e tratados na velocidade de um clique e com custos muito reduzidos, a necessidade de colocalização das atividades de apoio com outros processos, por exemplo, aqueles que requerem contato face a face com o cliente (e que, portanto, exigem localização próxima), deixa de ser um fator limitante. Basicamente, funções de apoio podem ser realizadas em qualquer lugar (com os centros de serviços em locais estratégicos, de forma a aproveitar vantagens regionais de custo) e podem, inclusive, ser terceirizadas para empresas que possuam mais competência ou eficiência para realizá-las, desde que os processos de apoio sejam desacoplados dos processos de alto contato com o cliente. Hoje, por exemplo, é muito comum que partes relevantes de processos de retaguarda sejam terceirizados para países ou regiões de mais baixo custo (para uma ilustração, veja a Figura 4.11). Alguns exemplos:

- Hospitais americanos e europeus terceirizam a análise e diagnóstico por imagem para médicos qualificados e de menor custo, por exemplo, na Austrália e na Índia. A imagem (de uma tomografia computadorizada, por exemplo) é adquirida, digitalizada e enviada para os terceiros via internet e, muitas vezes, o diagnóstico é feito durante a noite e disponibilizado no dia seguinte pela manhã na caixa de entrada do médico solicitante.

- Os grandes estúdios de Hollywood terceirizam grande parte da produção de desenhos animados, um processo bastante intensivo em mão de obra, para empresas especializadas localizadas em países de baixo custo, como as Filipinas, que oferecem desenhistas capacitados e mais baratos do que os desenhistas americanos.

- As editoras americanas e inglesas terceirizam o trabalho de revisão de provas de livros para países como a Índia, que têm a vantagem de disponibilizar mão de obra de baixo custo, além de uma grande oferta de profissionais bem preparados (principalmente nas áreas tecnológicas) e com proficiência na língua inglesa.

- A grande maioria do trabalho de codificação de programas de computador, de aplicações corporativas a *video games*, do mundo, é hoje feita por empresas indianas terceirizadas. A Índia gerou importante capacitação nessa área nas últimas décadas, com profissionais tecnologicamente aptos e com custos (ainda) relativamente baixos.

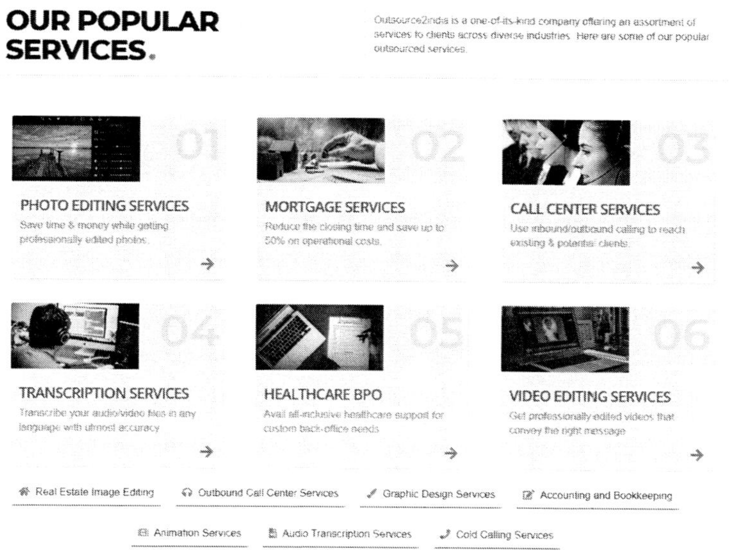

Fonte: https://www.outsource2india.com. Acesso em: 20 jul. 2019.

Figura 4.11 Site da empresa Outsource2India ("Terceirize para a Índia") mostra parte da gama de serviços que podem ser terceirizados para a Índia por seu intermédio.

No Brasil, a terceirização de serviços de apoio dificilmente pode ser feita para outros países de custo menor, sobretudo pelo fato de relativamente poucos falarem português (e um deles, Portugal, não oferece a vantagem de custos de mão de obra mais baixos, assim como outros, como Angola, ainda não disponibilizam mão de obra qualificada), mas as diferenças regionais dentro do próprio país podem (e são) aproveitadas, com empresas terceirizando serviços (por exemplo, de *call center*) para polos que têm custos de mão de obra mais baixos (como Uberlândia, em Minas Gerais) que os grandes centros. Além disso, o Brasil tem aumentado sua participação no mercado mundial de terceirização, não como "terceirizador" mas como "terceirizado". Veja, na abertura deste capítulo, a descrição da unidade da IBM de Hortolândia, em São Paulo.

Vários fatores têm influenciado a decisão de empresas de terceirizarem processos de apoio para outros países:

- *Tecnologia*: a tecnologia contemporânea permite transmissão barata, rápida e confiável de grandes volumes de dados, o que permite que processos de apoio sejam "desacoplados" e mandados para serem realizados em locais distantes, com custos menores.
- *Custo*: o custo por toque (no teclado) em países como Brasil, China e Índia é de um terço a metade daquele dos Estados Unidos e Europa. Além disso, alguns desses países contam com incentivos fiscais a fim de se tornarem mais atraentes para a terceirização de atividades de apoio, que são grandes geradoras de empregos.
- *Língua*: muitas pessoas nos países emergentes (como o Brasil) conhecem a língua inglesa o bastante para, por exemplo, processar solicitações de seguro. Em alguns casos, mesmo atividades de contato direto com o cliente, como os *call centers*, têm sido terceirizadas para países emergentes com grande contingente proficiente na língua do contratante.
- *Diferenças de fuso horário*: em algumas situações, o país terceirizado possui fuso horário diametralmente oposto ao da empresa terceirizadora, de forma a poder prestar o serviço de dia, enquanto é noite na região do cliente – isso permite encurtar tempos, como no exemplo dado anteriormente de terceirização de análise e diagnóstico por imagem.
- *Disponibilidade de mão de obra qualificada*: a terceirização de serviços de apoio hoje não se resume apenas a atividades de baixo conteúdo de conhecimento. A região de Bangalore, na Índia, por exemplo, tem se tornado um polo de atração, não só da indústria de codificação de *softwares* e para atendimento a clientes ao redor do mundo, mas também de desenvolvimento tecnológico e de engenharia. É crescente o número de empresas que se utilizam da grande disponibilidade de engenheiros indianos bem formados e de custos mais baixos para terceirizar (ou manter centros próprios de pesquisa e desenvolvimento de produtos nesse país).

De acordo com um relatório de pesquisa da empresa de consultoria Booz Allen and Hamilton em associação com a Fuqua Business School, da Universidade Duke, nos Estados Unidos, até recentemente, a terceirização global de serviços era quase inteiramente associada com localizar e estabelecer serviços de tecnologia de informação, *call centers* e outros processos em países de baixo custo. Entretanto, de acordo com o relatório, esse tipo de terceirização estaria atingindo a fase de maturidade. A próxima geração de atividades terceirizadas muda a ênfase de baixar custos para inovação de produtos e processos. Na década passada, por exemplo, a terceirização de projetos de desenvolvimento de produtos cresceu em torno de 50% a partir de uma percentagem que já era considerável. Essas tendências sinalizariam que empresas pequenas e grandes estão descobrindo que terceirização de atividades de desenvolvimento podem alavancar relativamente pequenos investimentos em desenvolvimento e apressar tremendamente o tempo de lançamento de produtos. Um direcionador-chave dessa tendência seria a crescente escassez de talento doméstico altamente especializado em ciência e engenharia em países desenvolvidos, quando comparado com uma grande disponibilidade desses profissionais em alguns países em desenvolvimento, como China e Índia.

A terceirização global de atividades mais agregadoras de valor, como o desenvolvimento de produtos, também sinaliza para a importância, cada vez maior, de uma análise cuidadosa para a decisão quanto ao que fazer e o que terceirizar, tratada no Capítulo 2.

4.2.6 Para onde terceirizar

A Índia e a China têm sido tradicionalmente – e ainda são – consideradas opções importantes quando uma empresa decide por terceirizar globalmente. Entretanto, segundo um relatório da empresa de consultoria A.T. Kearney, a geografia global da terceirização está mudando, em razão da deterioração de vantagens de custo advindas de melhorias nas condições econômicas dos trabalhadores de alguns países tradicionalmente conhecidos como detentores de mão de obra barata. A A.T. Kearney mantém e periodicamente atualiza uma lista com os índices de atratividade para terceirização global de serviços dos vários países (GSLI). Embora a Índia, a China e a Malásia permaneçam no topo do *ranking* desde 2004, quando o índice foi criado, a versão de 2017 aponta mudanças drásticas ocorridas à medida que países do Centro/Leste Europeu, tradicionalmente muito atraentes para terceirização, perderam terreno para países da Ásia, Oriente Médio e Norte da África.

Este índice analisa basicamente as atividades terceirizadas de serviço, principalmente suporte de tecnologia da informação, *call centers* e terceirização de atividades de apoio (ou de retaguarda) administrativo. Quarenta e três medidas são levadas em conta para calcular os índices, agrupadas em três categorias: atratividade financeira, pessoas e habilidades, e ambiente de negócios.

Países tradicionalmente estabelecidos como destinos de terceirização atraentes para clientes da Europa Ocidental, como Hungria e Eslováquia, perderam competitividade devido a aumentos de salário e valorização de suas moedas contra o dólar. Ao mesmo tempo, países de custo baixo do Sudeste Asiático e do Oriente Médio ganharam posições em razão da melhoria de qualidade e ampla disponibilidade de mão de obra. Indonésia, Tailândia e Vietnã estão entre os primeiros dez países ranqueados. Detalhes podem ser acessados no *site* da empresa: https://www.atkearney.com/digital-transformation/gsli.

Alguns pontos de destaque do estudo:

- O Oriente Médio e o Norte da África despontam como regiões importantes para terceirização global de serviços devido a suas grandes populações com bom nível educacional e sua proximidade com a Europa.
- Países da América Latina e Caribe continuam a capitalizar sua proximidade com os Estados Unidos. O Brasil é o país mais bem localizado da região, na quinta posição, apesar de ter baixado um pouco, pela sua instabilidade política e ambiente apenas relativamente favorável de negócios. Outros países bem ranqueados na região são o Chile, em nono lugar, e a Colômbia, em décimo.
- Índia, China e Malásia continuam a liderar, com boa margem de vantagem.

Veja na Figura 4.12 a lista completa do levantamento de 2017.

1. Índia	11. Sri Lanka
2. China	12. Polônia
3. Malásia	13. México
4. Indonésia	14. Egito
5. Brasil	15. Bulgária
6. Vietnã	16. República Tcheca
7. Filipinas	17. Alemanha
8. Tailândia	18. Romênia
9. Chile	19. Reino Unido
10. Colômbia	20. Peru

Fonte: https://www.atkearney.com/digital-transformation/gsli.

Figura 4.12 Ranking de países quanto à atratividade como destinos para atividades terceirizadas de serviço.

⊘ TEORIA NA PRÁTICA

Tommy Hilfiger e Li & Fung

Quando uma empresa resolve adotar maciçamente a terceirização para regiões com práticas de negócios e cultura ainda desconhecidas, muitas vezes o uso de um terceiro que intermedeie os contatos iniciais (e, muitas vezes, a própria gestão continuada posterior) com os potenciais terceiros pode ser recomendável. Há hoje uma grande quantidade de empresas que oferecem esse tipo de serviço. Um exemplo é a Li & Fung, sediada em Hong Kong. Em 2017, a Tommy Hilfiger, conhecida marca de roupas com sede nos Estados Unidos, vendeu toda a sua estrutura de suprimentos globais para o grupo Li & Fung (www.lifung.com), que opera como um intermediário ou agente de compras para bens de consumo com área de atuação em países do Oriente (China, Hong Kong, Taiwan e outros). À época da venda, a Tommy Hilfiger terceirizava sua produção principalmente para Hong Kong, Taiwan, Índia, Bangladesh, Sri Lanka, Tunísia, Estados Unidos e Honduras, mas pretendia conseguir mais vantagens em custo aumentando suas compras do Oriente, principalmente China. Ao transferir toda a operação de suprimentos para a Li & Fung, beneficiou-se dos 19 escritórios apenas na China continental e da extensa experiência da empresa com fornecedores no país. A Li & Fung, por sua vez, assumindo a operação de suprimentos da Tommy Hilfiger, ampliou substancialmente seu portfolio e volume de compras, reforçando sua posição negocial com fornecedores, inclusive alavancando sua posição para conseguir assumir os setores de suprimentos de outras grandes marcas ocidentais.

Figura 4.13 Fachada de loja da Tommy Hilfiger na China.

Assista aos vídeos abaixo antes de refletir/discutir as perguntas a seguir.

Vídeo corporativo sobre a Li & Fung
Fonte: https://www.youtube.com/watch?v=vp7UeniGzvo
Acesso em: 4 jul. 2019

uqr.to/fcu7

Questões para discussão

1. Quais vantagens, além de redução de custos, e possíveis riscos e desvantagens você enxerga na iniciativa da Tommy Hilfiger de terceirizar completamente a gestão de seus suprimentos para a Li & Fung?
2. Considerando o *guanxi* (ver Capítulo 3), quais os principais papéis que uma empresa como a Li & Fung pode ter quando uma empresa, nos seus movimentos de terceirização global, decide dar destaque à China?
3. Se você tivesse de detalhar a contratação de uma empresa como a Li & Fung, que tipo de avaliação de desempenho você definiria para ela, em contrato?

4.2.7 Ética e responsabilidade social na prática de gestão global de suprimentos

Vários aspectos da gestão de suprimentos globais suscitam discussões quanto à ética e à responsabilidade social. Tradicionalmente, os setores de suprimentos têm sido alvo de escrutínio cuidadoso dos gestores das organizações, em razão dos volumes crescentes de recursos movimentados em compras.

À medida que o nível de atividades terceirizadas sobe nas organizações, esses volumes também sobem e o escrutínio aumenta. As empresas em geral têm códigos de conduta bastante estritos para seus profissionais de compras, regulando até mesmo valores máximos para brindes que eventualmente podem ser recebidos de fornecedores.

Entretanto, não é apenas quanto a pequenos e grandes atos de corrupção ou favorecimentos indevidos que as questões éticas se aplicam em suprimentos. Também em relação à responsabilidade social pessoal e corporativa os profissionais de suprimentos são constantemente expostos a decisões com implicações éticas, e é cada vez mais frequente que empresas também estabeleçam códigos de conduta para seus fornecedores.

Por exemplo, se a um profissional de compras é oferecida uma matéria-prima alternativa mais barata, mas também muito mais poluente, a troca deve ser feita? Certamente há quem consiga argumentar por ambos os lados, e certamente há uma discussão ética importante envolvida.

Uma das áreas que podem também despertar discussões éticas diz respeito à terceirização global, normalmente feita para países ou regiões que têm mão de obra mais barata (e em geral também apresenta condições sociais piores). Frequentemente têm aparecido na mídia casos (alguns verdadeiros e outros fabricados) em que grandes empresas são acusadas de terceirizar atividades para países em que não há legislação que regule (ou a legislação não é cumprida) o trabalho infantil ou as condições de trabalho adulto. Com isso, as empresas se expõem a verem seus nomes e suas marcas ligadas ao uso de mão de obra infantil ou a condições desumanas de trabalho nas fábricas de seus terceirizados.

Poder-se-ia argumentar que essa responsabilidade não é do contratante, mas do contratado terceirizado, mas será isso aceitável do ponto de vista do mercado, cada vez mais consciente e mobilizado para as questões de responsabilidade social? Será isso aceitável do ponto de vista de outros grupos de interesse (acionistas, funcionários, gestores)?

Se é aceito que a responsabilidade social da empresa terceirizadora deve se estender aos seus fornecedores diretos (de primeira camada), qual deve ser a postura sobre a possibilidade de um fornecedor do fornecedor da empresa usar mão de obra infantil? A responsabilidade deve então ser estendida até a segunda camada de fornecedores? Ou à terceira? Observe que isso pode facilmente passar a envolver milhares de diferentes empresas localizadas ao redor do mundo. Onde deve cessar a responsabilidade de uma empresa em relação à sua cadeia de suprimentos?

> **PARA REFLETIR**
>
> Assista ao vídeo sobre responsabilidade social corporativa, com foco na Patagônia, discutindo o paradoxo entre responsabilidade corporativa e crescimento/lucratividade corporativa:
>
> uqr.to/fcu8
>
> Fonte: https://www.youtube.com/watch?v=FaK3koLyChE
> Acesso em: 4 jul. 2019

> **FIQUE ATENTO**
>
> As questões éticas envolvidas com a gestão global de suprimentos, por não terem respostas "certas", devem ser discutidas proativamente dentro de cada empresa, resultando na definição clara e divulgação de como a empresa se posiciona em relação a elas, pois uma ocorrência "antiética" (mesmo que argumentável) envolvendo algum membro da cadeia que venha a público, se não respondida de forma adequada, convincente e rápida, pode acarretar consequências devastadoras para o valor da marca e da própria empresa.

Conformidade ou universalidade?

Há duas posturas básicas que as empresas podem adotar quanto aos seus códigos de conduta para fornecedores.

Uma é aquela que poderíamos chamar de *conformidade*.

> **FIQUE ATENTO**
>
> Na abordagem de *conformidade*, a empresa exige que os fornecedores estejam conforme às regras e legislação vigentes nos locais onde se encontrem.

Assim, se um país, por exemplo, define "idade infantil" até o limite de dez anos de idade, a empresa aceitaria que jovens de 11 ou 12 anos trabalhassem para seus terceirizados. Mas, de novo, se nos mercados nos quais o produto é comercializado o limite de "idade infantil" é até os 14 anos, será o fato de crianças de 11 anos trabalharem para os fornecedores aceitável para os grupos de interesse? Lembre-se de que essas questões (como a maioria das questões éticas) não são trivialmente respondidas, mas têm argumentos de ambos os lados. Por exemplo, se alguém defendesse que todas as crianças menores de 14 anos fossem demitidas da fábrica do fornecedor localizado em certo país em desenvolvimento, outro alguém poderia contra-argumentar que, se a criança é demitida e, por conseguinte, sua família perde a receita mensal decorrente do seu trabalho, corre o risco de perder a casa simples onde mora e acabar ficando numa situação muito pior do que a anterior, em que tinha um trabalho.

A segunda postura possível das empresas para seus códigos de conduta de fornecedores pode ser denominada *universalidade*.

> **FIQUE ATENTO**
>
> Na abordagem de *universalidade*, a empresa define padrões "universais" mínimos a ser adotados pelos fornecedores independentemente de a legislação local aceitar padrões mais baixos.

Mais uma vez, se, por um lado, parece de fato haver certos padrões mínimos a ser impostos que representam valores "universais", também é imperativo que se considerem cuidadosamente as particularidades, peculiaridades e costumes locais.

Não se está aqui advogando uma ou outra abordagem (*conformidade* ou *universalidade*); o que é importante para gestores, entretanto, é que reflitam cuidadosamente, definam e divulguem amplamente qual postura vão adotar para a organização, de forma a considerar e envolver os principais grupos de influência, de forma a criar neles um padrão coerente e defensável de decisões que reflita a postura ética adotada. Com uma bem refletida definição e implantação de códigos de conduta internos e externos (para comembros da cadeia de suprimentos), os casos considerados "não éticos" poderão ser identificados mais rapidamente e gerenciados de forma mais adequada.

Como fiscalizar?

Outra questão importante quanto à implantação e uso de códigos de conduta para fornecedores diz respeito a como se certificar de que estejam sendo cumpridos. Tem pouca consequência prática um código de conduta bem pensado e redigido se ele não é efetivamente aplicado pelos fornecedores.

Lembre-se de que, numa economia global, pode-se estar falando de centenas de pequenos fornecedores no interior remoto da China, Vietnã ou da Índia, por exemplo. Será bem aceito pelos grupos de interesse uma política segundo a qual se exerça a fiscalização remota, por meio de relatórios submetidos pelos próprios fornecedores ou por organizações independentes (como ONGs, por exemplo), no caso de alguma não conformidade vir a público?

Será, por outro lado, viável do ponto de vista econômico uma política de fiscalização da própria organização, com visitas aleatórias de vistoria?

De novo, lembre-se de que podemos estar falando de centenas de empresas localizadas em regiões remotas do mundo.

Também não há aqui uma resposta adequada para todas as situações, mas é importante que as empresas que adotam uma gestão de suprimentos mais global reflitam cuidadosamente sobre essas questões antes que problemas ocorram. Depois que ocorrerem, pode ser muito difícil ou caro de serem consertados, tanto do ponto de vista de um possível mal infligido a indivíduos e partes do meio ambiente, como do ponto de vista do dano eventual causado ao valor de marca e imagem pública da organização envolvida.

4.2.8 Sustentabilidade na gestão global de suprimentos

Outro aspecto importante e de consideração relativamente recente em gestão de suprimentos é a sustentabilidade. Sustentabilidade tem evidentes implicações éticas e econômicas.

> **CONCEITO-CHAVE**
>
> *Sustentabilidade* se refere a práticas que buscam garantir que o uso de recursos pelas gerações correntes seja feito responsavelmente, de forma a não prejudicar a sua disponibilidade para uso pelas gerações futuras. Sustentabilidade em gestão de cadeias de suprimentos é, muitas vezes, referida como *green supply chain management*, ou gestão "verde" de cadeias de suprimentos. Para um tratamento detalhado do tema, veja o Capítulo 11.

Implicações éticas e de imagem

É cada vez maior a consciência de parcelas crescentes da sociedade com relação a ações presentes que ponham em risco a garantia de que as gerações futuras terão acesso a recursos naturais hoje disponíveis. Muitas empresas têm disparado iniciativas que procuram garantir a sustentabilidade dos recursos naturais: fabricantes de móveis responsáveis, por exemplo, negam-se a utilizar madeira de áreas de desmatamento recente; a cadeia mundial de lanchonetes McDonald's proíbe a compra de carne bovina proveniente de novos pastos que ocupem áreas de desmatamento recente e proíbe até mesmo o uso de frango alimentado por produtos de soja que provenham de áreas recentemente desmatadas – veja o estudo de caso ao final do Capítulo 1. Nesse caso, a ação não apenas envolve um fornecedor direto (como os frigoríficos que fornecem os hambúrgueres), mas os fornecedores dos fornecedores diretos – os fabricantes de ração dos frangos. Evidentemente, o McDonald's disparou essas iniciativas porque é uma corporação responsável e quer fazer as coisas da forma correta, mas, além disso, um coproduto da iniciativa é a redução dos riscos associados a danos à sua imagem e boicotes por grupos de ação cada vez mais influentes, como o Greenpeace.

> **SAIBA MAIS**
>
>
>
> **Figura 4.14** Foto do Chicken McNuggets (empanado de frango) do McDonald's.
>
> Qualidade, segurança alimentar e preços competitivos sempre foram as principais preocupações da gestão de cadeias de suprimentos do McDonald's. Mais recentemente, responsabilidade social e sustentabilidade também foram adicionados ao rol de importantes preocupações da empresa, com o consequente desenvolvimento de importantes iniciativas práticas, como a definição de códigos de conduta. Três motivos frequentemente apontados pelos funcionários para essa inclusão (Goldberg e Yagan, 2007) são garantir continuidade de fornecimento, "fazer a coisa certa" e proteger o valor da marca da empresa. Como em geral ocorre com a gestão de suprimentos do McDonald's, esforços de sustentabilidade também são bastante descentralizados: operações locais são encorajadas a complementar as políticas e programas corporativos, de forma a atender a requisitos e necessidades locais. O McDonald's Europa, particularmente, tem respondido às preocupações e necessidades dos seus funcionários, clientes e legislação, disparando iniciativas adicionais quanto à sustentabilidade. Por exemplo, uma avaliação ampla feita na Europa resultou no objetivo da empresa para 2007 de um mapeamento completo das emissões de carbono das principais cadeias de suprimentos da empresa para carne de vaca, frango e batata, por exemplo.
>
> Em abril de 2006, a ONG ambiental Greenpeace publicou no seu *site* um artigo intitulado "McAmazon" e um relatório de 64 páginas intitulado "Consumindo a Amazônia", que indiretamente responsabilizavam o McDonald's por colocar

em perigo partes da floresta amazônica. A alegação era de que o principal fornecedor de McNuggets (frango empanado) na Europa alimentava seus frangos com soja de áreas recentemente desmatadas da floresta. O Greenpeace evidentemente percebeu que a responsabilidade direta não era do McDonald's, mas de seu fornecedor (pertencente ao grupo americano Cargill), porém resolveu tentar atingir o fornecedor por meio do seu cliente de maior peso, colocando em risco o seu ativo de maior valor: sua marca.

Não é surpresa, portanto, que a campanha do Greenpeace tenha ganhado rapidamente a atenção do McDonald's. Em questão de horas, o McDonald's Europa havia solicitado explicações e informação adicional da Cargill, da liderança corporativa do McDonald's e do McDonald's Brasil. Em dias, estavam ativamente engajados com a Greenpeace para buscar uma resolução para o problema. O McDonald's poderia, por exemplo, proibir completamente o uso de frango alimentado com soja brasileira a fim de dissociar sua imagem do problema; poderia intimar o seu fornecedor a resolver o problema por si, dando-lhe um prazo; ou poderia tentar tomar as rédeas para uma solução mais ampla, envolvendo os vários setores envolvidos: produtores brasileiros locais, governo brasileiro, ONGs ambientais, fornecedores e até concorrentes para um encaminhamento mais definitivo.

Baseado no caso "McDonald's Corporation: Managing a Sustainable Supply Chain", Harvard Business School, Produto 5-907-414, por R.A. Goldberg e J.D. Yagan, 2007.

Assista aos vídeos antes de refletir sobre as perguntas a seguir:

Cargill (vídeo corporativo): progresso da agricultura sustentável no Brasil
Fonte: https://www.cargill.com/story/10-years-of-progress-in-sustainable-production-in-brazil
Acesso em: 4 jul. 2019

uqr.to/fcua

Amazon Diary: McDonald's e Greenpeace Fact Finding Report
Fonte: https://www.dailymotion.com/video/x2p12w4
Acesso em: 4 jul. 2019

uqr.to/fcub

Questões para discussão

1. Quais teriam sido as possíveis consequências para o McDonald's se não agisse prontamente?
2. Analise do ponto de vista estratégico as três opções listadas, estabelecendo as vantagens e desvantagens de cada uma.
3. Como você implantaria a sua alternativa preferida se fosse o gestor responsável do McDonald's?

TEORIA NA PRÁTICA

Nike lida com reclamações de abuso em fábrica de fornecedor da Malásia

A Nike Inc. afirmou que está tomando ações para corrigir problemas de abuso a trabalhadores numa fábrica da qual faz uso (como fornecedora) na Malásia; ações que, segundo a gigante dos produtos esportivos, ilustram sua preocupação com a crônica falta de trabalhadores no referido país e como isso afeta as condições de trabalho.

A Nike na sexta-feira acusou de abuso a empresa Hyiex Integrated Bhd., uma fábrica de roupas de Kuala-Lumpur que é proprietária da fábrica que produz camisetas para a Nike. A empresa declarou que havia completado sua investigação inicial sobre "alegações de condições inaceitáveis de moradia, retenção de passaportes de trabalhadores e de salários", que começaram depois que uma cadeia de televisão australiana apresentou reportagem supostamente mostrando abuso de trabalhadores na Hytex.

"Em alguns casos, trabalhadores imigrantes reclamaram que seus passaportes eram confiscados pelos gerentes", afirmou Hannah Jones, a vice-presidente de responsabilidade corporativa da Nike. Esta prática pode estar associada a uma tentativa de fazer os próprios trabalhadores pagarem pelas suas permissões de trabalho, tradicionalmente pagas pelo empregador. A Nike afirmou que vai reembolsar os trabalhadores atingidos e que, de agora em diante, as despesas para conseguir permissões de trabalho devem ser incorridas pelos fornecedores, como parte do custo de operação. Também, a Nike afirmou que as condições de moradia dos trabalhadores eram inaceitáveis, garantindo que os trabalhadores seriam transferidos para instalações novas, inspecionadas pela empresa, dentro de um mês.

Michael Saw, diretor executivo da Hytex, disse que a empresa teve reuniões com oficiais da Nike, que trabalham para garantir que fornecedores cumpram os termos do seu código de conduta para fornecedores no exterior, para discutir algumas "violações" do código, e que os problemas teriam sido retificados. "Nós temos trabalhado para a Nike nos últimos 15 anos", disse Saw, alegando que as afirmações da reportagem australiana foram desproporcionais aos fatos. Como muitos negócios na Malásia, a Hytex depende de mão de obra imigrante. O país tem em torno de 2,1 milhões de trabalhadores legais imigrantes. Estimativas do número de trabalhadores imigrantes ilegais variam de 50.000 a 1,2 milhão.

Na semana passada, a Nike se reuniu com representantes de suas 37 fábricas terceirizadas na Malásia para reiterar suas políticas sobre tratamento de trabalhadores. No momento, está no processo de reavaliar cada um de seus terceiros.

Baseado no artigo "Nike addresses abuse complaints at Malaysia plant", por Nicholas Casey e Raphael Pura, publicado no *Wall Street Journal* em 5 de agosto de 2008.

> **Questões para discussão**
>
> 1. Avalie. Pesquise sobre *sites* e ocorrências sobre questões éticas envolvendo fabricantes de calçados esportivos, como a própria Nike, a Reebok e a Adidas e seus fornecedores. Comente a ação tomada pela Nike nesse episódio à luz de possíveis ocorrências passadas.
> 2. Analise o código de conduta da Nike no link abaixo. Na sua opinião, a abordagem geral é de conformidade ou universalidade?
>
>
> *Código de conduta da Nike*
> Fonte: https://purpose-cms-production01.s3.amazonaws.com/wp-content/uploads/2018/05/14214943/Nike_Code_of_Conduct_2017_English.pdf
> Acesso em: 26 jun. 2019
> uqr.to/fcuc

Implicações econômicas diretas

Outro motivo pelo qual as empresas têm estado cada vez mais preocupadas com aspectos ligados à sustentabilidade é sua própria sobrevivência. A maior cadeia de restaurantes (não *fast-food*) do mundo, a Darden Restaurants (www.darden.com), com sede em Orlando, na Flórida, e dona de marcas como as dos restaurantes Olive Garden e Seasons 52 e, até recentemente, dona da rede de restaurantes Red Lobster, notou, já nos anos 1980, que, se permitisse que as práticas de pesca predatória de alguns dos seus fornecedores continuasse, em poucos anos, a própria sobrevivência de restaurantes como o Red Lobster (especializado em frutos do mar) estaria ameaçada pela escassez ou mesmo extinção de alguns tipos de peixes e crustáceos. Começou, então, suas iniciativas de incentivo a seus fornecedores a fim de que adotassem práticas que preservassem a sustentabilidade da pesca selvagem, e, ao mesmo tempo, começaram a apoiar logística, operacional e financeiramente o estabelecimento de fazendas de peixes e crustáceos na América Latina e Sudeste Asiático, de onde vêm a maioria dos seus pescados. Outras iniciativas de empresas preocupadas com a sustentabilidade se referem a reduções gerais no uso de recursos como energia elétrica, água, embalagens, além da redução geral de emissões na cadeia de suprimentos.

⊙ TEORIA NA PRÁTICA

Starbucks: Prática C.A.F.E. para sustentabilidade da cadeia de suprimentos

A Starbucks (www.starbucks.com) é o maior varejista do mundo de produtos especiais de café, com vendas anuais de 22,4 bilhões de dólares (2017), mais do que o dobro de dez anos antes, presente também no Brasil. Nos anos 1990, principalmente, a indústria de cafés especiais teve um crescimento muito expressivo no mundo, principalmente de mercados com nível de escolaridade mais alto. Entretanto, nos anos anteriores a essa década, uma superprodução mundial de cafés de qualidade inferior havia provocado grande redução dos preços internacionais dessa commodity, tornando-se difícil para os produtores permanecerem lucrativamente no mercado. Embora a Starbucks só compre os melhores grãos da variedade Arábica, todos os plantadores foram afetados pelos preços deprimidos. A empresa se viu numa encruzilhada importante na sua história. Com o número de novas lojas crescendo a taxas altíssimas (foi multiplicado por 20 apenas nos 10 anos entre 1998 e 2008), torrando 2,3% de toda a produção mundial de café e contratando 200 funcionários por dia (Lee e Lee, 2007, p. 393), ficou claro para a empresa que uma condição essencial para seu crescimento sustentável seria a garantia de um suprimento futuro de cafés de alta qualidade – a Starbucks teria, então, que disparar ações a fim de garantir a sustentabilidade de sua cadeia de suprimentos. A empresa estabeleceu então em 1998 uma parceria com a Conservation International (www.conservation.org) (CI), uma ONG com preocupações ambientais, e, três anos depois, foi criado um piloto do *Starbucks Preferred Supplier Program* (PSP) – Programa Starbucks de Fornecedores Preferenciais. Esses esforços iniciais estabeleceram as bases para o que seria mais tarde chamado de Práticas C.A.F.E. (*Coffee and Farmer Equity Practices* – Práticas Justas para o Café e os Fazendeiros, numa tradução livre), introduzidas em 2004. As Práticas C.A.F.E. foram estabelecidas para ajudar a garantir que café de alta qualidade fosse produzido de forma ambiental e socialmente responsável, uma abordagem que deveria se estender a toda a cadeia de suprimentos, incluindo plantadores de todos os tamanhos, cooperativas, inclusive fazendas que, além de plantar, também processam o café. São as seguintes as áreas de foco das Práticas C.A.F.E.:

- *Qualidade do produto (pré-requisito):* todo o café comprado de fornecedores com Práticas C.A.F.E. devem atingir os altos padrões Starbucks de qualidade.

- *Responsabilização econômica (pré-requisito):* é exigido dos fornecedores com Práticas C.A.F.E. que submetam evidências de pagamentos feitos em todos os níveis e camadas da cadeia de suprimentos, incluindo recibos que indiquem quanto foi pago aos fazendeiros e plantadores pelo café adquirido. Isso com intuito de garantir que em todos os níveis da cadeia de suprimentos, níveis minimamente aceitáveis de lucro tornem essas empresas sustentáveis economicamente.

- *Responsabilidade social (componentes avaliados):* fornecedores com Práticas C.A.F.E. e outros atores da cadeia de suprimentos devem ter certas práticas em operação que garantam condições de trabalho seguras, justas e humanas, proteção dos direitos dos trabalhadores e condições adequadas de vida. Os requisitos de respeito aos salários mínimos e os referentes a práticas de trabalho infantil/forçado e à discriminação no emprego são mandatórios.

- *Liderança ambiental (componentes avaliados):* Na produção agrícola e/ou no processamento industrial do café, medidas ambientais devem ser implantadas e mantidas para o gerenciamento de descartes e efluentes, a proteção da qualidade da água, a conservação de água e energia, a preservação da biodiversidade e a redução do uso de agroquímicos. As Práticas C.A.F.E. podem ser encontradas no *site* abaixo.

Práticas C.A.F.E.
Fonte: https://www.scsglobalservices.com/starbucks-cafe-practices
Acesso em: 26 jun. 2019

Assista ao vídeo abaixo e discuta as questões a seguir.

Comércio justo do café da Starbucks
Fonte: http://www.youtube.com/watch?v=DHKtKF-e42M
Acesso em: 26 jun. 2019

Questões para discussão

1. Pesquise as Práticas C.A.F.E. no *site* mencionado. Avalie se a postura da Starbucks para seu "código de conduta" para fornecedores tem uma abordagem de Conformidade ou Universalidade. Comente.

2. Descreva como a Starbucks decidiu agir para garantir que seu código de conduta de fato fosse respeitado. Você acha que essa abordagem é a mais adequada? Por que sim ou por que não?

No Capítulo 11, é feita uma discussão mais aprofundada acerca de cadeias de suprimentos sustentáveis.

4.3 ESTUDO DE CASO: PROCTER AND GAMBLE (P&G) SERVIÇOS DE SUPORTE

A Procter and Gamble (www.pg.com) foi fundada em 1837. Hoje presente em 80 países, empregando 95 mil funcionários, proprietária de mais de 100 marcas mundialmente e distribuindo seus produtos para 180 países, atualmente é uma gigante dos produtos de consumo, proprietária de marcas globais e presentes no Brasil como o sabão em pó Ariel, as fraldas Pampers, as pilhas Duracell, os produtos Gillette, Wella, Pantene, Oral-B e Vick, apenas para citar alguns. Com vendas globais de quase 66 bilhões de dólares em 2017, está entre as maiores empresas do mundo, com negócios e atuação em mercados bastante distintos. Em 1998, a P&G disparou uma ambiciosa iniciativa de estabelecer uma unidade de *shared services*, com a terceirização subsequente de uma grande quantidade de processos de suporte administrativo que não fossem considerados estratégicos. Como em geral ocorre com esse tipo de iniciativa, a ideia de *shared services* objetiva reduzir duplicação de esforços e redundância de recursos, reduzindo custos e ganhando economias de escala.

A unidade P&G serviços de suporte (ou GBS – Global Business Services) tem trilhado a partir daí uma jornada que muitas corporações estão estudando com interesse. A P&G calcula que economizou, até agora, 600 milhões de dólares por intermédio da consolidação de todas as suas funções de retaguarda, como finanças e contabilidade, recursos humanos, gestão das instalações e tecnologia da informação, de todas as suas subsidiárias globais, em uma só unidade. Além disso, a GBS teve um importante papel quando, em 2005, a Procter & Gamble adquiriu a Gillette, e todos os processos administrativos tiveram de ser rapidamente integrados aos da P&G. A GBS se tornou uma importante parceira das unidades de negócio da P&G. Diz o presidente da GBS, Filippo Passerini: "É tudo a respeito de inovação – na forma em que a GBS está estruturada e no projeto dos nossos processos de negócio, assim como nas soluções de tecnologia da informação que nós podemos oferecer para suportar as marcas da P&G". A P&G construiu sua plataforma atual de serviços de apoio em fases. Em 1999, a empresa reorganizou suas unidades de negócios menores, mais independentes, em unidades maiores, mais estrategicamente conectadas em torno de um marketing mais regionalizado. Ao mesmo tempo, consolidou os serviços de suporte (com exceção de tecnologia da informação) numa única unidade global: a GBS. Para prover serviços continuamente, três unidades foram estabelecidas inicialmente: uma na Costa Rica, uma nas Filipinas e uma na Inglaterra.

Em 2003, a P&G embarcou numa segunda fase quando estabeleceu parcerias para a terceirização de infraestrutura de tecnologia da informação, finanças e contabilidade, recursos humanos e gestão de instalações. Esta terceirização envolvia contratos de 4,2 bilhões de dólares.

Naquele ponto, a HP assumiu o desenvolvimento de aplicações de TI, a operação dos *data centers* e o suporte de TI, assim como elementos-chave da função de contas a pagar. A IBM assumiu a prestação de serviços ao funcionário, como folha de pagamento, apoio a viagens e serviços a funcionários expatriados. Jones Lang LaSalle assumiu a gestão de escritórios e centros tecnológicos, incluindo manutenção e segurança em 60 países. Entretanto, mesmo nessas áreas, a P&G manteve internamente as atividades consideradas estratégicas – por exemplo, a definição da arquitetura de TI. Adicionalmente, a P&G decidiu não terceirizar serviços em áreas consideradas determinantes para o negócio, como suprimentos, logística e inovação alavancada por TI. Em 2004, a GBS foi ampliada para incorporar toda a função de T da P&G.

O motivo de a P&G resolver terceirizar maciçamente os serviços de apoio, segundo o Presidente da GBS foi que:

> [...] a GBS tinha chegado ao limite possível interno de redução de custos e melhoria de serviços. A consolidação da fase anterior criou as condições para uma transição futura para a terceirização dos serviços. [...] Só se deve terceirizar quando você está internamente

otimizado. [...] Nosso objetivo não foi apenas de cortar custos adicionais e melhorar níveis de serviço. Por intermédio da terceirização das atividades mais padronizadas e repetitivas e a manutenção, dentro da GBS, aquelas consideradas mais estratégicas, nós conseguimos "descommoditizar" nosso negócio de *shared services* e permitir que nos focalizássemos em inovações e em desenvolver novas capacitações de negócio para a P&G. Por exemplo, em torno de 2 mil funcionários da P&G foram transferidos para a HP em 48 países para funções como gerenciamento de infraestrutura e programação de sistemas. Os restantes, de nossa anterior comunidade de TI, permaneceu trabalhando em projeto e desenvolvimento de arquitetura de sistemas e aplicações de novas tecnologias, como modelagem e simulação de realidade virtual para apoiar o desenvolvimento de produtos ou o desenvolvimento de *sites* interativos para melhorar o relacionamento com os usuários, como o das fraldas Pampers, em que os pais das crianças podem personalizar sua visão do *site* para ter conselhos e dicas de saúde mais adequados às suas necessidades.

Baseado em entrevista com Filippo Passerini, presidente da GBS, publicada na *McKinsey Quarterly*, de julho de 2008, por Michael Bloch e Elizabeth C. Lempres.

SAIBA MAIS

Assista ao vídeo antes de refletir/discutir as perguntas a seguir.

Global Business Services (GBS) na Procter & Gamble
Fonte: https://www.dailymotion.com/video/x2ywe61
Acesso em: 4 jul. 2019
uqr.to/fcuf

Se quiser mais informações sobre esse caso, leia a entrevista com Filippo Passerini, CIO e presidente da P&G Global Business Services:

From internal service provider to strategic partner: an interview with the head of Global Business Services at P&G
Fonte: http://www.mckinsey.com/insights/business_technology/from_internal_service_provider_to_strategic_partner_an_interview_with_the_head_of_global_business_services_at_p_and_g
Acesso em: 26 jun. 2019
uqr.to/fcuj

Questões para discussão

1. Analise o processo de terceirização dos processos de apoio da P&G descritos no caso, considerando os passos sequenciais dados (primeiro consolidar, depois terceirizar diversas partes dos serviços de apoio para várias empresas). Uma alternativa seria terceirizar todos os processos para uma só empresa (como a HP ou a IBM), por exemplo. Quais são as vantagens e desvantagens da forma como a P&G decidiu fazer e quais as vantagens e desvantagens da opção alternativa (tudo terceirizado para uma só empresa)? Você consegue pensar numa terceira alternativa?

2. Considera-se que ao longo da sua história, um dos pilares estratégicos da P&G é seu compromisso com seu mais importante ativo, os recursos humanos, refletidos em excelentes benefícios, planos de carreira e altos níveis de fidelidade à empresa e confiança – o que por sua vez se reflete em um alto nível de interesse de profissionais recém-formados e mais experientes de trabalhar na empresa. Como você gerenciaria o processo de terceirização em massa num ambiente como esse, em que uma empresa "convida" seus funcionários a saírem da organização, ingressando em outra (como a HP ou a IBM), sem criar enormes problemas de queda de moral e quebra de uma longa relação de confiança com a organização? Como isso pode influenciar o nível de atratividade da empresa para talentos promissores no futuro?

3. Muitas pessoas dentro e fora da P&G têm questionado por que a GBS não capitaliza o aprendizado com a P&G como única cliente para se lançar ao mercado, na prestação do mesmo tipo de serviço que presta à P&G a outras empresas, potenciais clientes externos. Qual seria o seu aconselhamento se questionado sobre essa possibilidade? Analise pontos favoráveis, desfavoráveis, riscos e potenciais benefícios dessa opção.

4.4 RESUMO

- "Gestão global de suprimentos" e "gestão de suprimentos" são, hoje, termos praticamente sinônimos, já que a maioria das empresas hoje tem fornecedores do exterior.

- Hoje considera-se que os custos de materiais como percentagem das vendas estão numa faixa de 45 a 60% para empresas de manufatura.

- A gestão global de suprimentos (*global sourcing*) se refere à prática de identificar oportunidades e buscar os insumos necessários à produção de bens ou serviços onde houver melhores condições de custos, qualidade e entrega, seja dentro ou fora do país de origem da organização.

- Há quatro tipos de origem para os insumos numa cadeia de suprimentos: terceirização doméstica (*outsourcing*), terceirização global (*global sourcing*), produção doméstica (*insourcing*) e produção por subsidiária no exterior (*offshoring*).

- Há vários estágios evolutivos em que as empresas podem se localizar em relação a seus esforços de terceirização global. Empresas que apresentam práticas que as colocam em estágios mais avançados tendem a ter desempenho competitivo superior.
- Em gestão global de suprimentos, é importante que os custos totais de compras (ou os custos totais de propriedade) sejam considerados nos processos de análise e cotações, e não apenas o preço de compra.
- Há três estruturas básicas para a organização de suprimentos nas empresas: centralizada, descentralizada e híbrida.
- Estruturas mais descentralizadas do setor de suprimentos na organização tendem a se adequar melhor a cadeias de suprimentos de resposta rápida, enquanto estruturas mais centralizadas tendem a responder melhor às necessidades de cadeias de suprimentos eficientes.
- Os processos de suprimentos dentro das organizações devem ser bem definidos, normalmente consistindo em cinco etapas: percepção da necessidade do insumo, identificação do tipo de relacionamento com o fornecedor, seleção/desenvolvimento do fornecedor, gestão das atividades de compra e avaliação do fornecedor.
- SLAs (*service level agreements*), ou acordos de nível de serviço, são acordos estabelecidos numa relação de fornecimento em que se especificam detalhadamente as métricas e os níveis de desempenho esperados do fornecedor.
- Fornecedores de itens com importância estratégica diferente para a organização devem ser tratados de forma diferente: diferentes tipos de relacionamento e diferentes processos de seleção e avaliação.
- Não é, em geral, necessário competir com os concorrentes em absolutamente todos os aspectos. Em alguns, pode ser vantajoso cooperar com eles. A esse conceito é dado o nome de coopetição.
- *Shared services* (serviços compartilhados) é a prática de se estabelecer e manter uma estrutura administrativa separada a cargo de produzir e entregar os serviços de apoio.
- Vários fatores têm influenciado a decisão de empresas de terceirizarem processos de apoio para outros países: tecnologia, custo, língua, fuso horário, disponibilidade de mão de obra qualificada.
- Vários aspectos da gestão de suprimentos globais suscitam discussões quanto à ética e à responsabilidade social.
- Há duas posturas básicas que as empresas podem adotar quanto aos seus códigos de conduta para fornecedores: universalidade e conformidade.
- Sustentabilidade se refere a práticas que buscam garantir que o uso de recursos pelas gerações correntes seja feito responsavelmente, de forma a não prejudicar a sua disponibilidade para uso pelas gerações futuras.

4.5 EXERCÍCIOS

1. Por que se diz hoje que os termos "gestão de suprimentos" e "gestão global de suprimentos" são praticamente sinônimos? Liste os motivos que levaram essa afirmativa a se tornar verdadeira.
2. Dê dois exemplos de cada um dos tipos de suprimentos descritos na Figura 4.3 e procure identificar os principais desafios enfrentados pelos profissionais de suprimentos quando lidando com cada um deles. Se tiver dificuldade, procure um profissional de suprimentos, converse com ele e complemente sua resposta.
3. Por que a importância do setor de suprimentos tem crescido ao longo das últimas três décadas dentro das organizações? De que forma o escopo de suas funções tem crescido? Qual tipo de mudança você crê que os perfis dos profissionais de suprimento sofreram ao longo desse período? Qual o perfil ideal do profissional de suprimento no futuro, na sua opinião?
4. Qual a diferença entre "compras internacionais" e "suprimentos globais"? Explique com suas próprias palavras, mencionando exemplos sempre que possível.
5. Quais as principais vantagens para uma empresa que decide buscar o objetivo de praticar suprimentos globais? Imagine que você precisa convencer o presidente de sua empresa a buscar suprimentos globais, mas dispõe de um tempo muito limitado para falar com ele. Quais três vantagens você enfatizaria?
6. Quais os principais desafios para uma empresa que decide buscar o objetivo de praticar suprimentos globais? Quais você considera os mais difíceis de enfrentar? Por quê?
7. Explique as três formas alternativas gerais de se estruturar o setor de suprimentos nas organizações.
8. Quais as vantagens e desvantagens principais que as opções de estruturação do setor de suprimentos – centralizar *vs.* descentralizar – trazem? Quando cada uma deve ser usada? O que se entende por opção híbrida nesse contexto? Explique com suas próprias palavras.

9. Quais as cinco grandes etapas do processo geral de suprimentos? Explique brevemente em que consiste cada uma.
10. Como variam os processos de seleção do fornecedor conforme o tipo de relacionamento que se quer desenvolver com ele? Exemplifique.
11. O processo de avaliação de fornecedores muitas vezes é negligenciado e nem sempre é bem feito nas empresas. Um dos erros é usar o mesmo sistema de avaliação de desempenho, independentemente do fornecedor avaliado. Por que isso é um erro? Explique nas suas próprias palavras e exemplifique em sua resposta.
12. O que são os *e-marketplaces* B2B e quais vantagens podem trazer para o processo de suprimento?
13. O que são *leilões reversos* e para que servem, quando usados em gestão de suprimentos e com base na internet? Quais vantagens podem trazer e para quais tipos de item são mais adequados?
14. Explique o que são serviços compartilhados (*shared services*). Quais as razões por trás de as empresas estabelecerem unidades de *shared services*?
15. Terceirização de serviços tem crescido muito. Pesquise e, como resultado, mencione três tipos de serviços que atualmente são terceirizados para outros países, sem que você tivesse conhecimento.
16. Como tem mudado o perfil dos serviços que têm sido terceirizados para países em desenvolvimento como o Brasil, a Índia e a China? Por que essa mudança está ocorrendo?
17. Mencione nas suas palavras algumas das questões éticas que o processo de suprimento pode suscitar. Faça o mesmo, agora considerando o processo de terceirização global.
18. Por que é importante que as empresas estabeleçam seus códigos de conduta para seus fornecedores? Pesquise na internet e estude alguns códigos de conduta sobre responsabilidade social e sustentabilidade de algumas empresas grandes. Comente sobre sua abordagem geral e analise se são adequados, na sua opinião.
19. O que significam as abordagens de *conformidade* e *universalidade* para a definição de códigos de conduta para fornecedores em escala global? Qual você acha que deveria ser mais frequentemente aplicada? Por quê?
20. Por que as empresas deveriam ter políticas de sustentabilidade bem definidas para a sua gestão de cadeias de suprimentos?

4.6 ATIVIDADES PARA SALA DE AULA

1. Em grupos, discuta as principais abordagens para responsabilidade social apresentadas no capítulo: universalidade e conformidade. Liste os prós e contras de cada uma levando em conta uma empresa como a Reebok, que tem a maioria de seus produtos fabricados em países em desenvolvimento. Discutam quais de vocês estariam dispostos a pagar mais por um produto que fosse fabricado por uma cadeia de suprimentos comprovadamente livre de trabalho infantil e de condições de trabalho insatisfatórias. Quanto a mais por um tênis Nike cada um estaria disposto a pagar? Vocês acreditam que com esse diferencial em preço a empresa consegue disparar ações para garantir as condições descritas? Quais ações seriam essas?

2. Há uma discussão atualmente sobre se houve mais benefícios ou mais malefícios com todo o movimento de *global sourcing* iniciado nos anos 1990. Nos Estados Unidos, por exemplo, há quem considere que o *global sourcing* "exportou empregos" para a China e para o México, causando desemprego. Discuta essa questão, primeiro, do ponto de vista dos países desenvolvidos, como os Estados Unidos, países da Europa do Oeste. Depois, tenha a mesma discussão sob o ângulo de países em desenvolvimento, como o Brasil e a China. Quais os prós e contras, em escala mundial, do *global sourcing*, na visão do seu grupo?

4.7 REFERÊNCIAS

DEN BUTTER, F. A. G.; LINSE, K. A. Rethinking Procurement in the Era of Globalization. *Sloan Management Review*. v. 50, n. 1, p. 76-80. Fall 2008.

FERDOWS, K. Making the Most of Foreign Factories. *Harvard Business Review*. p. 73-88. March-April 1997.

FINE, C. *Clockspeed*. Perseus Books. Reading, Mass, EUA, 1998.

GOLDBERG, R. A.; YAGAN, D. McDonald's corporation: Managing a Sustainable Supply Chain. Harvard Business School, Case 9-907-414. 2007.

KANTER, R. M. Collaborative advantage: the art of alliances. *Harvard Business Review*. July-August, 1994.

LAMBERT, D. M. *Supply Chain Management. Processes, partnerships, perfromance*. 2. ed. Supply Chain Management Institute, Sarasota, EUA, 2006.

LEE, H. L.; LEE, C-Y. (Eds.) Building Supply Chain Excellence in Emerging Economies. *Springer's International Series*. Springer, Nova Iorque, EUA, 2007.

LEENDERS, M.; JOHNSON, P. F. Major Structural Change in Supply Organizations. Center for Advanced Purchasing Studies. University of Arizona. 2000.

TRENT, R. J.; MONCZKA, R. M. Achieving Excellence in Global Sourcing. *Sloan Management Review*. v. 47, n. 1, p. 24-32. Fall 2005.

4.8 LEITURAS ADICIONAIS RECOMENDADAS

FARRELL, D. Smarter Offshoring. *Harvard Business Review*. June 2006.

SCHNIEDERJANS, M. J.; SCHNIEDERJANS, A. M.; SCHNIEDERJANS, D. G. *Outsourcing and Insourcing in an International Context*. M.E. Sharpe. Londres, Inglaterra, 2005.

TADELIS, S. The Innovative Organization: Creating Value Through Outsourcing. *California Management Review*. v. 50, n. 1, Fall 2007.

VIETOR, R. H. K. *How Countries Compete: Strategy, Structure and Government in the Global Economy*. Harvard Business School Press. 2007.

ARON, R.; SINGH, J. V. Getting Offshoring Right. *Harvard Business Review*. December 2005.

Sites relacionados

http://www.mckinseyquarterly.com – *site* da publicação trimestral da empresa de consultoria McKinsey, com vários artigos interessantes e atualizados sobre *outsourcing*, *offshoring* etc. Alguns requerem assinatura paga para serem acessados, mas outros não.

http://www.outsourcing.com – *site* do Outsourcing Institute, uma instituição profissional independente exclusivamente dedicada a *outsourcing*.

http://outsourcingopinions.com – site de notícias e artigos sobre *outsourcing*.

https://www.iaop.org/Content/23/126/977/ – *site* do IAOP (International Association of Outsourcing Professionals), uma associação que congrega profissionais que trabalham na área de outsourcing e outros modelos de fornecimento.

https://www.iese.edu/en/faculty-research/research-centers/cgs/offshoring/about-us/ – Offshoring Research Network; uma cadeia de pesquisa em *offshoring*, coordenada pela Escola de Negócios (Fuqua) da Duke University. Alguns artigos e resultados de pesquisa são de acesso livre.

https://globaledge.msu.edu/ – *site* com grande quantidade de informações globais sobre países, indústrias e blocos comerciais.

CAPÍTULO 5
Gestão de riscos na cadeia global de suprimentos

OBJETIVOS DE APRENDIZAGEM

- Sintetizar o que é e como avaliar risco, nos seus vários aspectos, no âmbito da gestão global de cadeias de suprimentos.
- Explicar a importância do gerenciamento de risco em gestão global de cadeias de suprimentos.
- Discutir como criar cadeias globais de suprimentos que sejam mais resilientes.
- Entender quais são as principais estratégias para gerenciamento de risco em gestão de cadeias de suprimentos.
- Orientar sobre como implantar mecanismos de gestão de risco em cadeias globais de suprimentos.

5.1 INTRODUÇÃO

Este capítulo trata da gestão de risco na cadeia global de suprimentos. Esse tema tem preocupado muito os executivos de gestão global de cadeias de suprimentos nos últimos anos, em razão de a crescente globalização ter tornado as cadeias de suprimentos muito mais intrincadas, interdependentes e complexas.

Se, por um lado, as cadeias globais representam enormes oportunidades de redução de custos e de uso de talentos e recursos onde quer que se localizem (ver Capítulo 4), por outro lado, os riscos também aumentaram muito. As cadeias de suprimentos ficaram mais extensas, com mais (e mais diversos) nós interdependentes e a complexidade resultante aumentou exponencialmente.

Enquanto no passado os gestores das cadeias de suprimentos estavam predominantemente voltados a preocupações com custos e qualidade, agora, acrescentou-se a garantia de continuidade de fornecimento e operação. Um aspecto da continuidade de fornecimento, de mais longo prazo, foi discutido no Capítulo 4, quando foi tratada a sustentabilidade das fontes de suprimentos. Neste capítulo também trataremos da questão da continuidade, mas sob outra perspectiva, com vistas a reduzir a probabilidade de ocorrência de interrupções severas e repentinas no fornecimento de suprimentos e criar as condições para que, se interrupções ocorrerem, isso seja rapidamente detectado e flexivelmente gerenciado pela cadeia de suprimentos de forma que o retorno à normalidade ocorra no menor tempo e custo possíveis.

A Figura 5.1 ilustra, no quadro geral de referência deste livro, onde se localiza a gestão de risco na cadeia global de suprimentos.

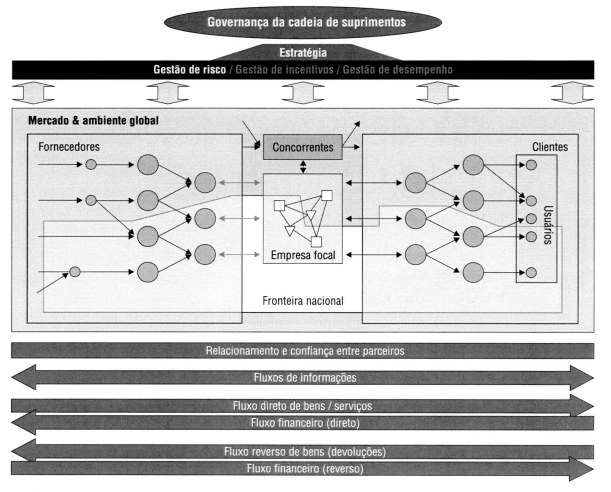

Figura 5.1 Localização (em preto) da gestão de risco na cadeia global de suprimentos no quadro de referência geral usado neste livro.

Nokia e Ericsson – diferentes respostas a uma interrupção na cadeia de suprimentos de telefones celulares

Sheffi (2005) narra este caso em seu livro sobre gestão de riscos empresariais, *The Resilient Enterprise*. Numa sexta-feira à noite, no dia 17 de março de 2000, um raio atingiu um edifício industrial da Philips na cidade de Albuquerque, no estado americano do Novo México. Como consequência, o forno da linha de fabricação número 22 pegou fogo. O alarme soou, os *sprinklers* atuaram, a brigada de incêndio entrou rapidamente em ação, adentrou o edifício e, em menos de dez minutos, o fogo havia sido completamente debelado, sem vítimas. Um incêndio pequeno e danos aparentemente superficiais, segundo relataram os bombeiros. O drama que se desenrolou a partir daí, entretanto, não teve nada de superficial.

Figura 5.2 Edifício da Philips em Eindhoven, na Holanda.

O impacto do fogo extinto se espalha

Embora, aos olhos leigos dos bombeiros da brigada, o incêndio tenha parecido superficial, o que eles não perceberam foi que o local do incidente era um dos ambientes mais limpos do planeta. A produção dos delicados e ultraminiaturizados circuitos integrados que aquela fábrica produz requer níveis de limpeza do ar várias vezes mais exigentes que o de uma sala de cirurgia. Filtros sofisticados, roupas especiais e procedimentos muito rígidos garantem que nenhuma partícula maior que meio *mícron* (um milésimo de milímetro) entre em contato com os equipamentos ou produtos. O incêndio do dia 17 e a subsequente invasão das salas limpas pelos bombeiros e seus equipamentos imediatamente arruinou oito bandejas de pastilhas (*wafers*) de aproximadamente 20 cm de diâmetro que continham, cada, centenas de circuitos integrados que acabariam virando *chips* – os principais componentes dos aparelhos eletrônicos contemporâneos. Pior, o dano não foi restrito à linha 22, já que fumaça e água dos *sprinklers*, além dos sapatos e roupas sujas dos bombeiros, arruinaram *chips* em literalmente todos os estágios de fabricação e em outras linhas, comprometendo circuitos que equipariam milhões de telefones celulares. Ainda pior que o dano aos produtos foi o dano ao nível de limpeza das salas: levaria tempo para serem sanitizadas a ponto de voltarem a produzir. Na segunda-feira seguinte, dia 20 de março, a primeira reação da Philips foi comunicar a interrupção aos seus mais de 30 clientes servidos por essa fábrica, especialmente os dois principais: Nokia e Ericsson, que, juntas, comprariam 40% dos pedidos afetados pelo incêndio.

A reação da Nokia

A primeira comunicação com a Nokia dava conta de que haveria um atraso de uma semana na remessa dos *chips*, o que foi recebido com certa naturalidade no quartel-general da empresa pelo gestor finlandês Tapio Markki. Afinal, uma semana de atraso não pode ser considerado atípico em cadeias globais de suprimentos – muitas pequenas ocorrências inesperadas podem causar pequenos atrasos. Estes são, em geral, cobertos pelos chamados estoques de segurança (ver Capítulo 9), prudentemente construídos a fim de proteger as cadeias de pequenas interrupções. Embora ainda não considerasse o incidente uma crise, Tapio, coerente com a cultura da Nokia de "fazer más notícias correrem rápido", comunicou o evento a vários outros gestores. Estes consideraram que o evento, embora não crítico, merecia acompanhamento cuidadoso e diário, por meio de comunicação telefônica com a Philips. Em paralelo, iniciaram esforços conjuntos de recuperação da produção da Philips, até mesmo oferecendo seus técnicos para ajudarem na limpeza. As preocupações iniciais se confirmaram quando, duas semanas depois, a Philips admitiu que, na verdade, várias semanas ou mesmo alguns meses seriam necessários para recuperar a produção afetada.

A Nokia rapidamente percebeu que a interrupção afetaria cerca de quatro milhões de seus telefones, incluindo lançamentos importantes. Rapidamente, formou uma equipe de engenheiros projetistas, gestores de cadeia de suprimentos e executivos seniores para lidarem com o problema. No total, mais de 30 pessoas, de unidades da Nokia no mundo todo, foram envolvidas. Rapidamente, passaram a avaliar a disponibilidade de outros fornecedores. Três dos cinco componentes cujo fornecimento tinha sido interrompido poderiam vir de outros dois fornecedores alternativos – de quem a Nokia já era um importante cliente: um dos Estados Unidos e outro do Japão. Eles concordaram em fazer um esforço extra e mandar os produtos em apenas cinco dias, para ajudar a minimizar o problema.

As outras duas peças, entretanto, só poderiam vir da Philips. Imediatamente, a alta direção da Nokia, incluindo seu CEO, entrou em contato com a alta direção da Philips, demandando que todos os esforços conjuntos possíveis fossem disparados para apressar a solução do problema, incluindo o trabalho colaborativo, junto com a Philips, para reconduzir a produção dos seus *chips* para outras fábricas da cadeia da Philips com excesso de capacidade.

Os esforços foram recompensados. Fábricas da Philips na Holanda e Shanghai conseguiram liberar capacidade para atender a Nokia, e engenheiros da Nokia desenvolveram um método de apressar a produção da fábrica de Albuquerque, quando esta voltasse a operar. Devido ao extraordinário esforço colaborativo com seus fornecedores, a Nokia conseguiu evitar interrupções importantes na sua produção de telefones celulares, apesar da interrupção na fábrica da Philips.

A reação da Ericsson

Concorrente feroz da Nokia, com sede na Suécia, e também grande cliente da planta incendiada da Philips, a Ericsson reagiu de modo diferente.

Da mesma forma que a Nokia, a Ericsson também recebeu um telefonema de aviso sobre o problema em Albuquerque na manhã do dia 20 de março. A reação, entretanto, foi mais passiva. Resolveu aguardar a semana de atraso prevista, sem disparar nenhuma ação imediata, tratando a questão como uma tecnicidade. Ninguém preventivamente especulou sobre as consequências da interrupção ou pensou num plano B. Mesmo quando comunicados que a demora seria muito maior, ainda assim, a gerência média da empresa não envolveu a alta direção no problema. O principal executivo de telefones celulares da Ericsson apenas soube do ocorrido semanas depois. Quando percebeu o real tamanho do problema, já era muito tarde. Quando procurou a Philips, esta pouco podia fazer, visto que sua capacidade adicional já havia sido direcionada para atender a Nokia. A Ericsson também não contava com muitas opções que envolvessem outros fornecedores, visto que havia amarrado sua produção quase exclusivamente ao fornecimento da planta da Philips em Albuquerque. Com a demanda alta do ano de 2000 por telefones celulares e *chips*, a Ericsson não tinha a quem recorrer, estava fadada a ficar um longo tempo sem seus preciosos componentes.

Com a falta dos componentes da Philips, a linha da Ericsson ficou justamente sem os produtos mais sofisticados e com seu *mix* de produtos desbalanceado. Em decorrência, ao final do primeiro trimestre pós-interrupção, a Ericsson teve um prejuízo de cerca de 500 milhões de dólares. O impacto da interrupção da fábrica de Albuquerque demorou ainda mais nove meses para passar completamente, e ao final do ano de 2000, um ano de altíssima demanda por telefones celulares, a empresa apresentou um prejuízo de 2,3 bilhões de dólares. Ao final de 2001, depois de anunciar que sairia do negócio de produção de telefones celulares, anunciou a *joint venture* 50%-50% com a Sony, criando a Sony-Ericsson.

O impacto na Nokia foi muito diferente. Com seu concorrente severamente afetado, a empresa ampliou, seis meses depois da interrupção, sua fatia de mercado de 27% para 30%, enquanto a Ericsson teve sua fatia reduzida de 12% para 9%.

SAIBA MAIS

Você pode querer ler a notícia abaixo para saber mais sobre esse caso:

Artigo do Wall Street Journal *de 2001 discutindo as consequências financeiras do incêndio em Albuquerque*

Fonte: https://www.wsj.com/articles/SB980720939804883010

uqr.to/fcuk

Acesso em: 26 jun. 2019

Questões para discussão

1. Quais as principais diferenças que você consegue identificar nas formas como Nokia e Ericsson reagiram à interrupção da fábrica de *chips* da Philips?

2. Você acha que é possível criar mecanismos que permitam a uma empresa ser mais eficiente em identificar e reagir a interrupções possíveis em sua cadeia de suprimentos? O que você sugeriria que as empresas fizessem nesse sentido?

Esse caso ilustra como um evento relativamente simples, quase corriqueiro (um pequeno incêndio), em um fornecedor pode impactar sua cadeia de suprimentos. As intensas interdependências entre as numerosas empresas (fornecedores, manufaturas subcontratadas, distribuidores, atacadistas, varejistas, operadores logísticos, entre outros) que formam as cadeias de suprimentos de hoje tornam difícil que uma empresa identifique as vulnerabilidades de sua cadeia (pontos sujeitos a causar interrupções) e as avalie em termos de: a) qual a probabilidade de ocorrência das possíveis interrupções; b) qual a severidade do impacto de uma possível interrupção; c) o que fazer para reduzir as probabilidades de ocorrência e/ou os possíveis impactos das interrupções. É disso que o restante deste capítulo trata: de criar empresas mais resilientes e, portanto, mais competentes para lidar com os riscos em suas cadeias globais de suprimentos. Comecemos por discutir o conceito de "risco".

5.2 CONCEITOS

5.2.1 Risco

Decisão sob risco implica algum nível de conhecimento das probabilidades envolvidas, o que é diferente de decisão sob "incerteza", em que as probabilidades são desconhecidas.

 CONCEITO-CHAVE

Risco, genericamente considerado, pode ser definido como o valor estatístico da expectativa sobre um evento indesejado que pode ocorrer ou não. O valor da expectativa sobre um possível evento negativo é dado pela consideração conjunta da probabilidade estimada da sua ocorrência por alguma medida de sua severidade, impacto ou consequência.

Risco em cadeias de suprimentos

O conceito de risco pode ser aplicado ao contexto da gestão de cadeias globais de suprimentos, que nos interessa particularmente. Podemos, então, adotar a seguinte definição:

 CONCEITO-CHAVE

Risco em cadeias de suprimentos está associado à possibilidade de um evento indesejado ocorrer e seu consequente impacto na consecução do objetivo amplo da gestão de cadeias de suprimentos, que é o de conciliar suprimento e demanda.

Uma pesquisa realizada pela empresa de consultoria BDO a partir de análises dos relatórios anuais de 2016 das 100 maiores empresas com ações negociadas na bolsa de Nova Iorque, para a comissão de valores mobiliários, identificou os seguintes fatores de risco como os mais presentes nos relatórios por representarem preocupação para a liderança das empresas. O resultado pode ser visto na Figura 5.3.

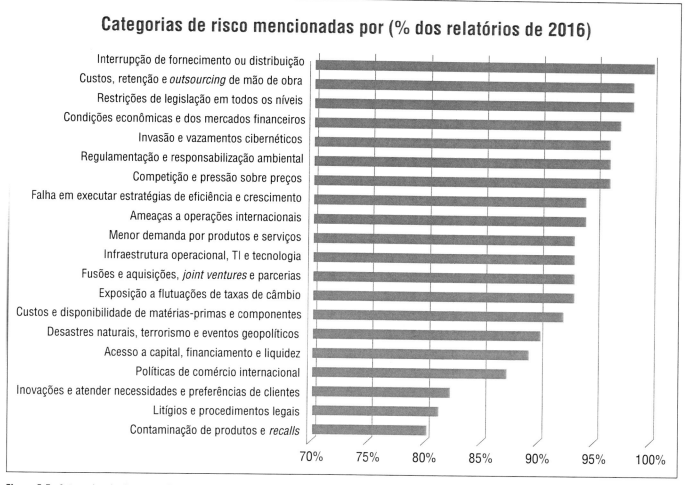

Figura 5.3 Categorias de risco mencionados pelas 100 maiores empresas negociadas em bolsa em seus relatórios para a comissão de valores (as percentagens indicam a parcela dos relatórios que mencionam o fator).

De fato, os executivos estão cada vez mais atentos e conscientes do fato de que o serviço entregue ao cliente, a reputação de suas empresas, a sua habilidade de gerar resultados consistentes e, por conseguinte, a sua capacidade de gerar retorno aos acionistas é cada vez mais dependente de sua habilidade de gerenciar riscos nas suas cadeias de suprimentos. A imprensa tem mostrado infindáveis exemplos de interrupções em cadeias de suprimentos e, em paralelo, a dificuldade de muitas empresas envolvidas de lidar adequadamente com elas.

✓ TEORIA NA PRÁTICA

Falta de assentos, banheiros e cozinhas de bordo atrasam a Boeing e a Airbus

A Airbus (www.airbus.com) e a Boeing (www.boeing.com), ao longo da história, têm enfrentado problemas tecnológicos e de montagem muito complexos que têm, algumas vezes, causado até o atraso do lançamento de novos modelos. Agora, os dois arquirrivais enfrentam uma questão mais básica na produção dos seus aviões: a falta de equipamento menos avançado tecnologicamente, como assentos, banheiros e cozinhas de bordo, que têm prejudicado suas linhas de montagem. A falta desses componentes mais simples aumenta seus custos. Causa também o atraso de pagamento de milhões de dólares pelos seus clientes, que em geral amarram uma grande parcela do pagamento do preço total das aeronaves à entrega efetiva do produto, que se segue ao pagamento de prestações durante o processo de produção.

Figura 5.4 Edifício da Airbus na Alemanha.

O problema é causado por pequenos fornecedores terceirizados que se comprometeram com níveis de produção aumentada sem que tenham conseguido aumentar proporcionalmente sua capacidade produtiva.

A Boeing recentemente deixou de atingir sua projeção de faturamento para o segundo trimestre em parte porque três aviões *wide body* não puderam ser entregues por seu interior estar incompleto em razão da falta de componentes.

Na Airbus, cerca de 8% das suas entregas desse ano (2008) sofreram atraso por problemas similares. Os atrasos vêm em má hora para ambas as empresas, que estão enfrentando estouros bilionários em seus atuais projetos de desenvolvimento de aeronaves.

Desde 2006, a Airbus tem sofrido problemas que atrasaram o lançamento de seu gigantesco jumbo de dois andares A380. A Boeing também sofreu atrasos no desenvolvimento do seu Dreamliner 787 porque fornecedores distantes que estão desenvolvendo novos e avançados componentes têm se mostrado incapazes de atender aos prazos apertados do projeto. [...] Gestores de ambas as empresas afirmam que estes problemas afetaram os resultados financeiros do ano. A Airbus, por exemplo, incorreu em despesas inesperadas de horas extras pela falta de certas peças ter forçado a alteração da sequência ótima de montagem.

Atrasos na instalação de equipamentos de bordo são particularmente sérios para estes fabricantes de aeronaves, porque, com preços acima de 200 milhões de dólares por unidade, os custos incorridos quando estes produtos não avançam para a entrega no prazo é altíssimo. [...] O problema fundamental é que as empresas produtoras de cozinhas, banheiros e assentos de primeira classe são tipicamente pequenas (como a alemã Sell, que fornece as cozinhas de bordo) e em geral têm poucos recursos para investir rapidamente no aumento dos seus setores de projeto e produção quando a demanda aumenta, como ocorreu nos últimos dois anos. [...]

Alguns dos aviões cuja entrega atrasou iriam para a empresa aérea Emirates (www.emirates.com), sediada em Dubai. O CEO da Emirates declarou que o atraso na entrega prejudicou muito os planos de expansão das rotas da empresa para os Estados Unidos. Como tiveram de alterar três vezes as datas anunciadas para as novas rotas, o executivo teme que isso venha a prejudicar a imagem de credibilidade da empresa junto a agências de viagem e, em última análise, junto aos potenciais clientes, causando enormes prejuízos.

Baseado em artigo publicado no *Wall Street Journal* em 8 de agosto de 2008, por Daniel Michaels e J. Lynn Lunsford.

Assista aos vídeos antes de responder e discutir as perguntas a seguir. Você terá uma ideia da magnitude da complexidade de coordenar todas as peças a serem montadas em grandes aeronaves. O Boeing 777 e o Airbus A380 são usados como exemplos nesses vídeos.

Uma jornada em movimento: a linha móvel 777
Fonte: http://www.youtube.com/watch?v=fpM6Pzfnouw
Acesso em: 26 jun. 2019

uqr.to/fcul

uqr.to/fcuo

Equipe do Boeing 777: Precision Craftsmanship – vídeo institucional
Fonte: http://www.youtube.com/watch?v=oWOf9RfZxyg
Acesso em: 26 jun. 2019

uqr.to/fcv4

Linha de montagem do primeiro Airbus A380 entregue para a All Nippon Airways
Fonte: https://www.dailymotion.com/video/x2ywe61
Acesso em: 26 jun. 2019

Questões para discussão

1. Observe como, a exemplo do texto de introdução do capítulo, o prejuízo incorrido pelo "causador" da interrupção (Sell) é quase irrelevante, quando comparado ao prejuízo dos clientes a jusante (Boeing, Emirates, agências de viagem) na cadeia de suprimentos. O que a Boeing poderia ter feito para evitar que isso ocorresse?

2. Use os conceitos e ferramentas de análise apresentados no Capítulo 4 para analisar que tipo de relacionamento e que nível de controle a Boeing deveria buscar sobre fornecedores como a Sell e como isso pode afetar sua gestão de risco.

Impacto financeiro de interrupções nas cadeias globais de suprimentos

Não é de admirar que a gestão de risco, que em última análise visa a evitar interrupções na cadeia de suprimentos, tenha ocupado tanto da preocupação dos gestores. Segundo Hendriks e Singhal (2009), uma pesquisa feita pela Marsh Inc., uma empresa especializada em gestão de risco, junto a 110 gestores de riscos de empresas, descobriu que nenhum deles acredita que suas práticas de gestão de risco sejam altamente eficazes.

Por outro lado, Hendriks e Sighal (*op. cit.*) relatam os resultados de pesquisa realizada a partir da análise do impacto no desempenho financeiro de empresas que se depararam com aproximadamente 800 ocorrências de interrupções em cadeias de suprimentos, relatadas, entre outras fontes, pelo jornal norte-americano de negócios *Wall Street Journal* (www.wsj.com), concluindo vários pontos interessantes. Por exemplo, das 800 ocorrências, a grande maioria não se refere a eventos fora do controle da gestão das cadeias de suprimentos, como fenômenos climáticos ou terrorismo, mas a questões gerenciais, como má acurácia das previsões de demanda (ver Capítulo 8), mau desempenho de fornecedores (ver Capítulo 4), falta de alinhamento entre parceiros da cadeia (ver Capítulo 6) e mau desempenho gerencial para conduzir os processos na cadeia interna e externa de suprimentos (ver Capítulo 10).

Isso significa que a maioria dos riscos causadores de interrupção na cadeia é controlável e gerenciável (o que é boa notícia para os gestores!).

Os pesquisadores analisaram, para cada uma das 800 interrupções relatadas, três anos de desempenho financeiro das referidas empresas envolvidas (um ano antes e dois anos depois da interrupção), sempre de forma comparativa ao desempenho de outras organizações do mesmo setor e que não sofreram interrupção relatada no período. As métricas usadas no estudo são o valor para o acionista (mudanças nos preços de ações e nos dividendos distribuídos), o lucro operacional, o retorno sobre vendas e o retorno sobre ativos, todas medidas financeiras com impacto de longo prazo. Alguns resultados da pesquisa são apresentados a seguir.

- *Impacto sobre o valor para o acionista:* nos três anos considerados em conjunto, o valor para o acionista das empresas ligadas às interrupções relatadas caiu, em relação ao valor das empresas do mesmo setor que não sofreram interrupção: 13% um ano antes da interrupção (talvez uma indicação de que a interrupção se deu em decorrência de má gestão), 7% no ano da interrupção, 10% um ano após a interrupção, e o efeito negativo continua até dois anos depois, com perda de valor de 2%, totalizando mais de 30% de perda acumulada de valor no período.

- *Impacto no lucro operacional, no retorno sobre vendas e no retorno sobre os ativos:* interrupções na cadeia de suprimentos exercem um efeito devastador sobre a lucratividade operacional das empresas envolvidas. Nos três anos analisados, a queda média relativa às empresas do mesmo setor que não sofreram interrupções relatadas foi de 101% no lucro operacional, 114% no retorno sobre vendas e 92% no retorno sobre ativos. Esses números justificam, por si só, a prioridade que os gestores de cadeias de suprimentos têm dado à gestão de risco das suas cadeias.

Outro ponto importante dos resultados da pesquisa é que as interrupções analisadas foram causadas não necessariamente pelas empresas mais afetadas, que, muitas vezes, a exemplo dos casos narrados na introdução deste capítulo e no *boxe* anterior, pagam um alto preço pelo mau desempenho de outros nós da cadeia de suprimentos à qual pertencem.

Uma conclusão é que os executivos devem desenvolver cuidadosamente mecanismos e processos de gestão de risco nas suas cadeias de suprimentos, de forma a identificar os potenciais fatores causadores de interrupção, avaliar suas probabilidades de ocorrência e procurar reduzi-las e a suas consequências, já que os impactos financeiros de longo prazo destas interrupções podem ser devastadores. Outra é que quando os executivos disparam ações visando a reduzir custos nas suas cadeias de suprimentos, como reduções drásticas de estoques, terceirização de atividades, *offshoring*, entre outros, devem analisar cuidadosamente estas decisões, não somente do ponto de vista dos custos de curto prazo, mas também dos riscos envolvidos.

SAIBA MAIS

A anatomia de uma interrupção

Sheefi e Rice Jr. (2009) descrevem os estágios pelos quais passam as interrupções em cadeias globais de suprimentos. Esses estágios estão representados no gráfico da Figura 5.5, que traz uma ilustração do impacto de cada um desses estágios no desempenho da organização. Os oito estágios são descritos a seguir.

1. *Preparação:* em certos casos, quando o anúncio de interrupção é dado com antecedência, a empresa pode se preparar, tentando minimizar seus efeitos. Este estágio pode durar de poucos minutos, como na evacuação de um edifício quando uma enchente prevista se aproxima, até meses, como no caso de uma empresa que acompanha a deterioração das suas relações sindicais, o que potencialmente terminará em uma greve e consequente interrupção.

2. *Evento em si:* a enchente acontece; o furacão atinge o local; o fornecedor fecha as portas; a greve acontece.

3. *Primeira resposta:* a primeira resposta visa a controlar a situação, a fim de proteger vidas e ativos, conter sistemas, tentando evitar que o dano aumente ou se espalhe. Neste estágio, a detecção e rápida comunicação do ocorrido aos corretos escalões gerenciais decisores é essencial. Veja, por exemplo, como este estágio de detecção e reação foi diferente entre a Nokia e a Ericsson no caso de abertura deste capítulo.

4. *Impacto inicial:* o impacto de algumas interrupções é sentido imediatamente. Quando a usina nuclear de Chernobil explodiu, por exemplo, o impacto foi imediato. Em outras situações, entretanto, inicialmente o impacto pode não ser tão grande. Por exemplo, quando um fornecedor fecha as portas, se a empresa carrega algum estoque dos itens que seriam por ele providos, ainda pode continuar funcionando pelo menos temporariamente, sem sentir a total extensão do impacto ainda por vir.

5. *Momento de impacto máximo:* seja imediatamente após o evento em si ou algum tempo depois, quando o impacto máximo ocorre, o desempenho cai ao nível mais baixo. Por exemplo, os estoques que mantiveram a cadeia em operação temporariamente após o fornecedor fechar terminam, e a produção tem de ser interrompida.

6. *Preparação para a recuperação:* tipicamente começa com a primeira resposta e, às vezes, até antes do evento em si. Qualificação e seleção de fornecedores alternativos, localização de empresas de transporte alternativas, localização de capacidade produtiva em outras unidades da organização

são algumas das alternativas que as empresas envolvidas procuram nesta etapa.

7. *Recuperação:* nesta etapa, as empresas em geral trabalham num ritmo maior que o normal, fazendo uso dos recursos alternativos identificados e, com o tempo, dos próprios recursos afetados pela interrupção a fim de tentar não só voltar aos níveis de operação normais, mas também recuperar o atraso da produção interrompida.

8. *Impacto de longo prazo:* em geral, leva tempo para que uma empresa ou uma cadeia de suprimentos se recupere totalmente de uma interrupção. Entretanto, essa recuperação pode nunca ser total se durante as sete etapas anteriores os relacionamentos com os clientes e outros coatores da cadeia ficar afetado de forma substancial.

Baseado em Sheffi e Rice Jr., 2009.

Questão para discussão

1. Nos anos 1990, a subsidiária brasileira de uma grande empresa multinacional de produtos para tintura de cabelo, prestes a lançar uma nova linha numa segunda-feira, sofreu no fim de semana anterior um grande assalto em seu depósito central, no qual os assaltantes levaram três caminhões lotados com os produtos que seriam distribuídos no importante lançamento. Uma grande e cara campanha publicitária estrelada por uma apresentadora famosa da televisão já estava há vários dias no ar anunciando a nova linha, e o varejo estava ansioso para receber os novos produtos. Descreva o passo a passo das ações que você tomaria para gerenciar essa crise, usando a estrutura dos oito estágios mencionados, a partir do momento em que você foi avisado do ocorrido pela segurança do armazém, cinco minutos após o desfecho do assalto.

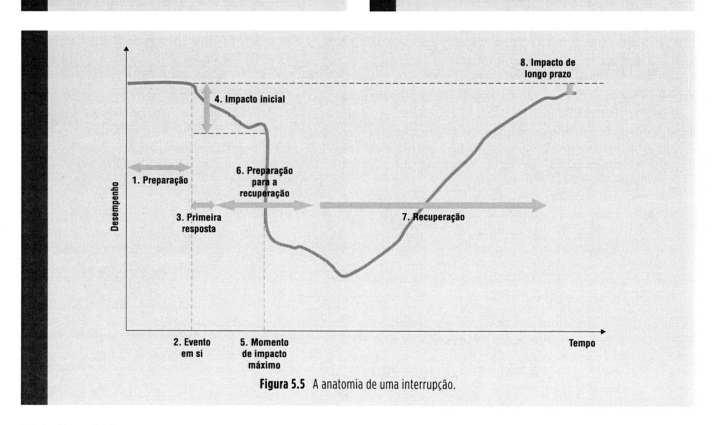

Figura 5.5 A anatomia de uma interrupção.

5.2.2 Tipos de risco

Diferentes tipos de risco podem requerer diferentes formas de gestão. Em um sentido genérico, há três tipos de risco de interrupção que podem afetar as cadeias de suprimentos: aleatórios, acidentais e intencionais (Sheffi, 2005).

> **FIQUE ATENTO**
> Diferentes tipos de risco, *aleatórios*, *acidentais* e *intencionais*, podem exigir diferentes formas de gestão.

Riscos aleatórios

Causados por fatores normalmente fora do controle das organizações envolvidas, como furacões, enchentes, terremotos e tornados. Para ilustrar, em média, ocorrem 17 grandes terremotos (mais que 7,0 pontos na escala Richter) e 134 terremotos fortes (entre 6,0 e 6,9 pontos na escala Richter) a cada ano. Em geral, ocorrem em regiões remotas, mas, às vezes, grandes centros urbanos também são atingidos, causando possíveis interrupções em cadeias de suprimentos que operam na área afetada (como o grande terremoto que afetou Kobe, no Japão, em

1995 e afetou grande número de cadeias de suprimentos de variados setores industriais, como o setor calçadista local, que, alegadamente, jamais se recuperou de forma completa).

Riscos acidentais

Causados por fatores não aleatórios, mas não intencionais, como a imprudência, a negligência, a incompetência e falhas e imperfeições nas tecnologias envolvidas. Exemplos são os acidentes com meios de transporte, causando interrupções de tráfego, os atrasos de fornecimento, as quebras de equipamentos, as falências de fornecedores ou distribuidores, os problemas com os equipamentos dos sistemas de informação, o absenteísmo não intencional, os acidentes de trabalho, a falta de ou a imperfeição de informações necessárias à tomada de decisão e os problemas de qualidade.

Riscos intencionais

Causados por deliberada intenção de causar a interrupção, como os ataques terroristas, os roubos, a sabotagem e as greves. Exemplos são os ataques às torres gêmeas do World Trade Center, em Nova Iorque, nos Estados Unidos, em setembro de 2001; a sabotagem do conteúdo de alguns frascos do medicamento Tylenol nos anos 1980; as frequentes greves de caminhoneiros na França; os roubos de carga, sempre um problema sério no Brasil e em outros países; e os frequentes ataques de *hackers* aos *sites* corporativos – como um que forçou a Amazon a retirar do ar o *site* de sua subsidiária que localiza e vende livros raros, chamada Bibliofind, por vários dias, em razão de um ataque que visava a roubar números de cartões de crédito e dados pessoais de clientes, perdendo vendas e, talvez o mais importante, a confiança de alguns dos seus clientes.

> **ⓘ CONCEITO-CHAVE**
>
> Os *riscos aleatórios* são causados por fatores normalmente fora do controle das organizações envolvidas, como os desastres naturais; os *riscos acidentais* são causados por fatores não aleatórios, mas não intencionais, como a imprudência, a negligência ou a incompetência; e os *riscos intencionais* são causados por deliberada intenção de causar a interrupção, como os ataques terroristas e de *hackers*, os roubos, a sabotagem e as greves.

É importante classificar os riscos, porque as formas de se lidar com seus diferentes tipos podem ser diversas. Por exemplo, um problema particular de se lidar com riscos intencionais, diferente dos outros, é que o perpetrante procurará racionalmente pontos vulneráveis das cadeias de suprimentos para atacar. Ou seja, a ameaça é adaptável; quando uma empresa trabalha um ponto de vulnerabilidade de sua cadeia de suprimentos e o "protege", a probabilidade de ocorrência de riscos intencionais aumenta nos outros pontos da cadeia.

Quando a segurança dos aeroportos no mundo inteiro aumentou substancialmente depois dos atos terroristas envolvendo aviões em 2001 nos Estados Unidos, automaticamente a probabilidade de ocorrência de eventos terroristas em outros meios de transporte de massa aumentou, como pode ser visto pelos vários ataques terroristas a trens, metrôs, hotéis e outros *soft targets* (alvos "fáceis") na Europa, Ásia e Oriente Médio nos últimos anos. A greve dos caminhoneiros de 2018 causou interrupção e perdas consideráveis (estimadas pelo jornal *Valor Econômico* em R$ 9,5 bilhões só nos primeiros cinco dias de greve) para muitas cadeias de suprimentos no Brasil.

Figura 5.6 A greve dos caminhoneiros de 2018 no Brasil causou a falta de combustível nos postos.

5.2.3 Categorias de riscos e seus fatores em cadeias de suprimentos

Os três tipos de risco podem afetar várias categorias de risco. A tabela da Figura 5.7 traz algumas categorias de risco em cadeias de suprimentos e suas potenciais causas ou fatores.

Categoria de risco	Potenciais fatores
Cadeia de unidades operacionais	▪ Desastre natural, incêndio, greve, quebra de equipamento ▪ Infraestrutura para operação e segurança local ▪ Ataque terrorista, guerra, crime organizado ▪ Saúde financeira dos fornecedores; uso de fornecedor único ▪ Saúde financeira dos clientes; dependência de poucos clientes ▪ Problemas de coordenação e colaboração entre unidades

(continua)

(continuação)

Categoria de risco	Potenciais fatores
Recursos humanos	■ Disponibilidade de recursos humanos ■ Disponibilidade de habilidades/competências ■ Ação de sindicatos e associações; regras locais
Tecnologia	■ Mudança tecnológica drástica ■ Espionagem industrial ■ Problemas com proteção à propriedade intelectual ■ Obsolescência tecnológica
Transporte	■ Disponibilidade/qualidade de transporte ■ Greves em portos e aeroportos, alfândega ■ Pirataria, roubo de carga, acidentes ■ Enchentes, deslizamentos, neve, más condições em estradas ■ Ataque terrorista, guerra
Fornecimento	■ Capacidade inadequada na fonte do suprimento ■ Inflexibilidade na fonte do suprimento ■ Problemas de qualidade ■ Aumentos de preço; escassez de *commodities*
Demanda	■ Introdução de produtos pela empresa ■ Introdução de produtos pelo concorrente ■ Volatilidade na cadeia de suprimentos por efeito "chicote" ■ Mudança repentina de demanda por condições da economia
Sistemas de informação	■ Ataques de *hackers* a *sites* da internet, p. ex. de *e-commerce* ■ Ataque de *hackers* a dados corporativos ■ Queda de sistema; quebra de infraestrutura ■ Confiabilidade/disponibilidade/agilidade das informações
Ambiente econômico	■ Mudanças relativas de níveis salariais ■ Mudanças de taxas de câmbio e de juros ■ Recessão, nível de intervenção governamental, impostos ■ Políticas governamentais restritivas/cotas, corrupção, burocracia
Ambiente político	■ Mudanças de regime político, mudança de governo ■ Golpes de Estado, guerra civil ■ Mudanças de legislação e prioridades ■ Pressão de grupos de interesse, ONGs

Figura 5.7 Categorias de riscos em cadeias de suprimentos e potenciais causas.

SAIBA MAIS

Dez princípios da gestão de riscos em cadeias de suprimentos

Kleindorfer e Saad (2005) propõem que dez princípios deveriam ser levados em conta quando uma empresa define sua política de gestão de riscos em cadeias de suprimentos. São os seguintes:

1. *Ponha ordem na sua casa antes de exigir que outros parceiros da cadeia ponham ordem nas deles* – como as cadeias de suprimentos são compostas de uma parte interna e uma parte externa à empresa, a definição eficaz de políticas de identificação e mitigação de riscos internos à empresa, nas suas próprias unidades, deve preceder ações mais amplas referentes à cadeia de suprimentos;

2. *Diversificação reduz riscos* – localização diversificada de unidades, definição diversificada de fontes de suprimentos, modais logísticos e formas operacionais diversificadas reduzem risco. A lógica é a mesma que se aplica à diversificação de opções de investimento para reduzir o risco financeiro.

3. *A robustez do sistema a interrupções é definida pelo seu elo mais fraco* – isso se aplica especialmente ao caso de riscos intencionais, em que o possível perpetrante vai sempre visar ao elo mais fraco. Isso requer que vulnerabilidades na cadeia sejam bem identificadas ao longo de toda a cadeia de suprimentos e mecanismos de detecção e resposta rápida sejam implantados;

4. *Prevenção é melhor que correção* – em termos gerais, mecanismos de prevenção de riscos deveriam ter precedência sobre mecanismos de correção da interrupção. Investimentos em avaliação de riscos para determinar vulnerabilidades e reduzi-las é o primeiro passo para a gestão de riscos de interrupção; a partir daí, definem-se mecanismos e planos de contingência para lidar com a interrupção;

5. *Sistemas excessivamente "enxutos" (lean) podem aumentar sua vulnerabilidade* – muita atenção é necessária na gestão dos *trade-offs* (balanceamento de prioridades) entre o quão enxuto o sistema é (sistemas enxutos, ou *lean*, têm pouquíssimo excesso de recursos: estoques, pessoas, capacidade) e o quanto é robusto a interrupções. Quanto menos "folga" (excesso, redundância de recursos), menos robustez;

6. *Sistemas com alguma redundância de recursos são mais robustos* – quase um corolário do item anterior, a manutenção de sistemas de *backup*, planos de contingência e de um razoável excesso de recursos (estoques, capacidade) ajuda a aumentar o nível de prontidão para reação a possíveis interrupções;

7. *Colaboração e compartilhamento de informação são chave* – cooperação, colaboração e coordenação entre funções da empresa e entre empresas da cadeia de suprimentos são

essenciais para explorar sinergias e conseguir tanto identificar vulnerabilidades quanto reagir bem a interrupções – veja a introdução deste capítulo para um exemplo. De novo, nunca é demais enfatizar que, no estágio de identificação da interrupção, comunicação eficaz é essencial, no sentido de que a informação sobre a potencial crise chegue o mais rapidamente possível aos escalões gerencias que tenham o poder decisório e a liderança para capitanear a reação;

8. *Gestão de crise apenas não é suficiente* – não basta apenas que a empresa tenha proficiência na gestão de crise quando esta se instala. A gestão anterior (identificação e avaliação de vulnerabilidades, e a gestão das opções para sua redução) é essencial para uma boa gestão de risco em cadeias de suprimentos;

9. *Modularidade pode alavancar esforços de redução de riscos* – o uso de projetos de produto e processos modulares, postergamento da definição do produto (*postponement* – ver Capítulo 2) e processos mais flexíveis alavancam os mecanismos de redução de riscos, porque facilitam a mobilidade de componentes entre produtos e de produção entre unidades;

10. *A aplicação de princípios de qualidade e redução de variabilidade de processos auxilia a redução de riscos* – segundo esse princípio, a redução de variabilidade dos processos os torna menos sujeitos a interrupções, principalmente em relação a suprimentos.

5.2.4 O processo de gestão de riscos em cadeias globais de suprimentos

O processo de gestão de riscos em cadeias de suprimentos em geral engloba os seguintes passos:

1. Identificação de processos e recursos sujeitos a riscos
2. Identificação dos principais riscos
3. Avaliação da probabilidade de ocorrência associada aos principais riscos
4. Identificação das consequências da ocorrência associada aos riscos
5. Avaliação dos níveis de vulnerabilidade
6. Definição de ações priorizadas para redução e transferência de riscos

Passo 1 – Identificação de processos e recursos sujeitos a riscos

Como é muito complexa a tarefa de analisar os riscos da empresa como um todo, em geral, o primeiro passo será a escolha de um processo ou um recurso cujos riscos se pretendam gerenciar. Os processos poderiam ser, por exemplo, "desenvolvimento de novos produtos", "gestão de demanda", "gestão de clientes", "atendimento de pedidos", "manufatura" ou "suprimentos". Imaginemos que o processo escolhido seja de "manufatura". O próximo passo é o de identificação dos principais riscos que possam afetar o processo de manufatura.

Passo 2 – Identificação dos principais riscos

Imaginemos que nossa análise se refira-se a uma empresa fictícia chamada Confiança e que tenha uma cadeia global de fábricas, responsável pelo processo de manufatura: uma no Brasil (na zona sul de São Paulo), uma nos Estados Unidos (na costa da Califórnia), e uma no Vietnã (Ho Chi Mihn City). Para identificação dos principais riscos, então, é necessário olhar tanto localmente para cada uma das unidades como para a cadeia de unidades e sua inter-relação. Apenas como exemplo, usaremos os riscos listados. No processo de identificação dos riscos, o que se visa é apenas a *listar* os potenciais riscos. Numa etapa posterior, esses riscos serão avaliados, em termos de sua probabilidade de ocorrência e sua severidade ou consequência. Ou seja, nessa etapa, é aconselhável que, caso haja dúvida se um fator de risco deveria ou não ser listado, ele o seja. Dessa forma, se esse fator de risco não for importante, isso será identificado numa etapa posterior. Por outro lado, a não inclusão de um fator importante significará que ele não mais será analisado. Se o fator deixado de fora for importante, e se ele não for considerado, isso poderá trazer consequências indesejáveis. A tabela da Figura 5.8 ilustra a identificação dos riscos potenciais de nossa análise para a empresa Confiança e suas unidades fabris. Note que os fatores de risco são diferentes conforme a localização: a fábrica dos Estados Unidos, na Califórnia, está sujeita a terremotos e furacões eventuais, enquanto as outras não; a fábrica do Vietnã está mais sujeita a intervenções governamentais em razão do regime central do país com um forte componente socialista presente, enquanto as outras não. E a fábrica do Brasil está mais sujeita a roubo de carga e crime eventual que as dos dois outros países.

Empresa fictícia Confiança – Principais fatores de risco	
Unidade Brasil	■ Incêndio, greve, quebra de equipamento
	■ Crime organizado e eventual
	■ Ação de sindicatos e associações, regras locais
	■ Roubo de carga, acidentes
	■ Enchentes
	■ Greves em portos e aeroportos, alfândega
	■ Confiabilidade/ disponibilidade/ agilidade das informações
	■ Queda de sistema; quebra de infraestrutura
	■ Mudanças relativas de níveis salariais
	■ Mudanças de taxas de câmbio e de juros

(continua)

(continuação)

Empresa fictícia Confiança – Principais fatores de risco	
	■ Recessão, nível de intervenção governamental, impostos ■ Políticas governamentais restritivas/cotas, corrupção, burocracia ■ Mudanças de legislação e prioridades
Unidade Estados Unidos	■ Desastre natural (terremotos, furacões), incêndio, quebra de equipamento ■ Ataque terrorista ■ Disponibilidade de recursos humanos ■ Confiabilidade/disponibilidade/ agilidade das informações
Unidade Vietnã	■ Infraestrutura para operação local ■ Disponibilidade de habilidades/competências ■ Problemas com proteção à propriedade intelectual ■ Disponibilidade/qualidade de transporte ■ Confiabilidade/disponibilidade/agilidade das informações ■ Queda de sistema, quebra de infraestrutura ■ Mudanças relativas de níveis salariais ■ Mudanças de taxas de câmbio e de juros ■ Recessão, nível de intervenção governamental, impostos ■ Mudanças de regime político, mudança de governo

(continuação)

Empresa fictícia Confiança – Principais fatores de risco	
Rede toda	■ Problemas de coordenação e colaboração entre unidades

Figura 5.8 Identificação dos principais fatores de risco para a empresa Confiança.

Passo 3 – Avaliação da probabilidade de ocorrência associada aos principais riscos

A avaliação de probabilidade de ocorrência é diferente e usa diferentes ferramentas e técnicas, conforme o tipo de risco: aleatório, acidental e intencional. Analisemos cada uma delas.

Probabilidade de ocorrência de riscos aleatórios – como os fatores de riscos aleatórios (como, por exemplo, os desastres naturais) são frequentes, pode-se estudar estatisticamente o seu histórico de ocorrências para então tentar estimar as probabilidades de sua ocorrência. Isso é conhecido há muito tempo pelas empresas de seguros, que necessitam desse tipo de informação probabilística (para ocorrência de enchentes, furacões, tornados, terremotos e outros) para estabelecer seus prêmios. A Figura 5.9 mostra uma representação do mapa de probabilidades da ocorrência de terremotos nos Estados Unidos para exemplificar.

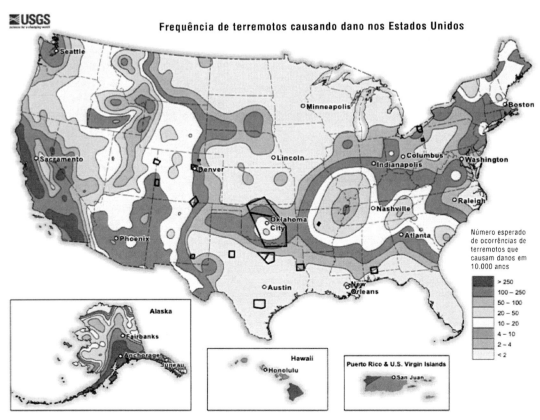

Fonte: https://earthquake.usgs.gov/hazards/learn/.

Figura 5.9 Mapa de ocorrências sísmicas nos Estados Unidos.

Observe como a localização da fábrica da Confiança, na costa da Califórnia, no sudoeste americano, a faz sujeita a um risco relativamente alto de sofrer um terremoto. Veja como a situação da Califórnia é totalmente diferente daquela do estado da Flórida (a península a sudeste dos EUA), quanto aos riscos de um terremoto. Isso pode ser claramente identificado a partir desses mapas históricos de ocorrências de desastres naturais.

A Figura 5.10 traz uma ilustração do mapa de ocorrências de tornados nos Estados Unidos, de 1950 até 2004. Observe como as ocorrências permitem ver que o risco de tornados para a fábrica da Confiança localizada na Califórnia é bastante pequena.

No Brasil, felizmente, terremotos e furacões não são frequentes, mas enchentes podem ser uma preocupação e fonte de risco potencial. Informações de pluviosidade histórica, como aquela encontrada no *site* do INMET (Instituto Nacional de Meteorologia), podem auxiliar na avaliação de probabilidade de ocorrência de pluviosidade excessiva, levando a enchentes relevantes. Veja a Figura 5.11.

Aprofundando um pouco mais o uso desse tipo de informação, dados como os da Figura 5.12 podem indicar, ao longo de um ano, os pontos de maior risco para uma determinada região.

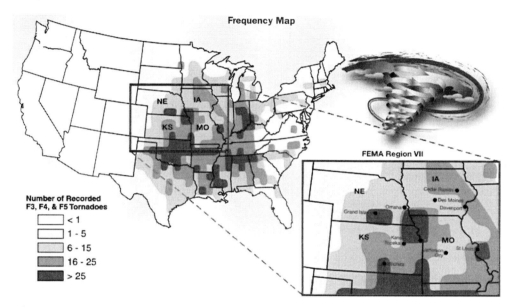

Fonte: https://www.fema.gov/media-library-data/20130726-1619-20490-0806/ra1_tornado_risks_in_midwest_us_final_9_14_07.pdf.

Figura 5.10 Mapa de frequência histórica da ocorrência de tornados nos Estados Unidos.

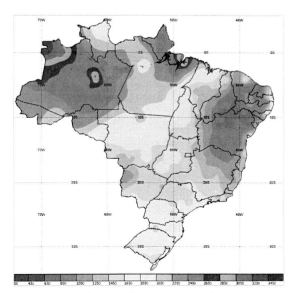

Fonte: http://www.inmet.gov.br/portal/index.php?r=clima/normaisClimatologicas.

Figura 5.11 Mapa com informação recente sobre pluviosidade no Brasil.

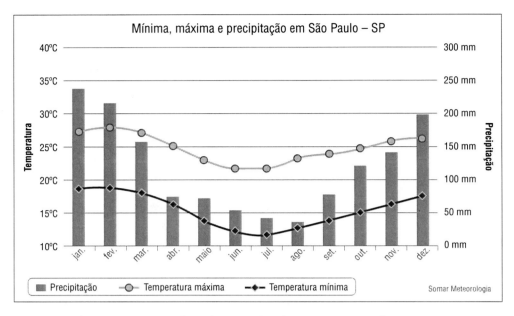

Fonte: https://commons.wikimedia.org/wiki/File:S%C3%A3o_Paulo_CLIMATE.jpg.
Figura 5.12 Precipitação média histórica (mm de chuva) na cidade de São Paulo.

Essas informações podem ser usadas para o estágio de preparação. Por exemplo, para a fábrica da Confiança em São Paulo, fica evidente que o risco de enchentes é mais drástico nos últimos e nos primeiros meses do ano, e, portanto, o disparo de ações de preparação e prevenção de danos por enchentes, por exemplo, devem anteceder a esses períodos.

Probabilidade de ocorrência de riscos acidentais

Evidentemente, a ação mais recomendável para lidar com riscos acidentais é a prevenção. Entretanto, para a gestão de riscos, é necessário estimar a probabilidade de ocorrência de eventos acidentais, ou seja, que ocorrem não intencionalmente, mas por algum tipo de falha involuntária causada por descuido, incompetência ou negligência.

No caso de acidentes de trânsito, por exemplo, o *site* da Associação Brasileira de Prevenção de Acidentes de Trânsito (http://www.vias-seguras.com/content/view/full/132) traz informações bastante ricas e detalhadas sobre índices de acidentes por rodovia, por trecho de rodovia, entre outros. É possível, portanto, trabalhando com dados como estes e com dados internos das empresas envolvidas, avaliar muito mais objetivamente os riscos de acidentes de trânsito. Outro exemplo de riscos acidentais que podem se beneficiar de dados setoriais e internos da própria empresa são os de acidentes de trabalho, atrasos relevantes de fornecedores, quebras de equipamento, entre outros que podem contar com uma boa base de dados históricos.

Isso, evidentemente, será mais factível quanto mais a empresa adotar como prática o acúmulo desses dados, de forma a torná-los facilmente utilizáveis no futuro. Se a empresa não costuma acumular esse tipo de informação histórica e pretende fazer uma boa gestão de riscos de sua cadeia de suprimentos, deve começar a criar suas bases de dados sem demora.

Como pode ser visto pelos exemplos até agora, informação histórica é um dos elementos essenciais na avaliação de probabilidades associadas a riscos. Quanto mais dados relevantes disponíveis, mais a estatística poderá trabalhar a favor de uma boa gestão de riscos.

Probabilidade de ocorrência de riscos intencionais

A avaliação dos riscos intencionais segue uma lógica um pouco diferente daquela da avaliação dos riscos aleatórios e acidentais. Segundo Sheffi (2005), interrupções intencionais constituem uma ameaça adaptável na qual os perpetradores visam ao sucesso do ataque e à maximização do dano causado. Consequentemente, proteger um determinado aspecto do sistema sob ataque pode aumentar a probabilidade de ataque em outro aspecto. Se uma empresa reforça tremendamente a segurança do aspecto "transporte" de suas cargas, por exemplo, provendo escolta armada, os indivíduos que intencionam se apoderar destas cargas provavelmente passarão a procurar fragilidades em outros aspectos do seu fluxo – por exemplo, passando a tentar assaltar os depósitos.

Isso também significa que esses ataques deverão ocorrer nos mais frágeis e menos preparados pontos da operação – nos quais a operação estiver mais fragilizada. Nos eventos mais frequentes, como as greves, assaltos e roubos de carga, a estatística e a história poderão auxiliar a avaliar as probabilidades de ocorrência.

Também as distribuições temporais (dias, semanas, meses em que as ocorrências são mais frequentes) auxiliam no estágio de preparação. Por exemplo, em alguns setores, é frequente que nos meses que antecedem os dissídios salariais haja maior risco de mobilização sindical para greves. Um exemplo ilustrativo é do sindicato *Longshore and Wharehouse Union*, americano, que em 2002 decidiu fazer uma "operação padrão" nos portos da costa oeste dos Estados Unidos. Para maximizar o impacto, escolheram exatamente o mês de outubro para a mobilização, quando o tráfego de produtos dos países asiáticos produtores é máximo, na preparação dos estoques para o Natal.

Também, para alguns eventos intencionais, podem-se usar informações públicas disponíveis. Por exemplo, quanto a registros de crimes comuns, há informação estatística de ocorrências por região, conforme ilustrado na Figura 5.13. Ficam claras as localidades com maior probabilidade de ocorrência de roubos.

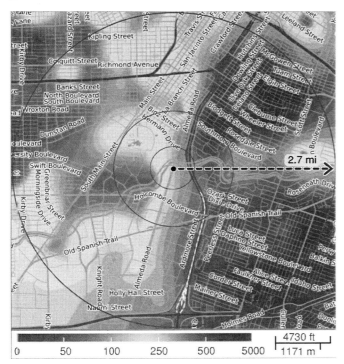

Fonte: https://www.securitygauge.com/sample/SecurityGaugeSampleReport.pdf.

Figura 5.13 Exemplo de mapa de previsão da ocorrência de crimes, por região, de uma parte de uma cidade: 0 = mais baixo risco; 100 = média de risco; e 5.000 = risco máximo.

Passo 4 – Identificação das consequências da ocorrência associada aos riscos

Na avaliação das consequências, ou impactos, da ocorrência associada aos riscos, a estatística também pode auxiliar. Se a empresa já se deparou com a ocorrência muitas vezes no passado, pode tomar sua experiência como um elemento de previsão para impactos similares no futuro.

Por exemplo, uma organização que frequentemente sofre interrupções no seu suprimento de energia elétrica pode usar o impacto percebido das interrupções passadas para estimar qual o impacto de uma possível futura interrupção.

Já para interrupções menos frequentes, como o fechamento prolongado de um fornecedor relevante, ou um incêndio de proporções importantes, ou uma greve prolongada, a história de eventos passados pode contribuir pouco – exatamente pelo fato de esses eventos serem raros. Nesse caso, o uso de cenários e de perguntas do tipo "o que aconteceria se..." pode ser a única alternativa. Por exemplo:

- O que aconteceria se nosso fornecedor principal sofresse uma interrupção e sua fábrica tivesse de ser fechada por duas semanas?
- O que aconteceria se houvesse uma greve na alfândega que durasse um mês?
- O que aconteceria se um furacão categoria IV atingisse a fábrica da Califórnia?
- O que aconteceria se a fábrica de São Paulo sofresse uma enchente séria?
- O que aconteceria se um produto nosso sofresse sabotagem e fosse envenenado?

Perguntas como estas fazem com que os envolvidos pensem nos impactos e, se possível, os quantifiquem, tanto em termos de aspectos tangíveis (custos associados, por exemplo) como mais intangíveis (por exemplo, quanto à perda de confiança dos clientes ou danos à imagem e marca da organização).

O quadro da Figura 5.14 traz um sumário dos passos 3 e 4, dos possíveis métodos de avaliação da probabilidade e consequências de ocorrências associadas aos riscos.

Risco	Probabilidade	Consequência (exemplos)
Aleatório	Estimada de dados históricos. Ex.: dados históricos de ocorrências de inundações ou furacões.	O que aconteceria se... Um furacão fechasse a fábrica de um fornecedor por duas semanas?
Acidental	Estimada de dados históricos do setor industrial. Ex.: história do desempenho de entregas para avaliar a probabilidade de atrasos do fornecedor.	O que aconteceria se... Um fornecedor-chave atrasasse um componente-chave por duas semanas?
Intencional	Estimada de dados históricos e inteligência. Ex.: mapas de frequência de roubos ou greves.	O que aconteceria se... Um embarque completo fosse roubado durante o período de lançamento?

Figura 5.14 Quadro sumário de formas para avaliação de probabilidade e impacto de ocorrências associadas a riscos.

Passo 5 – Avaliação dos níveis de vulnerabilidade

Um conceito importante na gestão de riscos é o de vulnerabilidade.

> **FIQUE ATENTO**
> A vulnerabilidade de uma empresa ou cadeia de suprimentos aos riscos está associada à consideração conjunta da probabilidade da ocorrência associada ao risco e a seriedade (ou, às vezes, chamada severidade) do seu impacto.

A consideração conjunta dos níveis de probabilidade e impacto das várias ocorrências possíveis pode ser representada por meio de um gráfico, conforme a Figura 5.15.

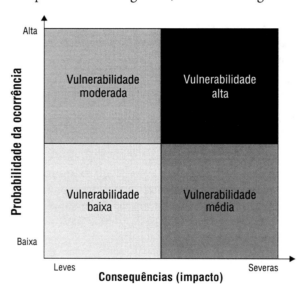

Figura 5.15 Ferramenta para análise de vulnerabilidade aos riscos.

Quadrante Probabilidade alta – Consequência severa (vulnerabilidade alta): riscos que se enquadram nesse quadrante são aqueles que tornam a operação mais vulnerável. Aqui se encaixa o exemplo da ocorrência de sequestro de aeronaves de grandes linhas aéreas americanas, como a United Airlines e a American Airlines, por terroristas nos meses pós-ataque às torres do World Trade Center (WTC) em 2001. Motivados pela visibilidade alcançada pela tragédia do WTC, vários grupos terroristas passaram a ver nesse tipo de ação algo a perseguir, aumentando a probabilidade de ocorrência. Evidentemente, é impossível quantificar os impactos com precisão, já que envolveram perdas humanas substanciais, mas são os mais devastadores possível.

Quadrante Probabilidade baixa – Consequência severa (vulnerabilidade média): aqui se encaixam os eventos com baixa probabilidade de ocorrerem, mas com alto impacto. Imagine, olhando para a Figura 5.10, a ocorrência de um tornado que atinja a fábrica da empresa Confiança (que temos usado como exemplo neste capítulo) na Califórnia, no sudoeste americano. Embora a probabilidade de um tornado atingir uma localidade específica na Califórnia seja muito baixa, os danos seriam provavelmente bastante grandes, dada a capacidade destrutiva de um tornado.

Quadrante Probabilidade alta – Consequência leve (vulnerabilidade moderada): aqui se encontram os eventos com os quais as empresas lidam no dia a dia fazendo uso de seus sistemas de planejamento e controle. Exemplos seriam atrasos moderados na entrega de uma matéria-prima, uma quebra de um equipamento, um acidente com um caminhão transportando produtos para o centro de distribuição, entre outros. São eventos relativamente frequentes de acontecer numa maioria de ambientes, mas exercem impacto moderado, já que as empresas frequentemente têm estoques e outros recursos de segurança para lidarem com isso.

Quadrante Probabilidade baixa – Consequência leve (vulnerabilidade baixa): definitivamente os eventos que se encaixam nesta categoria não ocupam as posições mais altas na agenda de preocupações dos gestores de riscos das cadeias de suprimentos. Trata-se de eventos que, por um lado, apresentam probabilidade baixa de ocorrerem, e quando ocorrem, têm impacto baixo, ou consequências leves.

A Figura 5.16 mostra um exemplo de uso da ferramenta para análise de vulnerabilidades.

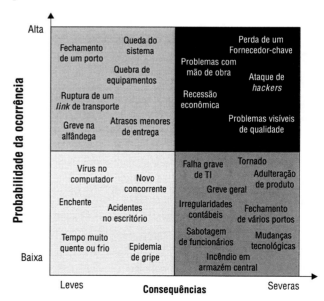

Figura 5.16 Exemplo de uso da ferramenta para análise de vulnerabilidade aos riscos de uma empresa.

TEORIA NA PRÁTICA

Análise de vulnerabilidade em ação

A General Motors do Brasil utiliza ferramentas muito similares àquelas descritas neste capítulo para analisar suas vulnerabilidades. Em seu processo de gestão de peças sobressalentes para a América Latina (*Passo 1* do processo de gestão de riscos descrito neste capítulo), a GM procura identificar potenciais fontes de risco (*Passo 2*) a partir de uma lista de áreas de risco a fim de facilitar o processo de identificação. A tabela da Figura 5.17 ilustra alguns exemplos usados pela empresa.

Alguns exemplos de fontes potenciais de risco por área de risco

Comercial e legal	Econômica e financeira	Tecnológica	Cadeia de suprimentos	Política	Gestão e controle	Recursos humanos	Ambiental	Eventos naturais
Fraude	Instabilidade geopolítica	Infraestrutura de TI	Falta de componente	Decisões políticas afetando o negócio	Quebra de procedimento	Falta de mão de obra qualificada	Gestão inadequada de segurança	Terremotos
Terceirização	Mau uso de fundos	Segurança da informação	Questões/falhas de fornecedores	Escrutínio constante pela mídia	Uso impróprio de recursos	Perda de pessoal-chave	Instalações/ equipamento inadequados	Tempestades
Negligência	Flutuações de câmbio	Obsolescência	Capacidade produtiva	Atividade terrorista	Objetivos impróprios de projeto	Gestão de desempenho	Contaminação	Inundações
Quebra de contrato	Desvio de fundos	Inflexibilidade	Preço de suprimentos e venda	Percepção da comunidade		Baixos salários	Poluição	Incêndio
Quebra de estatuto			Desempenho de transportadoras			Ruído		
			Operação de portos e alfândega					
			Inacurácia de previsões					
			Capacidade/ complexidade logística					

Figura 5.17 Alguns exemplos de fontes de riscos por área de risco consideradas pela GM Brasil para seu negócio de peças sobressalentes.

A empresa, a partir daí, procura detalhar mais as fontes de riscos em ocorrências (por exemplo, a fonte de risco "Falta de componente" é detalhada em "Falta de componentes padrão (p. ex., velas de ignição)", "Falta de componentes específicos (p. ex., porta)", de forma a poder, então, avaliar as probabilidades da ocorrência (*Passo 3*), sua consequência (*Passo 4*) e o nível da vulnerabilidade da GM ao risco (*Passo 5*). Para isso, a empresa utiliza a ferramenta ilustrada na Figura 5.18.

Dessa forma, a General Motors consegue, de forma mais objetiva, identificar e avaliar as suas fontes de vulnerabilidade. Note que na Figura 5.18 os números das células da matriz principal representam a soma dos números correspondentes aos níveis de probabilidade de ocorrência com o número correspondente à consequência da ocorrência. Por exemplo, para uma ocorrência que seja considerada *Provável* de acontecer (grau 4 de probabilidade) e com consequência *Catastrófica* (grau 5 de consequência), a vulnerabilidade calculada seria de 4 + 5 = 9. Um nível de risco (vulnerabilidade) grau 9 é considerado um *Risco extremo* por ser maior que 7. A recomendação, geral, então, é de que um *Plano de ação detalhado* para lidar com esse risco seja desenvolvido.

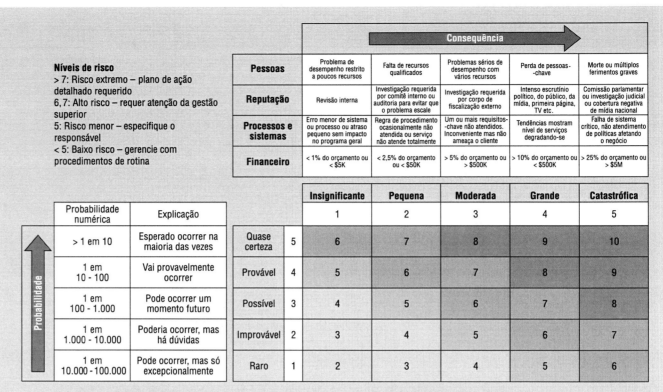

Figura 5.18 Ferramenta de peças sobressalentes usada pela GM para atribuir probabilidades de ocorrências associadas a riscos.

Questões para discussão

1. Quais as principais dificuldades que você enxerga no uso do sistema de avaliação de níveis de risco (vulnerabilidade) da GM?
2. Você considera que essa ferramenta possa ser usada também por uma empresa de serviços, como uma empresa de consultoria ou um hospital? Você acha que seriam necessárias adaptações nesse caso? Quais?

Passo 6 – Definição de ações priorizadas para redução e transferência de riscos

Considerando que as vulnerabilidades ou níveis de riscos têm dois elementos formadores – a probabilidade e a consequência das ocorrências –, há genericamente duas formas de se reduzirem as vulnerabilidades: ou se reduzem as probabilidades de ocorrência, ou se reduzem as suas consequências. Evidentemente, estas duas possibilidades não são mutuamente exclusivas, e as ações de redução de vulnerabilidades em geral envolvem uma mistura de ambas. Analisemos cada uma delas.

> **FIQUE ATENTO**
>
> Há duas formas de se reduzir a vulnerabilidade a riscos nas cadeias de suprimentos: ou se reduzem as probabilidades, ou se reduzem as consequências das ocorrências causadoras das interrupções.

Redução da probabilidade das ocorrências associadas ao risco

Esta opção de ação tem um aspecto preventivo e pode ser aplicado aos três tipos de risco: aleatório, acidental e intencional.

- Nos riscos *aleatórios*, por exemplo, nos desastres naturais, as forças da natureza ainda não conseguem, numa maioria de situações, ser "domadas" por ações do homem. Não se consegue, por exemplo, diminuir a probabilidade de ocorrência de furacões, terremotos ou chuvas intensas, mas certamente é possível diminuir a probabilidade que esses fenômenos afetarem a cadeia de suprimentos. Por exemplo, historicamente, a probabilidade de ocorrência de tornados na região central dos Estados Unidos é muito mais alta do que na costa leste. Estas probabilidades deverão continuar assim por um considerável período de tempo e estão muito além do escopo de controle das empresas e suas cadeias de suprimentos. Entretanto, dentro do escopo de controle das empresas está, pelo menos até certo ponto, a decisão de localização de unidades operacionais.

A decisão de localizar uma unidade fora da região central americana não afeta as probabilidades das ocorrências por região, mas certamente afeta a probabilidade de a unidade ser afetada por um tornado. Nem sempre, é verdade, uma empresa pode ter total liberdade para a decisão de localização de suas unidades operacionais. Se uma empresa fabricante de produtos decide objetivar os mercados da região central americana, ela pode decidir estabelecer uma fábrica na Florida Central (relativamente pouco afetada por tornados) e enviar os produtos para os estados da região central. Entretanto, algumas empresas de serviços (por exemplo, uma clínica), quando decidem objetivar os estados centrais, têm necessariamente que localizar unidades em regiões próximas de sua clientela, tendo então que conviver com riscos maiores.

Observe, entretanto que isso não é verdade para todos os serviços. Com a evolução das tecnologias de informação e telecomunicações, mais e mais serviços podem ser prestados de forma remota, dando mais liberdade aos gestores nas suas decisões de localização. Um *call center*, por exemplo, pode atender a todo um país sem ter seus centros de atendimento sequer próximos do referido país.

O ponto aqui, portanto, é que, para desastres naturais, embora não seja tecnologicamente possível (ainda, pelo menos) agir sobre o fenômeno natural em si, de forma que suas probabilidades de ocorrência sejam diminuídas, muitas vezes é possível que decisões dentro do escopo de controle das empresas e suas cadeias de suprimentos possam reduzir drasticamente a probabilidade que o fenômeno natural as afete. Nestas decisões são incluídas a decisão de localização (em regiões menos sujeitas aos fenômenos), as ações preventivas (por exemplo, manter as vias de escoamento de água desobstruídas para que chuvas intensas não se transformem em uma enchente que afete a empresa, ou reforçar estruturalmente os edifícios para que sofram menos com furacões).

- Nos riscos *acidentais*, é importante ter claro nas políticas de gestão de riscos que a orientação predominante tem de ser a de *prevenção*, ou seja, as ações preventivas na redução de riscos acidentais devem ter total prioridade em relação às ações corretivas.

Riscos acidentais estão associados, entre outros fatores, à imprudência, negligência, incompetência/imperícia e a falhas das tecnologias. Quanto à imprudência, a criação de uma cultura que valorize a conscientização da importância da prevenção, por exemplo, de acidentes, com uso de equipamento de proteção industrial, criação de procedimentos e *check lists* preventivos para identificação e redução de condições e atitudes inseguras é essencial. As empresas em geral têm suas políticas de prevenção de acidentes e suas CIPAs (Comissões Interna de Prevenção de Acidentes). A mesma lógica por trás da atuação dos mecanismos de prevenção de acidentes de trabalho pode ser usada para prevenir interrupções por causas outras.

Quanto à negligência, muito do que já se discutiu quanto à imprudência se aplica, mas negligência está mais ligada à atitude dos envolvidos, e, às vezes, mudar atitudes pode ser difícil. A política, nesse caso, com intuito de reduzir riscos acidentais, tem de estar ligada aos critérios de seleção de pessoal. Critérios que procurem identificar pessoas com tendência a comportamento negligente e evitem que ocupem posições de risco podem reduzir substancialmente esses riscos. Quanto à incompetência/imperícia, só há uma solução: procurar garantir que só ocupem posições na organização os profissionais que estejam com níveis de competência compatíveis com os requeridos pela posição ocupada. Motoristas mal treinados ou pouco experientes, operadores de equipamento pouco qualificados, planejadores de produção, suprimentos e distribuição que não conhecem profundamente os conceitos e técnicas de suas atribuições vão causar interrupções importantes nas cadeias de suprimentos – é apenas uma questão de tempo. Treinamento e acompanhamento para uma adequada conciliação entre competências do trabalhador e requisitos do trabalho é a melhor forma de reduzir probabilidades de erros acidentais por incompetência.

Por mais que se trabalhem as opções para redução dos erros acidentais pelas pessoas, errar é humano e os erros *vão* acontecer. Uma linha de defesa adicional importante a se considerar na redução de riscos é um mecanismo que se coloca entre o "erro humano" e a "interrupção". Em outras palavras, é um mecanismo que visa a evitar que um erro se torne uma falha ou uma interrupção. Esse mecanismo é chamado *poka-yoke*, ou mecanismo à prova de falhas. O Saiba mais a seguir o descreve.

SAIBA MAIS

Poka-yoke, uma linha de defesa entre o erro e a falha (Corrêa e Corrêa, 2017)

A expressão japonesa *poka-yoke*, que, traduzida com certa liberdade significa à *prova de falhas*, engloba os conceitos desenvolvidos por Shigeo Shingo, um consultor japonês, na década de 1960.

Inicialmente, a técnica era direcionada à identificação dos potenciais de erros sujeitos a ocorrer durante o processo de fabricação, buscando eliminá-los o mais próximo possível de suas causas, por meio da adoção de dispositivos capazes de detectá-los imediatamente após a sua ocorrência, corrigindo-lhes as causas. Assim, os erros não se tornariam acidentes ou falhas (que, por sua vez, causam interrupções). O conceito foi desenvolvido tendo em vista a redução de falhas de qualidade (defeitos).

Suponha que um potencial de defeito identificado fosse a falta de um furo, obtido num processo de usinagem. A adoção de um pino que adentrasse ao furo no dispositivo de fixação da peça no estágio subsequente ao da furação eliminaria a possibilidade de uma peça sem o furo prosseguir no processo. O *erro* não desencadearia o *defeito*.

Posteriormente, continuando a busca da eliminação dos potenciais de *erros* o mais próximo possível de suas causas, os conceitos do *poka-yoke* passaram a ser aplicados desde o projeto, estendendo-se também à manutenção, segurança e processos de serviço, todos potenciais causadores de interrupções.

Os conceitos do *poka-yoke* envolvem:

- Controles ou características do produto em si ou de seu processo de obtenção, que evitem ou minimizem a ocorrência dos erros.
- Dispositivos ou ações simples (geralmente de pouco custo) ao final das operações sucessivas, de modo a detectar e corrigir os erros na sua fonte.

Alguns princípios apontam para áreas de ação na adoção do *poka-yoke*:

- *Detecção*: busca identificar o erro antes que este se torne um defeito, uma falha ou um acidente. O pino no dispositivo de fixação da peça para detectar a ausência de um furo, citado anteriormente, demonstra bem o princípio.
- *Minimização*: busca minimizar o efeito do erro. Como exemplo, considere as modernas aeronaves. O *software* de controle de voo é preparado para não atender comandos de manobras bruscas demais pelo piloto, que ponham em risco a integridade estrutural do avião. Esse *poka-yoke* é um mecanismo que evita que um erro do piloto se transforme numa falha grave e até a possível queda do avião.
- *Facilitação*: busca a adoção de técnicas que facilitem a execução das tarefas nos processos. A adoção de aparelhos de GPS, por exemplo, nos veículos de carga, minimiza a chance de interrupções por erros no caminho ou atrasos por congestionamento evitável. Os aparelhos de GPS mais contemporâneos sinalizam retenções no caminho, sugerindo rotas alternativas.
- *Prevenção*: busca ações para impedir que o erro ocorra. As entradas de combustível nos tanques dos veículos têm diâmetros diferentes (compatíveis apenas com o combustível adequado ao veículo) com o intuito de impedir o abastecimento com o combustível errado, acarretando a não disponibilidade temporária do veículo e a consequente interrupção no transporte.
- *Substituição*: busca substituir processos ou sistemas por outros mais consistentes. Os sistemas de alimentação carburados dos veículos foram substituídos pelos sistemas de injeção eletrônica, muito mais consistentes frente a variações climáticas e de solicitação do motor.
- *Eliminação*: busca a eliminação da possibilidade de ocorrência de erros pelo redesenho do produto, do processo de obtenção ou da prestação de serviço. Considere que, até pouco tempo, todos os dispositivos de carga de baterias (como das calculadoras, por exemplo) possuíam uma chave seletora da tensão de entrada (110 ou 220 volts). O engano do usuário em utilizar a tomada certa causaria, inevitavelmente, a queima do carregador. Atualmente, pelo redesenho do produto, todos os bons equipamentos permitem tanto a conexão em 110 quanto em 220 volts, sem a necessidade da seleção prévia. Outro exemplo é o uso de códigos de barras em produtos, que visam à eliminação de erros de digitação nos caixas dos supermercados.

Figura 5.19 Os códigos de barras em produtos são mecanismos de *poka-yoke* que eliminam o erro de digitação, como nesse *auto-checkout*.

O uso de *poka-yoke* é essencialmente um mecanismo preventivo que, embora tenha sido desenvolvido para prevenir problemas de qualidade e defeitos, têm sido largamente utilizado para prevenir também os acidentes e outras causas de interrupção, tornando-se um valioso aliado no objetivo de reduzir a probabilidade de ocorrências causadoras de interrupção nas cadeias de suprimentos.

Para inúmeros exemplos de mecanismos à prova de falha (*poka-yoke*) da vida cotidiana, visite o *site*:
Fonte: http://www.mistakeproofing.com/example1.html
Acesso em: 4 jul. 2019

uqr.to/fcv5

Questão para discussão

1. Dê exemplos de mecanismos do tipo *poka-yoke* que visam a diminuir a chance de interrupção que você identifica no processo de remessa de um pacote usando uma empresa do tipo da FedEx (www.fedex.com). Quais as diferenças para a remessa de um pacote ou envelope a partir de uma remessa simples tradicional do correio?

Nos riscos *intencionais*, a prevenção também é essencial, e prevenir riscos de ocorrências intencionais inclui aumentar a segurança. *Firewalls* contra ataques virtuais, sistemas protegidos por senhas seguras, transmissão de dados criptografados, segurança patrimonial para garantir acesso apenas a pessoas autorizadas e evitar roubo, sabotagem e espionagem industrial, mecanismos de segurança para prevenir roubos de carga, localização de unidades em áreas mais seguras, são todos exemplos de mecanismos que visam a aumento de segurança contra a ocorrência de eventos intencionais causadores de interrupção. Sheffi (2005) sugere que, para reduzir a probabilidade de riscos intencionais, a empresa:

- *use* métodos em camadas. Um exemplo são as camadas com diferentes níveis de segurança e acesso: primeiro, à empresa (crachá), depois a departamentos mais sensíveis (portas com teclado e senha de acesso), depois a equipamentos com senhas e possíveis sistemas biométricos (retina, impressão digital) de identificação e assim por diante;
- *consiga identificar atividades que representem ameaça dentre as normais*. A grande maioria das atividades realizadas dentro da empresa e na interface entre ela e seu ambiente é benigna. Apenas uma pequena proporção representa ameaça – os padrões destas atividades devem ser rapidamente identificados;
- *trabalhe colaborativamente e construa parcerias*. Como nas cadeias de suprimentos mercadorias e outros fluxos, como o financeiro e o de informações, trocam constantemente de mãos e envolvem muitas empresas, o trabalho colaborativo e integrado entre estas empresas pode ajudar a garantir um ambiente de operação mais seguro;
- *treine muito e teste constantemente seus mecanismos*. Um dos perigos das medidas de segurança é elas se tornarem rotineiras e as pessoas deixarem de dar a elas a importância e atenção devidas. Assim, os sistemas devem ser constantemente testados, com a simulação de ocorrências, com ou sem o conhecimento prévio dos envolvidos, a fim de identificar a eficácia das medidas de segurança e ajudar a manter o nível de atenção.

Redução das consequências das ocorrências associadas ao risco

Uma segunda forma de redução dos riscos de interrupção nas cadeias de suprimentos é desenvolver e implantar ações e mecanismos para reduzir a *consequência* das interrupções. Aqui não se ganha muito por separar as ações por tipo de risco, porque, uma vez ocorrida a interrupção, o mais importante é que de forma rápida e eficiente as operações voltem à sua operação normal. Aqui, em geral, duas abordagens básicas podem ser usadas: redundância de recursos, agilidade e flexibilidade. De novo, estas duas abordagens gerais não são mutuamente exclusivas e podem (e muitas vezes devem) ser usadas em combinação.

- *Redundância de recursos* se refere a manter mais recursos disponíveis à empresa do que aqueles estritamente necessários à operação sob condições normais. Esses recursos "extras" são mantidos em níveis bem gerenciados exatamente para ajudar a empresa a fazer frente a possíveis interrupções. Se uma empresa mantiver algum nível de estoques de segurança (ver Capítulo 9) de um certo item, por exemplo, estará mais robusta a uma interrupção de fornecimento do que se não contar com nenhum estoque de segurança do item; se uma empresa tem apenas um fornecedor qualificado de certo item, será muito menos robusta a uma interrupção do que se tiver vários; se uma empresa tiver alguma capacidade extra de produção, sofrerá menos com a quebra de uma máquina; se tiver reservas financeiras, será mais robusta à saída do mercado de um cliente importante; se uma empresa de entregas expressas como a UPS (www.ups.com) tiver aeronaves de reserva, sofrerá muito menos com uma interrupção causada por uma aeronave impedida de levantar voo pela falta de uma peça; se uma empresa tem *backups* de seus sistemas e dados, sofrerá menos com uma interrupção eventual causada por uma queda de sistema, um dano a um disco rígido ou ataque de um *hacker*.
- *Agilidade* se refere a características planejadas para o sistema a fim de torná-lo mais robusto. Por exemplo, na ocorrência de uma interrupção, os sistemas de informação e as pessoas envolvidas necessitam ter

a agilidade para identificar o ocorrido, avaliar a sua severidade e disparar ações de recuperação. Isso não significa ter recursos redundantes, mas ter recursos que façam a informação fluir rapidamente até que chegue aos pontos de decisão adequados. Quando se percebe que um desastre natural afetou substancialmente um fornecedor, essa informação às vezes chega à empresa por meio de uma comunicação externa feita ao comprador. Este deve ter o discernimento e a rapidez para, se necessário, mobilizar outros membros da organização para avaliar o potencial impacto da ocorrência e ter os canais de comunicação abertos com níveis hierárquicos superiores para que eles sejam envolvidos o mais rapidamente possível. Estes, por sua vez, também têm de ter agilidade para disparar ações o mais rapidamente possível. Na gestão de uma crise, tempo é essencial, principalmente nos momentos imediatamente posteriores ao ocorrido, nas etapas de contenção do dano e início da etapa de preparação para recuperação.

- *Flexibilidade* é outra característica que pode alavancar muito a resposta às interrupções, auxiliando a reduzir suas consequências. Uma empresa, por exemplo, que tenha quatro fábricas dedicadas, cada uma a produzir exclusivamente um dos quatro produtos que vende ao mercado, quando sofre uma interrupção importante numa das fábricas, perde 100% da produção do referido produto. Se, por outro lado, a empresa tem quatro fábricas flexíveis, capazes de produzir, cada uma, os quatro produtos que a empresa vende, uma interrupção importante numa fábrica será mais facilmente absorvida pelas outras, desde que tenham alguma capacidade extra. Um grupo de funcionários polivalentes será muito mais capaz de produzir mesmo com um deles ausente do que um grupo de funcionários em que cada um seja capaz de executar apenas uma tarefa. Outros aspectos de flexibilidade que auxiliam na capacidade de reduzir as consequências de uma interrupção são a modularização e a padronização de peças, produtos e processos. Com maior padronização, mais intercambialidade de peças entre produtos, produtos entre mercados, e de processos entre unidades produtivas pode ser feita, na ocorrência de interrupções da disponibilidade de recursos (máquinas, fábricas) e do suprimento de peças.

Evidentemente, quando se trabalha com recursos redundantes e/ou flexíveis, há custos adicionais. Por isso, é muito importante pesar os custos extras da redundância e da flexibilidade dos recursos com os benefícios de uma maior robustez ou resiliência (a capacidade de recuperação da cadeia depois de uma interrupção) da cadeia de suprimentos.

A Figura 5.20 ilustra as estratégias gerais de redução das probabilidades e consequências das ocorrências associadas a riscos.

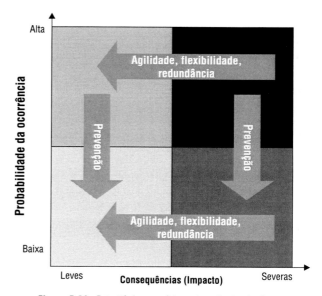

Figura 5.20 Estratégias genéricas de redução de riscos.

Transferência de riscos

Em várias situações, as empresas optam por transferir a terceiros parte dos riscos associados a interrupções. A forma mais evidente de transferência de riscos é o uso de empresas seguradoras que, por sua vez, em muitas situações, retransferem parte dos seus riscos para outras seguradoras em operações de resseguro. Da mesma forma que as empresas participantes das cadeias de suprimentos, as seguradoras também procuram trabalhar os dois aspectos dos seus riscos: a probabilidade de ocorrência de eventos causadores de interrupção/dano e as suas consequências, já que responsabilizar-se-ão por prejuízos decorrentes das consequências dos eventos, caso estejam dentro do que foi previsto em contrato entre seguradora e empresa segurada.

Percepção de riscos em cadeias de suprimentos no Brasil

Num dos poucos artigos da literatura que abordam gestão de risco no Brasil, Blos *et al.* (2009) investigaram utilizando pesquisa por levantamento (*survey*) a percepção de risco, nas cadeias de suprimentos, de executivos dos setores automotivo e de produtos eletrônicos no Brasil. Embora a amostra não seja grande (49 empresas responderam o questionário dos pesquisadores), a percepção identificada dos gestores quanto às principais vulnerabilidades de suas cadeias de suprimentos em relação a fatores que os fazem "expostos a perturbações sérias, originadas de riscos internos e externos à cadeia de suprimentos" é curiosamente similar quando se comparam ambos os setores industriais analisados. A tabela da Figura 5.21 traz os resultados da pesquisa.

Vulnerabilidade financeira	Automotivo %	Eletrônico %	Vulnerabilidade estratégica	Automotivo %	Eletrônico %
1 Crédito	35	33	1 Sindicatos	27	25
2 Liquidez/caixa	20	21	2 Relações com canal de distribuição	17	18
3 Recessão econômica	10	11	3 Relações com fornecedores	15	14
4 Instabilidade dos mercados financeiros	9	9	4 Relações com clientes	13	12
5 Flutuação de taxas de câmbio	8	8	5 Lançamento de programas	12	12
6 Preços de combustíveis	7	7	6 Número de fornecedores	9	9
7 Mudanças adversas nas leis para o setor	6	6	7 Decisões tecnológicas	5	6
8 Inadimplência	5	5	8 Novos concorrentes	2	4

Vulnerabilidade a eventos danosos	Automotivo %	Eletrônico %	Vulnerabilidade operacional	Automotivo %	Eletrônico %
1 Dano a propriedade	23	21	1 Roubo	17	18
2 Incêndio em edifício ou equipamento	15	15	2 Erros de operador/acidente	15	16
3 Dano por raio	15	14	3 Perda de pessoal-chave	11	13
4 Dano por ventania	9	10	4 Vírus de computador	9	10
5 Explosão de caldeira ou máquina	9	9	5 Má qualidade	9	10
6 Perda de instalação-chave	7	8	6 Falha em sistemas de TI	9	8
7 Poluição do terreno, água ou ar	7	7	7 Riscos com recursos humanos	9	8
8 Perdas de carga no transporte	3	4	8 Perda de fornecedor-chave	5	4
9 Risco geopolítico	3	3	9 Interrupção na logística (p. ex., rotas)	4	4
10 Inundação	3	3	10 Perda de equipamento-chave	4	3
11 Sabotagem	3	3	11 Falha no provedor logístico	4	3
12 Tempestades	3	3	12 Falha em instalações	4	3

Figura 5.21 Percepção da importância dos vários fatores de risco por executivos brasileiros de uma amostra de empresas dos setores automobilístico e de produtos eletrônicos (Blos et al., 2009).

5.3 ESTUDO DE CASO: CISCO E A GESTÃO DE RISCOS NA CADEIA DE SUPRIMENTOS

Figura 5.22 Sede da Cisco Systems, em São Francisco (EUA).

Um dos maiores terremotos que já atingiram a China ocorreu em 12 de maio de 2008, com magnitude de 7,8 na escala Richter e epicentro a 80 km a noroeste de Chengdu, a capital da província de Sichuan. O evento representou um teste de fogo para o recém-implantado mecanismo de gestão de riscos da Cisco Systems (www.cisco.com), gigante dos equipamentos eletrônicos para telecomunicações e cadeias de computadores, fundada em 1984 e com faturamento de mais de 40 bilhões de dólares em 2008, empregando 65 mil pessoas em todo o mundo.

Nos últimos anos, o monitoramento de crises na cadeia de suprimentos se tornou uma parte essencial do programa Cisco de Gestão de Risco na Cadeia de suprimentos (GRCS) dentro do setor recém-renomeado Gestão da Cadeia de Valor ao Cliente (GCVC). Na Cisco, GCVC é uma função central, anteriormente chamada Gestão de Cadeia Global de Suprimentos, tendo mudado de nome para enfatizar o foco no cliente.

Para fazer o programa funcionar, a equipe de GRCS tem parcerias próximas com outros setores da organização de GCVC, como o setor de Gestão Global de Fornecedores (GGF), que supervisiona as decisões de compras e suprimentos e relações com fornecedores globalmente; Operações de Produto, que transforma inovações de engenharia em produtos robustos; e Operações Globais de

Manufatura, que supervisiona as operações de produção e logística da empresa por meio de uma extensa cadeia de parceiros (95% da produção da Cisco é terceirizada).

O programa de gestão de risco na cadeia de suprimentos (GRCS) da Cisco consiste nos seguintes componentes:

1. *Programa de Planejamento de Continuidade do Negócio (PCN)*. Esse programa tem foco nos fornecedores, manufaturas terceirizadas e provedores de serviços logísticos, especificando e documentando planos e tempos de recuperação e definindo padrões de resiliência a serem atingidos.
2. *Gestão de crise*. A equipe global de gestão de crise da Cisco é responsável pelo monitoramento global e resposta a interrupções 24 horas por dia, sete dias por semana.
3. *Resiliência de produtos*. A gestão global de fornecedores (GGF) e a equipe de gestão de riscos em particular colaboram aqui para endereçar três questões:
   - auxiliar as unidades de negócios a tomarem boas decisões estratégicas que considerem vulnerabilidades em relação ao projeto de produtos;
   - traduzir estratégias de longo prazo de redução de risco em prioridades de curto prazo; e,
   - reduzir o custo de programas e estratégias de redução de risco.
4. *Resiliência da cadeia de suprimentos*. O GRCS trabalha com operações de manufatura, com as manufaturas terceirizadas e com os parceiros provedores de serviços logísticos a fim de identificar nós na cadeia de suprimentos com tempos estimados de recuperação de interrupções maiores que a tolerância estabelecida pela Cisco e desenvolver planos de aumento de resiliência desses nós.

Parceiros-chave

O programa Cisco de GRCS requer muita colaboração multissetorial. Por exemplo, o time de GRCS trabalha com a equipe de engenharia para avaliar atributos de resiliência de novos produtos ainda em desenvolvimento (por exemplo, a dependência de fornecedores únicos). Esse planejamento permite à empresa construir resiliência na cadeia de suprimentos desde as etapas de projeto de produtos e de processos. Às vezes, requisitos de projeto são conflitantes com os níveis requeridos de resiliência na cadeia de suprimentos. Pode haver risco, por exemplo, de se projetar um produto que dependa exclusivamente de um fornecedor novo – uma empresa, por exemplo, que ainda não tenha demonstrado sua habilidade de aumentar volumes de produção com a rapidez necessária ou manter estabilidade financeira ao longo do tempo. Para produtos já em produção, a equipe de GRCS trabalha de perto com operações de manufatura a fim de definir planos de aumento de resiliência (por exemplo, qualificando fornecedores alternativos, fábricas alternativas e negociando e implantando estoque e capacidade produtiva de segurança).

O programa de GRCS da Cisco em ação

A Cisco tem centenas de parceiros terceirizados com fábricas ao redor do mundo. Para permitir o monitoramento da cadeia de suprimentos, em primeiro lugar a equipe precisa entender onde cada componente dos produtos Cisco é de fato produzido. Para coletar essa informação crucial, foi desenvolvido o planejamento de continuidade do negócio (PCN) que coleta todas as informações necessárias para realizar a análise de risco da cadeia de suprimentos, adicionalmente ao plano de gestão de crise. A coleta de dados dos fornecedores inclui: endereço físico das fábricas, contatos em emergência, localização de fábricas alternativas e tempo de recuperação no caso de necessidade de mudança de produção para a fábrica alternativa. A coleta de informações inclui também uma avaliação dos planos de continuidade dos próprios fornecedores, na eventualidade de uma interrupção.

Com a cadeia de unidades de operação definida, a organização de GRCS está pronta para começar a correlacionar eventos mundiais com as localizações estratégicas no mapa. A equipe utiliza informações da NC4 (*National Center for Crisis and Continuity Coordination* – Centro Nacional para Coordenação de Crises e Continuidade (http://www.nc4.us), uma organização que monitora continuamente perturbações mundiais de várias naturezas: políticas, meteorológicas, sísmicas, entre outras), o que permite construir perfis de alerta baseados em específicas localidades.

A NC4 envia sistematicamente a seus clientes, como a Cisco, alertas customizados, que podem ser filtrados com base em vários atributos, como severidade e tipo da ocorrência. No caso do terremoto de Chengdu, a equipe da Cisco foi notificada com o seguinte alerta da NC4: *Incidente meteorológico e geofísico moderado a extremo a menos de 100 km da localidade da cadeia de suprimentos*.

Esse monitoramento próximo e em tempo real reduz muito o tempo de resposta a eventos que não estejam sob controle da Cisco. No caso de Chengdu, em 48 horas a empresa foi capaz de conduzir uma análise completa de impacto do incidente, incluindo a avaliação de fornecedores, peças e produtos afetados. Dentro de dois dias, a equipe de GRCS havia iniciado um levantamento completo da crise visando à comunicação com os contatos de emergência dos fornecedores da região.

Em paralelo, a Cisco disparou avaliações completas junto às empresas parceiras para averiguar o impacto financeiro. Essa análise inicial revelou, em menos de 24 horas, que a empresa tinha algo em torno de 20 fornecedores na área afetada.

Embora não tenha havido nenhum impacto direto em nenhuma instalação fabril ou armazém da empresa ou terceirizada, havia dois fornecedores de componentes potencialmente sob risco: o Fornecedor X, que apresentava risco de redução de faturamento para a Cisco (além de ser fornecedor único) e o Fornecedor Y, com menor impacto no faturamento, mas com dano físico em um de seus edifícios.

Ocorre que a equipe de GRCS, junto com a função de gestão global de suprimentos, havia proativamente começado a trabalhar para endereçar a questão de ser fornecedor único do Fornecedor X e já havia identificado uma fonte alternativa alguns meses antes. Quanto ao Fornecedor Y, o time de GRCS de gestão de crise mobilizou colegas internos de planejamento de operações e suprimentos para ativar fontes alternativas de suprimentos anteriormente identificadas, assim como conseguir o comprometimento do fornecedor com o aumento de sua capacidade.

Quantificando o impacto

Uma vez identificadas as instalações afetadas pelo terremoto na China, foi possível usar a informação coletada para determinar o potencial impacto da ocorrência nos despachos futuros de produtos da Cisco para seus clientes e, como consequência, o impacto nos resultados da organização.

A Cisco utiliza as mesmas capacitações analíticas para desenvolver avaliações proativas e desenvolver iniciativas de redução de risco. Para isso, a empresa usa um "mecanismo de risco" para avaliar a probabilidade de ocorrências. O mecanismo de risco inclui várias bases de dados (como dados históricos de 100 anos de inundações, dados atuariais, dados geopolíticos e geológicos, dados de acidentes por instalação, dados de desempenho histórico de fornecedores).

Estas probabilidades de interrupções são correlacionadas com todas as localidades envolvidas com a cadeia de suprimentos da Cisco, como as fábricas dos fornecedores, as manufaturas terceirizadas, os armazéns e os centros logísticos. O impacto de uma interrupção é determinado com base em quanto o faturamento da Cisco é dependente de cada um dos nós da cadeia de suprimentos analisados e nos correspondentes tempos de recuperação em caso de interrupção. A Cisco usa até modelos de simulação para consideração conjunta de todos esses dados para a criação de mapas visuais, baseados em probabilidades e impactos de interrupções.

Reduzindo riscos na base de fornecedores

Um programa centralmente coordenado facilita uma resposta rápida e coordenada para crises. Por exemplo, em 2008, quando a situação da economia mundial se degradou, a Cisco ficou preocupada com a saúde financeira de vários de seus fornecedores principais. A empresa rapidamente lançou uma iniciativa de avaliação de risco financeiro a fim de identificar fornecedores com itens fornecidos com exclusividade que teriam implicações importantes em termos de faturamento em caso de interrupção por saída do mercado. Colaborativamente com o grupo de gestão global de suprimentos e com o setor financeiro, a equipe de GRCS rapidamente organizou reuniões com os parceiros em risco e, depois de uma completa avaliação, classificou-os em três categorias: "verde", que não requeriam qualquer ação, "amarelo", que requeriam monitoramento, e "vermelho", que necessitavam de ações de redução de risco. Para fornecedores que caíram na classificação vermelha, a Cisco rapidamente disparou ações para identificar fornecedores alternativos. Quando dois dos fornecedores foram à falência meses depois, a empresa já havia estabelecido fontes alternativas para as peças fornecidas por eles, reduzindo assim, substancialmente, o impacto das interrupções.

Reduzindo risco nas unidades manufatureiras

Novamente em relação ao terremoto de Chengdu, baseado na avaliação do impacto, a Cisco foi capaz de rapidamente avaliar se tinha havido impacto nas suas unidades produtivas ou centros logísticos. Se tivesse havido, o programa de redução de risco teria entrado em ação para ativar os planos de recuperação e garantir que esta ocorresse dentro dos tempos pré-estimados, trabalhando intensamente e de perto com os grupos envolvidos, como o de gestão de manufatura.

Construir resiliência pode ser bastante caro, dada a complexidade e o tamanho da tarefa. No caso da Cisco, implica coletar dados de mais de 700 fornecedores, identificar e qualificar fontes de suprimentos alternativas e construir capabilidades de resposta a crises que possam lidar com mais de oito mil produtos. Orçamentos específicos são necessários e isso só se consegue com o comprometimento da alta direção.

Baseado em artigo por Kevin Harrington e John O'Connor, da Cisco, para a *Supply Chain Management Review*. Disponível em: http://www.scmr.com/article/CA6672233.html. Acesso em: 21 set. 2009.

SAIBA MAIS

uqr.to/fcv6

O vídeo a seguir é interessante: sobre gerenciamento de risco na cadeia de suprimentos com o Prof. Jim Rice, do MIT (prepare-se, é um vídeo longo, com quase 50 minutos):

Fonte: https://www.youtube.com/watch?v=o-pbvpvgyMA
Acesso em: 4 jul. 2019

Questões para discussão

1. A Cisco é uma empresa enorme, multinacional. Analise a forma como ela gerencia os seus riscos na cadeia de suprimentos e descreva o que seria diferente no desenvolvimento de um setor de gestão de riscos para uma empresa média, como uma fabricante regional de calçados localizada no Vale do Rio dos Sinos.

2. Imagine que você trabalhe para a Tramontina (www.tramontina.com.br), uma multinacional brasileira, como diretor de gestão da cadeia de suprimentos. Imagine que o presidente encarregou você de desenhar um plano diretor para o estabelecimento de gestão de riscos na empresa. Faça as necessárias pesquisas para se inteirar tanto quanto possível sobre as operações e a cadeia de suprimentos da Tramontina e prepare a apresentação de uma proposta, passo a passo para o estabelecimento de gestão de riscos na empresa, com base no caso da Cisco e no que você aprendeu no Capítulo 5.

3. Como você abordaria a questão de "retorno sobre o investimento" necessário para estabelecer a gestão de riscos na cadeia de suprimentos da Tramontina? Explique as informações que você necessitaria coletar para conseguir justificar o investimento proposto.

5.4 RESUMO

- Se, por um lado, as cadeias globais representam enormes oportunidades de redução de custos e de uso de talentos e recursos onde quer que se localizem (ver Capítulo 4), por outro lado, os riscos também aumentaram muito.

- Risco, genericamente considerado, pode ser definido como o valor estatístico da expectativa sobre um evento indesejado que pode ocorrer ou não.

- O valor da expectativa sobre um possível evento negativo é dado pela consideração conjunta da probabilidade estimada da sua ocorrência por alguma medida de sua severidade, impacto ou consequência.

- Risco em cadeias de suprimentos está associado à possibilidade de um evento indesejado ocorrer e seu consequente impacto na consecução do objetivo amplo da gestão de cadeias de suprimentos, que é o de conciliar suprimento e demanda.

- Diferentes tipos de risco, aleatórios, acidentais e intencionais, podem exigir diferentes formas de gestão.

- É importante classificar os riscos, porque as formas de se lidar com os diferentes tipos pode ser diferente.

- O processo de gestão de risco em cadeias de suprimentos em geral engloba os seguintes passos:
    1. identificação de processos e recursos sujeitos a riscos;
    2. identificação dos principais riscos;
    3. avaliação da probabilidade de ocorrência associada aos principais riscos;
    4. identificação das consequências da ocorrência associada aos riscos;
    5. avaliação dos níveis de vulnerabilidade;
    6. definição de ações priorizadas para redução e transferência de riscos.

- A vulnerabilidade de uma empresa ou cadeia de suprimentos aos riscos está associada à consideração conjunta da probabilidade da ocorrência associada ao risco e a seriedade (ou, às vezes, chamada severidade) do seu impacto.

- Há duas formas de se reduzir a vulnerabilidade a riscos nas cadeias de suprimentos: ou se reduzem as probabilidades, ou se reduzem as consequências das ocorrências causadoras das interrupções.

- A expressão japonesa *poka-yoke*, que traduzida com certa liberdade significa à prova de falhas, engloba os conceitos desenvolvidos por Shigeo Shingo, um consultor japonês, na década de 1960. O conceito pode ser adaptado para auxiliar no controle de riscos.

5.5 EXERCÍCIOS

1. Por que hoje em dia a gestão de riscos em cadeias globais de suprimentos tem ganhado tanta prioridade nas agendas de preocupações dos executivos em praticamente todos os países e todas as empresas?

2. O que é, conceitualmente, "risco", e como o conceito se diferencia do conceito de "incerteza"?

3. Como pode ser definido o conceito de risco especificamente para cadeias de suprimentos?

4. Os impactos de curto prazo são relativamente óbvios, quando acontece uma interrupção na cadeia de suprimentos de uma empresa. O que você tem a dizer sobre os impactos de longo prazo para a empresa, de uma interrupção importante em sua cadeia de suprimentos?

5. Descreva, em suas palavras, as etapas, ao longo do tempo, pelas quais passa uma interrupção e explique o impacto que cada etapa tem no desempenho da organização envolvida.
6. Quais são os tipos gerais de riscos aos quais uma cadeia de suprimentos está sujeita? Explique cada um deles em suas palavras. Por que a classificação de riscos em "tipos" é importante para a gestão?
7. Explique, com suas próprias palavras, os dez princípios da gestão de risco de Kleindorfer e Saad (2005).
8. Quais são os seis passos do processo de gestão de riscos em cadeias de suprimentos? Explique sucintamente cada um deles, em suas palavras.
9. Qual a forma usada para se identificar fontes de risco em cadeias de suprimentos?
10. Como avaliar a probabilidade de ocorrências associadas a riscos aleatórios? Dê exemplos. Pesquise na internet possíveis fontes de informação sobre a probabilidade de ocorrência de enchentes na Região Sul do Brasil.
11. Como avaliar a probabilidade de ocorrências associadas a riscos acidentais? Dê exemplos.
12. Como avaliar a probabilidade de ocorrências associadas a riscos intencionais? Dê exemplos.
13. Como se pode identificar e avaliar as consequências de ocorrências causadoras de interrupções?
14. Quais as principais abordagens que se podem utilizar para se reduzir as probabilidades de ocorrências associadas a riscos aleatórios, acidentais e intencionais?
15. Quais as principais abordagens que se podem usar para reduzir as consequências (impactos) das ocorrências associadas a risco nas cadeias de suprimentos?
16. O que se entende por "uso de redundância de recursos" na redução das consequências de ocorrências causadoras de interrupções nas cadeias de suprimentos?
17. Qual a percepção geral de risco dos executivos brasileiros, com base na Figura 5.21? Tire suas conclusões dos dados depois de analisar a tabela.

5.6 ATIVIDADES PARA A SALA DE AULA

1. Com seu grupo, produza um mapa de vulnerabilidade para uma casa de família típica. Quais ações vocês podem sugerir, prioritariamente, para reduzir o nível de risco ao qual o funcionamento normal de uma casa típica está sujeito? Priorize as ações.

2. Com seu grupo, use o mapa de vulnerabilidade para avaliar o nível de vulnerabilidade de uma instituição de ensino quanto às possíveis fontes de risco:
   - greve geral de professores;
   - epidemia séria de gripe aviária;
   - incêndio de proporções importantes;
   - enchente séria;
   - falta de um professor;
   - ataque por um atirador ativo dentro da escola.

   Identifique outros fatores de risco específico para a instituição de ensino.

   Elabore uma lista priorizada de ações que seu grupo sugeriria para reduzir os riscos identificados.

5.7 REFERÊNCIAS

BLOS, M. F.; QUADDUS, M.; WEE, H. M.; WATANABE, K. Supply Chain Risk Management: a Case Study on the Electronics and Automotive Industries in Brazil. *Supply Chain Management: an International Journal.* v. 14, n. 4, p. 247-252, 2009.

CORRÊA, H. L.; CORRÊA, C. A. *Administração de Produção e Operações.* 4. ed. São Paulo: Atlas, 2017.

HENDRIKS, K. B.; SINGHAL, V. R. Managing Disruptions in Contemporary Supply Chains, in Gattorna, J. (ed.). *Dynamic Supply Chain Alignment.* Gower, Surrey, Inglaterra, 2009.

KLEINDORFER, P. R.; SAAD, G. H. Managing Disruption Risks in Supply Chains. *Production and Operations Management.* v. 14, n. 1, p. 53-68. Spring 2005.

MUTHUKRISHNAN, R.; SHULMAN, J. A. Understanding supply chain risk: A McKinsey Global Survey. *McKinsey Quarterly*, Setembro de 2006.

SHEFFI, Y.; RICE JR., J. B. A Supply Chain View of the Resilient Enterprise. *Sloan Management Review.* v. 47, n. 1. p. 41-48. Fall 2009.

SHEFFI, Y. *The Resilient Enterprise.* The MIT Press, London, Massachusetts, EUA, 2005.

5.8 LEITURAS ADICIONAIS RECOMENDADAS

CHOPRA, S.; SODHI, M. S. Managing Risk to Avoid Supply-Chain Breakdown. *Sloan Management Review.* v. 46. n. 1. Fall 2004.

FARRELL, D. Smarter Offshoring. *Harvard Business Review.* June 2006.

International Journal of Physical Distribution & Logistics Management. Duas edições especiais sobre "Logistics and Supply Chain Risk and Uncertainty", v. 34, n. 5, 2004, com o professor Joseph L. Cavinato como editor convidado, e v. 34, n. 9, 2004, com o professor Jack Barry como editor convidado.

International Journal of Operations & Production Management. Edição especial sobre "Supply chain management: Theory and practice – the emergence of an academic discipline?". Editores convidados: professores Cousins, Lawson e Squire. v. 26, n. 7, 2006.

MANUJ, I.; MENTZER, J. T. Global Supply Chain Risk Management. *Journal of Business Logistics*. v. 29, n. 1. 2008.

HANDFIELD, R. B.; MCCORMACK, K. (eds.). *Supply Chain Risk Management: Minimizing Disruptions in Global Sourcing*. Auerbach Publications (Taylor & Francis Group), Nova Iorque, 2008.

Sites relacionados

http://www.scrlc.com – Supply Chain Risk Leadership Council – *site* de uma associação de empresas, entre as quais Boeing, Cisco e G&E, que objetiva compartilhar melhores práticas em gestão de riscos em cadeias de suprimentos. A assinatura da *newsletter* eletrônica *Supply Chain Risk Review*, publicada pela associação, é gratuita.

https://www.nc4.com/ – *site* da NC4 (The National Center for Crisis and Continuity Coordination), que fornece aos seus clientes soluções de prontidão situacional e possibilita que governos e empresas tenham informações rápidas sobre fontes de incerteza de várias naturezas: climáticas, políticas etc.

https://www.verisk.com/about/ – *site* de empresa Verisk, especializada em informações sobre gestão de risco. Contém alguns dados e informações interessantes sobre riscos em geral e sobre riscos em gestão de cadeias de suprimentos.

CAPÍTULO 6
Avaliação de desempenho e alinhamento de incentivos na cadeia global de suprimentos

> **OBJETIVOS DE APRENDIZAGEM**
>
> - Descrever o que é um sistema de avaliação de desempenho e quais características deve ter para que cumpra seu papel na gestão de cadeias globais de suprimentos.
> - Sintetizar os principais papéis de um sistema de avaliação de desempenho.
> - Definir quais métricas utilizar na gestão da cadeia global de suprimentos e como utilizá-las.
> - Entender o que é "alinhamento de incentivos" na cadeia global de suprimentos e sua importância.
> - Definir como o alinhamento de incentivos se reflete nas várias formas possíveis de contratos entre parceiros na cadeia global de suprimentos.

6.1 INTRODUÇÃO

Este capítulo trata dos sistemas de avaliação de desempenho e do alinhamento de incentivos em cadeias globais de suprimentos. Esses são temas tão importantes quanto negligenciados em grande número de empresas e cadeias de suprimentos.

Os sistemas de avaliação de desempenho exercem papel crucial em vários aspectos da gestão de operações em geral: um primeiro aspecto é que são parte integrante do ciclo de planejamento-execução-avaliação-controle/ação (às vezes referido como ciclo PDCA nos círculos de gestão de qualidade ou DMAIC nos círculos de seis sigma), que está no cerne de qualquer atividade gerencial de gestão e melhoramento.

Um segundo aspecto é que as medidas de avaliação de desempenho têm papel essencial na indução de comportamento das pessoas e organizações, porque, em geral, os mecanismos de incentivo (recompensas, promoções) utilizados são associados aos desempenhos medidos pelos sistemas de avaliação. Em outras palavras, o comportamento das pessoas e das organizações será modelado, em grande parte, pela forma com que as avaliamos. Portanto, os sistemas de avaliação são uma importante ferramenta na criação de padrões de comportamento e tomada de decisão, essenciais para a *implantação* de estratégias de ação.

PARA REFLETIR

"Diga-me como sou medido e eu lhe digo como eu me comporto. Se você me mede de forma ilógica... não reclame sobre meu comportamento ilógico" (Eliyahu Goldratt, originador da Teoria das Restrições, citado em Lockamy e Cox, 1994).

Nas cadeias de suprimentos, os sistemas de avaliação de desempenho têm importância ainda maior. As cadeias de suprimentos são formadas por uma grande quantidade de empresas *independentes* (frequentemente sem conexões hierárquicas ou societárias entre si), que se comportam conforme seus incentivos e recompensas. Se os incentivos de cada uma dessas empresas – associados às suas medidas de desempenho – não estiverem alinhados com os incentivos das outras empresas e com os objetivos da cadeia como um todo, não haverá integração e coordenação de ações e decisões, ambos essenciais para que haja sinergias entre as empresas da cadeia, gerando benefícios para todos.

A Figura 6.1 ilustra, no quadro geral de referência deste livro, onde se localiza a mensuração de desempenho e a gestão do alinhamento de incentivos na gestão global de suprimentos.

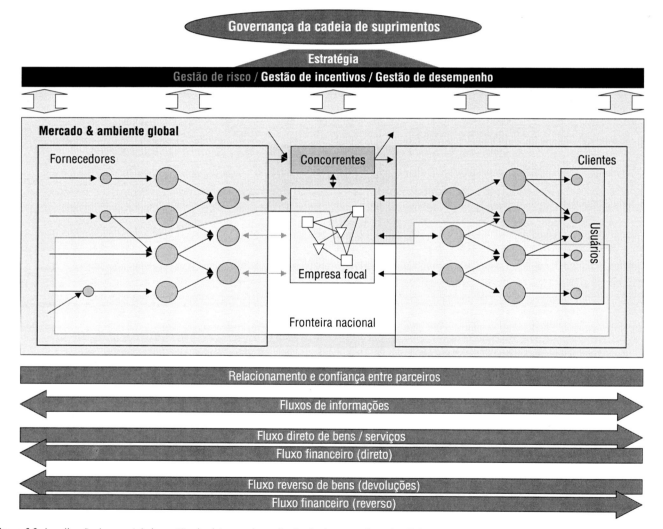

Figura 6.1 Localização (em preto) da gestão de sistemas de avaliação de desempenho e do alinhamento de incentivos na cadeia global de suprimentos, no quadro de referência geral usado neste livro.

Funcionários do Office Depot levados pelas medidas de desempenho a mentir para seus clientes

Figura 6.2 Fachada de uma loja da cadeia de lojas de materiais para escritório Office Depot.

Os tempos estão difíceis – aparentemente, tão difíceis, que alguns funcionários do Office Depot (www.officedepot.com) estão se recusando a vender *notebooks* para clientes que não estiverem dispostos a gastar algum dinheiro com "extras". De acordo com vários leitores da revista *on-line Laptop* (www.blog.laptopmab.com), incluindo alguns funcionários entrevistados do Office Depot, o pessoal de vendas do varejista sofre tanta pressão para vender os "extras" junto com o computador, como os planos de proteção do produto, a garantia estendida e serviços técnicos como instalação de *softwares*, que aos clientes que recusam esses serviços muitos dirão que os computadores que eles procuram estão em falta no estoque, mesmo que isso não seja verdade.

Os leitores dispararam o alarme

"Não apenas [nós] os vendedores dependemos dos ganhos de comissão adicionais que temos com os extras, mas, se não atingimos a cota, nós somos punidos pelos nossos chefes, e eles pelos deles e assim por diante", relatou à revista o leitor e funcionário Chris.

"No nível das lojas, a empresa põe uma tremenda pressão nos vendedores para venderem os planos de proteção e serviços técnicos. Sei de várias lojas que tentam perceber se o cliente é do tipo que vai comprar os extras ou se vai querer só o computador mesmo. Se ele deixa transparecer que quer só o computador, a loja diz que não tem o produto em estoque! Temos a meta de vender serviços para pelo menos 30% dos computadores vendidos, e se não a atingimos, somos penalizados no PMD (Plano de Melhoria de Desempenho) e podemos ser, em última instância, despedidos. Para cada computador sem serviços vendido, a chance de a cota ser atingida diminui 30%, então preferem se recusar a vender só o computador."

Cotas para vendedores e percentagens para gerentes

Segundo a reportagem, um funcionário da empresa disse que, embora mentir a respeito da disponibilidade dos produtos não seja uma política oficial nem explícita do Office Depot, as cotas exigentes levam muitos gerentes a manipularem o sistema. Os vendedores são avaliados pelo atingimento ou não de um valor de vendas semanais de serviços (US$ 200). Os gerentes, por sua vez, têm seus ganhos ligados a um cálculo complexo que inclui o atingimento de uma receita mínima gerada com os extras como percentagem da receita com os computadores em si. Se o percentual de receita com extras fica abaixo de 30% da receita com vendas de computadores, o gerente pode sofrer medidas disciplinares dos seus superiores – daí a razão pela qual induzem os vendedores a recusarem vendas de computadores apenas.

Por que os vendedores mentem

Um dos funcionários entrevistados declarou que os vendedores das lojas não ganham comissão alguma sobre a venda apenas de computadores, sem extras. Portanto, não há incentivo financeiro para que atendam clientes interessados em comprar um computador sem serviços associados.

O escopo do problema

Sem uma pesquisa ampla, é difícil dizer o quão difundido está o problema de os vendedores mentirem sobre a disponibilidade dos produtos. Os funcionários entrevistados disseram saber que a questão não está presente apenas nas lojas em que trabalham, porém informaram conhecer lojas nas quais isso não acontece. De acordo com um dos funcionários entrevistados, seu gerente regional um dia visitou sua loja e aconselhou a todos os vendedores que mentissem sobre a disponibilidade caso percebessem que o cliente não compraria serviços extras. Provavelmente, o gerente regional também tem metas associadas a um percentual mínimo de faturamento provir da venda de extras.

Fonte: Baseado em matéria publicada na *Laptop Magazine* (http://blog.laptopmag.com/) em 10 de março de 2009, por Avram Piltch. Acesso em: 23 set. 2009.

QUESTÕES PARA DISCUSSÃO

1. Você crê que a Office Depot *prefere* não vender um computador se não for acompanhado de serviços extras? O que você acha que o CEO da Office Depot diria ao ler essa reportagem?

2. Qual foi a intenção do executivo que desenhou o sistema de avaliação de desempenho e recompensa descritos no caso para o pessoal das lojas do Office Depot?

3. Qual foi o comportamento distorcido que esse sistema de avaliação de desempenho desencadeou? O que você faria para remediar a situação?

PARA REFLETIR

O caso do Office Depot ilustra uma situação em que métricas de avaliação de desempenho são definidas com vistas a obter determinado comportamento, mas acabam gerando um comportamento indesejado, quando as pessoas avaliadas encontram formas de maximizar seu desempenho na métrica, esquecendo ou ignorando o "espírito" ou a intenção desta.

6.2 CONCEITOS

6.2.1 Por que o interesse crescente em medidas de desempenho

Vários motivos têm feito com que avaliação de desempenho ganhe interesse na comunidade de negócios nos últimos anos. Alguns são comentados a seguir (Neely, 1999):

Competitividade mais acirrada

Pressões competitivas levam as empresas a, cada vez mais, buscarem se diferenciar da concorrência em termos de qualidade, serviço, flexibilidade para personalizar produtos, inovação e respostas rápidas e confiáveis a mudanças do mercado. Fazem isso porque têm de competir não só com base em *preço*, mas no *valor* oferecido. Isso significa que as empresas necessitam informação sobre seu desempenho nesse novo espectro de diferentes fatores – o que significa olhar "desempenho" a partir de várias perspectivas, e não só a financeira.

O *balanced scorecard (BSC)* é um método bastante popular que propõe uma abordagem mais balanceada entre várias visões de desempenho organizacional, e não apenas a visão tradicional financeira. A popularização do BSC começou a chamar a atenção dos gestores para as ligações entre medidas de desempenho e estratégia competitiva e para as vantagens de mantê-las sempre alinhadas e coerentes. É largamente aceito hoje que medidas de desempenho influenciam o comportamento.

O *balanced scorecard* – BSC

Segundo Kaplan e Norton (1996), o BSC surgiu para apoiar a necessidade de as empresas atenderem à visão de contabilidade financeira baseada em custos históricos, mas também construírem capacidades competitivas de mais longo prazo (às vezes não avaliáveis financeiramente). Segundo os autores, o uso exclusivo das medidas financeiras tradicionais seria adequado apenas para o mundo industrial do início do século XX, estável, em que o investimento das empresas em *desenvolvimento de competências de longo prazo* não era tão crucial para o sucesso como hoje. Seria insuficiente, por si só, para guiar e avaliar a jornada que as empresas da era da informação necessitam trilhar para criar valor futuro por meio de investimentos nos clientes, fornecedores, funcionários, processos, tecnologias e na habilidade de aprender e inovar. O BSC complementaria, então, as medidas financeiras de desempenho passado com medidas de direcionadores e alavancadores do desempenho futuro. Esses objetivos e medidas veem o desempenho organizacional de forma mais balanceada, sob quatro perspectivas: financeira, do cliente, dos processos internos de negócios e do aprendizado e crescimento (veja a Figura 6.3).

Com o BSC, os executivos e gestores agora poderiam medir como sua unidade de negócios cria valor para clientes atuais e futuros e como podem aumentar as capacitações internas por meio do investimento em pessoas, sistemas e procedimentos necessários a melhorar o desempenho futuro.

Pode-se criticar o BSC de várias formas (por exemplo, numa análise estrita do quadro de referência da Figura 6.3, nota-se a ausência da consideração do desempenho da concorrência, um fator que em geral não pode estar fora de qualquer sistema de avaliação de desempenho num mundo crescentemente competitivo como o atual), entretanto, um fato é inegável: com a forte entrada do conceito do BSC na agenda dos executivos, em que pesem suas possíveis falhas, a ideia de que medidas exclusivamente financeiras são insuficientes para que se tenha uma noção mais completa do desempenho de qualquer organização e a ideia de que uma abordagem mais balanceada é necessária parecem ter se firmado na visão de uma grande quantidade de executivos.

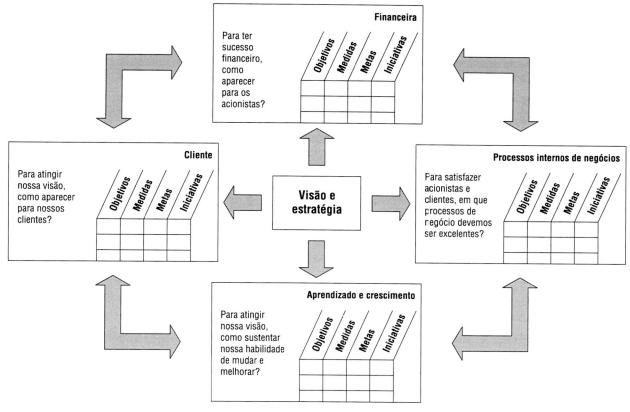

Figura 6.3 Quadro geral de referência do BCS (Kaplan e Norton, 1996).

SAIBA MAIS

Assista aos vídeos abaixo sobre o *balanced scorecard* e discuta as questões a seguir:

Communicating Strategy, com Robert Kaplan, criador do BSC
Fonte: http://www.youtube.com/watch?v=QM9SLX4icu0
Acesso em: 26 jun. 2019
uqr.to/fcv7

Usando o balanced scorecard em organizações sem fins lucrativos, com Robert Kaplan
Fonte: http://www.youtube.com/watch?v=cu3es9SUlhA
Acesso em: 26 jun. 2019
uqr.to/fcv8

Questões para discussão

1. Qual a possível consequência do uso estrito do quadro de referência da Figura 6.3, sem consideração da concorrência, no desenvolvimento de um sistema de avaliação de desempenho? Esse problema também se manifesta no desenvolvimento de sistemas de avaliação de desempenho de organizações que não visam a lucro, como as ONGs (organizações não governamentais)?

2. O que pode ser feito nesse quadro de referência para remediar essa aparente deficiência?

Medidas alinhadas com intenções estratégicas não só permitem avaliar se as estratégias de fato estão sendo implementadas, mas contribuem para encorajar comportamento coerente com a estratégia, porque as medidas de desempenho em geral estão atreladas a mecanismos de premiação e recompensa.

Novas iniciativas de melhoramento em operações

Respondendo a uma competição mais acirrada por mercados, as empresas têm embarcado num fluxo ininterrupto de iniciativas de melhoramento de desempenho: qualidade total, operações enxutas, *just in time*, entre outras. Uma coisa todas têm em comum: a necessidade de se basear em mensuração de desempenho.

PARA REFLETIR

Não é impossível, mas é muito mais difícil e menos eficiente melhorar aquilo que não se mede. Imagine um nadador se preparando para uma olimpíada sem um cronômetro.

Uma abordagem de melhoria em particular contribuiu bastante para o aumento no interesse pela mensuração de desempenho: o *benchmarking*.

> **CONCEITO-CHAVE**
>
> *Benchmarking* é uma técnica largamente adotada que usa comparações de níveis de desempenho e práticas entre empresas no sentido de localizar e copiar/adaptar as melhores práticas, baseando-se fortemente em medidas de desempenho (veja Corrêa e Corrêa, 2017).

Mudança nas demandas externas

As organizações hoje estão sujeitas a uma grande quantidade de demandas e controles externos. Com a privatização de serviços públicos no Brasil nos anos 1990, por exemplo, surgiram organismos de governo – agências reguladoras, como a Anatel (www.anatel.gov.br) para serviços de telefonia e a Aneel (www.aneel.gov.br) para serviços de fornecimento de eletricidade – que controlam e regulam o desempenho das empresas agora privatizadas. A atuação desses organismos, sejam de governo ou outros que tenham interesse em regular a atuação das empresas, baseia-se em mensuração de desempenho.

Alguns clientes hoje não esperam apenas bom desempenho em termos de serviço, mas que seus fornecedores se comportem de determinadas formas. Muitas empresas montadoras de veículos têm, por exemplo, sistemas de certificação de fornecedores, baseados em sistemas de métricas, com intuito de capturar determinadas práticas e comportamentos considerados importantes, comparando-os com aqueles desejáveis, não apenas em relação aos desempenhos operacionais, mas frequentemente incluindo desempenho em quesitos como responsabilidade social, sustentabilidade e outros.

6.2.2 O que é medição de desempenho?

> **CONCEITO-CHAVE**
>
> Medição de desempenho é o processo de quantificar o resultado de ações.

Um piloto de Fórmula 1 tem uma medida básica do resultado de suas ações: o tempo gasto para percorrer o número de voltas definido para a corrida. Esse tempo, na verdade, é o resultado de várias ações, de uma cadeia de suprimentos de vários indivíduos e grupos: o chefe de equipe na escolha do piloto, o projetista do carro, o processo de suprimento de peças e de manufatura do carro, o ajuste do carro pela equipe, a estratégia da corrida (uma ou duas paradas para troca de pneus e reabastecimento), o desempenho da equipe durante a(s) parada(s) e o conjunto de decisões e ações que o piloto toma ao pilotar.

O tempo gasto para completar a prova é um exemplo da quantificação do resultado final de todas essas ações e pode ser usado como parte de importantes ciclos de melhoria planejamento-execução-avaliação-controle/ação – por exemplo, para melhoria do ajuste do carro. Pode também ser usado para *benchmarking* competitivo (para direcionar o melhoramento, por exemplo, quando se observam as melhores técnicas de trocas de pneus de outras equipes com melhores tempos) e, em última análise, para a definição do vencedor da prova – aquele que comparativamente completar a prova no menor tempo.

Neste exemplo, é evidente a importância do alinhamento de incentivos dos vários grupos envolvidos – o desempenho da equipe de troca de pneus e seus sistemas de incentivo (como prêmios, recompensas e promoções) evidentemente têm de estar relacionados sobretudo ao *tempo* de troca, já que essa é a métrica mais alinhada ao objetivo final da cadeia de operações da qual fazem parte.

Certamente os objetivos *custo* ou *eficiência* não são prioritários aqui, já que a equipe usa três pessoas para trocar cada pneu (12 no total), quatro para reabastecer o veículo e uma para indicar ao piloto quando parar e quando voltar a acelerar (veja a Figura 6.4) – e todos ficam ociosos por praticamente toda a corrida, só agindo nos menos de 20 segundos que dura uma parada nos *boxes*.

Figura 6.4 Parada para reabastecimento e troca de pneus de uma equipe de Fórmula 1 – tempo é a métrica central aqui.

> **PARA REFLETIR**
>
>
>
> Assista a um verdadeiro *pit stop* de Fórmula 1 realizado pela equipe da Ferrari.
> Fonte: https://www.youtube.com/watch?v=aHSUp7msCIE
> Acesso em: 26 jun. 2019
> ugr.to/fcv9

O mesmo ocorre com os outros atores da cadeia: a escolha do piloto deve ser feita com base em quão rápido ele consegue ser, as decisões do projeto do carro devem ser recompensadas quando levam o carro a ser mais rápido ao completar a prova, o salário do piloto deve também recompensar o seu desempenho relativo em termos de tempo etc. Evidentemente, o objetivo de terminar a prova mais rapidamente que os outros times não é o único objetivo a cumprir, pois as equipes não têm orçamentos ilimitados.

Os custos envolvidos também devem ser medidos e acompanhados, e a eficiência com a qual as atividades são realizadas também é importante. O mesmo em relação à confiabilidade (já que não ajuda em nada o carro ser muito mais rápido que o das outras equipes mas quebrar antes do fim da prova), à flexibilidade (por exemplo, ao conseguir ajustar a estratégia da prova se começar a chover) e a vários outros objetivos também envolvidos com o objetivo final dos times, de ganhar as provas.

Não resta dúvida, entretanto, de que no caso de equipes de corrida o critério "velocidade" tem o papel central, e de forma correspondente as métricas que avaliam a velocidade deveriam ocupar papel central nos sistemas de avaliação de desempenho dos indivíduos e organizações que colaboram para seu sucesso.

Em última análise, o campeonato mundial de Fórmula 1, como organizado hoje, não é apenas uma competição entre pilotos ou mesmo entre equipes, mas entre as complexas cadeias de suprimentos que cada uma das equipes é capaz de mobilizar e gerenciar da forma mais eficaz e eficiente.

Similarmente, numa lógica mercadológica e competitiva empresarial, as cadeias de organizações (ou cadeias de suprimentos), para atingirem seus objetivos, buscam satisfazer seus clientes (e outros grupos de interesse) de forma mais eficaz e eficiente que seus concorrentes.

Apenas para refrescar a memória, vamos retomar a definição dos termos *eficácia* e *eficiência* definidos no Capítulo 1 (veja a Figura 1.4):

- *Eficácia* se refere à extensão segundo a qual os objetivos são atingidos, ou seja, quanto as necessidades e objetivos dos clientes e outros grupos de interesse da organização (p. ex., acionistas, funcionários, governo, sociedade) são satisfeitas.
- *Eficiência*, por outro lado, é a medida de quão economicamente os recursos da organização são utilizados quando provendo um determinado nível de satisfação dos clientes e outros grupos de interesse, quanto às suas necessidades e objetivos.

Essa diferenciação é importante, porque não apenas permite identificar duas importantes dimensões de desempenho, mas também chama atenção para o fato de que há razões internas (referentes ao uso de recursos) e externas (referentes ao nível de serviço aos clientes e outros grupos de interesse) para perseguir determinados cursos de ação.

O nível de desempenho de uma operação é uma função dos níveis de *eficácia* e *eficiência* que suas ações exercem. Daí:

> **CONCEITOS-CHAVE**
>
> - *Medição de desempenho* pode ser definida como o processo de quantificação da eficácia e eficiência das ações tomadas por uma operação.
> - *Medidas de desempenho* podem ser definidas como as métricas usadas para quantificar a eficácia e a eficiência das ações.
> - Um *sistema de medição de desempenho* pode ser definido como um conjunto coerente de métricas usado para quantificar ambos, a eficácia e a eficiência das ações.

Por que medir desempenho

Como introdução a esta seção, assista ao vídeo com o professor da Universidade Cranfield, do Reino Unido, Andy Neely:

Desafios da medição de desempenho
Fonte: https://youtu.be/pW7ApWW4HdI
Acesso em: 4 jul. 2019

uqr.to/fcva

Os sistemas de avaliação de desempenho têm dois propósitos principais: um é relacionado a ser parte integrante do ciclo gerencial da organização e o outro é o de induzir comportamento. Ambos são analisados a seguir.

Medidas de desempenho com parte do ciclo gerencial

As medidas de desempenho são partes integrantes do ciclo de planejamento-execução-avaliação-controle/ação, essencial para a gestão de qualquer organização. Medidas fornecem os meios para a captura de dados sobre desempenho, que, depois de avaliados contra determinados padrões, servem para apoiar a tomada de decisão. Pense num termostato que regula a temperatura de uma sala. Continuamente, a medição da temperatura da sala é feita, comparada com a faixa-objetivo de temperaturas (os padrões) e, a partir disso, refrigeração ou aquecimento é acionado (decisão) para que a temperatura se mantenha *controlada*, ou seja, dentro das faixas desejáveis preestabelecidas.

O estabelecimento de padrões de comparação é essencial para o processo de avaliação de desempenho

Quando se fala de avaliação de desempenho, medição *apenas* não é suficiente. Para se avaliar desempenho é necessária a comparação do que foi medido com algum tipo de padrão a fim de que se tenha uma ideia de como o sistema em questão está se desempenhando. É possível utilizar vários tipos de padrão de comparação (Corrêa e Corrêa, 2017):

- *Padrões históricos* – Compara-se o desempenho atual com desempenhos passados para avaliar tendências. Padrões históricos e as comparações permitidas por estes, no entanto, não dão indicações se o desempenho é considerado competitivamente satisfatório. O estabelecimento de uma meta para uma medida de desempenho com padrão histórico poderia ser, por exemplo, "superar o desempenho do mesmo mês do ano anterior em pelo menos 10%".
- *Padrões de desempenho arbitrários* – São estabelecidos arbitrariamente conforme o que é percebido como desejável ou bom. Manter custos dentro dos níveis orçados, por exemplo, pode dar margem a metas de desempenho arbitrárias. Uma meta assim seria, por exemplo, "Manter o custo de mão de obra terceirizada em menos do que R$ 100.000,00 em agosto".
- *Padrões definidos pelo desempenho da concorrência* – Os padrões de comparação definidos desta forma têm a vantagem de ser "alvos móveis", que mudam obedecendo a dinâmica do mercado, já que as metas se referem ao desempenho da concorrência (por exemplo, "prazo médio de entrega deve ser pelo menos 10% menor que o prazo de entrega do concorrente X").
- *Padrões absolutos* – Padrões absolutos são bastante utilizados e derivam das lógicas japonesas de gestão, inspiradas fortemente pelo *just in time*. Trata-se de estabelecer metas absolutas (e, muitas vezes, até impossíveis de se atingir), como "zero defeitos" ou "tamanho de lote unitário". Permitem que a operação meça sua distância em relação ao ideal teórico e que tenha sempre um objetivo ambicioso a atingir, evitando assim que se adote uma atitude complacente quanto ao desempenho já atingido.

PARA PENSAR

1. Qual tipo de padrão é usado na avaliação de desempenho de uma criança numa escola do ciclo elementar?
2. Qual tipo de padrão é usado na avaliação de desempenho de vestibulandos postulantes a uma vaga num curso superior?
3. Quais as vantagens e desvantagens do uso de padrões arbitrários e de padrões competitivos (comparação com a "concorrência" – outros estudantes) na avaliação de estudantes universitários? (Há instituições que optam por usar um e instituições que optam por usar o outro.)

Medidas de desempenho como indutoras de comportamento

Não menos importante, um sistema de avaliação de desempenho exerce também papel importante em influenciar comportamentos desejados, nas pessoas e organizações, para que determinadas intenções estratégicas tenham maior probabilidade de realmente se tornarem decisões e ações. As pessoas e organizações têm seu comportamento, ações e decisões moldadas pelo que as incentiva, e os seus sistemas de incentivo (recompensas, reconhecimento e promoções, por exemplo), em geral, são amarrados aos sistemas de avaliação de desempenho.

6.2.3 Quais as características de uma boa medida de desempenho

Boas medidas de desempenho deveriam:

- *Ser derivadas da estratégia e alinhadas com as prioridades competitivas da operação* – Como as medidas de desempenho induzem comportamento, boas medidas deveriam induzir as pessoas, equipes e setores avaliados a decidirem e agirem de forma a contribuir com os objetivos da organização. No caso do exemplo anterior, de uma equipe de Fórmula 1, as medidas dos vários atores críticos da cadeia deveriam ser coerentes com o objetivo da cadeia, de ser veloz.
- *Ser simples de entender e usar* – Medidas complexas ou difíceis de interpretar são contraproducentes na medida em que podem levar a comportamentos ambíguos ou equivocados e podem dificultar a interpretação do resultado da ação medida e, portanto, de suas implicações.
- *Prover* feedback *rápido e de forma precisa* – Muitas vezes, a rapidez da tomada de ação corretiva é essencial quando uma medida atinge certo valor. Se o intervalo entre medições é incompatível com a necessidade de rapidez na ação corretiva, esta poderá vir muito tarde. Imagine, por absurdo, um altímetro de uma aeronave que faz leituras apenas a cada dez minutos e as implicações devastadoras que isso poderia trazer.
- *Ser baseadas em quantidades que possam ser influenciadas ou controladas pela pessoa ou organização avaliada* – Se uma medida não pode ser influenciada por uma pessoa ou organização, incluí-la no sistema que a avalia é injusto e inadequado, já que não contribui

nem com o propósito de suportar o avaliado no seu ciclo planejamento-execução-avaliação-controle/ação, nem no aspecto *indução de comportamento* – já que a medida nesse caso independe do comportamento.

- *Refletir o processo de negócio envolvido* – Aqui a lógica é que o cliente e o fornecedor envolvidos deveriam participar da definição; as métricas devem favorecer que os processos sejam avaliados e tenham sucesso, mais do que apenas as funções dentro da organização; da mesma forma, entre empresas numa cadeia de suprimentos, as medidas deveriam alinhar incentivos das várias empresas envolvidas e visar ao sucesso dos processos que cruzam as fronteiras das empresas (e têm o usuário final como último cliente) mais do que apenas das empresas de forma isolada.
- *Ter propósito específico e definido e, sempre que possível, referir-se a metas específicas.* Não deveria haver medidas de desempenho em um sistema de avaliação que não apresentassem um claro propósito definido ou não fossem relacionadas a uma meta específica. Por exemplo, se a organização não tem metas específicas ou se não tem como propósito a redução de sua base de fornecedores, não há sentido em incluir "redução percentual do número de fornecedores" no seu sistema de avaliação de desempenho.
- *Ser relevantes* – Há literalmente milhares de aspectos que são influenciados por ações do dia a dia em uma organização. Nem todos, entretanto, são igualmente relevantes. Mesmo que haja uma meta de redução de custos em 5%, por exemplo, ter uma métrica sobre a quantidade média de grampos usados por um setor provavelmente não será relevante frente ao uso de matérias-primas ou de mão de obra.
- *Pertencer a um ciclo de controle* – Medidas de desempenho deveriam auxiliar no acompanhamento, gestão e melhoramento das operações e, portanto, devem ser parte de ciclos de controle, em que se compara o que havia sido planejado com o realizado e se disparam ações corretivas, caso necessário.
- *Ser claramente definidas* – Novamente, aqui o objetivo é garantir o claro entendimento por parte dos envolvidos. "Percentagem de entregas no prazo", por exemplo, parece uma medida precisamente definida, mas não é. Por exemplo, uma entrega parcial no prazo deveria ser considerada? Uma entrega num prazo que foi "renegociado" contra a vontade do cliente deveria ser considerada? Uma entrega defeituosa feita no prazo deveria ser considerada? Uma entrega no prazo na localidade errada deveria ser considerada? E assim por diante.
- *Focalizar em melhoramento* – Nesse caso, a ênfase está mais no movimento de evolução do desempenho do que na posição atual do desempenho. Por exemplo, "Percentual de redução de estoques" deveria ser preferível a "Nível de estoques", se o objetivo é o de redução.
- *Basear-se em fórmulas e bases de dados explícitas* – Por exemplo, quando uma medida como "Nível de serviço" é definida para um sistema de estoques, é importante definir como esse nível de serviço é especificamente calculado: [número de pedidos imediatamente disponíveis]/[total de pedidos solicitados]? [número de itens imediatamente disponíveis]/[total de itens solicitados]? [número de unidades imediatamente disponíveis]/[total de unidades solicitadas]? A não definição explícita da medida pode dar margem a diferentes interpretações, por diferentes envolvidos na questão, e à tomada errada de decisão.
- *Empregar razões mais que valores absolutos* – As razões (frações), em geral, informam mais que os valores absolutos. Por exemplo, dizer que o nível de defeitos de uma fábrica foi de dez itens defeituosos no mês passado não informa muito. Quando, entretanto, se diz que o nível de defeitos foi de dez itens defeituosos por milhão de produtos produzidos, essa razão (10/1.000.000), ou dez partes por milhão, informa muito mais.
- *Ser objetivas e não apenas opinativas* – Medidas opinativas muitas vezes têm de ser usadas por se referirem a percepções. Por exemplo, "Nível de cortesia do funcionário de atendimento" é algo que dependerá da percepção pessoal dos avaliadores quanto ao que significa "cortesia". O que se quer dizer aqui é que em todas as situações em que seja possível estabelecer medidas objetivas, quantificáveis, estas serão preferíveis às opinativas.
- *Ser mais globais que localizadas* – Como o ótimo do todo é sempre igual ou melhor que a soma dos ótimos das partes, as medidas que se referem aos processos como um todo, e não apenas a partes dos processos, deveriam ser preferíveis. Isso para evitar que a otimização de uma métrica de uma parte de um processo ponha em risco a otimização do resultado do todo. Por exemplo, se uma medida local é definida para o setor de suprimentos como "Redução do preço de aquisição", isso provavelmente induzirá ações como substituir um fornecedor local por um fornecedor localizado do outro lado do mundo, mas que tem um preço menor. Entretanto, essa substituição pode acarretar que, pelos tempos muito maiores e incertezas de transporte do fornecedor até a empresa, os estoques de segurança do item substituído tenham de ser aumentados substancialmente, apresentando um resultado global pior para a cadeia de suprimentos como um todo. Nesse caso, uma medida global, como a "Redução do custo total de propriedade do item" (esse conceito é mais discutido adiante neste capítulo) seria preferível.

Por que medir desempenho em cadeias globais de suprimentos

Um dos calcanhares de aquiles da gestão de cadeias de suprimentos tem sido exatamente a dificuldade de as empresas adaptarem seus tradicionais sistemas de avaliação de desempenho à nova realidade competitiva, que requer mais cooperação do que conflito entre empresas e que as cadeias de suprimentos trabalhem mais para objetivos comuns globais do que para objetivos isolados de cada uma das empresas. Alguns fatores colaboram para que as organizações necessitem de novos sistemas de avaliação de desempenho quando gerenciam suas cadeias globais de suprimentos (Lambert, 2006) em relação àqueles tradicionalmente usados internamente:

- a falta de medidas que capturem o desempenho ao longo da cadeia de suprimentos como um todo;
- a necessidade de ir além dos limites das empresas individuais e adotar uma perspectiva da cadeia global de suprimentos;
- a meta de encorajar comportamento cooperativo entre funções corporativas e entre empresas da cadeia de suprimentos;
- a necessidade de determinar mais claramente as relações entre os objetivos corporativos e os objetivos da cadeia de suprimentos;
- a complexidade crescente das cadeias de suprimentos;
- a necessidade de alinhar atividades e incentivos e compartilhar informações sobre medidas de desempenho para o atingimento dos objetivos da cadeia; e
- a necessidade de alocar benefícios e ônus resultantes de mudanças funcionais dentro das cadeias de suprimentos, por exemplo, quando determinada atividade ou função troca de empresa responsável pela sua execução.

6.2.4 O que medir em cadeias globais de suprimentos

Por excelência, as medidas de desempenho em cadeias de suprimentos devem ser mais globais que locais e mais relativas a processos que as funções, já que as cadeias de suprimentos operam por processos que cruzam tanto fronteiras funcionais como corporativas.

A primeira abordagem que se pode adotar quando decidindo o que medir, na gestão de cadeias globais de suprimentos, é aquela que olha para a cadeia imediata de suprimento, a parte da cadeia global que inclui os *suprimentos*, a *operação interna* e a *distribuição*. Essas abordagens são até certo ponto parciais e localizadas. A outra abordagem, portanto, importante para se obter alinhamento da cadeia, é a abordagem da avaliação de desempenho da *cadeia global* como um todo. A tabela da Figura 6.5 traz em colunas essas abordagens.

	Suprimentos	Operação interna	Distribuição	Cadeia global
Custo	- Custo de aquisição - Custo financeiro - Preço de compra - Custo do estoque de insumos - Custo do transporte de insumos	- Custo variável de produção - Custo indireto de produção - Custo de estoque em processo - Custo da má qualidade	- Custo do estoque no canal de distribuição - Custo de transporte - Custo de armazenagem - Custo financeiro	- Custo total de propriedade do item - Custo final do produto acabado
Produtividade	- Pedidos por funcionário - Valor de compras por funcionário - Percentagem de transações automáticas - Giro de estoques de insumos - Giro de ativos de suprimentos - Percentagem de estoques gerenciados pelo fornecedor - Percentagem de estoques em consignação - Padronização	- Produtividade da mão de obra - Produtividade do equipamento - Percentagem de utilização de recursos gargalo - Tempo total de troca (*set-up*) - Giro de estoques em processo - Giro de ativos produtivos - Modularização/padronização	- Volume despachado por funcionário - Produtividade dos armazéns - Percentagem de ocupação da frota - Percentagem de utilização dos armazéns - Percentagem de itens distribuídos por *cross-docking* - Giro de estoques de produtos acabados - Giro de ativos de distribuição - Padronização	- OEE (*Overall Equipment Effectiveness*) – eficácia total do equipamento - Giro total de ativos - Giro total de estoques - Ciclo *cash-to-cash* (pagamentos-recebimentos)

(continua)

(continuação)

	Suprimentos	Operação interna	Distribuição	Cadeia global
Serviço e Satisfação	<ul><li>Percentagem de entregas no prazo</li><li>Tempo de ciclo pedido-entrega (*lead time*)</li><li>Percentagem de datas de entrega renegociadas</li><li>Tempo para resposta de cotação</li><li>Tempo do ciclo para resolução de problema</li><li>Níveis de satisfação do fornecedor</li><li>Pagamentos no prazo a fornecedores</li><li>Atendimento a questões</li><li>Nível de apoio ao desenvolvimento de fornecedores</li></ul>	<ul><li>Tempo de atravessamento na produção</li><li>Cumprimento de programas de produção</li><li>Ordens atrasadas</li><li>Percentagem de ordens expeditadas</li><li>Ciclo de resolução de problemas</li><li>Ciclo para introdução/alteração de produto</li><li>Níveis de satisfação do funcionário</li><li>Níveis de rotatividade de mão de obra</li><li>Número de candidatos qualificados por vaga</li><li>Absenteísmo</li></ul>	<ul><li>Atendimento de pedidos</li><li>Percentagem de entregas no prazo</li><li>Tempo de ciclo pedido – entrega</li><li>Percentagem de pedidos entregues completos</li><li>Acurácia de previsões de demanda</li><li>Níveis de satisfação do cliente Atendimento a questões dos clientes</li><li>Nível de apoio ao desenvolvimento de clientes/distribuidores</li></ul>	<ul><li>OTIF (*On Time In Full*) – percentual de entregas no prazo e completas</li><li>*Perfect order* – OTIF em perfeitas condições, incluindo documentação</li><li>Nível de satisfação do consumidor</li><li>Nível de fidelidade do consumidor</li><li>Nível de recomendação do consumidor</li><li>Resolução de reclamações/recuperação do cliente</li></ul>
Flexibilidade e inovação	<ul><li>Atendimento de pedidos urgentes</li><li>Resposta a pedidos de alteração de datas, quantidades ou locais de entrega</li><li>Percentagem de entregas *just in time*</li><li>Percentagem de fornecedores exclusivos de item</li><li>Número de fornecedores alternativos</li><li>Nível de colaboração no desenvolvimento de produtos</li><li>Quantidade de sugestões de fornecedores</li><li>Quantidade de inovações no processo de suprimentos por ano</li></ul>	<ul><li>Resposta a alteração de programa</li><li>Período de congelamento de programa</li><li>Percentagem de funcionários polivalentes/processos flexíveis</li><li>Facilidade de alteração de *layout*</li><li>Facilidade de aumento/diminuição de produção</li><li>Facilidade de introdução/alteração de produto</li><li>Percentagem de fábricas flexíveis</li><li>Período de cobertura de lote mínimo de produção</li><li>Número de sugestões internas de melhoria</li><li>Número de inovações de produto e processo por ano</li></ul>	<ul><li>Habilidade de aumento/diminuição de capacidade de transporte</li><li>Habilidade de aumento/diminuição de capacidade de armazenagem</li><li>Percentagem de cargas mistas transportadas</li><li>Multimodalidade</li><li>Diversidade da frota</li><li>Nível de colaboração no desenvolvimento de produtos e formas de entrega</li><li>Quantidade de sugestões de clientes</li><li>Quantidade de inovações nos processos logísticos por ano</li></ul>	<ul><li>Ciclo de introdução de novos produtos no mercado</li><li>Percentual de faturamento devido a novos produtos</li><li>Capacidade de resposta a aumento/diminuição de volumes</li><li>Número de produtos na linha</li><li>Percentual de faturamento devido a novos produtos</li><li>Taxa de introdução de novos produtos</li><li>Largura da linha de produtos</li><li>Taxa de inovação em processos de produção e entrega de produtos</li></ul>
Qualidade	<ul><li>Percentagem de fornecedores certificados (qualidade assegurada)</li><li>Percentual de pedidos recebidos de fornecedores certificados</li><li>Taxa de defeitos</li><li>Percentual de lotes rejeitados</li></ul>	<ul><li>Índices de retrabalho e refugos</li><li>Taxa de melhoria de qualidade</li><li>Nível de uso de controle estatístico de qualidade</li><li>Horas de treinamento em qualidade por ano</li><li>Percentual de funcionários treinados em *six sigma*</li></ul>	<ul><li>Taxa de danos na armazenagem</li><li>Taxa de danos no transporte</li><li>Acurácia nos processos de separação e carga</li><li>Acurácia de documentação de despacho</li><li>Número de devoluções</li></ul>	<ul><li>Volume de devoluções por qualidade</li><li>Custos totais de garantia</li><li>Número de defeitos no campo (partes por milhão)</li><li>Qualidade percebida pelo consumidor</li></ul>

(continua)

(continuação)

	Suprimentos	Operação interna	Distribuição	Cadeia global
Relacionamento	■ Nível de colaboração para melhoria contínua ■ Visibilidade de demanda futura dada a fornecedores ■ Estabilidade do relacionamento com fornecedores ■ Nível de confiança e troca de informações com fornecedor ■ Nível de uso de CPFR, VMI, VOI	■ Nível de confiança e troca de informações entre setores internos ■ Clima organizacional ■ Relações abertas e colaborativas entre chefe-subordinado ■ Objetivos conhecidos e compartilhados	■ Nível de colaboração em melhoria contínua ■ Visibilidade de demanda futura dada por clientes ■ Nível de estabilidade do relacionamento com clientes ■ Nível de confiança e troca de informações com clientes ■ Nível de uso de CPFR, VMI, VOI	■ Percentual dos relacionamentos cliente-fornecedor da cadeia com relações colaborativas ■ Nível geral de confiança entre membros da cadeia de suprimentos

Figura 6.5 Medidas de desempenho das cadeias interna, imediata e global.

Em linhas, na tabela da Figura 6.5, aparecem seis importantes critérios de desempenho aos quais as várias medidas de desempenho mencionadas na tabela se referem. São eles:

Custo

> **CONCEITO-CHAVE**
>
> Custo e produtividade são características essenciais das *cadeias de suprimentos eficientes* (ver Capítulo 2) e, portanto, devem estar no centro dos seus sistemas de avaliação de desempenho competitivo.

Entretanto, talvez para qualquer empresa, o desempenho em custo é tratado com grande cuidado, considerado como determinante e analisado com mais intensidade do que qualquer outro aspecto de desempenho.

Muita gente ainda enxerga o controle e redução de custo como o grande objetivo da gestão de cadeias de suprimentos. Em que pese a grande importância da gestão de cadeias globais de suprimentos também para a geração de valor ao cliente por meio da produção e entrega dos produtos e dos serviços, é inegável que o potencial de redução de custo que as boas práticas de gestão de cadeias têm é enorme, e o impacto da redução de custos nos resultados da organização é direto.

O risco está, entretanto, em levar o objetivo de cortar custos a um extremo que passe a comprometer o atingimento dos objetivos de criação de valor. Por isso, as métricas de desempenho de custos nunca podem ser consideradas de forma míope ou isolada, mas sempre em conjunto com as outras que refletem a geração de valor aos clientes e aos outros grupos de interesse, como a sociedade, os funcionários e os acionistas.

De forma estrita, o custo como objetivo de desempenho é uma grandeza absoluta medida em unidades monetárias, por exemplo, "o custo de mão de obra de uma operação é de R$ 10 mil". Como toda medida absoluta, o custo em geral informa menos do que uma medida que leve em conta uma fração, que relacione duas medidas. É difícil, por exemplo, saber se o custo de mão de obra da operação de R$ 10 mil é alto ou baixo, porque não se tem ideia quanto ao que aquele insumo foi capaz de produzir.

Figura 6.6 Cadeias de *commodities*, como papel de impressora, em geral competem em preço, portanto, para elas, as métricas de custo e produtividade são muito importantes.

Se, por outro lado, o valor do insumo (no nosso exemplo, mão de obra) for relacionado com alguma medida de resultado obtido, por exemplo, quantos clientes foram atendidos, quanto lucro foi gerado, quantos produtos foram produzidos, a informação será mais rica. Quando medidas de resultado se relacionam com medidas de insumo usando uma fração, o resultado é o que se chama de "produtividade", discutida adiante neste capítulo.

A seguir, é apresentado um conceito essencial quando se consideram os custos como medida de desempenho em cadeias globais de suprimentos: o custo total de propriedade.

Custo total de propriedade – CTP (*total cost of ownership*)

O custo total de propriedade (CTP) é uma das principais e mais importantes medidas de desempenho relacionadas a "custo", passado ou prospectivo, quando se adota uma perspectiva da cadeia global de suprimentos.

> **ⓘ CONCEITO-CHAVE**
>
> Custo total de propriedade (CTP) é uma abordagem para entender *todos os custos relacionados à cadeia global de suprimentos* de fazer negócios com determinado fornecedor na compra de determinado item (bem físico ou serviço), ou os custos referentes a determinado processo (distribuição de produtos, por exemplo), ou determinado aspecto do projeto da cadeia (mudança de localização de unidades, por exemplo).

O CTP olha para os custos sob uma perspectiva que vai muito além dos preços de compra ou instalação de itens. A abordagem de CTP não requer o detalhamento de todos os custos envolvidos, mas exige a consideração dos principais e mais relevantes elementos de custo envolvidos, por exemplo, numa aquisição (Fawcett, Ellram e Ogden, 2007).

Embora o esforço de coleta de dados seja bastante relevante numa análise de CTP, os benefícios podem ser de muito interesse, já que uma decisão que leve em conta apenas os preços ou mesmo apenas os custos de aquisição, por exemplo, pode negligenciar outros custos importantes envolvidos a serem incorridos, ou por consequência da aquisição ou no futuro, ao longo do período de vida econômica do item.

Num exemplo simples da decisão de qual veículo adquirir, o preço de compra é apenas um dos itens de custo. Outros custos são: o custo de operação (consumo de combustível, de pneus, de óleo), os custos de manutenção (afetados pelo custo e disponibilidade das peças sobressalentes, pelo custo da mão de obra de manutenção, pela frequência de quebras, pelo tempo de reparo), os custos de depreciação (diretamente proporcionais ao preço de aquisição e inversamente proporcionais ao valor de revenda), entre outros.

A consideração de todos esses custos em conjunto na tomada de decisão é o que a abordagem de custo total de propriedade propõe.

Nas cadeias globais de suprimentos, a abordagem de CTP deveria estar presente em todas as decisões relevantes. Por exemplo, as decisões de suprimentos de uma matéria-prima ou componente deveriam levar em conta não apenas o preço de compra, mas:

- *os custos de aquisição (transação) do item* – levantamento de informações, cotação, frete, seguro, manuseio, custo financeiro, eventual certificação do fornecedor ou item;
- *os custos de uso do item* – condições de armazenagem, rendimento do item no processo, níveis de defeituosos, custos dos possíveis efeitos do item na eficiência do processo que o utiliza, custos de tratamento de eventuais efluentes, custos de emissões poluentes;
- *os custos decorrentes do uso do item/fornecedor* – se o item é adquirido de um fornecedor distante, por exemplo, os longos tempos e a maior incerteza dos transportes pode levar à necessidade de custos adicionais de estoques de segurança maiores; se o fornecedor apenas entrega em grandes lotes, os custos com estoques serão maiores, e assim por diante; e
- *custos de disposição do item* – alguns itens exigem processos caros de disposição.

Outras decisões na cadeia global de suprimentos também devem obedecer a mesma lógica: a análise dos custos deve ir muito além da consideração do custo inicial de aquisição e implantação, mas abranger todos os custos incorridos ao longo da vida econômica do item ou aspecto analisado e todos os custos incorridos como decorrência da decisão.

Quando se analisam, por exemplo, alternativas de localização de uma unidade de operação, não se devem levar em conta apenas os custos iniciais mais visíveis, como o preço das propriedades ou os benefícios mais imediatos, como os incentivos fiscais, mas todos os aspectos de custo que serão afetados pelas localizações: os custos da instalação no local, os custos e disponibilidade de mão de obra local no futuro, os custos logísticos futuros, entre muitos outros.

Fawcett, Ellram e Ogden (2007) sugerem que o uso da abordagem de CTP deveria seguir cinco passos:

Passo 1 – Determinação dos benefícios esperados da análise de CTP: como o processo de coleta de informações para CTP pode ser custoso, é importante que a empresa defina bem os benefícios esperados antes de se lançar à iniciativa. CTP em geral é mais apropriado quando:

- o item tem alto valor (por exemplo, equipamentos caros);
- a empresa compra o item regularmente;
- o setor de suprimentos acredita que o item esteja sujeito a custos de transação relevantes que não estejam sendo considerados; e
- aqueles envolvidos com a coleta de dados necessária (como os usuários do item) têm interesse de conhecer mais sobre a estrutura de custos envolvida.

Passo 2 – Formação da equipe para análise dos CTP: a formação da equipe vai variar conforme o item analisado. Em geral, a equipe terá pessoal de compras, do setor usuário e de outras eventuais áreas, especialistas ou não, afetadas pelo uso do item.

Passo 3 – Identificação de custos relevantes e coleta dos dados: aqui o mais importante é manter o escopo das análises viável e com o nível certo de exigência quanto a detalhamento e precisão. O uso de *brainstorming* e fluxogramas de processo (para detalhes, veja o Capítulo 7) pode ajudar no esforço de identificação dos itens relevantes de custo. A partir da identificação dos itens relevantes de custo, começa a etapa de coleta de informações dos custos em si, que em geral não se encontram numa forma prontamente utilizável e pode requerer esforço e tempo consideráveis em seu levantamento.

Passo 4 – Refinamento e análise de sensibilidade: a maioria dos custos considerados na abordagem de custo total de propriedade será estimada e, em geral, considerará pressuposições e hipóteses sujeitas a incerteza. Nesta fase, análises de sensibilidade devem ser feitas para testar o quanto as conclusões permanecem as mesmas se os pressupostos não se confirmarem. O uso de planilhas do tipo Excel facilita o trabalho aqui.

Passo 5 – Apresentação de recomendações: uma vez que a equipe de analistas está confiante nos dados e as análises de sensibilidade exploraram os aspectos referentes às incertezas envolvidas, as recomendações podem ser feitas.

O conceito de custo total de propriedade, portanto, deve prevalecer quando se avalia o desempenho de fornecedores, compradores e tomadores de decisão em geral. A vantagem que ele traz é que os desempenhos em custos deixam de ser tratados de forma parcial e os reais impactos das decisões na cadeia global de suprimentos passam a ser considerados.

Produtividade

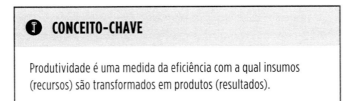

Em geral, as medidas de produtividade são representadas por uma fração, com uma medida que represente o produto no numerador e uma medida que represente um insumo no denominador. Se outras condições permanecem constantes, evidentemente é sempre melhor que se tenha uma produtividade maior.

O conceito de produtividade pode enganar o gerente menos experiente, porque, às vezes, para se obter uma produtividade maior, sacrifica-se outro aspecto de desempenho que pode ser mais importante para os clientes em questão. Se um banco, por exemplo, emprega só um caixa para atender seus 50 clientes que vão à agência resolver suas questões à hora do almoço, sua produtividade será de 50 clientes/1 funcionário de caixa = 50 clientes por funcionário.

Se fossem alocados dois caixas para atender os mesmos clientes, a produtividade, tratada de forma estrita, cairia à metade. Entretanto, não necessariamente a melhor decisão é a de alocar um só funcionário para atender os 50 clientes, já que isso pode causar o aumento das filas e do tempo de espera dos clientes, que podem migrar para a concorrência caso sejam sensíveis ao tempo de atendimento.

Medidas de produtividade são utilizadas para vários níveis de agregação. O PIB nacional *per capita*, por exemplo, é uma medida de produtividade, pois relaciona uma medida que procura capturar o total da "riqueza" gerado por um país com o total de indivíduos do referido país. Podem-se também estabelecer medidas de produtividade referentes a setores da economia, a cadeias de suprimentos ou a partes de cadeias de suprimentos, assim como a empresas, como "veículos por colaborador" no mês, numa montadora de carros.

O mesmo raciocínio vale para setores dentro de uma empresa, como, por exemplo, o setor de coletas de uma empresa de remessa de encomendas poderia medir o "número de coletas por dia". Chegando ao limite, poder-se-ia pensar em mensurar a produtividade de recursos em particular, como o número de atendimentos por dia de uma funcionária de um *call center* ou quilos de tecido produzido por dia numa máquina em particular de uma tecelagem.

Como aqui o interesse fundamental é com medidas de produtividade no nível das cadeias de suprimentos das quais a empresa pode fazer parte, focalizaremos a discussão do nível de agregação que inclui "cadeias de operações". Essas cadeias de operações podem ser cadeias de setores ou departamentos (unidades operativas) dentro de empresas, ou empresas dentro de uma cadeia de suprimentos. Para uma ilustração, veja a Figura 6.7.

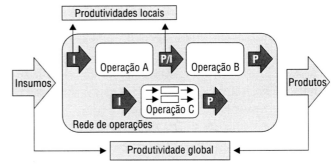

Figura 6.7 Esquema ilustrativo de produtividades locais e global no nível de uma cadeia de operações.

A produtividade, mesmo no nível das cadeias de operações, sofre influências de fatores externos à cadeia em particular. Alguns fatores relevantes são listados a seguir:

- situação econômica do país e do setor da economia;
- situação científica e tecnológica do país e do setor da economia;
- regulamentação governamental e legislação trabalhista;
- situação da concorrência dentro do setor da economia;
- situação da mão de obra, especificidades e treinamento; e
- situação do mercado de insumos (terceiros).

Sofre também influência de fatores internos à cadeia em particular:

- grau de utilização dos bens de capital e tecnologia;
- atualidade, intensidade e adequação tecnológica;
- grau de economias de escala;
- estratégia competitiva;
- sistema de avaliação de desempenho da força de trabalho e da gestão;
- métodos gerenciais e organização do trabalho;
- políticas de recursos humanos; e
- habilidade, qualificação, motivação e composição da força de trabalho.

Há duas classes gerais de medidas de produtividade: a produtividade total e a produtividade parcial dos fatores envolvidos.

- *Produtividade total dos fatores* é a razão entre o produto real bruto mensurável (unidades prontas, unidades parcialmente acabadas e outros produtos ou serviços associados à produção) e a combinação (soma) de todos os correspondentes insumos mensuráveis: trabalho, capital, insumos intermediários adquiridos de outras firmas ou indústrias (por exemplo, despesas com computação, automação, materiais, energia, despesas administrativas e outros).
- *Produtividade parcial dos fatores* é a relação entre o produto real bruto ou líquido mensurável (valor agregado) e uma classe (qualquer) de insumo mensurável.

A produtividade total dos fatores, ou a produtividade de todos os recursos de entrada adquiridos, é a medida mais ampla de produtividade e a única cujo aumento de valor é indubitavelmente benéfico.

Entretanto, apresenta problemas metodológicos de aplicação. Um deles é que os vários insumos levados em conta para se calcular o denominador da fração "produtos/insumos" são, em uma maioria absoluta de situações, heterogêneos em natureza e medidas.

É impossível, por exemplo, somar-se "homens.hora" com "*kilowatts*.hora", que são frequentemente dois insumos relevantes. O que em geral se faz é homogeneizar as medidas utilizando-se alguma medida de valor, como os custos referentes aos "homens.hora" e os custos referentes aos "*kilowatts*.hora" para permitir a soma.

De modo correspondente, pode-se imaginar também uma medida do "conjunto de produtos produzidos" associando-se a uma ideia de "valor", por exemplo, as receitas obtidas pelos vários produtos mais que as medidas físicas dos produtos.

Isso possibilita também que se possam somar produtos de diferentes naturezas, resultantes do processo de agregação de valor analisado. Por exemplo, "minutos de ligação local", "minutos de ligação interurbana" e "informação sobre as horas", todos "produtos" produzidos por uma operadora de telefonia, mas não somáveis de forma direta, já que representam diferentes "valores". O mesmo vale para diferentes telefones celulares, com valores diferentes, para uma empresa fabricante do produto.

Da mesma forma, a consideração de "valor" dos produtos pode servir para diferenciar produtos fornecidos por um processo produtivo em diferentes condições: uma empresa, por exemplo, que forneça um bem de forma imediata pode ter interesse em considerar esse "produto" um "produto" diferente do representado pela entrega de um bem idêntico, mas com prazo de entrega de duas semanas – isso porque uma entrega imediata pode ter um "valor" maior para determinado cliente do que o mesmo bem entregue em duas semanas e, por conseguinte, esse cliente pode estar disposto a pagar um preço *premium* pelo produto. O "valor" dos produtos pode capturar essas diferenças.

Nem todas as medidas de desempenho na linha "Produtividade" na Figura 6.5 são frações que representam uma razão entre um produto e um insumo, mas refletem medidas ou direcionadores de eficiência operacional.

Serviço e satisfação

 CONCEITO-CHAVE

As medidas de *serviço e satisfação* tratam de avaliar o quanto a cadeia de suprimentos está atingindo o objetivo de garantir que o produto certo esteja no local certo, na quantidade certa, no momento certo, e que o cliente esteja satisfeito com o serviço prestado.

Os conceitos aqui avaliados envolvem basicamente a velocidade e a confiabilidade das entregas, além dos níveis de satisfação dos envolvidos (usuários, clientes, fornecedores e funcionários).

As medidas-chave de velocidade em cadeias de suprimentos envolvem as durações dos ciclos, de desenvolvimento de produtos, de pedido até entrega de materiais, de atravessamento dos pedidos (da entrada das matérias-primas até a saída dos produtos completos) e de pedido até a entrega de produtos nas unidades ou nas cadeias de operações.

As medidas de confiabilidade logística em cadeia de suprimentos são aquelas que avaliam o quanto as ordens e pedidos são cumpridas no prazo e nas quantidades requeridas. Típicas medidas são as percentagens de completamento de pedidos no prazo. A percentagem de completamento no prazo de pedidos (*order fill rate*), por exemplo, mede quantos pedidos foram entregues no prazo entre todos aqueles solicitados ou prometidos. A percentagem de completamento no prazo de linhas de pedido (*line fill rate*) é mais detalhada e se refere à quantidade de linhas de pedido entregues comparada com a quantidade de linhas de pedido solicitadas ou prometidas. A percentagem de completamento no prazo de itens (*item fill rate*) é ainda mais detalhada e compara a quantidade de unidades entregues à quantidade de unidades solicitadas ou prometidas.

Figura 6.8 Cadeias de entrega expressa como a FedEx competem na confiabilidade de suas entregas, que está no centro do seu sistema de avaliação de desempenho.

PARA REFLETIR

Assista aos vídeos institucionais da FedEx & UPS:
Fonte: https://youtu.be/MkslemY1FvY
Acesso em: 4 jul. 2019

uqr.to/fcvb

Fonte: http://thenewlogistics.ups.com/customers/giltgroupe-logistics/
Acesso em: 4 jul. 2019

uqr.to/fcvc

Observe a ênfase que ambas as empresas atribuem à confiabilidade em sua comunicação.

Aqui é importante observar que cumprimento de prazos pode ser uma medida enganosa. Por exemplo, suponha que um cliente solicitou 150 unidades de determinado item para o dia 25 de agosto. No dia 23 de agosto, percebendo a impossibilidade da entrega, a empresa contata o cliente para "renegociar" o prazo. O cliente, muito a contragosto, e por não ter outra opção, concorda com receber os 150 itens no dia 10 de setembro, em vez de 25 de agosto. Quando os 150 itens foram entregues no dia 10 de setembro, o nível de completamento foi 100%, quando comparado à última data renegociada, mas certamente a satisfação do cliente não reflete esses 100%, já que sua solicitação havia sido para entrega em 25 de agosto.

Nesse sentido, é importante definir muito bem com o que a data efetiva de entrega será comparada: se com a solicitação original do cliente, ou com o prazo confirmado pelo fornecedor, ou com o prazo renegociado, para que se tenha a precisa noção do desempenho da empresa quanto a confiabilidade de prazo.

Uma medida que tem ganhado popularidade junto a empresas e cadeias de suprimentos é o chamado "OTIF" (*On Time In Full*), que compara o número de pedidos entregues 100% completos e estritamente no prazo com o total de pedidos solicitados. Embora essa métrica capture o desempenho da ação da cadeia inteira no atendimento aos seus clientes, é importante notar que ela pode induzir ao aumento exagerado de estoques dos produtos acabados e, portanto, deve ser utilizada com prudência.

Uma extensão do conceito de OTIF é o conceito de *perfect order* (pedido perfeito), que contabiliza o percentual de pedidos entregues 100% completos, estritamente no prazo, em condições perfeitas de embalagem e produto e com documentação perfeita.

Outro aspecto importante de ser avaliado quanto a *serviços e satisfação* é o nível de satisfação dos vários envolvidos na cadeia de suprimentos.

Aqui, evidentemente, é muito importante a medida da satisfação *do cliente*, mas não menos importante também é o constante monitoramento dos níveis de satisfação dos funcionários e parceiros na cadeia e fornecedores.

A intenção da gestão das cadeias de suprimentos é que todos os seus componentes colaborem para o sucesso da cadeia, e para isso todos devem estar com seus incentivos alinhados. Uma forma de aferir isso é avaliar seus níveis de satisfação. Mais adiante neste capítulo serão discutidas técnicas usadas para maximizar o alinhamento de incentivos nas cadeias.

Em relação a aferir o nível de satisfação geral com a cadeia de suprimentos, as empresas da cadeia devem colocar esforços para avaliar não só o nível de satisfação dos consumidores finais, mas, e mais importante, seus níveis de fidelidade e propensão a recomendar os produtos da cadeia a outros potenciais clientes. Em última análise, os níveis de satisfação são só um meio para obter fidelização, retenção e recomendação de clientes, já que estas estão diretamente ligadas à lucratividade das organizações e cadeias (para um tratamento detalhado das relações entre satisfação, fidelização, retenção dos clientes e lucratividade das empresas, ver Corrêa e Caon, 2002).

Flexibilidade e inovação

> **CONCEITO-CHAVE**
>
> Flexibilidade das cadeias globais de suprimentos é a habilidade de estas responderem eficazmente a mudanças.

Há cinco tipos e duas dimensões relevantes para a análise de flexibilidade das cadeias de suprimentos (Corrêa, 1994):

- *flexibilidade de novos produtos*: habilidade de introduzir eficazmente novos produtos ou alterar produtos existentes na linha produzida pela cadeia de suprimentos;
- *flexibilidade de* mix *de produtos*: habilidade de produzir eficazmente uma alta porcentagem da linha de produtos total da cadeia em determinado intervalo de tempo;
- *flexibilidade de volume*: habilidade de alterar eficazmente níveis agregados de produção e entrega;
- *flexibilidade de entrega*: habilidade de alterar datas de entrega prometidas de forma eficaz; e
- *flexibilidade para resiliência*: habilidade da cadeia de responder eficazmente a problemas relacionados a mudanças não planejadas na disponibilidade de recursos e no suprimento de seus insumos. Esse tipo de flexibilidade é tratado no Capítulo 5.

Os quatro primeiros tipos de flexibilidade se referem a saídas, aos *produtos* da cadeia de suprimentos e podem ser importantes de modo diferente para diferentes cadeias de suprimentos, portanto, as medidas que capturam esses diferentes tipos deveriam ser centrais para diferentes cadeias de suprimentos.

> **FIQUE ATENTO**
>
> Flexibilidade e inovação são características essenciais das *cadeias de suprimentos de resposta rápida* (ver Capítulo 2) e, portanto, devem estar no centro dos seus sistemas de avaliação de desempenho competitivo.

Uma cadeia que concorra no mercado com base na frequente introdução de produtos inovadores deve procurar manter métricas que capturem esse aspecto (a flexibilidade de novos produtos) no centro de seu sistema de avaliação. Exemplos são a 3M (www.3M.com) e a Natura (www.natura.com.br), que têm como uma de suas medidas de desempenho a percentagem do faturamento em decorrência de produtos lançados há menos de três e dois anos, respectivamente. Já outra empresa que concorra com base na amplitude da sua linha de produtos, oferecendo numerosas opções aos seus clientes, deveria usar no centro dos seus sistemas de avaliação de desempenho métricas que capturem a sua flexibilidade de *mix* de produtos.

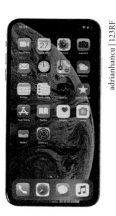

Figura 6.9 Cadeias como a da Apple competem com base em produtos inovadores. Métricas que meçam inovação, portanto, são essenciais para elas.

Flexibilidade tem, também, duas dimensões, que se aplicam a todos os tipos descritos anteriormente:

- *Flexibilidade de faixa* se refere à quantidade de estados diferentes que um sistema pode assumir, ou à largura da *faixa* de estados possíveis a um sistema, por exemplo, quantos produtos diferentes uma cadeia de suprimentos pode processar.
- *Flexibilidade de resposta* se refere, por outro lado, à capacidade de resposta, ou, em outras palavras, à fricção que a mudança *entre estados* causa, por exemplo, o tempo, os custos e o esforço para preparar novamente uma máquina para um outro produto, dentre aqueles que ela é capaz de processar. Quanto menos *fricção* causar a mudança, mais flexibilidade de *resposta* a cadeia terá.

Assim como a flexibilidade, a inovação é uma característica essencial para cadeias de resposta rápida, que competem com produtos inovadores. Se uma empresa pretende competir com produtos inovadores, é importante que meça aspectos que capturem a capacidade de a cadeia de suprimentos gerar novas ideias e transformá-las efetivamente em produtos.

Qualidade

Clientes frequentemente colocam a qualidade no topo dos seus critérios de avaliação de produtos. Qualidade também tem dimensões, e as métricas de avaliação de desempenho devem refletir aquelas dimensões mais competitivamente importantes para a cadeia de suprimentos. Garvin (1988), por exemplo, sugere que qualidade tem oito dimensões:

- *Desempenho*: são características operacionais principais de um produto, por exemplo, a potência e a fidelidade de som de um aparelho de som, a velocidade de atendimento de um serviço de resgate etc.
- *Acessórios*: são os aspectos extras que suplementam o desempenho. Por exemplo, a possibilidade do aparelho de som acomodar quatro CDs; a disponibilidade de colocar um aparelho de TV num quarto de hospital etc.
- *Confiabilidade*: indica com que frequência o produto fica fora de operação. Por exemplo, o quão frequentemente um veículo necessita de assistência técnica; o quão frequentemente o provedor de internet não fornece conexão etc.
- *Conformidade*: indica o quanto um produto se aproxima da sua especificação ou da experiência anterior do cliente. Por exemplo, o quanto a velocidade real de um sistema de transmissão de dados de banda larga se aproxima da velocidade nominal declarada; o quanto a espessura de um tratamento galvânico de uma chapa de aço fornecida se aproxima da sua especificação etc. Por vezes, o termo conformidade é substituído por consistência, quando essa dimensão se referir à comparação entre o produto real e a experiência anterior do cliente, e não propriamente a um padrão especificado ou declarado. Por exemplo, a consistência de sabor de um alimento congelado, a consistência na rapidez de atendimento de um restaurante *fast-food*.
- *Durabilidade*: tempo de vida, resistência no uso, frequência de manutenção etc. Por exemplo, o quanto duram as pastilhas de freio ou os amortecedores de um veículo; quanto tempo uma dedetização manterá um ambiente livre de insetos; quanto tempo a manutenção feita num elevador o manterá funcionando etc.
- *Manutenção*: indica o quanto a manutenção do produto é fácil, de baixo custo ou amigável. Por exemplo, quanto de dificuldade tem o cliente para corrigir um lançamento errado numa fatura do cartão de crédito; o quanto é fácil trocar o cartucho de tinta de uma impressora; quanto custa a reposição de um cartucho de tinta de uma impressora etc. Medidas frequentes dessa característica são o MTBF (*mean time between failures* – tempo médio entre falhas) e o MTTR (*mean time to repair* – tempo médio de reparo).
- *Estética*: são as características relativas à aparência e à impressão. Por exemplo, as linhas estéticas de um veículo, de um móvel; a cor, o modelo ou a estampa de uma roupa; a fragrância de um perfume; a aparência do *maître* e do próprio restaurante etc. Esse aspecto é um exemplo no qual mensurações objetivas são mais difíceis de se obter.
- *Qualidade percebida*: o sentimento e a maneira como o cliente é tratado. Por exemplo, a cortesia do *maître*; a educação e polimento num teleatendimento. Nessa dimensão são incluídos ainda os componentes subjetivos da qualidade, muitas vezes resultantes de associações que o cliente realiza nas suas avaliações. Se a Rolls-Royce passasse a fabricar também bicicletas, você diria que elas teriam qualidade?

Quando o cliente considera o "pacote" qualidade, raramente o faz em todas as dimensões e, se as considerasse, por certo não daria a todas o mesmo peso na formação da sua percepção de satisfação. Isso significa que a cadeia de suprimentos deve entender quais as dimensões que são consideradas na formação da decisão da compra e a importância relativa dada pelo cliente a cada uma delas. Com base nisso, deve construir seus sistemas de avaliação de desempenho de forma a refletir os aspectos mais valorizados pelos clientes.

Figura 6.10 Cadeias como a da BMW competem com base na qualidade dos seus produtos, portanto, métricas que reflitam as dimensões mais importantes da qualidade para seus consumidores são essenciais (por exemplo, desempenho).

> **PARA REFLETIR**
>
>
> uqr.to/fcvs
>
> Assista ao vídeo sobre o gerenciamento de qualidade da BMW:
> Fonte: https://www.youtube.com/watch?v=TiuaFwzJ4FU.
> Acesso em: 4 jul. 2019
>
>
> uqr.to/fcvt
>
> Da mesma forma, a Mercedes-Benz usa o lema "O melhor ou nada". Assista ao vídeo a seguir e observe a ênfase em "qualidade":
> Fonte: https://www.youtube.com/watch?v=ya5qL0LS5eA
> Acesso em: 4 jul. 2019

Relacionamento

Conforme discutido no Capítulo 3, a gestão de cadeias de suprimentos difere da gestão de operações tradicional porque inclui em suas análises várias unidades operativas e as interações entre elas.

Essas interações ocorrem em vários níveis: materiais, informações e fluxos financeiros são trocados. É por intermédio dessas trocas que importantes informações sobre o que o cliente necessita/deseja serão capturadas pelos gestores da cadeia de suprimentos.

O objetivo é que recursos e processos sejam definidos e gerenciados para que os clientes atinjam níveis de satisfação que os transformem em clientes fiéis e retidos, e, muitas vezes, em propagandistas gratuitos, que recomendarão os produtos e serviços da cadeia.

Também é por meio dessas trocas de informação que a empresa pode se beneficiar de desenvolvimentos tecnológicos recentes dos itens fornecidos pelos fornecedores, incorporando-os, antes da concorrência, aos seus produtos.

Além disso, pelo menos tão importante quanto essas trocas é o *relacionamento* que se estabelece entre parceiros da cadeia de suprimentos. Esse relacionamento apresenta aspectos mais objetivos, como os contratos e os acordos de nível de serviço que os regulam, e aspectos mais subjetivos, nem por isso menos importantes, que são, por exemplo, os níveis de confiança entre os parceiros.

Se o relacionamento entre parceiros numa cadeia de suprimentos é tão importante para seu sucesso, também é essencial que se meça esse aspecto. Evidentemente, não se pretende que os relacionamentos tenham o mesmo nível de intensidade de troca de informações e colaboração entre todos os pares de parceiros, mas, dado um tipo de relacionamento (ver Capítulo 3) que se pretende atingir e manter, é importante que se passem a medir aspectos que reflitam os níveis de relacionamento desejado, para que possam ser controlados e para que os tipos adequados de comportamento dos indivíduos envolvidos sejam moldados.

6.2.5 Alinhamento de incentivos em cadeias globais de suprimentos

Um dos principais motivos alegados no início do capítulo, para a importância dos sistemas de avaliação de desempenho na gestão de cadeias globais de suprimentos, é fazer com que os vários atores numa cadeia de suprimentos trabalhem em uníssono, que tomem decisões coerentes conforme um padrão que leve a cadeia a atingir seus objetivos estratégicos.

É comum, entretanto, que os gestores reclamem que os seus parceiros na cadeia não parecem dispostos a agir pelo bem comum, mesmo que seja óbvio que a cadeia teria benefícios com isso.

Quando isso acontece, muito provavelmente as empresas estão perseguindo objetivos diferentes. Não se pode nunca esquecer de que, numa cadeia global de suprimentos, para que os parceiros da cadeia tomem decisões e ações que beneficiem a cadeia como um todo, é essencial que os objetivos e incentivos de cada parceiro estejam em linha com o que é melhor para todos.

> **FIQUE ATENTO**
>
> Os parceiros da cadeia estarão interessados em agregar o máximo de valor para a cadeia somente se eles puderem reter uma parte justa do benefício alcançado. Ver *boxe* Teoria na prática, a seguir.

> **TEORIA NA PRÁTICA**
>
> **O dia em que a cadeia de suprimentos da Cisco "quebrou"**
>
> Wall Street ainda se lembra com terror do dia em que soube que a incensada cadeia de suprimentos da Cisco Systems "quebrou" (veja a Figura 6.11). Numa segunda-feira, dia 16 de abril de 2001, o maior fabricante de equipamentos para a cadeia mundial de computadores chocou os investidores quando avisou que em breve disporia de cerca de US$ 2,5 bilhões de excesso de matérias-primas e componentes – um dos maiores *write-offs* da história. Veja o impacto disso no preço das ações da Cisco na parte de cima do gráfico da Figura 6.11 que cobre o período do ano 2000 até o ano 2010.
>
> A empresa reportou em maio US$ 2,69 bilhões de prejuízo no trimestre e o valor das ações caiu quase 6% no dia do anúncio. A Cisco pode ter subestimado a velocidade com a qual a economia caminhava para um período recessivo, mas como esse titã das cadeias de suprimentos errou em US$ 2,5 bilhões, quase metade do faturamento no trimestre? Analistas culparam más previsões de vendas e incompetência gerencial, mas na verdade havia outras causas mais relevantes. Na verdade, a Cisco se deparou com uma montanha de placas de circuitos e componentes, a qual não necessitava, por causa da forma com que

seus fornecedores se comportaram nos dezoito meses anteriores. A Cisco não tem fábricas, então emprega manufaturas terceirizadas. Estas haviam se estocado tremendamente de produtos semiacabados, porque a demanda da Cisco, em geral, superava em muito o suprimento. Eles tinham um incentivo para formar estoques: a Cisco os recompensava quando entregavam componentes rapidamente. Alguns terceiros até mesmo aumentaram suas margens de lucro com a compra de enormes quantidades de matérias-primas de fornecedores para obter preços menores do que aqueles que a Cisco havia negociado com antecedência com eles. Como os terceiros e fornecedores só tinham a ganhar com a formação de grandes estoques, trabalharam além do normal a fim de estabelecê-los sem se preocuparem com as reais necessidades da Cisco.

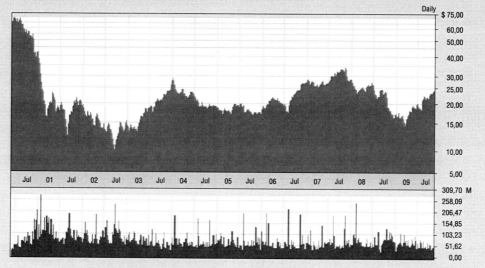

Figura 6.11 Impacto da "quebra" no valor das ações da Cisco.

Quando a demanda desacelerou, na primeira metade do ano fiscal de 2000, a Cisco descobriu que não poderia cortar a entrada de suprimentos rapidamente. Além disso, não parecia estar claro o que a empresa havia de fato solicitado aos fornecedores e o que eles haviam produzido em antecipação a pedidos.

Muitos terceiros assumiram que a Cisco havia, implicitamente, assegurado a eles que compraria tudo o que pudessem produzir. Como a empresa não havia estipulado de forma clara as responsabilidades e critérios de responsabilização para os seus fornecedores, a maioria do estoque em excesso acabou em seus armazéns.

Os fornecedores agiram de uma forma que não era no melhor interesse nem da Cisco, nem da cadeia de suprimentos. Muita gente pode achar que esse caso é uma exceção, mas, de fato, é a regra. As empresas não pensam muito no comportamento e na psicologia dos seus parceiros e fornecedores quando constroem suas cadeias de suprimentos.

Engenheiros constroem cadeias de suprimentos, não psicólogos. Adicionalmente, toda empresa se comporta de forma a maximizar seus próprios interesses individuais. Muitas empresas assumem que, se os parceiros fizerem isso, estarão também maximizando o interesse da cadeia. Isso, entretanto, não é verdade. É necessário gerenciar esse processo explicitamente, de forma que os incentivos atuantes induzam um comportamento na empresa, que quando maximizam o seu interesse, maximizem também o interesse da cadeia como um todo.

Este caso é baseado em narrativa publicada em Narayanan e Raman (2004).

Questões para discussão

1. Quais incentivos as empresas parceiras da Cisco tinham na hora de tomar suas decisões de compras e produção?
2. A que comportamento esses incentivos levaram?
3. Esse comportamento que maximizava o interesse dos parceiros estava em acordo com os melhores interesses da cadeia?
4. O que poderia ser feito para evitar que o problema ocorresse?

Segundo Narayanan e Raman (2004), há três fontes de desalinhamento de incentivos em gestão global de cadeias de suprimentos:

- *Ações secretas* – quando uma empresa não conhece bem as ações de seus parceiros, é difícil que possa persuadi-los a fazer o melhor para a cadeia. Imagine a Brastemp. Ela precisa dos vendedores dos varejistas, como por exemplo os do Ponto Frio, para ajudá-la a vender seus produtos, porque eles têm grande poder de influenciar o consumidor nas suas escolhas. Entretanto, se a Brastemp não oferece boas margens de lucro para os varejistas, é provável que seus vendedores tentem influenciar os consumidores a comprarem produtos de outras marcas de margens maiores. A Brastemp também não tem como acompanhar em detalhes os esforços que o Ponto Frio está fazendo para vender seus produtos, portanto, é difícil que consiga desenhar incentivos eficazes que induzam no varejista um comportamento que seja melhor para ambas as empresas.

- *Não compartilhamento de informação* – é difícil alinhar interesses e incentivos quando não há confiança suficiente entre membros da cadeia para permitir o compartilhamento de informações. Quando diferentes parceiros não conhecem as margens de lucro uns dos outros (o que, em geral, é o caso), fica muito mais difícil pensar em esquemas e contratos que façam uma divisão mais equitativa e justa de benefícios para que os incentivos, então, levem a comportamentos que maximizem os interesses de ambos ou da cadeia.
- *Mau projeto* – os sistemas de incentivos são, frequentemente, mal definidos. Um grande fabricante de fertilizantes, nos anos 1990, estabeleceu bônus generosos aos seus executivos a fim de aumentarem as vendas de fertilizante.

Os executivos, então, ofereceram vários incentivos aos seus clientes da cadeia (distribuidoras, cooperativas de plantadores) para comprarem mais produtos, incluindo descontos por compras antecipadas, longos prazos de pagamento e a possibilidade de devolução futura. Os clientes do canal de distribuição responderam positivamente a esses incentivos, comprando maciçamente e estocando o produto. Fechado o ano fiscal, os executivos de ambas as empresas foram beneficiados por ótimos bônus, já que as vendas haviam dobrado. O fabricante de fertilizante, entretanto, não tardou a perceber que a quantidade de estoques do seu produto no canal de distribuição era tamanha, que uma de suas fábricas teria de ser desativada por um ano, já que os clientes no canal, na melhor das hipóteses, parariam de comprar por esse período, apenas consumindo estoques, e, na pior das hipóteses, devolveriam grande parte do material comprado antes que tivessem de honrar o seu pagamento.

Segundo Narayanan e Raman (2004), os passos da Figura 6.12 podem ser usados para evitar que problemas de desalinhamento de incentivos ocorram em cadeias de suprimentos.

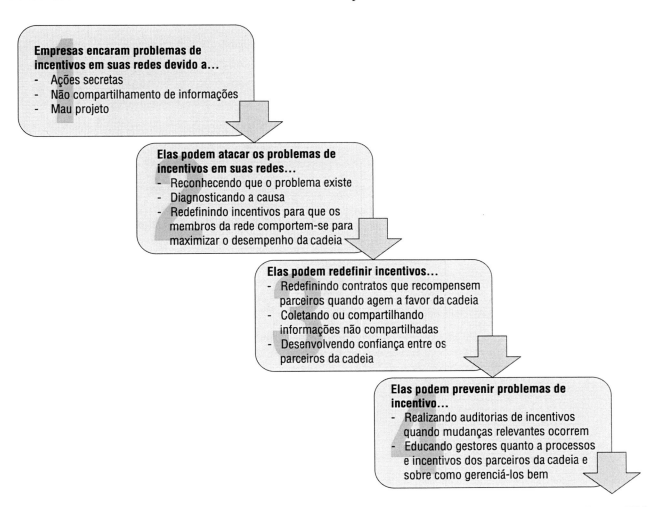

Figura 6.12 Uma abordagem passo a passo para gerenciar incentivos na cadeia global de suprimentos (adaptado de Narayanan e Raman, 2004).

6.2.6 Tipos de contrato de relacionamento

FIQUE ATENTO
Central para a questão de alinhamento de incentivos em cadeias de suprimentos é a questão dos contratos que regulam as formas de pagamento e remuneração, os riscos e retornos envolvidos numa relação comercial entre parceiros da cadeia.

Vamos examinar as implicações para o comportamento dos parceiros na cadeia de um contrato tradicional, no caso de uma empresa produtora (Editora) que venda revistas para revenda por uma loja do varejo (Loja).

Aqui usaremos conceitos desenvolvidos no Capítulo 3 (item "Cálculo do nível ótimo de serviço logístico ao cliente"). Se você não se recorda bem desse conceito, é sugerido que você faça uma breve revisão antes de prosseguir.

Contrato tradicional

Imaginemos que a Editora venda suas revistas para a Loja por R$ 16 e que a Loja as revenda por R$ 20 ao consumidor.

Os custos da Editora para produzir uma revista são de R$ 9. Vamos assumir que as revistas não vendidas ao final da semana não têm valor comercial relevante para a Loja.

Nesse contrato tradicional, analisando a questão do ponto de vista da Loja, seu lucro por revista vendida é de R$ 4, e seu prejuízo, no caso das revistas não vendidas, é de R$ 16 (o preço pago à Editora).

Vamos assumir também por simplicidade que a distribuição probabilística das vendas da revista em questão seja uniforme entre 1 e 100 unidades em qualquer semana, com probabilidade igual de vendas para cada uma das quantidades: 1% de probabilidade de uma unidade ser vendida, 1% de probabilidade de duas unidades serem vendidas, e assim por diante.

A decisão que a Loja enfrenta agora é a de quantas revistas adquirir (a aquisição total, nesse nosso exemplo, tem de ocorrer no início da semana).

Podemos, então, usando a expressão desenvolvida no Capítulo 3, definir o nível ótimo de serviço logístico para a Loja, que, por sua vez, definirá a quantidade ótima (que maximizará seu lucro esperado) de revistas a adquirir:

Preço no varejo p = R$ 20,00

Custo c = R$ 16,00

Valor residual (da revista não vendida) r = R$ 0

Qual o nível de serviço ótimo para as revistas, do ponto de vista da Loja?

Como o custo de falta Cf (custo incorrido pela Loja para cada revista caso o estoque acabe e um cliente não possa, portanto, comprá-la) é dado por

$$Cf = p - c = 20 - 16 = 4$$

e como o custo de excesso Ce (custo incorrido para cada revista não vendida ao final da semana) pode ser dado por

$$Ce = c - r = 16 - 0 = 16$$

vem que o nível de serviço logístico ótimo (que maximiza o lucro esperado da Loja) é:

$$NSO^* = \frac{Cf}{Cf + Ce} = \frac{4}{4+16} = 20\%$$

Ou seja, o lucro esperado da Loja será maximizado quando a quantidade comprada for aquela em que a probabilidade de a demanda ser menor ou igual à compra for de 20%, ou seja, a quantidade comprada deveria ser de 20 unidades. A probabilidade de a demanda ser menor ou igual a 20 revistas é de 20%, já que:

Probabilidade de a demanda ser igual a 1 = 1%

Probabilidade de a demanda ser igual a 2 = 1% +

....

Probabilidade de a demanda ser igual a 19 = 1% +

Probabilidade de a demanda ser igual a 20 = 1% +

Probabilidade de a demanda ser igual ou menor que 20 unidades = 20%

A Figura 6.13 ilustra a situação do contrato tradicional.

Com o contrato tradicional, a Loja está procurando balancear seus custos individuais de falta e de excesso. Como o custo de excesso de estoque é proporcionalmente muito maior do que o custo de falta, a tendência é que a Loja tenha um comportamento inclinado a diminuir seu risco de ter excesso de estoque – daí a decisão de comprar apenas 20 revistas.

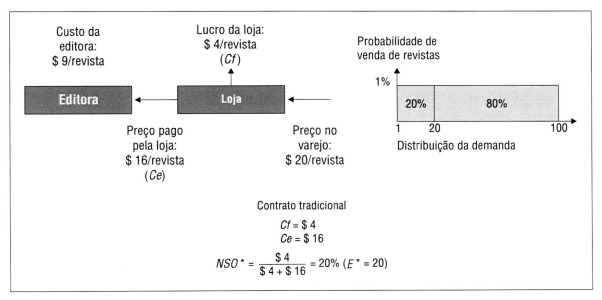

Figura 6.13 Ilustração do comportamento da Loja num contrato tradicional.

Integração vertical

Observe, entretanto, que, se ambos os parceiros na cadeia, Loja e Editora, trabalhassem como uma só entidade (uma cadeia de suprimentos de dois parceiros-sócios), os números seriam diferentes, conforme ilustrado na Figura 6.14.

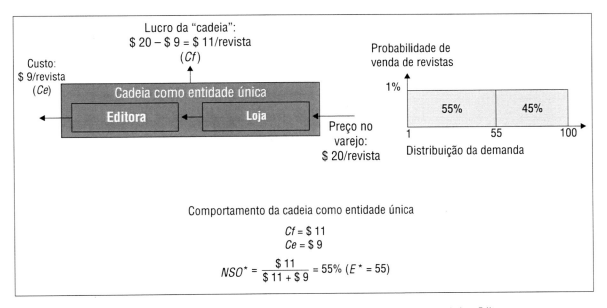

Figura 6.14 Ilustração do comportamento de uma entidade única que englobasse Loja e Editora.

Observe que, trabalhando de forma conjunta, o nível de serviço ótimo, aquele que maximizaria o lucro esperado da cadeia como um todo, seria de 55% (portanto, levando os estoques a serem disponibilizados na Loja para 55 unidades), e não de 20% (com correspondente estoque na Loja de apenas 20 unidades).

Isso quer dizer que, olhando para os riscos e retornos gerais da cadeia, a quantidade disponibilizada aos clientes deveria ser maior. No entanto, quando a Loja trata o problema de forma individual, é levada a decidir por ter apenas 20 unidades para venda. Como a Editora só consegue vender através da Loja, fica restrita a vender no máximo 20 unidades e, portanto, seu lucro não é maximizado.

Em geral, a opção de estabelecer uma "entidade única", ou via integração vertical ou via *joint ventures*, pode ser explorada, mas muitas vezes as empresas preferirão agir como entidades separadas, em razão de suas competências centrais na cadeia (ver Capítulo 2).

A questão passa então a ser: como prover incentivos para que a Loja tenha seus custos de falta e excesso mais balanceados, de forma a decidir pela compra de uma quantidade maior de revistas, para que os lucros esperados da cadeia inteira sejam maximizados? Há para isso algumas opções viáveis. Exploremos duas delas: o contrato de receita compartilhada e o contrato de recompra.

Contrato de receita compartilhada

Nessa modalidade de contrato, conforme já comentado, o intuito é equilibrar melhor os custos de falta e excesso da Loja. A Editora, então, decide assumir parte do risco de excesso, que é muito custoso para a Loja, mas não tanto para a Editora. A Editora então oferece vender para a Loja cada revista por R$ 9, ou seja, um preço igual ao custo de produção da revista. Caso a revista não seja vendida, o custo de excesso para a Loja cai, então, de R$ 16 para R$ 9.

Por outro lado, para cada revista que a Loja consegue vender para o mercado pelos mesmos R$ 20, ela retém apenas R$ 13 (de forma que seu lucro por revista vendida seja exatamente o mesmo daquele obtido no contrato tradicional) e repassa R$ 7 para a Editora (que, portanto, passa a ter também exatamente a mesma receita de R$ 9 + R$ 7 = R$ 16 para cada revista vendida e, portanto, tem também o mesmo lucro que aquele auferido no contrato convencional). Ou seja, os lucros envolvidos com a venda de uma revista continuam exatamente os mesmos que na situação do contrato tradicional, mas há uma redistribuição dos riscos. Vejamos na Figura 6.15 como essa opção de contrato muda o comportamento da Loja.

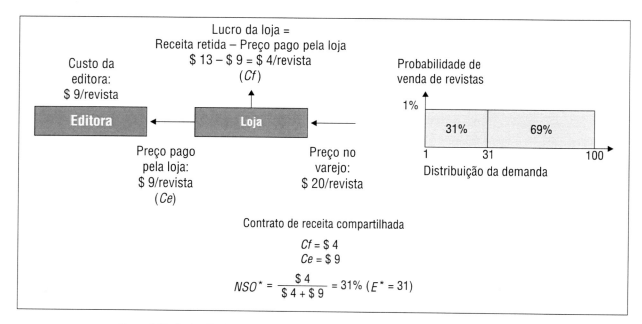

Figura 6.15 Ilustração do comportamento da Loja com o contrato de receita compartilhada.

Observe que, como o balanço entre custo de falta e custo de excesso da Loja mudou, seu comportamento também muda. Passa agora a fazer sentido que 31 revistas sejam compradas em vez de 20 revistas.

Entretanto, 31 revistas ainda é uma quantidade distante das 55 revistas que maximizariam o lucro da cadeia como um todo, então, a Editora decide explorar um outro tipo de contrato, o contrato de recompra.

Contrato de recompra (*buy back*)

Nessa modalidade, a Editora oferece à Loja um contrato em que a revista lhe é vendida pelos originais R$ 16.

Entretanto, a Editora oferece à Loja a recompra de eventuais revistas não vendidas ao final da semana por R$ 12. Nesse caso, a Editora está assumindo ainda mais do custo de excesso, que anteriormente estava muito alto para a Loja. Vejamos na Figura 6.16 como esse contrato de recompra influencia o comportamento da cadeia.

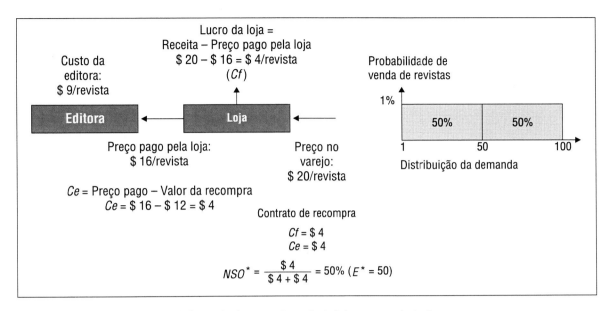

Figura 6.16 Ilustração do comportamento da Loja com o contrato de recompra.

Observe que, com o contrato de recompra, o comportamento da Loja agora é o de ter em estoque disponível para venda uma quantidade de 50 revistas, em vez dos anteriores 20 do contrato tradicional ou 32 do contrato de receita compartilhada.

Uma dúvida que os gestores podem ter é em relação aos lucros esperados para cada um dos membros da cadeia de suprimentos quando são usados os contratos tradicional, de receita compartilhada e de recompra. O cálculo dos lucros esperados de cada um dos membros da cadeia não é trivial se feito analiticamente, mas é possível fazer uma aproximação numérica muito boa se uma planilha Excel for usada. A Figura 6.17 mostra como pode ser feito o cálculo do lucro esperado para a Loja com o contrato tradicional. A tabela é explicada a seguir.

Preço p = 20		Custo c = 16					
1	2	3	4	5	6	7	8
Vendas (V)/ Ordens (Estoque) (E)	Probabilidade de Vendas P(V)	Probabilidade de vendas serem <= Ordem "E" P(V ≤ E) = NSO	Probabilidade de vendas serem > Ordem "E" P(V > E) = 1 − NSO	$(p-c)*P(S>E)$ Lucro marginal esperado com a compra da próxima revista	$(c)*P(S \leq E)$ Prejuízo marginal esperado com a compra da próxima revista	Contribuição marginal esperada com a compra da próxima revista	Lucro esperado para diferentes quantidades "E"
0	0	0	1	4	0	4	
1	0,01	0,01	0,99	3,96	0,16	3,8	4,00
2	0,01	0,02	0,98	3,92	0,32	3,6	7,80
3	0,01	0,03	0,97	3,88	0,48	3,4	11,40
4	0,01	0,04	0,96	3,84	0,64	3,2	14,80
5	0,01	0,05	0,95	3,8	0,8	3	18,00
6	0,01	0,06	0,94	3,76	0,96	2,8	21,00
7	0,01	0,07	0,93	3,72	1,12	2,6	23,80
8	0,01	0,08	0,92	3,68	1,28	2,4	26,40

(continua)

(continuação)

Preço p = 20			Custo c = 16				
1	2	3	4	5	6	7	8
Vendas (V)/ Ordens (Estoque) (E)	Probabilidade de Vendas P(V)	Probabilidade de vendas serem < = Ordem "E" P(V ≤ E) = NSO	Probabilidade de vendas serem > Ordem "E" P(V > E) = 1 − NSO	(p − c)* P(S > E) Lucro marginal esperado com a compra da próxima revista	(c)*P(S ≤ E) Prejuízo marginal esperado com a compra da próxima revista	Contribuição marginal esperada com a compra da próxima revista	Lucro esperado para diferentes quantidades "E"
9	0,01	0,09	0,91	3,64	1,44	2,2	28,80
10	0,01	0,1	0,9	3,6	1,6	2	31,00
11	0,01	0,11	0,89	3,56	1,76	1,8	33,00
12	0,01	0,12	0,88	3,52	1,92	1,6	34,80
13	0,01	0,13	0,87	3,48	2,08	1,4	36,40
14	0,01	0,14	0,86	3,44	2,24	1,2	37,80
15	0,01	0,15	0,85	3,4	2,4	1	39,00
16	0,01	0,16	0,84	3,36	2,56	0,8	40,00
17	0,01	0,17	0,83	3,32	2,72	0,6	40,80
18	0,01	0,18	0,82	3,28	2,88	0,4	41,40
19	0,01	0,19	0,81	3,24	3,04	0,2	41,80
20	0,01	0,2	0,8	3,2	3,2	0	42,00
21	0,01	0,21	0,79	3,16	3,36	− 0,2	42,00
22	0,01	0,22	0,78	3,12	3,52	− 0,4	41,80
23	0,01	0,23	0,77	3,08	3,68	− 0,6	41,40
24	0,01	0,24	0,76	3,04	3,84	− 0,8	40,80
25	0,01	0,25	0,75	3	4	− 1	40,00
26	0,01	0,26	0,74	2,96	4,16	− 1,2	39,00
27	0,01	0,27	0,73	2,92	4,32	− 1,4	37,80
28	0,01	0,28	0,72	2,88	4,48	− 1,6	36,40
29	0,01	0,29	0,71	2,84	4,64	− 1,8	34,80
30	0,01	0,3	0,7	2,8	4,8	− 2	33,00
31	0,01	0,31	0,69	2,76	4,96	− 2,2	31,00
32	0,01	0,32	0,68	2,72	5,12	− 2,4	28,80
33	0,01	0,33	0,67	2,68	5,28	− 2,6	26,4
34	0,01	0,34	0,66	2,64	5,44	− 2,8	23,80
35	0,01	0,35	0,65	2,6	5,6	− 3	21,00
36	0,01	0,36	0,64	2,56	5,76	− 3,2	18,00
37	0,01	0,37	0,63	2,52	5,92	− 3,4	14,80
38	0,01	0,38	0,62	2,48	6,08	− 3,6	11,40
39	0,01	0,39	0,61	2,44	6,24	− 3,8	7,80
40	0,01	0,4	0,6	2,4	6,4	− 4	4,00
41	0,01	0,41	0,59	2,36	6,56	− 4,2	0,00
42	0,01	0,42	0,58	2,32	6,72	− 4,4	− 4,20
43	0,01	0,43	0,57	2,28	6,88	− 4,6	− 8,60

Figura 6.17 Tabela ilustrando como pode ser feito o cálculo do lucro esperado para a Loja na situação do contrato tradicional.

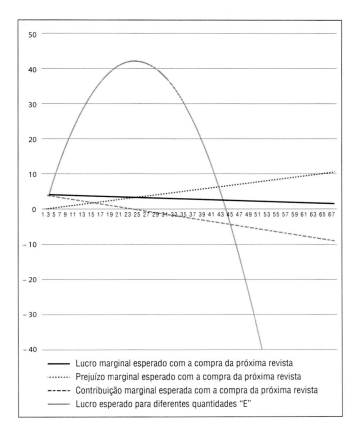

Figura 6.18 Ilustração gráfica com os dados da Figura 6.17.

As colunas da tabela na Figura 6.17 seguem a mesma lógica usada no Capítulo 3 para desenvolver a formulação a fim de determinar o nível ótimo de serviço logístico. A tabela inteira tem mais linhas (explorando as vendas possíveis de 1 até 100), mas a Figura 6.17 traz apenas a análise das possibilidades de compra pela loja, de 1 revista até 43 revistas. Como nesse caso o ponto ótimo se encontra na compra de 20 revistas, sabe-se que os resultados esperados para quantidades de 43 até 100 revistas seriam piores do que aqueles encontrados para a compra de 43 revistas.

- *Coluna 1* – traz as diferentes quantidades possíveis de revistas vendidas, de 1 a 100, e também representa as diferentes possibilidades de ordens ou "Estoque" "E" – que, nesse exemplo, representam a mesma faixa, de 1 a 100.

- *Coluna 2* – traz as probabilidades de vendas para cada uma das quantidades possíveis de vendas. Essa coluna reflete a distribuição de probabilidades das vendas, nesse caso, uniforme entre 1 e 100 unidades.

- *Coluna 3* – traz as probabilidades, para cada quantidade de ordem "E", de as vendas serem menores ou iguais a "E". Por exemplo, na linha correspondente a Ordens (Estoque) = 5, a probabilidade de as vendas serem menores ou iguais a 5 é de 0,05 ou 5%.

- *Coluna 4* – traz as probabilidades, para cada quantidade de ordem "E", de as vendas serem maiores que "E". Por exemplo, na linha correspondente a Ordens = 5, a probabilidade de as vendas serem maiores que 5 é de 0,95 ou 95%.

- *Coluna 5* – traz o lucro marginal esperado com a compra da quantidade "E+1ª", ou seja, qual o lucro marginal esperado se mais uma revista for comprada. Isso é calculado como o lucro da venda de uma revista, dado por [preço de venda – custo] = (R$ 20 – R$ 16 = R$ 4) multiplicado pela probabilidade de a revista "E+1ª" ser vendida, ou seja, a probabilidade de as vendas serem maiores que "E". Na linha correspondente a "E" = 5, o lucro marginal pela decisão de compra da 6ª revista ("E+1ª") é o lucro com a venda de uma revista (R$ 4) vezes a probabilidade de as vendas serem maiores que 5. Essa probabilidade é exatamente a calculada na coluna 4 (0,95) e o resultado é R$ 4 × 0,95 = R$ 3,8.

- *Coluna 6* – traz o prejuízo marginal esperado com a compra da quantidade "E+1ª", ou seja, qual o prejuízo marginal esperado se mais uma revista for comprada e não for vendida. Isso é calculado como o custo de excesso de uma revista, dado pelo custo da revista para a Loja = R$ 16 multiplicado pela probabilidade de a revista "E+1ª" não ser vendida, ou seja, a probabilidade de as vendas serem menores ou iguais a "E". Na linha correspondente a "E" = 5, o prejuízo marginal pela decisão de compra da 6ª revista ("E+1ª") é o prejuízo com a sobra de uma revista (R$ 16) vezes a probabilidade de as vendas serem menores ou iguais a 5. Essa probabilidade é exatamente a calculada na coluna 3 (0,05 ou 5%) e o resultado é R$ 16 × 0,05 = R$ 0,8.

- *Coluna 7* – traz a contribuição probabilisticamente esperada com a decisão pela compra do revista "E+1ª". Isso significa o lucro esperado (coluna 5) menos o prejuízo esperado (coluna 6) com a decisão de compra da revista "E+1ª". Isso para a Linha de "E" = 5 é R$ 3,8 – R$ 0,8 = R$ 3.

- *Coluna 8* – traz o lucro acumulado à medida que as decisões de comprar revistas adicionais são tomadas. A linha de "E" = 5, por exemplo, traz o lucro acumulado quando se decide pela compra da revista "E+1ª" = 6. Isso é a soma das contribuições esperadas com a compra da 1ª revista, da 2ª, da 3ª, da 4ª, da 5ª e da 6ª, no caso, R$ 18.

Observe que os lucros esperados são crescentes até atingir o valor máximo para "E" = 20 (que é o resultado esperado, já que o nível de serviço logístico ótimo já havia sido determinado ser 20% e, portanto, a quantidade ótima de compra determinada havia sido de 20 unidades, resultando no lucro esperado máximo de R$ 42.

Usando o mesmo tipo de modelagem, é possível determinar os lucros para a Loja, para a Editora e consequentemente para a cadeia total nas quatro situações analisadas. Esses valores são mostrados na Figura 6.19.

Item	Contrato tradicional	Entidade única (integração vertical)	Contrato de receita compartilhada	Contrato de recompra
Nível de serviço logístico ótimo da Loja	20%	55%	31%	50%
Quantidade pedida pela Loja	20	55	31	50
Lucro da Loja	R$ 42,00	?	R$ 61,60	R$ 100,00
Lucro da Editora	R$ 140,00	?	R$ 183,40	R$ 200,00
Lucro da cadeia	R$ 182,00	R$ 308,00	R$ 245,00	R$ 300,00

Figura 6.19 Comparação do desempenho em lucro dos diferentes tipos de contrato para a situação analisada de cadeia de suprimentos de revistas.

É interessante observar que, com uma distribuição mais equitativa de riscos na cadeia de suprimentos, obtida por intermédio de um melhor equacionamento da questão dos incentivos via diferentes contratos, todos os elos da cadeia ganham. Observe que, além de um maior lucro total para a cadeia como um todo, os lucros de ambos os componentes da cadeia, Loja e Editora, também aumentam quando se alinham incentivos. Isso é claramente uma situação ganha-ganha, em que para uma empresa ganhar, a parceira da cadeia NÃO tem de perder, o que é sempre uma condição a se buscar quando se analisam as cadeias globais de suprimentos.

6.3 ESTUDO DE CASO: QUÍMICA INDÚSTRIA E COMÉRCIO

História

A Química Indústria e Comércio Ltda. é uma subsidiária brasileira relativamente nova no mercado (estabeleceu-se em 2010, quando a economia brasileira parecia que iria decolar), pertencente a uma grande multinacional de produtos químicos. Marcos Mendonça e Júlio Ribeiro são os principais executivos da empresa, que investiu na nova unidade química no polo petroquímico de Camaçari, na Bahia.

A empresa produz basicamente duas linhas de produtos, uma linha de *commodities* químicas para servir grandes clientes fabricantes de adesivos e tintas, e uma linha de especialidades químicas e resinas especiais para uma grande quantidade de clientes menores, com necessidades específicas. Júlio Ribeiro, como ex-diretor de pesquisa e desenvolvimento de várias empresas químicas, trouxe grande capacitação à empresa em desenvolver produtos químicos quase que por encomenda aos seus clientes. Essa linha, naturalmente, tinha volumes menores de produção por produto do que a linha de *commodities*, que era produzida em altos volumes. No entanto, as margens de lucro eram muito diferentes entre as duas linhas. Enquanto a linha de *commodities* tinha algo como 3% a 4% de margem bruta sobre vendas, a linha de especialidades podia facilmente ter 20% a 30% de margem bruta. A linha de *commodities* tinha uma alta ocupação (o que em geral é condição essencial para uma empresa poder competir bem nesse mercado), enquanto a linha de produção de especialidades, embora contando com uma respeitável capacidade produtiva, não tinha taxas de ocupação tão altas (o que também era considerado natural pela empresa, já que os custos unitários de produção para essa linha não eram uma preocupação muito grande para os sócios gestores, pois, tendo margens mais confortáveis, esses produtos conseguiam ser bastante lucrativos). A linha de *commodities* atualmente era responsável por 84% do faturamento da empresa, e a de especialidades pelo restante, mas o lucro era muito mais bem dividido entre as duas linhas. Isso ocorria não só porque as margens de produtos do tipo *commodity* são normalmente mais apertadas, mas, em particular, por causa dos clientes da Química, que eram de fato organizações muito grandes, com enorme poder de barganha e uma prática de negociar ferrenhamente os preços com os vendedores da empresa.

Produção

A produção da Química era de fato dividida em prédios separados nas duas linhas que a empresa operava. O diretor de produção, Jorge Nakamura, havia sido contratado pelos dois executivos da empresa pela sua grande competência e experiência em plantas químicas. Jorge havia desde a fundação da empresa definido que os sistemas de premiação e recompensa dos operadores das duas linhas deveria ser diferente. Os operadores da linha de *commodities* eram remunerados pela produção e pelos níveis de utilização dos equipamentos, e os operadores da linha de especialidades eram recompensados por senioridade e por quantas diferentes habilidades possuíam, além do cumprimento estrito dos programas de produção e das especificações dos produtos. Os produtos de especialidades químicas normalmente eram solicitados em menores quantidades, mas os clientes eram muito exigentes em termos de cumprimento de prazos e da qualidade, já que o uso que faziam dos produtos adquiridos era mais sofisticado e exigente (como a produção de vernizes especiais e adesivos de alto desempenho).

Vendas

A força de vendas da empresa também era muito enxuta e competente, organizada por região, de forma a capitalizar os contatos pessoais dos vendedores. Como trata-se de venda técnica, em geral os vendedores tinham formação técnica em química, mas todos com extensa experiência comercial. Cada um em sua região era responsável pela venda de produtos das duas linhas, *commodities* e especialidades, com remuneração fixa relativamente baixa, mas uma comissão bastante generosa que lhes permitia ter uma remuneração consideravelmente maior que a média do mercado. Os vendedores eram em sua maioria bastante satisfeitos com os seus empregos.

A última reunião estratégica

A Química mantém o hábito de realizar reuniões estratégicas executivas mensais, nas quais se discutem possíveis redirecionamentos estratégicos, o plano de vendas e operações, o acompanhamento de metas e quaisquer outros assuntos que por ventura necessitem de discussão entre os vários gerentes e diretores. Na última reunião estratégica, presidida, como de costume, pelo presidente da empresa, Marcos Mendonça, o clima começou mais grave que o de costume. Marcos iniciou com uma preleção sobre uma reunião que ele tivera no dia anterior com os gestores corporativos do quartel-general da empresa na Suíça.

"A corporação está relativamente satisfeita com o nosso desempenho" disse Marcos. "Mas eles acham que é hora de um redirecionamento estratégico e eu tive de concordar com eles". O executivo seguiu então explicando que a corporação, quando em 2010 resolveu investir na empresa, entendia que os primeiros anos não seriam de grandes lucros (e não foram), mas seriam anos cujo objetivo estratégico da empresa seria de se estabelecer como um novo ator no mercado, ganhar fatias de mercado, mesmo que os níveis de lucratividade não estivessem nos normalmente exigidos pela corporação.

Passados cinco anos, os executivos corporativos consideram que suas "obrigações fiduciárias" com os acionistas exigem algumas mudanças estratégicas no sentido de aumentar a lucratividade geral da empresa.

Marcos, então, pediu sugestões dos diretores sobre como redirecionar as ações.

O diretor financeiro, Marcelo Penteado, imediatamente tomou a palavra: "Creio que nossas eficiências estão evidentemente baixas, proponho que nossos números de utilização de equipamentos da linha 2 (hoje usada para especialidades) sejam aumentados substancialmente, talvez até usando a capacidade hoje ociosa para aumentar a produção da linha 1. Hoje nossa utilização média da linha 2 está em 62% – compare com a linha 1, que tem 96% –, qualquer gestor financeiro pode ver que aqui está o nosso calcanhar de aquiles. Além disso, os produtos da linha 2 são mais lucrativos e podem ajudar na lucratividade geral". O diretor financeiro também chamou a atenção para a necessidade de cortes de custos em geral, já que custos reduzidos se refletem diretamente no resultado da empresa.

Jorge, o diretor de produção, procurou contribuir com a discussão, dizendo que poderia acrescentar a métrica de "utilização de equipamento" no sistema de avaliação de desempenho do pessoal da linha 2 para incentivá-los a "[...] buscar formas de aumentar nossas eficiências. Além disso, sempre podemos aumentar um turno, não nos esqueçamos de que a linha 2 trabalha em dois turnos apenas. Além disso, temos trabalhado para aumentar a flexibilidade da linha 2 para que possa ser usada para produzir os produtos da linha 1 quando esta chega ao limite de sua capacidade produtiva. Com maior flexibilidade, teremos mais chance de trabalhar mais perto dos 100% de utilização nas duas linhas".

O diretor comercial, por sua vez, concordou também com o aumento dos índices de utilização da linha 2 e disse ter certeza de que a sua força de vendas poderia aumentar substancialmente as vendas para "lotar a fábrica. Ainda mais se reduzirmos nossos preços, mesmo que seja uma fração de ponto percentual. Você sabe como são nossos produtos – ganhamos ou perdemos pedidos por centavos... Se fizermos isso, tenho certeza de que podemos fazer uma outra mudança que motivará a força de venda – a redução da remuneração fixa dos vendedores e o aumento do percentual das comissões. O nosso pessoal é muito competitivo e alguns até têm solicitado essa mudança. Ainda temos de analisar as implicações legais disso, mas tenho certeza de que podemos fazer isso".

Marcos gostou de ver a discussão quase migrando para um consenso sobre as ações a tomar, mas havia algo no fundo da sua mente que não parecia estar certo, parecia-lhe que ainda faltavam algumas peças no quebra-cabeça...

QUESTÕES PARA DISCUSSÃO

1. O que você acha da discussão e das ações propostas ao presidente, Marcos Mendonça, pelos seus diretores? Analise-as do ponto de vista estratégico e do ponto de vista da execução da estratégia.
2. Quais os comportamentos pretendidos pelas mudanças nas formas de remuneração e recompensa do pessoal de produção e comercial? Esses comportamentos vão levar ao atingimento dos novos objetivos estratégicos da Química?
3. Quais seriam as suas recomendações ao presidente, caso fosse solicitado a aconselhá-lo?

6.4 RESUMO

- Os sistemas de avaliação de desempenho têm papel crucial, em vários aspectos da gestão de operações em geral: um primeiro aspecto é que são parte integrante do ciclo de planejamento-execução-avaliação-controle/ação; um segundo aspecto é que as medidas de avaliação de desempenho têm papel essencial na indução de comportamento das pessoas e organizações.
- Nas cadeias de suprimentos, os sistemas de avaliação de desempenho têm importância ainda maior, já que não há uma única autoridade com poder sobre todas as empresas parceiras.
- Vários motivos têm feito com que avaliação de desempenho ganhe interesse na comunidade de negócios nos últimos anos: competitividade mais acirrada, novas iniciativas de melhoria em operações e mudanças nas demandas externas.
- Medição de desempenho é o processo de quantificar o resultado de ações.
- Medição de desempenho pode ser definida como o processo de quantificação da eficácia e eficiência das ações tomadas por uma operação.
- Medidas de desempenho podem ser definidas como as métricas usadas para quantificar a eficácia e a eficiência das ações.
- Um sistema de medição de desempenho pode ser definido como um conjunto coerente de métricas usado para quantificar ambos, a eficácia e a eficiência das ações.
- O estabelecimento de padrões de comparação é essencial para o processo de avaliação de desempenho; esses padrões podem ser: históricos, arbitrários, definidos pelo desempenho da concorrência, absolutos.
- Boas medidas de desempenho deveriam:
    - ser derivadas da estratégia e alinhadas com as prioridades competitivas da operação;
    - ser simples de entender e usar;
    - prover *feedback* rápido e de forma precisa;
    - ser baseadas em quantidades que possam ser influenciadas ou controladas pela pessoa ou organização avaliada;
    - refletir o processo de negócio envolvido;
    - ter propósito específico e definido e, sempre que possível, referir-se a metas específicas;
    - ser relevantes;
    - pertencer a um ciclo de controle;
    - ser claramente definidas;
    - focalizar em melhoramento;
    - basear-se em fórmulas e bases de dados explícitas;
    - empregar razões mais que valores absolutos;
    - ser objetivas e não apenas opinativas; e,
    - ser mais globais que localizadas.
- Um problema da gestão de cadeias de suprimentos tem sido exatamente a dificuldade de as empresas adaptarem seus tradicionais sistemas de avaliação de desempenho à nova realidade competitiva.
- Em termos gerais, as cadeias de suprimentos têm de ser medidas em termos de: custo, produtividade, serviço e satisfação, flexibilidade e inovação, qualidade e relacionamento. As ênfases em cada um serão definidas pela forma como a empresa compete no mercado.
- Custo total de propriedade (CTP) é uma abordagem para entender todos os custos relacionados à cadeia global de suprimentos de fazer negócios com um determinado fornecedor na compra de determinado item (bem físico ou serviço), ou os custos referentes a determinado processo (distribuição de produtos, por exemplo) ou determinado aspecto do projeto da cadeia (mudança de localização de unidades, por exemplo).
- As medidas de serviço e satisfação tratam de avaliar o quanto a cadeia de suprimentos está atingindo o objetivo de garantir que o produto certo esteja no local certo, na quantidade certa, no momento certo, e que o cliente esteja satisfeito com o serviço prestado.
- Flexibilidade das cadeias globais de suprimentos é a habilidade de as cadeias responderem eficazmente a mudanças. Flexibilidade e inovação são características essenciais das cadeias de suprimentos de resposta rápida (ver Capítulo 2) e, portanto, devem estar no centro dos seus sistemas de avaliação de desempenho competitivo.
- As subdimensões da qualidade são: desempenho, acessórios, confiabilidade, conformidade, durabilidade, manutenção, estética e qualidade percebida.

- Os parceiros da cadeia estarão interessados em agregar o máximo de valor para a cadeia somente se puderem reter uma parte justa do benefício alcançado.
- Central para a questão de alinhamento de incentivos em cadeias de suprimentos é a questão dos contratos que regulam as formas de pagamento e remuneração, os riscos e retornos envolvidos numa relação comercial entre parceiros da cadeia.
- Opções de contratos entre parceiros de uma cadeia de suprimentos são: contrato tradicional, contrato de receita compartilhada e contrato de recompra.

6.5 EXERCÍCIOS

1. Quais os principais motivos que têm levado as empresas a olhar com maior interesse e cuidado seus sistemas de avaliação de desempenho?
2. Quais as vantagens de sistemas de avaliação como o *balanced scorecard* (BSC) em relação aos sistemas tradicionais de desempenho empresarial?
3. Quais os principais objetivos de um sistema de avaliação de desempenho?
4. "Diga-me como serei avaliado e eu direi como me comportarei". Qual a importância do significado dessa frase para a gestão empresarial?
5. O que é uma medida de desempenho? Dê exemplos de medidas de desempenho usadas para avaliar você nas suas atividades principais. Analise e identifique possíveis formas de manipular essa medida. Discuta isso com seu avaliador.
6. O que é um sistema de avaliação de desempenho? Analise a coerência das medidas de desempenho que formam o seu sistema.
7. Por que é essencial estabelecer padrões de comparação contra os quais comparar os desempenhos medidos nos sistemas de avaliação de desempenho?
8. Quais são e como funcionam os diferentes tipos de padrões de comparação normalmente usados em sistemas de avaliação de desempenho?
9. Explique em suas próprias palavras o que é necessário para fazer uma boa medida de desempenho.
10. Explique em suas palavras por que a literatura em geral considera que as empresas têm tido dificuldade de adaptar seus sistemas de avaliação de desempenho internos à nova realidade das cadeias globais de suprimentos?
11. Por que as métricas de "custo" são centrais para as cadeias de suprimentos eficientes?
12. O que é o conceito de custo total de propriedade e por que ele é essencial quando considerando sistemas de avaliação de desempenho na cadeia global de suprimentos?
13. O que são as medidas de produtividade? Qual a diferença entre as medidas de produtividade parciais e total dos fatores? Dê exemplos, usando suas próprias palavras.
14. Por que é importante ter medidas de serviço e satisfação, não só dos clientes, mas também dos parceiros da cadeia e dos fornecedores? Explique em suas próprias palavras e exemplifique.
15. Por que as medidas de flexibilidade e inovação são centrais para cadeias de suprimentos de resposta rápida?
16. Por que é importante considerar os tipos e dimensões de aspectos como flexibilidade e qualidade no desenvolvimento de sistemas de avaliação de desempenho?
17. Qual a importância do alinhamento de incentivos em cadeias de suprimentos? Quais são as implicações de uma cadeia de suprimentos cujos incentivos não estejam alinhados?
18. Qual o papel que os diferentes tipos de contrato podem ter na criação de uma cadeia de suprimentos alinhada?
19. Um fabricante de produtos comemorativos para o Natal produz uma camiseta que tem o ano marcado a um custo de R$ 1. Vende os produtos para uma loja por R$ 5,00 e a loja os revende por R$ 10,00. Essa camiseta de Natal, se não for vendida, é jogada fora ou doada pela loja. Imagine que a distribuição probabilística da demanda da camiseta seja uniformemente distribuída entre 1 e 100 unidades.
    a) Se o gerente da loja pretende maximizar seu lucro no Natal (a quantidade toda tem de ser pedida de uma vez, em outubro) com a venda de camisetas comemorativas, qual quantidade de camisetas ele deveria encomendar?
    b) Se o fabricante decidisse vender diretamente ao usuário na cidade em que a loja atua (nenhuma outra loja vende essas camisetas), qual a quantidade que o fabricante deveria alocar ao seu ponto de venda local?
20. Suponha que um editor publique jornais a um custo de R$ 0,30 por cópia e os venda para um jornaleiro por R$ 0,70 cada. O jornaleiro, por sua vez, vende os jornais por R$ 1. Suponha que a demanda

para jornais seja uniformemente distribuída entre 1 e 200 jornais. O jornaleiro tem de jogar fora os jornais não vendidos. O jornaleiro, muito racional, considerando seus custos de falta e excesso, decide comprar certa quantidade de jornais (a quantidade que maximiza seu lucro esperado). Qual é essa quantidade? Justifique sua resposta.

a) Desenvolva uma planilha Excel para calcular o lucro esperado pelo jornaleiro com essa decisão.

b) Qual seria a quantidade ótima de produção de jornais se o editor decidisse ele mesmo fazer a venda dos jornais, tornando o editor e o jornaleiro uma só empresa? Qual seria o lucro máximo nessa situação?

c) O editor decide oferecer ao jornaleiro um contrato alternativo, um contrato de recompra, no qual o editor compra de volta as cópias não vendidas pelo jornaleiro por um certo valor. Se o jornaleiro, recalculando sua quantidade ótima de pedido, chega à conclusão de que ele agora deveria comprar 120 jornais, qual o preço de recompra oferecido pelo editor? Justifique sua resposta e explique em suas palavras qual o motivo que pode ter levado o editor a oferecer esse contrato de recompra ao jornaleiro.

d) Suponha que, em vez de um contrato de recompra, o editor ofereça um contrato de receita compartilhada ao jornaleiro. Isso significa que o editor vende o jornal por R$ 0,30 para o jornaleiro. Entretanto, do R$ 1 que o jornaleiro obtém de cada venda feita, ele só retém R$ 0,60. A diferença, R$ 0,40, é repassada ao editor, mas só quando o jornal é vendido. Sob esse contrato, qual o número de jornais que o jornaleiro decide comprar, de forma que seu lucro seja maximizado?

21. Um fabricante de sanduíches frescos produz cada um a um custo de R$ 0,40 e o vende a um mercado por R$ 0,80 cada. O mercado revende cada sanduíche por R$ 1,20. A demanda por sanduíches nesse mercado é uniformemente distribuída entre 101 e 200 unidades. O mercado joga fora os sanduíches não consumidos ao final do dia.

a) Qual a quantidade de sanduíches que o mercado deveria pedir no início do dia, para maximizar seu lucro?

b) Qual o lucro que a quantidade pedida definida no item "a)" trará ao mercado? (Monte uma planilha Excel para calcular.)

c) Se o fabricante conclui que deveria induzir o comportamento no mercado de comprar 140 unidades de sanduíche, quais as características que um contrato de receita compartilhada deveria ter, mantidos os custos, margens e preços de venda ao mercado?

d) Se o fabricante de sanduíche decide oferecer um contrato de recompra dos sanduíches não vendidos ao mercado, por um valor de R$ 0,30, qual seria a nova quantidade que o mercado decidiria pedir se desejasse maximizar o seu lucro?

e) Qual a diferença de lucro para o mercado entre a quantidade pedida no contrato tradicional e no contrato de recompra?

22. Imagine um editor de uma revista semanal que a produza a um custo unitário de R$ 1,00. Vende a um jornaleiro cada revista por R$ 3 e o jornaleiro revende a revista por R$ 5. As revistas são inutilizadas ao final da semana. A distribuição probabilística da demanda é dada pela seguinte tabela:

Quantidade	Probabilidade de venda (%)
1	1
2	1
3	2
4	2
5	5
6	8
7	8
8	8
9	11
10	12
11	12
13	10
14	8
15	5
16	2
17	2
18	1
19	1
20	1

a) Qual a quantidade de revistas que o jornaleiro deveria comprar para maximizar seu lucro?

b) Qual lucro o jornaleiro teria se comprasse a quantidade definida em "a)"?

c) Qual o lucro máximo que o editor teria se resolvesse adquirir o negócio do jornaleiro e vender diretamente ao público?

d) Qual a quantidade nova que o jornaleiro decidiria comprar se o editor lhe oferecesse um contrato de recompra das revistas não vendidas ao final da semana por um valor de R$ 1,50?

6.6 ATIVIDADES PARA SALA DE AULA

1. Com seu grupo, monte um relatório simples abordando as seguintes questões (entreviste seu professor se necessário): Qual o sistema de avaliação de desempenho usado para avaliar os docentes da sua instituição? Quais as principais métricas utilizadas? Analise os possíveis comportamentos indesejáveis que elas podem disparar. Contra que padrão são comparados? Confrontem esse sistema de avaliação de desempenho com a visão e a missão da instituição. Analise se há coerência. Se não, quais mudanças vocês proporiam?

2. Com seu grupo, monte um relatório simples abordando as seguintes questões: Qual o sistema de avaliação de desempenho usado para avaliar os estudantes da sua instituição? Quais as principais métricas utilizadas? Analisem os possíveis comportamentos indesejáveis que elas podem disparar. Contra que padrão são comparados? Confrontem esse sistema de avaliação de desempenho com a visão e a missão da instituição. Analise se há coerência. Se não, quais mudanças vocês proporiam?

6.7 REFERÊNCIAS

Corrêa, H. L. *Linking Flexibility, Uncertainty and Variability in Manufacturing Systems*. Gower – Avebury, Londres, 1994.

Corrêa, H. L. e Caon, M. *Gestão de Serviços*. São Paulo: Atlas, 2002.

Corrêa, H. L. e Corrêa, C. A. *Administração de Produção e Operações*. 4. ed. São Paulo: Atlas, 2017.

Fawcett, S. E.; Ellram, L. M. e Ogden, J. A. *Supply Chain Management: from vision to implementation*. Pearson, Upper Saddle River, EUA, 2007.

Lambert, D.M. (editor) *Supply Chain Management: Processes, Partnerships, Performance*. 2nd edition. Supply Chain Management Institute. Sarasota, FL, EUA, 2006.

Lockamy III, Archie e Cox III, James F. *Reengineering Performance Measurement*. The Irwin/APICS Series. Burr Ridge, Illinois, 1994.

Martins, Eliseu. *Contabilidade de Custos*. 9. ed. São Paulo: Atlas, 2003.

Narayanan, V. G. e Raman, A. Aligning Incentives in Supply Chains. *Harvard Business Review*. November, 2004.

Neely, A. The performance measurement revolution: why now and what next? *International Journal of Operations and Production Management*. V. 19, n. 2, p 205-228, 1999.

6.8 LEITURAS ADICIONAIS RECOMENDADAS

DIXON, J. R.; NANNI, A. J.; VOLLMANN, T. E. *The Performance Challenge: Measuring Operations for World-Class Competiton*. The Business One Irwin/APICS. Homewood, Illinois, EUA, 1990.

GUNASEKARAN, A.; PATEL, C.; TIRTIROGLU, E. Performance measures and metrics in a supply chain environment. *International Journal of Operations and Production Management*. v. 21, n. 1 e 2, p. 71-87, 2001.

KAPLAN, R. S.; NORTON, D. P. *The Balanced Scorecard*. Harvard Business School Press. Boston, EUA, 1996.

NEELY, A. *Business Performance Measuremente: Theory and Practice*. Cambridge University Press, Cambridge, Inglaterra, 2002.

NEELY, A.; ADAMS, C.; KENNERLEY, M. *The Performance Prism: The Scorecard for Measuring and Managing Business Success*. Prentice-Hall Finacial Times. Londres, 2002.

NEELY, A.; GREGORY, M.; PLATTS, K. Performance measurement system design. *International Journal of Operations and Production Management*. v. 15, n. 4, p. 80-116, 1995.

NEELY, A.; RICHARDS, H.; MILLS, J.; PLATTS, K.; BOURNE, M. Designing performance measures: a structured approach. *International Journal of Operations and Production Management*. v. 17, n. 11, p. 1131-1152, 1997.

SMITH, D. *The Measurement Nightmare*. The St. Lucie Press/ APICS Series. Boca Raton, Florida, EUA, 2000.

Sites relacionados

https://www.rand.org/topics/performance-measurement.html – *site* da RAND Corporation sobre medidas de desempenho. Muitas informações interessantes, referências, modelos e ferramentas.

https://www.cranfield.ac.uk/som/research-centres/centre-for-business-performance – *site* do Center for Business Performance da Cranfield University, na Inglaterra, um dos centros de excelência mundiais em estudos de medidas de desempenho de organizações.

https://icma.org/topic-search/performance-management – *site* da ICMA Center for Performance Measurement, dedicado à mensuração de desempenho na esfera pública, sobretudo municipal.

CAPÍTULO 7
Mapeamento e análise de processos na cadeia global de suprimentos

> **OBJETIVOS DE APRENDIZAGEM**
>
> - Estabelecer os principais processos de negócios das cadeias globais de suprimentos.
> - Descrever os principais modelos usados pelas empresas para gerenciar os processos de suas cadeias globais de suprimentos.
> - Mapear, analisar e melhorar processos nas cadeias globais de suprimentos.

7.1 INTRODUÇÃO

Qualquer produto ou serviço entregue a um cliente, interno ou externo à organização, é sempre resultado de um *processo de negócio*. Um processo de negócio é um conjunto de atividades relacionadas que trabalha de forma coordenada a fim de criar ou agregar valor para o seu cliente. Todas as organizações, em qualquer nível (indivíduos, setores, departamentos, divisões, empresas), sempre têm fornecedores e clientes e, portanto, também *são* fornecedores (de seus clientes) e clientes (de seus fornecedores).

Os processos de negócios são *transformadores*: transformam entradas em saídas de maior valor. Processos de manufatura podem transformar o estado físico ou químico de matérias-primas e componentes, criando produtos; processos de serviços podem transformar o estado de saúde de uma pessoa, de doente para sã; processos de suporte gerencial podem transformar dados brutos em informações úteis para a tomada de decisão.

Os encadeamentos *fornecedor-cliente* que formam os processos de negócios cruzam as fronteiras funcionais dentro das empresas e as fronteiras entre as empresas de uma cadeia de suprimentos, estendendo-se desde a extração das matérias-primas mais básicas até a entrega dos produtos e serviços aos consumidores finais. Uma abordagem gerencial por processos permite que as atividades sejam gerenciadas com foco nas necessidades do cliente, e não em interesses funcionais ou ainda mais locais. Favorece, portanto, que todas as atividades envolvidas trabalhem de forma coordenada e alinhada com o propósito comum de melhor atender ao cliente. As cadeias globais de suprimentos são, por excelência, organizações que exigem uma abordagem por processos.

Este capítulo trata deste importante aspecto da gestão global de cadeias de suprimentos: a gestão dos seus processos.

A Figura 7.1 ilustra, no quadro geral de referência deste livro, onde se localiza a gestão de processos na gestão global de suprimentos.

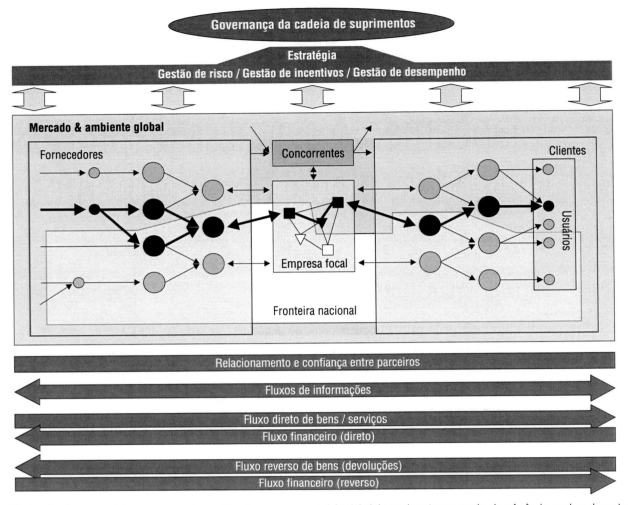

Figura 7.1 Localização (em preto) do mapeamento e análise de processos na cadeia global de suprimentos no quadro de referência geral usado neste livro.

A Boeing usa análise e melhoria de processos na cadeia global de suprimentos para ganhar competitividade

Desde os anos 1990, a Boeing (www.boeing.com), que está adquirindo a brasileira Embraer, tem usado extensivamente a análise e melhoria dos seus processos de manufatura com princípios de manufatura enxuta, como a produção puxada e a gestão *just in time* de estoques e fluxos. O resultado dessas iniciativas tem sido impressionante; por exemplo, o programa dos jatos da linha 737 conseguiu reduzir o tempo total de fluxo de materiais na produção em 30%, o movimento dos guindastes e pontes rolantes em 39%, os estoques em processo em 42% e a necessidade do espaço de fábrica em mais ou menos 20 mil metros quadrados em relação ao desempenho dos processos anteriores.

Figura 7.2 Montagem de aeronave Boeing que agora tem um processo de linha de montagem (resultado de redesenho do processo anterior, estático).

Embora na Boeing a manufatura tenha sido o ponto de partida para a análise e melhoria de processos visando a redução de custos e eliminação de desperdícios, áreas não diretamente ligadas à produção também mostraram ser terreno fértil para melhorias. Na unidade de sistemas de defesa da empresa, a equipe de projeto do caça F-18 Super Hornet, com base em análise de processos, reduziu o tempo necessário para mudanças de engenharia de 15 etapas para apenas quatro. Durante o período de teste do novo processo, o tempo de ciclo de mudanças de engenharia caiu de 35 para seis dias. Outro exemplo de análise e melhoria de processos fora da manufatura diz respeito a um aspecto da relação da Boeing com um fornecedor de serviços. A falta de processos padronizados para corrigir a contabilização e cobrança errada de horas de serviços de engenharia prestados à Boeing fazia com que a variância dos custos fosse excessiva, apesar das tentativas constantes de consertar o sistema. Esse problema era grande e muito frustrante para todos os envolvidos. Foi, então, criada uma equipe para a análise desse processo, incluindo representantes de todos os setores envolvidos: contas a pagar, contabilidade e administradores departamentais. O exame cuidadoso do processo existente, usando *value stream mapping*, uma ferramenta de mapeamento de processos descrita adiante neste capítulo, permitiu, pela primeira vez, que todos os envolvidos vissem as redundâncias, os desperdícios e as rupturas do processo. Ficou logo claro que havia uma forma melhor para resolver as variâncias. Foi definido e implantado um novo processo, que eliminou as etapas que não agregavam valor. O resultado foram economias de aproximadamente US$ 200 mil. Dado o sucesso de iniciativas de melhoria localizadas como estas, em 2006 a empresa resolveu estendê-las explicitamente a fim de identificar de forma sistemática áreas *fora da fábrica* que poderiam se beneficiar da análise e redesenho de processos de forma a tornar a empresa e sua cadeia global de suprimentos mais ágil e enxuta (*lean*). Quatro iniciativas estratégicas nesse sentido foram encomendadas pelo executivo principal da empresa, o CEO à época, W. James McNerney Jr.:

- *Excelência de serviços de suporte*, liderada por James Bell, o principal executivo financeiro (CFO) da Boeing: essa iniciativa envolve redução de custos indiretos com processos centralmente administrados, como a folha de pagamento.
- *Lean +*, liderada por Alan Mullaly, CEO da Boeing Aeronaves Comerciais (que mais tarde se tornou o CEO da Ford): estender as iniciativas de análise de processos a fim de tornar escritórios e processos de suporte, como a manutenção industrial, mais enxutos.
- *Eficácia e produtividade no desenvolvimento de produtos*, liderada pelo executivo principal de tecnologia (CTO), Jim Jamieson, com o objetivo de melhorar os processos de desenvolvimento de produtos da empresa.
- *Eficácia de suprimentos globais*, liderada por Jim Albaugh, principal executivo da Boeing Sistemas de Defesa. O objetivo dessa iniciativa é estender os benefícios das melhores práticas de melhoria de processos para a cadeia global de suprimentos da Boeing.

Essas inciativas visam a implantar o método de trabalho que se convencionou chamar *Boeing Production System* (BPS), ou Sistema Boeing de Produção, não só ao longo de toda a empresa, mas também envolver a sua cadeia global de suprimentos, como pode ser visto pelo último mencionado, "eficácia de suprimentos globais". Os principais elementos para implantação do BPS são:

- uso de *value stream mapping* (mapeamento do fluxo de valor) para descrever e analisar os processos, definindo os estados "atual" e "futuro" (ideal) dos processos;
- balanceamento dos processos, distribuindo o trabalho equilibradamente entre etapas;
- padronização do trabalho, eliminando atividades que não agregam valor;
- implantação de controles visuais;
- manutenção de materiais próximos dos pontos de uso;
- redesenho revolucionário dos processos principais;
- conversão dos processos para uma configuração que permita trabalho ritmado; e
- conversão para linhas com fluxo contínuo de trabalho.

Fonte: Baseado em matéria publicada em 2002 pela Boeing Frontiers, "Getting Lean", por Maureen Jenkins. Disponível em: http://www.boeing.com/news/frontiers/archive/2002/august/cover.html; e em matéria publicada em 2006 pela *Seattle PI*, "Putting 'lean' processes into all of Boeing", por James Wallace. Disponível em: http://www.seattlepi.com/business/255187_air11.html. Acesso em: 22 jul. 2018.

 SAIBA MAIS

Os *links* a seguir apontam para um artigo e um vídeo que podem ser úteis para revisar antes de discutir as questões a seguir. Observe que o Mapeamento do Fluxo de Valor é uma das ferramentas usadas na abordagem "enxuta" (*lean*).

Reportagem "Getting Lean" da Boeing Frontiers:
Fonte: http://www.boeing.com/news/frontiers/archive/2002/august/cover.html
Acesso em: 2 jul. 2019

uqr.to/fd53

Animação sobre diferentes aspectos da iniciativa lean na Boeing:
Fonte: https://www.youtube.com/watch?v=9dwqu7pRqGg
Acesso em: 2 jul. 2019

uqr.to/fd54

> **Questões para discussão**
>
> 1. Na sua opinião, por que a liderança das iniciativas descritas aqui, que são operacionais, numa primeira análise, são lideradas por altos executivos da Boeing?
> 2. Quais dificuldades você antevê para a extensão dos princípios do BPS para a cadeia global de suprimentos?

A visão sistêmica por processos explicita as interações encadeadas de "entrada-transformação-saída" presentes em determinada operação. A Figura 7.3 ilustra uma representação simplificada do processo de uma cadeia de suprimentos que inclui desde a obtenção de matérias-primas até a entrega ao cliente. Observe que em cada estágio é adotada a visão sistêmica, com a definição da entrada, do processo de transformação e da saída.

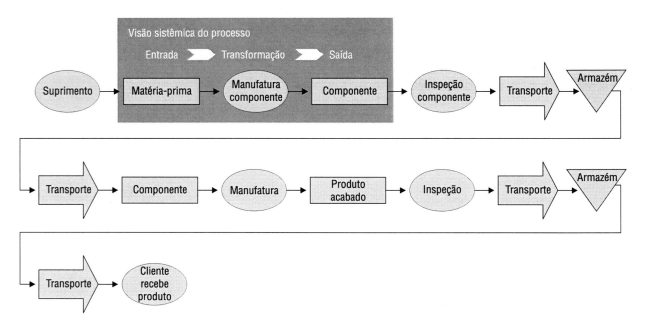

Figura 7.3 Representação simplificada, ilustrando a visão por processos de uma cadeia de suprimentos.

7.2 CONCEITOS

7.2.1 Principais processos na cadeia global de suprimentos

Há várias formas de enxergar os processos envolvidos com a cadeia global de suprimentos. A seguir, são descritos dois: o modelo da Universidade do Estado de Ohio e o modelo SCOR (*Supply Chain Operations Reference*, ou modelo de Referência para Operações de Cadeia de Suprimentos), do Supply Chain Council.

Modelo da Universidade do Estado de Ohio

Douglas Lambert é um pesquisador da Universidade do Estado de Ohio que liderou o desenvolvimento de um modelo de referência para o gerenciamento por processos de cadeias de suprimentos. Esse modelo ganhou bastante visibilidade em anos recentes. Considera os seguintes processos como básicos para a gestão global de cadeias de suprimentos (Lambert, 2006):

1. *Gestão do relacionamento com o cliente*: envolve atividades que definem como o relacionamento com o cliente é desenvolvido e mantido, incluindo formas e intensidade de comunicação, segmentação de clientes e definição de níveis de serviços diferenciados por segmento.

2. *Gestão do serviço logístico ao cliente*: envolve atividades relacionadas ao monitoramento dos níveis de serviços, à identificação e resolução de problemas antes que o cliente seja afetado, à provisão ao cliente de informação *real-time* sobre datas e quantidades de remessa e disponibilidade de produtos.

3. *Gestão de demanda*: envolve atividades que visam a balancear os requisitos do cliente com as capacidades da cadeia de suprimentos. Se esse processo funcionar bem, a demanda será atendida pelo suprimento e os planos serão cumpridos. Inclui uso de dados do ponto de venda para gerar as previsões e agir para a redução das variabilidades e incertezas da demanda.

4. *Gestão do atendimento de pedidos*: mais do que apenas atender pedidos, esse processo inclui atividades que visam a definir precisamente os requisitos do cliente, definir a cadeia de suprimentos e a logística que melhor se adaptam a atendê-los, minimizando custos desde

os fornecedores, passando pelos processos internos, até o cliente.

5. *Gestão dos fluxos de manufatura*: envolve as atividades necessárias para movimentar os produtos por meio dos processos produtivos envolvidos com o atendimento do cliente, o desenvolvimento e manutenção de níveis adequados de flexibilidade produtiva.

6. *Gestão do relacionamento com fornecedores*: processo que define como a empresa se relaciona e interage com seus fornecedores. Da mesma forma que estabelece relacionamento com seus clientes, também deve fazê-lo com seus fornecedores. Diferentes fornecedores merecerão diferentes tipos de relacionamento, mas o objetivo é sempre obter relações ganha-ganha.

7. *Gestão da cadeia no desenvolvimento de produtos*: esse processo provê a necessária estrutura de cadeia global de suprimentos para que novos produtos sejam desenvolvidos e trazidos ao mercado.

8. *Gestão de devoluções*: processo por intermédio do qual atividades relacionadas à logística reversa e às devoluções são gerenciadas e coordenadas com outros membros-chave da cadeia global de suprimentos. Envolve não apenas o gerenciamento de fluxos logísticos reversos suaves, mas também formas de minimizar devoluções e controlar os ativos reutilizáveis como os contêineres.

O modelo geral proposto por Lambert pode ser visto na Figura 7.4.

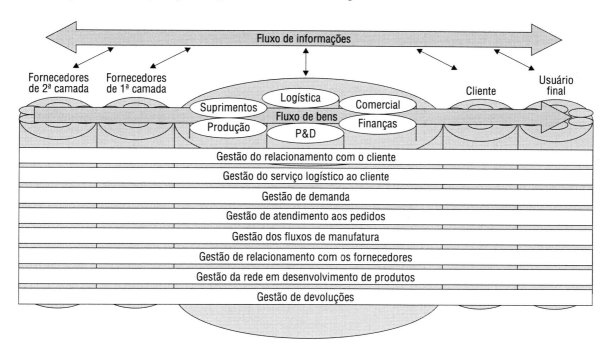

Figura 7.4 Modelo geral de processos principais em gestão de cadeias de suprimentos desenvolvido pela Universidade do Estado de Ohio (Lambert, 2006).

O modelo SCOR (*Supply Chain Operations Reference*)

O modelo SCOR foi concebido, é mantido e atualizado por uma entidade sem fins lucrativos chamada Supply Chain Council (SCC), fundada em 1996, envolvendo a colaboração de empresas como Procter & Gamble, 3M, Bayer, Compaq, Cargill e outras, totalizando 69 empresas fundadoras. Tem hoje centenas de membros corporativos e também possui "capítulos" (representações locais) na América do Norte, Europa, China, Japão, Austrália e Nova Zelândia, Sudeste da Ásia e Brasil. Foi recentemente incorporada pela APICS (http://www.apics.org/apics-for-business/frameworks/scor), que hoje é o guarda-chuva sob o qual o SCOR se encontra.

A missão do Supply Chain Council (SSC/APICS) é difundir, aperfeiçoar e perpetuar o uso do modelo SCOR por meio de congressos, iniciativas de educação, pesquisa e outras atividades.

> **CONCEITO-CHAVE**
>
> O modelo SCOR é um método explícito desenvolvido pelo Supply Chain Council (O Supply Chain Council foi recentemente incorporado pela APICS) a fim de mapear, analisar, avaliar e comparar atividades de gestão de cadeias de suprimentos e seu desempenho. Consiste nos seguintes macroprocessos básicos: planejamento, suprimento, produção, entrega e devoluções.

SAIBA MAIS

Os dois vídeos relacionados a seguir, do Supply Chain Council – Conselho da Cadeia de Suprimentos, fornecem informações adicionais sobre o valor do modelo SCOR para o Satellite Logistics Group e como começar:

Valor do SCOR
Fonte: https://www.youtube.com/watch?v=ZgDP_oIHANO
Acesso em: 2 jul. 2019
uqr.to/fd55

Como começar com SCOR
Fonte: https://www.youtube.com/watch?v=9fTISg3yj4w
Acesso em: 2 jul. 2019
uqr.to/fd57

Segundo o site do APICS, as empresas podem utilizar o modelo SCOR para: determinar que processos de cadeias de suprimentos melhorar primeiro, quanto melhorá-los, consolidar iniciativas de cadeias de suprimentos, criar uma forma padrão de mensuração de desempenho (inclusive mantendo uma base de dados mundial com desempenhos de empresas reais para comparação) e criar processos padrão e sistemas de informação comuns entre membros da cadeia de suprimentos.

TEORIA NA PRÁTICA

O Departamento de Defesa (*Department of Defense*, ou DoD) americano adota o modelo SCOR

Aplicar o SCOR (modelo de referência para operações na cadeia de suprimentos) para a logística militar pode ser uma ferramenta poderosa para melhorar a cadeia de suprimentos do Departamento de Defesa americano. O DoD movimenta muitos bilhões de dólares. Entretanto, assim como em cadeias de suprimentos do setor privado comercial, novos desenvolvimentos tecnológicos, organizacionais e de processos não foram incorporados uniformemente na cadeia de suprimentos do DoD porque ela na verdade não é uma só; é um conglomerado de cadeias de suprimentos diferentes, que inclui subcadeias militares e comerciais civis. Em muitos casos, essas cadeias são conectadas apenas porque fornecem para o DoD. Como o Departamento de Defesa americano é enorme, torná-lo mesmo levemente mais eficiente pode resultar em tremendas economias.

No setor comercial civil, muitas corporações listadas nas 500 maiores da revista *Fortune* têm usado uma ferramenta chamada SCOR para reduzir custos, aumentar receitas e lucros e melhorar sua competitividade estratégica. Para atingir alguma unidade de esforços, melhorar desempenho e reduzir custos com o objetivo de atender e satisfazer o cliente, a norma DoD4149.1R, Regulamento de Gestão de Materiais da Cadeia de Suprimentos, dita que "os componentes do DoD devem usar os processos SCOR de Planejamento, Suprimento, Manutenção/Produção e Devolução como um modelo de referência para desenvolver, melhorar e conduzir atividades de gestão de materiais". Portanto, os profissionais de logística do Exército devem adquirir entendimento geral do modelo SCOR.

Figura 7.5 Comboio de suprimentos militares.

Baseado no artigo "Understanding the Supply Chain Operations Reference Model", escrito pelo major Michael B. Siegl na revista *on-line* do exército americano *Army Logistician*, v. 40, n. 3 (maio-junho de 2008). Disponível em: http://www.almc.army.mil/alog/issues/MayJun08/ref_model_supplychain.html. Acesso em: 14 out. 2009.

Questões para discussão

1. Quais similaridades e diferenças você imagina haver entre as cadeias de suprimentos militares e comerciais civis?

2. Do que trata o processo de "devolução" numa cadeia de suprimentos militar em um país em guerra, como os Estados Unidos de 2018?

3. Qual benefício pode trazer o uso do modelo SCOR para uma cadeia militar?

De acordo com o modelo SCOR, a gestão de cadeias de suprimentos é definida a partir da integração dos seguintes macroprocessos: planejamento, suprimentos, produção, entrega e devoluções – dos fornecedores dos fornecedores até os clientes dos clientes, e assim por diante, todos alinhados com a estratégia de operações da empresa em foco e com os fluxos materiais, financeiros e de informação. A Figura 7.6 ilustra como o modelo SCOR é representado nos materiais do SCC.

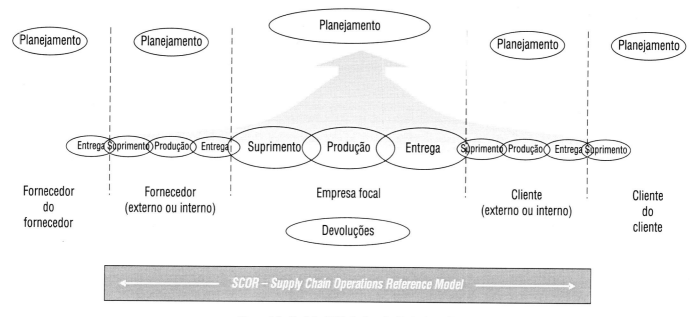

Figura 7.6 Modelo SCOR do Supply Chain Council.

No modelo SCOR, as seguintes atividades estão presentes em cada um dos macroprocessos – o modelo SCOR traz sugestões de três quebras hierárquicas sucessivas: dos macroprocessos (veja as Figuras 7.7a e 7.7b) até o nível de atividades individuais. O acesso ao modelo de referência completo e detalhado exige que a empresa ou o indivíduo interessado se torne membro do SCC e é protegido por direitos autorais. A seguir, encontra-se uma descrição do modelo SCOR no que se refere à informação publicamente disponível.

- *Planejamento*: avaliação de recursos de suprimentos; agregação e priorização de necessidades; planejamento de estoques para distribuição, produção e necessidade de materiais; planejamento de capacidade a *grosso modo* para todos os produtos e canais analisados. No nível 2 de detalhamento (configuração) do macroprocesso Planejamento (P), o modelo SCOR analisa os subprocessos P1 (Planejamento da cadeia de suprimentos), P2 (Planejamento de suprimentos), P3 (Planejamento de produção), P4 (Planejamento de entrega) e P5 (Planejamento de devoluções). Daí em diante, no nível 3 de detalhamento, as atividades e os processos individuais são definidos/sugeridos e detalhados em termos de métricas, entradas, saídas etc.
- *Suprimento*: obtenção, recebimento, inspeção, manutenção, liberação e autorização de pagamento de matérias-primas, componentes e produtos semiacabados e acabados comprados. No nível 2 de detalhamento (configuração) do macroprocesso Suprimento (S), o modelo SCOR requer a definição da categoria de operação da empresa que o esteja utilizando para, daí em diante, no nível 3 de detalhamento, as atividades e os processos individuais poderem ser definidos/sugeridos. As categorias de operação suportadas pelo macroprocesso Suprimento (S) são: S1 (Suprimento de insumos estocados), S2 (Suprimento de insumos feitos sob encomenda) e S3 (Suprimento de insumos projetados e feitos sob encomenda).
- *Produção*: requisição e recebimento de materiais; manufatura e teste dos produtos; embalagem, manutenção e/ou liberação dos produtos. No nível 2 de detalhamento (configuração) do macroprocesso Produção (*Make*, M), o modelo SCOR requer que a categoria de operação da empresa que o esteja utilizando seja definida, para, daí em diante, no nível 3 de detalhamento, as atividades e os processos individuais poderem ser definidos/sugeridos e detalhados em termos de métricas, entradas e saídas. As categorias de operação suportadas pelo macroprocesso *Make* (Produção) (M) são: M1 (Produção para estoque), M2 (Produção sob encomenda) e M3 (Projeto e produção feitos sob encomenda).
- *Entrega*: execução de processos de gestão de pedidos; geração de cotações; configuração dos produtos; criação e manutenção da base de dados dos clientes; manutenção da base de dados de produtos e preços; manutenção de registros de contas a receber, crédito, cobrança; execução de processos de gestão de armazém incluindo seleção, embalagem e configuração; criação de embalagens e rótulos personalizados para clientes; consolidação de pedidos; embarque de produtos; gerenciamento de processos de transporte, importação e exportação; e avaliação de desempenho. No nível 2 de detalhamento (configuração) do macroprocesso

Entrega (*Deliver*, D), o modelo SCOR requer que a categoria de operação da empresa que o esteja utilizando seja definida, para, daí em diante, no nível 3 de detalhamento, as atividades e os processos individuais poderem ser definidos/sugeridos e detalhados em termos de métricas, entradas e saídas. As categorias de operação suportadas pelo macroprocesso *Deliver* (Entrega) (D) são: D1 (Entrega de produto estocado), D2 (Entrega de produto feito sob encomenda), D3 (Entrega de produto projetado e feito sob encomenda) e D4 (Entrega de produto de varejo).

- *Devolução:* Processamento de devolução de produtos/componentes defeituosos, de garantia e por excesso, incluindo autorização, programação, inspeção, transferência, administração de garantias, recebimento e verificação de produtos defeituosos, disposição e reposição. O macroprocesso Devolução (*Return*, R), inicialmente, ainda no nível 2 de detalhamento do modelo SCOR, é separado em dois subprocessos de devolução: Devolução de suprimentos (SR) e Devolução de entregas (DR). Devolução de suprimentos é então dividido nas categorias SR1 (Devolução de suprimentos defeituosos), SR2 (Devolução de suprimentos de manutenção, reparo e consumo) e SR3 (Devolução de excesso de suprimentos). Devolução de produtos é dividido nas categorias DR1 (Devolução de produtos defeituosos), DR2 (Devolução de produtos para manutenção, reparo e consumo) e DR3 (Devolução de excesso de produtos).

O modelo SCOR ainda descreve e detalha alguns processos de suporte a todos os macroprocessos, chamados genericamente pelo nome *Enable* (E). Os processos de suporte são:

1. estabelecimento e manutenção de regras;
2. avaliação de desempenho;
3. gestão de dados e informações;
4. gestão de estoques;
5. gestão de ativos (bens de capital);
6. gestão de transporte;
7. gestão da configuração da cadeia de suprimentos;
8. gestão de cumprimento de requisitos regulatórios; e
9. elementos específicos dos processos.

Os dois modelos apresentados (da Universidade do Estado de Ohio e do *Supply Chain Council – SCOR*) aqui são úteis como primeira abordagem para a definição dos grandes processos que compõem a gestão da cadeia global de suprimentos da empresa interessada em analisar e melhorar seus processos. Evidentemente, os macroprocessos genéricos aqui descritos são só um ponto de partida para a análise.

Cada empresa tem suas peculiaridades e pode ter processos importantes que não estejam listados aqui, assim como alguns processos listados aqui podem não ter relevância igual para todas as empresas. Uma empresa que seja apenas varejista pode não ter qualquer interesse em incluir um macroprocesso de "manufatura", por exemplo, entre seus macroprocessos. Já uma empresa que compete com base na manufatura de seus produtos provavelmente se interessará. É importante que a definição dos macroprocessos da empresa seja feita com a participação de todas as áreas envolvidas, e pode levar algum tempo até que um consenso seja atingido. Um processo sistematizado para analisar e melhorar os processos de negócios que compõem a gestão das cadeias de suprimentos é descrito a seguir.

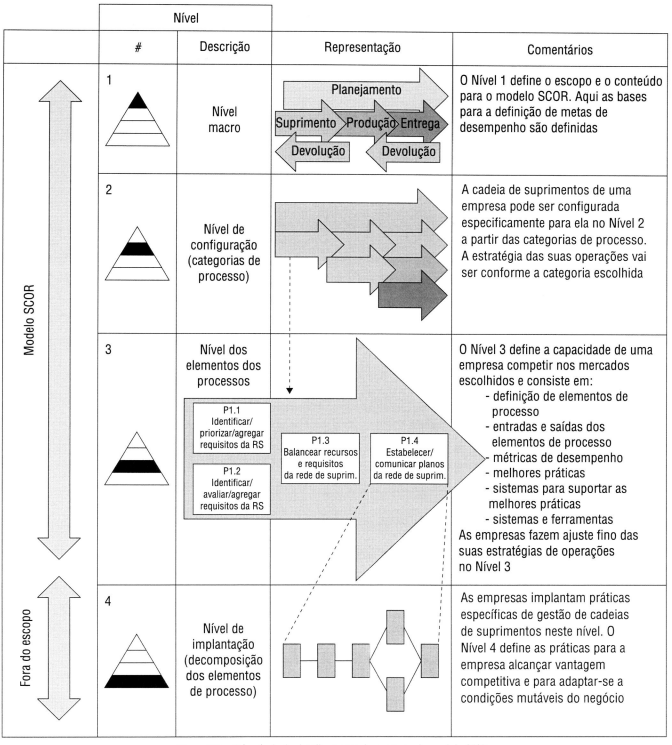

Figura 7.7a Três níveis de detalhamento de processo do modelo SCOR.

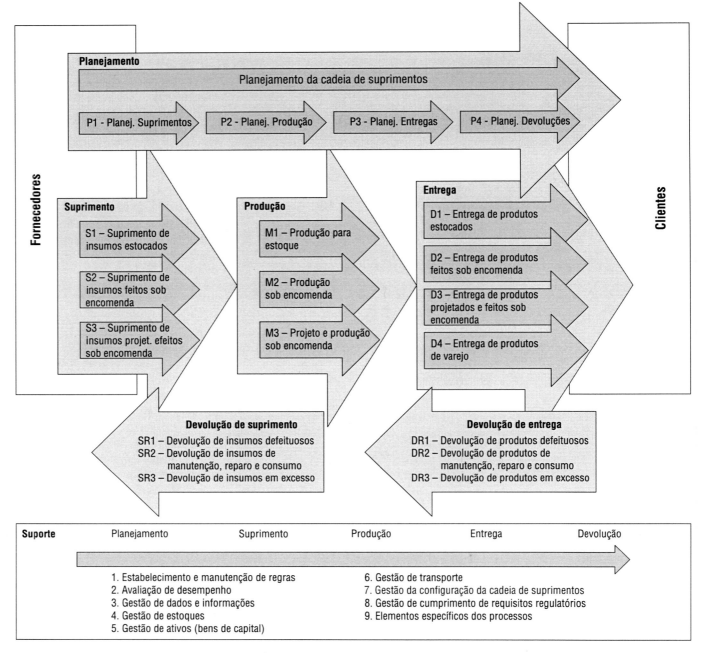

Figura 7.7b Nível 2 (configuração) de detalhamento do modelo SCOR.

7.2.2 Análise e melhoramento de processos

A análise para melhoria de processos é feita em seis passos, conforme ilustrado na Figura 7.8. Cada um deles é descrito a seguir.

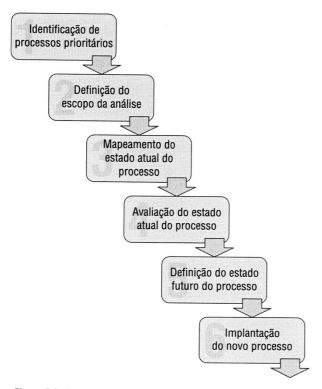

Figura 7.8 Os seis passos da análise para melhoria de processos.

Passo 1 – Identificação de processos prioritários

Dos grandes processos que compõem a gestão da cadeia global de suprimentos, alguns merecerão tratamento prioritário. Podem ser usados vários critérios na escolha desses processos:

- *Critério de maior benefício potencial*: segundo este critério, o processo relacionado aos maiores ou mais frequentes problemas ou os processos que representem maior potencial de alavancagem competitiva se bem/ mais bem desenhados deveriam ser analisados antes. Informações vindas do sistema de avaliação de desempenho (discutido no Capítulo 6) ajudam aqui. Quais são os principais motivos de insatisfação dos vários clientes e grupos de interesse envolvidos na cadeia de suprimentos? Por exemplo, ao analisar as informações sobre reclamações de clientes, é possível classificar as reclamações por tipos: qualidade insatisfatória do produto, entregas em atraso, entregas incompletas, entrega do produto errado, embalagem danificada, e assim por diante. Com uma breve análise de Pareto (ver Capítulo 6 de Corrêa e Corrêa, 2006, para uma discussão detalhada sobre a identificação e quantificação de causas de defeitos em operações), podem-se identificar aqueles relativamente poucos tipos de problemas que são responsáveis pela maioria da insatisfação. A partir daí, os processos mais relacionados a esses problemas são identificados. Se a grande maioria das reclamações dos clientes se refere a entregas atrasadas, evidentemente o processo de atendimento de pedidos, por ser diretamente relacionado aos atrasos, deverá ser atacado com prioridade: assim, melhorando-se o processo de atendimento de pedidos, obter-se-á o maior benefício potencial. O critério de maior benefício potencial não se adequa apenas a consertar problemas. Muitas vezes, estrategicamente, a empresa pretende redirecionar sua atuação, por exemplo, passando a atender um segmento de clientes mais exigente em termos de serviço pós-venda (como a manutenção do produto). Nesse caso, o reexame de processos relacionados à gestão de peças sobressalentes (produção e entrega) pode ser aquele de maior benefício potencial em termos de alavancagem competitiva. Às vezes, entretanto, o critério de maior benefício potencial pode não ser o mais desejável, no momento, para uma empresa. Isso porque os maiores problemas podem também requerer os maiores esforços/recursos para análise, que podem não estar ainda disponíveis, e também podem ser aqueles processos que encontram maior resistência interna para que sejam mudados – afinal, um processo muito problemático que ainda não foi consertado provavelmente não terá solução simples ou rápida. Nesses casos, o critério de maior probabilidade de sucesso, descrito a seguir, pode ser mais adequado.

- *Critério de maior probabilidade de sucesso*: quando uma empresa se inicia na prática de análise e melhoria de processos, muitas vezes o gestor precisa de um *showcase*, uma "vitrine" para demonstrar que o esforço de analisar e melhorar processos vale a pena, a fim de obter a aceitação e aprovação de grupos de interesse relevantes. Nesse caso, a escolha de um processo cuja descrição, coleta e análise de dados, redesenho e implantação seja mais simples, barata ou rápida pode fazer mais sentido. Com uma implantação de sucesso num processo, mesmo que simples, pode-se demonstrar com dados e fatos os benefícios do esforço despendido. Uma vitória rápida pode muitas vezes ajudar na criação de "momento", para que outros processos, estes mais complexos ou difíceis de mudar, possam ter a aceitação interna necessária ou conquistem os recursos necessários para serem analisados e, consequentemente, melhorados.

Passo 2 – Definição do escopo da análise de processos

Depois de escolhido o processo a ser analisado, é importante definir bem as suas fronteiras. A visão sistêmica (entrada – processo de transformação – saída) que a análise de processos adota permite que se escolha onde definir o *volume de controle* a ser analisado. Em outras palavras, possibilita que se escolham quais atividades encadeadas estarão dentro do escopo de análise do projeto de análise e melhoria.

O escopo pode ser bastante restrito, referindo-se até mesmo ao trabalho de uma ou poucas pessoas na organização, ou bastante amplo, incluindo mais de uma empresa, o que frequentemente é o caso quando se analisam processos em cadeias de suprimentos.

Processos simples

Quando a análise é restrita, a pessoa ou as poucas pessoas envolvidas podem fazer a análise elas mesmas, sem grande necessidade de obter consenso ou as opiniões de muitos outros envolvidos.

Processos multifuncionais

Quando a análise cruza as fronteiras funcionais de uma empresa, entretanto, em geral é mais adequado envolver, na equipe de análise, pessoas de todos os departamentos envolvidos.

Processos complexos

Quando muitas funções estão envolvidas e o processo é complexo, além da participação dos envolvidos pode ser necessária a participação de algum *expert*, um facilitador, interno ou externo à organização. Entretanto, é um erro frequente nas empresas a delegação completa a terceiros (em geral, empresas de consultoria) das atividades de análise e melhoria de processos internos. A participação ativa e principal de pessoal interno, envolvido diretamente com os processos estudados, aumenta as chances de se obterem bons resultados e sucesso na implantação das mudanças sugeridas. Mas, talvez mais importante, a participação ativa de pessoal interno aos processos na sua análise e redesenho representa oportunidade única de aprendizado mútuo dos envolvidos sobre cada atividade e sobre o processo como um todo.

Esse conhecimento e aprendizado, quando as análises são feitas por pessoal interno (às vezes, *facilitado* por experts externos), permanece na organização. Quando feito exclusivamente por pessoal externo, deixa a organização junto com a equipe de consultoria, ao final dos trabalhos.

Também é interessante, nesses casos, que se envolvam pessoas do setor de tecnologia da informação, já que, muitas vezes, análises de processo necessitam revisar as ferramentas de *softwares* e os sistemas de informação usados.

Os projetos de considerável complexidade deveriam contar com um comitê diretivo, formado por gestores seniores dos departamentos envolvidos a fim de resolver quaisquer impasses que surjam (para um exemplo, veja o caso de abertura deste capítulo).

Processos multiempresas

Em gestão global de cadeias de suprimentos, as análises para melhoria de processos frequentemente não são suficientes para atingir todo o seu potencial de melhoria se as análises forem restritas às fronteiras das empresas componentes.

Redesenhos de processos que pretendam garantir que o máximo de sinergia entre as empresas-membros seja atingido, e ao mesmo tempo, que as soluções sejam do tipo ganha-ganha, devem, na maioria das vezes, olhar para processos com um escopo que cruze as fronteiras das empresas.

Nesses casos, duas (cliente e fornecedor) ou mais empresas podem estar envolvidas. Esses projetos tendem a ser bastante complexos e requerer um relevante volume de trabalho, interação e recursos das empresas envolvidas, mas os resultados fazem com que valha a pena, por dois motivos: em primeiro lugar, não só redundâncias e desperdícios de recursos podem ser identificados *dentro* de cada uma das empresas, mas também *entre* as várias empresas.

Uma atividade de inspeção de qualidade de recebimento de materiais de uma empresa cliente, por exemplo, não aparece como redundante quando o processo é analisado respeitando as fronteiras da empresa. Entretanto, quando se envolvem na análise também as atividades do processo que estão dentro das fronteiras do fornecedor, é possível que lá sejam identificados processos de inspeção de qualidade do seu produto final, sobre o mesmo material inspecionado (de novo) pela empresa cliente. Essa redundância só é percebida quando o processo analisado cruza as fronteiras entre empresas.

Evidentemente, as análises para melhoria de processos que envolvem duas ou mais empresas terão de contar com pessoas dos departamentos envolvidos nas duas empresas, e será necessário contar com um bom nível de confiança, já que informações serão analisadas conjuntamente e uma possível nova distribuição de atividades será feita entre os parceiros a fim de garantir que o processo ganhe, e não apenas uma empresa ganhe.

Em geral, pessoas envolvidas diretamente nos processos de negociação direta do dia a dia entre as empresas, quando participam de processos de melhoria, pelo menos inicialmente, podem impor alguma resistência a colaborar com as empresas parceiras. Pode haver a desconfiança, pelo menos inicial, de que as informações compartilhadas durante as análises poderão ser usadas como "armas negociais" mais tarde.

Pessoas envolvidas com setores como desenvolvimento de fornecedores, por exemplo, podem ter aceitação inicial mais fácil. Nos casos de projetos que envolvam várias empresas parceiras na cadeia, o estabelecimento de um comitê diretivo com membros da alta direção de ambas é mandatório.

Passo 3 – Mapeamento do processo: conhecendo o estado atual dos processos

Depois de definir qual o escopo do processo a ser analisado, especificando claramente suas entradas, seu processo de transformação e suas saídas, o próximo passo é mapeá-lo.

> **CONCEITO-CHAVE**
>
> Mapear um processo significa documentar explicitamente os passos pelos quais os fluxos transformados (de informação, materiais e/ou pessoas) passam, entre os estágios de "entrada" e "saída".

Há várias ferramentas simples que podem ser usadas para mapear processos. Aqui serão descritas quatro delas: os diagramas de processos (usados frequentemente para analisar fluxos de manufatura), os fluxogramas funcionais de processos (usados para mapear tanto processos que transformam fluxos de materiais como fluxos de informação), o *service blueprint* (usados para mapear fluxos de clientes e processos de atendimento) e o *value stream mapping* (VSM), uma ferramenta que tem ganhado muita visibilidade e aceitação na análise de processos por empresas que abraçam a filosofia *lean* (discutida mais adiante neste capítulo).

Diagramas e fluxogramas de processos

> **CONCEITO-CHAVE**
>
> O objetivo dos diagramas de processos é o mapeamento de todas as fases de um processo produtivo de forma simples e de rápida visualização e entendimento. É a forma mais tradicional de representar processos produtivos em geral.

A Figura 7.9-A mostra um diagrama de processos no qual são utilizados símbolos padronizados para cada fase de um processo. O significado de cada símbolo é mostrado também na figura. Em processos que requeiram fases de decisão, a forma de apresentação como fluxograma da Figura 7.9-B é normalmente utilizada.

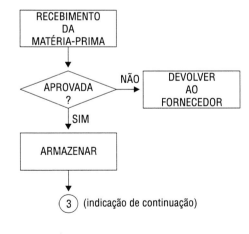

Figura 7.9 Exemplos de diagramas simples para mapeamento de processos (Corrêa e Corrêa, 2017).

Fluxograma funcional de processos

> **CONCEITO-CHAVE**
>
> Os fluxogramas funcionais de processos são similares aos diagramas de processos, mas mostram onde (em quais "funções") as atividades são realizadas.

Para ilustrar claramente as atividades que não agregam valor, podem ser utilizados os mesmos símbolos explorados na Figura 7.8. A Figura 7.9 traz um exemplo simplificado (mostrando só os pontos de decisão e os passos principais do processo) de fluxograma funcional de processo para um processo simplificado de atendimento de pedido. Observe que, pelo fato de se ter incluído o fornecedor, é possível identificar uma redundância e, portanto, um desperdício, no processo – o fornecedor e o cliente, ambos, estão realizando atividades de inspeção de qualidade (as atividades de inspeção possivelmente redundantes, "Inspeção de qualidade" e "Inspeção de recebimento", estão enfatizadas na Figura 7.10, para clareza).

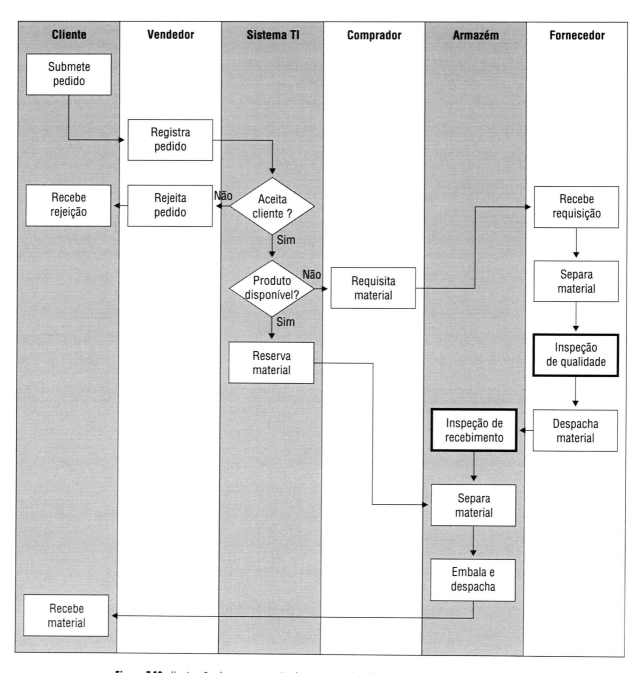

Figura 7.10 Ilustração de mapeamento de processo simplificado de atendimento de pedido.

Service blueprint (mapeamento de serviços)

Muitas vezes, o processo que se pretende mapear envolve atividades de contato direto com o cliente, ou seja, processos que "transformam" clientes. Nesses casos, uma ferramenta bastante útil na análise de processos se chama *service blueprint*.

> **ⓘ CONCEITO-CHAVE**
>
> O *service blueprint* é uma ferramenta que serve para mapear os processos que concorrem para que o serviço ao cliente tenha sucesso.

Essa ferramenta permite identificar as relações entre as atividades de linha de frente (realizadas em contato direto com o cliente) e de retaguarda (realizadas sem contato direto com o cliente), para que se possam analisar quais atividades ou processos de linha de frente e de retaguarda têm maior impacto nos momentos de contato mais relevantes para o cliente. A seguinte sequência de etapas é normalmente usada para mapeamento usando *service blueprint*. Genericamente, a representação de um *service blueprint* é como visto na Figura 7.11 (adaptado de outras versões por Gianesi e Corrêa, 2018).

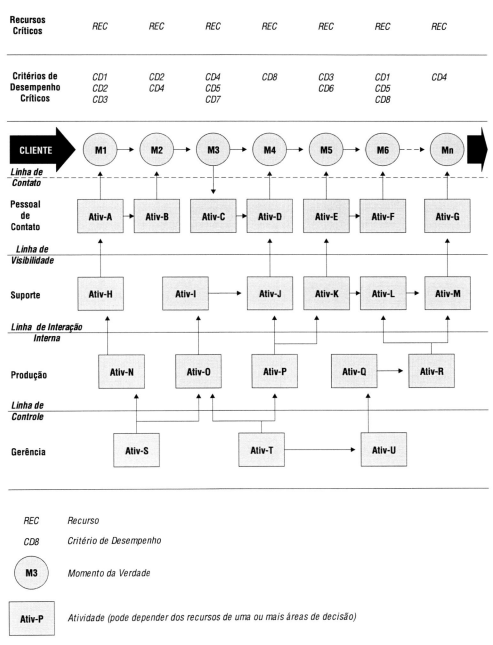

Figura 7.11 *Service blueprint* – conceitual (Gianesi e Corrêa, 2018).

Etapa 1 – Explicitação do ciclo de serviço: o mapeamento usando *service blueprint* se inicia a partir da listagem cronológica de todos os *momentos da verdade* pelos quais o cliente passa.

> **🛈 CONCEITO-CHAVE**
>
> "Momentos da verdade" é um termo cunhado por um ex-CEO da Scandinavian Airlines Systems para descrever aqueles momentos em que o cliente entra em contato direto com qualquer aspecto do processo prestador do serviço.

Esses momentos estão representados pelos círculos encadeados na parte superior do diagrama da Figura 7.11 com os vários momentos cronologicamente arranjados: M1 → M2... → Mn. Esse encadeamento de momentos da verdade é muitas vezes chamado de "ciclo do serviço". Importante notar que esses momentos são definidos a partir da ótica do cliente.

Etapa 2 – Definição de critérios relevantes de desempenho: para cada momento da verdade, um critério diferente de desempenho pode ser o mais importante para o cliente. Por exemplo, no processo de atendimento de um consultório médico, no momento em que o cliente liga para marcar sua consulta, talvez os critérios mais importantes sejam a presteza e a cortesia do atendimento. No momento em que o cliente está na frente do médico em busca de diagnóstico e encaminhamento para cura, talvez cortesia seja menos importante do que a competência do médico. Resumindo, depois de definir o ciclo de serviço, o analista de processo usando *service blueprint* busca definir quais os diferentes critérios que são mais valorizados pelo cliente em cada um dos momentos e os representa no diagrama. Esses critérios são representados na Figura 7.11 pelos símbolos *CD1* (Critério de Desempenho), *CD2*, e assim por diante.

Etapa 3 – Definição de atividades e recursos de contato: nessa etapa, representa-se a contrapartida dos momentos da verdade, mas do lado do prestador do serviço: as atividades realizadas pelo pessoal da empresa prestadora quando em contato com o cliente, em cada um dos momentos da verdade identificados. Essas atividades estão representadas na Figura 7.11 pelas atividades de "Ativ-A" até "Ativ-G" – observe que todas estão no mesmo nível horizontal –, que contém todas as atividades realizadas pelo "pessoal de contato" do prestador. Nessa etapa, também são definidos os recursos determinantes envolvidos nos vários momentos da verdade. Por exemplo, na visita ao consultório, o médico em si pode ser o recurso determinante do momento da consulta, assim como o sistema de informação (por exemplo, o sistema de marcação de consultas) pode ser o recurso determinante do momento da marcação da consulta. Na Figura 7.11, os recursos determinantes são listados com o símbolo "*Rec*", acima de cada momento da verdade.

Etapa 4 – Mapeamento de processos de retaguarda: nessa etapa, concorrendo para cada atividade de contato, são identificadas e descritas, de forma encadeada, as atividades de suporte, produção e gerenciais que contribuem para que a atividade de contato ocorra com sucesso – ou seja, que os individuais critérios de desempenho sejam atendidos nos níveis adequados. Por exemplo, as atividades "S" (de gerência), "N" (de produção) e "H" (de suporte) fazem parte de um processo que visa a dar suporte à atividade de contato "Ativ-A". Dessa forma, representam-se, num só diagrama, todas as atividades de linha de frente e de retaguarda que concorrem para o bom atendimento do cliente.

Muitas vezes, em processos de transformação que envolvem clientes, também há a participação de parceiros da cadeia de suprimentos que realizam atividades terceirizadas. Por exemplo, quando um cliente visita um hospital para seu *check-up* anual, ele passa por uma sequência de atividades que envolvem ser visto por médicos de várias especialidades (que possivelmente são funcionários do hospital) e passar por vários exames de laboratório. Não é raro que as atividades de laboratório ou geração de imagem para diagnóstico (raios X, ultrassom, tomografia ou ressonância magnética) sejam realizadas por empresas terceirizadas fornecedoras do hospital (às vezes, colocalizadas no prédio da própria instituição de saúde).

Na análise de processo usando *service blueprint*, ambos os tipos de atividades (realizadas por recursos internos ou terceirizados) devem entrar, porque, para o cliente, todas são igualmente parte do processo de prestação e ambas concorrem para a satisfação do cliente.

Veja na Figura 7.12 um exemplo de representação de *service blueprint* aplicado a uma visita de cliente a um hotel com um formato um pouco diferente. Observe que, pelo espaço exíguo, estão aqui representadas apenas as principais ligações entre atividades (processos), para ilustração.

Em geral, em situações práticas, são usadas grandes folhas de papel ou *softwares* de apoio, pois processos mais complexos demandam que muito mais elementos e ligações sejam mapeados. Nessa representação, a linha "Ações do cliente" representa com alguma equivalência o que descrevemos anteriormente como ciclo de serviço.

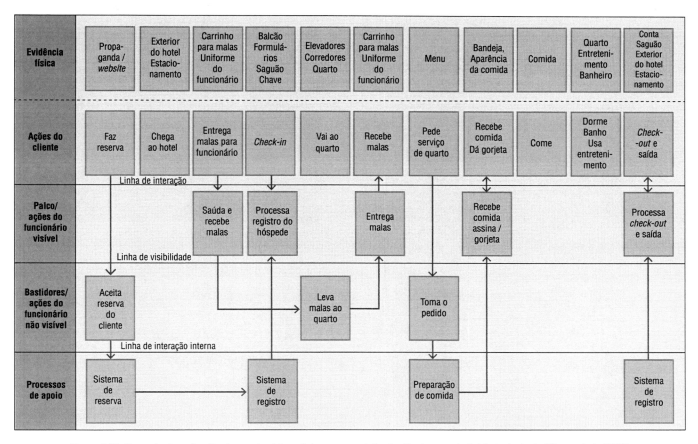

Figura 7.12 Exemplo de aplicação do *service blueprint* para uma visita de cliente a um hotel (adaptado de Bitner *et al.*, 2008).

O *service blueprint* é uma valiosa ferramenta também para se analisar processos em busca de, por exemplo, processos-chave. Se imaginarmos que o hotel visa a um mercado de executivos em viagem, é plausível assumir, por exemplo, que os momentos *Check-in* e *Check-out* (que devem ser simples e ágeis) na Figura 7.12 exerçam papel determinante para o ciclo de serviço. Isso significa que o encadeamento de atividades com vistas a dar suporte e retaguarda para que esses momentos tenham sucesso é particularmente importante para esse processo e merece análise mais cuidadosa.

Value Stream Mapping (VSM, ou mapeamento do fluxo de valor)

 CONCEITO-CHAVE

O modelo de *value stream mapping* (VSM) é uma variação do mapeamento de processos que enfatiza a aplicação de princípios de operações enxutas (*lean*).

 CONCEITO-CHAVE

A abordagem *lean* para produção é uma variante da abordagem japonesa *just in time*, que prega a sistemática análise e alteração de processos até a completa eliminação de todo e qualquer desperdício, entendido como atividades e/ou processos que agregam custo, mas não agregam valor ao cliente.

O VSM, em geral, inclui muito mais informações a respeito do processo do que o mapeamento mais simples, como o tempo de cada processo, tempos e distâncias percorridas nos transportes, custos agregados e detalhes de características do desempenho do processo, fluxos físicos e de informação. Quais informações considerar na análise vai depender dos objetivos da análise ou sua ênfase. Por exemplo, se o objetivo que motivou o disparo do processo de análise é o de reduzir estoques, informações sobre as quantidades de estoques médios encontrados em cada uma das etapas do processo terão relevância especial.

Em geral, o uso do VSM é mais frequente na análise de processos mais agregados, e não na análise de processos detalhados, como, por exemplo, o de torneamento de uma peça, para o que se usam ferramentas como o *diagrama de processo* descrito anteriormente.

Mapear os processos oferece a possibilidade de aumentar a visibilidade do que de fato ocorre nas operações, criando oportunidades de eliminação de desperdícios e de questionar práticas. Isso é importante no projeto e aperfeiçoamento de cadeias de suprimentos. Há, inclusive, vários *softwares* disponíveis no mercado para facilitar a aplicação de VSM, como o Microsoft Visio, que é bastante fácil de usar.

O VSM se baseia no uso de uma simbologia padronizada que facilita as análises de processos para melhoria e eliminação de desperdícios. A Figura 7.13 traz os principais símbolos utilizados pelo método de VSM.

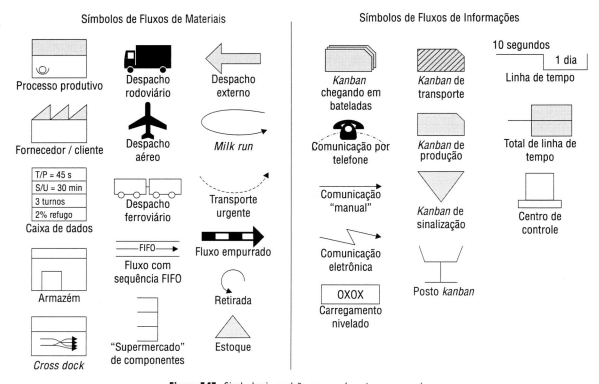

Figura 7.13 Simbologia padrão para *value stream mapping*.

Símbolos do VSM para fluxos de materiais

- *processo produtivo* – um processo, uma operação, máquina ou departamento, através do qual o material passa e é processado. Em geral, a unidade representada é um departamento, já que o interesse é analisar o fluxo mais macro do processo;
- *fornecedor/cliente* – representa uma empresa externa, parceira na cadeia de suprimentos. Pode ser um cliente (para quem o fluxo se direciona) ou um fornecedor (de quem o fluxo parte);
- *caixa de dados* – em geral, aparece abaixo dos símbolos que representam áreas de interesse para melhoria e traz várias informações importantes para análise, como, por exemplo, o tempo de ciclo, o tempo de preparação (*setup*), tamanhos de lote de transferência e produção, percentual de defeituosos, percentual de tempo disponível para produção, entre outros;
- *armazém* (externo) – simboliza pontos de armazenagem fora da unidade produtiva analisada, podendo pertencer à empresa ou a terceiros parceiros da cadeia de suprimentos;
- *cross-dock* – pontos na cadeia de suprimentos em que operações de *cross-docking* ocorrem. Um exemplo pode ilustrar: um supermercado que tem centenas de fornecedores pode estabelecer uma operação de *cross-docking* para receber diariamente as cargas que chegam de cada um deles em grandes caminhões, descarregá-las e imediatamente montar cargas mistas, com materiais dos vários fornecedores, em vans menores que se destinam a entregas nas suas lojas. Dessa forma, o material não espera em estoque para ir às lojas, flui quase diretamente dos fornecedores às lojas, ao mesmo tempo evitando que cada um das centenas de fornecedores tenha de fazer entregas individuais a cada uma das lojas (veja o Capítulo 10 para uma discussão mais detalhada sobre o conceito);
- *despacho rodoviário* – simboliza quantidades de material despachadas via terrestre, com transporte rodoviário;

- *despacho aéreo* – simboliza quantidades de material despachadas via aérea;
- *despacho ferroviário* – simboliza quantidades de material despachadas via terrestre, com transporte ferroviário;
- *fluxo com sequência FIFO* – fluxo que atravessa determinada atividade com sequência *First In First Out* (o primeiro a chegar é o primeiro a ser processado ou despachado);
- *supermercado de componentes* – indica uma posição interna de armazenagem de componentes, em geral próxima ao ponto de uso;
- *despacho externo* – indica fluxo de materiais despachado ou de fornecedores para a empresa ou da empresa a fornecedores ou ainda de um parceiro a outro da cadeia de suprimentos;
- *milk run* – simboliza entrega ou coleta programada, sistemática. O nome é uma referência aos trajetos, sempre iguais e realizados no mesmo horário, que os leiteiros tradicionais faziam quando o leite era entregue diariamente na porta de casa (o Capítulo 10 traz uma descrição e uma discussão do uso desse conceito);
- *transporte urgente* – representa transporte feito de forma expeditada ou urgente;
- *retirada* – representa a retirada de material, em geral, pelo "cliente", frequentemente usado em sistemas do tipo "puxado", quando as atividades clientes do processo puxam material das atividades fornecedoras à medida que precisem; e
- *estoque* – significa material estocado em localidades internas à empresa (almoxarifados, armazéns internos).

Símbolos do VSM para fluxos de informação

- *kanban chegando em bateladas* – representa o sinal, usado em sistemas puxados de fluxos de materiais, para requisitar material a chegar em quantidades múltiplas de um *kanban*. O sistema *kanban* é descrito em detalhes adiante neste capítulo;
- *kanban de transporte* – representa uma autorização para que material seja transportado do centro produtivo fornecedor para o centro produtivo cliente, em sistemas puxados de fluxo de materiais;
- *kanban de produção* – representa uma autorização para que material seja produzido. Num sistema de fluxo puxado de materiais, material só pode ser processado caso haja uma autorização dada por um *kanban* de transporte que se originou em um centro cliente;
- *kanban de sinalização* – usado em operações mais simples quando apenas um tipo de *kanban* autoriza produção e transporte;
- *posto kanban* – local onde as autorizações (*kanbans*) estão visíveis a fim de orientar produção/transporte de materiais;
- *comunicação por telefone* – simboliza um fluxo de informação realizado por telefone;
- *comunicação manual* – comunicação não eletrônica. Pode ser pessoal, por papel ou outro meio;
- *comunicação eletrônica* – comunicação feita por alguma modalidade de EDI (*electronic data interchange* ou troca eletrônica de dados);
- *carregamento nivelado* – simboliza que nesse ponto o carregamento dos recursos a seguir é feito de forma a mesclar produtos numa proporção compatível com o seu consumo, evitando assim as bateladas;
- *linha de tempo* – usada para representar os tempos dispendidos no processo. Num nível mais baixo, em geral aparecem os tempos de processamento (agregação de valor), e num nível mais alto, os *lead times* ou tempos totais para o atravessamento do material na atividade;
- *total da linha de tempo* – quadro que totaliza os tempos de agregação de valor e os tempos totais (*lead times*) do processo analisado; e
- *centro de controle* – representa um centro de planejamento e controle de produção.

Representação de processo com VSM

Uma representação de processo produtivo usando *value stream mapping* é mostrada na Figura 7.14. Nela, uma empresa (Peças S/A) recebe matéria-prima de um fornecedor (Aços Brasil), produz peças de aço e as entrega a um fornecedor de segunda camada da indústria automobilística chamado Freios São Paulo.

O processo produtivo consiste em cinco etapas sequenciais: estampagem, furação, solda, rebarbação e montagem. Características básicas de cada uma dessas operações aparecem nas caixas de dados abaixo do símbolo correspondente a cada uma. O processo é gerenciado por um sistema tipo MRP (ver Capítulo 9), que gera programas semanais de produção para a fábrica – portanto, com fluxo empurrado. O cliente envia diariamente, de forma eletrônica, pedidos para a Peças S/A, e também envia previsões de vendas para os próximos 30, 60 e 90 dias.

A Peças S/A se comunica eletronicamente com seu fornecedor de matérias-primas quanto a suas previsões para as próximas seis semanas e confirma pedidos semanais por fax. O VSM captura e mapeia os fluxos físicos e de informação.

Observe a linha de tempo, abaixo das caixas de dados das etapas do processo, as estimativas de tempo de processamento (num nível ligeiramente mais baixo) – o tempo em que efetivamente o material está sofrendo a operação e o *lead time*, que é o tempo total para a operação ser realizada (incluindo movimentação do material até o centro produtivo, tempo de espera em fila, tempo de preparação da máquina etc.).

A caixa de total da linha do tempo dá uma ideia da comparação do tempo total de atravessamento do processo com o tempo efetivo de agregação de valor ao produto. No caso do exemplo, o tempo total de atravessamento de uma peça é de 24 dias, dos quais ela está sofrendo operações de agregação de valor em apenas 203 segundos. A diferença é tempo gasto realizando atividades que, ao menos teoricamente, poderiam ser eliminadas, por não agregarem valor ao produto.

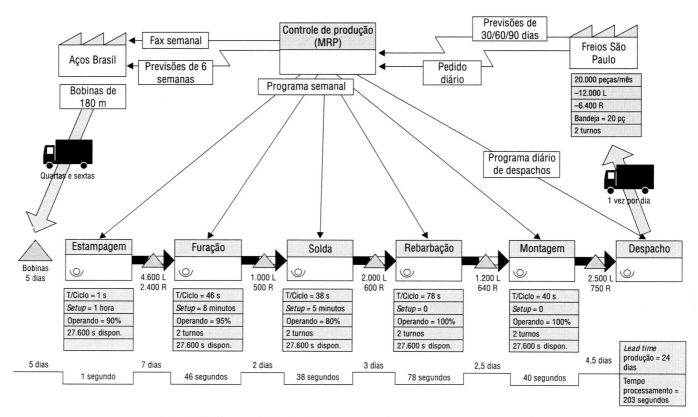

Figura 7.14 Representação de *value stream mapping* para um processo da Peças S/A.

Value stream mappping de processos que cruzam fronteiras entre empresas

A Figura 7.14, embora representando clientes e fornecedores, concentra-se nas atividades e processos internos à empresa. Versões estendidas de *value stream mapping* podem ser usadas para representar, num nível ainda mais macro, processos que cruzam fronteiras entre empresas, ou seja, cadeias de suprimentos.

Em geral, a literatura recomenda que, numa análise usando VSM para a cadeia de suprimentos, inicialmente se mapeiem e melhorem os processos internos de cada empresa para só então fazê-los nos processos mais macro, que envolvem duas ou mais empresas.

Note que, nesse caso, a exemplo da análise interna, o VSM não pretende mapear *toda a cadeia de suprimentos* analisada, mas processos específicos que cruzam fronteiras entre empresas. A Figura 7.15 representa o processo a ser mapeado e ilustrado na Figura 7.16.

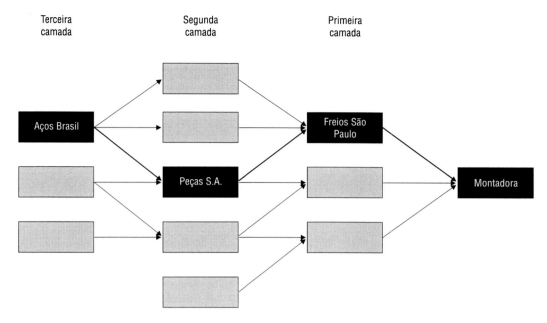

Figura 7.15 Processo da cadeia de suprimentos a ser mapeado pelo VSM (enfatizado em preto).

A Figura 7.16 representa de forma simplificada como seria o mapeamento usando VSM para uma cadeia de suprimentos. Por restrições de espaço, a Figura 7.16 mostra apenas duas empresas representadas em mais detalhes, mas o método pode ser usado para representar quantas empresas se queira.

Observe que na Figura 7.16 os fluxos são representados de uma forma ainda mais macroscópica do que na análise dentro da fábrica da Freios São Paulo (Figura 7.14). Note, entretanto, que a informação do tempo total de *lead time* da análise da Figura 7.14 aparece na linha de tempo da Figura 7.16 (*lead time* de 24 dias e tempo de processamento efetivo de 203 segundos).

Também aparece, na parte de baixo da linha, o número de passos (atividades dos processos em cada estágio) e, entre parênteses, o número de passos que realmente agregam valor ao produto. Veja que, com essa representação, o analista é livre para usar as caixas de dados a fim de explicitar quaisquer informações que sejam relevantes para sua análise. Dessa forma, a ferramenta pode ser usada para representar um sem-número de situações diversas.

No caso do exemplo ilustrado, são mostradas informações sobre níveis de estoques (de matérias-primas MP, material em processo e produtos acabados) em "dias de suprimento", ou seja, numa métrica que permite comparações, já que reflete a quantidade em estoque em função de quantos dias aquele estoque representa em termos de consumo dos materiais.

Nas caixas de dados das fábricas, EPE representa qual o período que decorre para a produção de todos os tipos de produtos analisados no processo, feitos pela fábrica. Por exemplo, se no processo analisado a fábrica produz cinco tipos de processos em lotes de um dia de produção cada, o EPE seria de 5 (cinco dias para todos os tipos de produtos serem feitos). Se os lotes são pequenos, de forma que os cinco tipos de produtos são feitos em um dia, o EPE seria de 1. O EPE dá uma medida de quanto os lotes conseguem ser produzidos nas taxas demandadas – quanto menor o EPE, mais flexível e enxuta a fábrica.

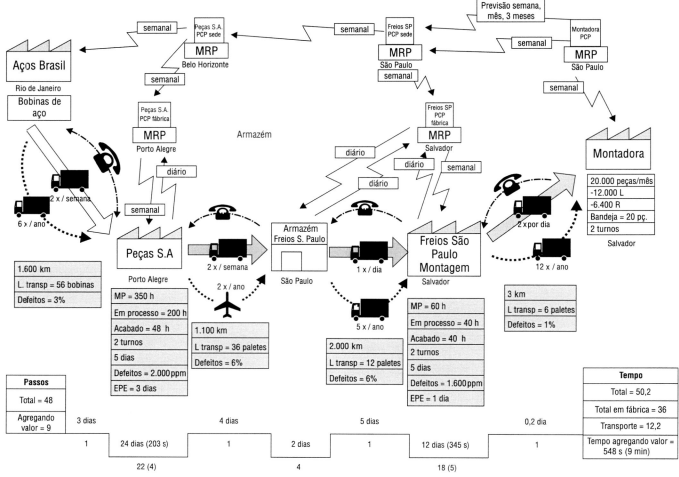

Figura 7.16 Ilustração de VSM simplificado para análise de um processo que envolve várias empresas numa cadeia de suprimentos (adaptado de Jones e Womack, 2003).

Passo 4 – Análise do estado atual do processo

Uma vez que o processo em sua situação atual é representado usando uma das ferramentas de mapeamento descritas, o próximo passo da análise e melhoria de processos é buscar, nos processos mapeados, oportunidades de melhoria. Uma das abordagens mais populares, hoje em dia, para analisar processos em cadeias de suprimentos é a abordagem chamada *lean*. Com inspiração no sistema *just in time* (JIT), desenvolvido na Toyota, no Japão do pós-guerra, o sistema de produção *lean* (às vezes, traduzido como "produção enxuta") é definido como um sistema de produção cujo objetivo é otimizar os processos e procedimentos por meio da redução contínua de desperdícios nos processos.

Eliminando desperdícios – a abordagem *lean*

Eliminar desperdícios significa analisar as atividades e processos e eliminar aqueles que não agregam valor. Para que se possa compreender melhor de quais atividades estamos falando, utilizaremos a classificação proposta por Shigeo Shingo, uma reconhecida autoridade em JIT e que foi engenheiro da Toyota Motor Company, no Japão, antes de se tornar consultor. Shingo identifica sete categorias de desperdícios, que foram incorporadas pela produção *lean* como parte integrante de seus processos de análise e serão comentadas a seguir (Corrêa e Corrêa, 2017).

> **FIQUE ATENTO**
>
> Há sete tipos de desperdício, segundo a abordagem *lean*: *superprodução, espera, transporte, superprocessamento, movimento, produção de produtos defeituosos* e *estoques*.

- *Desperdício de superprodução* – a produção *lean* considera desperdício o hábito de produzir antecipadamente à demanda, para o caso de os produtos serem requisitados no futuro. A produção antecipada, isto é, maior do que o necessário no momento, provém, em geral, de problemas e restrições do processo produtivo: altos tempos de preparação de equipamentos, induzindo à produção de grandes lotes; incerteza quanto à ocorrência de problemas de qualidade e de confiabilidade de equipamentos, levando a produzir mais do que o necessário; falta de coordenação entre as necessidades (demanda) e a produção, em termos de quantidades e momentos; grandes distâncias a percorrer com o material, em função de um arranjo físico inadequado, levando à formação de lotes para a movimentação e transporte, entre outros. Desse modo, a abordagem *lean* sugere que se produza somente o que é necessário no momento e, para isso, que se reduzam os tempos de *setup* (preparação do equipamento para mudança de atividade), que se sincronize a produção com a demanda, que se compacte o *layout* da fábrica (favorecendo-se os *layouts* – arranjos físicos – em linha e celulares), e assim por diante.

- *Desperdício de espera* – esse desperdício se refere ao material que fica esperando para ser processado ou transportado, formando filas que visam a garantir altas taxas de utilização dos equipamentos (máquinas, caminhões). A lógica *lean* coloca a ênfase no fluxo de materiais, e não nas taxas de utilização dos equipamentos, os quais somente devem trabalhar quando há necessidade. A sincronização do fluxo de trabalho entre etapas do processo produtivo (entre máquinas, entre setores e entre empresas) e o balanceamento das linhas de produção contribuem para a eliminação desse tipo de desperdício.

- *Desperdício de transporte* – a atividade de transporte e movimentação de material não agrega valor ao produto produzido e é necessária em razão de restrições do processo produtivo, das instalações e dos processos de transporte, que impõem grandes distâncias a serem percorridas pelo material ao longo do processamento. Encaradas como desperdícios de tempo e recursos, as atividades de transporte e movimentação devem ser eliminadas ou reduzidas ao máximo, através da relocalização de unidades produtivas e de armazenagem, elaboração de arranjos físicos adequados, que minimizem as distâncias a serem percorridas. Muita ênfase tem sido dada às técnicas de movimentação e armazenagem de materiais, enquanto o realmente importante é eliminar as necessidades de armazenamento, reduzindo os estoques, e eliminar a necessidade de movimentação, por meio da redução das distâncias, para que, só então, se pense em racionalizar a movimentação de materiais e o transporte que não puderem ser eliminados.

- *Desperdício de superprocessamento* – no próprio processo produtivo pode estar havendo desperdícios passíveis de ser eliminados. Deve-se questionar, por exemplo, "por que um determinado item ou componente deve ser feito?", "qual a sua função no produto?", "por que essa etapa do processo é necessária?". É comum que os gerentes se preocupem em como fazer as coisas mais rápido, sem antes questionar se a atividade deve realmente ser feita. Nesse sentido, torna-se importante a aplicação das metodologias de engenharia e análise de valor, que consiste na simplificação ou redução do número de componentes ou operações necessários para produzir um determinado produto. Qualquer elemento que adicione custo, e não valor, ao produto é candidato a investigação e posterior eliminação/racionalização.

- *Desperdício de movimento* – os desperdícios de movimento estão presentes nas mais variadas operações que se executam na fábrica. A abordagem *lean* adota as metodologias de estudo de métodos e estudo do trabalho, visando a alcançar economia e consistência nos movimentos. A economia dos movimentos aumenta a produtividade e reduz os tempos associados ao processo produtivo. A consistência contribui para o aumento da qualidade. A importância das técnicas de estudo de tempos e métodos é justificada, pois o *lean* é um enfoque essencialmente de baixa tecnologia, apoiando-se em soluções relativamente simples e de baixo custo, em vez de grandes investimentos em automação. Ainda que se decida pela automação, deve-se aprimorar os movimentos para, somente então, mecanizar e automatizar; caso contrário, corre-se o risco de automatizar o desperdício.

- *Desperdício de produção de produtos defeituosos* – problemas de qualidade geram os maiores desperdícios do processo. Produzir produtos defeituosos significa desperdiçar materiais, disponibilidade de mão de obra, disponibilidade de equipamentos, movimentação de materiais defeituosos, armazenagem de materiais defeituosos, inspeção de produtos, entre outros. O processo produtivo deve ser desenvolvido de maneira a prevenir a ocorrência de defeitos, para que se possam eliminar as inspeções. Os defeitos não devem ser aceitos e não devem ser gerados. São comuns nos processos que adotaram a filosofia *lean* a utilização de *poka-yoke* (dispositivos à prova de falhas – ver Capítulo 5, *boxe Saiba mais* sobre *poka-yoke*), os quais procuram evitar que os erros comuns causados pelo homem possam gerar defeitos. Um exemplo são os adaptadores universais de computadores portáteis, que, trabalhando igualmente com a voltagem de 110 V ou 220 V, passaram a evitar que erros comuns (como o cliente colocar um aparelho 110 V numa tomada 220 V) se tornem um defeito (como a queima da fonte do aparelho).

- *Desperdício de estoques* – Os estoques, como já foi comentado, além de ocultarem outros tipos de desperdício, significam desperdícios de investimento e espaço. A redução dos desperdícios de estoque deve ser feita pela eliminação das causas geradoras da necessidade de se manter estoques. Reduzindo-se todos os outros desperdícios, são reduzidos, por consequência, os desperdícios de estoque. Isso pode ser feito com a redução dos tempos de preparação de máquinas, reduzindo os *lead times* de produção, sincronizando os fluxos de trabalho, reduzindo as flutuações de demanda, tornando as máquinas confiáveis e garantindo a qualidade dos processos.

Fluxos puxados e empurrados

Outro pilar importante da abordagem *lean* para que vários dos desperdícios mencionados sejam evitados é o uso, sempre que possível, de fluxos puxados, em vez dos tradicionais fluxos empurrados. Vamos entender a diferença entre os dois sistemas de gestão de fluxos. No sistema "puxado", o material somente é processado em uma operação se ele é requerido pela operação subsequente do processo, que, quando necessita, envia um sinal (referido como *kanban*, que funciona como uma ordem ou autorização de produção) à operação fornecedora para que esta dispare a produção e a abasteça. Se um sinal não é enviado, a operação não é disparada.

Os sistemas tradicionais são sistemas que, diferentemente, "empurram" a produção, desde a compra de matérias-primas e componentes até os estoques de produtos acabados. Nesse caso, as operações são disparadas por três condições:

1. pela disponibilidade de material e componentes a processar;
2. pela disponibilidade dos recursos necessários; e
3. pela existência de uma ordem de produção, gerada por algum sistema centralizado (como os tradicionais sistemas MRP) que, a partir de previsões de demanda, elaborou programas de produção baseados nas estruturas dos produtos.

Conforme comentado, um representante típico dos sistemas empurrados é o sistema MRP. Nesse tipo de sistema, as três condições mencionadas são necessárias e suficientes para uma atividade de produção ser disparada. Uma vez completada a operação, o lote é "empurrado" para a operação seguinte (definida pela "ordem de produção"), na qual espera sua vez de encabeçar a fila de lotes a serem processados, de acordo com seu nível de prioridade. Note que, no caso empurrado, se uma operação quebra, por exemplo, as operações anteriores continuarão a "empurrar" material para ela, causando acúmulo de estoques. No sistema "puxado" isso é impossível de ocorrer, porque, se a operação quebrou, ela cessará de enviar a seu fornecedor imediato os sinais solicitando material. O Capítulo 9 descreve em detalhes o funcionamento de sistemas de gestão de estoques puxados e empurrados. A Figura 7.17 ilustra os conceitos.

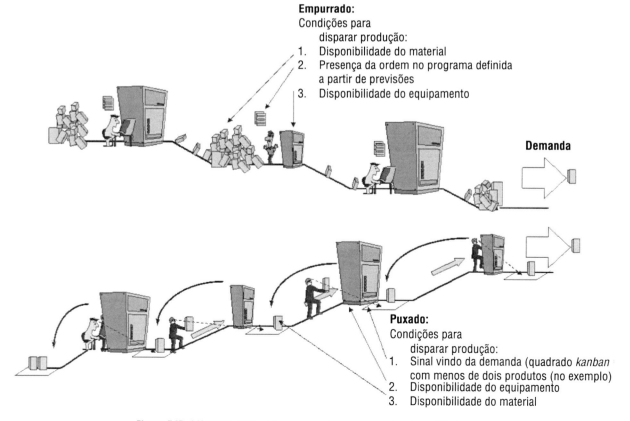

Figura 7.17 Diferença entre sistemas puxados e empurrados de gestão de fluxos.

Veja Corrêa e Corrêa (2017) para um tratamento mais completo da abordagem *lean*. Outra excelente fonte de materiais sobre a abordagem *lean* é o Lean Enterprise Institute (www.lean.org).

Princípios *lean* de melhoria de processos que cruzam as fronteiras das empresas

Quanto a princípios *lean* para melhorias em processos na cadeia de suprimentos que cruzam as fronteiras dos parceiros, Jones e Womack (2003) e outros autores sugerem alguns. A lista a seguir representa um bom conjunto de princípios a adotar ao identificar oportunidades de melhoria em processos na cadeia de suprimentos:

1. *Todos na cadeia de suprimentos deveriam estar conscientes e informados sobre a taxa segundo a qual produtos estão sendo consumidos no final da cadeia, pelo cliente.* À taxa de consumo de produtos dá-se o nome de *takt time* (do alemão *taktzeit*, que quer dizer *tempo de ciclo*). Nem todas as operações numa cadeia, entretanto, terão o mesmo *takt time*, já que mais de uma unidade de um componente pode ser necessária para a produção de uma unidade de produto em vários estágios da cadeia e, também, os tempos de trabalho disponíveis (um turno, dois turnos) podem variar ao longo da cadeia. O importante é manter um fluxo suave e balanceado de materiais ao longo da cadeia.

> **ⓘ CONCEITO-CHAVE**
>
> *Takt time* de uma operação é o total de produtos necessários ao longo de um período dividido pelo tempo disponível de trabalho naquele período.

2. *Estoques devem ser mantidos em níveis muito baixos*, mas sempre suficientes para lidar com os níveis correntes de variabilidade e incerteza.
3. *Incerteza e variabilidade nos processos são fatores que prejudicam a eficiência e a velocidade dos fluxos das cadeias e devem constantemente ter seus níveis questionados e reduzidos.* Por exemplo, evitando os lotes e mesclando produtos na linha de forma que as suas taxas de produção sejam, nos mínimos intervalos de tempo possíveis, proporcionais ao consumo.
4. *Ligações de "transporte" devem ser mantidas ao mínimo entre etapas do processo*, utilizando opções de colocalização sempre que possível.
5. *Processamento de informação deve ser mantido no nível mínimo*, com sinais visuais e eletrônicos simples e diretos, do tipo *kanban*, evitando ruídos.
6. *Tempos de fluxo (lead times) devem ser reduzidos ao mínimo*, pela eliminação e/ou redução do número de atividades não agregadoras de valor, do tempo gasto com cada uma, ou pela paralelização de atividades sequenciais, sempre que possível (Rohr e Corrêa, 1998).
7. *Redundâncias de atividades devem ser eliminadas/reduzidas sempre que possível*, do ponto de vista do processo, e não das empresas individuais.
8. *Atividades deveriam ser sempre realizadas nas posições da cadeia cuja localização é a mais favorável.* Esse princípio parece óbvio, mas, em muitas situações, a história, mais do que análise sistemática, definiu que empresa ou que departamento faz *o quê* na cadeia.
9. *Quaisquer lotes, de produção ou transportes, devem ser combatidos tanto quanto possível.*
10. *Melhorias devem custar o mínimo possível*: mudanças para suavizar o fluxo de materiais, eliminar/reduzir estoques e eliminar/reduzir transporte e tempos deveriam ser feitas despendendo o mínimo custo possível.

Passo 5 – Definição do estado futuro do processo

Usando os princípios de ataque a desperdícios da abordagem *lean* descritos anteriormente, o processo descrito na Figura 7.14 poderia ser *redesenhado* conforme o ilustrado na Figura 7.16. As seguintes alterações foram feitas para se chegar ao estado futuro:

- colocalização na mesma unidade industrial da Peças S/A e da São Paulo Freios em Salvador;
- estabelecimento de um centro de serviços da Aços Brasil no mesmo condomínio industrial, em Salvador, já que há vários clientes da empresa na região;
- estabelecimento de produção puxada entre todas as etapas do processo produtivo, internas e externas a cada empresa, desde a Aços Brasil até a Freios São Paulo; e
- redesenho do *layout* da Peças S/A e da Freios São Paulo, colocalizadas, para um *layout* celular com redução de tempos de *setup* (preparação dos equipamentos) envolvidos para redução de lotes de produção e transporte.

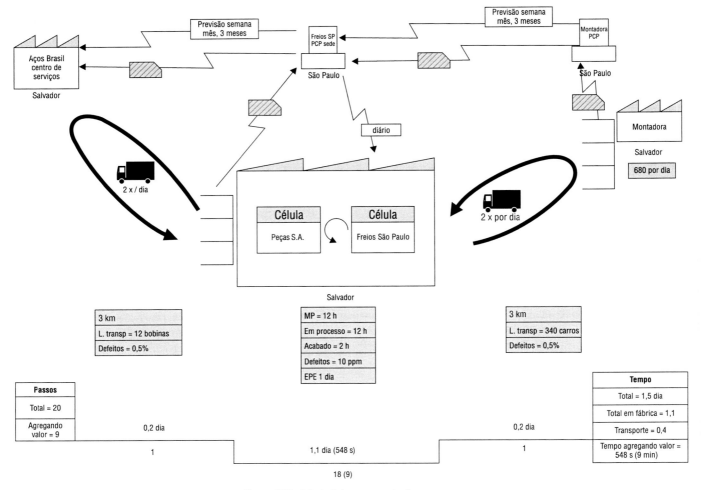

Figura 7.18 Estado futuro proposto do processo.

Observe as grandes reduções nos tempos, estoques, ligações de comunicações e outros obtidos na proposta de estado futuro.

Passo 6 – Implantação do novo processo

Um novo estado futuro é mais fácil de ser projetado do que ser implantado. A implantação exige não só a dedicação e o investimento de recursos significativos, mas, talvez mais importante, em muitos casos, a mudança de atitude das empresas envolvidas, de conflituosa para colaborativa. Para processos completamente novos, como o estabelecimento de uma nova empresa montadora numa nova região, para continuarmos dentro do ambiente do nosso exemplo ilustrativo, muitas vezes é possível as empresas pularem diretamente para o estado futuro, desenhado a partir de uma folha em branco. Para o redesenho de processos já existentes, por outro lado, as coisas em geral são menos simples, e uma abordagem passo a passo deveria ser o caminho mais lógico. Aqui valem as mesmas alternativas estratégicas discutidas quando analisamos a escolha e priorização de processos a serem analisados e melhorados: ou se opta por começar a alteração do processo pelo ponto com o maior benefício potencial (por exemplo, identificando os maiores desperdícios e os atacando como oportunidades prioritárias), ou se opta pelas alterações mais fáceis de serem atingidas e mais capazes, portanto, de gerar vitórias rápidas e "vitrines" importantes.

A escolha dependerá do caso particular em análise.

7.3 ESTUDO DE CASO: RÓTULOS E ETIQUETAS FLÓRIDA

A Flórida, localizada em Osasco, estado de São Paulo, tem mais de 20 anos de experiência na produção de rótulos e etiquetas para uso industrial. Oferece produtos em variados tamanhos e formas, de etiquetas para cabides que portam peças de vestuário até etiquetas de identificação de páletes. As matérias-primas utilizadas são principalmente papelão, papel autoadesivo e uma minoria de materiais sintéticos, fornecidos em geral em rolos, mas também em folhas dobradas. As cores para impressão das etiquetas solicitadas pelos clientes variam desde nenhuma até seis cores, mas a grande maioria dos produtos solicitados tem menos de três cores. Toda a produção é feita sob encomenda, ou seja, em princípio, nenhuma é feita sem que haja um pedido de cliente.

Alguns clientes grandes, como é o caso de uma montadora de veículos, têm com a Flórida contratos anuais, com quatro a cinco grandes entregas por ano. Esses produtos podem ser feitos antecipadamente, para estoque, em períodos de baixa demanda e depois despachados nos momentos certos. Para os demais clientes, o *lead time* da Flórida tem sido de oito a dez dias, considerado hoje excessivo pelo mercado, o que disparou o interesse da empresa por analisar seus processos a fim de identificar oportunidades de redução de tempos e custos.

Entrada de pedidos

Cada pedido é recebido pelo departamento de gestão de pedidos (que tem dois funcionários) por uma das formas: telefone, fax ou e-mail. Alguns pedidos são novos e alguns são pedidos repetidos. Os funcionários de gestão de pedidos, quando recebem um pedido, calculam preliminarmente seus custos. A fatura então é mandada ao cliente correspondente e o funcionário gera uma ordem de produção preliminar que contém informações sobre o produto (substrato), quantidade a ser produzida, data para entrega, tamanho, máscara, *design* e uma amostra da etiqueta anterior fornecida (no caso de pedidos repetidos).

No dia seguinte, as ordens de produção do dia anterior, impressas, são enviadas numa pasta ao próximo departamento. Os *lead times* padrão informados aos clientes são de oito dias para um pedido repetido e dez dias para um pedido novo. Com base nisso, são designadas datas de entrega para cada ordem. Uma cópia da ordem é enviada para o cliente. Ordens referentes a novos pedidos são então enviadas para o departamento de pré-impressão para que este providencie o projeto e pedido aos fornecedores dos clichês para a impressão das máscaras. Ordens referentes a pedidos repetidos (com clichês e máscaras já prontas) são enviadas diretamente para o departamento de planejamento de materiais.

Departamento de pré-impressão

O departamento de pré-impressão é responsável por garantir que as máquinas impressoras tenham os clichês e moldes de corte certos para produzir as ordens. Também são responsáveis por projetarem novos clichês e gerenciarem as provas para o seu desenvolvimento.

A Flórida usa três fornecedores para os moldes de corte e dois fornecedores para os clichês de impressão, todos localizados no estado de São Paulo. O *lead time* de entrega para os clichês varia de três a sete dias. Leva entre 15 minutos e uma hora para um novo *design* de etiqueta ser criado. Uma prova é então enviada para aprovação do cliente por e-mail ou por correio: provas de etiquetas sem cor ou com cores simples ou que já foram utilizadas antes são enviadas por e-mail, mas provas de etiquetas novas com cores novas são enviadas por correio.

Depois de esperar uma comunicação do cliente com a aprovação, são pedidos os clichês e os moldes de corte, e a ordem é enviada de volta para o departamento de gestão de pedidos para recálculo dos custos e geração da ordem de produção definitiva, com cópia também enviada ao cliente. Os funcionários de pré-impressão preferem trabalhar no novo projeto de etiquetas apenas às segundas, quartas e sextas-feiras e lidar com fornecedores e clientes às terças e quintas-feiras. Isso, segundo eles, porque o processo de *design* exige concentração, algo difícil de obter quando se tem de intercalar essa atividade criativa com contatos externos.

Quando os moldes de corte e os clichês encomendados chegam ao departamento de pré-impressão, estando tudo correto, o pedido definitivo é então enviado para o departamento de planejamento e controle de materiais. As ordens referentes a pedidos repetidos, por já terem os clichês e moldes prontos, vão diretamente do departamento de gestão de pedidos para o planejamento e controle de materiais. Em geral, 55% dos pedidos são novos e 45% são repetidos.

Planejamento e controle de materiais

No departamento de planejamento e controle de materiais (PCM), a disponibilidade de matérias-primas é checada contra a quantidade necessária para atender a ordem. A quantidade de etiquetas é convertida em metros, e, se não houver material em estoque, a quantidade necessária é pedida aos fornecedores por telefone ou e-mail.

Se material suficiente está disponível em estoque, o planejador define a máquina impressora que será alocada para produzir a ordem. Diferentes máquinas são capazes de produzir produtos com diferentes quantidades de cores, conforme a tabela a seguir.

Máquina	Cores
1	6
2	3
3	4
4	3
5	3
6	5

Figura 7.19 Capabilidade das máquinas da Flórida.

As ordens são então passadas aos operadores de máquina, que, cada um, têm seu jeito de sequenciar a produção. Normalmente, as ordens são sequenciadas por data de entrega (ordens com datas de entrega mais próximas são processadas antes), mas, às vezes, os operadores sequenciam levando em conta a cor de impressão, o padrão impresso ou a matéria-prima usada, passando por cima das prioridades dadas pela data de entrega.

No caso de a matéria-prima em estoque ser insuficiente, pedidos são efetivados junto ao fornecedor. As principais matérias-primas são autoadesivos e papelão. Diferentes fornecedores têm diferentes *lead times*, variando de três (autoadesivos) a 27 dias (papelão). As tintas usadas são um item relevante de custo, mas são tintas padrão com fornecedores extremamente flexíveis e ágeis nas entregas.

A Flórida prefere concentrar o recebimento de tintas na sexta-feira, então, pedidos são concentrados e colocados uma vez por semana.

A maioria dos fornecedores de substrato (material no qual a impressão é feita) trabalha para estoque, mas aceita apenas quantidades grandes de pedidos, a fim de diluir seus custos de frete de entrega, portanto, é em geral necessário estocar as matérias-primas, principalmente de papelão. Também há fornecedores mais ágeis, mas seus preços são mais altos (embora não muito), assim, a Flórida, a exemplo de outras empresas de seu setor, tende a escolher aqueles de custos mais baixos, já que, nas palavras de seu diretor financeiro, "cada centavo é um centavo".

Os estoques de papelão são em média de 1,5 mês de produção, e de autoadesivos, de 30 dias. Pelo menos uma vez por dia um pedido é colocado com fornecedores de matérias-primas. Uma vez que as ordens de produção são mandadas para o operador de máquina, a produção começa.

Produção

Cada ordem é enviada a uma máquina impressora. Dependendo do requisito do cliente, os produtos depois de impressos podem ter de passar por um processo de conversão, para reduzir o diâmetro do rolo enviado ao cliente ou ainda para ser dobrado sanfonado por máquinas especiais para esse fim. Isso ocorre com 60% dos pedidos. O tempo de espera em frente de cada máquina impressora varia entre um e seis dias, dependendo de como a fábrica está e de quantos pedidos estão esperando na fila. Cada máquina tem um operador que controla todos os passos do processo produtivo. Todas as máquinas trabalham um turno de oito horas. As máquinas têm de ser preparadas conforme a ordem. O tempo de preparação pode variar de 15 minutos a 2,5 horas dependendo do produto e da ordem. A variabilidade depende basicamente do número de cores envolvidas e da diferença entre as cores da ordem anterior e da ordem para a qual a máquina está sendo preparada. É frequente que o tempo efetivo de produção (impressão) seja menor que o tempo de preparação. Como só há duas máquinas conversoras, pode levar de oito horas a dois dias para rolos de etiquetas serem convertidos. Os rolos prontos podem ainda ficar alguns dias em estoque ou ser imediatamente despachados ao cliente (caso este tenha especificamente definido uma data desejada de entrega).

Despacho

Depois de os rolos terem sido produzidos, são transportados por uma empilhadeira para o departamento de despacho. Produtos para os mesmos clientes são colocados no mesmo pálete, que é então envolto em plástico. Uma nota de entrega é colada em cada pálete. Por fim, uma empresa de transporte fica encarregada de fazer a entrega.

Baseado em Rad, M. H. *Lead Time Reduction*: Case Study BEAB. Dissertação de Mestrado em Engenharia Mecânica. Hogskolan I Boras. University College of Boras, Suécia. 2008.

QUESTÕES PARA DISCUSSÃO

1. Com as informações disponíveis, mapeie o processo descrito.
2. A partir do mapa do processo definido em 1, identifique oportunidades de melhoria no processo mapeado.
3. Mapeie um "estado futuro" ideal para o processo analisado.
4. Escolha um critério plausível e priorize as melhorias propostas.

7.4 RESUMO

- Qualquer produto ou serviço entregue a um cliente, interno ou externo à organização, é sempre resultado de um processo de negócio.
- Um processo de negócio é um conjunto de atividades relacionadas que trabalha de forma coordenada a fim de criar ou agregar valor para o seu cliente.
- Os encadeamentos fornecedor-cliente que formam os processos de negócios cruzam as fronteiras funcionais

- dentro das empresas e as fronteiras entre as empresas de uma cadeia de suprimentos.
- Há várias formas de enxergar os processos envolvidos com a cadeia global de suprimentos, como os modelos da Universidade do Estado de Ohio e o modelo SCOR.
- O modelo SCOR é um método explícito desenvolvido pelo Supply Chain Council a fim de mapear, analisar, avaliar e comparar atividades de gestão de cadeias de suprimentos e seu desempenho. Consiste nos seguintes macroprocessos básicos: planejamento, suprimento, produção, entrega e devoluções.
- A análise para melhoria de processos é feita em seis passos: identificação de processos prioritários, definição do escopo de análise, mapeamento do estado atual do processo, definição do estado futuro do processo e implantação do novo processo.
- Mapear um processo significa documentar explicitamente os passos pelos quais os fluxos transformados (de informação, materiais e/ou pessoas) passam, entre os estágios de "entrada" e "saída".
- Há várias técnicas para mapear processos, como os diagramas de processos (usados frequentemente para analisar fluxos de manufatura), os fluxogramas funcionais de processos (usados para mapear tanto processos que transformam fluxos de materiais como fluxos de informação), o *service blueprint* (usados para mapear fluxos de clientes e processos de atendimento) e o *value stream mapping* (VSM, usado nas aplicações *lean*).
- O VSM tem crescido muito em aplicações *lean* em cadeias de suprimentos, quando o intuito é melhorar desempenhos e reduzir desperdícios.
- A lógica *lean* considera sete tipos de desperdício: superprodução, espera, transporte, superprocessamento, movimento, defeitos e estoques.
- Nas melhorias de processos em cadeias de suprimentos usando princípios *lean*, os fluxos puxados devem ser preferidos aos fluxos empurrados.
- São os seguintes os princípios de melhoramento de processos com os princípios *lean*:
    1. Todos na cadeia de suprimentos deveriam estar conscientes e informados sobre a taxa segundo a qual produtos estão sendo consumidos no final da cadeia, pelo cliente;
    2. Estoques devem ser mantidos em níveis muito baixos, mas sempre suficientes para lidar com os níveis correntes de variabilidade e incerteza;
    3. Incerteza e variabilidade nos processos são fatores que prejudicam a eficiência e a velocidade dos fluxos das cadeias e devem constantemente ter seus níveis questionados e reduzidos;
    4. Ligações de "transporte" devem ser mantidas ao mínimo entre etapas do processo, utilizando opções de colocalização sempre que possível;
    5. Processamento de informação deve ser mantido no nível mínimo, com sinais visuais e eletrônicos simples e diretos, do tipo *kanban*, evitando ruídos;
    6. Tempos de fluxo (*lead times*) devem ser reduzidos ao mínimo;
    7. Redundâncias de atividades devem ser eliminadas/reduzidas sempre que possível, do ponto de vista do processo, e não das empresas individuais;
    8. Atividades deveriam ser sempre realizadas nas posições da cadeia cuja localização é a mais favorável;
    9. Quaisquer lotes, de produção ou transportes, devem ser combatidos tanto quanto possível; e
    10. Melhorias devem custar o mínimo possível.
- Um novo estado futuro de um processo redesenhado é mais fácil de ser projetado do que ser implantado.
- A implantação exige não só a dedicação e o investimento de recursos significativos, mas, talvez mais importante, em muitos casos, a mudança de atitude das empresas envolvidas, de conflituosa para colaborativa.

7.5 EXERCÍCIOS

1. Explique em suas palavras o que é um processo de negócio.
2. Por que a "abordagem por processos" é essencial em gestão de cadeias de suprimentos?
3. Por que é importante identificar os macroprocessos envolvidos na gestão de cadeias de suprimentos?
4. Quais os principais processos envolvidos no modelo da Universidade do Estado de Ohio? Você acha que esse modelo seria adequado para analisar uma cadeia de suprimentos de serviços? Discuta.
5. Quais os principais processos envolvidos no modelo SCOR do Supply Chain Council? Quais as vantagens e limitações desse modelo, em sua visão?
6. Descreva em suas palavras os seis passos envolvidos numa análise de processo visando a melhorá-lo.
7. Discuta que processo pode ser usado para estabelecer prioridades na escolha de qual processo analisar em cadeias de suprimentos.

8. Por que é importante definir o escopo de análise do processo? Quais critérios podem ser usados no processo de definição desse escopo?

9. Descreva em suas palavras o que significa "mapear" um processo e por que essa atividade é importante.

10. Liste as diferentes técnicas discutidas para mapear processos e discuta para quais situações o uso de cada uma é mais adequado.

11. Descreva brevemente a técnica de *service blueprint*. Use-a para analisar e melhorar o processo de atendimento ao cliente de uma lanchonete ou pequeno restaurante que você costume frequentar.

12. Descreva brevemente a técnica de *value stream mapping* e quais as suas vantagens em relação aos diagramas e fluxogramas de processo simples.

13. Quais as diferenças no uso da técnica de *value stream mapping* na análise de processos internos a uma empresa e processos na cadeia de suprimentos (envolvendo várias empresas)?

14. O que são "desperdícios" em processos, segundo a abordagem *lean*, e quais os principais tipos de desperdício a serem atacados?

15. Explique em suas palavras a diferença entre os fluxos "puxados" e "empurrados" na gestão de fluxos de materiais.

16. Por que os fluxos puxados são preferidos segundo a abordagem *lean*?

17. Quais os principais princípios a observar na busca da melhoria de processos na cadeia de suprimentos? Discuta brevemente quais são, em princípio, os mais simples de aplicar e quais são os mais complexos, em sua opinião. Justifique sua resposta.

18. Qual a melhor abordagem para se implantar as mudanças projetadas como resultado da análise de processos? Uma que seja gradual e lenta ou uma que seja revolucionária? Discuta, justificando sua resposta.

7.6 ATIVIDADES PARA SALA DE AULA

1. Com seu grupo, eleja um membro para descrever sua rotina. Descreva o processo detalhado que ele utiliza para se aprontar pela manhã para um dia de trabalho/estudo. Estime os tempos envolvidos e faça uma breve análise a fim de eliminar demoras desnecessárias. Em quanto tempo você conseguiria reduzir o tempo desse processo e ajudá-lo a dormir um pouco mais de manhã?

2. Em grupos, compare cuidadosamente os modelos de processos em cadeia de suprimentos da Universidade do Estado de Ohio e do Supply Chain Council. Quais as similaridades e diferenças entre eles? Quais as vantagens e desvantagens de cada um? Produza um relatório simples sobre suas conclusões.

7.7 REFERÊNCIAS

BITNER, M. J.; OSTROM, A. L.; MORGAN, F. N. Service Blueprinting: A Practical Technique for Service Innovation. *California Management Review*. v. 50, n. 3, Spring 2008.

CORRÊA, H. L.; CAON, M. *Gestão de serviços*. São Paulo: Atlas, 2002.

CORRÊA, H. L.; CORRÊA, C. A. *Administração de produção e operações*. 2. ed. São Paulo: Atlas, 2017.

CORRÊA, H. L. *Linking Flexibility, Uncertainty and Variability in Manufacturing Systems*. Gower – Avebury, Londres, 1994.

FAWCETT, S. E.; ELLRAM, L. M.; OGDEN, J. A. *Supply Chain Management: from vision to implementation*. Pearson, Upper Saddle River, EUA, 2007.

GIANESI, I. G. N.; CORRÊA, H. L. *Administração estratégica de serviços*. 2. ed. São Paulo: Atlas, 2018.

JONES, D.; WOMACK, J. *Seeing the Whole*. Lean Enterprise Institute, 2003.

LAMBERT, D. M. (ed.). *Supply Chain Management: Processes, Partnerships, Performance*. 2. ed. Supply Chain Management Institute. Sarasota, FL, EUA, 2006.

ROHR, S. S.; CORRÊA, H. L. Time-based competitiveness in Brazil: whys and hows. *International Journal of Operations and Production Management*. v. 18, n. 3, 1998.

7.8 LEITURAS ADICIONAIS RECOMENDADAS

ARMISTEAD, C.; MACHIN, S. Implications of Business Process Management to Operations Management. *International Journal of Operations and Production Management*. v. 17. n. 9, p. 886-898, 1997.

JESTON, J.; NELIS, J. *Business Process Management*, 2. ed. Butterworth-Heinemann, Elsevier. Amsterdam, Holanda, 2008.

MADISON, D. *Process Mapping, Process Improvement, and Process Management*. Paton Press, Chico, CA, EUA, 2005.

ROTHER, M.; SHOOK, J.; WOMACK, J.; JONES, D. *Learning to See: Value Stream Mapping to Add Value and Eliminate MUDA*. Lean Enterprise Institute. Boston, EUA, 1999.

Sites relacionados

http://www.lean.org – *site* do Lean Enterprise Institute, uma das maiores fontes de materiais e conhecimento sobre a forma *lean* de gerenciar, e instituição dos autores que cunharam o termo *lean* e criaram a ferramenta *value stream mapping*. Um importante e valioso recurso.

https://fisher.osu.edu/centers-partnerships/gscf – *site* do Global Supply Chain Forum, de pesquisa em gestão de cadeias de suprimentos da Universidade do Estado de Ohio, nos Estados Unidos. Essa página em particular lista vários *links* interessantes de empresas e instituições ligadas à logística e gestão de cadeias de suprimentos. Explorando mais o *site*, é possível encontrar bons artigos gratuitos para *download*.

http://www.apics.org/apics-for-business/frameworks/scor – *site* do antigo Supply Chain Council, instituição responsável pelo desenvolvimento do modelo SCOR. O Supply Chain Council foi recentemente incorporado pela APICS. Para acesso a parte do *site* é requerido que o visitante seja membro da APICS.

http://www.sme.org/ – página do *site* do SME (Society of Manufacturing Engineers) dedicado a práticas de manufatura, incluindo *lean*. Há alguns recursos (artigos etc.) gratuitos para *download*.

CAPÍTULO 8
Gestão de demanda na cadeia global de suprimentos

OBJETIVOS DE APRENDIZAGEM

- Entender o que é e por que é importante a gestão de demanda.
- Sintetizar as formas possíveis de se influenciar a demanda percebida por elos numa cadeia de suprimentos de forma a reduzir sua variabilidade.
- Identificar e explicar as formas possíveis de se prever demanda, de forma a reduzir sua incerteza.
- Entender as formas possíveis de gerenciar preços, de forma a influenciar a demanda e maximizar as receitas das cadeias de suprimentos.

8.1 INTRODUÇÃO

Uma das funções mais importantes da gestão da cadeia de suprimentos de uma empresa é conciliar eficientemente o suprimento e a demanda dos clientes/usuários finais, quanto aos produtos e serviços oferecidos, de forma a garantir que eles fiquem altamente satisfeitos, tornem-se clientes fiéis e frequentes e recomendem o produto ou serviço a outros clientes, como propagandistas gratuitos. No esforço de conciliação da demanda com o suprimento, é importante que o gestor de cadeias direcione sua atenção não apenas a fim de garantir que o suprimento responda adequadamente à demanda, por meio de uma boa gestão dos fluxos de informação, bens e clientes sendo processados, mas também se preocupe com possíveis formas de gerenciá-la (por exemplo, procurando prevê-la com níveis adequados de precisão e mesmo influenciá-la, tornando-a, por meio de ações, menos volátil e mais estável, quando possível). O objetivo deste capítulo é discutir as técnicas e meios pelos quais a gestão de demanda pode ser feita e também abordar importantes aspectos da gestão do nível de serviço logístico oferecido ao cliente.

A Figura 8.1 localiza a gestão de demanda e do nível de serviço ao cliente no quadro de referência geral usado neste livro.

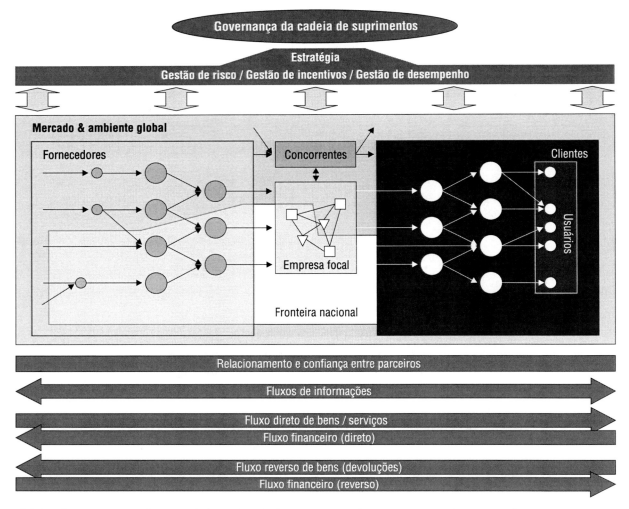

Figura 8.1 Localização (em preto) da gestão de demanda e do nível de serviço logístico ao cliente no quadro de referência geral usado neste livro.

Gestão de demanda na Toyota, o maior fabricante de carros do mundo

A Toyota Motor Co. Ltd (Toyota) iniciou suas operações em 1937, quando Kiichiro Toyoda estabeleceu uma fábrica de veículos automotores independente de sua empresa da época, a Toyoda Automatic Loom Works (ALW), uma fabricante de equipamentos para tecelagem. O capital inicial para os primeiros experimentos com a fabricação de automóveis veio da venda dos direitos de patente de uma das máquinas inventadas pelo fundador da Toyoda ALW, Sakichi Toyoda e pai de Kiichiro. No período de pós-guerra, mais especificamente em 1950, a Toyota experimentou a única greve da história da empresa, da qual, depois de extensas negociações, tanto os trabalhadores quanto a empresa e sua gestão saíram firmemente comprometidos com os princípios de confiança mútua e interdependência para o bem comum.

Figura 8.2 Concessionária Toyota.

O bom relacionamento entre os trabalhadores e a empresa continua até hoje. Durante os anos 1950 e daí por diante, as técnicas de produção da Toyota foram aperfeiçoadas, culminando com o desenvolvimento do chamado *Toyota Production System* (Sistema Toyota de Produção) pelo legendário gerente Taiichi Ohno (considerado o pai do sistema *just in time*), um sistema que se tornou a base do *lean production* (produção enxuta), adotado largamente não só na indústria automobilística, mas em muitas outras. O Sistema Toyota de Produção é baseado nos princípios de *jidoka* (sistema que interrompe a produção quando um defeito é encontrado, seguindo o postulado de que qualidade se constrói durante o processo de produção), *just in time* (por meio do sistema *kanban* de fluxos produtivos *puxados*, em que se produz só o que é necessário, quando necessário e na quantidade necessária) e *kaizen* (sistema de melhoramentos contínuos). Considera-se que o Sistema Toyota de Produção é, em grande parte, a razão de os níveis de estoques e defeitos dentro das fábricas da Toyota serem, por larga margem, os menores do mundo dentro do setor industrial.

Em 2018, a Toyota teve vendas líquidas de US$ 256 bilhões, tinha 16 fábricas no Japão e 53 ao redor do mundo, distribuídas entre 27 países/regiões, e foi em 2017 a terceira maior fabricante do mundo por produção de veículos, com pequena margem atrás da primeira e segunda. A Figura 8.3 traz os detalhes.

Volkswagen	10,742 milhões (+ 4,3% sobre 2016)
Aliança Renault Nissan Mitsubishi	10,740 milhões (+ 6,2% sobre 2016)
Toyota	10,466 milhões (+ 2,9% sobre 2016)

Figura 8.3 Os três maiores grupos automotivos do mundo ranqueados por produção de veículos (2017).

A Toyota é a líder do mercado japonês de veículos (Honda e Nissan são suas maiores e mais fortes rivais lá), onde sua atuação, desde os anos 1950, lançou as bases para a jornada que a tornou a maior fabricante de carros do mundo. Um dos fatores diferenciadores da Toyota que, com suas práticas de manufatura, tem garantido uma competitividade sustentada por décadas é a sua competência em gerenciar sua demanda, o que inclui não só a demanda de veículos por usuários finais, mas também a gestão dos seus canais de distribuição – as concessionárias, que são os clientes diretos da empresa.

Canais de distribuição

No Japão, a Toyota trabalha com quatro canais de distribuição: Toyota (carros grandes), Toyopet (carros médios), Corolla (carros compactos) e Netz (carros subcompactos). A empresa oferece em torno de 60 modelos de carros, com cada canal distribuindo apenas de 15 a 25 modelos. Dessa forma, cada concessionária pode desenvolver um conhecimento profundo de cada modelo que vende. Cinquenta por cento dos modelos são vendidos como exclusivos de cada canal (não podendo ser encontrados em outros canais). A Toyota tem em torno de 300 concessionárias no Japão, cada uma com cerca de 18 a 20 lojas. A empresa aplica o "jeito Toyota" (*Toyota Way*) de fazer negócios também no seu relacionamento com as concessionárias. É baseado em três princípios:

1. independência das concessionárias como investidores externos à empresa;
2. vitória compartilhada: concessionárias e Toyota têm de prosperar juntos; e
3. encorajamento de concorrência entre concessionárias: essa é a forma de melhorar.

A empresa mede o desempenho das concessionárias periodicamente, a partir de um sistema de ranqueamento e recompensa. Fazem parte das dimensões medidas:

- vendas de carros novos e usados (unidades e fatia de mercado);
- vendas de serviços e peças pós-venda (unidades e fatia de mercado);
- satisfação do cliente;
- número de lojas, pessoal e oficinas; e
- lucratividade.

O contrato típico com uma concessionária dura três anos, e mau desempenho repetido pode resultar em suspensão ou desligamento da cadeia.

Gestão de pedidos e de estoques de veículos na Toyota Japão

O processo de gestão de pedidos segue uma lógica puxada, com os clientes colocando pedidos na concessionária, que então os repassa à Toyota. Não é um sistema puxado puro, já que as concessionárias também fazem pedidos antecipados e recebem carros que foram produzidos para estoque, a fim de permitir atender clientes que querem disponibilidade imediata ou tempo muito curto de entrega. No caso de veículos para estoque, os carros são estocados em um ponto de armazenagem, onde as concessionárias podem inspecioná-los e instalar opcionais quando os pedidos entram. No geral, as concessionárias têm em média o volume de um mês de vendas em estoque em seus pontos de armazenagem, que em geral são localizados em regiões mais afastadas, devido ao alto custo do metro quadrado urbano no Japão. No final do ano, os veículos que foram comprados para estoque e sobraram, ou são vendidos como carros usados, ou sofrem descontos de preço para facilitar a venda como novos.

Similarmente, embora a Toyota vise a basear toda a produção doméstica japonesa em pedidos firmes de consumidores ou de concessionárias (produzindo apenas contra pedido), na realidade alguns carros são feitos para estoque. O departamento de marketing prepara planos de pedido baseados em previsões e os transmite ao departamento de produção. A empresa controla esse processo muito de perto e reajusta previsões e planos de produção mensalmente e com cuidado, de forma que um mínimo de veículos reste em estoque ao final do ano. Em média, a empresa mantém apenas cinco mil carros em estoque (ou em torno de 2% a 3% do volume mensal produzido). Solicita periodicamente às concessionárias que absorvam parte do seu estoque extra a fim de reduzir a sua posição de estoques. Em tempos de falta de veículos, como foi o caso do lançamento do carro híbrido Prius, a Toyota faz alguma alocação de carros para as concessionárias, baseada nos tamanhos de pedidos. Isso pode acarretar nas concessionárias o comportamento de "jogar" com o sistema, inflacionando pedidos para conseguir maior alocação. Na prática, isso acontece muito raramente, porque a Toyota deixa claro que, se esse comportamento for identificado, a alocação passará imediatamente a zero. A relação de confiança entre concessionárias e empresa parece auxiliar para que o efeito chicote seja atenuado. O efeito chicote, brevemente descrito no Capítulo 2 e tratado em mais detalhes adiante neste capítulo, nesse caso, ocorre quando concessionárias, exagerando seus pedidos, distorcem os padrões de demanda que a Toyota percebe nas suas vendas, causando, assim, ineficiências.

Baseado em informações do *site* da Toyota. Consultado em 22 de julho de 2018 e disponível em: http://www.annualreports.com/HostedData/AnnualReports/PDF/NYSE_TM_2017.pdf; e em LEE, H.; PELEG, B.; WHANG, S. Toyota: Demand Chain Management. Stanford Graduate School of Business, case GS-42.

QUESTÕES PARA DISCUSSÃO

1. Atualmente, com a quantidade de acessórios oferecida, o total de diferentes veículos que podem ser produzidos é imenso. Como você imagina que a Toyota organiza seu processo de gestão de demanda para lidar com essa quase impossibilidade de alta precisão de previsão por variante individual de veículo?
2. Por que a Toyota avalia suas concessionárias em termos de como elas satisfazem os seus clientes? Afinal, as concessionárias são clientes ou fornecedores de serviços da Toyota?
3. Cite exemplos do caso mencionado, nos quais a Toyota e sua cadeia agem para alterar a sua demanda, mais do que apenas tentar prevê-la passivamente.
4. Quando se fazem previsões de demanda em cadeias de suprimentos, um dos grandes problemas é o chamado efeito chicote, que faz com que a demanda imediata (aquela representada por pedidos dos clientes imediatos) percebida por empresas da cadeia seja distorcida por ações propositais ou não das empresas da cadeia que se encontram no encadeamento cliente-fornecedor entre a empresa analisada (focal) e o consumidor final. Uma das ações é o cliente imediato "jogar" com o sistema, por exemplo, exagerando pedidos em situações de escassez, como mencionado no caso. Você é capaz de pensar em outras ações que também aumentem o efeito chicote?

8.2 CONCEITOS

8.2.1 O que é e por que fazer gestão de demanda

A principal função da gestão de cadeias de suprimentos é garantir que o suprimento e a demanda sejam compatíveis. Essa compatibilidade pode ser obtida por meio de planos e ações que façam com que o suprimento se adeque à demanda, que façam com que a demanda se adeque às possibilidades do suprimento ou, ainda, por uma combinação de ambas. De todas as formas, uma boa gestão de cadeias de suprimentos começa com uma boa gestão de demanda. Neste capítulo, serão discutidos os seguintes tópicos referentes à gestão de demanda:

- *Ações sobre a demanda para redução de sua variabilidade*: são recomendáveis às vezes, porque, em geral, atender a demandas mais variáveis requer mais recursos ou acarreta que estes sejam utilizados de forma menos eficiente, por parte da cadeia de suprimentos. Às vezes, a necessidade de lidar com demandas mais variáveis é inevitável, mas outras vezes não. Com frequência, as próprias cadeias de suprimentos, por decisões internas inadequadas, fazem a variabilidade de sua própria demanda aumentar. Nesses casos, reduzir o nível de variabilidade com a qual a cadeia de suprimentos tem de lidar levará a uma maior eficiência de uso dos recursos da cadeia.

- *Previsão de demanda para reduzir incertezas*: é necessário que os gestores da cadeia de suprimentos trabalhem com o menor nível possível de incerteza, já que a necessidade de lidar com a dúvida normalmente reduz a eficiência e/ou a eficácia da operação. Há vários tipos de incerteza que podem afetar negativamente o desempenho da gestão de cadeias de suprimentos, e a incerteza da demanda futura é uma das mais importantes. Ela fará com que a cadeia tenha de se preparar para uma *faixa de possibilidades* futuras, o que demandará mais recursos quanto maior for a faixa. O uso de boas técnicas de previsão faz com que a incerteza sobre a demanda futura seja menor e, portanto, com que o uso dos recursos da cadeia de suprimentos seja mais eficiente com simultâneo maior nível de serviço logístico.

- *Gestão de preço e de receitas*: um último aspecto importante sobre a gestão de demanda em cadeias de suprimentos diz respeito à gestão de receitas. Gestão de receitas é um tópico essencial no ato de balancear adequadamente o uso de recursos e o nível de serviço ao cliente e inclui o tratamento analítico de questões como: quanto, em cada momento, o cliente está disposto a pagar pelo serviço ou produto solicitado? Quanto da capacidade disponível na cadeia de suprimentos deveria ser alocada a cada tipo de cliente para maximização de receitas? Respostas erradas a essas perguntas podem comprometer receitas por preços subestimados e/ou acarretar perda de clientes importantes por incapacidade de atendê-los.

Esses três aspectos da gestão de demanda em cadeias de suprimentos serão tratados em detalhes no restante deste capítulo.

Ações sobre a demanda para redução de variabilidade

A variabilidade da demanda diz respeito a quanto a demanda varia dentro de um ciclo; por exemplo, um ano para produtos sazonais (demandas sazonais variam de acordo com as estações do ano). Pense na demanda de sorvetes no Brasil. A demanda no pico do verão chega a ser de cinco a sete vezes maior do que a demanda no vale de demanda, no inverno. A cadeia de suprimentos dos fabricantes de sorvetes tem, portanto, sua demanda bastante variável. Já outros produtos podem apresentar demanda bem menos variável ao longo do ano. A demanda de algumas peças de reposição, como as pastilhas de freio, varia, com uma demanda levemente maior no período que antecede as férias (quando muita gente faz revisões em seus veículos), mas essa variação não é drástica – os gestores da cadeia de suprimentos de pastilhas de freio, então, encaram uma demanda muito menos variável que os gestores da cadeia de sorvetes. A Figura 8.4 ilustra o conceito.

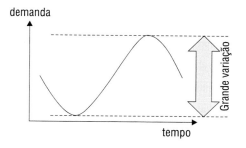 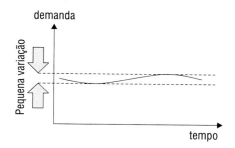

Figura 8.4 Diferentes níveis de variação da demanda encarada por uma cadeia de suprimentos.

A implicação de terem de lidar com uma demanda mais variável é que as cadeias de suprimentos têm de *responder* a essa variação. A resposta a qualquer variação requer recursos adicionais (e quanto maior o nível de variação, maiores os níveis de recursos necessários). Por exemplo, se a cadeia de suprimento de sorvetes decidir por fabricar e entregar sorvetes nas mesmas taxas em que o produto é consumido (em unidades por semana), a cadeia terá de produzir uma enorme quantidade de sorvetes por semana no verão – e, portanto, a capacidade de produção das fábricas terá de ser equivalente ao pico da demanda. Isso requererá um investimento em capital (máquinas e instalações) bastante grande, que ficará subutilizado durante o inverno, quando as fábricas produzirão a uma taxa equivalente ao nível mínimo da demanda.

Assim, a cadeia trabalhará de forma ineficiente, com baixo índice médio de utilização de seus recursos. Esse efeito e a decorrente ineficiência da cadeia será menor para o fabricante de pastilhas de freio: o investimento em capital terá de ser menor (pois o pico de demanda é menor) e a ociosidade durante o período de demanda baixa também será menor. Veja a Figura 8.5.

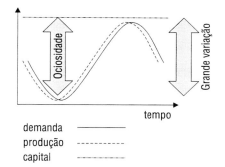 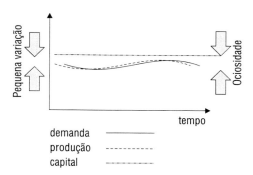

Figura 8.5 Implicações de uma maior variabilidade de demanda na eficiência das cadeias de suprimentos quando a produção segue a demanda.

Mesmo se as cadeias de suprimentos trabalharem no sentido de manterem seus níveis de produção mais estáveis ao longo do tempo (para conseguir índices mais constantes de utilização de recursos e menor necessidade de investimento de capital), usando estoques para conseguir compatibilizar suprimento e demanda (continuando a produzir durante o período de baixa demanda a fim de construir estoques que serão usados posteriormente para atender o pico), os custos de fazer isso serão maiores para as cadeias que encaram maior variabilidade de demanda, pois os níveis de estoques necessários serão maiores. Veja a Figura 8.6.

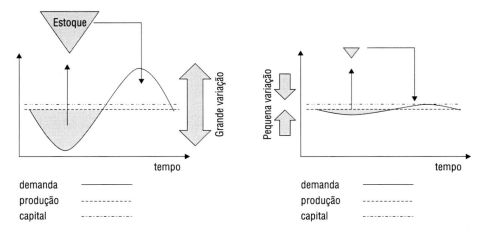

Figura 8.6 Implicações de uma maior variabilidade de demanda na eficiência das cadeias de suprimentos quando a produção é nivelada e estoques são usados.

São infinitas as opções de escolha que uma cadeia de suprimentos tem para compatibilizar seu suprimento com sua demanda, possivelmente sem usar nenhum dos casos extremos ilustrados anteriormente, mas combinações deles. Uma coisa, entretanto, fica clara, qualquer que seja a opção escolhida: uma cadeia de suprimentos incorre em custos maiores quando precisa lidar com maior variabilidade de demanda.

> **FIQUE ATENTO**
> Se for possível reduzir a variabilidade da demanda por meio de ações, isso deve ser feito sempre que os custos das ações forem menores que os custos de lidar com a variabilidade. Isso porque os custos incorridos por uma cadeia de suprimentos para lidar com uma demanda mais variável são, na grande maioria das vezes, maiores do que os custos de lidar com uma demanda menos variável.

8.2.2 Causas da variabilidade da demanda

Há duas causas possíveis para a variabilidade de demanda que afetam as cadeias de suprimentos:

- *variações da demanda do consumidor final*: são variações – necessárias ou não – nos padrões de compra e consumo dos produtos e serviços oferecidos; e
- *variações causadas pelo efeito chicote*: são variações na demanda de partes da cadeia de suprimentos causadas não apenas pelas variações nos padrões de *compra e consumo* do usuário, mas por ações evitáveis e condições controláveis internas à cadeia de suprimentos.

Cada uma é analisada a seguir, juntamente com as opções gerenciais disponíveis para combatê-las.

Variações da demanda do consumidor final

As ciclicidades da demanda são exemplos. Pode haver ciclicidade *diária* na demanda de restaurantes *fast-food*, por exemplo (acúmulo de demanda nos horários de refeição); pode haver ciclicidade *semanal* na demanda por entretenimento, como nos cinemas, em que a demanda se concentra nos fins de semana; pode haver ciclicidade *mensal* na demanda por itens de supermercado, que se concentra depois dos dias de pagamento; pode haver ciclicidades *anuais*, como a demanda por cerveja, maior no verão que no inverno. Há basicamente duas políticas que podem ser usadas para atenuar as variações da demanda do consumidor final: a primeira se refere a tentar *alterar as curvas de demanda*, de modo que pelo menos parte da demanda do período de pico seja transferida para o período de baixa, e a segunda se refere a *oferecer produtos e serviços com padrão oposto de ciclicidade* em relação aos produtos e serviços originais. Ambas as políticas são discutidas a seguir.

Alterar as curvas de demanda significa conceber e implantar estratégias de persuasão (pelo menos, de parte) dos clientes que demandariam seus produtos e serviços no período de pico a fazê-lo no período de baixa demanda. Isso pode ser feito por meio da oferta dos produtos a preços reduzidos nos períodos de baixa demanda. As companhias telefônicas fazem isso, oferecendo alguns pacotes com tarifas reduzidas para madrugada e fim de semana, os cinemas oferecem entradas cerca de 10% mais baratas de segunda a quarta-feira, os hotéis e companhias aéreas oferecem preços especiais para baixa estação, alguns varejistas oferecem descontos para os clientes que anteciparem suas compras de Natal.

SAIBA MAIS

Vantagens adicionais de procurar antecipar demanda do pico

Quando foram mencionadas empresas que oferecem descontos a fim de que os clientes efetuem seus pedidos antecipadamente ao pico de Natal, por exemplo, é importante perceber que, além de suavizar a demanda, essa ação pode trazer outro benefício. Os clientes que resolverem aceitar a oferta de colocarem pedidos antecipadamente poderão se tornar uma amostra com representatividade do total de pedidos a serem recebidos no pico. Essa amostra pode dar importantes informações antecipadas para permitir melhores previsões sobre quais produtos serão pedidos pelos outros clientes. Como isso ocorre com antecipação, a cadeia de suprimentos poderá se preparar melhor, com menor incerteza sobre a demanda futura. Confecções como a Benetton e a Zara usam esse artifício para "testar" suas coleções antes de cada estação e verificar com antecipação quais modelos vão agradar mais ou menos aos seus clientes.

Questões para discussão

1. Quais os riscos e benefícios envolvidos em usar pedidos antecipados como uma amostra dos pedidos futuros?
2. Que tipo de empresa mais provavelmente pode se beneficiar das vantagens adicionais de antecipar demanda do pico descritas anteriormente?

FIQUE ATENTO

Algumas fontes de variabilidade de demanda são autoimpostas

Às vezes, as empresas se autoimpõem maiores necessidades de lidar com níveis de variabilidade do que seria necessário. Um exemplo típico são as cotas mensais que as equipes de vendas muitas vezes têm de cumprir. Isso induz um comportamento nas equipes de vendas (e nas equipes de compras dos clientes) que se traduz no seguinte: os compradores dos clientes aguardam até que o final do mês se aproxime para fazer seus pedidos, e que os vendedores comecem a ficar preocupados com o cumprimento de suas metas mensais, porque isso fará com que estes se tornem mais "permeáveis" a pressões por redução de preços.

Os vendedores, correspondentemente, também começam a se esforçar mais para conseguir pedidos quando o fim do mês se aproxima. Ambas as atitudes colaboram para que os pedidos se acumulem nos últimos dias do mês. Algumas empresas brasileiras chegam a ter mais de 40% de sua demanda concentrada nos últimos quatro ou cinco dias do mês. Isso faz com que a demanda seja baixa no início e meio do mês e tenha um pico (com o qual a cadeia de suprimentos terá de lidar) no final. Essa variabilidade prejudica muito o nível de eficiência das cadeias. Uma solução adotada por muitas empresas é estabelecer, em vez de metas mensais aos seus vendedores, metas, por exemplo, para cada dez dias ou mesmo metas semanais. Com isso, tentam atenuar os picos de demanda autoimpostos.

Questões para discussão

1. Quais outras decisões internas também podem causar ciclos indesejáveis de demanda?
2. A solução de mudar as metas de vendas de mensais para semanais pode alterar o comportamento interno da força de vendas. Qual solução pode ser dada para alterar o comportamento dos compradores das empresas clientes a fim de atenuar ciclicidades?

Redução de preço não é a única forma de alterar a curva de demanda. Às vezes, comunicação pode também ser eficaz. Divulgar que uma ligação para um *call center* será atendida muito mais rapidamente depois das oito horas da noite pode levar uma boa parte da demanda a buscar o serviço neste período. A ideia dessas políticas é tentar nivelar, tanto quanto possível, a curva de demanda, com vistas a diminuir seu nível de variabilidade.

Oferecer produtos e serviços com padrão oposto de ciclicidade se refere a tentar achar produtos e serviços que utilizem os mesmos recursos da cadeia de suprimentos para serem produzidos e entregues, mas que tenham a ciclicidade de suas curvas de demanda diametralmente opostas à ciclicidade das curvas dos produtos e serviços originais. Os hotéis fazem isso para lidar com suas ciclicidades semanais. Sabendo que seus hóspedes executivos demandam muito mais seus serviços durante os dias úteis da semana, criam pacotes promocionais para famílias a passeio, cuja demanda é oposta àquela dos executivos: concentra-se nos fins de semana. Com isso, a soma total da demanda de executivos e de famílias a passeio será muito menos variável que a demanda de cada uma separadamente. Isso também pode ter influência positiva na receita dos hotéis, como será visto adiante neste capítulo. As cadeias fabricantes de sorvetes também procuram explorar demandas por sobremesas geladas com maior teor de gordura que possam ser consumidas no inverno para se contrapor a uma ciclicidade com pico no verão de produtos como os picolés. Ambos utilizam muitos dos mesmos recursos da cadeia, mas em diferentes períodos do ano – dessa forma, resultando numa demanda global muito mais nivelada, com correspondentes em maiores níveis de eficiência. O mesmo ocorre com as cadeias de suprimentos de cerveja, que tendem a lançar produtos mais encorpados (como as cervejas tipo *Stout* ou *Bock*) para consumo no inverno, a fim de se contrapor a uma demanda, muito mais concentrada no verão, de cervejas mais leves, como as do tipo *Lager*.

A Figura 8.7 ilustra as duas políticas descritas anteriormente.

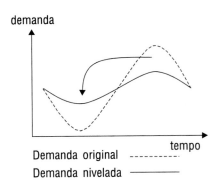
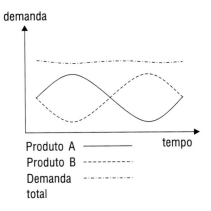

Figura 8.7 Duas políticas para nivelar demanda de produtos e serviços com demanda cíclica.

Efeito chicote (*bullwhip effect*)

Em cadeias de suprimentos, grande parte da variabilidade que as operações têm de enfrentar é causada não pelas variações da demanda do consumidor final, mas por práticas e decisões tomadas por outros membros da cadeia de suprimentos. O efeito da variabilidade (também chamada de volatilidade) ampliada percebida por empresas dentro de uma cadeia de suprimentos (em geral, mais a montante da cadeia) e causado por razões internas à própria cadeia é chamado de efeito chicote, brevemente descrito no Capítulo 2 e discutido em mais detalhes agora.

> **FIQUE ATENTO**
> O efeito chicote é um fenômeno dinâmico que faz com que pequenas variações de demanda no nível do consumidor final de uma cadeia de suprimentos se amplifiquem crescentemente à medida que as informações sobre essa demanda (normalmente na forma de *pedidos*) são transmitidas (e distorcidas) sequencialmente ao longo das relações cliente-fornecedor na cadeia de suprimentos.

Uma ilustração do efeito chicote pode ser observada a partir de uma cadeia de suprimentos simplificada, como a mostrada na Figura 8.8.

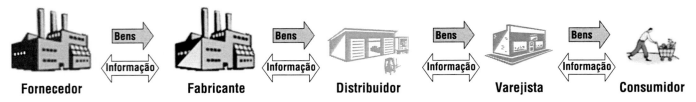

Figura 8.8 Cadeia de suprimentos simplificada.

Imagine que cada um desses nós da cadeia de suprimentos (varejista, distribuidor, fabricante e fornecedor) tenha a política de manter em estoque o equivalente a um mês de sua demanda imediata. Assim, se a demanda imediata do nó sobe, o sistema de gestão faz também subir o seu nível de estoques, e se a demanda cai, o sistema ajusta para baixo o nível de estoques. Imagine que a demanda do consumidor, percebida pelo varejista dessa cadeia, tem sido estável há vários meses e igual a 50 unidades por mês. Como a cadeia trabalha para manter a demanda atendida e para manter o equivalente à demanda de um mês em estoque, no mês corrente (Mês 1), todos os nós da cadeia têm demanda percebida de 50 unidades, entregam 50 unidades para seus clientes imediatos, compram 50 unidades de seus fornecedores imediatos e mantêm em estoque 50 unidades. A cadeia toda está estável. Isso pode ser visto pela primeira linha (correspondente ao Mês 1) da tabela da Figura 8.9. Essa tabela demonstra o que acontece com as demandas imediatas dos nós da cadeia quando uma pequena alteração de demanda acontece no nível do consumidor final, que passa de 50 a 53 unidades a partir do Mês 2, mantendo-se então nesse novo patamar, estável, de 53 unidades por mês. As linhas da tabela representam os meses, de 1 até 6, e as colunas representam o que ocorre com os pedidos e com os estoques (de final do mês) de cada um dos nós da cadeia, mês a mês.

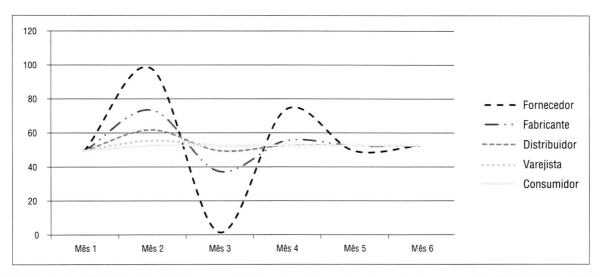

Figura 8.9 Ilustração simplificada do efeito chicote numa cadeia de suprimento de quatro nós que atende ao consumidor final (adaptado de Slack, 2009).

Observe que, quando a demanda do consumidor final vai de 50 unidades no Mês 1 para 53 unidades no Mês 2, o novo nível de estoque do varejista definido para o Mês 2 passa a ser de 53 unidades, de acordo com sua política. Isso quer dizer que o pedido do varejista para o distribuidor, no Mês 2, é de 56 unidades (53 para atender a demanda do consumidor e mais três para que o nível de estoques passe de 50 para 53 unidades). A demanda imediata percebida pelo atacadista, então, no Mês 2, é de 56 unidades. Como sua política de estoque também é de manter em estoque o equivalente a um mês de demanda, ele define que seu estoque tem de passar de 50 para 56 unidades (que é a demanda percebida pelo atacadista). Para isso, faz um pedido de 62 unidades ao fabricante (56 para atender ao pedido do varejista e mais seis para que seu próprio estoque aumente de 50 para 56 unidades). Essa distorção da informação a respeito da demanda do consumidor continua ocorrendo para outros nós da cadeia, com amplitude aumentada. No Mês 3, a demanda do consumidor é novamente de 53 unidades. O varejista, então, pede 53 unidades para o distribuidor. Este agora redefine seu nível de estoque para 53 unidades, o que o faz colocar um pedido de apenas 50 unidades com o fabricante (já que três das unidades necessárias são tiradas de seu estoque, que deve diminuir de 56 para 53 unidades). O efeito se propaga com novas distorções para trás na cadeia. Isso ocorre nos meses subsequentes, de forma que só no sexto mês a cadeia atinge estabilidade no novo patamar de demanda de 53 unidades. Observe no gráfico da Figura 8.9 como a variabilidade da demanda aumenta à medida que a informação sobre a demanda do consumidor viaja para trás na cadeia, devido a distorções causadas pelos reajustes nos níveis de estoques dos vários nós da cadeia. Lembre-se de que essa volatilidade aumentada da demanda tem de ser atendida pelos nós da cadeia, o que exige deles mais recursos, aumentando seus custos.

Esse exemplo simplificado demonstra o efeito chicote, mas de uma forma muito mais suave do que o que ocorre na realidade das cadeias de suprimentos. Isso porque, nesse exemplo, a cadeia trabalha só com um produto, não há nós concorrentes (só há um varejista, um distribuidor, um fabricante e um fornecedor), a demanda do consumidor final é relativamente bem comportada (apenas passa de um patamar estável de 50 unidades por mês para outro patamar estável de 53 unidades por mês), não há exigência de quantidades mínimas a serem produzidas e despachadas, entre outras simplificações.

Em outras palavras, nas cadeias de suprimentos reais, o efeito chicote e suas consequências são muito mais sérios.

Faz parte da função de gestão de demanda, dentro das cadeias de suprimentos, a análise e tomada de ações que combatam as causas do efeito chicote, para que as variabilidades evitáveis de demanda sejam reduzidas e, por consequência, as eficiências da cadeia aumentem. Analisemos as possíveis causas do efeito chicote.

> **FIQUE ATENTO**
> Em situações reais, há cinco principais motivos para o efeito chicote: as atualizações descoordenadas de previsões de demanda dos nós da cadeia, as formações de lotes de produção e de transporte, as flutuações de preço, o racionamento/comportamento oportunista e as demoras nos fluxos de materiais e informação.

Analisemos os cinco motivos para o surgimento do efeito chicote e formas de combatê-los: atualizações descoordenadas de previsões, formações de lotes, flutuações de preço, racionamento/comportamento oportunista e demoras nos fluxos envolvidos.

Atualizações descoordenadas de previsões dos nós da cadeia: pode ser observado pelo exemplo da Figura 8.6 que, quando um nó da cadeia percebe um crescimento de sua demanda imediata, esse crescimento é visto como indicativo de uma *tendência* de crescimento. Essa percepção faz com que o nó reveja suas previsões de demanda e, com base nisso, reveja para cima seus níveis de estoques. Isso faz com que os pedidos ao seu fornecedor sejam maiores do que aqueles recebidos do seu cliente. Seu fornecedor, portanto, percebe uma "tendência" de crescimento ainda maior e reajusta seus níveis de estoque de acordo. As atualizações descoordenadas das previsões fazem com que a volatilidade aumente para trás na cadeia de suprimentos.

Uma solução é aumentar os níveis de coordenação e troca de informação entre nós da cadeia a fim de que a visibilidade da demanda do consumidor final seja maior e mais compartilhada. Dessa forma, os nós coordenados trabalharão com previsões de demanda comuns. Uma das iniciativas formais que pregam essa coordenação é o CPFR, ou *collaborative planning, forecasting and replenishment*, descrito adiante neste capítulo.

Formação de lotes de produção e/ou transporte: sempre que se formam lotes (e o problema é maior quanto maiores os lotes) de produção e/ou de transporte, ocorre distorção da informação a respeito da demanda do cliente para o fornecedor. Imagine um produto com demanda constante de 50 unidades por semana, no nível do varejo. Na ausência de formação de lotes no processo de ressuprimento do varejista, a demanda percebida pelo nó imediatamente a montante, por exemplo, um distribuidor, será também de 50 unidades por semana. A informação da demanda não é, portanto, distorcida. Imagine agora que o varejista prefira comprar quantidades mínimas de 200 unidades do produto para que se obtenham economias de escala no transporte. O varejista agora faz pedidos de 200 unidades quando decide ressuprir e passa, a partir daí, quatro semanas sem colocar pedidos com o distribuidor. A informação sobre a demanda constante de 50 unidades por semana foi distorcida, e a demanda percebida pelo distribuidor agora é muito mais variável, de 200 unidades em algumas semanas e zero nas outras.

Fica claro aqui que o combate aos lotes, tanto de produção (com iniciativas como a redução dos tempos e custos de preparação de máquina – para uma boa referência, ver Dillon e Shingo, 1985) como de transporte (com o uso de opções de transporte que permitam transportes de quantidades menores e mais frequentemente, por exemplo, com a consolidação de cargas com uso de operadores logísticos – ver Capítulo 10) pode ajudar a reduzir a variabilidade da demanda dentro das cadeias de suprimentos.

Flutuações de preço: flutuações de preço ocorrem, por exemplo, quando empresas lançam mão de ferramentas de marketing, como promoções. Imagine alguém que compre o produto fraldas descartáveis para bebês, na quantidade de 50 unidades por semana. O consumo desse produto em geral é exclusivamente determinado pela necessidade do pequeno usuário final, que não varia muito de semana para semana. O pai do bebê vai, então, comprar fraldas no sábado e percebe que o supermercado está fazendo uma promoção, vendendo as fraldas por um preço 30% menor que o normal. A decisão do pai então muda e, em vez de comprar 50 unidades, compra 150 unidades, para aproveitar o bom preço e estocar o produto para uso futuro. Qual a consequência? Ele passa três semanas sem comprar o produto. A demanda aumenta agora, como resposta à promoção, e diminui no futuro, causando uma variação artificial, que distorce a informação sobre a demanda quando essa viaja para trás na cadeia. E essa distorção de informação é crescente, quanto mais para trás ela viaja na cadeia. A solução aqui é o que alguns varejistas (como o Walmart) fazem quando usam a lógica de "preço baixo todo dia" – optam por não fazer muito uso de promoções a fim de não distorcerem a demanda, pois sabem que isso vai aumentar a ocorrência do efeito chicote, aumentando os custos na cadeia e, como consequência, no médio e longo prazos, os preços finais dos produtos terão de subir para compensar os custos mais altos, tornando a cadeia toda menos competitiva. Quanto menos se permitirem flutuações de preço, portanto, numa cadeia, menos será sentido o efeito chicote.

Racionamento/comportamento oportunista: quando ocorre racionamento de um produto, ou seja, quando não há produto suficiente para atender a toda a demanda (por exemplo, porque o efeito chicote está na sua fase de aumento desproporcional e artificial da demanda percebida), muitas vezes os fornecedores, para não deixarem nenhum cliente totalmente desatendido, optam por atender parcialmente a todos os pedidos que recebe. Por exemplo, suponha que o total dos pedidos recebidos por um fornecedor, de vários clientes, seja de 100 mil produtos. Suponha que a capacidade do fornecedor é de apenas 80 mil produtos. Ele decide, então, atender a apenas 80% dos pedidos de cada um dos clientes, assim, não atende a nenhum de forma completa, mas também não deixa nenhum sem produto. Parece uma política justa, mas que pode acabar gerando um comportamento indesejável por parte de alguns clientes, que, percebendo que só têm 80% dos seus pedidos atendidos, passam a inflar seus pedidos para obter a totalidade de suas necessidades. Por exemplo, se um cliente necessita de dez mil unidades, mas sabe que se pedir dez mil só vai receber oito mil, acaba solicitando 12.500 para receber 80%, ou seja, os dez mil que necessita. Isso acaba fazendo com que o total de pedidos colocados seja ainda mais distorcido, de forma artificial, ampliando o impacto do efeito chicote. Nesses casos, é importante analisar com cuidado as ações de racionamento a fim de evitar que a empresa acabe sofrendo ainda mais com os efeitos da distorção artificial da sua demanda (veja o caso de abertura deste capítulo do produto Prius, no quadro sobre a Toyota).

Demoras nos fluxos de materiais e de informação: cadeias de suprimentos que trabalham com produtos físicos em geral sofrem mais com o problema das demoras nos fluxos de materiais (*lead times*), os tempos decorridos entre o momento de identificação da necessidade de um material e o momento em que o material passa a estar disponível para uso. Incluídos no *lead time* estão os tempos de produção, transporte, desembaraços alfandegários, inspeções de recebimento e outros. Demoras no fluxo de informação ocorrem no processo de colocação do pedido: elaboração do pedido, transmissão do pedido, recebimento do pedido pelo fornecedor, análise de crédito e outras atividades que ocorrem antes mesmo que a produção e despacho do produto físico se iniciem. A literatura sugere que, quanto maiores as demoras envolvidas nas cadeias de suprimentos, mais se faz sentir o efeito chicote (Sterman, 2000). Muitas vezes, a decisão pela troca de um fornecedor próximo para um fornecedor localizado do outro lado do mundo se faz só com base numa comparação de preços. Isso pode trazer riscos para a cadeia, porque, em geral, acompanhando a troca vem também um aumento substancial nas demoras – tanto do fluxo de informação como do fluxo de materiais, o que aumenta a volatilidade da cadeia, e esse efeito e seu impacto no custo da cadeia é muitas vezes negligenciado quando a empresa toma a decisão de trocar um fornecedor.

A solução aqui é combater as demoras – seja mantendo fornecedores mais próximos fisicamente ou organizacionalmente, ou por aumentar a agilidade dos fluxos envolvidos. Além disso, também é necessário que as decisões referentes às cadeias de suprimentos sejam tomadas de forma a contemplar amplamente os seus impactos na cadeia, e não apenas levando em conta custos ou impactos localizados (como, por exemplo, considerar apenas o preço do item na decisão de qual fornecedor usar).

SAIBA MAIS

"O jogo da cerveja", uma excelente maneira de entender e estudar o efeito chicote

Existem alguns *sites* nos quais você pode jogar o clássico "The beer game", um jogo que demonstra claramente o efeito chicote, simulando uma simples cadeia de suprimentos que fabrica e distribui cerveja. Aqui estão alguns deles. Todos os *sites* disponibilizam instruções sobre como jogar:

Versão MIT
Fonte: http://supplychain.mit.edu/games/beer-game
Acesso em: 2 jul. 2019

Versão da MA Systems
Fonte: http://www.masystem.com/MA-system-Consulting/Play-The-Beer-Game
Acesso em: 2 jul. 2019

Versão criada pelo Dr. Kai Riemer, da Universidade de Sydney
Fonte: http://www.beergame.org/
Acesso em: 2 jul. 2019

Divirta-se!

8.2.3 Previsão de demanda

O primeiro mandamento das previsões é "evitarás fazê-las".

"Evitando" fazer previsões

Evidentemente, não se está falando de fugir à responsabilidade de fazer as previsões, mas de evitar ter de fazê-las quando isso é possível. Quando uma empresa que vende para outra empresa parceira faz suas previsões sobre as compras que seu cliente colocará, está na verdade tentando antecipar um processo decisório do seu cliente. Por meio de uma maior aproximação, troca de informações e coordenação de processos decisórios, é possível ter do cliente informações a respeito de seus planos de produção para o futuro, com horizonte mais longo, para, dessa forma, ser capaz de, em vez de tentar "prever" o processo decisório de compra do cliente, "coordenar" a visão futura de demanda da empresa com o processo de planejamento do cliente. Com isso, as vantagens podem ser muito substanciais, principalmente em termos de redução das incertezas das previsões (e, portanto, melhorando o processo decisório da empresa). Entretanto, em muitas situações, principalmente quando se trata de prever a demanda do consumidor, previsões necessitam ser feitas.

Conceitos básicos de previsão de demanda

Em gestão de cadeias de suprimentos, muitos dos recursos têm "materialidade", têm existência física, como máquinas, equipamentos, instalações, materiais e pessoas. Esses recursos físicos apresentam uma característica importante para o gestor: eles têm inércia decisória, ou seja, as decisões com relação a esses recursos levam tempo para tomar efeito. Se um pedido de material é colocado com um fornecedor, só depois de certo tempo é que o material estará disponível para uso. O mesmo ocorre para a necessidade de um funcionário adicional, para uma nova máquina ou uma nova fábrica.

> **FIQUE ATENTO**
>
> Para que o gestor da cadeia tome uma boa decisão, é necessário que tenha a visão mais clara possível (ou com a menor incerteza possível) do futuro, porque a decisão tomada hoje deve ser adequada, não ao presente, mas ao momento no futuro em que a decisão tomar efeito.

Essa visão de futuro se obtém por intermédio das previsões – daí sua importância para um bom processo de tomada de decisões. Como diferentes decisões têm inércias decisórias diferentes (levam diferentes períodos de tempo para tomar efeito), previsões de diferentes horizontes são necessárias para um adequado suporte à decisão.

Erros comuns em previsão de demanda

Previsão, principalmente de demanda é, em geral, um dos assuntos mais controversos dentro das organizações. É muito frequente, também, em situações práticas, que as empresas incorram em certos erros quando tratam do assunto "previsões". Quatro desses erros são discutidos a seguir.

> *Erro 1 das previsões:* confundir *previsões* com *metas* e, um erro subsequente, considerar as metas como se fossem previsões.

> **CONCEITOS-CHAVE**
>
> - *Previsões de demanda* são estimativas de como vai se comportar o mercado demandante no futuro, sobre o potencial de compra do mercado.
> - *Metas* são a parcela do potencial de compra do mercado que a empresa *deseja* atender e pode ter um objetivo motivacional, de incentivo a uma maior proatividade dos vendedores, por exemplo.
> - *Previsão de vendas* é a melhor estimativa realista sobre quantos produtos a empresa vai vender no futuro, considerando as informações disponíveis.

Muitas empresas confundem estes dois conceitos: *previsões* e *metas*.

Uma meta excessivamente ambiciosa, com intuito motivacional, considerada como *previsão* pode ter como consequência um suprimento superestimado em relação às previsões, acarretando excesso de estoques com os correspondentes custos associados. Isso ilustra o primeiro erro em gestão de previsões: a confusão entre *metas* e *previsões*. É crescente o número de operações que deliberadamente definem dois números separados para representar metas e previsões, com diferentes propósitos: as metas, com propósitos motivacionais; as previsões, com propósitos de subsídio à tomada de decisão quanto a suprimentos. A Unilever Brasil, divisão HPC (*health and personal care*), apenas para citar um exemplo, recentemente estabeleceu novos processos de gestão de demanda nesse sentido, com bons resultados preliminares.

> *Erro 2 das previsões:* gastar tempo e esforço discutindo se se acerta ou erra nas previsões, quando o mais relevante é discutir o *quanto* se está errando e as formas de alterar processos envolvidos, de forma a reduzir esses erros, ou incertezas.

Frequentemente, ouvem-se discussões nas empresas, muitas vezes inócuas, sobre "acertar" ou "errar" previsões. Inócuas, porque os envolvidos deveriam, desde o princípio, estabelecer que não se deveria discutir sobre acertar ou errar previsões, porque previsões estão *sempre* erradas. É de sua natureza. Por isso chamam-se PREvisões, uma visão obtida antes de as coisas acontecerem (que não passa de uma *estimativa* educada e informada sobre o futuro).

Quando uma previsão acerta *exatamente*, em geral o acaso teve um papel importante. Nenhuma estimativa de pluviosidade para um determinado dia futuro será *exatamente* certa, seja ela feita por leigos ou por profissionais de meteorologia bem equipados. A diferença é que, em média, os erros de previsão cometidos pelos profissionais serão menores do que os cometidos pelos leigos. O importante, portanto, é que, embora ambas as previsões apresentem incerteza, as mais elaboradas, que se utilizam de dados melhores e que saibam concluir melhor a respeito desses dados, têm menor erro (ou incerteza). Com menor incerteza sobre a pluviosidade, um tomador de decisão sobre um evento futuro externo terá menores custos de erros associados ao processo de tomada de decisão. O mesmo ocorre com previsões para decisões sobre cadeias de suprimentos: o importante é procurar diminuir as incertezas, não discutir se há ou não incertezas nas previsões.

> *Erro 3 das previsões:* levar em conta, nas previsões que servirão para apoiar decisões em cadeias de suprimentos, um número só. Previsões, para gestão de cadeias de suprimentos, devem sempre ser consideradas com dois números: a previsão em si e uma estimativa do erro (ou grau de incerteza) dessa previsão.

Para gestores de cadeias de suprimentos, é importante saber não só quanto se espera ter de demanda ou vendas, mas também qual é o erro esperado para essa previsão. Em outras palavras, para cadeias de suprimentos, previsões são sempre dois números:

- uma estimativa da demanda ou da venda; e
- uma estimativa da incerteza, ou seja, do erro de previsão esperado, porque dele derivarão importantes decisões sobre os "colchões" de segurança (veja o Capítulo 9) que serão dimensionados para a cadeia de suprimentos (na forma de estoques, tempos ou capacidade extra), de forma a fazer frente a essas incertezas mantendo níveis desejados de serviço aos clientes.

> *Erro 4 das previsões:* desistir ou não se esforçar o suficiente para melhorar os processos de previsão por não se conseguir reduzir os erros às previsões, quando, em cadeias de suprimentos, não se necessita ter previsões *perfeitas*, mas sim previsões consistentemente *melhores* que as da concorrência.

Outro erro frequente que se ouve nas empresas acerca de previsões pode ser ilustrado pela frase: "tentamos muito fazer previsões de forma técnica, mas continuávamos a errar, então paramos!". Esse é um erro, porque "errar" é normal em previsões; o que interessa é *quanto erramos*. Quanto menores os erros, menores "colchões" de segurança – e correspondentes custos – teremos de providenciar. Vale a pena, então, continuar a colocar esforços no sentido de melhorar a qualidade de previsões, mesmo que os erros continuem aparentemente grandes. Não são necessárias previsões perfeitas num mercado competitivo. São, sim, necessárias previsões *melhores (ou seja, com menos incertezas) que as previsões da concorrência*.

Horizontes e nível de agregação nas previsões

Um bom processo decisório sobre recursos que tenham inércia decisória se baseia em uma boa visão do futuro, obtida a partir de previsões. Nesse processo decisório, em geral, diferentes decisões têm inércias diferentes (ou seja, requerem diferentes períodos de tempo para tomarem efeito). Para bem apoiar essas decisões, portanto, é necessário que as previsões tenham diferentes horizontes. É necessário considerar um horizonte de curto prazo, para que a partir deste se tomem boas decisões de inércia pequena; um horizonte médio, para a consideração de decisões de inércia média; e um horizonte longo, para suportar decisões de inércia maior. A Figura 8.10 ilustra essa ideia.

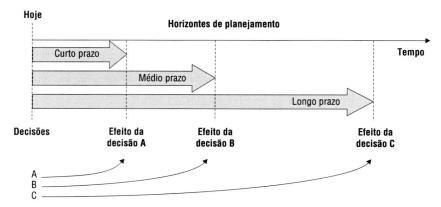

Figura 8.10 Horizontes diferentes de previsão apoiam decisões de inércias diferentes.

> **ⓘ CONCEITO-CHAVE**
>
> O horizonte da previsão é definido pelo tamanho da inércia decisória (tempo decorrido entre a decisão ser tomada e a decisão efetivamente ser levada a efeito) da decisão à qual ela deve suportar.

Geralmente, as decisões de inércia pequena envolvem níveis mais moderados de recursos – o efeito de uma decisão equivocada, portanto, não é tão relevante financeiramente; por exemplo, as referentes à decisão de usar horas extras.

As decisões de inércia maior, por outro lado, envolvem níveis mais elevados de recursos; em decorrência, os efeitos de uma decisão errada serão mais maléficos. Por exemplo, uma decisão de ampliação substancial de capacidade produtiva que inclua expansão de fábrica deve ser tomada com muita antecedência e envolve uma possível escolha e compra de terreno, projeto industrial, construção, aquisição de equipamentos, entre muitos outros.

Essa constatação pode ser um pouco inquietante numa primeira análise. Isso porque é sabido que decisões tomadas com maior antecedência requerem uma visão sobre um futuro mais longo. Em outras palavras, requerem previsões de mais longo prazo, que em geral são feitas sob condições de maior incerteza. Até intuitivamente, sabemos que a probabilidade de erro nas previsões cresce com o horizonte. A Figura 8.11 ilustra essa ideia.

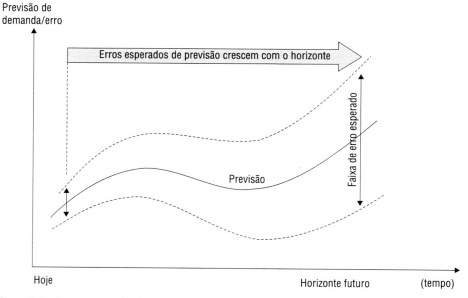

Figura 8.11 Com outras variáveis constantes, os erros de previsão crescem com o horizonte de previsão.

Se as decisões que envolvem maior volume de recursos têm de ser tomadas com maior antecedência e se tomar decisões com maior antecedência implica decidir com maior probabilidade de erro, isso indica que justamente aquelas decisões cujos erros podem ter consequências mais sérias são aquelas com maior probabilidade de erro. Como é então que a maioria das empresas tem sobrevivido? A resposta está relacionada ao conceito de *risk pooling* discutido inicialmente no Capítulo 2.

Risk pooling (ou "consolidação de riscos")

Vamos analisar um pouco mais profundamente a questão de nossa previsão de venda para os sanduíches do exemplo hipotético do Capítulo 2. Imagine que as previsões de sanduíche tenham sido feitas não para a demanda do mês que vem, mas de um determinado mês, daqui a um ano. Por que nós nos preocuparíamos em desenvolver uma visão de futuro com um ano de antecedência para uma lanchonete de *fast-food*? Certamente para subsidiar aquelas decisões com inércia compatível. Quais são estas para uma lanchonete? Compra de hambúrguer ou peixe? Programação de turnos de trabalho? Provavelmente não. Estas são decisões de inércia menor – ou seja, podem ser tomadas com antecedência menor. As decisões que demandam antecedência de um ano são aquelas referentes a, por exemplo, expansão da loja.

Entretanto, para decidir sobre expansão da loja é necessário que se desenvolva uma visão de futuro desagregada, por sanduíche? Provavelmente não. Uma expansão da loja será capaz de produzir qualquer *mix* de sanduíches e, portanto, para esse tipo de decisão, que necessita desse nível de antecedência, uma visão agregada é suficiente. Como a visão agregada é muito menos sujeita a erro que a visão desagregada, pelo efeito de *risk pooling*, a decisão acaba por ser tomada sob menor nível de incerteza.

> **FIQUE ATENTO**
> A agregação dos dados, que faz reduzir o nível de incerteza das previsões, compensa, até certo ponto, o aumento de incerteza causado pelo necessário aumento do horizonte de previsão nas decisões de inércia decisória alta.

Em suma, por um lado, as decisões de maior inércia, que envolvem maiores recursos, necessitam de maior antecedência e também requerem uma visão de futuro com maior horizonte; portanto, estão mais sujeitas a incertezas. Por outro lado, essas mesmas decisões tendem a não requerer previsões desagregadas. Com a agregação, os erros de previsão ficam reduzidos, compensando a necessidade de antecedências mais longas com a possibilidade do tratamento agregado de informações.

Entretanto, para o mesmo planejamento da lanchonete, em algum momento haverá a necessidade de tratar o futuro com uma visão desagregada. Por exemplo, em determinado momento, será necessário decidir quanto hambúrguer ou peixe comprar. Então, necessariamente, uma previsão desagregada terá de ser feita, pois, se a nossa lanchonete vender mais ou menos BigFast (sanduíche de hambúrguer), por exemplo, isso implicará uma necessidade maior ou menor de hambúrgueres. Entretanto, a antecedência com que se precisará tomar essa decisão será muito menor que um ano. Talvez uma semana seja suficiente para permitir a reação do fornecedor de hambúrguer. Portanto, a previsão desagregada poderá ser feita com uma antecedência bem menor. Se, por um lado, a incerteza com que se trabalha nesse momento é maior em razão do grau de desagregação, por outro, a incerteza devida à antecedência é muito menor, pelo fato de a própria antecedência ser muito menor.

Isso significa que, se ao longo do horizonte de planejamento os níveis de antecedência e agregação dos dados forem trabalhados adequadamente, pode-se trabalhar com um nível de incerteza mais uniforme ao longo de todo o horizonte. A Figura 8.12 ilustra essa ideia.

A mensagem, então, é clara: só é possível desenhar adequados processos de previsão a partir do uso a ser feito das previsões, ou, em outras palavras, a quais decisões elas vão apoiar. Só então se poderá definir, por exemplo, qual nível de agregação de dados será necessário. E lembre-se: previsões mais agregadas tendem a ser mais acertadas.

> **FIQUE ATENTO**
> Para um determinado horizonte, as previsões devem ser feitas sempre com o nível máximo de agregação de dados que o processo decisório ao qual suportará permitir.

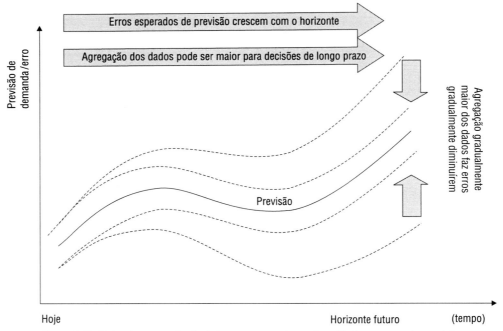

Figura 8.12 Efeito da agregação de dados compensando a antecedência nos erros de previsão.

8.2.4 Processo de previsão

Previsões são, em geral, o resultado de um processo, um encadeamento de atividades que inclui: a) a coleta de informações relevantes; b) o tratamento dessas informações; c) a busca de padrões de comportamento, muitas vezes fazendo uso de métodos quantitativos de tratamento de séries temporais de dados do passado; d) a consideração de fatores qualitativos relevantes; e) a projeção de padrões de comportamento; f) a estimativa de erros da previsão.

Informações para previsão

As principais informações que devem ser consideradas pelo sistema de previsão de vendas são (Corrêa e Corrêa, 2017):

- dados históricos de vendas, período a período;
- dados históricos referentes a vendas perdidas, possivelmente por não disponibilidade de produto;
- informações relevantes que expliquem comportamentos atípicos das vendas passadas, como, por exemplo, um aumento localizado de demanda devido a um incêndio ocorrido num concorrente que o tornou atipicamente impedido de fornecer por certo período;
- dados de variáveis correlacionadas às vendas que ajudem a explicar o comportamento das vendas passadas, como, por exemplo, a identificação do tipo de influência que a ocorrência de feriados emendados (pontes) exerce na demanda de um parque temático;
- situação atual de variáveis que podem afetar o comportamento das vendas no futuro ou estejam a ele correlacionados, como, por exemplo, os planos atuais de expansão de oferta da concorrência;
- previsão da situação futura de variáveis que podem afetar o comportamento das vendas no futuro ou estejam a ele correlacionados, por exemplo, qual tendência de evolução das compras por *e-commerce* (comércio eletrônico) afetará diretamente a demanda por serviços de telefonia para acesso rápido à internet;
- conhecimento sobre a conjuntura econômica atual e previsão da conjuntura econômica no futuro, por exemplo, quais as expectativas de crescimento econômico, de padrões de renda dos mercados-alvo, entre outros;
- informações de clientes que possam indicar seu comportamento de compra futuro, por exemplo, vindas de pesquisas de mercado sobre intenções de compra;
- informações relevantes sobre a atuação de concorrentes que influenciam o comportamento das vendas, por exemplo, padrões de comportamento da concorrência quanto a promoções e eventos; e
- informações sobre decisões da área comercial que podem influenciar o comportamento das vendas, por exemplo, planos de promoções, lançamentos e relançamentos de produtos, entre outros.

Cuidados preliminares com dados históricos

Os dados históricos de vendas, informações fundamentais para se elaborarem as previsões, podem esconder algumas armadilhas; por isso, é importante saber analisá-los. Um ponto fundamental é que os dados de vendas sejam referentes às quantidades e momentos em que o cliente gostaria de receber o produto, e não às quantidades e datas efetivas da entrega. Se isto não for garantido, os dados de vendas passadas poderão representar aquilo que a empresa conseguiu entregar no momento em que conseguiu entregar (possivelmente por limitações de capacidade), e não o que os clientes gostariam de receber. Isso pode fazer com que, em algumas situações, a empresa projete sua própria capacidade de produção passada como previsão de vendas futuras.

Outro aspecto importante é coletar informações sobre eventos relevantes que possam explicar comportamentos atípicos das vendas passadas. Caso esses eventos não sejam passíveis de se repetir no futuro, sua influência sobre os dados históricos de vendas deve ser expurgada a fim de que o tratamento estatístico não venha a projetar tais efeitos no futuro.

Em termos gerais, o importante é que, antes de se começar a trabalhar com dados do passado, eles sejam "limpos" para que as eventuais projeções não sejam distorcidas, levando a más decisões.

8.2.5 Processo de previsão de vendas

A Figura 8.13 ilustra um modelo de processo de previsão de vendas que determina, em linhas gerais, a forma com que uma série de atividades inter-relacionadas contribui para a compreensão das informações consideradas na discussão anterior e, com base nelas, gerar uma previsão. Esse modelo apresenta inicialmente o tratamento estatístico (matemático) dos dados históricos de vendas e de outras variáveis que ajudem a explicar o comportamento das vendas no passado. Outros fatores são, então, considerados numa etapa posterior, para a qual são levantadas informações de clientes, informações sobre a conjuntura econômica atual e futura, informações de concorrentes, além de outras informações relevantes do mercado. Também é importante que se conheçam e se levem em conta as decisões da área comercial que podem afetar o comportamento das vendas, como variações de preço, promoções, esforços especiais de vendas, entre outras.

O tratamento de todas essas informações e sua combinação com os dados históricos tratados estatisticamente deve ser feito com a participação de representantes das principais áreas e parceiros da cadeia envolvidos no processo de planejamento da cadeia de suprimentos para que se obtenha legitimidade dos resultados e que se consiga que todos os nós da cadeia de suprimentos trabalhem com as mesmas previsões, para que o efeito chicote analisado anteriormente seja reduzido.

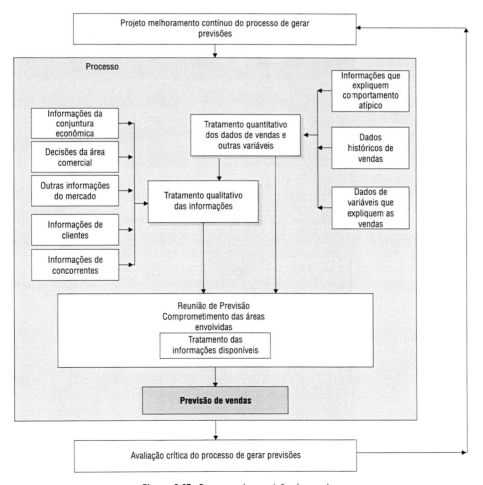

Figura 8.13 Processo de previsão de vendas.

CPFR (*collaborative planning, forecasting and replenishment*): colaboração nos processos de previsão

Em 1995, por iniciativa da gestão de cadeia de suprimentos do Walmart e da Benchmarking Partners, iniciou-se o desenvolvimento do CPFR (planejamento, previsões e ressuprimento colaborativos), ainda à época com o nome de CFAR (*collaborative forecasting and replenishment*). Hoje com a participação de numerosos parceiros, a iniciativa de CPFR evoluiu e consiste em uma prática gerencial que combina a inteligência de múltiplos parceiros de negócio no processo de planejamento e atendimento da demanda do consumidor. Visa a melhorar a integração das cadeias suportando e auxiliando o desenvolvimento de práticas e visibilidade compartilhadas entre parceiros da cadeia na previsão da demanda, gestão dos estoques e dos processos de ressuprimento de produtos ao longo da cadeia de suprimentos. Informações constantemente compartilhadas entre fornecedores e clientes na cadeia ajudam no planejamento e atendimento dos usuários finais. Isso permite a contínua atualização das informações de estoque e das necessidades futuras, tornando a cadeia de suprimentos como um todo mais eficiente.

O CPFR tem um modelo de referência, mostrado na Figura 8.14 (visite o *site*, informado no *boxe* a seguir, para mais informações).

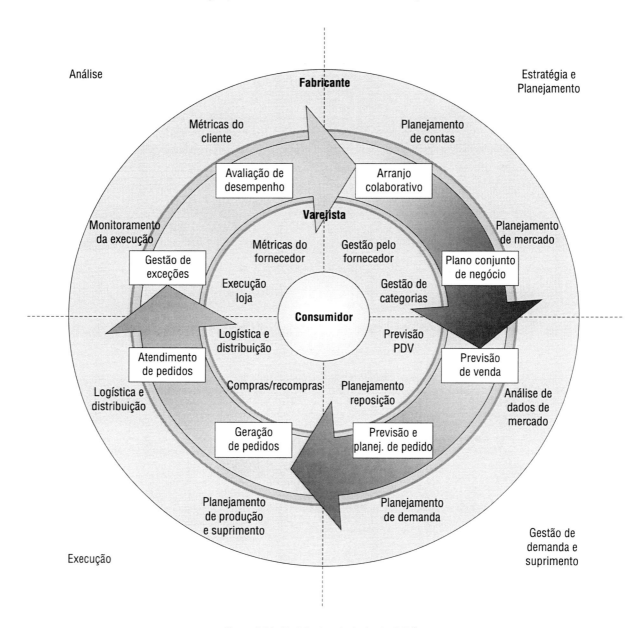

Figura 8.14 Modelo de referência do CPFR®.

O anel externo se refere ao fabricante; o anel intermediário, ao varejista; e o anel interno, ao consumidor. Percebe-se, portanto, que o CPFR é um modelo que trabalha mais com previsão, planejamento e reposição de produtos acabados, mais do que com os mesmos processos entre fabricante e fornecedores, embora o guia geral do CPFR mencione a possibilidade de extensão do modelo de referência. Quanto ao processo específico de previsão, esta é, segundo o que prescreve o CPFR, feita no nível do ponto de venda e de forma colaborativa entre os parceiros envolvidos na cadeia, visando a que os vários parceiros trabalhem sobre uma base comum, reduzindo assim um dos fatores causadores do efeito chicote, a atualização descoordenada de previsões entre membros da cadeia. O CPFR depende de interconectividade entre os parceiros da cadeia de suprimentos, mas certamente o problema técnico não é o mais difícil de resolver – hoje a tecnologia de internet permite interconectividade plena por custos aceitáveis. A dificuldade em geral está mais em criar as condições organizacionais para que a colaboração ocorra. Por exemplo, como obter os níveis necessários de confiança entre parceiros para que a troca de informações ocorra, como obter o alinhamento de interesses dos parceiros da cadeia para que todos ajam para o bem comum da cadeia, e não de forma oportunista. A ideia de colaboração entre parceiros da cadeia de suprimentos nos processos de planejamento, previsões e decisões sobre políticas de gestão de estoques é bastante poderosa e o potencial é bastante promissor.

> **PARA PENSAR**
>
> 1. Visite o *site* indicado abaixo e aprenda mais sobre o modelo de CPFR. Como você acha que o modelo poderia ser estendido para incorporar os fornecedores de matérias-primas e componentes?
>
> Fonte: https://www.gs1us.org/DesktopModules/Bring2mind/DMX/Download.aspx?Command=Core_Download&EntryId=377
> Acesso em: 2 jul. 2019
>
> 2. Você acha que o modelo de CPFR se adequa para cadeias de suprimentos predominantemente de serviços (como, por exemplo, de serviços de saúde)? Por que sim ou por que não?

uqr.to/fd5e

Previsão de vendas de curto prazo

Para previsões de curto prazo (até três meses), normalmente se aceita mais a hipótese de que o futuro seja uma "continuação" do passado, ao menos do passado recente, ou seja, as mesmas tendências de crescimento ou declínio observadas no passado devem permanecer no futuro, assim como a sazonalidade ou ciclicidade observadas no passado. A técnica então geralmente utilizada é a de *projeção*; são os chamados *modelos intrínsecos, ou de séries temporais simples*. Essa denominação vem do fato de que nesses modelos de previsão se busca fazer uma correlação entre as vendas passadas e o tempo, projetando-se comportamento (padrão de variação) similar para o tempo futuro, como pode ser visto na Figura 8.15.

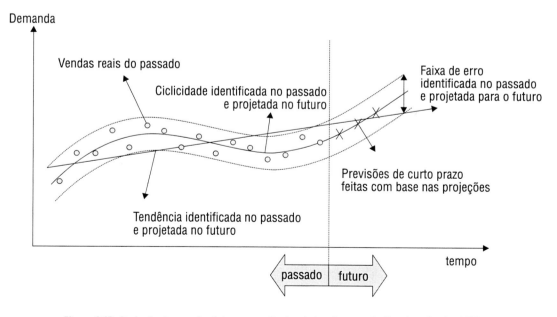

Figura 8.15 Projeção das vendas futuras a partir dos dados do passado (Corrêa e Corrêa, 2017).

A projeção é feita modelando-se matematicamente os dados do passado. Geralmente, procura-se decompor as vendas passadas em duas ou mais componentes que possam ser modeladas matematicamente, como mostrado na Figura 8.15.

Previsão de vendas de médio prazo

Quando o horizonte da previsão começa a aumentar, a hipótese de o futuro "repetir" o passado (nos padrões de variação) deixa, muitas vezes, de ser válida. Devem-se então adotar outros modelos, cujas hipóteses sejam válidas para horizontes maiores. Exemplos são os modelos *extrínsecos*, modelos *causais* ou modelos de explicação. Nesses, a hipótese é de que as relações que existiam no passado, entre as vendas e outras variáveis, continuam a valer no futuro. A ideia é que se procurem estabelecer as relações entre as vendas do passado e outras variáveis que expliquem seu comportamento. Essas relações, entre variáveis causais e a demanda buscada, costumam permanecer válidas por períodos relativamente mais longos, o que faz com que os modelos causais sejam mais adequados para previsões de horizonte mais longo.

O resultado da correlação é uma equação do tipo:

$$V = a_1 x_1^{y_1} + a_2 x_2^{y_2} + a_3 x_3^{y_3} + \ldots + a_n x_n^{y_n}$$

obtida em geral a partir da técnica estatística de regressão (em geral, linear) múltipla em que $x_1, x_2, \ldots, x_n$ são os valores das variáveis escolhidas num determinado ponto do tempo.

Da mesma forma que nos modelos temporais de projeção, utilizados para previsão de curto prazo, também aqui é essencial que se proceda à segunda parte (qualitativa) do modelo do processo de previsão anteriormente apresentado, pois, por mais sofisticado que seja o modelo causal, jamais conseguirá incorporar todos os fatores que interferem no comportamento da demanda.

Previsão de vendas de longo prazo

Quando o horizonte aumenta ainda mais (um a vários anos), a hipótese de que as relações existentes no passado entre a demanda e outras variáveis continuam a valer no futuro deixa, muitas vezes, de ser válida. Nesses casos, adota-se a hipótese de que o futuro não guarda relação direta com o passado, pelo menos não uma relação que possa ser modelada matematicamente. A previsão, muitas vezes, necessita ser mais qualitativa.

8.2.6 Métodos usados em previsões

Para tratar as informações disponíveis (veja a Figura 8.16), podem-se usar duas abordagens complementares: as abordagens quantitativas (baseadas em padrões de séries históricas extrapolados para o futuro segundo algum método) e as abordagens qualitativas (baseadas em fatores subjetivos ou de julgamento). Em geral, os modelos quantitativos necessitam de longos históricos, para que deles se possam identificar os padrões de comportamento a ser projetados para o futuro.

Com isso, os modelos quantitativos são mais úteis para fazer previsões de demanda de produtos mais maduros, que estejam há mais tempo no mercado. Já os modelos qualitativos se prestam melhor para previsões de produtos novos ou lançamentos, dos quais não se tem históricos longos. Outro fator determinante para a "ponderação" do uso de modelos quantitativos e qualitativos na geração de uma previsão é o horizonte da previsão. Em geral, quanto maior o horizonte de previsão, menos válida é a hipótese de que os padrões do passado se repetirão no futuro (uma hipótese que se assume quando são usados modelos mais quantitativos). Isso significa que modelos quantitativos tendem a ser mais adequados a previsões de curto prazo.

Figura 8.16 Abordagens para métodos de tratamento de informações em previsões.

Quais métodos de previsão usar?

A rigor, não há uma receita objetiva para definir quais métodos de previsão usar para qual situação específica, visto que as situações específicas são muito particulares e até alguns conceitos de o que deve ser considerado curto, médio e longo prazos, por exemplo, podem variar conforme a empresa e o mercado em que ela se insere. Para uma empresa de *videogames*, por exemplo, cuja tecnologia muda muito e muito frequentemente, um ano pode ser considerado longo prazo, enquanto para uma siderúrgica longo prazo significa dez a 15 anos, visto que a tecnologia evolui mais lentamente e os produtos, sendo *commodities*, também têm flutuações de demanda muito mais suaves. Também um processo de previsão pode utilizar mais do que um método, como descrito na Figura 8.13. Podem-se, entretanto, estabelecer linhas gerais do que seria o método mais usual de ser usado como o principal, de acordo com os horizontes de previsão. Isso pode ser visto resumido na Figura 8.17.

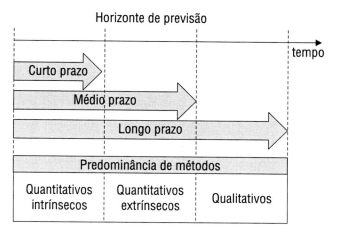

Figura 8.17 Métodos de previsão predominantemente usados em cada horizonte de previsão.

Métodos qualitativos

> **CONCEITO-CHAVE**
>
> Os métodos qualitativos incorporam fatores de julgamento e intuição, em geral mais subjetivos, nas análises dos dados disponíveis. Predominam nas previsões de longo prazo, pois os dados do passado têm relativamente menor poder explicativo para um ponto do tempo distante, no futuro.

A seguir, uma breve revisão dos principais métodos qualitativos de previsão (veja a Figura 8.17):

- *Método Delphi*: envolvendo tipicamente de seis a 12 especialistas, o processo Delphi se destina a evitar que uma ou poucas opiniões do grupo consultado predominem. Propõe-se ao grupo uma determinada pergunta bem específica sobre alguma variável que se queira prever. Coletam-se as várias opiniões, de forma sigilosa e individual. Retorna-se o resultado do tratamento estatístico das opiniões aos participantes. Estes são, então, solicitados a refazerem suas estimativas. O processo se repete até que um maior consenso seja obtido.
- *Júri de executivos*: procura capturar a opinião de pequenos grupos, em geral, de executivos de nível alto sobre alguma variável que se pretenda prever.
- *Estimativa da força de vendas*: nessa abordagem, cada vendedor ou representante de força de vendas emite sua estimativa localizada e desagregada. O composto agregado de todas as estimativas desagregadas é tomado como a estimativa global.
- *Pesquisa de mercado*: solicita diretamente dos possíveis clientes ou consumidores sua intenção de compra futura.
- *Analogia histórica*: procura identificar produtos similares dos quais se possuem dados para, por analogia, melhor estimar, por exemplo, um produto novo.

> **SAIBA MAIS**
>
> **Efeitos da recência dos dados nas previsões**
>
> Existe um efeito nas previsões que sugere que as pessoas tendem a super-reagir a eventos recentes, às vezes fazendo com que eles influenciem exageradamente suas previsões e, consequentemente, suas decisões. Para ilustrar, Jozsa Jr. (2016) menciona que o time profissional de *baseball* americano Oakland A, com uma folha de pagamento entre as mais baixas do país, ganhou mais jogos que praticamente qualquer outro time profissional. Em 2002, por exemplo, a folha de pagamento do conhecido time New York Yankees era de US$ 126 milhões, comparada aos US$ 40 milhões do Oakland A. O motivo é que, no final dos anos 1990, a gestão do time Oakland A percebeu que havia algum nível de viés e "irracionalidade humana" na avaliação de talento esportivo, uma tendência de os contratantes serem excessivamente influenciados nas suas decisões de contratação pelos resultados mais recentes dos jogadores. Entretanto, eles perceberam que o que o jogador faz na última temporada não necessariamente é uma imagem fiel do que ele vai fazer na próxima. A gestão do Oakland A reduziu o efeito da irracionalidade pelo efeito da recência, analisando cuidadosamente as estatísticas (relacionadas aos fundamentos do esporte) não apenas da última temporada, mas de mais temporadas a fim de identificar talentos com maior relação custo-benefício que passavam despercebidos pelos caçadores de talentos tradicionais.
>
> **Questões para discussão**
>
> 1. Como você faria para ajudar uma empresa a evitar o efeito da recência dos dados nas suas previsões?
> 2. Divida um grupo de colegas em duas metades. Sem que façam as contas, peça por escrito a uma metade do grupo que, individualmente e em apenas 15 segundos, faça uma estimativa do que acha que deva ser o resultado da somatória 1 + 2 + 3 + ... + 100. Peça à segunda metade do grupo que faça o mesmo para o resultado da somatória 100 + 99 + 98 + ... + 1. Analise os resultados, compare-os com o resultado certo e faça paralelos com o efeito da recência dos dados nas previsões.

Métodos quantitativos

> **CONCEITO-CHAVE**
>
> Os métodos quantitativos são aqueles métodos de previsão baseados em séries de dados históricos nas quais se procura, por meio de análises, identificar padrões de comportamento para que sejam então projetados para o futuro.

Normalmente, estes são mais adequados para previsões de curto e médio prazos, pois o poder de explicação dos dados do passado é máximo para horizontes mais curtos. Em geral, o tratamento de uma série temporal de dados pressupõe "análise", ou seja, a decomposição da série em seus elementos.

Decomposição de séries temporais

Uma série temporal de dados em geral tem três principais componentes: tendência, ciclicidade e aleatoriedade.

- *Tendência*. É a orientação geral, de estabilidade, para cima ou para baixo, dos dados históricos.
- *Ciclicidade*. São padrões de variação dos dados de uma série que se repetem a cada determinado intervalo de tempo.
- *Aleatoriedade*. São "erros" ou variações da série histórica de dados que não são devidas a variáveis presentes no modelo de previsão. Esses erros são muito importantes para a gestão de cadeias de suprimentos, pois refletem a incerteza das previsões. Quanto melhores os modelos de previsão, menores os erros de previsão.

A Figura 8.18 mostra uma série temporal de vendas de um livro em que se notam as presenças dos três componentes: uma tendência geral de crescimento, uma sazonalidade (ciclicidade anual) e uma componente aleatória de erro. Essa aleatoriedade explica as diferenças entre a curva de ciclicidade média identificada, que se sobrepõe à curva de tendência crescente, e as vendas reais.

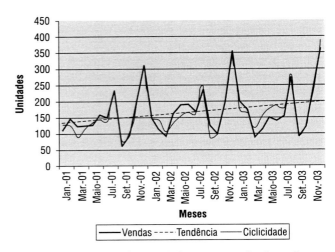

Figura 8.18 Série histórica de dados para as vendas de um livro.

Modelos quantitativos para demanda relativamente estável

Os modelos quantitativos mais simples para previsão são aqueles que assumem que a demanda se encontra relativamente estável, flutuando aleatoriamente em torno de um patamar que se deseja estimar.

Método de médias móveis

Modelos de médias móveis, apenas adequados para demandas sem tendência de crescimento ou decrescimento, assumem que a melhor estimativa do próximo período do futuro é dada pela média dos n últimos períodos. Podem-se usar médias móveis de três (MM3) períodos, de quatro (MM4) períodos ou mais. Consideremos o exemplo ilustrado na Figura 8.19.

A formula de cálculo para médias móveis é:

$$\text{Média móvel} = \frac{\sum \text{demanda nos } n \text{ períodos prévios}}{n}$$

	Vendas reais de copos	Média móvel de 3 períodos MM3
Janeiro	154	
Fevereiro	114	
Março	165	
Abril	152	(154 + 114 + 165)/3 = **144,3**
Maio	176	(114 + 165 + 152)/3 = **143,7**
Junho	134	(165 + 152 + 176)/3 = **164,3**
Julho	123	(152 + 176 + 134)/3 = **154,0**
Agosto	154	(176 + 134 + 123)/3 = **144,3**
Setembro	134	(134 + 123 + 154)/3 = **137,0**
Outubro	156	(123 + 154 + 134)/3 = **137,0**
Novembro	123	(154 + 134 + 156)/3 = **148,0**
Dezembro	145	(134 + 156 + 123)/3 = **137,7**

Figura 8.19 Exemplo de cálculo de média móvel de uma série histórica.

O cálculo de médias móveis, conforme descrito, assume que as médias consideradas são médias aritméticas simples. Nada impede, entretanto, que se prefira usar uma média diferente – uma média ponderada, por exemplo, atribuindo pesos de ponderação maiores para períodos mais recentes. Considere o exemplo da Figura 8.19. Nele, resolveu-se utilizar uma média móvel dos três últimos meses. Entretanto, a média deverá ser ponderada com pesos de ponderação respectivamente 3, 2 e 1 para os valores, respectivamente, do mês passado, de dois meses atrás e de três meses atrás. Com isso, aumenta-se a influência dos meses mais recentes na geração das previsões.

Suavização exponencial

Um caso particular de médias ponderadas de dados do passado, com peso de ponderação caindo exponencialmente, quanto mais antigos forem os dados, é aquele resultante do uso da técnica, bastante divulgada, de suavização exponencial (também chamada método de Winter). A fórmula básica da suavização exponencial é:

Nova previsão = [(demanda real do último período) × (α)] + [(última previsão) × (1 – α)]

Em que:

- (α) é a chamada "constante de suavização", que é um número entre 0 e 1 e dá a influência percentual da demanda real do último período na previsão do próximo período.
- (1 – α) é a taxa exponencial com que caem os pesos de ponderação dos dados históricos, de α (referente ao mês passado mais recente "t") para $\alpha(1 - \alpha)$ para o mês anterior "$t - 1$" para $\alpha(1 - \alpha)^2$ para o mês "$t - 2$", e assim por diante.

Observe na Figura 8.21 um exemplo de cálculo. Em situações práticas, os valores da constante α em geral se situam na faixa de 0,05 e 0,35.

	Vendas reais de copos	Média móvel de 3 períodos ponderada com pesos 3, 2 e 1
Janeiro	154	
Fevereiro	114	
Março	165	
Abril	152	[(1*154) + (2*114) + (3*165)]/6 = **146,2**
Maio	176	[(1*114) + (2*165) + (3*152)]/6 = **150,0**
Junho	134	[(1*165) + (2*152) + (3*176)]/6 = **166,2**
Julho	123	[(1*152) + (2*176) + (3*134)]/6 = **151,0**
Agosto	154	[(1*176) + (2*134) + (3*123)]/6 = **135,5**
Setembro	134	[(1*134) + (2*123) + (3*154)]/6 = **140,3**
Outubro	156	[(1*123) + (2*154) + (3*134)]/6 = **138,8**
Novembro	123	[(1*154) + (2*134) + (3*156)]/6 = **148,3**
Dezembro	145	[(1*134) + (2*156) + (3*123)]/6 = **135,8**

Figura 8.20 Exemplo de cálculo de média móvel ponderada de uma série histórica.

	Vendas reais de copos	Suavização exponencial com alfa 0,1	Suavização exponencial 0,8
Janeiro	154	150 (última previsão, feita em dezembro)	150
Fevereiro	114	[(**0,1**)*(154) + (1 – **0,1**)*(150)] = **150,4**	153,2
Março	165	[(**0,1**)*(114) + (1 – **0,1**)*(150,4)] = **146,8**	121,8
Abril	152	[(**0,1**)*(165) + (1 – **0,1**)*(146,8)] = **148,6**	156,4
Maio	176	[(**0,1**)*(152) + (1 – **0,1**)*(148,6)] = **148,9**	152,9
Junho	134	[(**0,1**)*(176) + (1 – **0,1**)*(148,9)] = **151,6**	171,4
Julho	123	[(**0,1**)*(134) + (1 – **0,1**)*(151,6)] = **149,9**	141,5
Agosto	154	[(**0,1**)*(123) + (1 – **0,1**)*(149,9)] = **147,2**	126,7
Setembro	134	[(**0,1**)*(154) + (1 – **0,1**)*(147,2)] = **147,9**	148,5
Outubro	156	[(**0,1**)*(134) + (1 – **0,1**)*(147,9)] = **146,5**	136,9
Novembro	123	[(**0,1**)*(156) + (1 – **0,1**)*(146,5)] = **147,4**	152,2
Dezembro	145	[(**0,1**)*(123) + (1 – **0,1**)*(147,4)] = **145,0**	128,8

Figura 8.21 Exemplo de cálculo de previsões usando suavização exponencial para uma série histórica, com α = 0,1 e com α = 0,8.

8.2.7 Erros (ou incerteza) de previsão

É sempre importante acompanhar dois tipos de erros de previsão: a "amplitude" ou "tamanho" dos erros e o chamado "viés" dos erros. O viés ocorre quando os erros sucedem sistematicamente (tendenciosamente) para um lado só. Isso em geral se dá por alguma causa "identificável", ou seja, pela influência de alguma variável deixada fora do modelo de previsão cuja influência singular está influenciando significativamente os erros de previsão. Idealmente, uma vez identificada a ocorrência de "viés", as causas devem ser investigadas e eliminadas (por exemplo, incorporando a variável "causa" no modelo de previsão.

Acompanhamento de possíveis erros do tipo "viés"

Usa-se o chamado sinal de rastreabilidade (ou, como chamado na literatura de língua inglesa, *tracking signal*) para acompanhar as possíveis ocorrências de "viés" de previsão. Acompanhe a Figura 8.21 para um exemplo de cálculo. Retomamos aqui o exemplo do quadro da Figura 8.19, em que se usou o modelo de média móvel de três períodos para gerar as previsões.

A Figura 8.22 permite acompanhar o cálculo do sinal de rastreabilidade passo a passo. Período a período, calcula-se inicialmente o erro aritmético (subtração simples da ocorrência real do mês pela previsão que havia sido feita para o mês). Em seguida, calcula-se o erro aritmético acumulado (EArA): veja que, em abril, na coluna EArA consta o valor –7,7. Em maio, consta o valor –40,0, que é o resultado da acumulação dos valores de maio e abril, e assim por diante. Calcula-se, então, o erro absoluto, que é o valor, em módulo, do erro aritmético. A próxima coluna traz o erro absoluto acumulado (EAA), que é o acumulado dos erros absolutos até o momento. De posse dos erros absolutos acumulados (EAA), é possível, mês a mês, ir-se calculando o erro médio absoluto até o momento. O que se faz nesse cálculo é dividir o erro absoluto acumulado (EAA) pelo número de meses ao qual se refere. Observe o mês de junho, por exemplo. O valor do EAA é 70,3 e refere-se a um acumulado de três meses (abril, maio e junho). O erro médio absoluto, então, é de 70,3 / 3 = 23,4.

	Vendas reais de copos (V)	Previsão MM 3 (P)	Erro aritmético (V – P)	Erro aritmético acumulado EArA	Erro absoluto $\|V - P\|$	Erro absoluto acumulado EAA	Erro médio absoluto (EAA/n) EMA	Tracking signal EArA/EMA TS
Janeiro	154							
Fevereiro	114							
Março	165							
Abril	152	144,3	– 7,7	– 7,7	7,7	7,7	7,7	– 1,0
Maio	176	143,7	– 32,3	– 40,0	32,3	40,0	20,0	– 2,0
Junho	134	164,3	30,3	– 9,7	30,3	70,3	23,4	– 0,4
Julho	123	154,0	31,0	21,3	31,0	101,3	25,3	0,8
Agosto	154	144,3	– 9,7	11,7	9,7	111,0	22,2	0,5
Setembro	134	137,0	3,0	14,7	3,0	114,0	19,0	0,8
Outubro	156	137,0	– 19,0	– 4,3	19,0	133,0	19,0	– 0,2
Novembro	123	148,0	25,0	20,7	25,0	158,0	19,8	1,0
Dezembro	145	137,7	– 7,3	13,3	7,3	165,3	18,4	0,7

Figura 8.22 Cálculo do sinal de rastreabilidade (*tracking signal*) para acompanhamento de "viés" de previsões.

O sinal de rastreabilidade é calculado então dividindo-se o erro aritmético acumulado (EArA) pelo erro médio absoluto (EMA). Essa variável é acompanhada e deve estar sempre entre os valores –4 e +4. Se o valor do TS atinge em certo momento um valor menor que –4 ou maior que +4, deve-se investigar mais detalhadamente a questão, pois, estatisticamente, é grande a chance de o modelo estar gerando previsões enviesadas. No quadro da Figura 8.22, aparentemente até o mês de dezembro, não há indícios estatísticos de haver viés na previsão gerada. Se um viés for identificado e sua causa for eliminada por meio da mudança do modelo de previsão, o cálculo do TS deve ser reiniciado, abandonando-se os dados anteriores.

Acompanhamento da "amplitude" dos erros

São várias as formas possíveis de mensurar e acompanhar a amplitude dos erros de previsão. Algumas são ilustradas e definidas a seguir.

As mais populares são o erro médio absoluto e o erro médio quadrático.

Retomemos o exemplo da Figura 8.19, quando demonstramos o método de suavização exponencial na Figura 8.21 para ilustrarmos os cálculos de erro médio absoluto e erro médio quadrático.

	Vendas reais	Previsão Suav. Expon. Alfa = 0,1	Previsão Suav. Expon. Alfa = 0,8	Desvio absoluto Alfa = 0,1	Desvio absoluto Alfa = 0,8	Desvio quadrático Alfa = 0,1	Desvio quadrático Alfa = 0,8
Janeiro	154	150,0	150,0	4,0	4,0	16,0	16,0
Fevereiro	114	150,4	153,2	36,4	39,2	1325,0	1536,6
Março	165	146,8	121,8	18,2	43,2	332,7	1862,8
Abril	152	148,6	156,4	3,4	4,4	11,7	19,1
Maio	176	148,9	152,9	27,1	23,1	733,0	534,8
Junho	134	151,6	171,4	17,6	37,4	310,9	1396,9
Julho	123	149,9	141,5	26,9	18,5	722,0	341,3
Agosto	154	147,2	126,7	6,8	27,3	46,5	745,6
Setembro	134	147,9	148,5	13,9	14,5	192,2	211,4
Outubro	156	146,5	136,9	9,5	19,1	90,7	364,5
Novembro	123	147,4	152,2	24,4	29,2	596,8	851,6
Dezembro	145	145,0	128,8	0,0	16,2	0,0	261,3
			Desvios médios	15,69	23,00	364,79	678,48

Figura 8.23 Ilustração de cálculo de erro médio absoluto e erro médio quadrático.

Os cálculos dos desvios são quase autoexplicativos. Os desvios absolutos são as diferenças entre previsão e vendas reais, mas em módulo (desconsiderando o sinal). Os desvios quadráticos são esses valores de desvios elevados ao quadrado. A linha de "Desvios médios" traz os valores médios dos desvios absolutos e quadráticos.

Foram calculados na Figura 8.19 os desvios para as previsões feitas pelo método de suavização exponencial com valores de α de 0,1 e 0,8. Um sumário das medidas de erros de previsão e correspondentes definições e fórmulas de cálculo encontra-se na tabela a seguir (Figura 8.24):

Medida de erro de previsão	Descrição	Fórmula de cálculo
Erro (desvio) aritmético	Previsão P no instante t menos a venda real V no instante t	$EAr_t = P_t - V_t$
Erro (desvio) aritmético acumulado	Soma dos erros aritméticos até o instante t	$EArA_t = \sum_{i=1}^{t} EAr_i$
Erro (desvio) absoluto	Valor absoluto (em módulo) do Erro (aritmético) no instante t	$EA_t = |EAr_t|$
Erro (desvio) absoluto acumulado	Valor acumulado dos erros absolutos até o instante t	$EAA_t = \sum_{i=1}^{t} |EAr_i|$
Erro (desvio) médio absoluto	Valor médio dos erros absolutos até o instante t	$EMA_t = \dfrac{\sum_{i=1}^{t} |EAr_i|}{t}$
Erro (desvio) quadrático	O quadrado do Erro aritmético no instante t	$EQ_t = EAr_t^2$
Erro (desvio) quadrático médio	A média dos Erros quadráticos até o instante t	$EQM_t = \dfrac{\sum_{i=1}^{t} EQ_i}{t}$
Tracking signal (sinal de rastreamento)	Razão entre o Erro aritmético acumulado e Erro médio absoluto até o instante t	$TS = \dfrac{EAA_t}{EMA_t}$

O valor do índice $i = 1$ indica o primeiro período da série histórica considerada.

Figura 8.24 Sumário sobre os erros de previsão.

8.2.8 Calibração de modelos de previsão – definição de parâmetros

A escolha dos parâmetros de um modelo de previsão é uma decisão importante. Por exemplo, quando tratamos do método de suavização exponencial, como escolher o melhor α? À atividade de escolha dos parâmetros chamamos "calibração" do modelo. Imagine que, no exemplo ilustrativo da Figura 8.25, estejamos no mês de dezembro, tentando decidir qual valor de α deveríamos adotar para o ano seguinte. Podemos testar uma série de diferentes valores de α e mensurar para qual valor de α o valor do desvio médio absoluto ou do desvio médio quadrático teria sido menor no passado. Uma boa estimativa de um bom α para o futuro é um que teria sido bom no passado. No caso da Figura 8.19, o valor de α = 0,1 teria acarretado menor desvio médio absoluto e menor desvio médio quadrático para uso de método de suavização exponencial para previsões da série histórica analisada. Assim, o valor de α = 0,1 poderia ser uma boa escolha para uso futuro.

Uso de métodos quantitativos com a presença de tendência e ciclicidades

Os métodos apresentados até agora (médias móveis, ponderadas ou não, e suavizamento exponencial) pressupõem a hipótese de "permanência", ou seja, assumem que a variável a ser prevista não tem tendência de crescimento, decrescimento ou ciclicidade. Nos casos em que isso não pode ser assumido, modelos como os expostos até aqui não deveriam ser usados.

Imagine um histórico de vendas como o ilustrado na Figura 8.25. Fica clara a presença, tanto de tendência geral de crescimento de vendas do livro como de ciclicidades. O quadro da Figura 8.25 traz os dados nos quais a Figura 8.17 foi baseada.

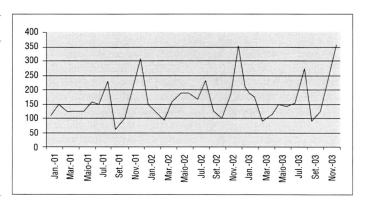

Figura 8.25 Exemplo de dados com presença de tendência de crescimento e ciclicidade.

Quando ajustamos uma reta de tendência ao global dos dados (usando o comando "adicionar linha de tendência" e depois adotando a opção "linear", do Excel), achamos algo como ilustrado na Figura 8.26.

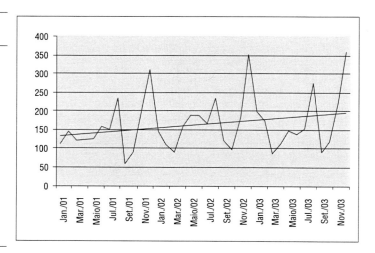

Figura 8.26 Ilustração de ajuste de linha de tendência aos dados históricos de venda do livro.

Faz sentido agora que analisemos a componente de ciclicidade que se sobrepõe à componente de tendência identificada. A forma como fazemos isso é calculando quanto, percentualmente, em média, as vendas de cada um dos meses superaram (ou estiveram abaixo de) a reta de tendência. Acompanhe na Figura 8.27.

	Vendas 2001	Vendas 2002	Vendas 2003
Janeiro	112	146	199
Fevereiro	146	113	175
Março	122	92	88
Abril	125	160	112
Maio	127	188	149
Junho	157	190	140
Julho	150	168	154
Agosto	235	235	275
Setembro	60	122	90
Outubro	92	97	120
Novembro	206	186	226
Dezembro	312	354	360

	Reta de tendência 2001	Reta de tendência 2002	Reta de tendência 2003
Janeiro	133,8	155,4	177,1
Fevereiro	135,6	157,2	178,9
Março	137,4	159,0	180,7
Abril	139,2	160,8	182,5
Maio	141,0	162,6	184,3
Junho	142,8	164,4	186,1
Julho	144,6	166,2	187,9
Agosto	146,4	168,0	189,7
Setembro	148,2	169,9	191,5
Outubro	150,0	171,7	193,3
Novembro	151,8	173,5	195,1
Dezembro	153,6	175,3	196,9

112 / 133,8 = 0,837

	Vendas/ Tendência 2001	Vendas/ Tendência 2002	Vendas/ Tendência 2003	Média
Janeiro	0,837	0,939	1,124	**0,967**
Fevereiro	1,077	0,719	0,978	**0,925**
Março	0,888	0,579	0,487	**0,651**
Abril	0,898	0,995	0,614	**0,836**
Maio	0,901	1,156	0,809	**0,955**
Junho	1,100	1,155	0,752	**1,002**
Julho	1,037	1,011	0,820	**0,956**
Agosto	1,605	1,398	1,450	**1,484**
Setembro	0,405	0,718	0,470	**0,531**
Outubro	0,613	0,565	0,621	**0,600**
Novembro	1,357	1,072	1,158	**1,196**
Dezembro	2,031	2,020	1,828	**1,960**

Figura 8.27 Ilustração do cálculo dos coeficientes de ciclicidade (média dos coeficientes de ciclicidade do mês para os vários ciclos da série histórica de dados).

Na Figura 8.27, o quadro superior esquerdo traz as vendas reais de três anos do produto analisado. O quadro inferior esquerdo traz os valores obtidos a partir da reta de tendência. O quadro da direita, então, é calculado dividindo os valores correspondentes do quadro esquerdo superior pelos valores do quadro inferior esquerdo. Com isso, chegamos às relações entre as vendas reais e a reta de tendência. Observe o valor de janeiro de 2001 do quadro da direita; traz o valor 0,837, pois o valor da venda real de janeiro do referido ano representa 83,7% do valor da reta de tendência em janeiro do mesmo ano. No quadro da direita, então, são calculados os coeficientes para os três anos, da série histórica de dados, para janeiro, fevereiro, março, e assim por diante. Calculando as médias desses valores, temos uma estimativa de qual será o percentual relativo das vendas reais dos diversos meses em relação à reta de tendência. Pode-se, agora, com base nos coeficientes médios para cada um dos meses, calcular uma estimativa de vendas para 2004, agora considerando a sazonalidade sobre a reta de tendência. Retomando a reta de tendência e agora projetando seu valor para 2004, vem conforme mostrado na Figura 8.28.

	Reta de tendência 2001	Reta de tendência 2002	Reta de tendência 2003	Reta de tendência 2004 **projeção**	Coeficientes de ciclicidade	Vendas com ciclicidade **projeção**
Janeiro	133,8	155,4	177,1	198,7	0,967	192,1
Fevereiro	135,6	157,2	178,9	200,5	0,925	185,4
Março	137,4	159,0	180,7	202,3	0,651	131,8
Abril	139,2	160,8	182,5	204,1	0,836	170,6
Maio	141,0	162,6	184,3	205,9	0,955	196,7
Junho	142,8	164,4	186,1	207,8	1,002	208,3
Julho	144,6	166,2	187,9	209,6	0,956	200,3
Agosto	146,4	168,0	189,7	211,4	1,484	313,8
Setembro	148,2	169,9	191,5	213,2	0,531	113,2
Outubro	150,0	171,7	193,3	215,0	0,600	128,9
Novembro	151,8	173,5	195,1	216,8	1,196	259,2
Dezembro	153,6	175,3	196,9	218,6	1,960	428,3
	Histórico			Futuro		

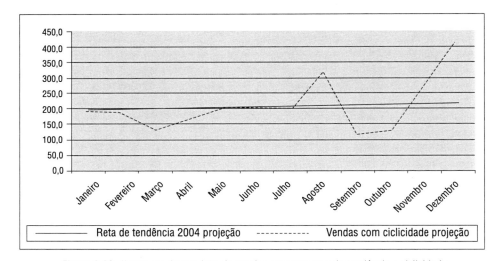

Figura 8.28 Ilustração de previsão de vendas com presença de tendência e ciclicidade.

SAIBA MAIS

Assista ao vídeo abaixo para um exemplo (da empresa SAS) de sistema de previsão de tráfego na *web*:
Fonte: https://www.youtube.com/watch?v=TGrmpeJlUeg
Acesso em: 2 jul. 2019

uqr.to/fd5f

O vídeo abaixo traz uma demonstração rápida do sistema de previsões Forecast Pro:
Fonte: https://www.youtube.com/watch?v=2Lah-esVNH4
Acesso em: 2 jul. 2019

uqr.to/fd5h

8.2.9 Gestão de preços e de receitas (*revenue management*)

A gestão de receitas ganhou muita popularidade recentemente entre empresas que buscam aumentar sua lucratividade, inspiradas por iniciativas de sucesso adotadas pela indústria de linhas aéreas e hotéis. Os métodos de gestão de receitas integram estratégias de preço, alocação de estoques e capacidade de recursos para influenciar a demanda e, em última análise, aumentar a lucratividade.

 **CONCEITO-CHAVE**

Gestão de receitas se refere a vender a unidade certa do item de estoque para o tipo certo de cliente e pelo preço certo.

Técnicas de gestão de receitas foram criadas para a indústria de linhas aéreas (atribuem-se à American Airlines os primeiros desenvolvimentos, imediatamente à desregulamentação sofrida pelo setor nos Estados Unidos nos anos 1970), de hotelaria e de aluguel de carros, nas quais:

- os produtos são perecíveis, ou passam a valer muito pouco depois de certa data;

- o sistema tem uma capacidade limitada e fixa de produção; e
- a segmentação do mercado atendido é possível, com base na sensibilidade ao preço ou ao tempo de serviço.

Imagine uma empresa de aluguel de carros, com 100 carros idênticos. O gerente está pensando no valor do aluguel a cobrar por carro para o próximo feriado. Imagine que, por experiência anterior, a empresa saiba que a curva de elasticidade preço-quantidade da demanda (a curva que descreve quanto a demanda se altera com mudanças de preço) seja descrita pela expressão:

$d = 2500/p$

em que

d = demanda

p = preço

Isso significa que, se o preço for de R$ 50, então 50 carros serão demandados, e se o preço for de R$ 100, então a demanda será por 25 carros. Com o preço de R$ 25 por carro, a demanda seria de 100 carros e, portanto, a receita total (número de carros demandados multiplicado pelo preço unitário do aluguel) seria de R$ 2.500. A Figura 8.29 mostra graficamente a relação preço-demanda, com a receita sendo representada pela área enfatizada.

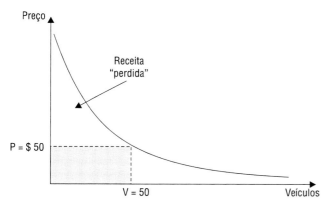

Figura 8.29 Curva de preço *vs.* demanda.

Aparentemente, a decisão de cobrar R$ 50 por veículo parece acertada, pois mantém todos os veículos alugados. Entretanto, essa solução assume que todos os clientes tenham de pagar o mesmo preço pelo aluguel. Se essa pressuposição for abandonada, podemos usar o fato de que, entre os 50 clientes servidos, há, por exemplo, 25 que estariam dispostos a pagar não apenas R$ 50 pelo seu aluguel, mas $ 100, e, dentre esses, há 10 dispostos a pagar R$ 250 por um veículo. De todos eles estão sendo cobrados, entretanto, os mesmos R$ 50 com a hipótese de mesmo preço para todos, ficando a empresa com uma receita menor (rigorosamente, a receita "perdida", quando a empresa despreza o fato de que diferentes clientes estão dispostos a pagar diferentes preços pelo serviço, é igual à área sob a curva de elasticidade preço-quantidade, acima da área enfatizada).

Imagine que fosse possível para a empresa de aluguel de carros estabelecer duas classes de preços: R$ 100 e R$ 50. A receita total seria:

Receita total = R$ 100 × 25 + R$ 50 × 25 = R$ 2.500 + R$ 1.250 = R$ 3.750

Uma política de três classes de preços, digamos, R$ 250, R$ 100 e R$ 50, teria receita ainda maior, de R$ 5.250, e assim por diante.

Esta é a oportunidade oferecida pela lógica de gestão de receitas: maximizar as receitas obtidas usando o fato de que clientes diferentes estão dispostos a pagar preços diferentes pelo produto ou serviço oferecido.

O que as empresas têm de fazer, do ponto de vista da maximização de receitas, é evitar que os clientes dispostos a pagar mais paguem o preço de uma classe mais barata. Isso é feito pela criação de barreiras entre as diferentes classes. Por exemplo, as empresas aéreas têm no seu mercado os viajantes a passeio e os que viajam a trabalho. Os viajantes a trabalho são em geral menos sensíveis a preço do que os viajantes a passeio. As empresas, então, trabalham com tarifas menores para viajantes a passeio, mas, por exemplo, exigem que o período entre a ida e a volta inclua o fim de semana. Isso cria uma barreira para evitar que os executivos viajando a trabalho comprem passagens na classe mais baixa de preço.

Várias empresas fabricantes de produtos também usam a gestão de receitas. A Dell é uma delas. O mesmo produto pode ser oferecido por diferentes preços no *site* da empresa, dependendo de o cliente ser um indivíduo, um pequeno negócio ou uma grande corporação. Evidentemente, a informação deve ser muito bem gerenciada para que a gestão de receitas seja bem-sucedida. Pode causar desconforto um cliente saber que pagou pelo mesmo produto ou serviço um preço maior do que outro cliente.

Por isso, muitas vezes a implantação dessas estratégias é mais difícil em lojas físicas, por exemplo, em que produtos ficam expostos com seus preços. As vendas pela internet, por outro lado, representam melhores oportunidades para iniciativas de gestão de receitas.

Muitas empresas definem as classes de preços com base na antecedência com que os clientes colocam seus pedidos. Reservam, então, certa quantidade de lugares ou produtos para serem vendidos mais baratos, desde que com antecedência (isso, inclusive, traz à empresa a vantagem de poder usar esses pedidos antecipados como uma "amostra" que pode ajudar numa melhor estimativa dos pedidos futuros, conforme discutido anteriormente no Boxe 8.1).

"Reservam" também lugares ou produtos para serem vendidos mais caros para clientes que não podem ou preferem não planejar suas compras com antecedência, resultando assim em receitas maiores devidas à disposição dos clientes de última hora de pagarem mais pela flexibilidade. Há hoje algoritmos sofisticados de estabelecimento dinâmico de preços – embora estes fujam do escopo deste livro, podem ser encontrados na literatura (ver, por exemplo, Metters *et al.*, 2006, ou Yeoman e McMahon-Beattie, 2004).

SAIBA MAIS

Jogo de internet de gerenciamento de receita

O Massachusetts Institute of Technology tem um interessante jogo de acesso gratuito *on-line* com foco na gestão de receitas na precificação de passagens aéreas. Para acessá-lo, visite o *site*:

uqr.to/fd5k

Fonte: http://web.mit.edu/urban_or_book/www/animated-eg/ym/page1.html

Acesso em: 2 jul. 2019

Divirta-se!

8.3 ESTUDO DE CASO: GENEXIS EM EXPANSÃO

Fernando Cabral e Helcio Lima, respectivamente presidente e vice-presidente da Genexis, gastaram boa parte da sua tarde discutindo estratégias para o futuro da empresa que ambos fundaram e fizeram crescer ao longo de quase 15 anos. A Genexis já havia atingido resultados impressionantes como provedora de serviços de apoio à gestão de demanda na indústria farmacêutica, e agora os executivos consideravam que era hora de utilizar a tecnologia desenvolvida e o conhecimento obtido para estender o seu modelo de negócio para outros setores industriais, como o de cosméticos e de produtos de consumo não duráveis, e para outros países, como os Estados Unidos. Contratos correntes com a L'Oreal Cosméticos e com a Unilever e a atuação, ainda limitada, em Portugal e na Espanha no setor farmacêutico eram fatores encorajadores, mas as perguntas que eles se colocavam eram: qual a estratégia certa para demonstrar aos potenciais usuários a vantagem de utilizarem a tecnologia e o conhecimento da Genexis? Quais usos os potenciais usuários podem fazer das informações tratadas e providas quase *on-line* pela Genexis, para melhor gerenciarem sua demanda? Como quantificar as vantagens e, portanto, poder auxiliar os potenciais clientes a calcularem seus retornos sobre o investimento feito ao contratar os serviços da Genexis?

Mudanças no mercado de medicamentos no Brasil

É importante conhecer algumas mudanças pelas quais passou o mercado farmacêutico brasileiro em anos recentes para entender como a Genexis obteve seu crescimento nos anos que se sucederam a essas mudanças. Talvez a principal seja, a partir da virada do milênio, o surgimento no mercado e a liberação, pela autoridade governamental, dos medicamentos genéricos. Isso tornou a presença no ponto de venda um aspecto importante para a competitividade dos medicamentos, do ponto de vista dos laboratórios fabricantes. Anteriormente, todo o esforço de venda para medicamentos de prescrição era direcionado aos médicos que os prescreviam. Os clientes então procurariam nas farmácias pelo medicamento prescrito e se não o achassem em algumas, ainda assim o laboratório não perderia a venda. Com os genéricos, se o cliente não acha exatamente o medicamento prescrito num ponto de venda, a farmácia, para não perder a venda, fatalmente sugerirá a substituição por um genérico. Se a sugestão é aceita, então, hoje é o laboratório quem provavelmente perde a venda quando um medicamento não está disponível numa farmácia.

Histórico da empresa

A empresa que originaria a Genexis surgiu no Brasil, em 1994, como resposta à necessidade da indústria farmacêutica de informações de vendas (necessidade que foi tremendamente ampliada a partir dos genéricos), na forma dos chamados mapas de vendas, que mostram a distribuição espacial das vendas por período. Essa informação é estratégica, já que as indústrias chegam a alocar 25% do seu faturamento na chamada atividade promocional, por meio da sua força de venda, que divulga os produtos da empresa junto aos médicos, que, espera a indústria, geram prescrição para os pacientes e, finalmente, isso gera demanda pelo produto na ponta da cadeia, a farmácia.

Até 1994, a indústria não dispunha de um mecanismo eficaz que medisse o resultado desse gasto substancial: se estaria sendo visitado o médico certo, na hora certa e divulgando o produto certo, ou se de fato o esforço estaria repercutindo em vendas efetivas na região. Isso porque as empresas que prestavam esse serviço o faziam de forma amostral, com os "mapas" resultantes sendo apresentados aos clientes alguns meses depois, quando uma possível ação corretiva já poderia ser tardia.

Em 1994, a futura Genexis, sob o nome de ITX, preparava-se para iniciar a prestação de serviços para a CESP, captando e processando dados de consumo de energia elétrica, quando, com a posse do governo Covas, teve seu contrato encerrado. Tentando aproveitar a infraestrutura e capacidade técnica existentes, o presidente Fernando

Cabral identificou a adequação da competência da empresa, ou seja, de captar de forma censitária, processar, analisar e disponibilizar, em tempo real, via EDI, grande quantidade de informações, às necessidades de acompanhamento, dos diversos participantes da cadeia produtiva e de distribuição da indústria farmacêutica.

Assim, em 1994 foi criada a SSI, que assinou com o laboratório Bristol Myers-Squibb o primeiro contrato para o desenvolvimento do modelo concebido para capturar, formatar e consistir a informação de demanda e de cadastros de clientes de todos os distribuidores Bristol com periodicidade diária, em vez de mensal, permitindo que o laboratório passasse a conhecer a demanda por ponto de vendas no Brasil inteiro em formato censitário, e não amostral, e em curtíssimo espaço de tempo.

Já em 1995, com a experiência adquirida pelo desenvolvimento do projeto para a Bristol Myers-Squibb, a empresa, em consórcio com a Embratel, venceu uma concorrência para aplicar a mesma metodologia e tecnologia a um universo bem mais amplo. No início houve a participação de 12 laboratórios e aproximadamente 100 atacadistas, passando já em 1996 a atender 20 laboratórios e 300 atacadistas.

Diante da nova situação de crescimento, interno e externo à empresa, em 1996 é feita a opção pela internet como veículo operacional.

O ano de 1999 marca o início das negociações entre a empresa e o fundo de investimentos Pactual – Electro, que viriam a culminar, no ano seguinte, com a criação da IBP – Internet Business Partner, que se torna a principal controladora da SSI e o decorrente investimento de aproximadamente US$ 15,5 milhões, sendo US$ 10 milhões em tecnologia e o restante na contratação de recursos humanos. Estava criada a Genexis.

Atacadistas/distribuidores/fabricantes no setor farmacêutico

De acordo com a Abafarma, o mercado no Brasil era constituído, na época, por 1,5 mil atacadistas distribuidores de medicamentos e produtos de higiene pessoal e correlatos, sendo 200 especializados em medicamentos. Os atacadistas são responsáveis pela entrega de 72% dos medicamentos no país, distribuindo-os para farmácias, hospitais, casas de saúde. Existem no território nacional 58 mil farmácias, das quais cerca de 3,5 mil pertencem às grandes cadeias, que negociam diretamente com a indústria. As demais são abastecidas por distribuidores. São em torno de 100 os laboratórios farmacêuticos com operações estabelecidas no Brasil, se considerarmos os médios e grandes.

O serviço de informação de suporte para gestão de demanda provido pela Genexis

A Genexis basicamente criou uma cadeia de coleta de dados que integra a quase totalidade dos distribuidores e dos laboratórios farmacêuticos e grande número de farmácias, além de capturar, para efeitos práticos, 100% de todas as transações comerciais e movimentações de materiais ocorridas ao longo de toda a cadeia de suprimento farmacêutica no Brasil, entre fabricantes e distribuidores, entre distribuidores e varejistas, e das transações diretas entre fabricantes e varejistas. São mais de 50 milhões de transações coletadas e tratadas pela Genexis por dia. A empresa tem sofisticados algoritmos que controlam a qualidade e tratam as informações recebidas, gerando para os clientes relatórios disponibilizados na internet (principalmente laboratórios e distribuidores) com informações, por exemplo, sobre:

- vendas de medicamentos por apresentação (tipo de embalagem), por medicamento, por ponto de venda, por código postal, por cidade, por estado e geral do país;
- participação de mercado do medicamento dentro da classe terapêutica (por exemplo, antibióticos, em qualquer dos níveis de agregação (por código postal, cidade, estado, país) – este item e o seguinte são possíveis porque a Genexis hoje captura informações da quase totalidade do mercado, e não de apenas alguns laboratórios;
- participação de mercado do distribuidor, por medicamento ou por classe terapêutica, em qualquer nível de agregação (código postal, cidade, estado, país); e
- informações sobre frequência, recência e volume de compras por apresentação, em qualquer nível de desagregação (código postal, cidade, estado, país).

Essas informações estão disponíveis aos clientes na cadeia após cerca de um dia da coleta, ou seja, as vendas de dois dias atrás podem ser consultadas pelos executivos de gestão de demanda e gestão de cadeia de suprimentos envolvidos, e ações podem ser, então, tomadas com base nessas informações. A diferença trazida pela tecnologia da Genexis é que anteriormente essas informações não eram censitárias (100% das transações coletadas), mas amostrais (feitas por empresas que iam a uma amostra dos pontos de venda e levantavam as informações de venda, tratavam-nas e as disponibilizavam aos executivos das cadeias de suprimentos dos laboratórios e distribuidores na forma de "mapas de venda", um ou dois meses depois da coleta).

Adaptado do caso Genexis, escrito em coautoria com Mauro Caon.

> **QUESTÕES PARA DISCUSSÃO**
>
> 1. Como você imagina que o serviço oferecido pela Genexis afetou a gestão de demanda dos laboratórios farmacêuticos em relação aos "mapas de venda" tradicionais? Pense nos três elementos principais da gestão de demanda: ações sobre a demanda, previsões de demanda e gestão do nível de serviço ao cliente.
> 2. Quais as vantagens que uma informação mais recente censitária traz para a gestão de demanda, em relação a uma informação mais antiga amostral?
> 3. Como pode ser quantificada a vantagem trazida pelo serviço da Genexis aos membros de uma cadeia de suprimentos?
> 4. Quais suas sugestões sobre como a Genexis pode demonstrar o valor dos seus serviços para outras cadeias de suprimentos? Considere que a entrada em outras cadeias de suprimentos pode ter de ser gradual, ou seja, informações sobre "participação de mercado" podem não ser disponíveis para os clientes iniciais das cadeias de suprimentos em que a Genexis possivelmente passe a atuar.
> 5. Numa eventual entrada da Genexis num novo setor industrial, como convencer os diversos parceiros da cadeia a compartilharem informação? Pense nas potenciais vantagens para cada um dos possíveis parceiros.

8.4 RESUMO

- A principal função da gestão de cadeias de suprimentos é garantir que o suprimento e a demanda sejam compatíveis.
- Uma boa gestão de cadeias de surprimentos começa com uma boa gestão de demanda.
- Gestão de demanda envolve: *ações sobre a demanda para redução de sua variabilidade, previsão de demanda para reduzir incertezas e gestão de preço e de receitas.*
- A variabilidade da demanda se refere a quanto a demanda varia dentro de um ciclo.
- Uma cadeia de suprimentos incorre em custos maiores quando tem de lidar com maior variabilidade de demanda; se for possível reduzir a variabilidade da demanda por meio de ações, isso deve ser feito.
- Há duas causas possíveis para a variabilidade de demanda que afetam as cadeias de suprimentos: *variações da demanda do consumidor final* e *variações causadas pelo efeito chicote.*
- O efeito chicote é um fenômeno dinâmico que faz com que pequenas variações de demanda no nível do consumidor final de uma cadeia de suprimentos se amplifiquem crescentemente à medida que as informações sobre essa demanda (normalmente na forma de *pedidos*) são transmitidas (e distorcidas) sequencialmente ao longo das relações cliente-fornecedor na cadeia de suprimentos.
- Em situações reais, há cinco principais motivos para o efeito chicote: as atualizações descoordenadas de previsões de demanda dos nós da cadeia, as formações de lotes de produção e de transporte, as flutuações de preço, o racionamento/comportamento oportunista e as demoras nos fluxos de materiais e informação.
- O primeiro mandamento das previsões é "evitarás fazê-las".
- Para que o gestor da cadeia tome uma boa decisão, é necessário que tenha a visão mais clara possível (ou com a menor incerteza possível) do futuro.
- Há quatro erros comuns que as empresas cometem quanto a previsões:
  - *Erro 1 das previsões*: confundir previsões com metas e, um erro subsequente, considerar as metas como se fossem previsões.
  - *Erro 2 das previsões*: gastar tempo e esforço discutido se se acerta ou erra nas previsões, quando o mais relevante é discutir o quanto se está errando e as formas de alterar processos envolvidos, de forma a reduzir esses erros, ou incertezas.
  - *Erro 3 das previsões*: levar em conta, nas previsões que servirão para apoiar decisões em cadeias de suprimentos, um número só. Previsões, para gestão de cadeias de suprimentos, devem sempre ser consideradas com dois números: a previsão em si e uma estimativa do erro (ou grau de incerteza) dessa previsão.
  - *Erro 4 das previsões*: desistir ou não se esforçar o suficiente para melhorar os processos de previsão por não se conseguir reduzir os erros às previsões, quando, em cadeias de suprimentos, não se necessita ter previsões perfeitas, mas sim previsões consistentemente melhores que as da concorrência.
- O horizonte da previsão é definido pelo tamanho da inércia decisória (tempo decorrido entre a decisão ser tomada e a decisão efetivamente ser levada a efeito) da decisão à qual ela deve suportar.
- A agregação dos dados, que faz reduzir o nível de incerteza das previsões, compensa, até certo ponto, o aumento de incerteza causado pelo necessário aumento do horizonte de previsão nas decisões de inércia decisória alta.
- Para um determinado horizonte, as previsões devem ser feitas sempre com o nível máximo de agregação de dados que o processo decisório ao qual suportará permitir.

- Para previsões de curto prazo (até três meses), normalmente se aceita mais a hipótese de que o futuro seja uma "continuação" do passado; a técnica então geralmente utilizada é a de *projeção*; são os chamados *modelos intrínsecos, ou de séries temporais simples.*

- Quando o horizonte da previsão começa a aumentar, a hipótese de que o futuro vai "repetir" o passado (nos padrões de variação) deixa, muitas vezes, de ser válida. Devem-se então adotar outros modelos, cujas hipóteses sejam válidas para horizontes maiores. Exemplos são os modelos extrínsecos, modelos causais ou modelos de explicação.

- Quando o horizonte aumenta ainda mais (um a vários anos), a hipótese de que as relações existentes no passado entre a demanda e outras variáveis continuam a valer no futuro deixa, muitas vezes, de ser válida. A previsão, muitas vezes, necessita ser mais qualitativa.

- Os métodos qualitativos incorporam fatores de julgamento e intuição, em geral mais subjetivos, nas análises dos dados disponíveis. São exemplos: Delphi, júri de executivos, estimativa da força de vandas, pesquisa de mercado e analogia histórica.

- Os métodos quantitativos são aqueles métodos de previsão baseados em séries de dados históricos nas quais se procura, por meio de análises, identificar padrões de comportamento para que sejam então projetados para o futuro.

- Uma série temporal de dados em geral tem três principais componentes: tendência, ciclicidade e aleatoriedade.

- Alguns métodos quantitativos são: médias móveis, suavização exponencial e regressão (simples ou múltipla), com ou sem ciclicidade.

- É sempre importante acompanhar dois tipos de erros de previsão: a "amplitude" ou o "tamanho" dos erros e o chamado "viés" dos erros.

- A escolha dos parâmetros de um modelo de previsão é uma decisão importante e é chamada "calibração".

- Gestão de receitas se refere a vender a unidade certa do item de estoque para o tipo certo de cliente e pelo preço certo. Os métodos de gestão de receitas integram estratégias de preço e de alocação de estoques e de capacidade de recursos para influenciar a demanda e, em última análise, aumentar a lucratividade.

8.5 EXERCÍCIOS

1. Por que gestão de demanda é importante em gestão de cadeias de suprimentos?

2. Qual o impacto potencial sobre o desempenho de uma cadeia de suprimentos de uma demanda com maiores níveis de variabilidade e incerteza? Analise ambos separadamente.

3. Quais as principais fontes de variabilidade da demanda de uma empresa?

4. O que é o efeito chicote e quais suas principais causas e consequências?

5. Explique em suas próprias palavras (usando exemplos sempre que possível) por que as atualizações descoordenadas de previsões aumentam o efeito chicote.

6. Explique em suas próprias palavras (usando exemplos sempre que possível) por que a formação de lotes aumenta o efeito chicote.

7. Explique em suas próprias palavras (usando exemplos sempre que possível) por que as flutuações de preço aumentam o efeito chicote.

8. Explique em suas próprias palavras (usando exemplos sempre que possível) por que o racionamento de produtos e o comportamento oportunista na cadeia aumentam o efeito chicote.

9. Explique em suas próprias palavras (usando exemplos sempre que possível) por que as demoras nos fluxos das cadeias de suprimentos aumentam o efeito chicote.

10. Como se pode reduzir a variabilidade da demanda do consumidor em uma cadeia de suprimentos?

11. Quais as diferenças da gestão de demanda em cadeias eficientes e em cadeias de resposta rápida (ver Capítulo 2)?

12. Como se pode reduzir a incerteza da demanda futura de uma cadeia de suprimentos?

13. Por que é importante fazer previsões de demanda?

14. Como se definem os horizontes e os níveis de agregação de um sistema de previsão de demanda? Exemplifique usando os casos de um restaurante e de uma linha aérea.

15. Quais as principais atividades de um processo de previsão de demanda?

16. Por que é importante que o processo de previsão de demanda seja feito de forma colaborativa por parceiros da cadeia de suprimentos?

17. Pesquise a iniciativa de CPFR na internet e descreva criticamente seus principais processos (ver, a seguir, a seção Sites *relacionados*).

18. Como se definem as participações de modelos quantitativos e qualitativos num processo de previsão de demanda?
19. O que são erros de previsão de demanda, como podem ser medidos e por que é importante controlá-los cuidadosamente?
20. O que é gestão de receitas e qual a sua importância? Você acha justo tratar clientes diferentes de forma diferente? Discuta com seus colegas.

Todas as séries usadas no conjunto de exercícios a seguir são séries de dados reais de produtos reais. Apenas os anos foram alterados.

21. Um produto tem a seguinte série histórica de vendas:

	Real
Janeiro	356
Fevereiro	360
Março	345
Abril	321
Maio	339
Junho	356
Julho	345
Agosto	385
Setembro	356
Outubro	367
Novembro	324
Dezembro	356

a) Calcule as médias móveis de três períodos (MM3) para o histórico de vendas.
b) Calcule as médias móveis de seis períodos (MM6).
c) Plote os gráficos de ambas as séries de previsões MM3 e MM6 e faça considerações sobre o efeito de se usar um número maior ou menor de períodos na geração de previsões por médias móveis.
d) Calcule, usando suavização exponencial, as previsões para os meses de fevereiro até dezembro da série histórica (considere que a previsão feita em dezembro de 2007 para as vendas de janeiro de 2008 foi de 350 unidades). Adote α = 0,2.
e) Faça o mesmo do item anterior adotando α = 0,6.
f) Plote os gráficos das duas séries de previsões dos itens "d)" e "e)" e faça considerações sobre os efeitos de se usar α maiores ou menores em suavização exponencial.
g) Faça os paralelos e contrastes entre sua resposta ao item "c)" e sua resposta ao item "f)".

22. Um produto apresenta a seguinte série histórica de vendas:

	2006	2007	2008
Janeiro	66	81	39
Fevereiro	40	43	88
Março	170	99	116
Abril	85	109	148
Maio	115	81	60
Junho	52	51	63
Julho	105	66	54
Agosto	95	181	150
Setembro	97	79	123
Outubro	105	76	73
Novembro	71	106	77
Dezembro	51	70	60

a) Calcule os erros médios quadráticos para a série histórica usando os seguintes modelos: média móvel de três períodos (MM3), média móvel de seis períodos (MM6) e média móvel de 12 períodos (MM12). Qual deles tem melhor desempenho quanto a erro médio quadrático?
b) Calcule agora o erro médio absoluto para as séries do item "a)". Qual série agora tem o melhor desempenho? Qual o efeito de se usar erro médio quadrático e erro médio absoluto como medida de "qualidade" da previsão?
c) Compare os desempenhos quanto ao erro médio quadrático dos modelos de suavização exponencial com α = 0,2, α = 0,4 e α = 0,8. Conclua.
d) Considere a hipótese de estabilidade (ausência de tendência) para a série histórica apresentada. Considere que ela tem sazonalidade. Calcule os coeficientes de sazonalidade para a série e produza com eles previsões de vendas para o ano de 2009, mês a mês.

23. Considere a seguinte série histórica de vendas de um produto:

	2006	2007	2008
Janeiro	432	552	400
Fevereiro	324	583	557

(continua)

(continuação)

	2006	2007	2008
Março	522	528	941
Abril	561	422	556
Maio	520	716	413
Junho	320	416	350
Julho	212	467	400
Agosto	674	736	953
Setembro	559	1013	1692
Outubro	438	736	509
Novembro	356	342	405
Dezembro	287	242	482

a) Identifique a reta de regressão (usando Excel) que representa a tendência geral de crescimento das vendas.

b) Calcule os índices de sazonalidade para a série.

c) Produza as previsões para o ano de 2009, mês a mês.

d) Repita o exercício, mas usando apenas os anos 2006 e 2007 para prever as vendas de 2008.

e) Calcule qual teria sido o erro médio quadrático dessa previsão, comparando com as vendas reais de 2008.

f) Calcule as previsões de 2008 usando média móvel de três períodos (MM3). Calcule o erro médio quadrático da previsão usando MM3.

g) Compare os erros médios quadráticos das previsões usando projeção de reta de tendência e sazonalidade com o das as previsões usando média móvel de três períodos. Conclua. Qual modelo, entre esses, você optaria por usar para prever o ano de 2009?

24. Considere a seguinte série histórica de vendas (reais) de um produto:

	2007	2008
Janeiro	182	237
Fevereiro	127	188
Março	201	190
Abril	150	168
Maio	210	235
Junho	106	150
Julho	92	97
Agosto	206	293
Setembro	188	210
Outubro	146	199
Novembro	113	175
Dezembro	92	100

Analise os dados. Formule hipótese sobre presença ou não de tendência. Escolha um modelo de previsão e prepare previsões para o ano de 2009, mês a mês.

25. Um produto tem a seguinte série histórica de vendas:

	2003	2004	2005	2006	2007	2008
Janeiro	183	233	165	239	340	347
Fevereiro	50	168	161	141	384	356
Março	163	186	306	178	370	527
Abril	130	218	391	308	607	350
Maio	240	359	233	224	394	542
Junho	29	184	120	99	169	255
Julho	59	81	239	158	242	217
Agosto	111	316	343	287	490	419
Setembro	367	118	274	595	639	468
Outubro	35	173	286	222	249	225
Novembro	118	243	135	279	216	263
Dezembro	54	82	74	155	138	185

a) Plote o gráfico e analise visualmente os dados.

b) Estabeleça suas hipóteses quanto a tendências, ciclicidades etc.

c) Usando os dados de 2003 até 2007, prepare as previsões para 2008.

d) Calcule, ao longo do ano de 2008, qual teria sido a série de *tracking signals* para o ano. Você teria identificado algum viés nas suas previsões? Por quê?

26. Imagine que um hotel tem a seguinte curva de elasticidade-preço:

$$d = 1.000 - 0,5p$$

em que d representa a demanda e p representa o preço.

O hotel tem 400 quartos idênticos.

a) Qual a receita máxima obtida pelo hotel se um só preço é cobrado de todos os hóspedes?

b) Qual a receita obtida se o hotel resolver, usando gestão de receitas, ter dois preços diferentes: R$ 1.600 e R$ 1.200?

c) Qual a receita obtida se o hotel resolver ter três faixas de preço: R$ 1.800, R$ 1.600 e R$ 1.200?

d) Qual é, teoricamente, o total da receita "perdida" se o hotel resolver cobrar um preço único que ocupe todos os 400 quartos?

8.6 ATIVIDADES PARA A SALA DE AULA

1. Com seu grupo, explore o aplicativo Microsoft Excel, a fim de identificar quais recursos ele tem para apoiar previsões. Quais oportunidades e limitações você vê nos recursos de apoio a previsões do Excel para uso prático?

2. Com seu grupo, pesquise na internet pelo menos duas soluções de *software* oferecidas no mercado para apoiar empresas nas suas previsões. Analise os recursos que essas soluções oferecem quanto a: previsões quantitativas, previsões qualitativas, tratamento e "limpeza" das bases de dados de séries temporais, teste e controle de erros, parametrização, facilidade de uso, disponibilidade de treinamento no uso, entre outros. Compare as duas soluções, incluindo o preço de uso.

8.7 REFERÊNCIAS

CHOPRA, S.; MEINDL, P. Supply Chain Management: Strategy, Planning & Operation. 3rd ed. Upper Saddle River, N. J., EUA: Pearson Prentice-Hall, 2007.

CORRÊA, H. L.; CAON, M. *Gestão de serviços*, São Paulo: Atlas, 2002.

CORRÊA, H. L.; CORRÊA, C. A. *Administração de produção e operações*. 2. ed. São Paulo: Atlas, 2017.

CORRÊA, H. L.; GIANESI, I.; CAON, M. Planejamento, programação e controle da produção. 5. ed. São Paulo: Atlas, 2008.

DILLON, A. P.; SHINGO, S. *A Revolution in Manufacturing: the SMED System*. Productivity Press, 1985.

JOZSA JR., F. P. *Major League Baseball Organizations*. Lenham: Lexinton Books, 2016.

METTERS, R.; KING-METTERS, K.; PULLMAN, M.; WALTON, S. *Successful Service Operations Management*. 2nd ed. Mason, OH, EUA: Thomson South-Western, 2006.

SLACK, N.; JOHNSTON, R.; CHAMBERS, S. *Administração da produção*, 3. ed. São Paulo: Atlas, 2009.

STERMAN, J. D. Business *Dynamics: Systems Thinking and Modeling for a Complex World*. Boston, EUA: Irwin McGraw-Hill, 2000.

YEOMAN, I.; MCMAHON-BEATTIE, U. *Revenue Management and Pricing: Case studies and applications*. Mason, OH, EUA: Thomson Learning, 2004.

8.8 LEITURAS ADICIONAIS RECOMENDADAS

LEVENBACH, H.; CLEARY, J. P. *Forecasting: Practice and Process for Demand Management*. Duxbury Applied Series, 2005.

MAKRIDAKIS, S.; WHEELWRIGHT, S. C.; MCGEE, V. E. *Forecasting: Methods and Applications*. 2nd ed. New York: Wiley, 1983.

MENTZER, J. T.; MOON, M. A. *Sales Forecasting Management: A Demand Management Approach*. 2nd ed. Thousand Oaks, California, EUA: Sage Publications, 2005.

Sites relacionados

https://www.forecastpro.com/ – *site* da Forecast Pro, uma empresa que fornece uma solução para apoio a previsões.

https://www.vanguardsw.com/solutions/supply-chain-planning/ – *site* da Vanguard, outra empresa com uma solução para previsões e CPFR.

https://gmdhsoftware.com/demand-forecasting-software – *site* da GMDH, uma empresa que fornece uma solução de software para previsões.

http://revenue-mgt.section.informs.org/ – *site* da INFORMS, uma sociedade que congrega estudiosos e interessados nas áreas de pesquisa operacional e ciência da administração; essa parte trata especificamente de gestão de receitas (*revenue management* ou *yield management*, na língua inglesa).

https://www.gs1us.org/DesktopModules/Bring2mind/DMX/Download.aspx?Command=Core_Download&EntryId=377 – informações básicas sobre CPFR.

CAPÍTULO 9
Gestão e coordenação de estoques na cadeia global de suprimentos

OBJETIVOS DE APRENDIZAGEM

- Sintetizar o que são estoques e suas funções principais.
- Descrever os tipos de estoques envolvidos em gestão global de cadeias de suprimentos.
- Entender as principais técnicas de gestão de estoques e quando elas são mais indicadas.
- Explicar o impacto de se ter uma cadeia de suprimentos sem coordenação entre sistemas locais de gestão de estoques.
- Saber o que e como fazer para estabelecer uma gestão de estoques coordenada na cadeia global de suprimentos.

9.1 INTRODUÇÃO

Este capítulo trata da gestão de estoques na cadeia global de suprimentos, um assunto que continua no alto da lista de prioridades dos executivos. Gestão de estoques afeta a percepção e satisfação do cliente tanto em cadeias de produtos físicos como de serviços. Um cliente em busca de um telefone celular de sua preferência ficará insatisfeito ao perceber que o aparelho não se encontra disponível, da mesma forma que, numa linha aérea, o cliente não apreciará o fato de seu voo sofrer atraso substancial por uma peça sobressalente necessária a sanar um problema identificado não estar disponível de imediato. Gestão de estoques também afeta o resultado financeiro da organização. Excesso de estoques de matérias-primas, material em processo e produtos acabados significa substancial custo de oportunidade e valioso capital de giro indisponibilizado, que afetam a lucratividade e a saúde financeira da operação, além de "esconderem" problemas. Entretanto, em cadeias de suprimentos, uma boa gestão *local* de estoques não é suficiente. Como será discutido neste capítulo, além de boas práticas de *gestão* de estoques, a *coordenação* entre os vários sistemas de estoques envolvidos nas relações fornecedor-cliente da cadeia tem papel essencial para que se evitem desperdícios por redundância de estoques e também que se evitem oscilações e volatilidade da demanda (o chamado "efeito chicote" – ver Capítulo 8), que podem ocorrer na cadeia quando os vários sistemas de gestão de estoques envolvidos operam de forma independente, elevando custos e pondo níveis de serviço ao cliente em risco.

A Figura 9.1 ilustra, no quadro geral de referência deste livro, onde se localiza a gestão e coordenação de estoques na cadeia global de suprimentos.

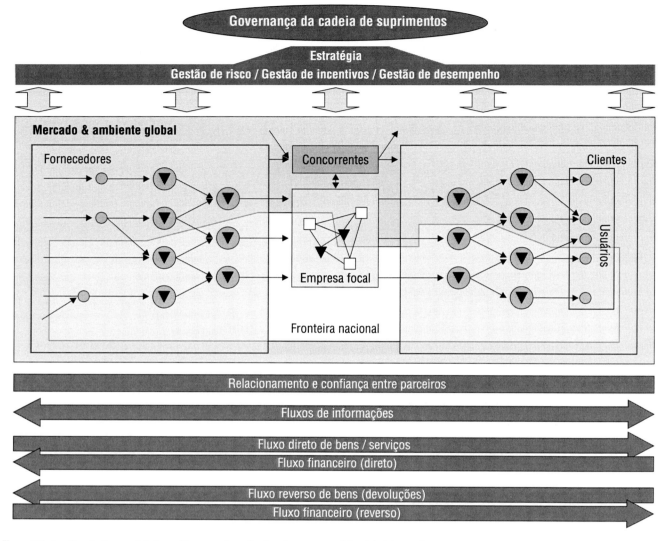

Figura 9.1 Localização (em preto) da gestão e coordenação de estoques na cadeia global de suprimentos no quadro de referência geral usado neste livro.

O sistema AutoGIRO revoluciona a gestão de estoques de peças sobressalentes na General Motors do Brasil (GMB)

Figura 9.2 Concessionária GM (Chevrolet).

Quando o mercado brasileiro começou a se abrir para importações, um dos setores mais afetados foi o automobilístico. Com alíquotas de importação de veículos caindo drasticamente do patamar de 250% para níveis muito menores, o mercado brasileiro viu um novo fluxo de entrada de veículos importados, de marcas antes pouco presentes, como Toyota, Honda, Renault, Peugeot, Lada, entre outras. Alguns destes novos atores no mercado não se restringiram a apenas exportar veículos para o Brasil, mas, após sentir a receptividade do mercado aos seus produtos, passaram a estabelecer operações aqui – inicialmente de vendas e serviços de pós-venda e depois, gradualmente, estabelecendo operações de manufatura. As quatro principais empresas montadoras de veículos de passeio estabelecidas no Brasil àquela altura, Chevrolet (General Motors), Volkswagen, Ford e Fiat, começaram a sentir uma pressão competitiva forte para melhorar seus serviços de pós-venda a fim de se manterem competitivas contra os novos ingressantes. Uma iniciativa bem-sucedida foi a implantação do sistema AutoGIRO, pela GMB, descrito a seguir.

Pós-venda no setor automobilístico

Parte importante dos serviços de pós-venda do setor automoblístico é a gestão dos estoques de peças sobressalentes, já que uma má gestão, por um lado, eleva os custos produtivos e logísticos na cadeia de suprimentos, o que resulta em preços mais altos cobrados do cliente pelas peças que precisar. Por outro lado, pode também prejudicar o nível de disponibilidade das peças nas concessionárias, acarretando faltas e possivelmente tornando inoperável o veículo do cliente, forçando-o a usar meios alternativos mais caros de transporte, como o táxi ou um carro alugado.

Em ambos os casos, o *custo total de propriedade* (veja o Capítulo 6) *do veículo* aumenta pela má gestão dos estoques de peças, podendo levar o cliente, na sua próxima troca de carro, a optar por outra marca, afetando negativamente a venda de veículos novos da montadora que não gerenciar bem os estoques de peças da sua cadeia.

Má gestão de estoques de sobressalentes também afeta a lucratividade da montadora, pois, como as margens de lucro sobre a venda de peças são muito maiores que as margens de lucro sobre a venda de veículos, não disponibilidade e/ou altos preços cobrados pelas peças fazem os clientes escolherem outros fornecedores de peças sobressalentes quando necessitam consertar seus carros, reduzindo a participação de mercado e, portanto, o lucro da montadora no *negócio* de peças sobressalentes.

Pós-venda na GMB antes do sistema AutoGIRO

A GMB, ameaçada pelos novos concorrentes do mercado, então, nos anos 1990, resolveu analisar em detalhes sua cadeia de suprimentos de peças sobressalentes, conforme ilustra a Figura 9.3.

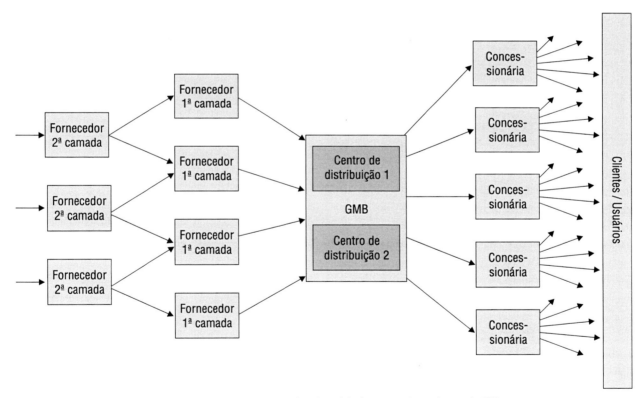

Figura 9.3 Ilustração representativa da cadeia de peças sobressalentes da GMB.

Como resultado da análise, percebeu, então, que seus níveis de estoques estavam bem acima dos melhores padrões mundiais (àquela altura, uma peça permanecia em média seis meses nos estoques da cadeia de suprimentos antes que fosse utilizada, enquanto em algumas empresas de classe mundial permanecia apenas dois meses) e, simultaneamente, que seus níveis de serviço (disponibilidade de peças na cadeia de concessionárias) estavam também em níveis bem piores do que os dos melhores padrões. Na cadeia da empresa, apenas cerca de 70% das peças requisitadas no balcão de uma concessionária estavam disponíveis, enquanto em operações de classe mundial estes valores podiam chegar a 95%.

Problemas identificados

Os seguintes problemas foram identificados na gestão da cadeia de suprimentos de peças sobressalentes da GMB pela equipe que analisou o problema:

1. *Falta de coordenação* – as decisões de reposição de estoques das concessionárias e dos centros de distribuição (CDs) da GM não tinham qualquer coordenação. Mesmo para peças cuja demanda era muito estável no nível das concessionárias, como as pastilhas de freio do veículo Corsa, pelo fato de as quase 500 concessionárias terem suas decisões de reposição definidas independentemente umas das outras, as ordens de reposição chegavam de forma caótica ao sistema de gestão dos CDs da GMB: em alguns dias, zero pedidos de um item podiam chegar aos CDs, enquanto em outros dias um grande número podia ser solicitado. Isso fazia com que os CDs da GM "percebessem" uma demanda muito mais volátil que a demanda real do mercado. Pela descoordenação entre os CDs da GM e os de seus fornecedores, a volatilidade era amplificada à medida que os pedidos seguiam para "trás" na cadeia, numa clara manifestação do "efeito chicote" (ver Capítulo 8 para uma discussão sobre este efeito). Para lidar com essa volatilidade, os CDs e os fornecedores de peças eram forçados a ter capacidade e estoques de segurança adicionais, aumentando os custos.

2. *Falta de visibilidade na cadeia de suprimentos* – os elos fornecedores não tinham qualquer visibilidade da demanda que seus clientes na cadeia tinham de atender. Um fornecedor não sabia, por exemplo, se um grande pedido recebido era devido a um aumento real de demanda no mercado ou simplesmente porque seu cliente imediato estava pedindo mais peças a fim de aumentar seus níveis de estoques. Isso fazia com que cada elo na cadeia olhasse apenas para a demanda de seu cliente imediato para fazer previsões. Como a demanda solicitada pelo elo imediatamente à frente era muito diferente para os diferentes elos, as previsões que suportavam as decisões de reposição de estoques de cada um dos elos eram diferentes entre si, amplificando o problema – cada membro da cadeia tinha uma noção diferente a respeito da demanda futura.

3. *Desalinhamento de incentivos na cadeia* – as formas de incentivo às concessionárias usadas pela GMB não estavam alinhadas (ver Capítulo 6 para uma discussão sobre este tópico) com o melhor interesse da cadeia como um todo. A GMB definia mensalmente metas de compras de peças para cada concessionária e as recompensava com prêmios financeiros pelo atingimento destas metas. Como nem todas as concessionárias tinham bons sistemas de previsão e gestão de peças, muitas vezes, para atingir as metas de compras, as concessionárias compravam peças que não tinham boas probabilidades de serem vendidas rapidamente, o que aumentava seus estoques e também os níveis de obsolescência desses estoques. Em um levantamento preliminar, a GMB descobriu que cerca de 30% dos estoques das concessionárias eram de itens obsoletos. Isso fragilizava a saúde financeira das concessionárias.

4. *Existências de lotes mínimos de compra* – impostos pelos CDs a fim de que os custos de transporte fossem mais "diluídos", a existência de lotes mínimos de compra fazia com que os estoques médios das concessionárias subisse (um lote grande, quando é comprado, leva mais tempo para ser consumido), imobilizando precioso capital de giro, o que comprometia a capacidade de as concessionárias disponibilizarem uma grande variedade de peças em suas prateleiras e prejudicava os níveis de disponibilidade de peças ao cliente.

5. *Previsão inacurada de vendas* – as previsões de vendas feitas individualmente por cada uma das concessionárias levavam em conta apenas os dados históricos de vendas locais. Como as concessionárias não compartilhavam entre si informações sobre demanda, importantes dados referentes à demanda agregada de peças (do conjunto das concessionárias) não eram levados em conta nas previsões, tornando a acurácia pior do que o que seria possível.

A partir deste diagnóstico, a GMB disparou uma iniciativa para alterar substancialmente a forma de gerenciar sua cadeia de suprimentos, num projeto nacional audacioso chamado AutoGIRO. O AutoGIRO, implantado a partir de junho de 2000, baseia-se nos seguintes princípios:

1. Compartilhamento de informações das concessionárias com a GMB e implantação de VMI (*vendor managed inventory*, ou estoque gerenciado pelo fornecedor)

   Com isso, a GMB passa a assumir a responsabilidade pela gestão dos estoques das suas concessionárias. Denominador comum da cadeia de suprimentos, a empresa é o único ator na cadeia que pode conhecer a demanda agregada das 500 concessionárias para cada peça. Assim, pode realizar melhores previsões de venda para os específicos mercados servidos por cada uma das concessionárias. Além da possibilidade do uso de melhores previsões na gestão dos estoques, a GMB, como gestora, também tem a vantagem de entregar milhares de diferentes peças para um definido e estável conjunto de concessionárias e, com isso, poder obter economias de escala em transporte, porque os custos podem ser *compartilhados* usando sistemas como o *milk run* (ver Capítulo 11), em que um meio de transporte faz entregas coordenadas, periódicas e regulares para um grupo de concessionárias. A GMB, como gestora dos estoques, pode *coordenar* melhor essas entregas.

2. Proteção contra obsolescência e falta de peças

Com o VMI, como a GMB assume a atividade de definir as políticas de gestão de estoques das concessionárias, é justo e plausível que assuma também a responsabilidade pelas consequências de exercer este poder. O AutoGIRO faz isso garantindo que as concessionárias que aceitarem suas sugestões de ressuprimento estejam protegidas contra a obsolescência das peças. Itens sugeridos pelo novo sistema da GMB que obsolescerem na concessionária são recomprados (veja o Capítulo 6 para uma discussão de contratos de recompra – *buyback*) pela GMB. Da mesma forma, se a concessionária aceita a sugestão da GMB para ressuprimento e se depara com a falta de certa peça, a GMB se compromete a remeter a peça com urgência sem custos extras para a concessionária. Antes do programa AutoGIRO, entregas urgentes custavam bastante e peças obsoletas eram problema exclusivo das concessionárias.

3. Alinhamento de incentivos

A GMB alterou substancialmente o desenho dos seus incentivos. Eliminou as metas e recompensas de *compra* de peças dadas às concessionárias e estabeleceu metas de *vendas* de peças ao mercado para incentivar as concessionárias a *vender* mais, e não meramente a *comprar* mais. Para uma discussão sobre alinhamento de incentivos na cadeia, veja o Capítulo 6.

4. Reposição automática de peças na concessionária

O sistema AutoGiro trabalha com a lógica de reposição automática de estoques. A cada dia, o sistema recebe informações sobre a posição corrente do estoque de cada concessionária, para cada item, e, caso essa posição seja menor que a quantidade ideal (pré-calculada e atualizada semanalmente pelo sistema) para aquela concessionária, a quantidade ideal é completada. Como este cálculo e reposição são feitos todo dia, o sistema acaba repondo automaticamente na concessionária as quantidades vendidas no dia anterior. Com isso, a demanda percebida pelos CDs passa a ser muito similar à demanda percebida pela concessionária, reduzindo o efeito chicote. Na concessionária, reposições diárias com lotes reduzidos diminuem os estoques médios, reduzindo também o capital de giro necessário a mantê-los. Com mais capital de giro, as concessionárias podem disponibilizar uma maior variedade de peças, aumentando o nível de serviços ao cliente.

5. Compartilhamento de informações de estoques entre concessionárias da cadeia

Para que a GMB possa gerenciar os estoques das concessionárias e prover reposição automática, ela precisa ter um fluxo contínuo e atualizado de informações sobre a posição de estoques de cada item em cada concessionária. A empresa disponibiliza essas informações para as concessionárias na internet – isso significa que, em caso de uma falta local de peça, a concessionária pode rapidamente conferir na internet *se* e *onde* a peça estaria disponível entre as concessionárias da redondeza, obtendo rapidamente o item.

As vantagens do sistema AutoGIRO

- Por *compartilhar informações entre as concessionárias e a GMB*, a acurácia das previsões de demanda aumenta e a volatilidade na cadeia diminui. Isso ajuda a reduzir níveis necessários de estoques de segurança em todos os elos envolvidos – para algumas concessionárias, a permanência média dos itens em estoque foi reduzida de seis meses para dois meses com a implantação do sistema.

- Por *compartilhar informações entre as concessionárias*, permite que os níveis de serviço aumentem ainda mais. Quando uma concessionária identifica a falta de peça necessária para atender um cliente, pode checar os estoques de outras concessionárias próximas e obter rapidamente o item faltante.

- Por *coordenar as decisões de reposição da cadeia inteira*, permite que a reposição automática em pequenos lotes seja viável, reduzindo o estoque médio nas concessionárias. Com isso, as concessionárias têm capital de giro liberado para disponibilizar uma maior variedade de peças. Algumas concessionárias envolvidas no projeto elevaram seus níveis de serviço de 70% para 94%.

- Por *coordenar suprimento e demanda no ponto de venda*, com reposições automáticas, fazendo a cadeia trabalhar no mesmo ritmo do mercado, reduz substancialmente o efeito chicote a montante na cadeia.

- Por *estabelecer um time de analistas bem treinados* na GMB, dedicados exclusivamente a cuidar e aperfeiçoar o AutoGIRO, cada melhoria no algoritmo, nas práticas, no tratamento dos dados etc. beneficiará toda a cadeia.

- Antes do AutoGIRO, pesquisa conduzida pela GM mostrou que cerca de 80% do tempo dos gerentes de peças das concessionárias era gasto com o processo de aquisição de peças. Com o AutoGIRO automatizando grande parte disso, o gerente de peças agora pode utilizar seu tempo desenvolvendo o relacionamento com o cliente, buscando novas oportunidades de negócio e vendendo mais.

- Com menores custos na cadeia, parte do benefício pode ser repassado ao cliente final na forma de preços mais baixos, o que aumenta a competitividade da cadeia como um todo.

Baseado no caso GM Brazil Spare Parts, escrito em coautoria com Dênio Nogueira Jr.

QUESTÕES PARA DISCUSSÃO

1. Você já estudou a diferença entre sistemas de gestão de fluxo *puxados* e *empurrados* (ver Capítulo 7 para refrescar a memória). Na sua opinião, o sistema AutoGIRO é um sistema *empurrado* ou *puxado*? Justifique.

2. Explicite, em suas próprias palavras, o porquê de o sistema AutoGIRO ser não apenas um bom sistema de *gestão* de estoques, mas um importante sistema de *coordenação* de decisões de estoque na cadeia de suprimentos.

3. O sistema AutoGIRO reorganizou a cadeia de suprimentos de forma que algumas atividades deixaram de ser executadas por um elo para serem feitas por outro elo mais habilitado a executá-las. Identifique, no caso, a(s) situação(ões) em que isso ocorreu.

O referido caso da GMB ilustra uma situação real na qual os sistemas de estoques foram redesenhados com o objetivo de não só melhorar os individuais sistemas de gestão de estoques de cada elo da cadeia de suprimentos, mas estabelecer e melhorar a coordenação entre os sistemas de gestão de estoques dos elos envolvidos. Para que possamos discutir com mais propriedade como conseguir melhorar os níveis de gestão e coordenação de decisões sobre estoques nas cadeias de suprimentos, no restante deste capítulo estudaremos os principais conceitos e modelos de gestão de estoques tradicionais e as formas mais contemporâneas de gestão e coordenação de estoques nas cadeias de suprimentos.

9.2 CONCEITOS

9.2.1 Estoques – conceitos básicos

 CONCEITO-CHAVE

Estoques são acúmulos de recursos materiais entre etapas de um processo de transformação. Os níveis de estoques variam quando os fluxos de entrada e de saída da etapa variam, um em relação ao outro.

Processos de transformação podem se referir a uma transformação *física* – no caso de processos de manufatura ou de *posse* ou *localização* do bem –, como no caso de processos de distribuição e logísticos. A Figura 9.4 traz uma representação simplificada ilustrando o conceito de entradas – estoques – saídas. Note que cada caixa d'água representada na figura faz o papel de uma etapa do processo geral. A quantidade de água dentro de cada etapa representa o "estoque" presente na etapa. Pense na Etapa 3, por exemplo. Se os fluxos de água entrando e saindo são iguais, o nível de água – estoque – não se altera. Se, entretanto, os fluxos de entrada e saída são alterados, abrindo ou fechando as torneiras, relativamente um ao outro, o nível de estoque vai crescer se o fluxo de entrada aumentar em relação ao de saída e vai diminuir se o fluxo de entrada diminuir em relação ao de saída.

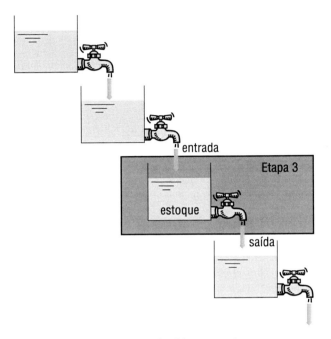

Figura 9.4 Ilustração representando várias etapas de um processo com entradas, saídas e estoque.

Os estoques têm uma propriedade fundamental, que é ser uma *arma* – no sentido de que pode ser usada *produtivamente* ou *contraprodutivamente*: os estoques proporcionam independência às etapas do processo de transformação entre as quais se encontram. Quanto maiores os estoques entre duas etapas de um processo de transformação, mais *independentes* entre si essas etapas são; por exemplo, a interrupção do fluxo de uma não acarreta, automaticamente, interrupção no fluxo da outra, se houver estoque entre elas.

Se um fornecedor, por exemplo, sofre uma interrupção em sua fábrica, essa interrupção será imediatamente sentida pelo cliente se este não tiver muito estoque do item fornecido. Este é o lado produtivo dos estoques: permitir que as possíveis diferenças entre taxas de entrada e saída entre etapas de um processo de transformação sejam "absorvidas".

Por exemplo, num processo produtivo de uma fábrica de geleia de frutas, o processo de transformação de morango em geleia de morango tem taxas de entrada e saída diferentes, entre si, ao longo do ano. Geleia de morango tem uma taxa de demanda pelo consumidor (saída do processo) mais estável – as pessoas comem geleia o ano todo, enquanto a entrada de morangos se dá com uma taxa muito alta durante a safra de morango e muito baixa (chegando a zero) fora da safra. As empresas conseguem regular essas diferentes taxas produzindo durante a safra mais do que a demanda requer neste período (portanto, criando estoques de produto acabado), de forma que os estoques criados sejam usados para continuar a atender a demanda por geleia na entressafra.

Essa diferença de taxas de entrada e saída é *inevitável*, pois não há ainda tecnologia para alterar substancialmente as durações da safra de produtos agrícolas. Há inúmeros exemplos, entretanto, do uso de estoques para absorver diferenças *evitáveis* entre taxas de entrada e de saída.

Este é o lado contraprodutivo dos estoques. Como ajudam a absorver diferenças relativas de taxas de entradas e saídas tanto *evitáveis* quanto *inevitáveis*, corre-se o risco de usar estoques *em vez* de disparar ações para equalizar as taxas quando isso é possível.

Este lado contraprodutivo dos estoques é muito enfatizado pelos modelos de gestão *lean*, de inspiração no modelo Toyota de produção, que procuram reduzir os estoques por meio do ataque às suas causas evitáveis.

Segundo a escola de pensamento *lean*, os estoques devem ser evitados porque "escondem" as imperfeições do sistema e tornam os gestores lenientes quanto aos problemas.

> **FIQUE ATENTO**
> É importante entender as razões pelas quais os estoques surgem. Só assim se podem entender quais são *evitáveis* e quais são *inevitáveis*, tendo certeza de que aquelas evitáveis sejam constantemente combatidas e, em relação às causas inevitáveis, que os estoques sejam dimensionados adequadamente, em níveis apenas suficientes para lidar com elas.

Causas do surgimento dos estoques

Quais são os motivos que levam a haver diferenças entre as taxas de suprimento e de consumo de um determinado item? Em outras palavras, quais as razões por trás do surgimento dos estoques? São várias. As principais são discutidas a seguir e mostradas esquematicamente na Figura 9.5:

- falta de coordenação, de várias naturezas, entre etapas do processo;
- incertezas de previsões em relação ao suprimento e à demanda;
- especulação; e,
- necessidade de preenchimento dos canais de distribuição.

Falta de coordenação

Pode ser impossível ou inviável coordenar as fases do processo de transformação, de forma a alterar suas taxas de suprimento e consumo para que estas sejam iguais, dispensando a necessidade de estoque entre elas. Por exemplo:

Restrições tecnológicas: pode ser impossível, tecnologicamente, coordenar as fases de um processo produtivo de forma perfeita. Imagine, por exemplo, um determinado fornecedor que, por uma restrição tecnológica de seu processo, só consiga fornecer lotes maiores do que dez toneladas de determinado material. Se o consumo mensal do processo que utiliza este material é de 500 quilos, as duas fases – suprimento e consumo – estão descoordenadas. A cada compra de matéria-prima, algum estoque será formado, até que a taxa de consumo de 500 quilos por mês o consuma e justifique uma nova compra. Isso levará vários meses.

Figura 9.5 Principais motivos para o surgimento dos estoques.

Custos de obtenção: às vezes, o motivo para a formação de lotes de produção não é uma impossibilidade tecnológica, mas uma inviabilidade econômica. Os custos de preparação do equipamento, por exemplo, podem ser altos, de forma que só seja compensador produzir lotes maiores que certo tamanho, para que se "diluam" os custos de preparação, fixos para qualquer tamanho de lote. Isso pode ocorrer com processos internos ou de fornecedores. Nos processos de transporte também muitas vezes é inviável coordenar suprimento e demanda, surgindo lotes. Por exemplo, o transporte de contêineres em navios é restrito às frequências de rotas oferecidas pelas empresas de navegação.

Acumulam-se lotes de produtos a transportar para despachá-los com a frequência *possível*. Toda situação em que se criam lotes de materiais (de produção, movimentação interna ou transporte) que têm quantidades maiores do que a necessária no curto prazo deve ser questionada; já em grande parte das situações, a falta de coordenação causada pela formação de lotes é *evitável* por mudanças tecnológicas ou de método.

Coordenação de informações: há situações em que, mesmo não havendo restrições tecnológicas importantes ou inviabilidades referentes aos custos de obtenção, ocorre descoordenação de informação entre obtenção e consumo de itens.

Nos anos 1940, por exemplo, as montadoras de veículos não tinham como processar todas as milhares de informações do processo produtivo de forma a coordenar perfeitamente a informação da demanda futura com a informação de quantos itens teriam de estar disponíveis, em que quantidades e em que momentos, para que a produção ocorresse sem faltas nem sobras (ou seja, de forma *coordenada*).

Por consequência desta descoordenação informacional, as montadoras daquela época eram forçadas, por segurança, a obter os insumos antes e/ou em maior quantidade que o estritamente necessário, evitando, desta forma, faltas de componentes que poderiam acarretar paradas custosas da linha de montagem.

Hoje o problema da descoordenação informacional interna está resolvido em muitas empresas; mas *entre* empresas, na cadeia de suprimentos, ainda se acham situações em que estoques desnecessários surgem em virtude de os sistemas de informação das várias empresas envolvidas não estarem adequadamente coordenados.

A falta de coordenação de informações é uma causa do surgimento de estoques que deve sempre ser questionada em gestão de cadeias globais de suprimentos. Estas são em geral *evitáveis*, principalmente levando em conta o estado avançado das tecnologias de informação.

Incerteza

Há muitos casos em que a acurácia das previsões futuras (tanto de demanda como de suprimento) é pequena, ou seja, há *incerteza de demanda* e/ou *incerteza de suprimento*.

Incerteza de demanda: é frequente as cadeias de suprimentos se confrontarem com situações em que as demandas pelos seus produtos são pouco previsíveis. Isso foi discutido no Capítulo 2, quando foram analisadas as cadeias de suprimentos que produzem e entregam produtos inovadores, por exemplo. Produtos de moda, com ciclos de vida mais curtos, que trazem inovações de *design* ou tecnológicas, em geral são sujeitos a erros maiores de previsão de demanda.

Incerteza de suprimento: os suprimentos também estão sujeitos a incerteza. Às vezes, por exemplo, as entregas de certo fornecedor têm *lead time* e/ou níveis de qualidade pouco previsíveis, em razão de incertezas presentes em seu processo de produção ou entrega. Nas cadeias de suprimentos globais, essas incertezas se tornam ainda mais importantes devido ao maior número de transbordos, mais longas distâncias de transporte e possível maior diversidade de um número maior de fornecedores em escala global.

Nestes casos, estoques (chamados de estoques de segurança) são necessários para fazer frente a essas incertezas. Incertezas no processo também podem ser *evitáveis* ou *inevitáveis*. É sempre recomendável questionar todas as fontes de incerteza. Ações para *reduzir* incerteza – por exemplo, desenvolvendo fornecedores e melhorando sistemas de previsão de demanda (veja o Capítulo 8) – são sempre mais recomendáveis do que o uso de estoques de segurança. Entretanto, às vezes as reduções de incertezas podem levar tempo. Enquanto isso, algum nível de estoques de segurança é necessário.

Especulação

Em muitas situações, a formação de estoques se dá com intenção de realização de lucro com a compra e a venda oportunísticas de materiais. Empresas conseguem antecipar a ocorrência de *escassez* (e correspondente alta de preço) de oferta de determinado bem, comprando quantidades mais altas do que aquelas estritamente necessárias para seu consumo, enquanto os preços ainda estão baixos. Na escassez, com a alta de preços, pode aproveitar a *oportunidade*, vendendo o excedente e realizando lucros.

Disponibilidade no canal de distribuição (*pipeline inventory*)

Há situações, em cadeias globais de suprimentos, que demandam que produtos sejam colocados em disponibilidade próximos dos mercados consumidores. Isso ocorre frequentemente com produtos de consumo. Nem sempre as fábricas que os produzem se encontram próximas dos mercados. É necessária, portanto, uma operação logística de transporte dos produtos das fábricas para os mercados. Como o consumo se dá continuamente, tem de haver um fluxo contínuo de produtos, escoados pelos canais de distribuição (que podem incluir armazéns, entrepostos, meios de transporte e outros). Os produtos que preenchem o canal de distribuição, conforme o seu comprimento, podem representar quantidades consideráveis de estoques que devem ser gerenciados: são os chamados estoques no canal de distribuição (*pipeline inventory*).

Tipos de estoque

FIQUE ATENTO
Há quatro tipos básicos principais de estoques em cadeias de suprimentos: estoques de matérias-primas e suprimentos, estoques em processo, estoques de produtos acabados e estoques de materiais para manutenção, reparo, consumo e movimentação.

- *Estoque de matérias-primas e componentes*: é o estoque de matérias que serão utilizadas como ingredientes do processo produtivo. Exemplos são chapas de aço para uma fabricante que produza painéis estampados e circuitos integrados para uma empresa que monte computadores.
- *Estoque em processo*: é o estoque de materiais que já começaram a ser processados pela operação, mas ainda têm que passar por etapas subsequentes de processamento. Exemplos são os materiais semiacabados.
- *Estoque de produtos acabados*: é o estoque dos produtos finais do processo em questão. Numa cadeia de suprimentos, este conceito é menos claro, porque o produto acabado de um processo será, muitas vezes, o componente do processo subsequente.
- *Estoque de materiais para manutenção, reparo, consumo e movimentação*: é o estoque de materiais de apoio ao processo. As peças sobressalentes que as operações mantêm para atender às suas próprias necessidades de manutenção e reparo, os materiais de consumo, como óleos lubrificantes para processos de usinagem, os materiais para apoio logístico, como os páletes e os materiais de consumo em operações de serviço, encaixam-se aqui.

9.2.2 Demanda independente e demanda dependente

Decorre tempo (chamado *lead time*) entre o momento da tomada de decisão sobre ressuprimento dos estoques e a sua efetiva disponibilidade para uso. Por isso, na hora da tomada de decisão sobre ressuprimento, é necessário ter uma *visão futura* do consumo do item: um item é pedido para atender a uma *necessidade futura*, já que vai levar tempo para ser obtido. Essa *visão futura* do consumo, que direciona as decisões de ressuprimento, pode ser obtida de duas formas básicas: previsões (ver Capítulo 8), no caso de *demanda independente*, ou cálculos (discutido adiante neste capítulo), no caso de *demanda dependente*.

Demanda independente

Para alguns itens dentro da operação, como os produtos acabados, é necessário recorrer a previsões para que se possa ter a necessária visão do consumo futuro.

Frequentemente a demanda futura destes itens não está sob controle da organização, dependendo de fatores exógenos, como o desempenho das ofertas concorrentes e as condições de mercado. Numa cadeia de suprimentos, só deveriam ser considerados de demanda independente os *produtos finais fornecidos ao consumidor* e alguns tipos de itens de manutenção, reparo, consumo. Todos os outros, teoricamente, poderiam ser calculados, desde que os sistemas de gestão de estoques de todos os elos na cadeia fossem integrados.

CONCEITO-CHAVE
À demanda futura que tem de ser prevista dá-se o nome de *demanda independente*.

Demanda dependente

Nem todos os itens de estoque necessitam que seu consumo futuro seja previsto. Alguns permitem que seu consumo futuro seja *calculado* com base em fatores sob controle da operação. O consumo futuro dos componentes de produtos em operações fabris está diretamente relacionado com a quantidade que a operação *decidiu* produzir daquele produto, assim como o consumo de peças sobressalentes para manutenção preventiva está diretamente relacionado com os planos de manutenção preventiva. De posse de informações sobre a quantidade do insumo necessário por unidade do produto produzido, obter a informação sobre o consumo futuro passa a ser uma questão de *cálculo*.

CONCEITO-CHAVE
À demanda futura que pode ser calculada dá-se o nome de *demanda dependente*.

Há vantagens de se gerenciar demandas dependentes, pois estão sujeitas a uma incerteza menor por serem derivadas de cálculo matemático. A gestão de estoques de itens sujeitos a demanda dependente é tratada por técnicas específicas que procuram usar essa vantagem.

Uma delas, que utiliza o conceito de produção *empurrada* (ver Capítulo 7), é genericamente chamada MRP (*material requirements planning*, ou cálculo de necessidades de materiais).

Outra, que utiliza o conceito de produção *puxada*, é chamada de JIT/*kanban*. Essas duas modalidades de técnicas de gestão de estoques visam *coordenar* melhor, informacionalmente, a obtenção e o consumo dos itens. Com coordenação, vêm menores incertezas, menores estoques de segurança e, portanto, melhor desempenho.

9.2.3 Aumentando a coordenação na gestão de estoque de itens de demanda dependente na cadeia de suprimentos

A seguir, serão discutidas duas das principais técnicas existentes para aumento de coordenação entre etapas de um processo produtivo na cadeia de suprimentos: o MPR e o JIT/*kanban*.

Coordenando obtenção e consumo em sistemas empurrados: o MRP

O MRP, presente na maioria dos sistemas integrados de gestão (os chamados ERPs, ou *Enterprise Resource Management Systems*), como o SAP (www.sap.com), é um sistema empurrado que auxilia a coordenar informacionalmente os suprimentos e o consumo dos itens de estoque em cadeias de suprimentos.

> **CONCEITO-CHAVE**
>
> O MRP é um sistema centralizado, em que um sistema computacional, baseado em base de dados, calcula, a partir dos planos de produção futura, as necessidades de materiais: o quê, quando e quanto produzir e comprar.

A Figura 9.6 ilustra a organização geral de um sistema MRP. São chamados, no jargão do MRP, de itens *filhos* aqueles componentes *diretos* de outros itens, estes chamados itens *pais*. Informações sobre composição de produtos podem ser organizadas na forma representada na Figura 9.7.

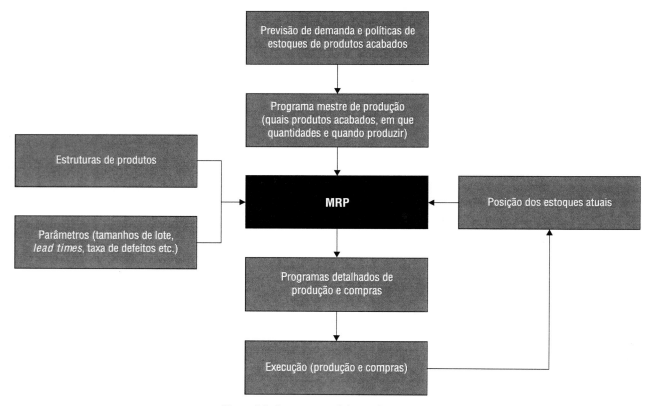

Figura 9.6 Esquema geral de um sistema MRP.

> **FIQUE ATENTO**
>
> A "estrutura de produto" ou "árvore do produto" representa todas as relações pai-filho, entre todos os itens de um determinado produto (no exemplo, uma caneta simples).

Observe que, nos diversos níveis, os retângulos representam os itens componentes devidamente identificados. Acima dos retângulos, encontra-se um número que representa a quantidade do item filho necessário por unidade do correspondente item pai.

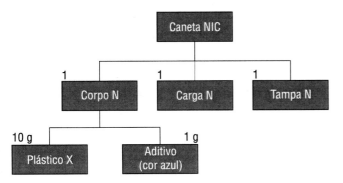

Figura 9.7 Estrutura de produtos de uma caneta simples.

Explosão de necessidades brutas

Essas representações de estruturas de produtos auxiliam na resposta a duas das questões fundamentais que o MRP busca responder: o que e quanto produzir e comprar.

Por exemplo, sabemos que se 100 canetas devem ser fabricadas, é necessário comprar 100 cargas, produzir 100 corpos etc. Veja a tabela da Figura 9.8 para o cálculo de quantidades necessárias de componentes a partir da necessidade de produção de 100 canetas.

Item	Quantidade	Comprado/produzido
Caneta NIC	100	produzido
Tampa N	100	comprado
Carga N	100	comprado
Corpo N	100	produzido
Plástico X	100 × 10g = 1000 g	comprado
Aditivo (cor azul)	100 × 1g = 100 g	comprado

Figura 9.8 Ilustração da "explosão" de necessidades brutas do MRP.

Este cálculo é conhecido como "explosão" de necessidades brutas.

> **FIQUE ATENTO**
> No MRP, *explosão das necessidades brutas* significa o cálculo da quantidade total de componentes que necessita estar disponível para a fabricação das quantidades necessárias de produtos.

Escalonamento no tempo dos tempos de obtenção dos itens

A questão agora é: quando efetuar essas ações gerenciais de comprar ou produzir? Para não se carregar mais estoques do que o necessário, não se devem comprar materiais antes que estes sejam necessários ao fluxo produtivo. É essa, essencialmente, a lógica do MRP: coordenar obtenção e consumo via cálculo, programando compras e produção para o momento mais tardio possível, de modo a minimizar os estoques. Para isso, parte das necessidades de produtos acabados: por exemplo, imaginemos que

um pedido de 100 canetas seja colocado para entrega na semana 20 e que em nosso calendário estejamos na semana 15. Para que seja possível determinar os momentos de início e fim de cada atividade, além da estrutura de produto, é necessário levantar informações sobre tempos de obtenção dos diversos itens. Imagine que os tempos de obtenção dos diversos itens sejam dados conforme a tabela da Figura 9.9.

Item	Tempo de obtenção	Comprado/produzido
Caneta NIC	1 semana	produzido
Tampa N	2 semana	comprado
Carga N	1 semanas	comprado
Corpo N	1 semana	produzido
Plástico X	2 semanas	comprado
Aditivo (cor azul)	1 semana	comprado

Figura 9.9 Ilustração de escalonamento no tempo de necessidades brutas dos componentes de um produto.

A Figura 9.10 traz uma representação que inclui as informações da estrutura do produto e os tempos de obtenção de cada um dos itens, com a lógica de programação do MRP descrita anteriormente (com as atividades programadas para as datas mais tardias possíveis).

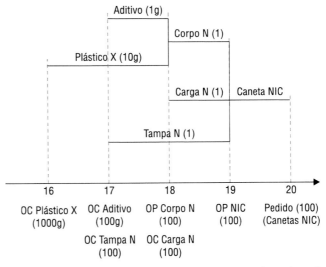

Figura 9.10 Representação dos tempos de obtenção de todos os itens da caneta, respeitando as relações "pai-filho" entre os itens.

A partir da Figura 9.10, pode-se ver em quais momentos as diversas decisões gerenciais de produção e compra deverão ser tomadas ao longo do tempo, para que as quantidades certas, nos momentos certos, sejam disponibilizadas para a produção da quantidade desejada (o pedido firme de 100 canetas) de produtos acabados. A sequência de ações gerenciais deve ser (lembrando que no nosso exercício hipotético estamos na semana 15) conforme a representação da Figura 9.11.

Semana	Ação gerencial referente a pedido de 100 canetas para a semana 20
Semana 15	nenhuma
Semana 16	liberar ordem de compra de 1.000 g de Plástico X
Semana 17	liberar ordem de compra de Aditivo (cor azul) de 100 g
	liberar ordem de compra de 100 unidades de Tampa N
Semana 18	liberar ordem de produção de 100 unidades de Corpo N
	liberar ordem de compra de 100 unidades de Carga N
Semana 19	liberar ordem de produção de 100 canetas NIC
Semana 20	entregar as 100 canetas NIC conforme pedido

Figura 9.11 Representação de ações a serem disparadas a partir das explosões de necessidades brutas de componentes de um produto.

Cálculo de necessidades líquidas

Veja a sugestão dada pelo cálculo do MRP, de compra, por exemplo, de 1.000 g (1 kg) de plástico. Fornecedores de plástico, uma matéria-prima geralmente vendida em grandes quantidades, podem nem mesmo ter embalagens para fornecer 1 kg de plástico. Em alguns casos, os fornecedores impõem quantidades mínimas (ou múltiplas) para pedidos de compra, por exemplo, 10 kg. Neste caso, como se necessita de apenas 1 kg, compram-se os 10 kg mínimos, usa-se 1kg e os 9 kg restantes são armazenados para uso futuro.

Isso implica que, quando o MRP faz as contas, em situações reais, ele deveria, antes de sugerir determinadas quantidades de compra ou produção, verificar se a referida quantidade já não se encontra disponível em estoque, resultado de alguma ação anterior.

A consideração das quantidades em estoque, deduzindo-as das necessidades brutas calculadas para então sugerir as ordens de compra e produção, chama-se "explosão das necessidades líquidas" e é explicada a seguir.

Considere o pedido firme de 100 canetas. Observe como o MRP faria os cálculos de necessidades líquidas de colocação de ordens de compra e produção.

Nota-se que, a partir da mesma necessidade de disponibilidade de produtos acabados (100 canetas a serem entregues na semana 20), os cálculos agora obedecem a uma dinâmica diferente. Se na semana 20 é necessário disponibilizar 100 canetas prontas, na semana 19 (ou seja, um *lead time* do item Caneta NIC antes) é necessário efetivamente começar a montar as 100 canetas.

Para que 100 canetas possam começar a ser montadas na semana 19, é necessário que haja disponibilidade (necessidade bruta) de quantidades suficientes de todos os componentes diretos (filhos) da caneta. Isso significa disponibilidade de 100 corpos, 100 cargas e 100 tampas na semana 19.

Mas, na semana 19, qual o estoque que se projeta ter de cada um destes componentes? O sistema MRP calcula essas quantidades e considera então o "Estoque projetado disponível na semana 19" da tabela da Figura 9.12.

Item (filhos do item caneta P207)	Necessidade (bruta) de disponibilidade para a semana 19	Estoque projetado disponível na semana 19	Necessidade (líquida) de obtenção efetiva
Corpo N	100	20	80
Tampa N	100	40	60
Carga N	100	0	100

Figura 9.12 Estoque projetado disponível e cálculo de necessidades líquidas para um produto.

A partir desta informação é possível então calcular as necessidades líquidas de todos os itens filhos da caneta.

> 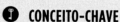 **CONCEITO-CHAVE**
>
> No MRP, *cálculo de necessidades líquidas* significa deduzir, das necessidades brutas, as quantidades projetadas disponíveis em estoque no período correspondente, chegando às necessidades líquidas de obtenção dos itens analisados.

A necessidade líquida no nosso caso-exemplo aparece na coluna "Necessidade (líquida) de obtenção efetiva" na tabela da Figura 9.11. Usando essa lógica e algoritmos de cálculo, o MRP determina então todas as necessidades líquidas (compras e produção) de todos os itens envolvidos na produção de determinado item. Para uma descrição detalhada dos sistemas MRP e seus algoritmos de cálculo, ver Corrêa et al. (2018).

Sistemas empurrados usados para aumentar coordenação de estoques na cadeia global de suprimentos

Observe que a técnica MRP auxilia a coordenar a obtenção e consumo dos itens para a empresa fabricante de canetas NIC, fazendo com que a visão futura das necessidades de todos os componentes tenha incerteza zero (já que foi resultado de cálculo matemático).

Entretanto, vamos considerar agora a cadeia de suprimentos na qual a fabricante de canetas NIC se encontra. A Figura 9.13 traz uma ilustração da cadeia de suprimentos.

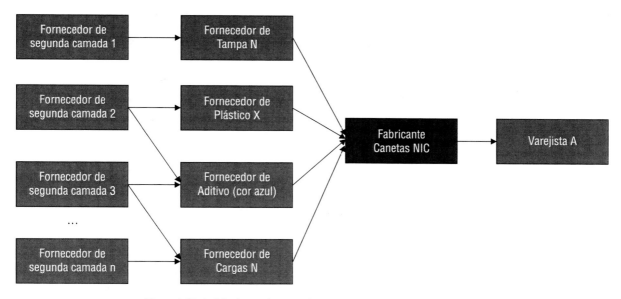

Figura 9.13 Cadeia de suprimentos da empresa fabricante das canetas NIC.

Se a coordenação proporcionada pelo MRP se restringir ao planejamento de produção da empresa fabricante das canetas NIC, a fabricante terá seus níveis de incerteza quanto à visão futura das necessidades dos seus itens de demanda dependente reduzidos via cálculo de necessidades. Por exemplo, na semana 17 (e só na semana 17), ela liberará pedidos de compra nas quantidades certas para o item "Tampa N".

Entretanto, os seus fornecedores continuarão com níveis de incerteza altos sobre as necessidades futuras dos seus itens fornecidos (por exemplo, da Tampa N). Sem compartilhamento de informações de planejamento, o fornecedor da Tampa N só terá a informação de que 60 unidades são necessárias *no momento em que* o pedido de 60 unidades entrar.

Para se preparar a fim de atender este pedido, entretanto, a empresa fornecedora da Tampa N teve de fazer previsões (sujeitas a incerteza e, portanto, requerendo recursos adicionais) sobre qual seria a necessidade futura das cargas.

Observe, por outro lado, que se informações de planejamento forem compartilhadas, o fornecedor da Tampa N saberá com antecedência as necessidades calculadas do seu cliente e a partir daí poderá trabalhar com níveis menores de incerteza, calculando suas necessidades futuras com base em informações vindas do sistema de planejamento do cliente, em vez de tentar prever as decisões deste. Tudo se passará como se os dois sistemas de planejamento, do cliente e do fornecedor, fossem um só e suas estruturas de produto fossem integradas. A Figura 9.14 ilustra o ponto. Com isso (a integração de sistemas de gestão de estoques), os níveis de incerteza enfrentados pela cadeia como um todo são reduzidos, levando a um melhor desempenho, tanto em termos de nível de serviço e disponibilidade ao cliente como em relação ao uso de recursos.

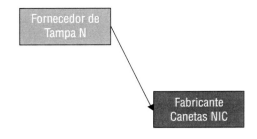
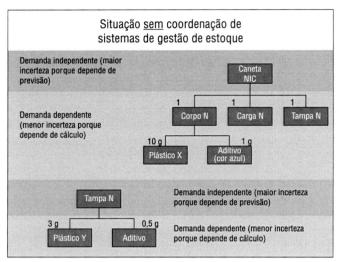
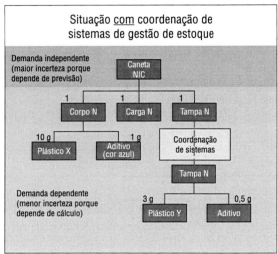

Figura 9.14 Ilustração dos benefícios da integração dos sistemas de gestão de estoques na cadeia de suprimentos.

Coordenando obtenção e consumo em sistemas puxados: JIT/*kanban*

Os sistemas JIT e *lean* (ver Capítulo 7), diferentemente dos sistemas *empurrados*, como o MRP, são baseados em fluxos *puxados* de materiais e também têm suas formas de obter maior coordenação entre obtenção e consumo de itens.

>  **CONCEITO-CHAVE**
>
> *Kanban* é como é chamado o sistema que gerencia os estoques e os fluxos puxados nos sistemas como o *just in time* e o *lean*.

Kanban é um termo japonês que significa *cartão*. Este cartão age como disparador da produção de centros produtivos em estágios anteriores do processo produtivo, coordenando a produção de todos os itens de acordo com a demanda de produtos finais. O sistema de cartões *kanban*, utilizado inicialmente nas fábricas da Toyota no Japão, consiste na utilização de dois cartões *kanban*, um deles denominado *kanban de produção*, e o outro, *kanban de transporte* (Corrêa et al., 2018).

> **CONCEITO-CHAVE**
>
> O *kanban de produção* dispara a produção de um lote (geralmente pequeno e próximo à unidade) de peças de determinado tipo, em determinado centro de produção da fábrica. Nenhuma operação de produção é executada, exceto na linha de montagem, sem que haja autorização de um *kanban* de produção.

> **CONCEITO-CHAVE**
>
> O *kanban de transporte* autoriza a movimentação do material pela fábrica, do centro de produção que produz determinado componente para o centro de produção que consome este componente no seu estágio do processo. Nenhuma atividade de movimentação é executada sem que haja autorização de um *kanban* de transporte.

A Figura 9.15 ilustra exemplos de *kanban*s de produção e de transporte.

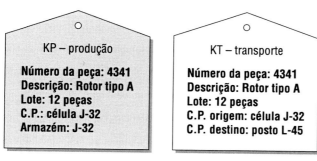

Figura 9.15 Exemplo de *kanban* de produção e de *kanban* de transporte.

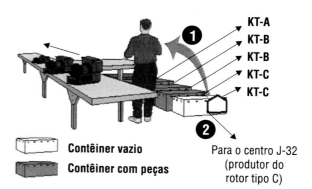

Figura 9.16 *Kanban* na linha de montagem.

Para ilustrar o processo de puxar o fluxo a partir da demanda utilizando o sistema *kanban*, utilizaremos um exemplo de uma fábrica que produz bombas hidráulicas, em particular os processos de produção dos rotores das bombas e sua montagem na linha. Em um determinado posto da linha de montagem de bombas, o operador monta os rotores nas caixas das bombas. Neste local, o operador armazena uma determinada quantidade de rotores dos três tipos de bombas que a fábrica produz (A, B e C), para que possa utilizá-los conforme a necessidade. Vejamos a sequência dos passos do sistema *kanban*, analisando a Figura 9.16.

1. O operador retira o último rotor de um contêiner padronizado que se encontra no seu posto de montagem.
2. O contêiner tem, encaixado nele, um *kanban de transporte* que permite sua movimentação até o centro produtivo de retífica (J-32) que finaliza a fabricação dos rotores. Funcionários responsáveis pela movimentação de materiais levam o contêiner vazio e o *kanban de transporte* ao centro produtivo marcado no cartão.
3. Na Figura 9.16, funcionários responsáveis pela movimentação de materiais se dirigem ao centro de produção de retífica dos rotores (J-32), deixam o contêiner vazio e levam outro completo de rotores para a linha de montagem. O *kanban de transporte* acompanha toda a movimentação.
4. O *kanban de produção*, que estava encaixado no contêiner cheio de rotores, é transferido para o painel de produção do centro J-32, para que um novo lote de rotores seja finalizado.
5. Para produzir um lote de rotores que irá repor o estoque consumido, o operador do centro J-32 utiliza um contêiner de rotores semiacabados (já usinados, mas não retificados).
6. O operador libera o *kanban de transporte* que estava encaixado no contêiner de rotores semiacabados, para que o pessoal de movimentação possa transferir mais um lote de rotores semiacabados do centro M-12 (usinagem) para o centro J-32.

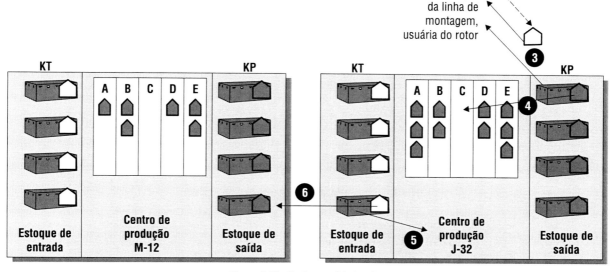

Figura 9.17 *Kanban* na fabricação.

7. Na Figura 9.17, funcionários responsáveis pela movimentação de materiais se dirigem ao centro de usinagem dos rotores (M-12), deixam o contêiner vazio e levam outro completo de rotores para o centro de retífica (J-32). O *kanban de transporte* acompanha toda a movimentação.

8. O *kanban de produção* que estava encaixado no contêiner cheio de rotores semiacabados é transferido para o painel de produção do centro M-12, para que um novo lote de rotores seja usinado.

9. Para produzir um lote de rotores que irá repor o estoque consumido, o operador do centro M-12 utiliza um contêiner de rotores fundidos brutos.

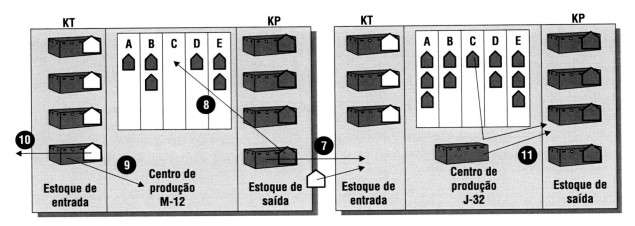

Figura 9.18 *Kanban* na fabricação.

10. O operador libera o *kanban de transporte* que estava encaixado no contêiner de rotores semiacabados para que o pessoal de movimentação possa transferir mais um lote de rotores fundidos brutos do armazém para o centro M-12.

11. O operador do centro J-32 termina o processamento no lote de rotores, encaixa o *kanban de produção* no contêiner e deposita o conjunto no local de armazenagem.

Desse modo, o sistema *kanban* coordena a produção dos diversos centros de produção. O *kanban de transporte* circula entre os postos de armazenagem de dois centros de produção contíguos. O *kanban de produção* circula entre um centro de produção e seu posto de armazenagem. O esquema simplificado de fluxo é ilustrado na Figura 9.19.

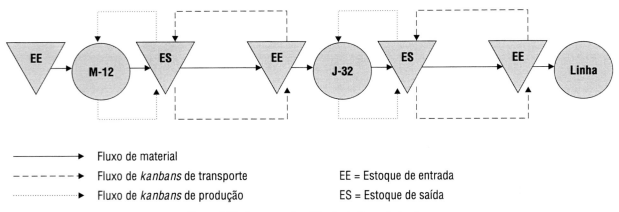

Figura 9.19 Esquema simplificado do fluxo de *kanban*.

O número de cartões *kanban* entre dois centros de produção determina o estoque de material entre estes dois centros, pois a cada um corresponde um contêiner padronizado de peças. Em geral, o número de cartões *kanban de transporte* e de cartões *kanban de produção* são iguais, distribuindo o estoque entre os postos de armazenagem dos dois centros. O dimensionamento de cartões *kanban* entre dois centros de produção, considerando a soma entre *kanban de produção* e *kanban de transporte*, é feito da seguinte maneira:

Sejam

X = número total de *kanban*

D = demanda do centro consumidor por unidade de tempo

Te = tempo de espera do lote no centro produtor

Tp = tempo de processamento do lote no centro produtor

C = tamanho do lote ou capacidade do contêiner (peças por *kanban*)

F = fator de segurança

Então,

$$X = \frac{D(T_e + T_p)(1 + F)}{C}$$

O número mínimo de cartões *kanban* pode ser obtido fazendo $F = 0$. Mas este número somente será alcançado quando todas as incertezas do processo forem eliminadas, eliminando-se, também, a necessidade de estoques de segurança.

FIQUE ATENTO
O sistema *kanban* é um sistema no qual as quantidades são produzidas quando demandadas pelo estágio posterior do processo.

A informação desta demanda ocorre de forma visual (embora hoje seja muito comum que os cartões *kanban* sejam substituídos por informação eletrônica) e é enviada ao centro produtivo fornecedor sempre que o nível de estoque de saída do seu processo caia abaixo de certo nível (em geral, baixo) predeterminado. O sistema então repõe uma quantidade suficiente para que aquele nível se complete. Em outras palavras, o sistema *kanban* é um sistema de reposição automática de estoques: repõe-se a quantidade utilizada, na taxa em que a utilização ocorre.

Sistemas puxados usados para aumentar coordenação de estoques na cadeia global de suprimentos

Por ser uma forma de coordenar obtenção e consumo de itens, segundo a taxa real de consumo, os sistemas puxados são uma excelente alternativa para conseguir essa coordenação não apenas entre setores produtivos dentro de uma empresa, mas também entre empresas numa cadeia de suprimentos.

Imagine a cadeia de suprimentos na qual a nossa fabricante de bombas está envolvida. Ela parte de componentes como os rotores fundidos brutos, adquiridos de um fornecedor, os processa em dois centros produtivos: usinagem (M-12) e retífica (J-32) e monta os rotores, juntamente com outros componentes adquiridos de outros fornecedores, as bombas hidráulicas na linha de montagem. As bombas vão, então, para o armazém de produtos acabados. Fica claro que, desde o armazém de componentes comprados até o armazém de produtos acabados, obtenção e consumo dos itens, os vários estágios de processamento são coordenados pela lógica de fluxo puxado do *kanban*. Entretanto, se essa coordenação não for estendida aos parceiros da cadeia de suprimentos, ocorrerá descoordenação, com todas as suas consequências: maiores incertezas, redundâncias de estoques e, talvez a mais séria, a ocorrência do efeito chicote. Lembre-se das discussões do Capítulo 8 sobre o *efeito chicote*: falta de coordenação de atualizações de previsões e das decisões de reposição de estoques são algumas das suas causas principais.

FIQUE ATENTO
É cada vez mais frequente o uso de formas de coordenação que utilizam os princípios dos fluxos puxados e do *kanban* para coordenar também a obtenção e o consumo de itens entre empresas de uma cadeia de suprimentos.

Um exemplo seria a extensão do esquema mostrado na Figura 9.19 para envolver também os fornecedores da nossa fábrica de bombas (como, por exemplo, o fornecedor dos rotores fundidos brutos) e até seus clientes. A Figura 9.20 ilustra o conceito.

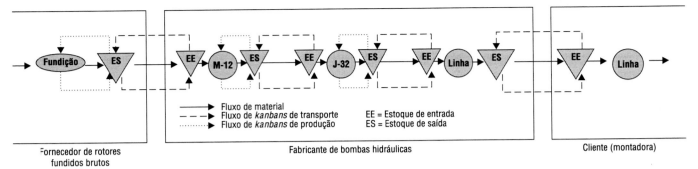

Figura 9.20 Uso da lógica *kanban* para coordenar obtenção e consumo de itens entre empresas da cadeia de suprimentos.

Muitas vezes, entre empresas, o uso de cartões físicos *kanban* pode não ser prático. Com todos os recursos tecnológicos disponíveis para que parceiros na cadeia de suprimentos se integrem informacionalmente, há numerosas opções para que essa comunicação de apoio ao fluxo puxado de materiais ocorra entre empresas. Veja no caso de abertura deste capítulo a forma com a qual informacionalmente a General Motors do Brasil conseguiu implantar um fluxo puxado de materiais entre seus centros de distribuição e as concessionárias.

TEORIA NA PRÁTICA

O caso na abertura deste capítulo ilustra o redesenho do sistema de gestão de estoques da General Motors do Brasil, no seu negócio de peças sobressalentes, com aumento da coordenação entre os sistemas de gestão dos elos envolvidos. O sistema resultante foi um sistema puxado, no qual a GMB repõe automaticamente as peças consumidas pela demanda dos clientes das concessionárias, em pequenas quantidades e frequentemente. A seguir, a explicação de como o novo sistema (AutoGIRO) gerencia os fluxos de informação. Acompanhe a explicação referente à Figura 9.21.

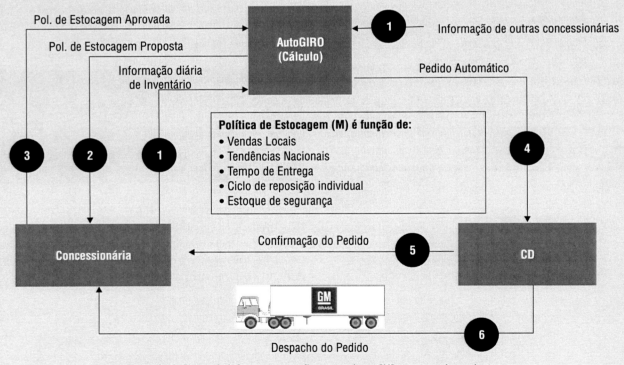

Figura 9.21 Fluxos de informação para fluxo puxado na GMB – peças sobressalentes.

Fluxo 1 – Diariamente, os pontos de venda enviam à GMB um arquivo via EDI (*electronic data interchange*), que contém informações sobre vendas unitárias por item, do dia, além de posição dos estoques. As informações tratadas vão alimentar as séries temporais, nas quais as previsões de curto prazo, por item e por ponto de venda serão baseadas. Em paralelo, a GMB também recebe informações de vendas de todos os outros pontos de venda e trata essa informação de forma a enxergar a demanda agregada nacional e identificar padrões nacionais para enriquecer as projeções de cada uma das concessionárias.

Fluxos 2 e 3 – No início da semana, o AutoGIRO recalcula a previsão de vendas para a semana e, baseado na nova previsão, recalcula para cada item, para cada concessionária, o novo nível proposto de estoque ideal. A lista de níveis ideais é disponibilizada na internet. Os gerentes de peças, então, analisam os níveis máximos propostos pelo AutoGIRO e têm a chance de, ou aprová-los ou alterá-los 50% para cima ou para baixo, com base em análise qualitativa. O gerente de peças informa ao AutoGIRO os níveis ideais de estoques com os quais concorda e o AutoGIRO passa a considerá-los para calcular os ressuprimentos automáticos.

Fluxos 1 e 4 – Durante a semana, o AutoGIRO recebe diariamente as posições de estoques das concessionárias e calcula as diferenças destas posições para os ideais previamente acordados, informando automaticamente o centro de distribuição de peças da GM para repor os respectivos itens.

Fluxo 5 – O centro de distribuição de peças da GM envia uma notificação avançada para o ponto de venda anunciando que um despacho está a caminho e será recebido em breve, especificando quantidades e datas.

Fluxo 6 – Questões logísticas são resolvidas (*picking*, embalagem, identificação) e o despacho é realizado com *milk run* (entregas programadas).

Questões para discussão

1. Pode-se dizer que o novo fluxo de materiais na cadeia de suprimentos de peças sobressalentes da GM é puxado? Por quê?
2. Por que este novo fluxo diminui a chance de ocorrência do chamado efeito chicote? Consulte o Capítulo 8, refresque sua memória sobre as principais causas do efeito chicote e identifique no caso GMB como (e se) cada uma das causas é atacada.

9.2.4 VMI (*vendor managed inventory*) – estoque gerenciado pelo distribuidor – e VOI (*vendor owned inventory*) – consignação

Uma forma de integração entre parceiros na cadeia de suprimentos que tem ganhado interesse é o VMI.

> **CONCEITO-CHAVE**
>
> No VMI, em vez de a empresa em questão gerenciar seus estoques de insumos, eles são gerenciados por cada fornecedor. Isso pode fazer sentido em pelo menos duas situações: quando o fornecedor tem mais foco ou mais informações sobre a demanda que o cliente.

O fornecedor tem mais foco que o cliente: em certas situações, o fornecedor, por ser focalizado numa faixa mais reduzida de produtos, tem condições de fazer melhores previsões de curto prazo sobre a demanda percebida pela empresa cliente do que ela própria. Pense, por exemplo, numa empresa que fabrique inseticida e forneça o produto para um supermercado. Enquanto os gestores de estoques do supermercado têm de dividir sua atenção entre os 20 mil itens que o supermercado vende, os gestores de produto do fabricante se concentram apenas nos poucos itens que fornecem e podem prever sua demanda com mais acurácia (e, portanto, tomar melhores decisões de reposição de estoque). Por exemplo, se o gestor do fabricante percebe que numa região da cidade houve dois dias de chuva seguidos de forte calor, por ser focalizado e especializado, imediatamente sabe que em alguns pontos dessa região a reprodução de mosquitos será acelerada e, com ela, o consumo de curto prazo de alguns tipos de inseticida. Pode, portanto, reagir mais rapidamente a fim de evitar faltas e perdas de venda. Essa associação causal entre clima e demanda poderia ser feita também pelo gestor do supermercado, mas isso é menos provável em razão do grande número de itens que gerencia e que também são afetados pelo clima, em diferentes formas.

O fornecedor tem mais informação sobre a demanda que o cliente: se informações forem compartilhadas entre os parceiros da cadeia, o fabricante do exemplo mencionado, além de ser mais focalizado nos seus produtos que o varejista, também tem mais informações sobre a demanda final dos seus produtos que o próprio supermercado, já que fornece não apenas para este, mas para muitos outros supermercados, podendo usar muito mais dados estatísticos, com amostras maiores, para elaborar suas previsões. Isso ocorre no caso de abertura deste capítulo, sobre a cadeia de suprimentos de peças sobressalentes da General Motors do Brasil. A GMB podia fazer previsões melhores do que suas concessionárias, não porque tinha mais foco (já que gerenciava 75 mil itens, enquanto as concessionárias gerenciavam apenas seis mil), mas porque tinha mais informações sobre a demanda histórica de todas as concessionárias, enquanto cada concessionária estava restrita a usar informações apenas de sua própria demanda histórica. A GMB usa comportamentos identificados nos seus dados agregados regionais e nacionais sobre demanda de peças para melhorar a acurácia das previsões feitas para cada concessionária.

Uma outra modalidade de contrato, similar ao VMI é o VOI, ou *consignação*.

> **FIQUE ATENTO**
> Na consignação, o estoque, mesmo já de *posse* da empresa cliente, continua de *propriedade* do fornecedor.

No caso mais usual, material é deixado disponível para uso no armazém do cliente. Periodicamente, então, o fornecedor faz o levantamento de quanto material foi usado no período anterior e emite a fatura correspondente.

Em ambas as situações, VMI e VOI, há a necessidade de troca intensa de informação entre fornecedor e cliente para que seja possível um acompanhamento próximo das movimentações de estoque no armazém do cliente.

Resumindo, VMI faz sentido quando o fornecedor tem uma melhor condição para gerenciar os estoques do cliente do que o próprio cliente. A vantagem do VMI, para o cliente, é poder voltar sua atenção para suas atividades-fim, deixando a gestão de estoques dos insumos a cargo do fornecedor.

No VOI, além desta, há também a vantagem de o cliente não investir capital nos estoques até o uso. Para o fornecedor, como vantagem destas modalidades, está a garantia de que os produtos consumidos pelo cliente serão os seus. É necessário ser cuidadoso ao elaborar contratos de nível de serviço quando se adotam essas opções, para garantir que os incentivos dos dois envolvidos estejam alinhados (ver Capítulo 6). Também no Brasil há certas condições legais a serem atendidas quando uma empresa tem a propriedade de estoque numa localidade que não é uma de suas unidades operativas normais e isso deve ser levado em conta.

Até agora foram discutidos sistemas de gestão de estoques para itens que têm demanda dependente. Quando a visão futura do item em análise só pode ser obtida por previsão, os modelos de gestão de estoques são os chamados modelos de gestão de estoques para demanda independente, discutidos a seguir.

9.2.5 Aumentando a coordenação na gestão de itens de demanda independente na cadeia de suprimentos

As principais definições para a gestão de estoques de um determinado item que tem demanda independente também se referem a quanto e quando ressuprir este item, à medida que ele vai sendo consumido pela demanda (novamente, a questão é tentar, tanto quanto se possa, coordenar consumo e suprimento do item em questão).

A forma de determinação do momento do ressuprimento e a quantidade a ser ressuprida é o que de fato diferencia os diversos sistemas de gestão de estoques disponíveis. Um dos modelos mais conhecidos é o chamado "ponto de reposição com lote econômico".

O modelo de ponto de reposição com lote econômico

O modelo de ponto de reposição (ou de ressuprimento) funciona da seguinte forma: todas as vezes que determinada quantidade do item é retirada do estoque, verifica-se a quantidade restante. Se essa quantidade é menor que uma quantidade predeterminada (chamada "ponto de reposição"), compra-se (ou produz-se internamente, conforme o caso) uma determinada quantidade chamada "lote de ressuprimento". O fornecedor leva certo tempo (chamado "tempo de ressuprimento" ou "*lead time*") até que possa entregar a quantidade pedida, ressuprindo o estoque.

> **FIQUE ATENTO**
> No sistema de ponto de reposição e lote econômico, o período entre pedidos é variável e a quantidade pedida é fixa.

O funcionamento do modelo de ponto de reposição é ilustrado na Figura 9.22. Para que este tipo de modelo possa ser usado, é necessário definir seus parâmetros: o ponto de reposição e o tamanho do lote de ressuprimento.

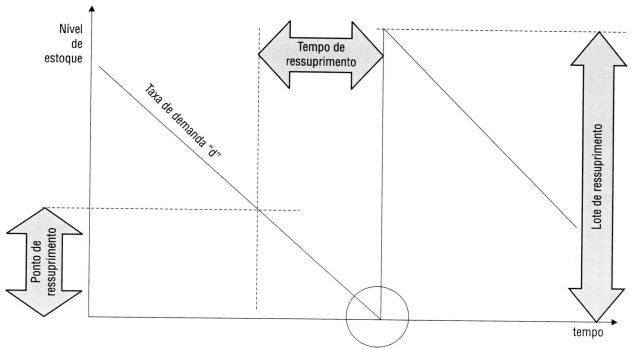

Modelagem simplificadora, assumindo demanda "d" constante

Figura 9.22 Modelagem para determinação dos parâmetros do sistema de ponto de reposição.

Para determinar os parâmetros do sistema é possível adotar uma abordagem de custos. Os custos envolvidos com o sistema são:

- *Cf* (custo fixo de fazer um pedido de ressuprimento): é considerado "fixo" porque não varia com a quantidade pedida. Incluem os custos de cotação, de recebimento e inspeção do lote comprado, do processo de pagamento, de frete e outros;
- *Ce* (custo unitário anual de estocagem): é o custo anual de armazenagem de uma unidade do item. Inclui todos os custos incorridos por manter o item em estoque: custo de oportunidade, seguro, pessoal de armazenagem, roubo, estrago e dano, obsolescência, impostos, aluguel/depreciação e manutenção de equipamentos.

Os custos totais envolvidos no sistema de estoques ilustrado na Figura 9.23 podem ser calculados desta forma:

Custo de armazenagem *CA*: multiplica-se o custo unitário anual de estocagem pelo estoque médio (metade do tamanho do lote se a demanda for assumida constante) no sistema:

$$CA = C_e \times \frac{L}{2}$$

Custo de pedido *CP*: multiplica-se o custo fixo de um pedido *Cf* pelo número de pedidos feitos num ano (demanda anual *DA* dividida pelo tamanho de lote *L*):

$$CP = C_f \times \frac{DA}{L}$$

O custo de armazenagem (de estocar), de pedido (de pedir) e o custo total são mostrados graficamente na Figura 9.23.

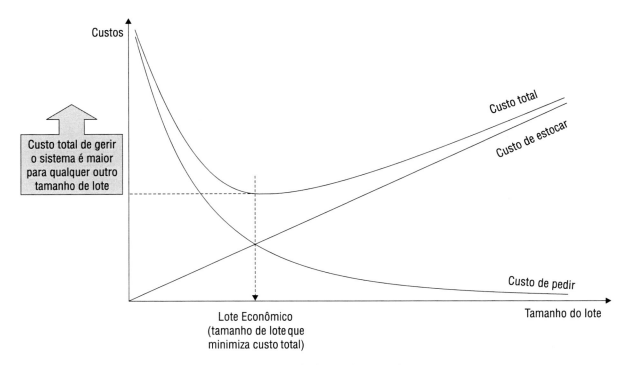

Figura 9.23 Custos totais do sistema de gestão de estoques.

Pode-se demonstrar que, para essa modelagem, os custos mínimos de operação do sistema ocorrem quando o custo de armazenagem se iguala ao custo com pedidos (acompanhe na Figura 9.23). Isso só ocorre quando o tamanho de lote assume determinado valor, chamado de lote econômico (*LE*). Estabelece-se então a equação:

$$C_f \times \frac{DA}{L_E} = C_e \times \frac{L_E}{2}$$

O lote econômico (aquele que minimiza os custos totais considerados) é dado, portanto, por:

$$L_E = \sqrt{\frac{2 \times DA \times C_f}{C_e}}$$

Para calcular o outro parâmetro, o ponto de ressuprimento, basta multiplicar a taxa de demanda por unidade de tempo, *D*, pelo tempo de ressuprimento *TR* (na mesma unidade de tempo da demanda), como visto a seguir. Isso garante que, quando um pedido é feito, tem-se em estoque uma quantidade suficiente para atender a demanda média durante o *lead time*.

$$PR = D \times TR$$

Considerações para definição de estoque de segurança

Em situações reais, nem sempre os pressupostos do modelo de ponto de ressuprimento com lote econômico estão presentes. Em geral, as demandas não são constantes, como foi assumido, podendo ter tendências de crescimento ou decrescimento, ou ciclicidades. Mesmo quando a demanda é relativamente constante, há flutuação aleatória em torno de uma média. Se considerada a fórmula $PR = D \times TR$ de forma estrita, qualquer flutuação da demanda durante o *lead time* para um valor acima da média considerada acarreta a falta do item. Para isso não acontecer, em situações práticas acrescenta-se certa quantidade de estoques ao valor da "demanda média durante o *lead time*" a fim de proteger o sistema contra essas flutuações aleatórias normais. A essa quantidade dá-se o nome de estoque de segurança (*Eseg*). O ponto de ressuprimento então passa a ser calculado como

$$PR = D \times TR + E_{seg}$$

A pergunta, a partir daí, passa a ser: que quantidade de estoques de segurança manter?

Deveria ser mantida uma quantidade de estoque de segurança que fosse de certa forma proporcional ao nível de incerteza da demanda, ou seja, de quanto a demanda real terá probabilidade de variar em torno da média assumida, durante o *lead time*.

Surge então a necessidade de quantificar a incerteza. Em outras palavras, de saber quais as probabilidades associadas aos diferentes níveis de crescimento da demanda, após a emissão do pedido de ressuprimento, enquanto decorre o *lead time*. Para estimar este valor, é conveniente conhecer as características das *variações passadas da demanda em torno das previsões feitas*. Essas variações podem ser quantificadas pelo desvio-padrão dos erros passados de previsão.

Vamos assumir por simplicidade que a demanda real se comporta segundo uma distribuição normal (variando aleatoriamente em torno de um patamar constante). A previsão feita, vamos assumir que seja a média das vendas passadas, já que a demanda é relativamente constante. Os dois valores, portanto, necessários a caracterizar a distribuição dos erros de previsão são:

- a média μ das vendas passadas – representando a previsão a ser usada nos cálculos (normalmente, simbolizada pela letra grega mü, lê-se "mi") e,
- o desvio-padrão σ (simbolizado pela letra grega sigma, que representa o desvio-padrão dos erros de previsão).

A média μ da demanda semanal, então, seria estimada a partir da média da própria amostra de demanda semanais. No nosso caso, para as demandas passadas, a média seria dada por:

$$\mu \approx d_{méd} = \frac{d_1 + d_2 + d_3 + d_4 + \ldots + d_n}{N}$$

e o desvio-padrão seria dado por:

$$\sigma = \sqrt{\frac{(d_1 - d_{méd})^2 + (d_2 - d_{méd})^2 + (d_3 - d_{méd})^2 + \ldots + (d_n - d_{méd})^2}{n-1}}$$

A partir, então, da média e do desvio-padrão estimados, podem-se usar essas estimativas para inferir quais seriam as probabilidades, por exemplo, de a demanda semanal ser maior que determinado valor. Da mesma forma, é possível determinar, por exemplo, um valor de demanda semanal cuja probabilidade de ser superado pela *demanda real* seja de 5%, ou qualquer outra probabilidade. É possível, a partir do conhecimento dos valores de desvio-padrão e média da demanda, definir que quantidade de estoque deveria ser mantida em estoque para que haja apenas 5% ou 1% (ou seja qual for o valor) de probabilidade de que a demanda não seja atendida de forma completa. Pode-se, portanto, definir o nível de estoque de segurança necessário para atender a determinado nível de serviço oferecido ao cliente. A relação entre nível de serviço ao cliente e nível de estoque de segurança é dada por (veja a demonstração em Corrêa *et al.*, 2018):

$$Eseg = FS \times \sigma \times \sqrt{\frac{LT}{PP}}$$

Em que:

Eseg = estoque de segurança

FS = fator de segurança, que é uma função do nível de serviço que se pretende

σ = desvio-padrão estimado para a demanda futura

LT = *lead time* de ressuprimento

PP = periodicidade à qual se referem os dados usados para calcular o desvio-padrão

Na tabela da Figura 9.24, a seguir, pode ser encontrado o fator de segurança correspondente a vários possíveis níveis de serviço (ver Capítulo 3 para uma discussão sobre os fatores que determinam os níveis de serviço ao cliente). No Excel, estes valores podem ser determinados usando a função NORMSINV [Nível de serviço]. Por exemplo, para 95% de nível de serviço, a função NORMSINV(0.95) resulta em 1,645.

Nível de serviço	Fator de serviço
50%	0
60%	0,254
70%	0,525
80%	0,842
85%	1,037
90%	1,282
95%	1,645
96%	1,751
97%	1,880
98%	2,055
99%	2,325
99,9%	3,100
99,99%	3,620

Figura 9.24 Fatores de segurança.

Por exemplo, suponhamos que estejamos interessados em dimensionar o estoque de segurança para a situação em que a média das demandas passadas de um determinado produto seja de 120 unidades por semana e que o desvio-padrão seja de duas unidades (por semana). Assumamos o *lead time* de ressuprimento do item como sendo de três semanas. Ou seja:

$d_{méd} = 120$

$\sigma \approx s = 2$

$LT = 3$

$PP = 1$ semana (a demanda de que tratamos é semanal)

Usando a fórmula e supondo que o *lead time* de obtenção do item em questão é de três semanas, e que se pretenda um nível de serviço de 95% (em média, deixando 5% não atendidos a partir da disponibilidade de estoque) vem:

$$Eseg = FS \times \sigma \times \sqrt{\frac{LT}{PP}}$$

$$Eseg = 1,645 \times 2 \times \sqrt{\frac{3}{1}}$$

= 5,7 ou, arredondando, 6.

O ponto de ressuprimento desta situação seria, então,

$PR = D_{méd} \times LT + E_{seg} = (120 \times 3) + 6 = 366$

Explicando, foi usado o desvio-padrão da amostra como estimador do desvio-padrão da demanda, igual a 2. Foi usado o fator de segurança 1,645 da tabela de fatores de segurança, correspondente a um nível de serviço de 95%. E, finalmente, foi usado um corretor para o desvio-padrão de $\sqrt{3}$, porque o período ao qual se refere o desvio-padrão considerado é a semana. Como o que se quer é o desvio-padrão da variação de três semanas de demanda, e não de apenas uma, aplica-se este corretor. Para detalhes sobre os cálculos estatísticos e probabilísticos usados aqui, recomendamos a consulta a qualquer bom manual de probabilidades e estatística.

Existe ainda uma outra fonte de variação, que é a variabilidade à qual pode estar sujeito o *lead time* de ressuprimento. Da mesma forma que em relação à variabilidade da demanda, também é possível analisar, em função do desempenho passado do fornecedor em questão, qual a sua distribuição de tempos que efetivamente levaram as entregas, a partir dos pedidos colocados e caracterizá-la em termos de uma média e de um desvio-padrão. Se novamente assumirmos que a distribuição dos *lead times* de ressuprimento se comportam conforme uma curva normal, é possível dar um tratamento estatístico relativamente simples a essa questão. Suponhamos que numa determinada situação tenhamos uma demanda perfeitamente conhecida e constante, mas tenhamos uma situação em que o *lead time* do fornecedor varia conforme uma curva normal de média 5 semanas e desvio-padrão 0,5 semana. O nível de estoques de segurança que se deveria ter para que um nível de serviços de, digamos, 95% fosse obtido seria:

$$E_{seg} = FS \times \sigma_{LT} \times D$$

Em que:

FS = fator de segurança, função do nível de serviço requerido (veja a Figura 9.24)

σ_{LT} = desvio-padrão da distribuição dos *lead times*

D = taxa de demanda, para este caso, considerada constante e conhecida

Por exemplo, suponha a situação em que

D = 50 unidades por semana

FS = 1,645 referente a um nível de serviço de 95%

σ_{LT} = 0,5 semana

LT = 5 semanas

Calculando,

$E_{seg} = FS \times \sigma_{LT} \times D = 1,645 \times 0,5 \times 50 = 41$

E o ponto de ressuprimento pode ser calculado como:

$PR = D \times LT + E_{seg} = 50 \times 5 + 41 = 250 + 41 = 291$ unidades

Há situações em que variabilidade ocorre tanto na demanda como no *lead time* de ressuprimento. Nestas situações, o cálculo do estoque de segurança pode assumir a seguinte formulação (Chopra, 2007) para o desvio-padrão da demanda durante um *lead time* igualmente distribuído de maneira normal:

$$\sigma = \sqrt{LT \times \sigma_D^2 + D^2 \times \sigma_{LT}^2}$$

Em que:

σ_D = desvio-padrão dos desvios da demanda em relação à previsão

σ_{LT} = desvio-padrão dos desvios do *lead time* em relação à média

σ = desvio-padrão da demanda durante o período do *lead time*

A partir daí, o cálculo do estoque de segurança E_{seg} fica apenas:

$$E_{seg} = FS \times \sigma$$

Por exemplo, suponha a situação em que:

D (demanda média por semana) = 50 unidades por semana

σ_D = 20 unidades por semana

LT (médio) = 5 semanas

σ_{LT} = 0,5 semana

FS = 1,645 referente a um nível de serviço de 95%

Note que neste exemplo há variabilidade tanto da demanda como do *lead time*. Para calcularmos o estoque de segurança e o ponto de ressuprimento, o primeiro passo é calcularmos o desvio-padrão da Demanda D, que é distribuída de forma normal, durante o *lead time* LT, que também é distribuído de forma normal:

$$\sigma_{demanda\ durante\ o\ LT} = \sqrt{D^2 \times \sigma_{LT}^2 + LT \times \sigma_D^2} =$$
$$= \sqrt{50^2 \times 0,5^2 + 5 \times 20^2} =$$
$$= \sqrt{2500 \times 0,25 + 5 \times 400} =$$
$$= 51 \text{ unidades}$$

Portanto, o estoque de segurança pode ser calculado como:

$E_{seg} = FS \times \sigma_{demanda\ durante\ o\ LT} = 1,645 \times 51 = 84$ unidades

E o ponto de ressuprimento pode ser calculado como:

$PR = D \times LT + E_{seg} = 50 \times 5 + 84 = 250 + 84 =$
$= 334$ unidades

Pressupostos e limitações do sistema de ponto de reposição e lote econômico

> **FIQUE ATENTO**
> Embora com algum apelo analítico e de uso disseminado, o modelo de ponto de reposição assume pressupostos fortes e nem sempre presentes em situações reais.

Assume-se, por exemplo, constância na demanda. Este pressuposto às vezes é plausível de ser assumido, mas nem sempre. Outro pressuposto forte é o da possibilidade de determinação dos custos unitários envolvidos – custo unitário de armazenagem e custo unitário de fazer um pedido. Nem sempre é simples ou possível determinar estes custos.

9.2.6 Modelo de revisão periódica

O modelo de revisão periódica para gestão de estoques é de operação mais simples que o anterior e funciona da seguinte forma: periodicamente, verifica-se o nível de estoque do item e, baseado no nível de estoque encontrado, determina-se a quantidade a ser ressuprida, de modo que seja atingido um nível de estoques predeterminado.

> **FIQUE ATENTO**
> No sistema de revisão periódica, o período entre pedidos é fixo e a quantidade pedida é variável.

Este sistema pode ser ilustrado pela Figura 9.25.

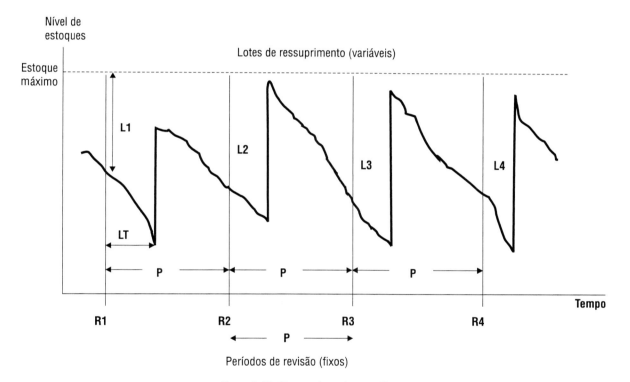

Figura 9.25 Sistema de revisão periódica.

Definição de parâmetros para sistemas de revisão periódica

A definição dos parâmetros (quantidade a ressuprir, por exemplo) para o sistema de revisão (ou reposição) periódica é feita a partir da formulação a seguir:

$Q = M - (E + QP)$

Em que:

Q = quantidade a pedir
M = estoque máximo
E = estoque presente
QP = quantidade pendente (já pedida)

Mas

$M = D \times (P + LT) + ES$

Em que:

M = nível máximo de estoques (atingido logo que um recebimento é feito)
D = taxa de demanda
P = período de revisão

LT = tempo de ressuprimento (*lead time*)

ES = estoque de segurança

Então,

Q = D × (P + LT) + ES − (E + QP)

Por exemplo, imaginemos que uma situação é tal que o período de revisão de um sistema de revisão periódica é P = 15 dias (a cada 15 dias o nível de estoques é verificado e um pedido de ressuprimento é feito), o *lead time* LT = 3 dias, a taxa de demanda D = 6 litros/dia, o estoque de segurança foi definido em 8 litros, o estoque presente é de 18 litros e a quantidade pendente é 0, ou seja, não há pedidos pendentes.

De quanto seria a quantidade a pedir se fosse feita agora uma revisão?

Q = D × (P + LT) + ES − (E + QP)

Q = 6 × (15 + 3) + ES − (18 + 0) = 98

A quantidade a pedir seria de 98 litros.

O estoque de segurança para sistema de revisão periódica é calculado de forma similar ao estoque de segurança de sistemas de ponto de ressuprimento, mas com algumas diferenças:

$$Eseg = FS \times \sigma \times \sqrt{\frac{(P+LT)}{PP}}$$

Em que:

FS = Fator de segurança (que vem da tabela da Figura 9.24) – depende do nível de serviço requerido

σ = Desvio-padrão dos erros de previsão

P = Período de revisão

LT = Lead time

PP = Período ao que se refere o desvio-padrão dos erros de previsão

Suponha, por exemplo, que se pretenda para o exemplo mencionado um nível de serviço de 95%. Isso significa que o FS = 1,645 (da tabela da Figura 9.24). Suponha também que o desvio-padrão dos erros de previsão seja de 1 litro/dia, que o período de previsão seja de 15 dias, e o *lead time* de 3 dias. Qual seria o nível de estoque de segurança necessário?

$$Eseg = 1,645 \times 1 \times \sqrt{\frac{(15+3)}{1}} = 6,98$$

Ou, arredondando, 7 litros.

A diferença principal está no período ao que se refere a possível incerteza de demanda – em vez de ser apenas o período do *lead time*, passa a ser o período do *lead time* mais o período de revisão, pois é este o período que possivelmente um estoque passa sem que se tenha checado seu nível, na situação mais desfavorável.

Pressupostos e limitações do modelo de revisão periódica

O sistema de revisão periódica é um sistema mais fácil e barato de operar (não exige a verificação do saldo do estoque a cada movimentação) e não assume, em princípio, que a demanda seja constante. Entretanto, os riscos associados a faltas são normalmente maiores, dado que as revisões de níveis de estoque se dão a intervalos fixos. Isso faz com que os sistemas do tipo revisão periódica sejam normalmente escolhidos para gerenciar itens de menor valor e menor custo de armazenagem, para os quais a manutenção de um nível mais alto de estoques não tenha implicações tão graves. Ao mesmo tempo, o menor custo com a operação do sistema de revisão periódica é uma vantagem do seu uso para o gerenciamento de itens menos relevantes em termos de custo ou valor movimentado.

Uso do modelo de revisão periódica em VMI

Um uso recente e bastante importante para os modelos de revisão periódica utiliza as técnicas de VMI (*vendor managed inventory*), como aquele descrito no quadro de abertura deste capítulo. A General Motors do Brasil percebeu que poderia se beneficiar logisticamente do fato de que milhares de itens são transportados das mesmas origens (os seus centros de distribuição) para os mesmos destinos (suas concessionárias). Poderia, portanto, transportar vários itens conjuntamente, o que ajudaria a "diluir" os custos de transportes sem necessariamente transportar grandes quantidades de cada item. Para isso, entretanto, é necessário que todos os itens sejam repostos ao mesmo tempo. O sistema de revisão periódica oferece essa possibilidade, desde que os períodos de reposição e momentos de verificação dos níveis de estoque de todos os itens sejam comuns. Num sistema de ponto de reposição, por outro lado, não se pode garantir que os pontos de reposição de todos os itens sejam atingidos no mesmo período, o que compromete o objetivo de diluir os custos de transporte entre vários itens de estoque.

Uso do *time-phased order point* (quando não se pode assumir demanda constante) para itens de demanda independente

Para os casos em que não se pode assumir demanda constante, o modelo usado é o modelo chamado *time-phased order point* (TPOP), ou, numa tradução livre, "ponto de reposição escalonado no tempo". Trata-se de um registro de informações futuras na forma de uma matriz (veja a Figura 9.26). As colunas representam períodos futuros, de 1 (o próximo) até 8 períodos no futuro.

As linhas representam:

- *Demanda prevista*: a previsão de demanda para os próximos períodos, descrita período a período.
- *Recebimentos programados*: material já despachado pelo fornecedor, esperado para chegar no período e nas quantidades descritas.
- *Estoque projetado*: o resultado do cálculo, período a período, do balanço de estoques ao final do período descrito, considerando todas as entradas e saídas previstas do estoque. Note que o estoque atual aparece na primeira célula da linha, destacada dos períodos futuros.
- *Recebimentos planejados*: recebimentos de materiais que ainda não foram despachados pelo fornecedor.
- *Liberação de pedidos planejados*: correspondendo aos recebimentos planejados, estas são as respectivas liberações de pedidos para os fornecedores. Note que, por exemplo, a liberação de 200 unidades planejada para ocorrer no período 1 corresponde à quantidade de recebimento planejado do período 4 (já que o *lead time* LT neste exemplo é de 3 semanas). Uma liberação de pedido do tamanho de um lote (no caso, 200) é determinada pelo algoritmo de cálculo para aparecer na linha "Liberações de pedidos planejados" no período "p-LT" sempre que o cálculo:

+ [Estoque do período "p-1"]
− [Demanda do período "p"]
+ [Recebimento programado do período "p"]
+ [Recebimento planejado do período "p"]
≤ [Estoque de segurança]

Neste caso, evidentemente, também uma quantidade correspondente ao tamanho de lote aparecerá no período "p" na linha "Recebimentos planejados". Este algoritmo é feito automaticamente pelo sistema de informações usado (em geral como parte de um sistema ERP), a partir do período 1 e sequencialmente, período a período, até o fim do horizonte planejado (no caso, oito períodos).

Inicialmente, suponhamos o caso da gestão de um item, por hipótese chamado "Item A", cuja demanda projetada seja constante e no nível de 100 unidades por semana. Suponhamos que, para ele, determinou-se que o estoque de segurança deveria ser de 20 unidades (para fazer frente às incertezas desta demanda projetada), que os lotes econômicos de compra fossem de 200 unidades e que o *lead time* envolvido fosse de três semanas. Suponha também que um pedido aberto há duas semanas determine que há um recebimento programado de 200 unidades a chegar no início da semana 2 (que aparece na linha "recebimentos programados"). O TPOP para o Item A seria conforme a Figura 9.26.

Estoque de segurança = 20 Quantidade pedida = 200 Lead time = 3		PERÍODOS							
		1	2	3	4	5	6	7	8
Demanda prevista		100	100	100	100	100	100	100	100
Recebimentos programados			200						
Estoque projetado	120	20	120	20	120	20	120	20	120
Recebimentos planejados						200		200	200
Liberação de pedidos planejados		200		200		200			

Figura 9.26 *Time-phased order point* (TPOP) para o Item A com demanda constante.

Observe que tudo se passa como se o modelo de "ponto de reposição" estivesse em uso: o estoque vai sendo consumido de forma gradual e uniforme, até que, no ponto em que atingiria (e infringiria) o nível de estoque de segurança (aqui definido como sendo de 20 unidades), uma quantidade de 200 unidades (tamanho do lote econômico de compra) deveria chegar. Para isso, é feito o *off-set* ou o desconto do *lead time* de três semanas para trás no tempo), definindo o momento em que deve ser emitido um pedido (no jargão dos modelos de ponto de reposição, o próprio "ponto de reposição"). O resultado, a exemplo dos modelos anteriores, é que as reposições acabam se dando de forma regular, nos mesmos momentos que os parâmetros do modelo de ponto de reposição discutido anteriormente definiriam. Note, entretanto, que a hipótese de demanda constante poderia ser relaxada. Observe a Figura 9.27, em que a mesma mecânica é usada para gerenciar um item cuja demanda não é constante, mas tem alguma ciclicidade ao longo do período.

Estoque de segurança = 20 Quantidade pedida = 200 Lead time = 3		PERÍODOS							
		1	2	3	4	5	6	7	8
Demanda prevista		100	70	40	10	40	70	100	70
Recebimentos programados			200						
Estoque projetado	120	20	150	110	100	60	190	90	20
Recebimentos planejados							200		
Liberação de pedidos planejados				200					

Figura 9.27 TPOP para o Item A, sem pressuposto de demanda constante.

Veja que a mecânica é exatamente a mesma, mas os pontos de reposição não mais se distribuem da mesma forma, porque as taxas de consumo do estoque variam ao longo do período analisado. Isso significa, em termos práticos, que o uso do TPOP pode ser feito mesmo para situações em que não se pode assumir demanda projetada constante. Tudo passa a ser agora uma questão de definir os parâmetros para o sistema informatizado: horizonte de planejamento, periodicidade de planejamento, estoque de segurança (sempre com base nas incertezas que envolvem ambos – o processo de suprimento e a demanda projetada) e tamanhos de lote. Deste ponto em diante, o sistema gerenciará as sugestões de emissão de pedidos de forma escalonada no tempo, procurando fazer com que os níveis dos estoques de segurança não sejam infringidos. Para mais detalhes, ver Corrêa et al. (2018).

DRP – *Distribution resources planning* (planejamento de recursos de distribuição)

Numa estrutura logística com unidades de produção (fábricas) e de distribuição, ao menos parte da demanda de produtos produzidos pela fábrica é demandada para reposição dos estoques dos centros de distribuição. Nesse caso, mais conveniente do que tentar prever essa demanda é gerenciar de forma integrada a cadeia de distribuição. Isso pode ser feito por meio do uso do DRP – *distribution requirements planning* (planejamento das necessidades de distribuição).

A mecânica do DRP

Suponha que a Failace, uma empresa fabricante de equipamentos para lavagem com pressão e outros equipamentos de uso doméstico, faça a montagem de seus produtos em São Paulo. Essa fábrica, além de atender os clientes regionais, envia produtos para centros de distribuição localizados em Uberlândia e Porto Alegre. A Figura 9.28 ilustra o esquema de distribuição da Failace e, à esquerda da figura, as ferramentas de planejamento usadas para montar e mover os produtos através dela.

Os produtos da empresa são montados de acordo com o programa mestre de produção (veja a Figura 9.6), também chamado de MPS (*master production scheduling*, o âmbito dos sistemas de planejamento que auxiliam na decisão de quais produtos serão feitos, em que quantidades e em que momentos), o qual, usando o MRP (veja a descrição do MRP em uma seção anterior deste capítulo), desagrega o programa mestre em necessidades de materiais e componentes.

O MPS da Failace é dirigido por três fontes de demanda: vendas diretas aos clientes da região de São Paulo, além de ordens colocadas pelos armazéns regionais localizados em Uberlândia e Porto Alegre, cada qual visto como um cliente para a fábrica. Para as vendas diretas aos clientes da região de São Paulo, atendidas pelo estoque no armazém da fábrica, a demanda é prevista pela equipe de vendas local. As vendas para clientes das regiões Nordeste, Centro-Oeste e Norte são previstas pela equipe de Uberlândia, enquanto as vendas da região Sul são previstas pela equipe de Porto Alegre.

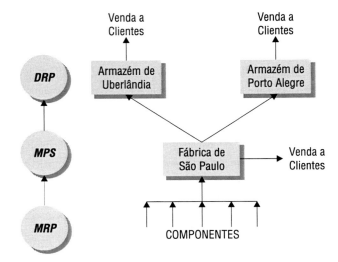

Figura 9.28 Esquema de distribuição e ferramentas de gestão da Failace.

A Figura 9.29 oferece uma visão mais detalhada da relação entre a fábrica e os dois centros de distribuição da Failace, para apenas um de seus produtos, a lavadora por pressão modelo RioJato 2010, usando registros do tipo TPOP.

Como a figura esclarece, cada um dos centros de distribuição tem uma quantidade de estoque disponível em mãos, um tamanho de lote para pedido, um *lead time* de transporte e estoque de segurança específicos para este produto. O armazém de Uberlândia, por exemplo, inicia o corrente período com 500 unidades em estoque, o tamanho da ordem é de 400 unidades, o estoque de segurança de 200, e um *lead time* de entrega de uma semana.

Na Figura 9.29, fica claro como as atividades nos centros de distribuição dirigem as atividades na fábrica. A previsão de vendas para o primeiro período do centro de distribuição de Uberlândia deverá consumir 200 unidades, resultando num estoque de 300 unidades para o final do período 1. A demanda da segunda semana é também de 200, o que deverá deixar 100 unidades como estoque projetado disponível no final do segundo período. Como este valor é menor do que o estoque de segurança definido, uma ordem é planejada para ser recebida no período 2, devendo ser despachada de São Paulo no período 1 (já que o *lead time* de transporte é de uma semana). No momento em que a fábrica despachar o lote, o pedido será transformado num recebimento programado, sendo mostrado na linha "Em trânsito" do registro DRP, na data prevista de recebimento, ou seja, período 2. Como se pode ver, a lógica do DRP é muito similar à do MRP, discutida anteriormente neste capítulo. O processo continua ao longo do horizonte de planejamento do DRP de Uberlândia, gerando necessidades brutas para o MPS da fábrica de São Paulo, como é mostrado na Figura 9.29. Eventos similares ocorrem para o armazém de Porto Alegre.

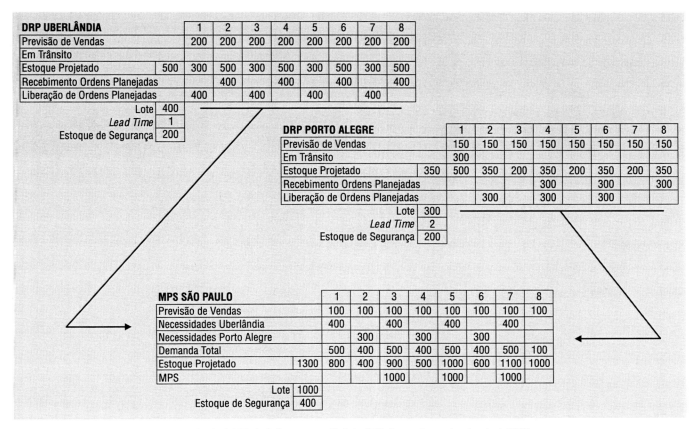

Figura 9.29 O DRP da Failace para a RioLato 2010 (baseado em Corrêa *et al.*, 2018).

O impacto das ordens dos centros de distribuição na fábrica

A fábrica que recebe as ordens dos centros de distribuição as vê como fontes de demanda adicionais às vendas que faz em sua região. No presente exemplo, o MPS da fábrica de São Paulo indica três tipos de demanda: suas próprias previsões de vendas regionais (100 por semana), os pedidos de 400 unidades a cada duas semanas do depósito de Uberlândia e os pedidos do depósito de Porto Alegre, de 300 unidades a cada duas semanas. Somadas, essas demandas de cada armazém regional constituem a demanda total à qual o MPS da fábrica deve responder.

Uma vez que o DRP esteja entendido e implantado corretamente, toda a cadeia de suprimentos pode ser conectada. A visão final é a de ter a demanda final integrada ao sistema de planejamento da fábrica (possibilitando, portanto, a integração adicional com os fornecedores) por meio de uma série de elos, como mostra a Figura 9.30.

No alto da Figura 9.30 é mostrado o fluxo típico de produtos, desde a fábrica do fornecedor, passando pelo centro de distribuição da fábrica e pelo canal de distribuição, até o usuário. Possivelmente, os produtos passarão por centros de distribuição atacadistas, que, por sua vez, os distribuirão para centros varejistas, que, finalmente, os entregarão aos consumidores finais.

Mediante esse processo, vão sendo criados estoques ao longo do percurso. Esses estoques e demandas (muitas vezes influenciados por tamanho de lotes e estoques de segurança) poderão estar frequentemente desbalanceados, como é mostrado na parte central da figura. A parte inferior da figura mostra a situação ideal: um fluxo uniforme com estoques reduzidos e balanceados com as operações que fornecem produtos e as operações que os demandam. O importante é integrar bem todas essas operações e balancear o fluxo.

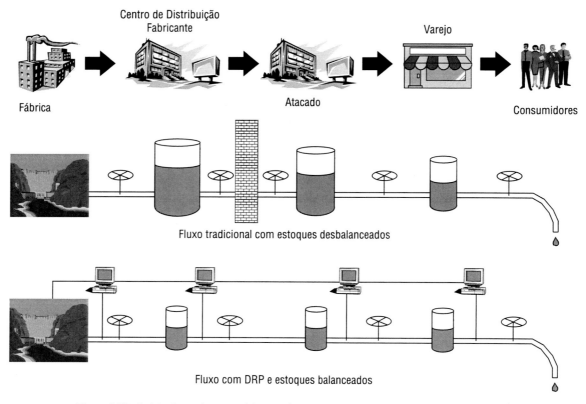

Figura 9.30 Cadeia de suprimentos típica e após a implementação do DRP (Corrêa *et al.*, 2018).

9.2.7 Curva ABC

Determinados itens de estoque têm custo de estocagem maior que outros. Conscientes disso, as empresas utilizam formas de classificação de itens de estoque, de forma que se possam definir quais são os itens que merecem maior atenção (e alocação de recursos) na sua gestão. Isso porque o ganho marginal por uma gestão mais próxima é mais compensador para determinados itens que para outros, ao passo que a quantidade total de recursos para a gestão do total dos itens é limitada. Uma das formas de se pensar classificação de importância de itens de estoque é a chamada curva ABC ou curva de Pareto. A curva ABC é descrita a seguir.

> **CONCEITO-CHAVE**
>
> A técnica ABC é uma forma de classificar todos os itens de estoque de determinado sistema em três grupos, baseados no seu valor total anual de uso. O objetivo é definir grupos para os quais diferentes sistemas de controle de estoque serão mais apropriados, resultando em um sistema total mais eficiente em custos.

Desta forma, usam-se sistemas mais caros de operar e que permitem um controle mais rigoroso a fim de controlar itens mais importantes, enquanto sistemas mais baratos de operar e menos rigorosos são utilizados para itens menos importantes (em valor de uso).

Os passos para a aplicação da técnica ABC são os seguintes:

1. Para cada item de estoque, determinar a quantidade total utilizada no ano anterior (em alguns casos em que isso é possível, prefere-se trabalhar com as quantidades projetadas para uso no futuro).
2. Determinar o custo médio de cada um dos itens de estoque, usando moeda forte.
3. Calcular para cada item de estoque o custo anual total de uso, multiplicando o custo médio de cada item, levantado em 2, pela quantidade correspondente utilizada levantada em 1.
4. Ordene em uma lista todos os itens em valor decrescente do valor de uso estabelecido em 3.
5. Calcule os valores acumulados de valor de uso para toda a lista, na ordem definida em 4.
6. Calcule os valores acumulados determinados em 5 em termos percentuais relativos ao valor total acumulado de valor de uso para o total dos itens.
7. Plote num gráfico.
8. Defina as três regiões conforme a inclinação da curva resultante: região A, de grande inclinação (geralmente em torno de 20% dos itens sendo responsáveis por 80%

do valor movimentado); região B, de média inclinação (os seguintes 30% de itens, aproximadamente, são responsáveis pelos seguintes 15%); região C, de pequena inclinação (os últimos 50% de itens, no total, são responsáveis por cerca de 5% do valor).

Veja as Figuras 9.31 (a e b) para um exemplo de aplicação. Essa curva também é conhecida como curva "80-20", pelo fato de que, em grande quantidade de situações, cerca de 20% dos itens são responsáveis por aproximadamente 80% do valor controlado.

	Quantidade (unidades)	Custo unitário (R$)	Valor movimentado (R$)	% do total	% acumulada	
Item 1	13.661	18,3	249.996,30	17,7%	17,7%	
Item 2	40.000	5,0	200.000,00	14,2%	31,8%	
Item 3	9.816	16,3	160.000,80	11,3%	43,2%	
Item 4	9.846	13,0	127.998,00	9,1%	52,2%	
Item 5	4.267	24,0	102.408,00	7,2%	59,5%	Itens "A"
Item 6	28.248	2,9	81.919,20	5,8%	65,3%	
Item 7	11.108	5,9	65.537,20	4,6%	69,9%	
Item 8	4.723	11,1	52.425,30	3,7%	73,6%	
Item 9	1.143	36,7	41.948,10	3,0%	76,6%	
Item 10	9.587	3,5	33.554,50	2,4%	79,0%	
Item 11	2.559	11,8	30.196,20	2,1%	81,1%	
Item 12	5.033	5,4	27.178,20	1,9%	83,0%	
Item 13	1.406	17,4	24.464,40	1,7%	84,7%	
Item 14	2.246	9,8	22.010,80	1,6%	86,3%	
Item 15	1.366	14,5	19.807,00	1,4%	87,7%	
Item 16	924	19,3	17.833,20	1,3%	89,0%	
Item 17	579	27,7	16.038,30	1,1%	90,1%	Itens "B"
Item 18	1.128	12,8	14.438,40	1,0%	91,1%	
Item 19	2.063	6,3	12.996,90	0,9%	92,0%	
Item 20	496	23,6	11.705,60	0,8%	92,9%	
Item 21	1.170	9,0	10.530,00	0,7%	93,6%	
Item 22	1.041	9,1	9.473,10	0,7%	94,3%	
Item 23	565	15,1	8.531,50	0,6%	94,9%	
Item 24	1.535	5,0	7.675,00	0,5%	95,4%	
Item 25	698	9,9	6.910,20	0,5%	95,9%	
Item 26	514	12,1	6.219,40	0,4%	96,4%	
Item 27	411	13,6	5.589,60	0,4%	96,8%	
Item 28	165	30,6	5.049,00	0,4%	97,1%	
Item 29	384	11,8	4.531,20	0,3%	97,4%	
Item 30	600	6,8	4.080,00	0,3%	97,7%	
Item 31	274	13,4	3.671,60	0,3%	98,0%	
Item 32	133	24,8	3.298,40	0,2%	98,2%	
Item 33	168	17,7	2.973,60	0,2%	98,4%	
Item 34	148	18,1	2.678,80	0,2%	98,6%	
Item 35	376	6,4	2.406,40	0,2%	98,8%	
Item 36	943	2,3	2.168,90	0,2%	98,9%	
Item 37	123	15,8	1.943,40	0,1%	99,1%	Itens "C"
Item 38	179	9,8	1.754,20	0,1%	99,2%	
Item 39	200	7,9	1.580,00	0,1%	99,3%	
Item 40	71	19,9	1.412,90	0,1%	99,4%	
Item 41	90	14,3	1.287,00	0,1%	99,5%	
Item 42	240	4,8	1.152,00	0,1%	99,6%	
Item 43	113	9,2	1.039,60	0,1%	99,7%	
Item 44	88	10,6	932,80	0,1%	99,7%	
Item 45	36	23,1	831,60	0,1%	99,8%	
Item 46	164	4,6	754,40	0,1%	99,8%	
Item 47	87	7,8	678,60	0,0%	99,9%	
Item 48	130	4,7	611,00	0,0%	99,9%	
Item 49	65	8,5	552,50	0,0%	100,0%	
Item 50	28	17,7	495,60	0,0%	100,0%	
Total			1.413.268,70			

Figura 9.31a O conceito de curva ABC.

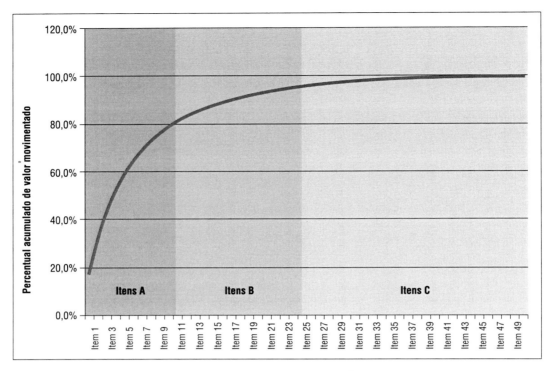

Figura 9.31b O conceito de curva ABC, graficamente.

Observe como na região classificada como *A* poucos itens são responsáveis por grande parte do valor de uso total. Logo, estes deveriam ser os itens a merecerem maior atenção gerencial, para os quais vale mais a pena manter controles de estoque mais precisos e rigorosos. Os benefícios do esforço de redução de estoques médios de itens *A* são muito maiores do que os benefícios de um esforço gerencial similar despendido para manter estoques mais baixos de itens *C*, que são responsáveis por uma parcela muito menor do valor de uso total dos itens de estoque.

9.3 ESTUDO DE CASO: TRANSPARÊNCIA FALTANDO NA CADEIA DE SUPRIMENTOS DE CIRCUITOS INTEGRADOS

Para um homem que vende os "cérebros" que equipam milhões de TVs, câmeras e outras traquitanas eletrônicas, Levy Gerzberg se viu inesperadamente surpreso no último outono. Em apenas algumas semanas, os negócios praticamente pararam. Ele ainda se admira com a velocidade do colapso. "Penso nisso ainda hoje e me pergunto: por que tudo aconteceu tão rápido?", diz Gerzberg, o CEO da empresa projetista de circuitos integrados (*chips*) Zoran Corp.

As razões só agora começam a ficar mais claras. As complexas cadeias globais de suprimentos *just in time* estão tornando cada vez mais difícil, para a Zoran e para qualquer outro nó individual da cadeia, saber o que está acontecendo com outros nós, mesmo que relativamente próximos. Às vezes, a empresa não sabe nem *para que* seus chips são usados; um lote que se imaginava estar destinado a aparelhos de DVD, em vez disso, acabou sendo usado para porta-retratos digitais. A recessão de 2008/2009 expôs o lado duro do *sistema* de cadeias de suprimentos. Em razão de a indústria hoje recompensar fornecedores que tenham os níveis mais "enxutos" de estoques e os tempos mais rápidos de resposta, quando a crise econômica explodiu, empresas de alta tecnologia ao longo de toda a cadeia produtiva se contraíram tanto quanto puderam, na esperança de estar entre as que sobreviveriam.

Forçados a adivinhar a demanda para seus produtos num mercado em queda livre, todo mundo pisou forte no freio. Um exame da cadeia de suprimentos de produtos eletrônicos – dos varejistas até os fabricantes de equipamentos fabris – mostra que, em quase todos os estágios, empresas estavam voando às cegas, quando decidiram cortar a produção.

"Nós ainda não temos certeza do que aconteceu", diz Angelo Grestoni, proprietário de uma pequena fábrica na Califórnia que usina peças de alumínio componentes de máquinas usadas para fabricar *chips*. Ele está a muitas etapas de distância da Zoran na cadeia de suprimentos, mas seus clientes também evaporaram mais ou menos na mesma época. Hoje, Grestoni emprega apenas 150 pessoas, das 600 que empregava há 18 meses.

O resultado acumulado: a contração do setor tecnológico pode ter sido exagerada. Em março, a Best Buy (um varejista americano importante neste mercado) disse que poderia ter vendido mais aparelhos eletrônicos no trimestre que terminou em 28 de fevereiro de 2009, mas os cortes drásticos que seus fornecedores fizeram tornaram difícil manter produtos nas prateleiras. Os fornecedores "todos decidiram produzir muito menos", diz o diretor de comercialização da Best Buy, Michael Vitelli.

À medida que a contração passou para outras etapas da cadeia de suprimentos, seus efeitos se amplificaram. Rick Tsai, CEO da fabricante de *chips* Taiwan Semiconductor Manufacturing Co., disse que no último trimestre de 2008 o consumo de equipamento eletrônico nos Estados Unidos caiu 8% em relação ao ano anterior. Mas o despacho de produtos dos fabricantes para o varejo caiu 10%, e o despacho de *chips* para os fabricantes caiu 20%.

A velocidade dos cortes são uma grande mudança em relação a outros períodos recessivos. Até recentemente, no começo dos anos 2000, empresas compilavam seus pedidos mensalmente ou trimestralmente. Hoje elas o fazem semanalmente. Seus reflexos rápidos desta vez impediram que os estoques inchassem perigosamente, como aconteceu da última vez, dizem os *experts* em gestão de cadeias de suprimentos.

Isso tem consequências para a recuperação econômica. Embora o PIB americano tenha caído 6,1% (anualizado) no primeiro trimestre, quase metade da queda foi devida a redução de estoques. Como o gasto do consumidor na verdade aumentou 2,2%, algumas fábricas teriam na verdade de aumentar sua produção, dizem os economistas.

A produção está começando a se recuperar, pelo menos um pouco. O lucro do primeiro trimestre da Taiwan Semicondutores, ou TSMC, em março, aumentou muito, e no mês passado a Zoran relatou aumento substancial de pedidos.

A Zoran é tipicamente uma empresa de nicho, nascida da evolução recente da indústria de alta tecnologia, hoje pulverizada pelo mundo todo: projeta *chips* especializados para processamento de áudio e vídeo para produtos como câmeras, TVs e telefones celulares. Seus clientes são, na maioria, pouco conhecidas empresas asiáticas que manufaturam produtos, subcontratadas por gigantes como a Toshiba. A Figura 9.32 traz o exemplo de uma cadeia de suprimentos de aparelhos de DVD.

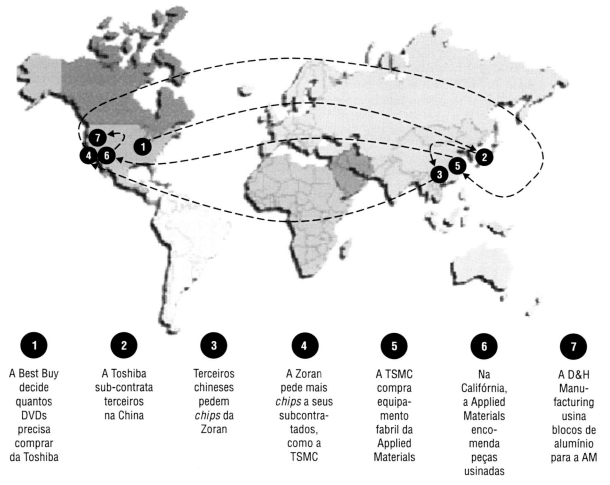

Figura 9.32 A vida de um aparelho de DVD.

As complexidades das cadeias de suprimentos globais dificultam prever as tendências de mercado, diz o economista Randy Bane, da Applied Materials Inc., que produz equipamento fabril usado para a produção de *chips* como os da Zoran. A Applied Materials teve um prejuízo de $ 133 milhões no seu primeiro trimestre fiscal e de $ 255 no segundo, os primeiros prejuízos desde 2003. Deu férias não remuneradas de quatro semanas aos seus funcionários no primeiro semestre de 2009, algo que nunca tinha feito antes.

Apenas dez anos atrás, as cadeias de suprimentos tinham muito menos nós, segundo Bane. A venda de *chips* era puxada principalmente pela venda de computadores pessoais, produzidos por meia dúzia de grandes empresas que davam o tom do setor. Hoje, praticamente todo produto tem pelo menos um *chip*, multiplicando surpreendentemente a complexidade. O comportamento é, hoje, muito mais difícil de prever.

No final do fluxo de informação estão varejistas como a Best Buy. Para o mercado americano, ela manda pedidos para seus fornecedores uma vez por semana, com previsões para as próximas 52 semanas, baseadas nas vendas de suas mil lojas e em dados econômicos. Fabricantes analisam este tipo de informação para decidir que peças necessitam comprar. O sistema é preparado para responder rapidamente a mudanças de comportamento do consumidor; mas isso coloca os fornecedores em risco.

Considere aparelhos de DVD: a Best Buy define suas necessidades e coloca os pedidos seis semanas antes. Entretanto, a fabricação de componentes do DVD pode levar duas vezes mais tempo – forçando os fabricantes dos componentes a prever a demanda das várias partes.

Empresas ao longo de toda a cadeia de suprimentos vivem com o medo mortal de ficarem com estoques excessivos. Margens de lucro são muito apertadas e estoque não vendido só perde valor, na medida em que novas tecnologias chegam continuamente ao mercado.

No último outono, quando a crise estourou, as vendas da Best Buy caíram drasticamente. Mesmo com o pico de vendas do final do ano se aproximando, Vitelli, o diretor de comercialização, abandonou as previsões anteriores e cortou fundo os pedidos para os gigantes Samsung e Toshiba.

A demanda estava encolhendo tão rapidamente que ele não tinha nem certeza de quanto fundo cortar. No trimestre terminando em 30 de novembro de 2008, o lucro da Best Buy caiu 77%. Mas se a empresa se sentiu emboscada pela situação, seus fornecedores tinham ainda menos noção sobre como o mercado iria se comportar. Neste momento começaram os cortes cegos.

Dois ou três nós acima na cadeia, a fabricante de chips Zoran rapidamente sentiu os efeitos dolorosos. Mesmo antes da crise se estabelecer com força total, os clientes estavam ficando nervosos. Quando os cortes da Best Buy e outras ficaram públicos, foi o caos. Todos se perguntavam: eles vão sobreviver?

Os fabricantes cortaram fundo e depois cortaram ainda mais. Vendas de produtos audiovisuais caíram 19% em novembro, 21% em dezembro e 58% em janeiro. O faturamento da Zoran caiu 42%, maior queda da história recente da companhia.

Baseado no artigo "Clarity is Missing Link in Supply Chain", por Phred Dvorak, publicado em 18 de maio de 2009, no *Wall Street Journal*.

QUESTÕES PARA DISCUSSÃO

1. Imagine que você, como consultor da área de *supply chain management*, recebeu um e-mail do sr. Levy Gerzberg, com este artigo do *Wall Street Journal* anexado. Ele quer contratar você para auxiliar a disparar iniciativas a fim de evitar que as ocorrências narradas no texto sejam recorrentes. Ele pede, preliminarmente, que você faça uma análise detalhada de situação, identifique as causas do problema e aponte quais seriam, em grandes linhas, as mudanças que você sugeriria para estrategicamente prevenir a recorrência do problema.

2. Como quer exceder a expectativa do contratante, você decide também discutir as principais dificuldades que enxerga na implantação das mudanças sugeridas em 1, justificadamente. Descreva como você abordaria essa questão.

9.4 RESUMO

- A gestão de estoques na cadeia global de suprimentos é um assunto que continua no alto da lista de prioridades dos executivos.
- Além de boas práticas de *gestão* de estoques, a *coordenação* entre os vários sistemas de estoques envolvidos nas relações fornecedor-cliente da cadeia tem papel essencial para que se evitem desperdícios por redundância de estoques e também que se evitem oscilações e volatilidade da demanda.
- Estoques são acúmulos de recursos materiais entre etapas de um processo de transformação. Os níveis de estoques variam quando os fluxos de entrada e de saída da etapa variam, um em relação ao outro.
- Os estoques têm uma propriedade fundamental, que é ser uma arma – no sentido de que pode ser usada produtivamente ou contraprodutivamente: os estoques proporcionam independência às etapas do processo de transformação entre as quais se encontram.
- O lado contraprodutivo dos estoques é que, como ajudam a absorver diferenças relativas de taxas de

- entradas e saídas tanto evitáveis quanto inevitáveis, corre-se o risco de usar estoques em vez de disparar ações para equalizar as taxas quando isso é possível.
- É importante entender as razões pelas quais os estoques surgem. Só assim se podem entender quais são evitáveis e quais são inevitáveis, tendo certeza de que aquelas evitáveis sejam constantemente combatidas e, em relação às causas inevitáveis, que os estoques sejam dimensionados adequadamente, em níveis apenas suficientes para lidar com elas.
- As principais causas do surgimento de estoques são:
  - falta de coordenação, de várias naturezas, entre etapas do processo;
  - incertezas de previsões em relação ao suprimento e à demanda;
  - especulação; e
  - necessidade de preenchimento dos canais de distribuição.
- Há quatro tipos básicos principais de estoques em cadeias de suprimentos: estoques de matérias-primas e suprimentos, estoques em processo, estoque de produtos acabados e estoques de materiais para manutenção, reparo, consumo e movimentação.
- À demanda futura que tem de ser prevista dá-se o nome de demanda independente; à demanda futura que pode ser calculada dá-se o nome de demanda dependente.
- Há vantagens de se gerenciar demandas dependentes, pois estão sujeitas a uma incerteza menor; a técnica que calcula as necessidades de materiais se chama MRP. O MRP é um sistema centralizado, em que um sistema computacional, baseado em base de dados, calcula, a partir dos planos de produção futura, as necessidades de materiais: o quê, quando e quanto produzir e comprar.
- Informação essencial para o MRP é a "estrutura de produto" ou "árvore do produto", que representa todas as relações pai-filho, entre todos os itens de um determinado produto.
- No MRP, explosão (ou cálculo) das necessidades brutas significa o cálculo da quantidade total de componentes que necessita estar disponível para a fabricação das quantidades necessárias de produtos; o cálculo de necessidades líquidas significa deduzir, das necessidades brutas, as quantidades projetadas disponíveis em estoque no período correspondente, chegando às necessidades líquidas de obtenção dos itens analisados.
- A coordenação de estoques entre empresas fornecedoras e clientes nas cadeias de suprimentos é obtida a partir da integração das estruturas de produto dos itens fornecidos e dos produtos onde são usados.
- O sistema *kanban* é um sistema no qual as quantidades são produzidas quando demandadas pelo estágio posterior do processo; *kanban* é como é chamado o sistema que gerencia os estoques e os fluxos puxados nos sistemas como o *just in time* e o *lean*.
- O *kanban* de produção dispara a produção de um lote (geralmente pequeno e próximo à unidade); o *kanban* de transporte autoriza a movimentação do material pela fábrica, do centro de produção que produz determinado componente para o centro de produção que consume este componente no seu estágio do processo.
- O número de cartões *kanban* entre dois centros de produção determina o estoque de material entre estes dois centros.
- É cada vez mais frequente o uso de formas de coordenação que utilizam os princípios dos fluxos puxados e do *kanban* para coordenar também a obtenção e o consumo de itens entre empresas de uma cadeia de suprimentos.
- Uma forma de integração entre parceiros na cadeia de suprimentos que tem ganhado interesse é o VMI. No VMI, em vez de a empresa em questão gerenciar seus estoques de insumos, eles são gerenciados por cada fornecedor.
- Um dos modelos mais conhecidos de gestão de estoques de itens com demanda independente é o chamado "ponto de reposição com lote econômico". Nele, o período entre pedidos é variável e a quantidade pedida é fixa. Esse sistema assume demanda relativamente constante.
- Estoques de segurança existem para fazer frente a incertezas, tanto de demanda como de suprimentos.
- Outro modelo muito conhecido de gestão de estoques de itens com demanda independente é o sistema de revisão periódica, em que o período entre pedidos é fixo e a quantidade pedida é variável. Esse sistema também assume demanda relativamente constante.
- Para os casos em que não se pode assumir demanda constante, o modelo usado é o modelo chamado *time-phased order point* (TPOP).
- DRP, *distribution requirements planning*, é o sistema que utiliza TPOP para calcular necessidades de remessas e produção em sistemas de distribuição física de produtos.
- Determinados itens de estoque têm custo de estocagem maior que outros. Uma das formas de se pensar classificação de importância de itens de estoque é a chamada curva ABC ou curva de Pareto.
- A técnica ABC é uma forma de classificar todos os itens de estoque de determinado sistema em três grupos,

baseados no seu valor total anual de uso. O objetivo é definir grupos para os quais diferentes sistemas de controle de estoque serão mais apropriados, resultando em um sistema total mais eficiente em custos.

9.5 EXERCÍCIOS

1. Por que a gestão de estoques é tão importante para a maioria das organizações? Explique em suas próprias palavras, exemplificando com casos de empresas de manufatura e serviços.
2. O que são os estoques e por que surgem em determinados pontos de processos da cadeia de suprimentos?
3. Por que se diz que, como uma arma, estoques podem ser usados de forma positiva ou negativa? Explique a analogia entre os estoques e as armas com exemplos.
4. "Estoques entre etapas de um processo produtivo proporcionam independência entre elas". Explique com suas palavras e exemplifique com situações em que você vê ou viu isso na sua experiência pessoal.
5. Quais as principais causas do surgimento (ou da criação) de estoques na cadeia de suprimentos?
6. Como, em poucas palavras, você poderia explicar ao seu chefe, que não é da área de gestão de cadeias de suprimentos, quais são os tipos de problemas que podem causar "falta de coordenação" entre etapas de um processo na cadeia de suprimentos, causando o surgimento de estoques?
7. Você acha que faz sentido manter estoques de segurança proporcionais às vendas? (Produtos que vendem muito teriam, por essa lógica, maiores estoques de segurança do que produtos que vendem menos.)
8. O que são estoques no canal de distribuição? Estes estoques são evitáveis ou inevitáveis?
9. Incertezas, como causadoras de níveis mais altos de estoques, são evitáveis ou inevitáveis? Discuta.
10. Qual a diferença entre demanda dependente e demanda independente? É possível um item ter parte de sua demanda dependente e parte independente? Como você agiria neste caso?
11. Identifique quais itens são de demanda independente e quais são de demanda dependente para um restaurante McDonalds e para um laboratório farmacêutico.
12. Quais as técnicas mais apropriadas, dentre as discutidas aqui, para gerenciar itens cuja demanda seja dependente?
13. Explique em suas próprias palavras o que é e como funciona o sistema MRP. Quais limitações, na sua opinião, este sistema tem?
14. Como a coordenação informacional provida pelo MRP pode ser usada entre empresas de uma cadeia de suprimentos? Quais vantagens e dificuldades você vê nesse uso?
15. Explique em suas próprias palavras o funcionamento do sistema *kanban* de gestão de fluxos produtivos puxados. Como o sistema *kanban* pode ser usado para coordenar sistemas de gestão de estoques de várias empresas componentes de uma cadeia de suprimentos?
16. O que é o VMI? O conceito de VMI necessariamente implica fluxos puxados ou empurrados? Discuta.
17. Em quais situações o uso de VMI é mais recomendado? Exemplifique com casos que não foram discutidos aqui.
18. Como funciona a consignação como mecanismo de coordenação de sistemas de gestão de estoques na cadeia de suprimentos? Quais cuidados você tomaria quando definindo as regras entre a sua empresa e um cliente quando implantando consignação de estoques?
19. Qual papel o DRP pode ter na integração de decisões de reposição de estoques entre as fábricas e os centros de distribuição numa cadeia de suprimentos? Por que o DRP pode auxiliar a reduzir as incertezas de demanda na cadeia?
20. Quais os principais usos para a curva ABC em gestão de estoques? Quais as diferenças possíveis no tratamento de itens pertencentes às diferentes classes: A, B e C?
21. O produto final Super X é produzido pela T.C. Oliveira Inc. utilizando os itens B, C e D. O item B é montado a partir de C. O subconjunto D é produzido a partir de B. Todos utilizam três unidades de seus componentes. Apenas a montagem de uma unidade de B requer apenas dois itens C.
    a) Desenhe a estrutura do item A.
    b) Quais itens provavelmente são comprados e quais itens provavelmente são fabricados internamente? Por quê?
    c) Quais itens em princípio têm demanda independente e quais têm demanda dependente?

d) Qual a necessidade bruta de C para se produzir 20 unidades de Super X, considerando que haja zero unidades em estoque?

e) Se há 80 unidades de D, 40 unidades de B e zero unidades de C em estoque, qual a necessidade líquida de C para se produzir 50 unidades de Super X?

22. Um item comprado pela Felipe Nogueira Ltda., de um fornecedor, custa R$ 20 por unidade. A previsão para vendas no ano que vem é de mil unidades distribuídas de forma relativamente constante. O custo de pedir quantidades adicionais é de $ 5 por pedido feito e o custo de armazenagem é de $ 4 por ano, por unidade.

a) Qual o lote econômico de compra?

b) Usando o lote econômico, qual o custo total anual de pedir produtos?

c) Usando o lote econômico, qual o custo total anual de armazenagem?

d) Se uma ligação eletrônica é feita entre a empresa e o fornecedor e o custo de fazer um pedido cai para $ 1, o que acontece com o lote econômico de compra? E com o custo total anual de [pedir produtos + armazenagem]?

23. A loja de suprimentos de computador Pereira & Sampaio S.A. quer saber quantas sacolas de computador encomendar. A demanda anual para este item é de 200 unidades, estável. O custo de colocar um pedido é de R$ 10. A empresa calculou o tamanho do lote econômico de compra chegando a 20 sacolas.

a) Qual é o custo anual de armazenagem para a sacola?

b) Como a loja gostaria de dividir o lote de compra por dois, de quanto teria de ser a redução dos custos de colocar um pedido para que o novo lote fosse aquele que acarretasse mínimo custo total (armazenagem + fazer pedidos)?

c) Quais os novos custos totais (armazenagem + fazer pedidos)?

d) De quanto foi a redução percentual dos custos totais em relação à situação anterior?

24. A empresa Guaragna Marcondes S.A. está desenhando seu novo sistema de gestão de estoques para o item DB32, que será do tipo ponto de ressuprimento com lote econômico. Este item tem demanda relativamente constante de 200 unidades por semana, por 52 semanas por ano, com desvio-padrão da demanda semanal de 40 unidades. Os clientes da Marcondes que compram este item são muito exigentes e requerem um nível de serviço de 95%. O DB32 custa anualmente à Marcondes S.A. R$ 5,20 por unidade em custos de armazenagem. O sistema de compras da empresa recentemente calculou seus custos de fazer um pedido e chegou ao valor de R$ 10. O *lead time* do fornecedor do DB32 é de uma semana.

a) Qual o lote econômico de compra para o item DB23?

b) Qual o estoque de segurança necessário para garantir nível de serviço de 95%?

c) Qual o ponto de ressuprimento?

d) Quantas unidades adicionais de estoque de segurança seriam necessárias para aumentar o nível de serviço em aproximadamente 5%, digamos, para 99,99%? Quantas unidades a menos de estoque de segurança seriam necessárias para que a Marcondes oferecesse 5% a menos de nível de serviço, ou seja, 90%? Comente e conclua.

e) Como o fornecedor usual do item DB32 saiu do mercado, a Marcondes agora vai ter de comprar este item de um fornecedor alternativo. Além de um *lead time* maior (duas semanas), o *lead time* do novo fornecedor também não é tão confiável como o do fornecedor usual. O desvio-padrão do *lead time* do novo fornecedor é de uma semana. Em quanto a Marcondes teria de aumentar seu estoque de segurança do item DB32 para lidar com a nova situação? Qual seria o novo ponto de ressuprimento?

25. A empresa Camiclara S.A. gerencia seus estoques de combustível usando o sistema de revisão periódica. A taxa de consumo de combustível é de mil litros por dia (sete dias por semana), relativamente constante, com desvio-padrão do consumo diário de 120 litros. A empresa checa o nível de combustível no reservatório semanalmente (a cada sete dias) e então escolhe o fornecedor (mais barato) e encomenda a reposição. O *lead time* para ressuprimento é de um dia (que é em geral o que leva para o caminhão dos possíveis fornecedores chegar ao cliente). O nível de serviço usado é de 98%.

a) Qual o estoque de segurança necessário para este sistema?

b) Qual o nível máximo de estoques definido para este sistema?

c) Se numa verificação se constatou que o nível de combustível está em 2.500 litros, qual a quantidade a pedir?

d) Qual redução aproximada de estoques de combustível traria uma mudança no sistema que fizesse com que a reposição de estoques fosse feita duas vezes por semana?

26. Dois centros produtivos são coordenados quanto ao fluxo da peça X100 utilizando fluxo puxado com sistema *kanban*. O centro produtivo de Usinagem (fornecedor) tem tempo de processamento para cada lote produzido de uma hora e o tempo médio de espera para processamento de um lote lá é de três horas. O centro produtivo de Pintura (consumidor) consome para suas atividades 60 unidades do item X100 por hora. Os contêineres para transporte comportam 60 peças X100 cada.

a) Quantos *kanbans* são necessários entre estes dois centros produtivos? (Considere o fator de segurança como sendo zero.)

b) Com iniciativas de troca rápida de ferramenta, o centro de usinagem conseguiu alterar o seu tempo de espera para processamento (sua fila) de três horas para apenas uma hora. Qual a redução percentual do número de *kanbans* necessários que isso acarretou?

9.6 ATIVIDADES PARA SALA DE AULA

1. Com seus colegas de grupo, monte uma lista de materiais (*bill of materials*, ou estrutura de produto) detalhada para o peru recheado ilustrado na receita a seguir:

Peru recheado
Ingredientes
Para marinar
1 peru de, aproximadamente, 3,5 kg
1 laranja
1 limão
Sal

Para a cobertura do peru
1 colher de sopa de manteiga
100 g de toucinho em fatias finas
120 g de linguiça
Sal a gosto
Pimenta a gosto

Para o recheio do peito
250 g de carne de porco
250 g de carne de vaca
150 g de linguiça
1 cebola
50 g de azeitonas pretas
1 colher de sopa de salsa picada
1 pão (miolo)
2 colheres de sopa de manteiga
1 limão (raspas)
Azeite extravirgem
Sal a gosto
Pimenta-branca a gosto

Para o recheio do corpo
4 batatas
2 colheres de sopa de manteiga
2 gemas
1 cebola média
50 g de azeitonas pretas
1 colher de sopa de salsa picada
Miúdos do peru
Sal a gosto
Pimenta-branca a gosto
Noz-moscada a gosto

Instruções de preparação
Para marinar
De véspera, coloque o peru de molho com água, sal, rodelas de limão e laranja.

Para fazer o recheio do peito
- Pique a carne de vaca, de porco e a linguiça. Junte o pão amolecido em água, as azeitonas picadas, a salsa picada e a cebola picada.
- Refogue tudo em azeite e tempere com sal, pimenta e raspas de limão.

Para o recheio do corpo
- Comece por cozer as batatas com a pele. Descasque e amasse as batatas.
- Junte uma colher de manteiga e as gemas.
- Refogue a cebola picada com o azeite. Junte os miúdos do peru picados e envolva a batata. Junte a salsa picada, as azeitonas picadas e tempere com sal, pimenta e noz-moscada.
- Depois de prontos os recheios, recheie o peru e costure ambas as aberturas com linha grossa para culinária.

Cobrir e assar
- Cubra o peru com uma mistura de manteiga, toucinho, linguiça, sal e pimenta.
- Asse em forno médio. Regue por diversas vezes com vinho branco, e quando o assado já tiver molho suficiente, regue com o próprio molho.
- Assim que o peru estiver dourado, retire-o do forno para descansar durante 30 minutos, aproximadamente.

- Introduzir novamente no forno para acabar de cozinhar.

Fonte: adaptado de https://www.mulherportuguesa.com/receita/peru-recheado-natal/.

2. Depois de elaborar uma *bill of materials* (estrutura de produto detalhada) na atividade 1, elabore um plano (o quê, quanto, quando e com que recursos) de aquisição de ingredientes e de produção, considerando a referida receita, usando a lógica de MRPII, para servir o peru, acabando de sair do forno, no almoço de Natal (25 de dezembro deste ano). Estime os tempos que não estiverem especificados, incluindo tempos de transporte até o supermercado e outras fontes de ingredientes. Considere os "estoques" que um dos componentes do grupo tem hoje em casa como estimativa de quanto estoque estará disponível em torno do Natal (por exemplo, sal, pimenta etc.).

9.7 REFERÊNCIAS

CORRÊA, H. L.; CORRÊA, C. A. *Administração de produção e operações*. 2. ed. São Paulo: Atlas, 2017.

CORRÊA, H. L.; GIANESI, I. G. N.; CAON, M. *Planejamento, programação e controle da produção*. 5. ed. São Paulo: Atlas, 2018.

CHOPRA, S.; MEINDL, P. *Supply Chain Management: Strategy, Planning & Operation*. 3rd ed. New Jersey, EUA: Pearson, 2007.

9.8 LEITURAS ADICIONAIS RECOMENDADAS

ARNOLD, J. R. T. *Introduction to Materials Management*. 3rd ed. Prentice-Hall, New Jersey, EUA, 1998.

JONES, D.; WOMACK, J. *Seeing the Whole*. Lean Enterprise Institute, 2003.

LAMBERT, D. M. (Ed.). *Supply Chain Management: Processes, Partnerships, Performance*. 2nd ed. Sarasota, FL, EUA: Supply Chain Management Institute, 2006.

ROTHER, M.; SHOOK, J.; WOMACK, J.; JONES, D. Learning to See: Value Stream Mapping to Add Value and Eliminate MUDA. Boston, EUA: Lean Enterprise Institute, 1999.

SIMCHI-LEVY, D.; KAMINSKI, P.; SIMCHI-LEVY, E. *Designing & Managing the Supply Chain*. 2nd ed. Boston, EUA: Irwin-McGraw-Hill, 2003.

VOLLMANN, T.; BERRY, W.; WHYBARK, D.-C. Manufacturing Planning and Control Systems. 4th ed. Boston, EUA: Irwin-McGraw-Hill, 1997.

VOLLMANN, T.; BERRY, W.; WHYBARK, D.-C.; JACOBS, R. Manufacturing Planning and Control Systems for Supply Chain Management. 5th ed. Boston, EUA: Irwin-McGraw-Hill, 2005.

WANKE, P. Gestão de estoques na cadeia de suprimento: decisões e modelos quantitativos. 2. ed. São Paulo: Atlas, 2008.

Sites relacionados

http://www.apics.org – *site* da APICS (antiga American Production and Inventory Management Society, agora The Association for Operations Management). Boa fonte para materiais relacionados à gestão de estoques. Responsável pela certificação CPIM (Certified in Production and Inventory Management). Realiza grandes congressos anuais sobre o tema geral de gestão de operações.

http://www.lean.org – *site* do Lean Enterprise Institute, uma das maiores fontes de materiais e conhecimento sobre a forma *lean* de gerenciar operações, fluxos e estoques, e instituição dos autores que cunharam o termo *lean*.

CAPÍTULO 10
Gestão da logística em cadeias globais de suprimentos

OBJETIVOS DE APRENDIZAGEM

- Descrever as principais decisões envolvidas no projeto da cadeia de instalações da cadeia global de suprimentos.
- Saber como decidir sobre centralização ou descentralização de instalações e estoques na cadeia global de suprimentos.
- Saber como conduzir a decisão sobre localização de unidades na cadeia global de suprimentos.
- Conhecer as principais decisões na gestão de transportes na cadeia global de suprimentos.
- Descrever e justificar as principais configurações de estrutura logística de transporte que podem ser usadas em cadeias globais de suprimentos, suas vantagens e desvantagens.
- Sintetizar o papel dos provedores de serviços logísticos contemporâneos para o sucesso das cadeias globais de suprimentos.

10.1 INTRODUÇÃO

Este capítulo trata da gestão de aspectos logísticos das cadeias globais de suprimentos. Segundo o Council of Supply Chain Management Professionals (CSCMP) (www.cscmp.org), antigo Council of Logistics Management, a logística pode ser definida como:

> A parte da gestão da cadeia de suprimentos que planeja, implanta e controla de forma eficiente e eficaz os fluxos diretos e reversos, a armazenagem de produtos, serviços e as informações correspondentes, entre o ponto de origem e o ponto de consumo, de forma a atender aos requisitos do cliente. As atividades de gestão logística tipicamente incluem gestão de transportes de insumos e produtos, gestão de frota, armazenagem e manuseio de materiais, atendimento de pedidos, projeto da cadeia de instalações, gestão de estoques, planejamento de suprimento/demanda e gestão de provedores de serviços logísticos.

Como neste livro nós tratamos os fluxos logísticos reversos no Capítulo 11, o atendimento de pedidos no Capítulo 7, a gestão de estoques no Capítulo 9, o planejamento de suprimento nos Capítulos 3 e 4, o planejamento de demanda no Capítulo 8 e o planejamento para conciliação suprimento/demanda e a gestão de armazéns nos Capítulos 8 e 9, neste capítulo trataremos dos restantes assuntos mencionados pela definição do CSCMP, basicamente, o projeto da rede de instalações, a gestão e configuração de transporte e os provedores de serviços logísticos (3PL ou *3rd party logistics service providers*).

A Figura 10.1 ilustra, no quadro geral de referência deste livro, onde se localiza a gestão da logística na cadeia global de suprimentos.

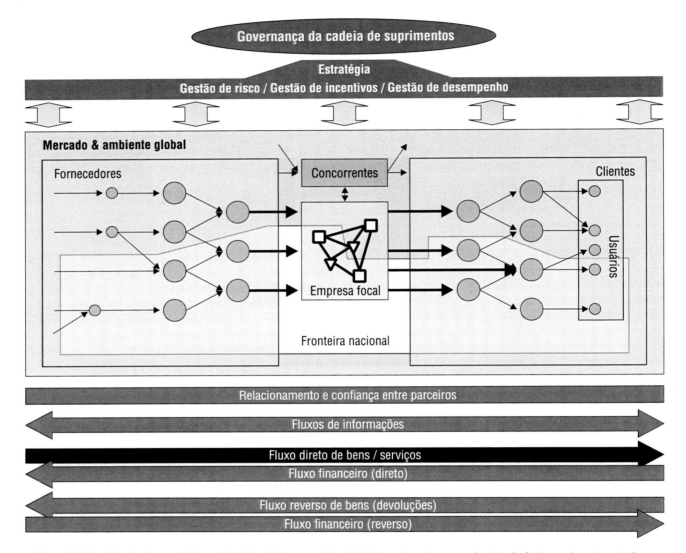

Figura 10.1 Localização (em preto) da gestão de logística na cadeia global de suprimentos no quadro de referência geral usado neste livro.

A Avon Cosméticos reestrutura sua cadeia de suprimentos na Europa

O que você faz quando tem uma enorme oportunidade de crescer, mas não consegue aproveitá-la porque sua cadeia de suprimentos atrapalha? A Avon Cosméticos, vendo-se nessa situação, embarcou numa radical transformação – com alto risco e pouca garantia de retorno.

Avon no mundo

A Avon é a líder mundial de vendas diretas de produtos cosméticos, com US$ 5,7 bilhões em vendas anuais (2017). Além de produtos cosméticos, de cuidados pessoais e fragrâncias, também vende uma larga gama de outros produtos, como presentes, joias, lingerie, acessórios de moda e até sapatos.

O faturamento da empresa em 2017 se dividiu em 75% de produtos de beleza e 25% de produtos de moda e de casa; ou seja, produtos de beleza, em grande parte produzidos pela empresa, continuam tendo um papel importante. Curiosamente, a América Latina é a principal região (por vendas) da Avon, com faturamento de US$ 2,2 bilhões. Mas a Avon é uma empresa global. Vende em mais de 100 países por intermédio de 5,4 milhões de representantes de venda independentes (em torno de um milhão deles no Brasil).

Avon na Europa

Cerca de US$ 2,1 bilhão em vendas são realizadas na região da Europa, que inclui 32 países europeus, do Oriente Médio e África. Entretanto, nos anos 1990, o forte crescimento da Avon na região ficou ameaçado por falhas na sua estrutura de cadeia de suprimentos.

Com seu foco principal em marketing e vendas, a empresa negligenciou sua cadeia de suprimentos por anos. Nos anos 1980, a Avon Europa tinha escritórios em apenas seis países, cada um com sua fábrica e armazém para suprir o mercado local. As seis subsidiárias operavam independentemente, com sistemas de informação separados, nenhum planejamento global e nenhum compartilhamento de produção, marketing ou distribuição.

Numa escala pequena, isso funcionava bem. Cada entidade independente podia responder bem a necessidades locais. Nos anos 1990, entretanto, a empresa começou uma iniciativa de globalizar suas principais marcas e modernizar sua imagem com o lançamento de novos produtos, embalagens e campanhas publicitárias visando a consumidoras mais jovens. A Avon havia planejado duplicar suas vendas na Europa de US$ 500 milhões em 1996 para US$ 1 bilhão em 2001. A empresa logo percebeu que uma estratégia de repetir seu modelo de cadeia de suprimentos nacional em cada novo mercado que entrasse seria ineficiente e caro.

O primeiro problema era um descompasso fundamental entre seu ciclo de vendas e sua cadeia de suprimentos. Na maioria dos mercados europeus, a Avon inicia um novo ciclo de vendas (com novos catálogos, promoções e ofertas de produtos) a cada três semanas. Esse ciclo curto é essencial para o modelo de negócio da Avon, dando a oportunidade e a justificativa para suas representantes visitarem seus clientes frequentemente, reforçando o relacionamento e as vendas.

A estrutura logística da Avon na Europa

Um ciclo curto de vendas requer uma cadeia de suprimentos de resposta rápida e flexível. Foi aí que a cadeia de instalações da Avon se mostrou inadequada. Suas fábricas manufaturavam tudo para estoque e despachavam a produção toda para os armazéns nacionais antes de cada ciclo de três semanas começar.

Inevitavelmente alguns produtos seriam um sucesso de vendas e as subsidiárias então enviariam rapidamente mais pedidos às fábricas. Entretanto, levava algo como 12 semanas para o ciclo de *suprimento – produção – distribuição* atravessar a cadeia da Avon.

A diferença dos ciclos levava a soluções paliativas e enormes ineficiências durante as campanhas de vendas. A Avon confiava e dependia do "heroísmo" dos seus funcionários para atender às demandas dos consumidores – não interessava a que custo. Entretanto, à medida que o negócio crescia, tudo isso ficou muito mais difícil, já que a Avon estava entrando em novos mercados nacionais a uma taxa de 2 ou 3 por ano. Os pedidos urgentes também prejudicavam a produção. Como em média 50% dos seus numerosos produtos vendiam mais que o esperado, as fábricas estavam constantemente mudando seus programas para atender à demanda inesperada. Essas mudanças implicavam altos custos de preparação de equipamentos, já que as fábricas estavam muito mais bem preparadas para produções de altos volumes com baixa variedade.

Itens de vendas "lentas" também custavam caro. Os estoques pela venda menor que o esperado chegavam a 150 dias. As diferentes línguas dos novos mercados também representavam problema. Com novos mercados nacionais, vieram novas línguas e, portanto, uma maior variedade de embalagens. Considerando os *lead times* dos fornecedores e a produção para estoque da Avon, era frequente que os gestores percebessem em cima da hora que o produto necessário para atender a demanda estava disponível, mas numa embalagem de língua errada.

Consertar esses problemas requereria uma drástica reestruturação das instalações e dos transportes da Avon Europa, que exigiria investimentos que levariam alguns anos para ser recuperados.

Reestruturação

Superadas as dificuldades iniciais de convencimento interno, a Avon tirou 45 dos seus melhores profissionais na Europa das suas posições para se dedicarem, em tempo integral, por 18 meses, ao projeto de reestruturação.

Começou por criar uma função central de planejamento, que teria o encargo de controlar a demanda e os estoques ao longo de toda a região para reação mais rápida.

Para isso, a Avon teve de criar uma base de dados comum a toda a região. Isso implicou meses e meses de dedicação da equipe para criar códigos e descrições de produtos comuns e outras informações necessárias a uniformizar a linguagem interna da logística na região.

Com a adoção de sistemas mais sofisticados de coordenação, gestão de estoques e programação de produção, as decisões sobre níveis de serviços, estoques e custos poderiam então ser tomadas olhando para a cadeia inteira e não apenas nacionalmente.

O próximo passo foi redesenhar a rede de instalações, a fim de que fizesse mais sentido operacionalmente. A Avon manteve a fábrica da Alemanha, mas consolidou as outras na sua instalação da Polônia. Isso expandiu a capacidade produtiva da empresa no coração da região em que a demanda se expandia. Além disso, a eficiência aumentou muito, não só pelas economias de escala advindas da consolidação, mas também pelos menores custos de mão de obra na Polônia. A empresa também criou um grande armazém centralizado no referido país – próximo da fábrica, para atender às subsidiárias europeias.

Figura 10.2 Instalações da Avon na Inglaterra (Northampton).

À medida que passou a olhar para a cadeia como um todo, a Avon pôde ver que algumas opções que não faziam sentido com uma visão localizada passavam a fazer a partir de uma visão global. Por exemplo, a empresa, por anos, havia considerado se não valeria a pena imprimir ela mesma os rótulos de algumas embalagens, em vez de comprá-las já impressas. Por anos houve resistência dos setores de marketing (por preocupação com a qualidade) e finanças (pelos custos adicionais de mão de obra e capital necessários para fazer a impressão). Só olhando para a cadeia toda ficou claro que haveria imensos benefícios de *postergar* (ver Capítulo 2) a impressão dos frascos, por exemplo, de xampu, para ser feita no armazém de produtos acabados.

Em vez de comprar seis tipos de embalagens pré-impressas, agora apenas uma seria comprada. A fábrica poderia economizar ao fazer lotes maiores de xampu "não rotulado", sem trocar as embalagens constantemente, e o nível de serviço também melhoraria pela maior facilidade de responder a mudanças no mercado. Quando detectadas mudanças, rapidamente a operação de rotulagem no armazém poderia, a partir do estoque comum, imprimir o rótulo com a língua certa e carregar o caminhão para despacho.

Umbilicalmente ligado às duas fábricas estava o armazém central, por elas alimentado. No sistema antigo, a Avon produzia os produtos finais antes de saber das demandas dos mercados individuais e os "empurrava" para os armazéns regionais. Agora, os estoques são mantidos centralizados e apenas *finalizados* (rotulagem) e enviados às regiões quando as tendências dos mercados de fato ficam mais claras. Evidentemente, isso exige agilidade no transporte do armazém central para os regionais.

A Avon também trabalhou para padronizar contêineres e procurou alterar as práticas de projeto de embalagens para reduzir custos. Frascos do tamanho certo com caixas do tamanho certo podem maximizar o número de frascos por caixa e o número de caixas por contêiner, reduzindo os custos de transporte.

Com as alterações organizacionais, de sistemas de informação e métricas de avaliação, estima-se que a reestruturação da rede de instalações na Europa economizou algo como US$ 50 milhões à empresa, com simultânea melhora nos níveis de serviço.

Baseado no artigo publicado na revista *Fortune* em 1[i] de novembro de 2004, de autoria de Shoshana Cohen e Josph Roussel, e em dados do relatório anual de 2008 da Avon.

QUESTÕES PARA DISCUSSÃO

1. Quais você imagina serem as vantagens e desvantagens de centralizar (como fez a Avon) *versus* descentralizar a produção e os estoques numa cadeia global de suprimentos?
2. Centralização funcionaria para uma cadeia de restaurante, como, por exemplo, o McDonald's? Como você imagina que isso poderia ser feito?

O caso citado ilustra alguns dos benefícios que a Avon Cosméticos Europa obteve de um melhor alinhamento de sua estrutura de instalações logísticas com suas necessidades estratégicas na Europa. No restante deste capítulo, os seguintes tópicos, referentes à gestão logística das cadeias globais de suprimentos, serão tratados:

- centralização *versus* descentralização na estrutura logística;
- localização de unidades da estrutura logística;
- transportes na estrutura logística;
- configurações alternativas para transportes na cadeia de suprimentos;
- provedores de serviços logísticos na cadeia global de suprimentos.

10.2 CONCEITOS

10.2.1 Centralização *versus* descentralização na estrutura logística

FIQUE ATENTO

Para efeito de nossas discussões neste capítulo, o termo *estrutura logística* se refere ao conjunto de instalações (fábricas e pontos de armazenagem) e de meios de transporte usados pela cadeia de suprimentos para o atingimento dos seus objetivos. Em língua inglesa, o termo normalmente usado para esse conceito é *logistics footprint* (pegada logística).

Uma das mais importantes decisões no projeto e configuração da estrutura logística é quanto à centralização ou descentralização de unidades. Essencial para essa decisão é o entendimento dos *trade-offs* (compromissos) envolvidos. Normalmente, estruturas logísticas mais descentralizadas (mais próximas dos mercados aos quais serve) têm menos eficiência, mas proporcionam maior nível de serviço, enquanto estruturas mais centralizadas se beneficiam de efeitos como o *risk pooling* (ver Capítulos 2 e 8) e as economias de escala, sendo mais eficientes. Por outro lado, estão, em média, mais distantes dos mercados aos quais servem, e têm níveis de serviço menores. Analisemos os dois tipos básicos de instalações logísticas: as fábricas e os pontos de armazenagem/distribuição, quanto às vantagens e desvantagens de centralização e descentralização.

Fatores intervenientes na decisão de centralização e descentralização de unidades fabris

Analisemos os fatores intervenientes na decisão de centralização ou descentralização de unidades fabris: economias de escala, transporte de insumos e produtos e riscos envolvidos.

Economias de escala

Estruturas logísticas com fábricas centralizadas se beneficiam de economias de escala e têm, em geral, custos unitários de produção menores, enquanto estruturas mais descentralizadas, com cada fábrica tendo menor escala, tende a ter custos unitários maiores.

Transporte de insumos e produtos

Uma estrutura com fábricas mais centralizadas tende a ter custos menores de transporte de seus *insumos* (em razão de as fábricas poderem estar mais próximas de suas fontes de matérias-primas, permitindo também maior consolidação de transporte) e custos maiores de transporte de seus *produtos* (em razão de as fábricas estarem mais distantes dos seus mercados). Já com uma estrutura fabril descentralizada, a cadeia tende a ter custos menores de transporte de *produtos* (por estarem mais próximas dos mercados), mas custos maiores de transporte de *insumos* (por não ser possível grande consolidação de transportes, já que os insumos devem ser levados a vários destinos diferentes).

Riscos envolvidos

Os riscos são mais diluídos em estruturas descentralizadas. Se uma empresa tem 100% dos seus produtos feitos numa só fábrica centralizada, uma interrupção nesta fábrica compromete 100% da produção da empresa. Por outro lado, se a empresa tem cinco fábricas descentralizadas, cada uma responsável por 20% da produção, uma interrupção numa delas comprometerá apenas esse percentual da produção total.

A Figura 10.3 ilustra as diferenças entre estruturas fabris mais ou menos centralizadas.

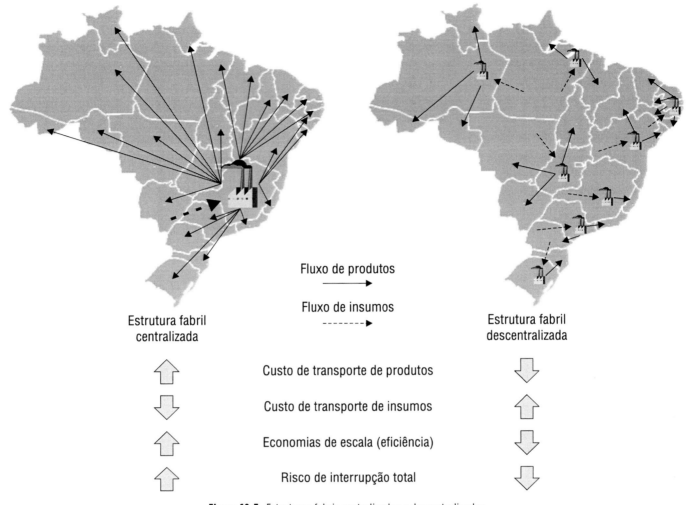

Figura 10.3 Estruturas fabris centralizadas e descentralizadas.

10.2.2 Pontos de armazenagem/distribuição (armazéns)

Há várias decisões envolvidas na gestão de pontos de armazenagem/distribuição. Como o armazém é projetado – sua forma e o arranjo físico do edifício, quantas portas para docas são necessárias, como os pedidos são atendidos, como a separação dos produtos e os despachos são organizados – depende da natureza dos produtos (grande, pequeno, frágil, contaminante, perecível, líquido, sólido ou gasoso etc.), da forma como eles chegam às instalações do armazém (por exemplo, granel ou não), da natureza de um pedido típico (páletes, unidades, altos ou baixos volumes), os níveis de serviço requeridos (necessidade ou não de serviços de valor adicionado, como montagens ou configuração de pedidos) e dos modos de transporte envolvidos (rodoviário ou ferroviário, por exemplo). A seguir, são descritas brevemente algumas variáveis que determinam o projeto e a gestão de armazéns.

PARA REFLETIR

Para ter uma ideia da operação dos centros de distribuição (ou atendimento) da Amazon e das operações de distribuição em geral, assista aos vídeos:

Fonte: https://www.aboutamazon.com/working-at-amazon/amazons-fulfillment-network
Acesso em: 8 jul. 2019
uqr.to/fd5l

Fonte: https://www.youtube.com/watch?v=iXxPabWb9nI
Acesso em: 8 jul. 2019
uqr.to/fdh2

Funções dos armazéns

Três funções básicas ocorrem num armazém típico: manuseio de produtos, armazenagem de produtos e serviços de valor agregado (Mentzer *et al.*, 2007).

Manuseio de produtos

Quando o produto chega ao armazém, ele tem de ser descarregado e armazenado ou redespachado. Se armazenado, terá de ser manuseado novamente quando pedidos de clientes forem recebidos. Quando um pedido é recebido, ou o produto é "separado" (manual ou automaticamente), ou seja, removido do seu espaço de armazenagem e colocado num setor aguardando despacho, ou é imediatamente carregado em algum meio de transporte para despacho.

O objetivo do armazém é reduzir o manuseio e o tempo gasto para manuseio (que é uma atividade que agrega custo, mas não agrega valor ao cliente). As formas usadas para movimentar o produto num armazém variam de uma pessoa carregando manualmente um item, até o uso de equipamentos computadorizados que separam o item e o colocam em correias transportadoras automatizadas, do caminhão de chegada até o caminhão de despacho, passando pelo uso de empilhadeiras ou carrinhos paleteiros (equipamentos usados para transportar páletes carregados).

PARA REFLETIR

Para um exemplo interessante de automação no manuseio de produtos (*picking*), assista ao vídeo a seguir.

Sistema de automação no manuseio de produtos
Fonte: https://www.youtube.com/watch?v=3UxZDJ1HiPE
Acesso em: 3 jul. 2019

uqr.to/fdh3

Armazenagem de produtos

A segunda mais importante função dos armazéns é armazenar, ou guardar os produtos, uma vez que chegam ao armazém. Várias abordagens podem ser usadas na guarda de produtos, incluindo o empilhamento dos itens diretamente em áreas designadas no chão, o empilhamento de produtos paletizados, o uso de prateleiras de aço para guardar páletes, caixas, contêineres para líquidos (bombonas) e muitas outras formas que dependerão do produto armazenado.

O objetivo da função de armazenagem é otimizar o uso do espaço de armazanagem, guardando mais em menos espaço. Para isso, em geral os armazéns procuram usar o espaço cúbico, empilhando produtos com uso de prateleiras praticamente até o teto e mantendo os corredores tão estreitos quanto possível. Para isso, é necessário que os produtos tenham sido bem paletizados e embalados. Se os produtos não têm qualquer restrição de obsolescência ou idade, podem ser empilhados sem grande preocupação com sua ordem de chegada e saída. Entretanto, quase nunca esse é o caso. Em geral, há especificações sobre quais produtos separar, quando chega uma ordem, com base em quando o produto chegou. É muito comum o uso da lógica FIFO (*first in first out*, ou "o primeiro que chegou é o primeiro a ser separado"), mas outras também podem ser usadas.

PARA REFLETIR

Para um exemplo interessante de automação no armazenamento, assista ao vídeo a seguir.

Sistema de automação no armazenamento de produtos
Fonte: https://www.youtube.com/watch?v=Te3TJfG9B5M
Acesso em: 3 jul. 2019

uqr.to/fdh4

Serviços de valor agregado

Um aspecto importante das modernas abordagens para a gestão de armazéns é que sejam utilizados para atividades de maior valor agregado ao cliente, principalmente aquelas que trazem vantagens para a cadeia se realizadas mais próximas do cliente (por exemplo, para atividades *postergadas*). Algumas atividades de valor agregado que são hoje realizadas em armazéns são: rotulagem/etiquetamento (útil de ser postergada quando o produto é comum a vários países, mas os rótulos devem apresentar diferentes línguas), embalagem (por exemplo, os grandes varejistas, como o Sam's Club, podem exigir embalagens com seis detergentes em vez de apenas um, isolado), montagem final (alguns armazéns fazem a montagem final do produto depois que o pedido chega, por exemplo, fazendo a configuração postergada do computador com o monitor, teclado, mouse e manuais solicitados), mistura (por exemplo, com armazéns de fertilizante misturando diferentes proporções de nitrogênio, fósforo e potássio, conforme o pedido, montagem de *kits* (para atender a promoções, por exemplo) e recebimento de devoluções.

PARA REFLETIR

Para ter uma ideia de diferentes serviços de valor agregado que podem ser fornecidos por operações de armazenamento, assista ao vídeo a seguir.

Serviços de valor agregado em centros de distribuição
Fonte: https://www.youtube.com/watch?v=-Ds9H6yOqig
Acesso em: 3 jul. 2019

uqr.to/fdh5

10.2.3 Fatores intervenientes na decisão de centralização e descentralização de armazéns

Analisemos agora as variáveis envolvidas na decisão de centralização ou descentralização de pontos de armazenagem: economias de escala, riscos, transportes, estoques e níveis de serviço envolvidos.

Economias de escala

Estruturas logísticas com pontos de armazenagem centralizados tendem a se beneficiar de economias de escala no armazém centralizado. As economias de escala provêm de custos que aumentam menos que proporcionalmente com o aumento dos volumes de armazenagem. Vários elementos de custo em armazéns obedecem a essa lógica. Um exemplo é o custo com segurança.

Riscos

A exemplo da estrutura de unidades fabris, os riscos são mais diluídos em estruturas mais descentralizadas de pontos de armazenagem. Se uma empresa tem 100% dos seus produtos usados para atender a todos os seus mercados estocados em um só armazém centralizado, uma interrupção ou ocorrência trágica (como um incêndio ou uma enchente) neste armazém compromete 100% da entrega da empresa. Por outro lado, se a empresa tem cinco armazéns descentralizados, cada um responsável por 20% das entregas da empresa, uma interrupção ou tragédia num deles comprometerá apenas esse percentual da entrega total.

Transportes

Uma estrutura mais centralizada com menos armazéns tende a ter custos maiores de transporte de saída (por poderem estar mais distantes de seus clientes na cadeia, a quem as entregas têm de ser feitas diretamente). Já com uma estrutura de pontos de estocagem descentralizada, a cadeia tende a ter custos menores de transporte de saída (por ser possível a consolidação de transportes dos armazéns centrais para os armazéns regionais, sendo estes encarregados de entregar os produtos aos clientes). Com centralização, os fluxos de entrada do armazém central tendem a ser mais consolidados e, portanto, potencialmente mais eficientes, principalmente se alimentado por uma fábrica próxima. O contrário ocorre com a descentralização. A Figura 10.4 ilustra as diferenças entre estruturas mais ou menos centralizadas de pontos de armazenagem.

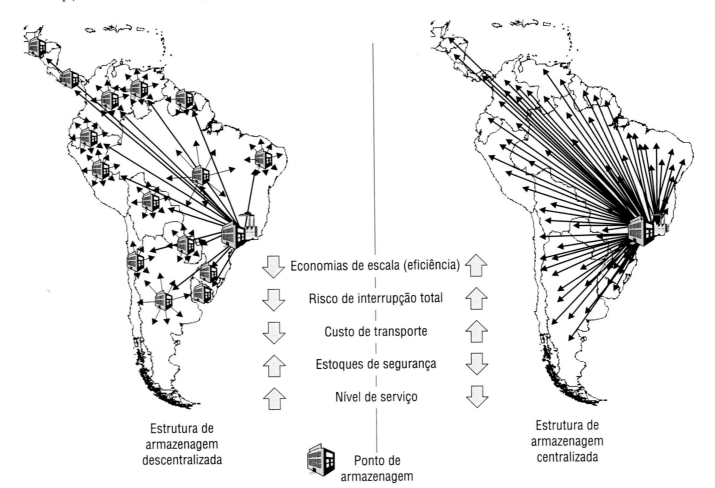

Figura 10.4 Estrutura descentralizada e centralizada de armazenagem.

Estoques

Há ganhos de eficiência nas quantidades necessárias de estoques na cadeia de suprimentos quando se opta por uma estrutura mais centralizada. Considere o exemplo da Figura 10.4 (estrutura descentralizada), em que a cadeia de suprimentos conta com 16 pontos de armazenagem (por exemplo, centros regionais de distribuição), recebendo produtos de uma unidade fabril.

Imaginemos que cada uma destas regiões individuais i tenham suas previsões locais de demanda sujeitas (por simplificação) a um erro representado por um desvio-padrão dos erros de previsão individuais igual a σi (ver Capítulo 8) e, também por simplificação, suponhamos que os *lead times* de transporte da fábrica para cada um dos armazéns seja o mesmo, igual a LT, e que o nível de serviço desejado para cada armazém seja o mesmo, igual a NS (o que leva a um *Fator de Segurança* comum a todos e igual a FS). Isso quer dizer que, para um certo nível de serviço NS, o estoque de segurança de cada um dos 16 pontos de armazenagem do sistema descentralizado teria um estoque de segurança dado por (para uma discussão mais detalhada de dimensionamento de estoques de segurança, veja o Capítulo 9):

$$Eseg = FS_{NS} \times \sigma_i \times \sqrt{LT}$$

Como são 16 os centros de distribuição, cada um com o nível de estoque de segurança ES, isso quer dizer que o estoque de segurança total dentro do sistema pode ser dado por 16 vezes o estoque de segurança de cada centro, ou:

$$Eseg_{total\ descentralizado} = 16 \times (FS_{NS} \times \sigma_i \times \sqrt{LT})$$

Imaginemos agora que a empresa representada na Figura 10.4 resolva fechar 15 dos seus 16 centros de distribuição (pontos de armazenagem) e manter apenas um, contíguo à fábrica (situação representada na Figura 10.4 – estrutura centralizada). Isso quer dizer que, agora, o desvio-padrão dos erros de previsão encarado pelo armazém central tem de ser calculado para os erros de previsão da *demanda total* global para a América do Sul. Chamemos o desvio-padrão total dos erros de previsão de $\sigma total$, que pode ser calculado a partir dos 16 desvios-padrão das demandas individuais (de cada região servida por cada armazém) da seguinte forma. Sabemos, da estatística, que a variância (o quadrado do desvio-padrão) de uma distribuição normal-soma é igual à soma das variâncias das distribuições normais-parcelas. Ou:

$$\sigma^2_{total} = \sigma^2_1 + \sigma^2_2 + \ldots + \sigma^2_{16}$$

mas assumimos que

$$\sigma^2_1 = \sigma^2_2 \ldots = \sigma^2_{16}$$

então,

$$\sigma_{total} = \sqrt{16 \times \sigma^2_i} = 4\sigma_i$$

Pode-se, então, a partir desta informação, calcular o novo estoque de segurança, para o sistema centralizado, considerando o mesmo nível de serviço e o mesmo *lead time* do sistema descentralizado anterior:

$$Eseg_{total\ centralizado} = FS_{NS} \times \sigma_{total} \times \sqrt{LT} = FS_{NS} \times 4\sigma_i \times \sqrt{LT}$$

ou, colocado de outra forma,

$$Eseg_{total\ centralizado} = 4 \times (FS_{NS} \times \sigma_i \times \sqrt{LT})$$

então, para o caso analisado,

$$\frac{Eseg_{total\ descentralizado}}{Eseg_{total\ centralizado}} = \frac{16 \times FS_{NS} \times \sigma_i \times \sqrt{LT}}{4 \times FS_{NS} \times \sigma_i \times \sqrt{LT}} = 4$$

Ou seja, para o mesmo nível de serviço, o estoque de segurança necessário no sistema centralizado é quatro vezes menor que aquele necessário no sistema descentralizado, para uma redução de centros de distribuição de 16 para 1. Pode-se generalizar essa conclusão:

> **FIQUE ATENTO**
> Sempre que um sistema de N armazéns é centralizado para 1 armazém, considerando as pressuposições tidas como válidas, o estoque de segurança total necessário, para um mesmo nível de serviço, será o estoque de segurança total anterior dividido por $\sqrt{N}$.

Isso, de certa forma, é intuitivo: quando se mantém o estoque centralizado, reduz-se muito o problema de um certo item estar disponível no sistema, mas no armazém errado. No sistema descentralizado, o item tem de estar disponível não apenas no sistema, mas no armazém certo – daí a necessidade de um maior estoque de segurança.

Nível de serviço

Para uma consideração completa da questão do nível de serviço na decisão sobre centralização *versus* descentralização de pontos de armazenagem, é necessário considerar que quando calculamos que no sistema centralizado seria necessário ¼ do estoque de segurança do sistema descentralizado, "para o mesmo nível de serviço", isso não é exatamente verdade.

Suponhamos que estejamos considerando um nível de serviço de 95% (ou seja, um nível de estoque de segurança que reduza a 5% a probabilidade de haver falta do item durante o *lead time* de ressuprimento).

No sistema descentralizado, quando a demanda se manifesta, há apenas 5% de probabilidade de haver falta no *armazém local*, durante o *lead time* de ressuprimento.

No sistema centralizado, diferentemente, há 5% de probabilidade de haver falta no *armazém central* durante o *lead time* de ressuprimento, quando a demanda se manifesta. O problema é que a demanda ocorre no ponto de consumo, e não no armazém central. Portanto, essas duas situações não são absolutamente equivalentes, a menos que o sistema logístico seja muito ágil para levar o item, instantaneamente, do armazém central para o ponto de consumo.

Caso não seja, o cliente no sistema centralizado será penalizado com uma espera adicional em relação àquela experimentada no sistema descentralizado, reduzindo o nível de serviço percebido pelo cliente.

Isso fica claro se pensarmos em unidades operacionais nas quais o cliente exige disponibilidade imediata do produto. Por exemplo, uma cadeia nacional de restaurantes não poderia ter um sistema 100% centralizado de estoques, porque, quando um cliente chega ao restaurante, não está disposto a esperar por várias horas ou dias para que o estoque central envie o prato solicitado à unidade onde se manifestou a demanda. O restaurante, tem, então, necessariamente, de manter certo nível de descentralização dos seus estoques, mantendo quantidade suficiente nos restaurantes para atender a demanda de curtíssimo prazo.

Sistemas logísticos escalonados e considerações sobre número de armazéns

 CONCEITO-CHAVE

Sistemas escalonados são aqueles com vários escalões de descentralização. Por exemplo, uma empresa pode optar por ter três escalões na sua estrutura: um armazém central anexo à fábrica, quatro armazéns regionais e vários centros de distribuição locais, encarregados de distribuir os produtos para os clientes varejistas.

Descentralização implica um maior número de unidades de armazenagem (ou por um maior número de escalões, ou por um maior número de pontos de armazenagem por escalão). O aumento de número de pontos de armazenagem em geral traz (Simchi-Levy *et al.*, 2003):

- aumento de custos com estoque (de segurança) pelo efeito perdido de *risk pooling* (veja os Capítulos 2 e 8 para uma discussão sobre o conceito);
- aumento de níveis de serviço pelo menor tempo de espera pelo cliente;
- aumento de custos indiretos (como os de aluguel e de gestão), inclusive com perda de economias de escala quando se dividem operações para criação de novas operações de pontos de armazenagem;
- aumento de custos de transporte PARA os novos centros, pois esse transporte não era feito antes de o novo centro existir, ou era feito de forma mais consolidada; e
- diminuição dos custos de transporte DOS novos centros para o cliente, anteriormente servido por um centro mais distante.

Centralização e descentralização de cadeias de operações de serviços

Para empresas prestadoras de serviço, nas quais o cliente necessariamente tem de participar pessoalmente do processo, em geral a escolha é por sistemas descentralizados, em que as unidades se encontram convenientemente localizadas próximas do cliente. A menos que se trate de um serviço profissional absolutamente diferenciado, é difícil imaginar que clientes do país todo viajariam para ter, por exemplo, um corte de cabelo numa cidade onde um salão de cabeleireiros centralizou suas operações, tendo lá instalado uma capacidade de cortar cabelos de clientes do país todo. Isso talvez ocorra com médicos ou outros profissionais altamente especializados, mas não é o caso geral.

A preferência "natural" por descentralização não é o caso para cadeias que admitem prestação remota de serviços, como os *call centers*. No Capítulo 4 foram discutidos numerosos casos de cadeias de serviços em que se optou por centralização de operações em locais de menores custos ou maior disponibilidade de mão de obra.

A Liq (www.liq.com.br), por exemplo, uma das maiores prestadoras de serviços terceirizados de *all line customer experience* (que inclui *call centers*, interações *on-line* com clientes e outros serviços) do Brasil, com 16 unidades em nove estados brasileiros e mais de 40 mil colaboradores, trabalha de forma bastante centralizada, com grandes unidades de operações localizadas em grandes centros urbanos. Grandes unidades se encontram em Porto Alegre, São Paulo, Rio de Janeiro, Belo Horizonte, Salvador, Recife, João Pessoa, Fortaleza e Rio Branco, todas com disponibilidade de mão de obra e boa infraestrutura de telecomunicações. A centralização na operação da rede da Liq prove economias de escala (quanto à infraestrutura necessária de segurança, por exemplo) e facilidade de controle.

A decisão de centralização ou descentralização

A decisão sobre centralização *versus* descentralização, olhada de forma simples, envolve um *trade-off* (compromisso) entre nível de serviço e eficiência. Sistemas mais centralizados tendem a privilegiar mais a eficiência, enquanto sistemas mais descentralizados tendem a privilegiar mais os níveis de serviço, como a reação rápida ao cliente. Em princípio, *ceteris paribus* (todas as outras variáveis sendo iguais), sistemas mais centralizados seriam mais adequados como estrutura logística para cadeias de suprimentos *eficientes*, enquanto sistemas mais descentralizados seriam mais adequados para cadeias de suprimentos de *resposta rápida* (veja o Capítulo 2).

Entretanto, muitas outras considerações devem ser levadas em conta quando essa decisão é tomada. Por exemplo, se a estrutura de transporte é ágil para fazer chegarem produtos dos pontos centrais para os pontos de consumo, pode-se ter o melhor dos dois mundos: as vantagens da eficiência dos sistemas centralizados mais as vantagens da agilidade dos sistemas descentralizados.

Embora haja situações em que empresas caminhem para a *descentralização* de unidades logísticas, a tendência parece ser muito mais para consolidação (*centralização*) e para buscar aumentar a agilidade no transporte. A decisão de centralização ou descentralização da estrutura logística de uma cadeia de suprimentos, portanto, só pode ser tomada sistemicamente, levando também em conta a localização das unidades logísticas e a infraestrutura de transportes da cadeia, discutidas a seguir.

10.2.4 Localização de unidades da estrutura logística

Tão importante quanto a decisão sobre centralizar ou descentralizar as unidades logísticas é a decisão sobre *onde localizar* essas unidades. Com a globalização, essa decisão é hoje mais complexa do que nunca. Mais do que apenas contribuir para o controle dos custos da cadeia global de suprimentos, a decisão de localização, pelas suas implicações sobre os níveis de serviço ao cliente, é determinante para a diferenciação da empresa no mercado. Como os mercados são crescentemente dinâmicos, as empresas estão (e de fato deveriam estar) sempre procurando formas de melhorar sua estrutura logística. Aspectos que, segundo Coyle et al. (2009), podem requerer uma reanálise da cadeia de unidades logísticas incluem:

- *mudanças de requisitos do cliente quanto ao desempenho logístico*, por exemplo, clientes importantes passando a exigir entregas mais frequentes e em menores quantidades por entrega, *just in time*;
- *mudanças na localização de mercados* fornecedores de insumos ou consumidores de produtos, como no caso do crescimento impressionante do mercado da Avon na Europa, descrito no *boxe* de abertura deste capítulo, ou no caso de mudança de fornecedores de locais para globais (ver Capítulo 4);
- *mudança na composição acionária da empresa* (por fusões e/ou aquisições), levando à necessidade de a nova empresa reestruturar suas unidades, de forma a aproveitar sinergias e eliminar redundâncias. Um exemplo é criação da Brazil Foods (www.brf-global.com), com a fusão da Sadia com a Perdigão, que tradicionalmente tinham suas unidades independentes de fabricação e distribuição, muitas vezes espalhadas sobre os mesmos territórios. Uma reanálise da rede foi necessária com essa fusão;
- *pressões competitivas por redução de custos*, levando à exploração de opções de consolidação para ganhos de escala. A General Motors, por exemplo, tinha originalmente três armazéns de peças sobressalentes no Brasil, que foram consolidados em dois em torno do ano 2000;
- *alterações das malhas de transporte*. A malha ferroviária do Brasil, por exemplo, tendo recebido investimentos privados e públicos recentes depois de muitos anos, passou a oferecer alternativas de transporte eficiente entre pontos não servidos de forma adequada anteriormente;
- *disponibilidade de novos atores*, como os provedores de serviços logísticos (3PL, ou *3rd party logistics providers*), que podem oferecer novas alternativas logísticas para as empresas, requerendo revisão da sua própria estrutura. Os 3PL serão discutidos mais adiante neste capítulo.

Análise de localização

A localização de uma operação logística afeta não somente o custo de transporte de insumos e produtos ao longo dos canais de distribuição, o custo da mão de obra, o custo e disponibilidade de energia, água, infraestrutura de telecomunicações, tecnologia de informação e outros, mas também a capacidade de a empresa competir no mercado.

Em operações que requerem contato pessoal direto com o usuário, a localização pode afetar a conveniência do cliente, o volume de tráfego resultante em torno da operação, a visibilidade da operação, entre outros. Decisões erradas de localização custam caro para a empresa e são normalmente difíceis e caras de serem revertidas. Decisões de localização, portanto, devem sempre ser avaliadas periodicamente e de forma cuidadosa. As análises de localização podem ser de muito simples até muito complexas, levando em conta numerosas variáveis. Podem envolver uma grande quantidade de fatores inter-relacionados, quantitativos e qualitativos. Deve-se sempre procurar garantir que os principais estejam sendo levados em conta.

Fatores que afetam a localização de unidades

A natureza do negócio em que a operação atua definirá quais fatores deveriam ser os mais determinantes na decisão de localização: aqueles com impacto nos objetivos estratégicos do negócio. A seguir, são listados alguns fatores que podem ser potencialmente relevantes para análises de localização.

Proximidade de fontes de suprimento (material)

Muitas empresas necessitam privilegiar localizações próximas de fontes de suprimentos. Isso pode ocorrer por várias razões.

Em operações de beneficiamento de matérias-primas básicas em que ocorre uma grande redução volumétrica, por exemplo, faz sentido que as operações se localizem mais próximas das fontes de matérias-primas. Exemplos são a fabricação de cimento, em que os volumes de entrada de calcário são substancialmente reduzidos no processo de produção, ou a produção de cortes de carne a partir de rebanho. Uma localização mais próxima da fonte de matérias-primas, neste caso, faz com que os custos logísticos fiquem menores, pois calcário e gado de pé, por exemplo, têm uma "densidade de valor" (valor por volume) menor que cimento ou cortes de carne beneficiados.

Em outros casos, a necessidade da proximidade das fontes de suprimento se deve à perecibilidade do insumo. Fábricas de produtos laticínios e outras operações de processamento de produtos agrícolas (como produtos de tomate, sucos de fruta, açúcar e álcool, por exemplo) se localizam próximas às regiões produtoras, pois é necessário processar a matéria-prima em apenas algumas horas da colheita, sob pena de deterioração.

Proximidade de fontes de mão de obra

A proximidade de fontes amplas de mão de obra qualificada ou de custo mais baixo, às vezes, é um aspecto importante para a decisão de localização de negócios que são intensivos em mão de obra ou em conhecimento. A empresa tem, então, de analisar as quantidades e habilidades de diferentes categorias de mão de obra necessárias à sua operação.

A Embraer, por exemplo, mantém suas operações intensivas em mão de obra de montagem de aeronaves no Brasil, apesar de a maioria das suas fontes de insumos (componentes aeronáuticos) e a maioria de seus clientes se localizarem nos Estados Unidos e na Europa – o custo global com mão de obra ainda é menor no Brasil. Outras empresas necessitam de mão de obra qualificada em determinado conjunto de habilidades, como informática, por exemplo, e procurarão localizar suas operações onde esse tipo de habilidade é mais abundante, como a Índia (veja o Capítulo 4). Outros fatores relevantes a serem considerados, quanto à mão de obra, são o nível geral salarial, a atitude da mão de obra (pontualidade, absenteísmo, rotatividade) e a presença de sindicatos mais ou menos combativos ou resistentes a mudanças. Em operações em que serviços podem ser prestados de forma remota, às vezes a localização é decidida quase exclusivamente com base na disponibilidade ou custo de mão de obra e de infraestrutura de tecnologia de informação e telecomunicações.

Figura 10.5 A Embraer mantém o projeto e a montagem de seus aviões no Brasil (na foto, um KC-390 de uso militar).

Proximidade dos clientes

Localização das operações próximas aos mercados aos quais servem é essencial para alguns negócios. Em operações nas quais ocorrem expansões volumétricas no processo de transformação, faz mais sentido que a operação se localize mais próxima do ponto de uso do produto. Imagine, por exemplo, um fabricante de embalagens plásticas (PET) para refrigerantes. Faz sentido que a operação de "sopro", que transforma, expandindo as chamadas pré-formas (pequenos tubos da matéria-prima) em garrafas volumosas, fique localizada, se possível, dentro da operação de envase do cliente. Caso contrário, os custos logísticos de transportar as garrafas volumosas e vazias seriam muito mais altos. Isso porque a "densidade de valor" de garrafas plásticas vazias, por exemplo, é muito mais baixa que a das pré-formas. Encaixam-se também nesta categoria outros tipos de embalagens (como as latas metálicas e frascos de vidro). Outra razão para as operações se localizarem próximas dos clientes é a possível perecibilidade dos produtos comercializados, quando os insumos são mais perecíveis. Um exemplo são as lanchonetes.

Para operações que necessitem da presença do cliente para executarem suas atividades, uma localização próxima do mercado consumidor pode ser importante. Exemplos são supermercados, lojas de conveniência, salões de beleza, postos de combustível, lavanderias, farmácias, restaurantes, entre outros.

Considerações referentes ao ambiente físico e de negócios

Essas considerações, também importantes para a decisão de localização de unidades logísticas, incluem aspectos como preço, qualidade e disponibilidade de espaço físico (inclusive considerando necessidades futuras de expansão), utilidades (por exemplo, água, energia elétrica, telecomunicações, serviços públicos, como coleta de lixo, segurança etc.), incentivos fiscais possivelmente oferecidos (federais, estaduais e municipais), zonas livres de comércio, como a Zona Franca de Manaus, legislação (como restrições de zoneamento, referentes a tratamento de efluentes, entre outros), impactos ambientais, condições de solo, condições climáticas, acesso a infraestrutura de transporte (rodoviário, ferroviário, aquaviário, aéreo, eletrônico), que com maior ou menor peso deverão ser levados em conta por empresas antes de definir a localização de suas unidades.

Considerações referentes à qualidade de vida dos colaboradores

Outra consideração importante diz respeito à operação se tornar atraente aos olhos dos funcionários que pretende atrair. É importante levar em conta, como um dos fatores influentes na decisão de localização, a presença ou ausência de infraestrutura de segurança, lazer, educação, moradia, transporte público, clima, estilo de vida, *shopping centers*, entre outros.

Considerações referentes à comunidade

O sucesso de qualquer negócio é limitado pelo quanto ele é aceito ou não pela comunidade onde se insere. Muitas comunidades recebem bem novos negócios, visto que trazem empregos, impostos e outros benefícios, entretanto, as comunidades também podem impor restrições importantes conforme a atividade. Negócios vistos como poluidores podem ser considerados inaceitáveis por determinadas comunidades. É clássica a luta da comunidade que vive no entorno do aeroporto de Dallas, nos Estados Unidos, onde se concentra um megacentro de distribuição de entregas expressas da Federal Express. A FedEx, como é conhecida, opera seus aviões a noite toda neste *hub*, causando certo desconforto (poluição) sonoro(a) aos moradores da região, que resistem à sua operação na forma atual.

Considerações referentes à globalização

Há vários fatores a considerar quando uma empresa cogita estabelecer unidades globalmente. Uma questão importante é a cultural. Cada cultura tem seu próprio conjunto de valores, normas, princípios éticos, padrões, regras e leis (como leis protecionistas). Isso pode significar todo um conjunto diferente, tanto de restrições como de oportunidades a explorar. É importante que nas decisões de localização seja feita uma cuidadosa identificação das particularidades de cada região considerada. Outra questão importante referente a decisões de localização globalizada é o risco político. Há determinadas regiões em que os riscos de descontinuidade política, de não cumprimento de contratos, pode não compensar os benefícios em custos da região.

10.2.5 Métodos para localização de unidades de operações

Geralmente, as decisões de localização são tomadas de forma hierárquica, do mais geral para o mais particular, conforme o esquema da Figura 10.6.

Os três níveis hierárquicos superiores são chamados decisões de macrolocalização. A decisão quanto ao local específico é chamada decisão de microlocalização. As análises para a decisão de macrolocalização podem, dentre outras, ser apoiadas por técnicas de ponderação de fatores e pelo método do centro de gravidade. Esses dois métodos são descritos aqui. Há outros métodos, também, baseados em programação matemática, que não serão discutidos neste texto. Para detalhes sobre métodos de programação matemática para decisões de localização, consultar, por exemplo, Bowersox e Closs (1996).

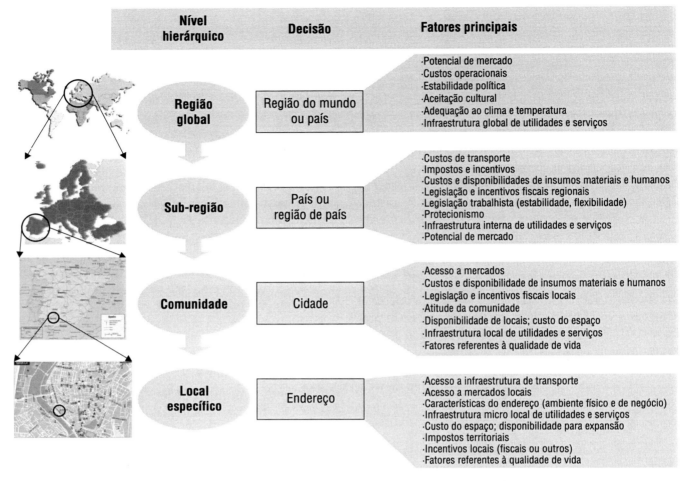

Figura 10.6 Hierarquia das decisões de localização (adaptado de Corrêa e Corrêa, 2017).

Método de ponderação de fatores

> **ⓘ CONCEITO-CHAVE**
>
> O método de ponderação de fatores é um método racional de confrontar e avaliar alternativas de macrolocalização, ponderando vários fatores locacionais.

Imagine que há três macrolocais (pensemos num exemplo de três diferentes cidades) sendo considerados. Imagine também que foram identificados oito fatores locacionais relevantes com diferentes pesos de ponderação. Notas de zero a dez (em que dez significa a avaliação mais favorável possível, e zero, a pior) são então dadas às diferentes cidades, levando em conta cada um dos oito fatores locacionais. A Figura 10.7 ilustra o método de ponderação de fatores locacionais.

Fator locacional	Importância (peso)	Notas Cidade 1	Notas Cidade 2	Notas Cidade 3	Notas ponderadas Cidade 1	Notas ponderadas Cidade 2	Notas ponderadas Cidade 3
Acesso a mercados	8	10	7	9	10 × 8 = 80	56	72
Custo e disponibilidade de materiais	5	6	6	8	30	30	40
Custo e disponibilidade de mão de obra	5	7	8	10	35	40	50
Atitude da comunidade	4	7	7	6	28	28	24
Disponibilidade de bons locais	4	5	7	7	20	28	28
Custo do espaço	4	9	7	6	36	28	24
Infraestrutura local de utilidades e serviços	3	6	9	7	18	27	21
Qualidade de vida	3	8	10	9	24	30	27
				Totais	271	267	286

Figura 10.7 Ilustração do método de ponderação de fatores locacionais.

Observe que as notas ponderadas são obtidas multiplicando cada uma das notas de cada um dos fatores, para cada cidade, pela importância (peso de ponderação). A pontuação total das cidades é obtida somando as notas ponderadas. No exemplo da Figura 10.7, a Cidade 3 obteve pontuação ponderada máxima, de 286 pontos.

Método do centro de gravidade

> **CONCEITO-CHAVE**
>
> O método do centro de gravidade é uma técnica para localização de uma unidade operacional, dadas as localizações existentes das suas principais fontes de insumos e demanda, além dos volumes/pesos a serem transportados entre esses locais.

Essa técnica é muitas vezes utilizada para localizar armazéns intermediários ou de distribuição, dadas as localizações, por exemplo, das fábricas e dos clientes. Na sua forma mais simples, assume que os custos de transporte de material para a unidade a ser localizada, vindos das fontes de insumos e da unidade a ser localizada para seus destinos (clientes), são iguais e proporcionais às quantidades transportadas (não considera custos fixos por trecho transportado ou custos adicionais para despachos com cargas parciais).

O método começa localizando num *grid* simplificado as unidades já existentes (fontes de insumos e demanda). O propósito disso é estabelecer as distâncias entre os locais. A Figura 10.8 ilustra um *grid*.

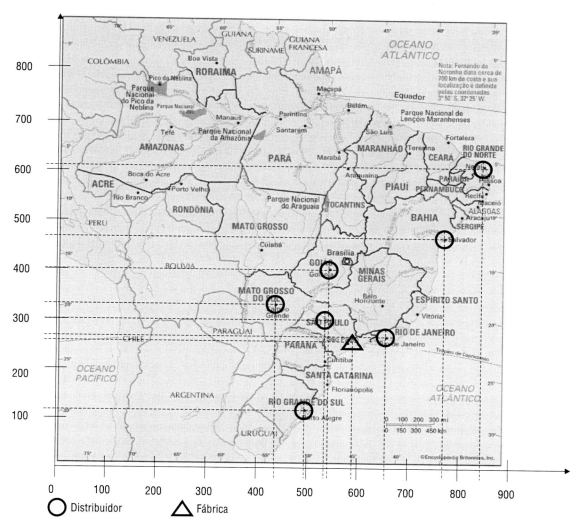

Figura 10.8 Ilustração do uso de um *grid* para estudo locacional.

No *grid* da Figura 10.8, há oito unidades já existentes e que devem ser levadas em conta no nosso exemplo hipotético da fabricação e distribuição de um produto. Nosso problema de localização é "onde localizar um armazém intermediário entre a fábrica e os distribuidores independentes para que os custos de transporte sejam mínimos".

Uma fábrica, localizada em Cubatão, litoral de São Paulo, com posição aproximada nas coordenadas (585,245), ou seja, localizada na posição correspondente a 585 em abscissa (no eixo horizontal) e a 245 em ordenada (no eixo vertical). O mesmo pode ser determinado para cada um dos distribuidores independentes.

Sete distribuidores, localizados em:

- Porto Alegre – posição aproximada (495,115)
- Rio de Janeiro – posição aproximada (655,265)
- Bauru – posição aproximada (535,300)
- Campo Grande – posição aproximada (440,325)
- Goiânia – posição aproximada (545,400)
- Salvador – posição aproximada (770,465)
- Natal – posição aproximada (845,615)

As quantidades despachadas do produto fabricado em Cubatão para os distribuidores são mostradas na Figura 10.9.

Local existente	Toneladas × 1.000 despachadas *de* ou *para* o local
Cubatão	6,3
Porto Alegre	0,6
Rio de Janeiro	1,3
Bauru	2,5
Campo Grande	1,0

(continua)

(continuação)

Local existente	Toneladas × 1.000 despachadas *de* ou *para* o local
Goiânia	0,3
Salvador	0,4
Natal	0,2

Figura 10.9 Volumes do produto despachados da fábrica para cada um dos distribuidores.

A resolução deste problema pelo método do centro de gravidade se dá a seguir. O método procura encontrar o centro de gravidade dos pontos que representam os locais existentes levando em conta como os "pesos" dos volumes transportados *do* ponto considerado ou *para* o ponto considerado (quando, neste método, há um local que despacha material para outros e recebe material de outros, as quantidades *de* e *para* o local aparecem somadas). O método do centro de gravidade calcula as coordenadas do centro de gravidade Cx (abscissa) e Cy (ordenada) da seguinte forma:

$$Cx = \frac{\sum d_{ix} V_i}{\sum V_i} \text{ e } Cy = \frac{\sum d_{iy} V_i}{\sum V_i}$$

Em que:

Cx = Coordenada x (eixo horizontal) do centro de gravidade

Cy = Coordenada y (eixo vertical) do centro de gravidade

d_{ix} = Coordenada x do *i*ésimo local

d_{iy} = Coordenada y do *i*ésimo local

V_i = Volume de bens movimentados *para* ou *do* *i*ésimo local

Daí vem, para o nosso exemplo:

$$Cx = \frac{(585 \times 6,3) + (495 \times 0,6) + (655 \times 1,3) + (535 \times 2,5) + (440 \times 1,0) + (545 \times 0,3) + (770 \times 0,4) + (845 \times 0,2)}{6,3 + 0,6 + 1,3 + 2,5 + 1,0 + 0,3 + 0,4 + 0,2} =$$

$$= \frac{7252}{12,6} = \text{aproximadamente } 576$$

$$Cy = \frac{(245 \times 6,3) + (115 \times 0,6) + (265 \times 1,3) + (300 \times 2,5) + (325 \times 1,0) + (400 \times 0,3) + (465 \times 0,4) + (615 \times 0,2)}{6,3 + 0,6 + 1,3 + 2,5 + 1,0 + 0,3 + 0,4 + 0,2} =$$

$$= \frac{3461}{12,6} = \text{aproximadamente } 275$$

Isso dá ao analista as coordenadas (576,275) do *grid* como um ponto de partida para a decisão de macrolocalização do armazém intermediário. Isso no mapa leva a uma localização das proximidades de Campinas, no estado de São Paulo.

10.2.6 Configuração da malha logística (múltiplas unidades)

As discussões feitas até agora se referem à decisão de localização de *uma* unidade logística. A decisão sobre a configuração da malha logística como um todo, levando em conta os vários armazéns e fábricas que a compõem a fim de otimizar algum objetivo definido (como maximizar níveis de serviços ou minimizar custos envolvidos), tem uma complexidade que vai além do escopo deste livro. As soluções presentes no mercado, na forma de sistemas de apoio à decisão, usam variadas técnicas (envolvendo principalmente heurísticas e simulação) para apoiar a análise e redesenho de cadeias logísticas complexas. Uma delas é a LlamaSoft, que fornece soluções analíticas para análise e redesenho da infraestrutura logística da cadeia de suprimentos. Visite o *site* da empresa para mais informações: https://www.llamasoft.com/logistics-optimization-software-tools/. Em geral, essas soluções são caras e só se justificam para malhas complexas.

Outras ótimas soluções para otimização de malhas logísticas são:

- JDA – https://jda.com/solutions
- Infor – https://www.infor.com/solutions/scm/
- OM Partners – https://ompartners.com/en/
- Quintiq – http://www.quintiq.com/solutions/supply-chain-design.html

Qualquer que seja o porte ou complexidade da malha logística em questão, quando uma empresa decide utilizar uma destas soluções tecnológicas, deve fazer uma cuidadosa análise de qualidade e adequação da solução considerada, analisar numerosas alternativas e então decidir pela solução que vai utilizar. O Capítulo 12 trata mais deste tema.

SAIBA MAIS

Obtendo o máximo de suas fábricas no exterior

Com a globalização, muitas vezes as empresas acabam por ter uma complexa cadeia de fábricas localizadas em vários países. Ferdows (1997) argumenta que muitas empresas multinacionais não estão obtendo o máximo que poderiam de suas fábricas ao redor do mundo. Elas estabeleceriam essas fábricas exclusivamente para obter vantagens, como aquelas vindas de concessões especiais de tarifas alfandegárias, mão de obra barata ou subsídios no custo de capital do investimento. Consequentemente, alocariam uma faixa bastante limitada de atribuições, responsabilidades e recursos a essas fábricas, o que as comprometeria no seu potencial de trazerem benefícios mais substanciais à corporação. Entretanto, haveria, segundo o autor, empresas que elevam suas expectativas em relação a suas subsidiárias, apoiam-lhes com recursos e atenção gerencial, e o resultado é que acabam obtendo muito mais delas: tornam-se muito mais próximas de seus mercados, de seus fornecedores, atraem funcionários mais capacitados e talentosos e acabam por criar centros de especialização que, por fim, beneficiam a empresa toda. Essas fábricas acabam por executar muito mais atividades que meramente produção a baixo custo, como serviços pós-venda e engenharia e projeto de produtos. Segundo Ferdows (*op. cit.*), a gestão das corporações deveria se perguntar continuamente e reavaliar como cada fábrica pode se tornar uma arma competitiva, não apenas nos mercados que serve diretamente, mas em todos os mercados globais servidos pela corporação. Isso significa alargar o escopo estratégico das subsidiárias, de forma que capitalizem maximamente seu potencial. O autor define seis estágios em que as subsidiárias podem se encontrar em relação à contribuição estratégica que trazem à corporação:

- *Offshore factory* – fábrica estabelecida para produzir itens específicos a custos baixos – itens que são subsequentemente exportados para venda ou processamento adicional. Pouco desenvolvimento de produto ou processo ocorre aqui. Compras, processo, engenharia, distribuição são, em geral, decididos centralmente e a gestão local tem pouca autonomia nestas áreas. Note que o sentido no qual Ferdows usa o termo *offshoring* aqui é mais restrito do que aquele que usamos anteriormente. No nosso uso, todas as modalidades desta lista seriam genericamente chamadas de *offshoring*.

- *Source factory* – a principal razão para o estabelecimento de uma *source factory* é a produção de baixo custo, mas o escopo é maior do que aquele da *offshore factory*. A gestão tem mais autonomia quanto à seleção de fornecedores e compras, planejamento de produção, mudanças de processo, customização de produtos e logística. *Source factories* tendem a ser localizadas em locais de custo baixo e disponibilidade de recursos, com infraestrutura relativamente desenvolvida.

- *Server factory* – uma *server factory* é estabelecida para servir especificamente o mercado de um país ou de uma região. É tipicamente uma forma de superar barreiras alfandegárias localizando uma fábrica no mercado-alvo. No entanto, tem um escopo de autonomia um pouco superior àquele das *offshore factories*, já que a gestão local tem autonomia de alterar limitadamente processos e produtos para se adaptar a necessidades locais.

- *Contributor factory* – neste caso, também a fábrica é estabelecida localmente para servir a um mercado específico, mas com escopo de autonomia bem maior que aquele das *server factories*. Atribuições incluem engenharia de produto e de processo, desenvolvimento e escolha de fornecedores. Tem sua própria estrutura de desenvolvimento, engenharia e produto. É usada como unidade de teste de novos processos, produtos e métodos.

- *Outpost factory* – a função primordial de uma *outpost factory* é coletar informação. Essa fábrica é colocada numa região onde se encontram fornecedores avançados, concorrentes competentes, laboratórios de pesquisa e consumidores exigentes. A ênfase é o aprendizado para alimentar a corporação de informação relevante.

- *Lead factory* – uma *lead factory* cria novos processos, produtos e tecnologias para a corporação como um todo. Esse tipo de fábrica se beneficia das habilidades locais e recursos tecnológicos não só para coletar informação para a corporação, mas para transformar essa informação em produtos e processos úteis. A maioria dos seus colaboradores está em constante contato com os clientes, fornecedores de equipamentos e materiais, participando frequentemente de esforços conjuntos de desenvolvimento, com laboratórios de pesquisa e outros centros de conhecimento.

Ferdows propõe caminhos de evolução para os diversos papéis que as fábricas podem ter na sua contribuição à corporação. Essa evolução é ilustrada na Figura 10.10.

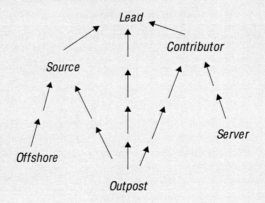

Figura 10.10 Caminhos para papéis estrategicamente mais importantes das subsidiárias no exterior.

As corporações deveriam, então, desenhar e continuamente reavaliar suas estratégias quando estabelecem subsidiárias no exterior, de forma que em cada momento saibam qual o papel estratégico atual e esperado para cada uma, assim como quais os caminhos de evolução que esperam para cada uma.

Questões para discussão

1. Considere o centro de serviços da IBM em Hortolândia descrito no *boxe* de abertura do Capítulo 4. Classifique-o, do ponto de vista das expectativas da IBM, segundo o modelo de Ferdows (1997) descrito neste *boxe*.

2. O modelo de Ferdows (1997) foi desenvolvido tendo em mente "fábricas" de produtos físicos. Você acha que ele também pode ser aplicado para analisar o conjunto de diferentes unidades operacionais globais de uma empresa de serviços profissionais, por exemplo, uma grande empresa de consultoria como a Accenture ou a McKinsey? (Se você não as conhece, pesquise na internet sobre o seu modelo de atuação.) Por que sim ou por que não?

 FIQUE ATENTO

É necessário que as corporações com fábricas subsidiárias no exterior tenham, em cada momento, bem definidos os papéis estratégicos que esperam de cada uma, para que tragam todo o seu potencial de contribuição ao desempenho corporativo.

Gestão de transporte na cadeia global de suprimentos

 FIQUE ATENTO

Transporte é definido, segundo Coyle *et al.* (2009), como a atividade que, por meio da movimentação de bens ou pessoas, cria utilidade de localização e de tempo.

Quando um bem é movido para um local onde vale mais do que valia no local de onde saiu, a atividade de transporte criou utilidade de localização. A utilidade de tempo é criada quando o transporte é feito no momento que o cliente necessita ou deseja.

A atividade de transporte pode ser avaliada pelo cliente quanto à sua velocidade, confiabilidade e frequência com que ocorre, pelas características do equipamento usado para o transporte e pelo seu custo.

Transporte é uma atividade essencial na análise e desenho da estrutura logística da cadeia de suprimentos, pois, se é feito de forma ágil, confiável e barata, abre a possibilidade de que se obtenham suprimentos de locais mais distantes (ampliando, portanto, a faixa de opções de suprimentos que a empresa tem) e de se conseguir mais eficiência na cadeia pela consolidação de unidades logísticas (já que fica mais viável trabalhar com menos unidades mais centralizadas).

Aumentar a eficiência do transporte também amplia mais que proporcionalmente a "área de captação" de clientes. Imagine uma situação em que há, pelos custos correntes de transporte, criação de utilidade de localização para o transporte de produtos produzidos pela fábrica "A" para uma região definida por um raio de 50 km de distância. Para distâncias maiores, os custos de transporte do produto tornam seu custo total proibitivo. Isso significa que uma área de $\pi (50 \text{ km})^2$, ou seja, aproximadamente

$$3{,}14 \times (2.500) \text{ km}^2 = 7.850 \text{ km}^2$$

é *viavelmente* atendida pela fábrica. Se estamos falando de uma região que tem uma densidade populacional média de 100 habitantes por km², isso significa que 100 habitantes/km² × 7.850 km² = 785.000 pessoas é o tamanho do mercado *viável* para essa fábrica. Imaginemos agora que a adoção de uma opção mais eficiente de transporte *dobre* a distância, a partir da fábrica, fazendo com que o produto possa ser transportado, de forma viável, para 100 km.

A nova área delimitada pelo raio de 100 km é de $\pi (100 \text{ km})^2$, ou seja, aproximadamente 31.400 km². Isso, levando em conta a mesma densidade populacional anterior, define um mercado viável para a empresa de 3.140.000 pessoas, ou seja, uma população que não é o dobro, mas quatro vezes maior.

O mesmo se aplica para as distâncias viáveis dos fornecedores para a empresa.

FIQUE ATENTO
Meios de transporte mais eficientes podem aumentar muito mais que proporcionalmente as opções de mercado consumidor e de mercado fornecedor para uma cadeia de suprimentos.

SAIBA MAIS

Tendências no transporte internacional

Coyle *et al.* (2009) listam as seguintes tendências para a atividade de transporte em cadeias globais de suprimentos:

Mercado de transporte
- Customização de serviços e equipamentos para necessidades específicas de embarcadores e clientes.
- Serviço de frete provido para movimentação sequenciada, *just in time*.
- Custo de frete internacional declinando para o usuário.
- Transações internacionais se tornam mais fáceis.
- Usuários de serviços de transporte consideram cada vez mais essa atividade como não isolada, mas no contexto de sua integração com a produção e distribuição de produtos.
- Crescimento do transporte internacional.

Suprimento de transporte
- Uso crescente de serviços de terceiros.
- Consolidação do mercado de transporte aéreo, ferroviário e rodoviário.
- Integração de fornecimento de vários modos de transporte, via acordos ou fusões e aquisições.
- Avanços tecnológicos na maioria dos modos de transporte.
- Menos frotas próprias usadas, exceto quando a empresa tem necessidades muito especiais.
- Mais alianças internacionais entre transportadoras.

Regulamentação
- Desregulamentação crescente do mercado em todas as regiões do globo.
- Menos regulamentação econômica (protecionismo, de rotas, financeira) e mais regulamentação ambiental (segurança etc.).
- Fundos dos governos não conseguindo se manter par com a deterioração da infraestrutura de transporte.

Questão para discussão

1. Quais as implicações de cada uma destas tendências para o desenho das malhas logísticas das cadeias globais de suprimentos?

Modos de transporte

Os custos, a velocidade, a confiabilidade, as frequências e a qualidade dos meios de transporte utilizados são aspectos essenciais na gestão de cadeias globais de suprimentos. Esses fatores influenciam a quantidade e a localização das unidades logísticas necessárias para uma cadeia de suprimentos atender seus clientes, assim como também influenciam seus níveis de eficiência dos estoques e seus serviços ao cliente. Transporte feito de forma eficiente e eficaz pode ser usado como arma competitiva. Os aspectos listados anteriormente são uma função do modo de transporte (às vezes chamado "modal de transporte") escolhido, e, portanto, essa escolha deve ser feita de forma criteriosa. Em geral, são seis os modos de transporte disponíveis para o gestor de cadeias de suprimentos globais:

- *rodoviário:* vans, picapes, caminhões, carretas;
- *ferroviário:* trens;
- *aéreo:* aviões, helicópteros;
- *aquaviário (fluvial ou marítimo):* navios;
- *tubular:* oleodutos, gasodutos; e
- *eletrônico:* cabos óticos, radiofrequência.

Vantagens comparativas das alternativas de modos de transporte

A escolha do meio de transporte é uma função de variáveis, como: as características dos produtos sendo transportados (por exemplo, autopeças não podem ser transportadas por tubulação ou por cabos óticos); o ponto de origem e de destino (se ambos estão em diferentes bairros de uma cidade sem rio ou mar, os modos de transportes aquaviários estão descartados); a existência de infraestrutura (transporte entre duas cidades que não são servidas pela malha ferroviária existente não poderá ser feito pelo modo ferroviário); os requisitos do cliente (se o cliente requer que o produto seja entregue no dia seguinte e o ponto de origem está a 3.000 km de distância, talvez só o transporte aéreo possa tornar a entrega possível); e os custos envolvidos no transporte (é tecnologicamente possível transportar petróleo dos países produtores no Oriente Médio para os Estados Unidos por via aérea, mas os custos seriam proibitivos). A tabela da Figura 10.11 traz uma comparação dos seis modos de transporte disponíveis para o gestor de cadeias globais de suprimentos quanto a várias características.

Modo	Rodoviário	Ferroviário	Aéreo	Aquático	Tubular	Eletrônico
Custo unitário	Médio $ X por tonelada.km	Baixo $ X/5 por tonelada.km	Muito alto $ 3X por tonelada.km	Baixo $ X/20 por tonelada.km	Baixíssimo	Baixíssimo, tendendo a zero
Volumes/ quantidades	Pequenos a médios (alguns kg – *motoboy* a 40 ton. – carretas)	Grandes volumes, carga completa de vagão e muito mais eficiente	Pequenos, mais adequado para produtos densos em valor ou perecível	Grandes volumes para granel, médios volumes para contêineres	Enormes volumes para justificar investimento inicial	Pequenos ou grandes volumes (download de filmes, grandes bases de dados)
Variedade de produtos	Muito alta, cargas mistas	Alta, mas especialmente adequado para granel/baixa variedade	Muito alta em pequenas quantidades	Baixa, mas conteinerização e carga fracionada aumentam variedade	Muito restrita: gás, petróleo, água	Todos que são baseados em informação (imagem, dados, áudio, vídeo)
Velocidade	Média se infraestrutura suportar (80 km/h)	Metade da velocidade do rodoviário, exceto (raros) trens rápidos	Muito alta para distâncias intercontinentais, medindo-se em horas ou dias	Lento: 10 km/h fluvial; oceânico mais rápido: 10 a 12 dias para cruzar oceano	Varia conforme bombeamento; mas, em geral, não é relevante	Extremamente rápido relativamente a outras opções
Frequência	Alta e flexível	Média e fixa, depende da rota	Média e fixa, em geral no mínimo diária	Baixa, depende da rota	Transporte constante e contínuo, mas unidirecional	Ilimitada
Confiabilidade	Média, depende da infraestrutura e da frota	Alta	Alta	Média, depende da infraestrutura, portos	Alta	Alta
Cobertura geográfica	Muito alta na maioria das regiões	Alta nos EUA e Europa, baixa no restante	Global, mas esparsa (depende de aeroportos)	Global em oceânico, fluvial depende da região	Muito baixa, ponto a ponto	Altíssima, tendendo a aumentar ainda mais
Capilaridade	Muito alta, malha densa na maioria das regiões	Baixa, malha só é densa em certas regiões	Muito baixa, depende de aeroportos	Muito baixa para oceânico, baixa para fluvial	Baixíssima, ponto a ponto	Altíssima, malha densa de computadores
Distâncias	Curtas a médias	Médias a longas	Médias a muito longas	Longas a muito longas	Médias a longas	Longas ou curtas

Figura 10.11 Quadro comparativo dos seis principais modos de transporte em cadeias de suprimentos.

10.2.7 Um breve panorama da logística de transportes no Brasil

Abaixo, algumas informações sobre a infraestrutura de transporte logístico no Brasil. A distribuição do transporte de cargas no Brasil, por tipo de modo de transporte, é aproximadamente conforme mostrado na Figura 10.12.

Modo de transporte	%
Rodoviário	62,7
Ferroviário	21,0
Aquático	12,5
Tubular	3,5
Aéreo	0,4

Figura 10.12 Distribuição do transporte de cargas no Brasil por modo de transporte (ILOS, 2016).

Matriz brasileira de transporte

Se plotada num gráfico cartesiano, com o eixo horizontal representando o percentual do transporte de cargas feito por modo ferroviário, o eixo vertical representando o percentual feito por modo rodoviário, e bolhas representando o percentual feito por transporte aquaviário, a localização do Brasil e de alguns países selecionados apresentar-se-iam como mostrado na Figura 10.13.

O Brasil aparentemente tem uma matriz de transporte de cargas mais parecida com as de países que aparecem próximos a ele no gráfico, como Alemanha, França, Bélgica, Dinamarca e Hungria, países de dimensões bem menores que as do Brasil. Países como China, Canadá, Estados Unidos e Austrália, de dimensões mais próximas das do Brasil, tendem a ter uma matriz mais similar entre si e muito diferente daquela dos países menores (e do Brasil), privilegiando o transporte ferroviário, bem mais eficiente que o rodoviário para as grandes distâncias que as cargas têm de percorrer nos países de dimensões continentais. Além disso, do Brasil, que tem produtos agrícolas e matérias-primas minerais (como o ferro) como itens muito importantes em sua pauta de exportações, também se esperaria maior ênfase nos meios de transporte mais eficientes para altos volumes, como o ferroviário.

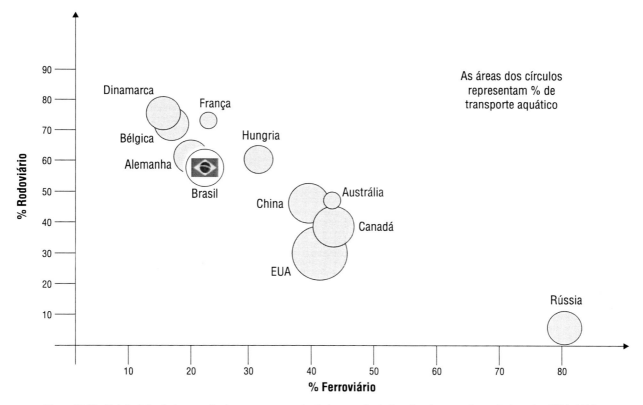

Figura 10.13 Distribuição do transporte de cargas por modo de transporte do Brasil e alguns países selecionados (ILOS, 2016).

Transporte rodoviário no Brasil

A malha para transporte rodoviário no Brasil conta com 1.770.000 km, dos quais apenas 12,4% têm pavimento, e aproximadamente 58% destes se encontram em más condições de conservação, segundo a CNT (2018). Cerca de 12% da malha foi emergencialmente repavimentada em 2005, mas com pouca durabilidade. A frota de veículos automotores de carga tem quase 18 anos e representa altos custos de manutenção e níveis de confiabilidade nem sempre altos.

Transporte ferroviário no Brasil

O transporte ferroviário brasileiro tem uma malha bastante restrita (ver Figura 10.14), infraestrutura ruim, embora melhorando em anos recentes em virtude do investimento privado de empresas como a Rumo Logística e outras. Os vagões da malha têm aproximadamente 20 anos, as locomotivas têm em média 24 anos (2014), e os investimentos na malha ferroviária ainda se encontram em um nível equivalente a uma pequena fração do investimento por quilômetro feito na malha norte-americana (para efeito de comparação).

Figura 10.14 Malha ferroviária brasileira (em 2016).

Transporte aquaviário no Brasil

O transporte aquaviário também é subutilizado no Brasil, um país privilegiado pelo enorme acesso ao oceano Atlântico. São quase 7.400 km de litoral. O Brasil tem também 44.000 km de rios navegáveis que poderiam ser mais utilizados para transporte de cargas (destes, apenas em torno de 28.000 km são utilizados, e mesmo assim de forma restrita). A navegação interna comercial no Brasil se restringe quase que exclusivamente ao transporte a granel, devido ao pequeníssimo número de navios de contêineres dedicados a essa atividade. Já a navegação transoceânica para exportação e importação tem sofrido com o engargalamento dos portos (principalmente nos últimos anos, dado o aumento substancial no comércio exterior brasileiro), que também têm custos relativamente altos e necessitam investimentos em capacidade e modernização.

O mesmo comentário se aplica aos terminais de carga aérea, alguns também engargalados e necessitando investimento em aumento de capacidade.

10.2.8 Configurações logísticas de transporte na cadeia de suprimentos

As cadeias de suprimentos usam sua estrutura logística para desenhar sua configuração logística de transporte.

FIQUE ATENTO

Por configuração logística, entendemos aqui as formas com que os pontos de armazenagem, as fábricas e os meios de transporte serão utilizados de forma integrada a fim de promover atendimento eficiente e eficaz das necessidades do cliente.

Há várias alternativas para a configuração logística da cadeia de suprimentos. Aqui, cinco delas são analisadas:

- entrega direta;
- entrega com varejista;
- entrega com distribuidor e varejista;
- entrega com distribuidor e varejista usando *milk run*; e
- entrega com *cross docking* e varejista com ou sem uso de *milk run*.

Entrega direta

CONCEITO-CHAVE

A entrega direta é uma modalidade em que o fabricante estabelece uma relação direta com o consumidor (presencial, no caso em que o próprio fabricante estabelece pontos de varejo; ou remota, por internet, correio, fax ou telefone), recebe seu pedido e providencia, usando transporte próprio ou de terceiros, a entrega do produto ao cliente diretamente, sem intermediários.

Um fabricante de gabinetes de cozinha, como a Kitchens (www.kitchens.com.br), por exemplo, adota esse modelo. A vantagem desta configuração é a ausência de qualquer intermediário e, portanto, a facilidade de coordenação e controle, além do estabelecimento de relacionamento direto com o cliente. O tempo de transporte entre fornecedor e cliente é rápido, por ser direto.

A entrega direta, por outro lado, só é viável se o produto entregue proporciona uma boa ocupação do modo de transporte utilizado. No caso de uma entrega de cozinha, esse é o caso. Os vários gabinetes embalados, normalmente, têm volume suficiente para garantir boa utilização da capacidade do caminhão de entrega, proporcionando um transporte eficiente. A Figura 10.15 (A) ilustra a configuração de *entrega direta*.

Entrega com varejista

CONCEITO-CHAVE

Na modalidade de entrega com varejista, o produto é despachado do fabricante para pontos de varejo (que, em geral, são também pontos de estocagem), onde é disponibilizado para conveniência do cliente, que encontra uma variedade de produtos num mesmo local.

Isso tem o propósito de aumentar o cardápio de escolhas do cliente (como numa loja de sapatos, que disponibiliza muitas alternativas de produtos de vários fabricantes) ou para permitir *one-stop-shopping*, o termo usado para definir um ponto de venda único em que se adquirem vários produtos diferentes (como os supermercados e as lojas de departamentos).

Do ponto de vista do usuário final, a vantagem desta alternativa é proporcionar disponibilidade imediata, conveniência e variedade. Do ponto de vista do fabricante, a vantagem da entrega direta ao varejista é o relacionamento sem intermediários entre eles. As desvantagens deste modelo, entretanto, são consideráveis, em muitas situações.

Por exemplo, imagine um supermercado médio localizado numa região central de uma cidade. Se cada um dos fabricantes dos produtos disponibilizados no supermercado faz entregas diretas, isso leva a uma grande quantidade de caminhões de entrega chegando para trazer os produtos diariamente. Imagine a dificuldade de lidar com uma fila de caminhões aguardando para descarregar numa região urbana central, prejudicando até o fluxo de carros dos clientes da loja.

Do ponto de vista do fabricante, para varejistas menores, o transporte não será eficiente, já que supermercados pequenos podem comprar quantidades que não ocupem a capacidade total do caminhão de entrega.

Se compram uma carga completa, ela só é consumida num período longo, aumentando os estoques médios; se não compram, há duas possibilidades: ou a utilização dos veículos será baixa (com cargas parciais), ou terão de ser usados mais veículos menores, o que também aumenta os custos de transporte da cadeia pela menor escala.

Outra desvantagem, que é inerente à própria existência do varejo, é o fato de que está se acrescentando uma camada intermediária na cadeia de suprimentos: a informação da demanda do consumidor agora chega ao fabricante *por intermédio* do varejista, o que muitas vezes significa que o fabricante percebe apenas os pedidos do supermercado, que pode vir distorcida pelas decisões da loja de aumentar ou diminuir estoques. Com isso, aumenta a probabilidade de ocorrer o efeito chicote (ver Capítulo 8). A Figura 10.15 (B) ilustra a entrega com varejistas.

Algumas das desvantagens mencionadas justificam o aparecimento de intermediários, entre o fabricante e o varejista, visando à possibilidade de consolidação de cargas mistas e a consequente redução de custos de transporte para a cadeia, além da redução do número de entregas no ponto de varejo. Chamamos esses intermediários de *distribuidores* (em algumas situações, também chamados *atacadistas*).

Entrega com distribuidor e varejista

> **CONCEITO-CHAVE**
>
> Na entrega com distribuidor e varejista, numerosos fabricantes entregam seus produtos para grandes estoquistas, chamados distribuidores, que disponibilizam produtos de vários fabricantes para atender a pedidos mistos vindos do varejo.

Como vantagens, há várias instâncias em que esse modelo permite uma maior consolidação de cargas, o que propicia maior eficiência nos transportes da cadeia de suprimentos. Analisemos algumas.

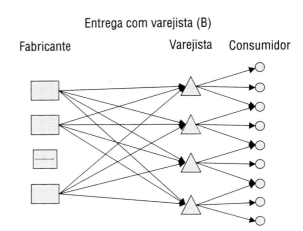

Figura 10.15 Configurações de entrega direta e com varejista.

Consolidação de carga entre fabricante e distribuidor – a primeira instância de consolidação de carga ocorre no transporte entre o fabricante e o distribuidor. Como o distribuidor vai atender a grande número de pontos de varejo, suas compras são quantidades consolidadas e maiores, o que permite que o transporte entre os fabricantes e o armazém do distribuidor seja feito com cargas completas (cheias) de caminhões. Os distribuidores receberão grande quantidade de cargas vindas dos fabricantes, mas os volumes maiores e a não necessidade de localização em pontos urbanos centrais (já que o distribuidor não atende o consumidor) permitem que os distribuidores se localizem em regiões suburbanas (muitas vezes, nos arredores de grandes cidades) com grandes armazéns. Regiões suburbanas em geral representam menos restrições quanto a tráfego. Por exemplo, há lugar para filas de caminhões, quando ocorrem acúmulos temporários de entregas. Grandes armazéns permitem também que uma grande quantidade de docas (os locais onde os caminhões de entrega se posicionam para permitir o descarregamento) sejam disponibilizadas e trabalhem em paralelo no recebimento dos produtos, aliviando possíveis filas.

Consolidação de carga entre distribuidor e varejista – a segunda instância de consolidação ocorre no transporte entre o distribuidor e o varejista. Como o distribuidor disponibiliza uma grande quantidade de produtos, os pedidos do supermercado ao distribuidor são mistos, de vários produtos e de vários fabricantes. O distribuidor, então, de posse do pedido, separa os produtos para a loja solicitante específica, e, pelo fato de o pedido ser de vários produtos diferentes, isso traz duas vantagens: a primeira é que, pela consolidação de vários produtos de vários fabricantes, a probabilidade de um caminhão partir para a entrega à loja com carga completa aumenta, melhorando a utilização média dos equipamentos de transporte, com consequente redução de custos na cadeia.

A segunda vantagem é que o supermercado vai fazer apenas um recebimento de uma grande variedade dos produtos, em vez de múltiplos recebimentos, cada um de um fabricante, diminuindo a frequência de caminhões. Isso também pode permitir que as frequências de entregas por produto aumentem, com quantidades menores a cada recebimento, com a consequente redução de estoques médios no varejo. Com estoques médios menores, menor espaço (em geral, em terrenos urbanos valorizados e caros) é necessário para o mesmo volume de vendas, aumentando ainda mais a eficiência da cadeia.

O modelo de entrega com distribuidor e varejista tem algumas desvantagens. Uma delas é o fato de que se acrescenta uma camada de pontos de estocagem na cadeia de suprimentos. Sabemos, das discussões do Capítulo 8, que mais camadas na cadeia têm o potencial de aumentar a chance de ocorrência do efeito chicote e suas consequências. Para evitar essas consequências, sempre que se acrescenta uma camada numa cadeia de suprimentos, é importante compartilhar informações de demanda e coordenar decisões de ressuprimento de estoques, conforme visto no Capítulo 9, o que traz complexidade ao modelo de gestão.

Outra desvantagem é que nem sempre, em pontos de varejo menores, as entregas do distribuidor para a loja específica conseguem proporcionar cargas completas do caminhão de entrega.

Isso leva a duas possibilidades: a primeira é as entregas terem de ser feitas menos frequentemente (por exemplo, um dia de pedidos da loja pode não encher um caminhão, mas uma semana de pedidos pode – então, as entregas ocorrem semanalmente, em vez de diariamente, a fim de garantir eficiência do transporte, aumentando como consequência os estoques médios do varejo).

A segunda possibilidade é que o contrário ocorra. Para garantir entregas diárias em pequenas quantidades, abre-se mão de cargas completas do caminhão. Isso aumenta a eficiência de estoques do varejo, mas diminui a eficiência de transporte. Ambos prejudicam a eficiência total da cadeia. A Figura 10.16 (A) ilustra a configuração de entrega com distribuidor e varejista.

Algumas das desvantagens mencionadas fizeram com que, mais recentemente, outras alternativas fossem desenvolvidas para favorecer ainda mais a consolidação de cargas e a agilidade de reposição na cadeia de suprimentos. Uma delas é o *milk run*, descrito a seguir.

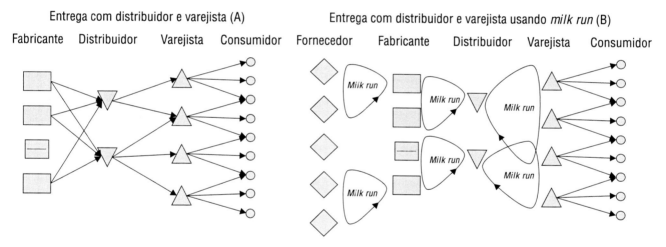

Figura 10.16 Entrega com distribuidor e varejista com (B) e sem (A) *milk run*.

Entrega com distribuidor e varejista usando *milk run*

> **CONCEITO-CHAVE**
>
> O termo *milk run* (*roteiro do leiteiro*, numa tradução livre) se refere aos tradicionais leiteiros, que faziam entrega de leite em domicílio todas as manhãs, significando, na moderna logística, entregas ou coletas programadas periódicas, com roteiro fixo.

O leiteiro tinha um roteiro fixo, passava exatamente pelos mesmos endereços, na mesma sequência, todos os dias, na mesma hora. Possivelmente, deixava quantidades diferentes de leite, ao longo do tempo, em cada uma das casas.

A forma de comunicação, do consumidor com o leiteiro, para que ele soubesse quanto leite deixar na porta do cliente num dia específico, era visual, simples e eficaz. O cliente deixava na soleira de sua porta certo número de garrafas de leite vazias (naquela época, leite era fornecido em embalagens de vidro retornáveis), provavelmente a quantidade que havia sido consumida no dia pela família. O leiteiro, então, levava as garrafas vazias e deixava a quantidade correspondente de garrafas cheias. A consolidação de carga da caminhonete usada pelo leiteiro era obtida pelo total de leite entregue na região que servia.

Milk run como configuração logística de transporte funciona de maneira semelhante e, de certa forma, é usado para oferecer vantagens semelhantes.

Uma das desvantagens comentadas do modelo simples de entrega com distribuidor e varejista era que nem sempre as lojas individuais do varejo conseguem, com seus pedidos para atender a demanda de curto prazo, lotar a carga de um caminhão.

Isso levava a ineficiências de estoques maiores e/ou de transporte. O *milk run* aparece para aumentar a possibilidade de consolidação de carga do modelo com distribuidor.

O modelo com distribuidor permitia que cargas mistas fossem consolidadas, com um caminhão levando produtos não apenas de um fabricante, mas de vários.

O *milk run* permite que essa consolidação continue ocorrendo, mas que também as cargas transportadas do distribuidor ao varejista se beneficiem de uma consolidação adicional: consolidam-se as cargas de vários varejistas de determinada região.

Similarmente ao leiteiro tradicional, o caminhão sai do distribuidor com as cargas mistas, não apenas de um varejista, mas de vários, que se encontram ao longo de uma determinada rota, geralmente circular.

Então, de forma programada, o caminhão passa por aqueles vários varejistas, entregando os pedidos mistos, sempre na mesma hora. O resultado é que, mesmo que um varejista tenha pedidos diários pequenos, com o *milk run*, como seus pedidos pequenos são consolidados com outros pedidos de outros varejistas, ele e os outros varejistas conseguem receber entregas menores mais frequentemente.

Neste caso, ambos os objetivos são atingidos simultaneamente: a consolidação de cargas de vários varejistas aumenta a utilização e a eficiência do transporte, e as entregas menores mais frequentes diminuem os estoques médios do varejo, aumentando sua eficiência.

Além disso, também aumenta a capacidade e agilidade de resposta da cadeia de suprimentos a mudanças de demanda: de reação em uma semana, no nosso exemplo, para reação em um dia. A Figura 10.16 (B) ilustra entregas e coletas usando *milk run*.

Vimos que o *milk run*, como configuração logística de transporte, pode ser usado para a distribuição de produtos (leia também o *boxe* de abertura do Capítulo 9 para um exemplo de uso de *milk run* entre a GM do Brasil e suas concessionárias).

O *milk run* pode, entretanto, também ser usado para consolidar cargas de vários fornecedores localizados em uma determinada região. A própria GM do Brasil, depois de implantar esse modelo entre seus centros de distribuição de peças sobressalentes e suas concessionárias, passou a usá-lo como configuração de transporte entre seus vários fornecedores (fabricantes de autopeças) e seus centros de distribuição. A GM usa coleta programada, com caminhões passando por roteiros que contêm várias fábricas de fornecedores, coletando os pedidos diários, que, consolidados entre os vários fornecedores, proporcionam boa eficiência de transportes.

A alternativa seria receber quantidades maiores de cada peça (definidas segundo os lotes econômicos de transporte individuais dos fornecedores) menos frequentemente, em entregas feitas a partir de cada fornecedor, individualmente, para os centros de distribuição da GM envolvidos. Isso levaria a uma diminuição da capacidade de resposta da GM ao mercado, além do aumento dos seus estoques médios.

A desvantagem do *milk run* é a maior necessidade de troca de informações e de coordenação entre os sistemas de ressuprimento dos envolvidos na cadeia de suprimentos. Não se cria, especificamente com o *milk run*, uma camada adicional que contribua com o aumento do efeito chicote, já que não se trata de ponto adicional de estocagem. Entretanto, em qualquer sistema com distribuidor e varejista, há duas instâncias de estocagem. Atribui-se ao Walmart o pioneirismo no questionamento da instância do *distribuidor* como ponto de estocagem. Já foi demonstrado aqui que o papel do distribuidor é justificado em várias situações, para permitir maior eficiência de transportes e de estoques no varejo. Mas, questionou o Walmart, não será possível manter a função de "distribuição" sem que se tenha um ponto adicional de estocagem junto? Surgia a ideia de *cross-docking*, descrita a seguir.

Entrega com *cross-docking* e varejista

Na modalidade de *cross-docking*, considera-se que, para cumprir o seu muitas vezes justificado papel de realizar "distribuição" e consolidação de cargas, não é necessário que o distribuidor seja também um estoquista: segundo esse conceito, a distribuição pode ser, portanto, direta.

Imagine uma situação na qual vários fornecedores entreguem suas cargas de produtos a um ponto de recebimento (por exemplo, num centro de distribuição próprio de um supermercado como o Pão de Açúcar) durante a noite. Entretanto, em vez de os produtos serem estocados para posterior eventual envio às lojas, eles são imediatamente remontados em novas cargas mistas pedidas pelas lojas, carregados em outros caminhões e despachados na mesma noite para as várias lojas (embora *milk run* seja usado em geral com operações de *cross-docking*, isso não é obrigatório ou necessário).

A função de distribuição continua toda presente: recebimento de cargas eficientes dos fabricantes, remontagem de cargas mistas e eficientes de vários produtos por loja e de várias lojas por região (se usado *milk run*), redução de estoques médios do varejo e possibilidade de aumento de frequências de entrega ao varejo. O que deixa de estar presente é a estocagem dos produtos e as políticas de ressuprimento, que, além de não agregarem nenhum valor ao cliente ou à cadeia, aumentam a probabilidade de ocorrência de efeito chicote.

> **FIQUE ATENTO**
>
> O termo *cross-docking* (*docas cruzadas*) é uma alusão ao "cruzamento" que ocorre neste ponto de distribuição, em que produtos chegam, por exemplo, dos fabricantes, em docas colocadas em um lado da instalação, são descarregados e cargas mistas são enviadas de forma "cruzada" para outros caminhões em docas no outro lado da instalação, onde são remontadas conforme pedidos das lojas, carregadas e despachadas, sem estocagem intermediária.

A Figura 10.17 ilustra como isso funciona.

A vantagem deste modelo é que todo o benefício trazido pelo *distribuidor* está presente, sem o custo associado das configurações mais tradicionais, nas quais os distribuidores são também *estoquistas*.

Evidentemente, para que o *cross-docking* funcione perfeitamente, é necessária uma coordenação perfeita entre os sistemas de ressuprimento do varejista, do ponto de *cross-docking* e do fabricante, já que não há qualquer estoque intermediário para absorver flutuações entre a demanda do varejista e o suprimento do fabricante.

É sempre possível, entretanto, utilizar abordagens híbridas, em que se realiza a operação de *cross-docking*, por exemplo, mas não para 100% dos produtos, ou se mantém algum estoque intermediário de segurança, embora parte do fluxo seja feito por meio da operação de *cross-docking*.

A Figura 10.18 ilustra a modalidade de *cross-docking* que pode ser usada com ou sem simultâneo *milk run*.

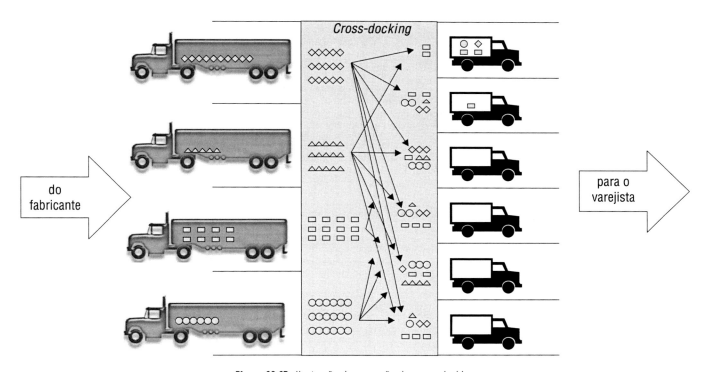

Figura 10.17 Ilustração de operação de *cross-docking*.

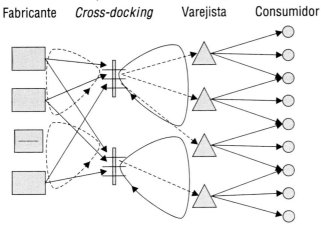

Figura 10.18 Entrega com *cross-docking* e varejista.

10.2.9 3PL (*3rd party logistics service providers*) ou provedores de serviços logísticos

> **CONCEITO-CHAVE**
>
> Pode ser considerada uma provedora de serviços logísticos qualquer empresa que preste serviços ligados à logística. Há hoje uma larga faixa de empresas atuando neste mercado, desde prestando serviços isolados, como transporte, até empresas que assumem completamente todas as atividades logísticas dos seus clientes.

Uma das empresas líderes globais no mercado de 3PL é a Ryder (www.ryder.com). Apenas como ilustração, a Ryder anuncia, em seu *site* corporativo, a seguinte faixa de serviços logísticos prestados:

Soluções para a cadeia de suprimentos

- *Liderança da gestão logística*: também chamada de 4PL, inclui a gestão e coordenação dos vários provedores de serviços logísticos que trabalham para uma cadeia de suprimentos; projeto e construção de cadeias de suprimentos completas; gestão, operação e execução de ponta a ponta da cadeia de suprimentos; reengenharia e otimização da cadeia de suprimentos; colaboração na cadeia de suprimentos; e seleção de provedores de serviços logísticos.
- *Gerenciamento de fluxos eficientes de insumos*: do fornecedor para a manufatura.
- *Logística integrada*: gerenciamento de todas as atividades envolvidas na aquisição, movimentação e armazenagem de matérias-primas, estoque em processo e estoque de produtos acabados do ponto de origem ao ponto de consumo.
- *Projeto da cadeia logística*: seleção de locais; otimização de cadeia de suprimentos existente; planejamento de capacidade; expansão geográfica; otimização de serviços de armazém; e avaliação e comparação de estratégias logísticas.

Soluções para armazenagem

- *Gerenciamento das instalações dos armazéns*: gestão de estoques; análise e definição de níveis de estoques para apoio a processos de manufatura; atendimento de pedidos e manuseio de materiais; separação; montagem de *kits*; embalagem; sequenciamento; montagens leves; rotulagem; reparos; montagem e remontagem de carga; logística reversa; contratação e treinamento de pessoal; e sistemas de gerenciamento de armazéns (WMS), RFID (etiquetas de radiofrequência), integração com troca eletrônica de dados.
- *Operações de cross-docking*.
- *Estoque gerenciado pelo fornecedor (VMI)*.
- *Serviços de valor agregado*: configuração e teste de produtos, sequenciamento de materiais para serem entregues sincronizados com a operação de montagem; e montagem de *kits*.

Soluções de transporte

- *Gestão de transporte*: consultoria em transportes, projeto, otimização de cargas e rotas; seleção e contratação de transportadores domésticos e internacionais, incluindo negociação de serviços e contratos; planejamento e execução de despachos, incluindo montagem de cargas a partir de pedidos, seleção de rotas e transportadores, acompanhamento, rastreamento e relatórios de gestão; otimização de modos de transporte, considerando volumes, tarifas e restrições de entrega; auditoria, processamento e pagamento das contas de fretes aos transportadores; contratação de fretes para cargas fracionadas no mercado aberto; e serviços associados à facilitação da entrada, saída e movimentação de bens entre países; sistemas de gerenciamento de transportes, incluindo uma suíte de ferramentas computacionais para planejar, comprar e monitorar todos os eventos de transporte na cadeia logística.
- *Contratos específicos de transporte*: otimização de roteamento e programação; planejamento de transporte e tempo de carga; gestão e disponibilidade de equipamentos; otimização da capacidade de baús; recrutamento e programação de horas de motoristas; aquisição e manutenção de veículos; gestão de risco e cumprimento de regulamentações legais; atendimento ao cliente 24 horas e tecnologia embarcada; e apoio a fretes de retorno.

Soluções tecnológicas

- *Liberação logística Ryder*: aplicativo que sincroniza as informações sobre todos os eventos referentes a um despacho de material, mantendo todos os envolvidos no despacho, na cadeia de suprimentos, informados sobre a evolução da movimentação.
- *Sistema de planejamento logístico integrado*: aplicativos para projeto da cadeia logística e planejamento de rotas; dimensionamento de frota; sistema de informação geográfica (GIS – *Geographic Information System*); roteamento e programação de veículos; projeto integrado de transporte; e programação de recursos.
- *Laboratório de RFID*: serviços de suporte ao uso de etiquetas de radiofrequência.
- *Suíte de cadência logística Ryder*: aplicativo para integração dos membros da cadeia de suprimentos via informação, acompanhamento e gestão de exceções.
- *Sistema de gerenciamento de transporte*: aplicativos para seleção de modos de transporte e transportadores; integração de dados por troca eletrônica de dados entre cliente, fornecedor e transportador; relatórios de exceção e gestão de desempenho de transportadores; auditoria e pagamento de contas de frete; planejamento de rotas; controle da carga, aceitação, liberação e despacho; aceitação e entrada de pedidos; rastreamento de despachos; e relatórios padrão e personalizados.
- *Ferramentas on-line*: aplicativos que permitem ao cliente acompanhar *on-line* a situação de múltiplos sistemas de gestão envolvidos na gestão de cadeias de suprimentos.

Embora a lista de serviços deste operador logístico seja apenas ilustrativa, é interessante notar que os serviços oferecidos pelos 3PL hoje em dia vão muito adiante dos serviços logísticos tradicionais, como a armazenagem e os transportes. Incluem não apenas a execução de atividades, mas também o projeto, o planejamento de curto, médio e longo prazos e o controle de desempenho, inclusive de outros terceiros envolvidos.

Envolve também a execução de atividades não apenas relacionadas à movimentação e armazenagem de materiais, mas também algumas operações de configuração (por exemplo, recebendo um computador de um fabricante, um monitor de outro e configurando o pedido final do cliente antes da entrega), teste, embalagem, rotulagem e até montagem leve de produtos para os clientes. A DHL (www.dhl.com), na Europa, outro importante ator no mercado global de operadores logísticos e de propriedade do correio alemão, por exemplo, tem operações de pré--montagem de componentes, realizadas para suas clientes fabricantes de veículos, antes de enviá-los para a linha de montagem em si das montadoras.

Oferecendo uma larga faixa de serviços logísticos, os 3PL hoje permitem que as empresas escolham precisamente quais atividades logísticas terceirizar e quais manter internamente, a partir de análises que envolvem os conceitos de competências centrais e custos de transação (ver Capítulo 2).

TEORIA NA PRÁTICA

A Harley-Davidson terceiriza logística de suprimentos para a UPS

A Harley-Davidson (www.harley-davidson.com) é a única grande fabricante de motocicletas baseada nos Estados Unidos. Desde 1903, quando foi fundada por quatro empreendedores, a marca tem se tornado lendária. Faturou, em 2008, US$ 5,5 bilhões.

Figura 10.19 Motocicletas Harley-Davidson.

Com uma previsão ambiciosa de crescimento, a empresa considerou cuidadosamente os desafios logísticos que estavam à frente, particularmente em relação à logística de suprimento para as fábricas e do suprimento de acessórios e peças para suas concessionárias. Decidiu então que, para se concentrar nas suas competências centrais (o projeto, a produção e a comercialização de motocicletas), deveria buscar um parceiro, provedor de serviços, para quem terceirizar aquelas atividades logísticas. Depois de um cuidadoso processo de seleção, escolheu a UPS (www.ups.com), uma gigante do mercado global de provedores de serviços logísticos (com faturamento de US$ 42,6 bilhões em 2008), por meio da sua unidade UPS Supply Chain Solutions. A UPS começou por conduzir uma detalhada análise do processo logístico de transporte de suprimentos para as fábricas da Harley-Davidson nos estados de Wisconsin, Missouri e Pensilvânia, nos Estados Unidos.

Para atender aos requisitos exigentes de manufatura *lean* da Harley-Davidson, os despachos diretos do fornecedor para as fábricas, com cargas menores que a capacidade do caminhão (chamado de LTL, ou *less than truck load*, em língua inglesa), estavam ocorrendo com cada vez maior frequência, aumentando desproporcionalmente as despesas com frete. Os analistas de transporte da UPS identificaram maneiras rápidas de melhorar o processo. Por exemplo, 16 fornecedores da região do meio-oeste americano estavam, cada um, despachando diretamente para a fábrica da Harley-Davidson no Missouri (que fica no Meio Leste). A UPS integrou esse segmento dos transportes, fazendo todos esses fornecedores direcionarem o despacho dos seus produtos para a unidade de *cross-docking* da UPS localizada em Chicago, onde os componentes eram então consolidados para transporte mais eficiente para as fábricas. Usando dados históricos dos fornecedores, os analistas da UPS calcularam as frequências ótimas para cada um dos fornecedores, permitindo à empresa reduzir a taxa de despachos regulares de suprimentos para três vezes por semana, garantindo, ao mesmo tempo, acesso mais rápido da fábrica a quantidades maiores de componentes. Gradualmente, a UPS está expandindo essa abordagem para a maioria dos outros fornecedores, calculando suas frequências ótimas de despacho e identificando oportunidades de uso de mais instalações de *cross-docking* da empresa. Como resultado, a Harley-Davidson está ganhando eficiência nas suas operações de manufatura com concomitante redução de custos de transporte.

A UPS também atuou sobre o suprimento de peças e acessórios para a cadeia de concessionárias da empresa, que é bastante pulverizada. No sistema anterior, a Harley despachava peças e acessórios para seu centro de distribuição no estado de Wisconsin, onde as peças eram estocadas para depois serem separadas, embaladas e despachadas para atender aos pedidos das concessionárias. Os pedidos eram atendidos por transporte com LTL (menos que a carga completa do caminhão) para concessionárias no país todo. Usando sua estrutura de entregas, a UPS (como ilustração, a UPS tem, ao redor do mundo, 425 mil funcionários, 1.801 unidades operacionais, como armazéns, *cross-docking*, centros de triagem etc., 100 mil veículos terrestres, 262 aeronaves de carga próprias e 309 terceirizadas) começou a entregar pedidos de menos de 600 kg diretamente para a cadeia de concessionárias da Harley-Davidson. Pedidos maiores são entregues em uma unidade de *cross-docking* da UPS no Missouri, onde os produtos são paletizados no mesmo dia e enviados para as concessionárias a partir daí. Como resultado, os custos de estoques e os tempos de entrega de peças e acessórios foram reduzidos. A Harley está agora explorando com a UPS formas de estender o uso destes processos mais eficientes pela UPS para seus revendedores e concessionárias no exterior, já que a UPS está presente em mais de 200 países.

Fonte: caso disponível no *site* corporativo da UPS, www.ups.com, visitado em 29 de outubro de 2009, e relatórios anuais de 2008 da UPS e da Harley-Davidson, disponíveis nos seus *sites* corporativos.

Questões para discussão

1. Identifique as alterações que a reestruturação da cadeia logística da Harley-Davidson trouxe e liste as vantagens obtidas.

2. Se você tivesse de desenhar as métricas de desempenho para avaliar o serviço prestado pela UPS, quais você usaria?

3. Na sua opinião, como deveria ser a remuneração da UPS, para garantir alinhamento de incentivos junto à Harley-Davidson?

FIQUE ATENTO

Os operadores logísticos são atores muito importantes nas cadeias atuais de suprimentos, pois representam inúmeras oportunidades para consolidação adicional de cargas, não só dentro de uma cadeia de suprimentos, mas entre várias cadeias.

O Sedex, do correio brasileiro, tem papel importante como provedor de serviços logísticos, consolidando cargas de uma infinidade de cadeias de suprimentos e tornando possível, por exemplo, que uma empresa varejista da internet como a Submarino (www.submarino.com.br) possa viabilizar o envio de um CD, a partir de um centro de distribuição seu em São Paulo, para um cliente no Norte do país. Com cargas consolidadas de várias cadeias, o Sedex consegue ter custos unitários reduzidos de transporte, o que também permite que empresas, mesmo com relativamente baixos volumes de produção, possam se beneficiar de vantagens que os suprimentos globais podem trazer. Com uma operação logística ágil e eficiente, é possível ampliar muito as possibilidades de uso de uma gama muito maior de fornecedores e atendimento a uma gama muito maior de clientes.

10.3 ESTUDO DE CASO: A VISTEON TERCEIRIZA A GESTÃO DA SUA ESTRUTURA LOGÍSTICA

Com sede em Dearborn, no estado americano de Michigan, a Visteon era o braço de autopeças da Ford Motor Co., antes de se tornar uma empresa independente em 1999. Um dos maiores fabricantes de autopeças do mundo, empregava, em 2001, 79 mil funcionários em 25 países, mantinha 25 escritórios de vendas e operava 84 fábricas ao redor do mundo, fornecendo autopeças para 19 dos maiores fabricantes de automóveis do mundo. Vendas globais totalizaram US$ 17,8 bilhões em 2001.

Ser parte da corporação Ford significava que as complicações e nuances dos contratos e cadeias logísticas eram, em grande parte, resolvidas pela corporação-mãe.

Entretanto, à medida que se tornou independente e começou a estabelecer relacionamentos com entidades não pertencentes ao grupo Ford, vislumbrando dificuldades futuras com o desafio, a Visteon contratou C. Kiesling, um veterano da logística da Ford, para formular a "visão" da empresa para sua logística.

Kiesling entendia muito bem a necessidade de prover serviços logísticos confiáveis e absolutamente pontuais para as cada vez mais exigentes montadoras de veículos: "Sabíamos que, pela pressão crescente por suprimento *just in time*, se quiséssemos sobreviver como empresa independente teríamos de prestar serviços logísticos de primeira classe".

"Tínhamos a liberdade de começar de uma folha em branco, mas essa liberdade nos trouxe também mais responsabilidade. Não estávamos apenas tentando criar um novo processo, mas também implantá-lo." A primeira questão era se a Visteon deveria manter a atividade feita internamente ou terceirizar a operação logística.

Depois de cuidadoso exame de prós e contras, a Visteon decidiu terceirizar os serviços logísticos, uma decisão que permitiria que a empresa focalizasse seus recursos financeiros nas suas atividades "core" (centrais): produzir e montar peças e componentes automotivos. Com a terceirização, a Visteon poderia despender seus recursos de capital em investimentos relacionados à produção, transferindo os custos logísticos para o lado das despesas dos demonstrativos contábeis. Kiesling então começou a preparar um pedido de cotação para enviar às empresas líderes do mercado de provedores de serviços logísticos (3PL). "Quando começamos o processo de cotação, notamos que não tínhamos nem mesmo informações suficientes para escrever nossas especificações para a solicitação de cotações."

A Ryder, então, pelo seu histórico de anos prestando serviços logísticos para a Ford e estando familiarizada com a operação da Visteon, foi contratada (inicialmente por um ano) para apoiar a empresa quanto ao redesenho logístico.

De acordo com o contrato, a Ryder continuaria a prestar os serviços logísticos que já prestava dentro das fábricas enquanto se preparava para a nova tarefa: projetar, recomendar e implantar uma nova estrutura logística para a Visteon. A Ryder considerava que sabia o que tinha de ser feito, porque há muito tempo mantinha pessoal seu nas fábricas da Visteon.

A Ryder continuava, no nível das fábricas individuais, a lidar com as operações do dia a dia, de gerenciar o fluxo de materiais e balancear recursos e supervisionar o desempenho dos transportadores. Em paralelo, uma base de dados foi criada em seu sistema, dedicada exclusivamente à Visteon. Nessa base de dados foram inseridos dados de toda a movimentação de fretes da Visteon, por modo de transporte, por transportador, por estrutura de preço, por frequência e requisitos de entrega, baseados em necessidades do cliente.

Armada destas informações, a equipe da Ryder trabalhou para otimizar cada frete com foco em reduzir tempo de trânsito, reduzir desperdícios e maximizar ocupação de equipamentos.

Os fretes foram divididos em categorias: carga completa de caminhão, carga incompleta de caminhão, *milk run*, fretes internacionais aéreos e oceânicos.

Especialistas em compra de transporte, então, começaram a buscar as melhores alternativas de provedores de serviço de transporte para cada tipo de movimentação. Também buscaram localizar fornecedores de serviço de apoio, como despachantes, recursos de transporte terrestre e provedores de transporte internacional (cruzando fronteiras).

Um ano depois, a Visteon estendeu o contrato para três anos, já que as economias orçadas haviam sido superadas e, ao mesmo tempo, o redesenho da nova estrutura logística da Visteon estava adiantado.

O gerente da conta Visteon, da Ryder, tem uma equipe de 61 especialistas para coordenar e supervisionar a operação da Visteon. A cada duas semanas, Kiesling e seu *staff* de logística se encontram com o gerente e seus principais analistas na sede da Visteon para discutir *status* e progressos.

O time da Ryder apresenta a situação de todas as atividades em andamento e então o grupo todo pode discutir quaisquer questões que existam.

Ambos os parceiros acompanham de perto o desempenho da operação logística da Visteon. A Ryder acompanha 26 medidas, a maioria operacionais, e a Visteon acompanha 22, na sua maioria, medidas financeiras.

Segundo Kiesling, eles continuam a trabalhar na otimização fábrica por fábrica: "Também estamos trabalhando juntos para termos um melhor entendimento das previsões de custos futuros de transporte e dos motivos que os levam a mudar". Ele continua, concluindo: "De fato, já economizamos uma tremenda quantia em transportes, e não é porque a Ford não fizesse um bom trabalho com transportes. Mas o império Ford era enorme, e com um grupo pequeno absolutamente focalizado e um bom parceiro, nós temos sido capazes de obter ganhos consideráveis".

Baseado no caso Visteon, disponível no *site* da Ryder (www.ryder.com), visitado em 29 de outubro de 2009.

QUESTÕES PARA DISCUSSÃO

1. Analise a forma com que a Ryder foi contratada pela Visteon. Faça uma lista de prós e contras deste processo e compare com os prós e contras de um processo mais tradicional, em que vários possíveis provedores de serviços logísticos são solicitados a apresentar uma proposta de como abordar o problema.

2. Quais riscos você supõe que a Visteon corre, ao contratar um parceiro que já faz parte do sistema logístico corrente, de deixar de ver exploradas soluções de desenho logístico mais radicais?

3. Como você acha que deveria ser a remuneração da Ryder pelos serviços que passou a prestar, de forma a garantir alinhamento de incentivos?

10.4 RESUMO

- "Estrutura logística" se refere ao conjunto de instalações (fábricas e pontos de armazenagem) e de meios de transporte usados pela cadeia de suprimentos para o atingimento dos seus objetivos.

- Uma das mais importantes decisões no projeto e configuração da estrutura logística é quanto à centralização ou descentralização de unidades.

- Os fatores intervenientes na decisão de centralização ou descentralização de unidades fabris são: economias de escala, transporte de insumos e produtos e riscos envolvidos.

- Três funções básicas ocorrem num armazém típico: manuseio de produtos, armazenagem de produtos e serviços de valor agregado.

- As variáveis envolvidas na decisão de centralização ou descentralização de pontos de armazenagem são: economias de escala, riscos, transportes, estoques e níveis de serviço envolvidos.

- Sempre que um sistema de N armazéns é centralizado para 1 armazém, considerando as pressuposições tidas como válidas, o estoque de segurança total necessário, para um mesmo nível de serviço, será o estoque de segurança total anterior dividido por $\sqrt{N}$.

- Sistemas escalonados são aqueles com vários escalões de descentralização. Por exemplo, uma empresa pode optar por ter três escalões na sua estrutura: um armazém central anexo à fábrica, quatro armazéns regionais e vários centros de distribuição locais, encarregados de distribuir os produtos para os clientes varejistas.

- Para empresas prestadoras de serviços, nas quais o cliente necessariamente tem de participar pessoalmente do processo, em geral a escolha é por sistemas descentralizados, em que as unidades se encontram convenientemente localizadas próximas do cliente.

- A decisão sobre centralização *versus* descentralização, olhada de forma simples, envolve um *trade-off* (compromisso) entre nível de serviço e eficiência.

- Em princípio, *ceteris paribus* (todas as outras variáveis sendo iguais), sistemas mais centralizados seriam mais adequados como estrutura logística para cadeias de suprimentos eficientes, enquanto sistemas mais descentralizados seriam mais adequados para cadeias de suprimentos de resposta rápida.

- Tão importante quanto a decisão sobre centralizar ou descentralizar as unidades logísticas é a decisão sobre onde localizar essas unidades.

- Aspectos que podem requerer uma reanálise da cadeia de unidades logísticas incluem: mudanças de requisitos do cliente quanto ao desempenho logístico; mudanças na localização de mercados; mudança na composição acionária da empresa; pressões competitivas por redução de custos; alterações das malhas de transporte; e disponibilidade de novos atores, como os provedores de serviços logísticos.

- Alguns fatores que podem ser potencialmente relevantes para análises de localização são: proximidade de fontes de suprimentos (material); proximidade de fontes de mão de obra; proximidade dos clientes; considerações referentes ao ambiente físico e de negócios; considerações referentes à qualidade de vida dos colaboradores; considerações referentes à globalização; e considerações referentes à comunidade.

- As decisões de localização são tomadas de forma hierárquica. Os três níveis hierárquicos superiores são chamados decisões de macrolocalização. A decisão quanto ao local específico é chamada decisão de microlocalização.

- Um método qualitativo para definir localização de unidades é o método de ponderação de fatores; é um método racional de confrontar e avaliar alternativas de macrolocalização, ponderando vários fatores locacionais.

- O método do centro de gravidade é uma técnica quantitativa para localização de uma unidade operacional, dadas as localizações existentes das suas principais fontes de insumos e demanda, além dos volumes/pesos a serem transportados entre esses locais.

- Além da localização adequada, é necessário que as corporações com fábricas subsidiárias no exterior tenham, em cada momento, bem definidos os papéis estratégicos que esperam de cada uma, para que tragam todo o seu potencial de contribuição ao desempenho corporativo.

- Transporte é definido, segundo Coyle et al. (2009) como a atividade que, por meio da movimentação de bens ou pessoas, cria utilidade de localização e de tempo.

- Meios de transporte mais eficientes podem aumentar muito mais que proporcionalmente as opções de mercado consumidor e de mercado fornecedor para uma cadeia de suprimentos.

- Em geral, são seis os modos de transporte disponíveis para o gestor de cadeias de suprimentos globais:
  - *rodoviário*: vans, picapes, caminhões, carretas;
  - *ferroviário*: trens;
  - *aéreo*: aviões, helicópteros;
  - *aquaviário (fluvial ou marítimo)*: navios;
  - *tubular*: oleodutos, gasodutos; e,
  - *eletrônico*: cabos óticos, radiofrequência.

- Por configuração logística, entendemos aqui as formas com que os pontos de armazenagem, as fábricas e os meios de transporte serão utilizados de forma integrada a fim de promover atendimento eficiente e eficaz das necessidades do cliente.
- A entrega direta é uma modalidade em que o fabricante estabelece uma relação direta com o consumidor (presencial, no caso em que o próprio fabricante estabelece pontos de varejo; ou remota, por internet, correio, fax ou telefone), recebe seu pedido e providencia, usando transporte próprio ou de terceiros, a entrega do produto ao cliente diretamente, sem intermediários.
- Na modalidade de entrega com varejista, o produto é despachado do fabricante para pontos de varejo (que, em geral, são também pontos de estocagem), onde é disponibilizado para conveniência do cliente, que encontra uma variedade de produtos num mesmo local.
- Na entrega com distribuidor e varejista, numerosos fabricantes entregam seus produtos para grandes estoquistas, chamados distribuidores, que disponibilizam produtos de vários fabricantes para atender a pedidos mistos vindos do varejo.
- O termo *milk run* (roteiro do leiteiro, numa tradução livre) se refere aos tradicionais leiteiros, que faziam entrega de leite em domicílio, todas as manhãs, significando na moderna logística, entregas ou coletas programadas periódicas, com roteiro fixo.
- O termo *cross-docking* (docas cruzadas) é uma alusão ao "cruzamento" que ocorre neste ponto de distribuição, em que produtos chegam, por exemplo, dos fabricantes, em docas colocadas em um lado da instalação, são descarregados e cargas mistas são enviadas de forma "cruzada" para outros caminhões em docas no outro lado da instalação, onde são remontadas conforme pedidos das lojas, carregadas e despachadas, sem estocagem intermediária.
- Pode ser considerada uma provedora de serviços logísticos qualquer empresa que preste serviços ligados à logística. Há hoje uma larga faixa de empresas atuando neste mercado, desde prestando serviços isolados, como transporte, até empresas que assumem completamente todas as atividades logísticas dos seus clientes.
- Os operadores logísticos são atores muito importantes nas cadeias atuais de suprimentos, pois representam inúmeras oportunidades para consolidação adicional de cargas, não só dentro de uma cadeia de suprimentos, mas entre várias cadeias.

10.5 EXERCÍCIOS

1. Explique em suas palavras o que significa centralização e descentralização de unidades na estrutura logística.
2. Quais as principais vantagens e desvantagens de se ter unidades fabris mais centralizadas numa estrutura logística?
3. Como você acha que deveria ser a estrutura logística fabril de uma empresa que fabrica cerveja? Por quê?
4. Como você acha que deveria ser a estrutura logística fabril de uma empresa que fabrica latas de alumínio para uma engarrafadora de cerveja? Por quê?
5. Por que quando uma empresa consolida pontos de armazenagem (por exemplo, reduzindo o número de armazéns) em geral considera-se que haverá uma redução dos estoques de segurança, mesmo que se mantenham os mesmos níveis de serviço ao cliente?
6. Qual o impacto nos custos da empresa quando sua estrutura de pontos de armazenagem é descentralizada? Descreva pelo menos três tipos de custo afetados.
7. Quais tipos de mudança ocorrem no ambiente de uma empresa para que se justifique que ela repense as suas decisões atuais de localização de unidades na sua estrutura logística?
8. Em que situações se justifica localizar unidades fabris da estrutura logística mais próximas do cliente na cadeia de suprimentos? Dê exemplos.
9. Em que situações você optaria por localizar unidades fabris próximas de pontos fornecedores de insumos na cadeia de suprimentos? Justifique sua resposta e dê exemplos.
10. Qual método pode ser usado para analisar alternativas de localização quando os critérios analisados são mais qualitativos? Como esse método funciona? Explique em suas próprias palavras.
11. Para que serve e em que situações específicas o método do "centro de gravidade" é usado? Por que esse método se chama assim?
12. Quais os pressupostos e limitações do método do "centro de gravidade"? Cite uma situação para a qual esse método pode ser usado e uma para a qual não pode, levando em conta os pressupostos assumidos.

13. Por que se diz que um aumento na eficiência dos transportes aumenta mais do que proporcionalmente o volume de potenciais clientes e fornecedores de uma empresa?

14. Brevemente descreva as vantagens e desvantagens mais marcantes dos seis modos de transporte estudados neste capítulo. Qual seria mais adequado para o transporte do Brasil para a Europa de:

    a) álcool combustível;

    b) joias;

    c) revistas semanais.

15. Por que se diz que a matriz de transporte brasileira pode ser inadequada para suas necessidades logísticas? Discuta possíveis soluções para o problema.

16. O que significa dizer que uma cadeia de suprimentos tem configuração logística de transporte de "entrega com distribuidor e varejista"? Quais as vantagens e desvantagens desta configuração, em suas próprias palavras?

17. O que é e quais as vantagens do uso de *milk run* em logística? De que forma o uso de *milk run* pode reduzir estoques de insumos numa empresa industrial?

18. O que é, para que serve e quais as principais vantagens do uso de *cross-docking* quando comparado a operações tradicionais de distribuição de produtos?

19. Se o sistema de *cross-docking* tem tantas vantagens, por que não é mais largamente utilizado? Quais dificuldades você vê na implantação de *cross-docking* substituindo os distribuidores tradicionais?

20. O que são os 3PL (operadores logísticos) e quais os serviços que prestam? Como decidir se e em que circunstâncias usar operadores logísticos para terceirizar atividades logísticas? Do que depende a decisão de quais atividades logísticas terceirizar e quais manter sendo feitas internamente?

21. A empresa distribuidora C.A.C. está repensando sua estrutura logística, que hoje tem três centros de distribuição. Para ficar mais próxima de seus clientes, está planejando abrir três novos centros de distribuição (a área e os clientes potencialmente atendidos continuarão os mesmos). Para que se mantenham os níveis de serviço, hoje de 95%, em quanto os estoques de segurança totais deverão ser aumentados?

22. Os estoques de segurança totais, considerando os atuais dez centros de distribuição da distribuidora T.L.C. Inc., são de R$ 10.000.000. Como a empresa agora conta com um provedor de serviços logísticos muito ágil, resolveu centralizar totalmente seus estoques em apenas um centro de distribuição nacional. O CEO pergunta para você aproximadamente em quanto será possível reduzir os estoques de segurança. O que você responde? Quais os pressupostos que sua resposta assumiu?

23. 23. Você está apoiando a análise de localização de uma unidade fabril da S.M.C. Ltda. Uma análise de macrolocalização, mais quantitativa, definiu que a fábrica deveria se localizar em certa região do estado de São Marcos. Três cidades então ficaram como finalistas do processo: Rio Pequeno, Vila Nova e Serra Azul. A fábrica é de alta tecnologia e produz componentes eletrônicos. A seguinte tabela mostra "notas" para as três cidades, quanto a vários critérios, dadas por um painel de especialistas locais (0 representa "péssimo" e 10 representa "ótimo"):

Critério	Rio Pequeno	Vila Nova	Serra Azul
Disponibilidade de mão de obra qualificada	9	6	7
Proximidade de fornecedores	7	8	9
Proximidade de clientes	6	7	7
Custo de instalações	6	7	8
Qualidade de vida	8	7	7

   a) Defina pesos de ponderação para os vários critérios e faça sua recomendação de qual deveria ser a cidade escolhida.

   b) Se os pesos de ponderação para todos os critérios fosse o mesmo, sua recomendação seria a mesma? Discuta.

24. A empresa A.C. Foods tem uma fábrica e cinco representantes comerciais independentes localizados conforme o mapa a seguir. Para tentar reduzir os custos, a empresa resolveu estabelecer um centro de distribuição regional entre sua fábrica e os armazéns dos seus cinco representantes independentes. A tabela abaixo do mapa ilustra os volumes despachados da fábrica e para cada um dos cinco representantes:

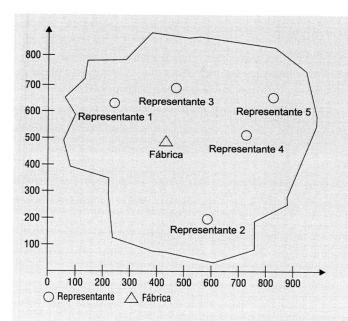

Unidade	Toneladas despachadas *de* ou *para* o local
Fábrica	790
Representante 1	230
Representante 2	110
Representante 3	160
Representante 4	190
Representante 5	100

Onde o centro de distribuição regional deveria ser instalado (coordenadas)?

25. A empresa Fekete & Cia. tem uma fábrica em Curitiba e envia seus produtos para distribuidores locais nas seguintes cidades do estado de São Paulo (com respectivos volumes enviados): São Paulo (550 toneladas/mês), Ribeirão Preto (350 toneladas/mês), Presidente Prudente (160 toneladas/mês) e Taubaté (200 toneladas/mês). Veja o mapa a seguir. A empresa quer abrir um centro regional de distribuição para o estado de São Paulo. Onde ela deveria localizar esse centro (em qual cidade)?

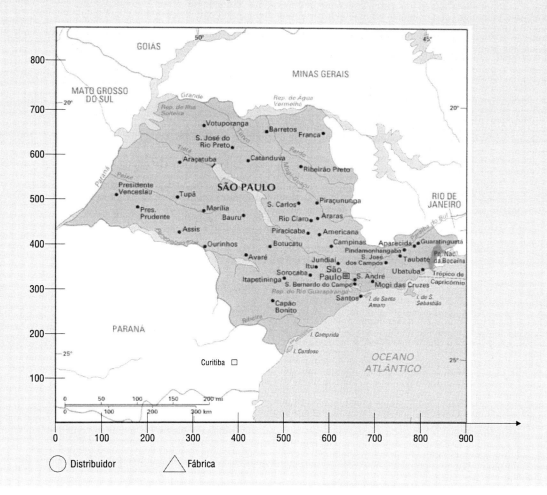

10.6 ATIVIDADES PARA SALA DE AULA

1. Discuta com seus colegas de grupo que tipo de alterações a logística deve sofrer quando os caminhões autodirigidos forem uma realidade totalmente funcional. Pense em possíveis consequências para os custos de mão de obra, para os índices de utilização da frota, da necessidade de locais para estacionamento de caminhões próximos de hospedarias e restaurantes de estrada, desemprego causado e outros aspectos que vocês identificarem. Discutam se vocês creem que as empresas de transporte poderiam ter um modelo similar ao Uber, hoje e depois que caminhões autodirigidos estiverem amplamente disponíveis. Depois de finalizada a discussão intragrupo, discutam com os outros grupos e comparem suas conclusões. Anote as conclusões finais da discussão.

2. Discuta com seu grupo as possíveis consequências para todos os aspectos da logística discutidos neste capítulo (centralização, localização, transporte e configurações logísticas) quando a tecnologia de impressão 3D de peças estiver espalhada, disponível, rápida e barata. Faça paralelos com as mudanças que o mercado de DVDs sofreu quando o *download* de filmes e depois o *streaming* por serviços como Netflix e Hulu passaram a ser possíveis e baratos.

10.7 REFERÊNCIAS

BOWERSOX, D. J.; CLOSS, D. J. *Logistical Management*. Nova Iorque: McGraw-Hill International Editions, 1996.

CHOPRA, S.; MEINDL, P. *Supply Chain Management: Strategy, Planning & Operation*. 3rd ed. New Jersey, EUA: Pearson, 2007.

CNT. Somente 12,4% da malha rodoviária brasileira é pavimentada. Disponível em: https://www.cnt.org.br/agencia-cnt/somente-12-da-malha-rodoviaria-brasileira-pavimentada. Acesso em: 3 jul. 2019.

CNT/Coppead – Relatório Transporte de Cargas no Brasil. Conselho Nacional dos Transportes (CNT). Disponível em: http://www.cnt.org.br/portal/arquivos/cnt/downloads/coppead_cargas.pdf. Acesso em: 10 nov. 2009.

CORRÊA, H. L.; CORRÊA, C. A. *Administração de produção e operações*. 2. ed. São Paulo: Atlas, 2017.

CORRÊA, H. L.; GIANESI, I. G. N.; CAON, M. *Planejamento, programação e controle da produção*. 5. ed. São Paulo: Atlas, 2018.

COYLE, J. J.; LANGLEY JR., C. J.; GIBSON, B. J.; NOVACK, R. A.; BARDI, E. J. *Supply Chain Management: A Logistics Perspective*. 8th ed. South-Western/Cengage, 2009.

MENTZER, J. T.; MYERS, M. B.; STANK, T. P. (Eds.). Handbook of Global Supply Chain Management. Thousand Oaks, EUA: Sage, 2007.

FERDOWS, K. Making the Most of Foreign Factories. *Harvard Business Review*. March-April, 1997.

SIMCHI-LEVI, D.; KAMINSKY, P.; SIMCHI-LEVI, E. *Designing & Managing the Supply Chain*. 2nd ed. Nova Iorque, EUA: Irwin/McGraw-Hill, 2003.

10.8 LEITURAS ADICIONAIS RECOMENDADAS

BALLOU, R.H. *Business Logistics Management*. 4th ed. Upper Saddle River, New Jersey, EUA: Prentice-Hall, 1999.

BEAMON, B. M. Supply Chain Design and Analysis: Models and Methods. *International Journal of Production Economics*. v. 55, p. 281-294, 1998.

COYLE, J. J.; BARDI, E. J.; NOVACK, R. A. *Transportation*. 6th ed. Thomson/South-Western, 2006.

DAVID, P. *International Logistics*. Cincinnati, Ohio, EUA: Atomic Dog Publishing, 2004.

ILOS. *Panorama ILOS*: Transporte rodoviário de cargas no Brasil: a perspectiva dos contratantes de transporte. 2016. Disponível em: https://www.ilos.com.br/web/analise-de-mercado/relatorios-de-pesquisa/. Acesso em: 8 jul. 2019.

LAMBERT, D. M.; STOCK, J. R.; ELLRAM, L. M. *Fundamentals of Logistics Management*. Nova Iorque: Irwin-McGraw-Hill, 1998.

LONG, D. *International Logistics: Global Supply Chain Management*. Norwell, Massachusetts, EUA: Kluwer, 2003.

ROBESON, J. F.; COPACINO, W. C. *The Logistics Handbook*. Nova Iorque: The Free Press, 1994.

Sites relacionados

https://cscmp.org/ – *site* do antigo Council of Logistics Management (CLM), atualmente Council of Supply Chain Management Professionals. Essa sociedade realiza talvez os maiores encontros profissionais na área de logística. O *site* tem bastante informação para *download* gratuito, mas algumas áreas são restritas aos associados.

https://fgvcelog.fgv.br/ – *site* do Centro de Excelência em Logística e Cadeias de Abastecimento da Escola de Administração de Empresas da Fundação Getulio Vargas, São Paulo. Excelente fonte de informação sobre logística e gestão de cadeias de suprimentos no Brasil.

http://www.cnt.org.br/ – *site* do Conselho Nacional de Transportes, tem muita informação sobre logística no Brasil, principalmente quanto a transportes. Há vários estudos interessantes sobre a conjuntura de transportes no Brasil disponíveis para *download* gratuito.

http://www.ilos.com.br/web/ – *site* do Instituto de Logística e Supply Chain, um centro de estudos sobre logística e gestão de cadeias de suprimentos com grande quantidade de excelente informação sobre logística e cadeias de suprimentos no Brasil. A maioria dos pesquisadores do ILOS é egressa do Centro de Estudos em Logística da Universidade Federal do Rio de Janeiro.

Softwares de otimização de malha logística:

https://www.llamasoft.com/logistics-optimization-software-tools/ – Llama *software*

https://jda.com/solutions – JDA

https://www.infor.com/solutions/scm/ – Infor

https://ompartners.com/en/ – OM Partners

http://www.quintiq.com/solutions/supply-chain-design.html – Quintiq

CAPÍTULO 11
Logística reversa e sustentabilidade na cadeia global de suprimentos

OBJETIVOS DE APRENDIZAGEM

- Sintetizar o porquê de a sustentabilidade ter ganhado força como um dos importantes objetivos das cadeias de suprimentos.
- Entender as vantagens de se desenvolverem cadeias de suprimentos sustentáveis.
- Explicar as relações entre a sustentabilidade e a logística reversa em cadeias globais de suprimentos.
- Conceituar os principais fluxos envolvidos na logística reversa e nas cadeias de suprimentos de ciclo fechado e como gerenciá-los.
- Saber como definir a estrutura logística reversa em cadeias de suprimentos.

11.1 INTRODUÇÃO

Este capítulo trata da gestão de logística reversa (fluxos materiais de sentido contrário àquele que vai dos fornecedores das matérias-primas para o usuário), das cadeias de suprimentos de ciclo fechado (*closed loop supply chains*) e da sustentabilidade nas cadeias globais de suprimentos. Sustentabilidade em cadeias de suprimentos, de forma bem simples, visa garantir que o atendimento de necessidades *correntes* da cadeia de suprimentos não comprometa o atendimento, pelas gerações *futuras*, das *suas* necessidades. Os dois temas – logística reversa/cadeias de ciclo fechado e sustentabilidade – são aqui tratados num mesmo capítulo porque são conceitos interligados. Na verdade, muitos dos fluxos de logística reversa em cadeias de suprimentos são estabelecidos como parte do esforço de criar cadeias de suprimentos mais sustentáveis. Um exemplo são os fluxos reversos de embalagens usadas de alumínio (latas), indo do usuário final para os fabricantes visando à sustentabilidade, ou seja, aumentar a parcela de matéria-prima reciclada na produção de novos produtos feitos do material, diminuindo a probabilidade de exaustão futura das jazidas de bauxita (o mineral do qual se extrai o alumínio), o que mais cedo ou mais tarde ocorreria se todas as latas de alumínio usadas acabassem nos aterros e lixões, sem reutilização ou reciclagem.

Quanto ao aspecto econômico da questão, embora as opções associadas aos fluxos reversos, como a reutilização, a remanufatura, a reforma, a reciclagem e outras, tenham sido frequentemente associadas a atividades geradoras apenas de custo, a boa gestão de logística reversa em cadeias de suprimentos deve visar não apenas à minimização de custos dos fluxos reversos, mas também a geração, manutenção e recuperação do *valor* potencialmente gerado por eles. Por exemplo, fabricar novos produtos de alumínio a partir de material reciclado não só ajuda o objetivo de sustentabilidade, mas também é muito mais barato que produzir alumínio a partir de matéria-prima virgem. A produção de uma lata de alumínio a partir de latas recicladas consome apenas 4% da energia necessária para produzir a mesma lata a partir de bauxita. De forma similar, fluxos reversos eficientes também ajudam na geração de valor das cadeias que produzem e entregam produtos de alumínio.

A Figura 11.1 ilustra, no quadro geral de referência deste livro, onde se localiza a gestão de logística reversa e sustentabilidade na cadeia global de suprimentos.

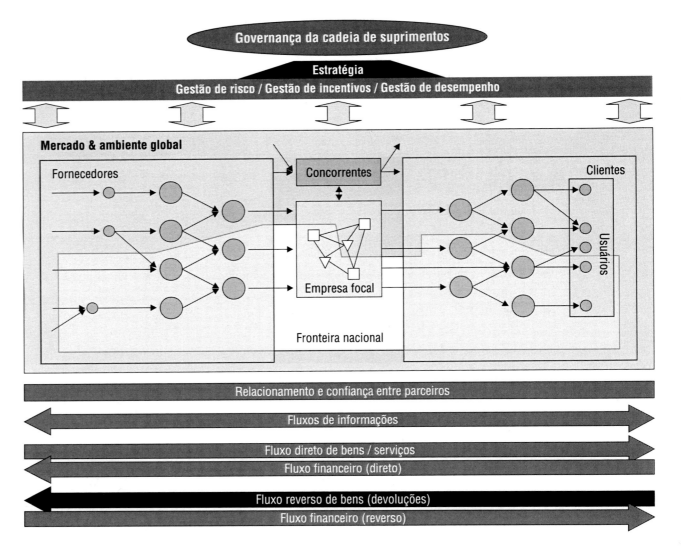

Figura 11.1 Localização (em preto) da gestão de logística reversa e de sustentabilidade na cadeia global de suprimentos, no quadro de referência geral usado neste livro.

Empresas conciliam restrições de consumo de recursos naturais com a oportunidade de ser mais eficientes

Empresas em todo o mundo vêm se empenhando a fim de dar um choque de ecoeficiência à sua gestão. A perspectiva de escassez de água limpa, a elevação dos custos de energia a partir de fontes não renováveis e a crescente demanda da sociedade por uma atitude mais ambientalmente responsável criaram um novo e desafiador cenário para as empresas – e também uma série de oportunidades de conciliar a diminuição do impacto ambiental com uma produção mais eficiente. Uma estimativa recente elaborada pela ONG inglesa The Climate Group (www.theclimategroup.org) aponta que a economia de países e empresas com programas de uso eficiente de recursos, como água e energia, pode chegar a 2,5 trilhões de dólares por ano. A seguir, dois casos de empresas que dispararam medidas relevantes nesse sentido.

Roche

A Roche (www.roche.com) é a empresa mais sustentável do setor de saúde do Índice Dow Jones de Sustentabilidade por nove anos consecutivos. Um minucioso arsenal de metas e medidas levou a indústria farmacêutica suíça a um dos mais abrangentes programas de reestruturação energética em todo o planeta. Há objetivos ambiciosos e verificados ano a ano para reduzir o consumo de diversos insumos e as emissões de gases de efeito estufa. Como resultado, enquanto as vendas anuais quase quintuplicaram de 1996 a 2017, alcançando cerca de 53 bilhões de dólares, o consumo energético manteve um ritmo menos acelerado e cresceu, proporcionalmente, muito menos, em torno de três vezes. O consumo por empregado, uma das métricas mais usuais para verificar os resultados de um plano de eficiência energética numa empresa em expansão, foi reduzido em mais de 30% em 20 anos. A companhia criou até seu indicador de ecoeficiência, conhecido pela sigla em inglês EER (ou taxa de ecoeficiência), que decuplicou no mesmo período. Uma das principais rupturas no caso da Roche foi substituir o carvão por outros combustíveis renováveis em suas fábricas em cerca de 150 países a partir de 2005. Essa mudança foi fundamental para a redução drástica de suas emissões de carbono. Desde 2010, 1.411 projetos de substituição de equipamentos por outros mais eficientes foram completados e em 2017 resultaram em uma redução de 177.050 toneladas de CO_2. Também o consumo de energia da empresa como um todo, de 2015 a 2017, foi reduzido em 9%, e o de água, em 11%.

Um dos grandes aliados da Roche para acelerar seus programas de redução de consumo de energia é um programa de incentivo à participação de funcionários com ideias inovadoras. A empresa criou em 1995 uma competição chamada Ecompetition, em que os funcionários concorrem com ideias que possam melhorar os índices de ecoeficiência. Os vencedores ganham uma viagem de fim de semana à Suíça. Em 2004, por exemplo, uma equipe dos Estados Unidos foi uma das 18 vencedoras com um projeto que em três anos diminuiu o consumo de energia em 30% num laboratório da fábrica da Roche em Palo Alto, na Califórnia.

A busca pela eficiência exigiu que a Roche passasse uma espécie de pente-fino em todos os seus processos. A empresa iniciou programas de reaproveitamento de gases para a produção de energia, substituiu lâmpadas incandescentes por fluorescentes, substituiu equipamentos, melhorou o isolamento das paredes de seus prédios (para reduzir a necessidade de aquecimento em dias frios) e vem ampliando sua frota de carros híbridos, que, movidos a gasolina ou eletricidade, já representam parcela substancial da frota de veículos da empresa nos Estados Unidos. A empresa contrata regularmente centenas de auditores para verificar os mais de 120 prédios, entre escritórios e fábricas da companhia ao redor do mundo, a fim de acompanhar o cumprimento das metas – revistas e ampliadas a cada cinco anos.

Unilever

A Unilever (www.unilever.com) também, no seu setor de cuidados pessoais e com a casa, foi a empresa mais sustentável do Índice Dow Jones de sustentabilidade em 2017, classificação obtida 18 vezes desde 1999. Entre os anos de 2008 e 2017, o consumo de CO_2 por tonelada de produto produzido pela Unilever foi reduzido em 47%, e o de água, em 39%.

Muitas empresas que se propõem a reduzir o uso de recursos costumam centrar fogo apenas no consumo de suas linhas de produção. A Unilever, contudo, decidiu assumir uma postura ainda mais abrangente. Nos anos 1990, seus executivos, a partir de análises do ciclo total de vida dos seus produtos, concluíram que as operações fabris representavam menos de 5% do que eles chamaram de *water imprint* – os "rastros" de consumo de água em toda a cadeia que precede a produção até o consumo final. A maior parte desses rastros estava associada ao cultivo de matérias-primas de seus alimentos e ao uso pelos consumidores de seus produtos de limpeza e higiene pessoal. A conclusão foi vital para que a empresa adotasse um enfoque inovador em relação ao tema. Em vez de se preocupar apenas com suas operações, a Unilever passou a desenvolver projetos que envolvessem seus fornecedores e também estimulassem os clientes a usar menos água. No caso dos produtores, a empresa começou a disseminar técnicas de irrigação por gotejamento nas lavouras de tomate, espinafre, chá e ervilhas. Na outra ponta, a do consumo, a abordagem também foi audaciosa. Em 2005, a empresa decidiu que sua área de pesquisa e desenvolvimento de produtos domésticos e de cuidado pessoal precisaria reavaliar a integração dos aspectos social, econômico e ambiental no desenvolvimento de novas marcas e também na revisão de produtos existentes. Na prática, o resultado foi a criação de produtos como o detergente para lavar roupas All Small and Mighty, com dois terços a menos de água em sua composição do que seus concorrentes. Lançado inicialmente nos Estados Unidos, o produto também possibilitou reduzir o tamanho das embalagens, que ficaram com apenas um terço das dimensões do modelo antigo. Outra investida foi a reformulação do detergente para lavar roupas Surf Excel, à venda na Índia.

O objetivo foi fazer com que o produto gerasse menos espuma, poupando até dois baldes de água por lavagem.

Dentro de casa, a empresa também vem colhendo bons resultados. Em regiões secas, muitas das unidades da Unilever perseguem a meta de zerar o despejo de efluentes líquidos nos rios, reciclando-os para uso na irrigação ou na lavagem das fábricas. Na Índia, a quase totalidade das 48 unidades da companhia já alcançaram o objetivo. A empresa não revela quanto economiza por ano em todo o mundo com suas metas de redução de consumo de água; alguns pequenos exemplos, porém, demonstram a dimensão dessa economia. A iniciativa em uma de suas fábricas, localizada em Caivano, no sul da Itália, por exemplo, impediu a perda de quase 20% de toda a água consumida pela unidade – antes evaporada em torres de resfriamento. Com isso, deixou de gastar 130 mil dólares por ano.

QUESTÕES PARA DISCUSSÃO

1. Na sua opinião, quais foram as principais motivações para a Roche e a Unilever dispararem as ações aqui narradas?
2. Quais as principais similaridades e diferenças das abordagens das duas empresas no ataque aos seus objetivos de sustentabilidade?
3. Nos dois exemplos mencionados há conflito entre os objetivos de sustentabilidade de recursos naturais e eficiência empresarial/maiores lucros? Você é capaz de pensar num exemplo em que haja conflito entre esses dois grandes objetivos?

Mas por que sustentabilidade tem ganhado tanta atenção dentro das empresas e na sociedade em geral?

11.2 CONCEITOS

11.2.1 Sustentabilidade

CONCEITO-CHAVE

Desenvolvimento sustentável, segundo a Comissão Mundial de Ambiente e Desenvolvimento (WCED, 1987 – Brundtland Report), é desenvolvimento que atende as necessidades do presente sem comprometer a habilidade de as gerações futuras atenderem suas próprias necessidades.

Essa definição é considerada vaga e geral por alguns autores, fazendo com que muitos chamem a atenção para o fato de que ela pode até suscitar mais perguntas que respostas. Algumas delas são (Linton *et al.*, 2007):

- Quais recursos as futuras gerações necessitarão?
- Em que níveis os poluentes podem ser liberados sem que exerçam impacto nas futuras gerações?
- Quanto de novos recursos utilizáveis serão descobertos no futuro?
- Em que medida os recursos renováveis podem ser explorados de forma que *continuem* renováveis?
- Quanto a tecnologia pode resolver o paradoxo da necessidade de uso sustentável de recursos com a crescente demanda mundial por riqueza material?
- Em que medida o mercado pode induzir esforços de sustentabilidade?
- O estilo de vida atual de mudar? Se sim, como?
- Quais políticas são necessárias para se atingir sustentabilidade?

Tem ficado cada vez mais claro para a sociedade como um todo, entretanto, que lucro não deve ser o único elemento definidor de sucesso de empresas e economias. Também importantes são os futuros das pessoas (internas e externas à organização em foco) e do planeta (Kleindorfer *et al.*, 2005). Essas preocupações são capturadas por medidas de desempenho organizacional mais abrangentes como o *triple bottom line* (3BL), que representa algo como "tripla linha de baixo" dos demonstrativos financeiros: avaliações de desempenho organizacional quanto aos três Ps – de Pessoas, *Profit* (lucro) e Planeta –, crescentemente adotado por empresas que lideram esse movimento.

Essas preocupações ganharam muita força com o crescimento econômico mundial das últimas três décadas, em que países como Brasil, Rússia, Índia, China e África do Sul (os chamados países BRICS, grandes economias que têm passado, não sem alguma turbulência, por acelerado desenvolvimento) e outros se juntaram às economias mais desenvolvidas, aumentando tremendamente a taxa de consumo de recursos naturais (incluindo os não renováveis) demandados para atender as necessidades e desejos de consumo das centenas de milhões de pessoas destes e de outros países em desenvolvimento.

Além disso, há outros impactos potencialmente danosos de um crescimento nos moldes atuais: por um lado, para atender as necessidades energéticas e de outros recursos de produção para o desenvolvimento acelerado, o mundo tem gerado quantidades crescentes de emissões poluentes que, além de prejudicarem a qualidade do ar, da água e do solo, também, argumentam os cientistas, têm sido responsáveis pelo gradual aquecimento do planeta, o que, se continuar, trará consequências desastrosas. Adicionalmente, a disposição de produtos, embalagens e outros materiais, depois do seu uso, tem enchido os aterros sanitários e lixões numa taxa sem precedentes e, certamente, não sustentável por muito tempo.

Lei dos grandes números

Para ilustrar o efeito de se terem milhões (ou, mais provavelmente, bilhões) de novos consumidores com acesso a produtos no mundo: segundo estimativas da ONU, a população mundial vai crescer dos atuais 6,7 bilhões para 9,2 bilhões em 2050. Além disso, já ocorre a expressiva entrada de milhões de habitantes atuais no mundo do consumo, prevista para aumentar muito nos anos futuros.

Se a cada um de um bilhão de novos consumidores for dada uma lâmpada (mesmo as econômicas lâmpadas LED) de 8.5W (correspondente, em termos de luminosidade, a uma lâmpada incandescente de 60W), uma só, o peso combinado destas lâmpadas seria equivalente a 20 mil toneladas, ou aproximadamente 15 mil carros médios.

Isso, por si só, já consome bastantes recursos, energia e gera poluentes para ser produzido. Se depois de usadas forem meramente descartadas, essas lâmpadas ocuparão um bom espaço nos aterros sanitários.

Ainda, se cada um destes novos consumidores *acenderem* a sua lâmpada por quatro horas num dia, isso consumiria 1.400 megawatts em qualquer momento durante essas horas. Apenas para gerar essa energia, seriam necessárias algo como três novas usinas termoelétricas médias, queimando enormes quantidades de carvão (que é um mineral não renovável) e gerando emissões poluentes.

Isso sem considerar que as necessidades e desejos de qualquer novo bilhão de consumidores não vai se restringir a uma simples lâmpada ligada quatro horas por dia. Pense na energia necessária para equipar os televisores, os computadores, os iPads, os aquecedores de água, aparelhos de ar-condicionado e geladeiras que eles também utilizarão... É fácil concluir que é melhor que o mundo ache rapidamente formas mais eficientes de produzir (e dispor de) produtos e gerar energia se quiser que as futuras gerações continuem sendo capazes de atender suas necessidades e desejos.

PARA PENSAR

Um computador médio tipo *notebook* pesa algo em torno de 2,4 kg e obsolesce em cinco anos. Faça uma conta rápida e calcule qual o peso equivalente dos computadores que 10 milhões de usuários fariam chegar, a cada cinco anos, aos aterros sanitários se meramente jogassem fora seus *notebooks* ao final de sua vida útil, só na região da Grande São Paulo.

Logística reversa

Os fluxos reversos têm crescido em importância. Contra a corrente dos fluxos diretos, eles fluem da ponta do consumo para trás. Exemplos são os materiais e componentes de produtos ou de processos que, após serem consumidos ou utilizados, são coletados e transportados para trás nas cadeias de suprimentos a fim de serem reutilizados ou reciclados e reincorporados, ou à mesma cadeia de suprimentos (como o caso de latas de alumínio, coletadas após o uso e enviadas para serem recicladas e virarem novas latas) ou a outras cadeias (como no caso de embalagens de garrafas PET, que são coletadas após o uso, recicladas e utilizadas, por exemplo, na produção de fibras têxteis).

Outro exemplo são as devoluções comerciais de produtos que fluem no sentido reverso (para "montante") com intuito de passarem por operações de limpeza, reparo, remanufatura ou outras, para novamente serem enviados para "jusante", até o consumo.

Por se tratar de fluxos reversos em relação aos fluxos diretos tradicionais das cadeias de suprimentos, a parte da logística que gerencia os recursos e processos referentes aos fluxos reversos é chamada de "logística reversa".

Cadeias de suprimentos de ciclo fechado

Como esses fluxos reversos normalmente visam à reincorporação dos materiais ao sistema produtivo direto, para revenda, frequentemente esses sistemas são chamados de cadeias de suprimentos de "ciclo fechado", ou, em língua inglesa, *closed-loop supply chains*. As cadeias de suprimentos de ciclo fechado, portanto, são aquelas compostas de fluxos diretos e reversos, formando "ciclos" que fazem materiais (usados ou não) retornarem a pontos anteriores da cadeia para reutilização ou reprocessamento para nova utilização.

Sustentabilidade e o *Triple Bottom Line* (TBL ou 3BL)

Conforme já mencionado, na inserção do conceito de sustentabilidade no ambiente empresarial, um conceito de grande relevância é o do *triple bottom line* (TBL ou 3BL), uma referência à linha de baixo – do resultado – dos demonstrativos financeiros. O TBL representa o tripé da sustentabilidade. Segundo esse conceito, requisitos sociais, ambientais e econômicos das atividades produtivas devem ser geridos de forma integrada (Elkington, 1997). O TBL também pode ser entendido como o equilíbrio entre os três Ps (em língua inglesa), ou seja, aos três tipos de "resultado", relacionados a: Pessoas (*People*, "Social"), Lucro (*Profit*, "Econômico") e o Planeta (*Planet*, "Ambiental").

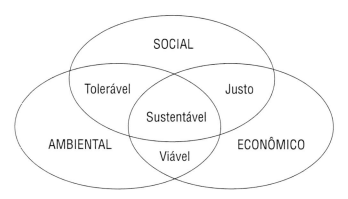

Figura 11.2 O *triple bottom line* e interações.

Enquanto o foco usual das empresas é obter ganhos financeiros e vantagem competitiva no mercado, segundo a proposta do TBL, deve-se priorizar um meio ambiente socialmente justo, ecologicamente correto e economicamente viável. As interações entre as esferas social, ambiental e econômica podem resultar em diferentes aspectos da sustentabilidade. Enquanto a interface da esfera econômica com a social prioriza a geração de emprego e renda que favoreçam o social, a interseção entre as esferas econômica e ambiental enfatiza ações ambientais que sejam economicamente viáveis. Na interação das esferas social e ambiental são estimuladas as atividades sociais que não impactem o meio ambiente de forma intoleravelmente danosa. Na interseção das três esferas se encontra a sustentabilidade num sentido mais abrangente.

Sustentabilidade como vantagem competitiva

A prática da sustentabilidade gradativamente tem sido percebida como uma potencial fonte de vantagem competitiva estratégica.

A busca da sustentabilidade ocorre tanto por meio da redução dos impactos (econômicos, sociais e ambientais) quanto por meio da prática de medidas compensatórias. Um exemplo de medida compensatória é a negociação de cotas de carbono mediante critérios estabelecidos pelo conceito de Mecanismo de Desenvolvimento Limpo – MDL (ou *Clean Development Mechanism*).

Várias empresas hoje incluem em seus relatórios anuais de resultados quesitos como emissões atmosféricas, consumo de água e energia e impacto socioambiental como métricas de avaliação do desempenho ambiental organizacional. Por um lado, estabelecem metas para a redução ou mitigação dos impactos negativos (como é o caso das emissões), e, por outro, buscam a potencialização dos impactos positivos (como a geração de empregos e melhoria da qualidade de vida).

SAIBA MAIS

Walmart Brasil lança Projeto Sustentabilidade de Ponta a Ponta

O Walmart Brasil e alguns dos seus principais fornecedores lançaram no final dos anos 2000 o projeto Sustentabilidade de Ponta a Ponta, contemplando um universo de 7 mil fornecedores e 60 mil itens. As empresas parceiras desenvolveram alterações significativas em produtos do seu portfólio, a fim de reduzir seus impactos socioambientais. Além da sustentabilidade na produção, o projeto visa colaborar ainda com o consumo consciente, afirma o presidente do Walmart Brasil, Héctor Núñez. Segundo ele, "Os produtos trazem diferenciais que vão da redução ou alteração do tipo de embalagem e matéria-prima utilizados, optando por opções recicláveis ou certificadas, à diminuição no consumo de energia, água e dos resíduos sólidos gerados". O papel do Walmart foi fornecer suporte técnico – representado pelo CETEA (Centro de Tecnologia de Embalagens), ligado ao Instituto de Tecnologia de Alimentos (ITAL), do Governo de São Paulo – para todo o processo de desenvolvimento do produto, avalizando os resultados apresentados pelas empresas do início ao fim da cadeia produtiva. Além disso, a empresa ofereceu a garantia de compra, a visibilidade e exposição diferenciada desses itens no ponto de venda.

O projeto contou com reuniões mensais que envolviam o mapeamento da cadeia produtiva do produto, a identificação de oportunidades de otimização e reduções de impactos ao meio ambiente em cada etapa de seu desenvolvimento, além de mais de 3 mil horas de consultoria técnica, com reuniões entre o fornecedor, o Walmart e o CETEA (Centro de Tecnologia de Embalagens).

Ao todo, dez produtos vendidos na Walmart foram "esverdeados". São eles:

- o achocolatado Toddy Orgânico, da Pepsico;
- a linha de águas Pureza Vital, da Nestlé;
- o amaciante Comfort Concentrado, da Unilever;
- o Band-Aid, da Johnson&Johnson;
- o desinfetante Pinho Sol, da Colgate-Palmolive;
- a esponja de banho Ponjita Naturals Curauá, da 3M;
- a fralda Pampers Total Comfort, da Procter&Gamble;
- o Matte Leão Orgânico, da Coca-Cola Brasil;
- a linha de óleos vegetais Liza, da Cargill; e
- o sabão TopMax, do Walmart, fabricado pela gaúcha Bertolini.

Somada a essa iniciativa, CEOs de 20 grandes indústrias firmaram o Pacto pela Sustentabilidade Walmart Brasil, em prol de práticas mais sustentáveis em toda a cadeia de suprimentos. Entre os pactos, na área de cadeia produtiva e redução de embalagem, as empresas se comprometeram a:

1. Compras responsáveis

- reduzir em 70% o fosfato nos detergentes para lavanderia e cozinha até 2013;
- oferecer produtos de lavanderia, no mínimo, duas vezes mais concentrados até 2012;
- oferecer pelo menos um produto orgânico por categoria de alimentos até 2012;
- estimular as vendas de produtos com diferencial em sustentabilidade;
- apoiar e estimular o desenvolvimento de produtos de ciclo fechado;

- produtos de marca própria do Walmart Brasil devem liderar pelo exemplo em sustentabilidade.

2. Redução de resíduos
- reduzir as embalagens em 5% até 2013;
- implantar o *Packaging Scorecard* até 2009;
- reduzir o consumo de sacolas plásticas em 50% até 2013.

Questões para discussão

1. Por que você acredita que a gigante do varejo Walmart lançou esse programa?
2. Você acha que esse programa aumentou o preço dos produtos do Walmart?
3. Você crê que o consumidor brasileiro está disposto a pagar mais por um produto por ter sido feito numa cadeia de suprimentos mais sustentável? Quanto a mais, em termos percentuais?

11.2.2 As regras da biosfera e a economia circular

Unruh (2008) propõe uma abordagem interessante para a gestão de recursos naturais denominada Regras da Biosfera. De acordo com o autor, deve-se partir de um entendimento biológico a partir do qual se utilizam os recursos e estrutura dos diferentes ecossistemas para suportar a vida em suas diferentes dimensões, em contraste ao entendimento industriológico da manufatura. Este último assume que é possível utilizar livremente uma enorme gama de materiais sintéticos a serem transformados em processos produtivos, o que não necessariamente é sustentável.

O autor propõe três regras da biosfera básicas para apoiar o entendimento biológico, mais sustentável, conforme a seguir:

Regra 1. Uso de uma paleta parcimoniosa

Os elementos químicos da tabela periódica são os elementos básicos de tudo o que há na natureza e no mundo sintético. No entanto, de forma surpreendente, apesar da existência de mais de 118 elementos, a natureza se utiliza basicamente de quatro desses – carbono, hidrogênio (H), oxigênio (O) e nitrogênio (N) – para produzir todas as coisas vivas. Noventa e oito por cento da massa de um ser humano são constituídos por apenas esses três elementos (H, O e N). A parcimônia no uso dos recursos nos sistemas naturais favorece a reciclagem, em contraste com a utilização de uma ampla variedade de recursos e baixo potencial de reciclabilidade da maior parte dos produtos produzidos nos sistemas industriais.

Regra 2. *Cycle up*

A padronização garante que as matérias-primas estejam sempre disponíveis aos organismos, não havendo necessidade de triagem ou seleção. Na natureza, com a morte de um organismo a biosfera recupera os materiais e os reinsere em outros processos de forma eficiente e constante, para o mesmo uso original ou uso superior, o que é chamado de *upcycling* (exemplos são o alumínio e o vidro). O *downcycling*, ao contrário, destrói o valor original, como ocorre às vezes com a redução da qualidade dos produtos produzidos a partir de material reciclado (por exemplo, pneus virando material de pavimentação de ruas). A biosfera não possui processos de *downcycling*, mas os sistemas industriais sim. A biosfera ainda se utiliza da obsolescência biológica "planejada" para a realização dos processos de reciclagem. O processo de formação de novos organismos ocorre a partir de elementos resultantes da degradação ou morte de organismos mais antigos. Desta forma, o potencial produtivo de organismos mais novos e sadios garante a permanente eficiência do sistema.

Regra 3. Exploração do poder das "plataformas"

Desde os organismos mais simples, a biosfera vem passando por um permanente processo evolutivo que vem tornando os organismos mais complexos e, ao mesmo tempo, mais eficientes e adequados ao ambiente no qual se inserem. Em outras palavras, o *design* dos organismos passa por constante adequação com a finalidade de adaptação às adversidades ou facilidades que o ambiente propicia. Esse design é a *plataforma* para a construção da biodiversidade que conhecemos hoje.

Assim como os sistemas biológicos, os sistemas industriológicos têm explorado o poder das plataformas. A esse respeito é observada uma analogia com os sistemas informatizados – plataformas operacionais que possuem uma ampla diversidade de aplicações em constante processo de adaptação. Da mesma forma, o processo de manufatura no setor automobilístico, por exemplo, usa intensamente as "plataformas". Observe, por exemplo, um VW Beetle e um Audi TT.

Ambos os veículos são produzidos a partir de uma plataforma comum (chassi, estrutura, entre outros). No entanto, em outras indústrias do sistema industriológico, tem sido priorizado o critério de usar componentes e peças específicos que irão gerar um produto diferenciado, em vez de se buscarem materiais mais padronizados, poucos elementos fundamentais a partir dos quais componentes e produtos finais são construídos para que seja facilitada a reciclagem.

A proposta de Unruh (2008) possibilita aprendizado a respeito de eficiência e interconexão entre ecossistemas – sejam eles industriais ou naturais.

Similarmente, a Fundação Ellen MacArthur propõe o conceito de economia circular. Veja a Figura 11.3.

O princípio da economia circular está pautado no conceito da ecologia industrial e compreende a interação de diferentes agentes em diferentes sistemas.

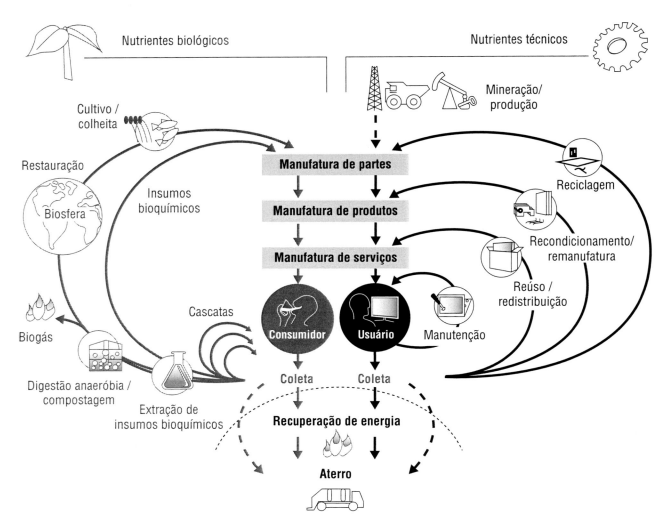

Fonte: adaptado de: Ellen MacArthur Foundation. Disponível em: https://www.ellenmacarthurfoundation.org/circular-economy/interactive-diagram. Acesso em: 8 ago. 2018.

Figura 11.3 A economia circular.

11.2.3 Pegada ecológica

A expressão "pegada ecológica" foi usada pela primeira vez por dois professores universitários canadenses, William Rees e Mathis Wackernagel. Pretende ser uma medida para calcular o impacto anual (devido aos recursos naturais que, direta ou indiretamente, consomem) dos seres humanos no ambiente quando vivem de acordo com o seu estilo de vida habitual. A pegada ecológica tem sido usada como indicador de sustentabilidade ambiental. É uma ferramenta que permite avaliar até que ponto o nosso impacto já ultrapassou o limite, ajudando-nos a perceber se vivemos de forma sustentável.

A mitigação dos impactos ambientais consiste num dos principais aspectos a serem geridos na busca pela sustentabilidade. A partir da identificação dos danos ambientais atuais e potenciais, bem como da mensuração das pegadas ecológicas de produtos e processos, é possível a quantificação dos impactos. Isso permite a redução de incertezas e o aumento da eficiência na gestão dos processos produtivos.

A Figura 11.4 ilustra os vários fluxos, diretos, reversos e de ciclo fechado que muitas empresas contemporâneas têm de gerenciar. Todos os fluxos de saída que cruzam as "fronteiras" do sistema representado pela cadeia de suprimentos representam fatores que podem contribuir para a pegada ecológica da cadeia: emissões (gases como o gás carbônico, por exemplo, que contribuem para o chamado efeito estufa e outros), efluentes (como líquidos resultantes de processos, drenados para ou despejados nos sistemas fluviais) e descartes sólidos em geral (como produtos e embalagens usados jogados fora, em aterros sanitários, ou incinerados). Quanto mais relevantes forem os fluxos reversos e de ciclo fechado, internos à cadeia de suprimentos (materiais tomando parte de ciclos de reciclagem, recuperação ou reutilização) e quanto mais eficientes forem os processos internos à cadeia, menos relevantes serão os fluxos que saem do sistema e menores serão as pegadas ecológicas desta.

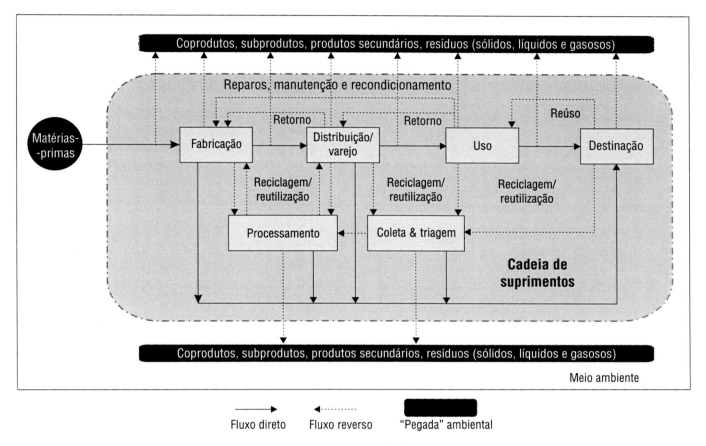

Figura 11.4 Fluxos diretos, reversos e de ciclo fechado em cadeias de suprimentos.

Os fluxos nos sistemas de logística direta e reversa

O sistema produtivo tem início a partir da obtenção da matéria-prima a ser processada. As matérias-primas podem ser classificadas como naturais (madeira, água, minerais), compostas (compósitos, fibras e aglomerados), maciças metálicas (ferrosas e não ferrosas) e maciças não metálicas (cerâmicas, polímeros e semicondutores). Os recursos ou matérias-primas naturais podem ser classificadas como renováveis e não renováveis. O conceito de sustentabilidade reside, entre outros aspectos, na priorização do uso de recursos renováveis e na reciclagem dos resíduos, subprodutos, matérias secundárias e coprodutos.

A seguir, algumas definições relevantes a esse respeito:

- *Matérias-primas/componentes*: toda substância a partir da qual se fabrica um produto e da qual é obrigatoriamente parte integrante. Provenientes da natureza, com ou sem processamento anterior. Podem ser classificadas em renováveis e não renováveis.

- *Coprodutos ou produtos secundários*: resultam necessariamente da produção do produto principal, não se integram ao produto final e podem ter valor significativo. Na cadeia do biodiesel, por exemplo, a glicerina e a torta são exemplos de coprodutos do biodiesel que podem ser utilizados como insumo no setor químico e na alimentação animal, respectivamente. Exemplos de coprodutos gerados na produção do aço são as escórias de aciarias, as escórias granuladas de alto-forno, os pós dos sistemas de despoeiramento, as lamas das estações de tratamento de água, alcatrão, entre outros. De acordo com a NBR ISO 14.044, de 2009, coprodutos são dois ou mais produtos procedentes do mesmo processo elementar ou sistema produtivo.

- *Subprodutos*: também produzidos com o produto principal, porém, com valor de mercado significativamente inferior. No caso da industrialização de carne bovina, os ossos, chifres e cascos seriam subprodutos.
- *Produtos intermediários*: produtos acabados de um processo produtivo que exercem sua funcionalidade integrando-se à estrutura de outro produto de outro processo. Os pneus, por exemplo, constituem um produto intermediário na indústria automotiva, enquanto os feixos e botões são produtos intermediários na indústria de vestuário e as placas de circuito impresso são produtos intermediários na indústria dos equipamentos eletroeletrônicos.
- *Resíduos, emissões ou efluentes*: produtos indesejáveis resultantes do processo produtivo que, na maior parte das vezes, acarretam custo em ações mitigatórias, mas que podem, em casos específicos, ser evitados ou ainda revertidos em receita para o processo produtivo.
- *Matéria-prima secundária*: resíduos (sólidos, líquidos ou gasosos) valorizados por meio da reciclagem.

O conceito de sustentabilidade nas organizações produtivas foi inserido inicialmente pela tentativa de mitigação de impactos ambientais e, mais tarde, de forma mais eficiente, pelo reaproveitamento e redução de perdas.

Nas etapas de produção, a logística reversa pode ocorrer com o reaproveitamento de coprodutos e subprodutos, enquanto no estágio pós-consumo a logística reversa ocorre com o processamento de produtos usados para potencial reúso como matéria-prima secundária. Com isso, a gestão de produção e logística passou a incorporar aspectos de sustentabilidade ambiental aos seus processos operacionais tradicionais.

11.2.4 A pressão por maior sustentabilidade

Os consumidores e outros membros da sociedade hoje não se satisfazem apenas com a informação sobre os impactos ambientais negativos dos produtos nas fases de consumo e pós-consumo, mas querem informações a respeito da origem da matéria-prima, das técnicas utilizadas para o processamento dos materiais envolvidos e informações sobre o que os componentes da cadeia de suprimentos fazem para mitigar ou reduzir esses impactos desde o projeto e desenvolvimento dos produtos.

Ao ser incorporado como componente da gestão organizacional por pressões da sociedade organizada (ONG's e governo) e dos mercados, portanto, o conceito de sustentabilidade ambiental passou a exigir a adequação das ferramentas disponíveis no ambiente empresarial com vistas à inclusão do que pode ser chamado de "gestão ambiental" em seus processos operacionais.

A pressão por uma gestão mais "ambiental" induziu que a gestão de recursos e processos logísticos fosse adequada de forma a permitir que uma menor "pegada ecológica" fosse gerada pelo sistema produtivo por meio do uso mais intenso de conceitos como a reutilização, a reciclagem, e de formas mais adequadas de dispor dos resíduos não reutilizáveis e não recicláveis.

Os processos de reutilização e reciclagem se utilizam intensamente da logística reversa e da logística de ciclo fechado.

Sustentabilidade e gestão logística

A inclusão de práticas de sustentabilidade ambiental na gestão logística ainda ocorre de forma incipiente e, na maior parte das vezes, como resposta às exigências legais. Poucas empresas percebem o potencial econômico e social da consolidação de estratégias e implementação de práticas ambientais. Empresas de grande porte têm investido nesse nicho e alcançado ganhos significativos, conforme evidenciam indicadores como o Índice de Sustentabilidade Empresarial (ISE) ou o Índice Dow Jones de Sustentabilidade.

Tornando a logística mais *verde*

Com o objetivo de reduzir os danos ambientais, ações proativas de prevenção de impactos potenciais passaram a ser consideradas no processo de gestão das organizações. Da mesma forma, na gestão de resíduos sólidos, percebeu-se que a redução da geração de resíduos pela redução do consumo seria uma forma complementar de atacar o problema. No entanto, não é interesse das empresas reduzir, mas sim aumentar o consumo para atingir suas metas de desempenho econômico. Como seria possível equacionar a questão ambiental sem impactar o desempenho econômico?

Desenvolvimento sustentável

Essa foi a principal questão que permeou as discussões, no âmbito ambiental, ao longo das décadas de 1970 e 1980, até que foi proposto o conceito de desenvolvimento sustentável, que sugere o equilíbrio entre crescimento econômico e conservação ambiental. Ferramentas de gestão ambiental têm, desde então, sido propostas como forma de gerenciamento e avaliação ambiental.

Com o aumento da pressão da sociedade organizada para uma gestão ambiental mais sustentável e responsável, algumas empresas se ressentiram da falta de capacitação interna e de orientações gerais que permitissem tornar sua logística mais ambientalmente responsável, assim como da falta de mecanismos que permitissem que essas empresas exercessem algum tipo de influência sobre o comportamento de outros membros das suas cadeias de suprimentos no sentido de obter uma melhor gestão ambiental da cadeia de suprimentos como um todo.

ISO 14000

Nos anos 1990, parcialmente em resposta a essa carência, foram desenvolvidos procedimentos de certificação internacional, como aqueles da série ISO 14000, que "abordam vários aspectos da gestão ambiental. Elas oferecem ferramentas práticas para empresas e organizações, buscando identificar e controlar seus impactos ambientais e melhorar constantemente seu desempenho ambiental". (ISO 14000, 2018). Como muitas empresas ao redor do mundo passaram a se guiar pelas normas da série ISO 14000 para ajustar suas próprias operações e passaram a exigir que seus parceiros da cadeia de suprimentos (como seus fornecedores e clientes) também buscassem se certificar, verificou-se um crescimento da demanda sobre as empresas para adequarem os tradicionais critérios de mercado a padrões mais ambientalmente adequados.

Em outras palavras, empresas exportadoras precisaram adequar seus produtos e processos aos requisitos legais ambientais, não apenas dos seus próprios países, mas também aos dos países com os quais estariam negociando seus produtos e serviços. Muitas empresas perderam espaço no mercado internacional por não terem tido flexibilidade suficiente para se adequar. A questão ambiental se tornou um importante requisito de mercado, capaz inclusive de favorecer ou limitar a negociação entre empresas e até entre países.

Integração entre logística e meio ambiente

Nos Estados Unidos na década de 1990, o estabelecimento de limites legais quanto a emissões de determinados modos de transporte (usualmente chamados "modais" no jargão da logística) em alguns estados pode ser considerado um importante marco na interação entre a logística e o meio ambiente.

Bowman (1995) menciona empresas de grande porte como a DuPont e a Santa Fe Railway como pioneiras no desenvolvimento de estratégias e técnicas de segurança e sustentabilidade ambiental para o transporte de produtos perigosos e gerenciamento de emissões atmosféricas.

Os Protocolos de Montreal (década de 1980) e de Kyoto (década de 1990) foram os precursores do estabelecimento de metas quanto a limites de emissões atmosféricas. Metas de gestão foram então estabelecidas dentro das organizações tendo em vista a necessidade da redução das emissões atmosféricas dos Gases do Efeito Estufa (GEE).[1]

As organizações tiveram de se adequar reorientando metas gerenciais e alocando/gerenciando recursos de forma mais ambientalmente eficiente. Entretanto, foi o Acordo da Basileia (década de 1990), do qual o Brasil é signatário, que estabeleceu os padrões mais importantes para a interface entre logística e meio ambiente por intermédio de considerações sobre a movimentação transfronteiriça de resíduos perigosos.

Os protocolos mencionados tiveram e têm, portanto, impacto direto na gestão organizacional, assim como se fizeram refletir nas políticas públicas.

Muitos países se adequaram aos limites de emissões promovendo a migração de parques industriais para outros países onde as exigências legais e normativas não estabeleciam restrições aos padrões de emissão atmosférica. Por meio desse mecanismo, muitas operações poluentes de empresas multinacionais se estabeleceram em países em desenvolvimento.

O Acordo da Basileia teve impacto também nas políticas do comércio internacional, uma vez que a movimentação de resíduos perigosos passou a ser regulamentada em comum acordo entre alguns países signatários. O objetivo central desse acordo foi estabelecer limites para a migração de resíduos dos países desenvolvidos para os países em desenvolvimento, o que ainda ocorre nos dias de hoje. Países da África e da Ásia, por exemplo, são ainda o principal destino de resíduos de equipamentos eletroeletrônicos (REEE).

Fatores que fazem as empresas buscarem sustentabilidade e 3BL

As empresas têm sofrido enormes pressões da sociedade, da legislação, de ONGs e outros grupos legítimos de pressão para medir seu impacto ambiental e usar a lógica embutida no 3BL em seus relatórios anuais para reportar a quantidade de energia e outros recursos que usam e a "pegada ecológica" que deixam para trás, no ambiente, com sua atuação.

A Natura Cosméticos reporta seu resultado usando princípios 3BL

A Natura Cosméticos é uma multinacional brasileira que comercializa seus produtos cosméticos e de bem-estar por meio de marketing direto, contando hoje com mais de 6,3 mil colaboradores, 1,7 milhão de consultores individuais independentes (que fazem o papel de distribuidores dos produtos na venda direta ao consumidor). A receita líquida, no ano fiscal de 2017, foi de 7,7 bilhões de reais, com crescimento de 7,8% sobre o ano anterior.

Em seu relatório anual de 2017, eis como a empresa descreve seu perfil:

---

[1] Gases do Efeito Estufa (ou *Green House Gases* – GHG) são os principais responsáveis pela formação do efeito estufa – efeito que, segundo muitos pesquisadores, teria importante papel no recente aquecimento global. Dentre os GEE se podem citar o dióxido de carbono (CO_2), o metano (NH_4) e o óxido nitroso (NO_x).

A Natura é a maior multinacional brasileira do setor de cosméticos e uma empresa comprometida com a geração de impacto socioeconômico-ambiental positivo em todos os negócios, marcas e geografias em que atua. Chegamos a milhões de consumidores por diversos canais, sendo o principal deles cerca de 1,7 milhão de consultoras no Brasil, na Argentina, no Chile, na Colômbia, no México e no Peru. Além desses países, temos lojas físicas e *e-commerce* nos Estados Unidos e na França, e vendemos produtos na Bolívia por meio de um distribuidor local. No varejo, atuamos por meio de lojas próprias, franquias administradas por consultoras com perfil empreendedor e em parcerias com cadeias de farmácia. Com o Cadeia Natura, somos uma das maiores plataformas de vendas *on-line* de produtos de beleza do Brasil, e já implementamos o comércio digital no Chile, na Argentina, na França e nos Estados Unidos.

A Natura conta com mais de 6,3 mil colaboradores e foi a primeira companhia de capital aberto a receber a certificação Empresa B no mundo, em 2014, renovada em 2017. O movimento Sistema B caracteriza companhias que dão igual peso a seus resultados econômicos e socioambientais. Somos uma companhia aberta com ações na B3 (a bolsa de valores de São Paulo).

Em 2017, pelo quinto ano consecutivo, a Natura recebeu o prêmio World's Most Ethical Companies, que relaciona as empresas mais éticas do mundo. O reconhecimento é do Etisphere Institute, organização global que atua para o aprimoramento de práticas empresariais éticas. Nossa estrutura é composta de sede administrativa em São Paulo (SP), fábricas em Cajamar (SP) e Benevides (PA), produção terceirizada na Argentina, na Colômbia e no México, oito centros de distribuição no Brasil e cinco na América Latina, um *hub* logístico em Itupeva (SP) e centros de pesquisa e tecnologia em São Paulo e Benevides.

Trabalhamos com uma cadeia de parceiros para promover inovação e atuamos em meio a toda a nossa cadeia para reduzir o impacto de nossos produtos, investindo no uso de materiais reciclados e na vegetalização de nossas fórmulas, taxa que alcança o patamar de 81%. Sempre que possível, acrescentamos ao que há de melhor na ciência cosmética o conhecimento tradicional de comunidades envolvidas na cadeia de ativos da sociobiodiversidade brasileira e temos aumentado progressivamente o número de famílias fornecedoras de insumos para nossos produtos. Também somos uma empresa carbono neutro desde 2007 – ou seja, compensamos todas as emissões de gases de efeito estufa (GEE) não apenas da Natura, mas de toda a nossa cadeia produtiva – e investimos em ações contínuas para a redução do volume de emissões. Para todos esses temas, temos metas estabelecidas na nossa Visão de Sustentabilidade 2050, cujo primeiro ciclo se encerra em 2020. A Visão serve como guia para transformar a Natura em uma empresa geradora de impacto positivo.

UMA COMBINAÇÃO TRANSFORMADORA

Além de nossa atuação multinacional com a marca Natura, demos um passo decisivo para nos tornar um grupo global de cosmética, multimarca, multicanal e movido por propósitos, com a aquisição, em setembro de 2017, da The Body Shop.

Em seguida, apresenta dados que relatam o desempenho da empresa em cada uma das etapas de sua cadeia de valor (ou cadeia de suprimentos). Note a preocupação explícita em reportar medidas quanto às pessoas envolvidas no processo (distribuição de riqueza, índices de satisfação) e ao planeta (efeito estufa), no seu relatório anual, um documento que tradicionalmente se concentra nos resultados financeiros das empresas. Note também que o relatório de desempenho 3BL não se restringe às operações internas da empresa, mas se estende para trás e para frente na sua cadeia de suprimentos. Evidentemente, os resultados financeiros também são reportados, mas aparecem em último lugar no relatório de 2017 (e traz resultados econômico/financeiros muito bons, ou seja, não se trata de tentativa de subenfatizar aquela parte).

Os dados da tabela da Figura 11.5 constam do relatório anual da Natura de 2017:

Emissões na cadeia de valor (t)	2015	2016	2017
Extração e transporte de matérias-primas e embalagens (proceso e transporte até fornecedores diretos)	127.788	122.337	119.101
Fornecedores diretos (processo e transporte à Natura)	31.731	30.378	29.574
Processos industriais e internos	18.557	15.633	16.754
Venda de produtos (transporte e distribuição)	66.749	63.465	62.751
Uso de produtos e descarte de embalagens	76.442	71.611	79.868
Total geral	321.267	303.424	308.048

Figura 11.5 Emissões na cadeia da Natura Cosméticos.

PARA PENSAR

1. Por que você acha que uma empresa como a Natura adota a lógica 3BL em seu relatório anual?

2. Depois de responder à pergunta 1, baixe o relatório anual da empresa e procure identificar no documento os motivos dados pela empresa para a adoção da lógica 3BL. A justificativa encontrada coincide com sua resposta à questão 1? Comente.

Fonte: Relatório Anual de Resultados da Natura de 2017. Disponível em: https://natu.infoinvest.com.br/ptb/6628/Relatorio%20anual%202017%20-%20port.pdf. Acesso em: 8 ago. 2018.

11.2.5 Tipos de ciclo fechado em cadeias de suprimentos

Segundo Flapper *et al.* (2005), há vários tipos de cadeias de ciclo fechado, na prática, referentes às várias fases da cadeia de suprimentos: produção, distribuição, uso e fim de vida do produto. As empresas, quando definem suas cadeias globais de suprimentos devem decidir em quais fases vão "fechar ciclos".

Ciclos fechados na fase de produção

Três grupos principais de cadeias de ciclo fechado podem ser identificados em relação à fase de produção (que inclui a produção de componentes, semiacabados e produtos acabados):

- *Materiais produtivos obsoletos e consumíveis* (por exemplo, óleo lubrificante usado em processos), paletes e contêineres de transporte interno em fim de vida útil, entre outros, que podem ser reprocessados, reparados ou reciclados.
- *Refugo de produção*, como materiais e componentes que não possam ser localmente utilizados, como refis e sobras de processos de corte de chapas, papel, tecido e outros.

- *Produtos defeituosos* que não atendem a padrões correntes de qualidade. Alguns podem ser reprocessados e recuperados para uso similar ou diferente daquele inicialmente pretendido e vendidos como produtos de segunda qualidade.

Ciclos fechados na fase de distribuição

- *Devoluções ou retornos comerciais*, que são produtos vendidos com uma opção de devolução ao cliente. Nos Estados Unidos, por exemplo (diferentemente de outras regiões do globo), a maioria dos varejistas tem políticas de aceitar devoluções de produtos sem fazer perguntas, o que leva os percentuais de produtos devolvidos a serem substancialmente maiores que no Brasil ou na Europa. Para varejistas americanos como a Target ou Costco, chegam a ser retornados 6% dos produtos vendidos, enquanto na Europa esse percentual é de apenas cerca de 1%. Com o aumento das vendas de varejistas da internet, entretanto, as devoluções aumentaram muito em todas as regiões do mundo, chegando em algumas situações a atingir 50% (como na venda *on-line* de sapatos).
- *Entregas erradas*, com clientes devolvendo produtos porque foram entregues muito cedo, muito tarde, com defeito ou fora das especificações do pedido.
- *Recalls*, com produtos devolvidos quando defeitos reais ou potenciais são identificados pelo próprio fabricante e os clientes são solicitados a devolverem os produtos defeituosos para reposição ou reparo. Exemplos são brinquedos que possam colocar os pequenos usuários em risco, pneus, peças de carros etc.
- *Contêineres de distribuição*, como cartuchos de tinta para impressora, garrafas retornáveis de bebidas, entre outros, que são itens usados para facilitar a distribuição adequada dos produtos.
- *Produtos em final de leasing*, que são então devolvidos ao fabricante, como carros, copiadoras, máquinas operatrizes, aviões etc.

SAIBA MAIS

A política de devoluções do grande varejista americano Costco

O Costco (www.costco.com) é um dos gigantes do varejo norte-americano, com faturamento de 129 bilhões de dólares em 2017. Um dos principais concorrentes do Sam's Club, do Walmart, o Costco tem a seguinte política de devoluções para seus produtos, explícita em seu *website*:

"Nós garantimos sua satisfação com qualquer produto que vendemos e devolveremos o preço pago (sem perguntas), exceto:

- Eletrônicos: a Costco aceitará devoluções em até 90 dias (a partir do dia do recebimento do produto pelo cliente) de televisores, *displays*, projetores, eletrodomésticos grandes (refrigeradores, *freezers*, fogões, micro-ondas, lavadoras de pratos, lavadoras e secadoras de roupas), computadores, *tablets*, relógios inteligentes, câmeras, *drones*, *camcorders*, MP3 *players* e telefones celulares.

- Diamantes – 1,00 ct ou maior: membros, ao devolver um diamante maior que 1,00 ct, devem apresentar a documentação apropriada (certificados IGI/GIA) e receberão um memorando de crédito de joia. Em 48 horas, nosso especialista inspecionará a peça para autenticidade.

- Cigarro e bebidas alcoólicas: a Costco não aceita devoluções destes produtos em localidades onde são proibidas por lei.

- Produtos com vida útil limitada, como pneus e baterias, podem ser vendidos com uma garantia específica."

Figura 11.6 Fachada de uma loja Costco.

O processo de devolução em varejistas como o Costco é tão simples que o cliente nem mesmo precisa ter consigo o recibo de compra para efetuar a devolução. Se a compra foi feita por cartão de crédito, por exemplo, com o mesmo cartão em mãos, o funcionário encarregado localiza a compra no sistema de informação da loja e executa o reembolso usando o mesmo meio de pagamento da compra. Essa facilidade de devolução de produtos tem um efeito interessante nos consumidores que cedem mais facilmente ao impulso de comprar, por terem a certeza da facilidade de devolver em caso de arrependimento posterior. Esse fato é frequentemente usado pelos vendedores das lojas como arma de venda: "Leve, se não gostar é fácil devolver...". É claro que essa facilidade também tem lados negativos. Por exemplo, é notório o aumento de vendas de grandes televisores LED, de tela plana ou curva, nas vésperas de jogos importantes de futebol americano, como aqueles do chamado *Super Bowl*. Notório também é o aumento, mais do que proporcional, das devoluções de grandes televisores de tela plana ou curva, na segunda-feira seguinte ao *Super Bowl* para um reembolso total...

Questões para discussão

1. Quais situações de abuso por parte do consumidor uma política liberal de devoluções como a da Costco pode gerar?
2. Por que você imagina que a Costco restringe o tempo máximo (90 dias) após a compra para a devolução de certos itens?
3. Pesquise a política de devoluções de um grande varejista brasileiro na internet ou numa loja tradicional. Contraste e compare as políticas que você encontrou na sua pesquisa com a do Costco. Tente explicar as diferenças e similaridades e tire conclusões.

Fonte: Costco Customer Service. Disponível em: https://customerservice.costco.com/app/answers/detail/a_id/1191/~/what-is-costcos-return-policy%3F. Acesso em: 8 ago. 2018.

Ciclos fechados na fase de uso

- *Itens que deverão retornar aos seus próprios donos ao final do ciclo,* como itens que sofrem *recall* ou sob garantia, que são devolvidos, reparados e enviados de volta ao usuário.

Ciclos fechados na fase final de vida econômica

- *Produtos em final de vida útil* que são enviados de volta ao produtor ou distribuidor para que possam ser reprocessados e reutilizados (como no caso de copiadoras, por exemplo – veja o Estudo de caso 2, ao final deste capítulo) ou ter seus componentes e materiais reutilizados em outros produtos (como no caso de telefones celulares, pilhas, baterias, pneus, computadores e outros).

- *Embalagens em final de vida útil* que são enviadas de volta para reutilização ou reciclagem para uso como embalagem ou outros produtos. Hoje as garrafas PET, usadas para armazenar refrigerantes, água e outros líquidos, são recicladas não apenas para se transformarem em novas garrafas, mas também em jeans, camisetas e outros produtos.

SAIBA MAIS

Nokia e a reciclagem de telefones celulares

Um dos maiores fabricantes de telefones celulares do mundo, a Nokia (www.nokia.com) está à frente de uma disputada corrida pela reciclagem de equipamentos descartados. Poucos aparelhos eletrônicos se tornaram tão descartáveis quanto o telefone celular. Hoje, existem cerca de 6,8 bilhões de linhas de telefones celulares ativas – quase o equivalente à população do planeta. Em média, essa multidão troca o aparelho a cada dois anos. O descarte acelerado desses equipamentos representa um dos problemas ambientais mais graves da atualidade. Uma pesquisa da americana ReCellular (www.recellular.com), uma das maiores recicladoras de telefones celulares do mundo, mostra que mais de 150 milhões de aparelhos são descartados por ano, só nos Estados Unidos. Esse volume equivale, considerando o peso médio de 130 gramas por aparelho, a quase 20 mil toneladas de placas, circuitos, plásticos e baterias com substâncias tóxicas, além de metais pesados, como chumbo, lítio e cromo. Com a crescente pressão de ONGs e dos próprios consumidores, a capacidade de não deixar (ou pelo menos diminuir) essas pegadas no meio ambiente se tornou a mais nova base de competição entre as grandes fabricantes de celulares. Além de lançar o modelo mais fino, leve, colorido, funcional e inovador, essas empresas agora correm para criar os equipamentos mais verdes do mercado – que consomem menos energia e possuem menos materiais tóxicos e mais peças recicláveis.

Por trás dessa corrida existe uma mudança radical na maneira como as empresas pensam e estruturam seu negócio – desde a concepção dos produtos até a criação de novos caminhos para trazê-los de volta, com logística reversa. A pioneira nesse campo é a finlandesa Nokia, maior fabricante de celulares do mundo, com vendas de 27 bilhões de dólares em 2017. O pontapé inicial em seu programa de reciclagem aconteceu em 1995, com uma então tímida iniciativa de coletar aparelhos em lojas de assistência técnica – antes mesmo que existisse uma legislação a esse respeito. (A fabricante de celulares americana Motorola, por exemplo, iniciou a coleta de aparelhos usados em 2004.) Hoje, até 80% de um telefone celular Nokia pode ser reciclado, 15 pontos percentuais acima da atual norma da União Europeia, a mais rigorosa do mundo. A empresa estima que é responsável pela coleta de 2% dos telefones celulares de todas as marcas descartados anualmente – algo como cinco milhões de aparelhos (parte do material reciclado é reaproveitada pela própria empresa e o restante é vendido a terceiros). [...]

Uma das etapas mais críticas para fazer a estratégia verde dar certo é uma preocupação absolutamente inédita para essas fabricantes – convencer os consumidores a devolver os aparelhos em vez de simplesmente colocá-los na gaveta ou jogá-los no lixo. [...] A Nokia não divulga o investimento para estimular o retorno de aparelhos, mas hoje realiza campanhas em países da Europa, da América do Norte e da Ásia (principalmente China, Índia e Paquistão). Mais recentemente, a companhia intensificou a atenção aos países asiáticos, uma das regiões do mundo onde o consumo de aparelhos mais cresce. Uma de suas primeiras campanhas na região foi lançada em dezembro de 2005, na China, em parceria com a Motorola e a China Mobile, maior operadora do mundo, com 360 milhões de clientes. Cada aparelho devolvido à operadora dava direito a minutos de ligações e créditos para envio de mensagens por celular. Só nos dois primeiros meses, mais de 30 mil celulares foram recolhidos e, no ano seguinte, a parceria foi ampliada para incluir Panasonic, NEC e fabricantes chineses. [...]

A ampla cadeia de distribuição e assistência técnica da Nokia, com mais de quatro mil lojas em todos os 85 países em que atua, é um trunfo para ampliar a escala da coleta, mas ao mesmo tempo a torna mais complexa. (Para aumentar ainda mais o escopo de sua coleta e reduzir os custos da logística reversa, a Nokia não faz restrição de marca para receber aparelhos usados, ao contrário de suas concorrentes.) Tão difícil quanto fazer o consumidor entregar seu celular usado para reciclagem é garantir que os postos de coleta de aparelhos operem de maneira eficiente. Essa é também a parte mais cara de todo o processo. Estima-se, por exemplo, que as empresas instaladas nos países da União Europeia invistam até 600 milhões de euros por ano na coleta de equipamentos. A Nokia teve de repensar alguns dos aspectos mais relevantes de seu negócio para montar seu programa de reciclagem de aparelhos.

Entre 65% e 80% das peças dos celulares da Nokia podem ser recicladas hoje, um percentual que varia de acordo com o modelo. Há duas décadas, apenas um terço das peças era reciclado. O material também pode ser reaproveitado em outras indústrias. Os metais não reciclados na própria cadeia de telefones celulares, por exemplo, viram joias e material de construção.

Assista ao vídeo com a desmontagem e separação de materiais do iPhone feita pelo robô Liam:

uqr.to/fdh6

Fonte: https://www.youtube.com/watch?v=AYshVbcEmUc
Acesso em: 4 jul. 2019

Questão para discussão

1. Por que você acha que a Nokia se interessou por recolher e reciclar também produtos de suas concorrentes?

Fonte: Baseado em matéria publicada na revista *Exame*, de autoria de Ursula Alonso Manso, em 20 de março de 2008.

SAIBA MAIS

A Coca-Cola investe na reciclagem de garrafas plásticas

Figura 11.7 Pilha de garrafas PET preparadas para reciclagem.

Uma pesquisa realizada recentemente pela consultoria inglesa International Business Report (IBR) chegou a uma conclusão surpreendente. Após entrevistar 7.200 empresas de 36 países (no Brasil foram 150), o estudo demonstrou que os empresários ficariam divididos se tivessem de escolher entre preservar o meio ambiente ou manter a rentabilidade de seus negócios. De acordo com o trabalho, 51% dos executivos afirmaram que adotariam práticas ecologicamente corretas, mesmo se isso afetasse os lucros. No Brasil, 43% disseram que colocariam a temática verde à frente do desempenho financeiro de suas companhias. O levantamento é um retrato preciso da importância que a sustentabilidade ganhou nos últimos anos. Nesse campo, nenhum tema tem preocupado tanto as grandes corporações quanto a reciclagem. É fácil de entender. A reutilização de materiais diminui o acúmulo de dejetos, poupa a natureza da extração de seus recursos e ajuda a reduzir a poluição da água, do ar e do solo. No Brasil, a Coca-Cola, por exemplo, investe por ano R$ 1,5 milhão em programas de reciclagem realizados em 21 estados brasileiros.

Por meio do Instituto Coca-Cola, a maior companhia de refrigerantes do mundo mantém parceria com mais de 70 cooperativas que realizam o trabalho de coleta e preparação de materiais que serão reutilizados pela indústria. O executivo responsável afirma que o foco do programa é o benefício social que ele pode gerar: a Coca-Cola incentiva a criação das cooperativas, ajuda na capacitação dos trabalhadores e doa materiais, desde roupas, equipamentos de segurança e esteiras industriais até caminhões para o transporte dos produtos. "Nosso interesse é ajudar quem tem pouca ou nenhuma formação e capacitar esses trabalhadores", diz o executivo. O valor captado pelas cooperativas não é repassado para a empresa, nem em forma de desconto na compra de matéria-prima. "O programa atua na integração da sociedade, diminuindo riscos sociais, melhorando condições de vida e criando futuros consumidores", afirma. Evânia Roque de Almeida, 37 anos, é exemplo disso. Antes de ser contratada como ajudante da Rio Coop 2000, cooperativa localizada no Rio de Janeiro e que tem o apoio da Coca-Cola Brasil, era catadora em um depósito de lixo. "Na cooperativa, tenho renda maior e não enfrento o perigo e a falta de higiene do trabalho anterior", diz Evânia. A Coca-Cola é uma das maiores usuárias do mundo de garrafas PET. Embora sejam práticas e seguras no manuseio, ao contrário das antigas embalagens de vidro, elas cobram um preço ambiental. Sua decomposição pode levar centenas de anos. Iniciativas como as realizadas pela Coca-Cola são vitais, portanto, para a preservação da natureza. O Brasil é um dos campeões mundiais em reciclagem. O índice brasileiro é duas vezes maior que o dos Estados Unidos.

Fonte: Baseado em matéria publicada na revista *Isto É Dinheiro*, por Larissa Domingos, em 12 de junho de 2009.

Questão para discussão

1. Por que você acha que o Brasil tem índices de reciclagens de garrafas PET (56%) e de latas de alumínio (quase 99%) tão altos, mesmo comparado a países mais desenvolvidos, como EUA, Inglaterra e Itália?

11.2.6 Aspectos gerenciais das cadeias de suprimentos de ciclo fechado

Segundo Flapper *et al.* (2005), aspectos gerenciais deveriam ser levados em conta nas decisões de fechar ou não o ciclo de certa etapa da cadeia de suprimentos, como a motivação empresarial de fazê-lo, os aspectos técnicos e operacionais envolvidos.

Motivação empresarial

O primeiro aspecto a considerar é o *porquê* de fechar o ciclo. Conforme já discutido, há várias possíveis motivações, em geral se encaixando em um dos três grandes rótulos: Lucro, Pessoas e Planeta. A compreensão dos motivos que levam a empresa a querer (ou ser forçada a) fechar seus ciclos norteará as formas com que ela executará essas atividades.

- *Lucro*: fechar o ciclo da cadeia de suprimentos pode reduzir custos (por exemplo, o custo de energia de produzir alumínio a partir de alumínio reciclado é uma fração (em torno de 4%) daquele de produzir a partir da bauxita) e pode facilitar o acesso a determinados mercados. Por exemplo, empresas podem decidir ceder produtos dentro de contratos de *leasing* para clientes (incluindo o retorno ao final do contrato) que de outra forma não adquiririam o produto, ou podem incentivar a prática de devoluções facilitadas de produtos a fim de melhorar as vendas por impulso. Empresas podem ainda se engajar em iniciativas de reciclagem de produtos ou suas embalagens para exibir uma imagem de ecologicamente consciente, ganhando prestígio junto a mercados que valorizam essas preocupações. Ciclos eficientemente fechados também podem ser importantes para a imagem de empresas que com certa frequência estão envolvidas com *recall* de produtos.

PARA REFLETIR
Assista ao TED Talk em que Ray Anderson, fundador e ex-CEO da InterfaceFLOR, descreve o racional econômico por trás dos esforços de sustentabilidade de sua empresa.

uqr.to/fdh7
Fonte: http://www.ted.com/talks/ray_anderson_on_the_business_logic_of_sustainability
Acesso em: 4 jul. 2019

- *Motivação quanto a pessoas*: os mercados consumidores estão ganhando força, apoiados por legislações de proteção ao consumidor. Em muitos países, incluindo o Brasil, as empresas são obrigadas a aceitar devoluções de produtos, sob certas condições, dentro de certo período após a compra. Há também uma crescente preocupação de empresas para melhorar seus ciclos fechados quando estes se destinam a reciclar materiais perigosos ou insalubres. Grande parte dos computadores em final de vida nos Estados Unidos é enviado em grandes quantidades para regiões pobres na Índia e China, onde pequenas empresas utilizam mão de obra desqualificada local para recuperar metais valiosos como o ouro e o cobre, usados em pequenas quantidades nos circuitos de aparelhos eletrônicos. Ocorre que essas operações envolvem o uso de ácidos potencialmente prejudiciais à saúde das pessoas que executam essas operações se não forem tomados os cuidados devidos. ONGs – visite por exemplo o *site* da Silicon Valley Toxics Coalition (www.svtc.org), especialmente preocupada com o descarte de materiais tóxicos no ambiente, sobretudo vindos de produtos eletrônicos descartados – têm tido um importante papel para que as empresas tenham maior responsabilização sobre as formas como os ciclos são fechados, para que as pessoas envolvidas não sofram as consequências.

PARA REFLETIR
Assista ao vídeo a seguir para mais informações sobre esse tópico.

Fonte:
Acesso em: 8 jul. 2019
uqr.to/fdh8

- *Motivação ecológica*: é também crescente o número de países que têm estabelecido legislações forçando empresas a fecharem ciclos em suas cadeias de suprimentos em razão da rápida exaustão da capacidade de o meio ambiente absorver os descartes ou de prover os insumos dos processos envolvidos com as cadeias de suprimentos. Hoje na Europa as empresas montadoras de veículos têm grande parte da responsabilidade por dar destinação aos carros descartados ao final da sua vida útil. O mesmo ocorre com pneus e baterias, potencialmente prejudiciais ao meio ambiente se não reciclados e descartados de forma imprópria. Não apenas a legislação atua no sentido de pressionar empresas a fecharem ciclos com vistas a melhorar as condições ecológicas do planeta; também ONGs como o Greenpeace (www.greenpeace.org) têm conseguido exercer grande influência na tomada de decisão de empresas de fechar ciclos em suas cadeias de suprimentos.

PARA REFLETIR
Assista ao TEDx Talk em que Ted Radzinski, presidente da Sustainable Solutions Corporation, fala sobre o impacto de "fechar o ciclo" para o planeta.

uqr.to/fdh9
Fonte: https://www.youtube.com/watch?v=T11N0KmTh7E
Acesso em: 4 jul. 2019

Aspectos técnicos do fechamento dos ciclos

Dependendo de onde na cadeia de suprimentos se dá o fechamento dos ciclos, há vários aspectos técnicos a considerar. Por exemplo, quais os critérios técnicos para aceitar a devolução de um produto? Como definir "sem uso" ou "em boas condições" técnica e objetivamente? Como, a partir do recebimento do produto, decidir o que fazer com ele? Possivelmente, a loja que recebe a devolução pode colocar o produto diretamente na gôndola de novo, ou apenas limpá-lo e reembalá-lo, ou pode ser necessário algum trabalho de reparo e revisão.

Quais as condições adequadas de transporte do produto retornado? Se necessário reparo, como identificar as condições de uso segundo as quais o produto foi utilizado? Quais as exigências legais e técnicas para o reparo (como, por exemplo, a possível necessidade de lidar com materiais perigosos, como CFC)? Qual a composição exata do produto devolvido em particular? Há disponível o desenho do projeto? Há disponível a lista de componentes usados no lote deste produto? Há restrições sobre o uso de determinadas peças novas de reposição com as peças antigas deste particular produto? Para quais usos o produto recuperado se prestará? Qual arranjo físico será usado nas operações de triagem e reprocessamento? Qual configuração terá a cadeia de suprimentos reversa? Mais centralizada ou mais descentralizada?

Aspectos operacionais do fechamento dos ciclos

Aqui pode ser aplicada uma lógica similar àquela usada para decidir sobre centralização *versus* descentralização da estrutura logística, discutida no Capítulo 10.

Naquela discussão, o aspecto mais relevante da decisão dizia respeito ao compromisso (*trade-off*) que há nesta decisão, entre eficiência e tempo de resposta.

Em fluxos diretos na cadeia de suprimentos, estruturas logísticas mais centralizadas favorecem mais as economias de escala, portanto, a eficiência e as estruturas mais descentralizadas favorecem mais os tempos rápidos de resposta ao cliente.

Como esclarecem Blackburn *et al.* (2004), entretanto, nos fluxos reversos, é necessário enfatizar outras variáveis na hora de decidir sobre a estrutura logística mais adequada e estas são referentes ao valor dos produtos retornados no tempo (VPRT).

Isso porque, em certas situações, principalmente em devoluções comerciais, as empresas têm fluxos reversos com grande *valor* envolvido, e esse valor pode se perder a taxas muito altas, por alguns motivos, discutidos a seguir.

Perda e recuperação de valor em devoluções comerciais

O primeiro motivo é que um produto qualquer, quando devolvido, perde valor *sempre*. O ideal, evidentemente, do ponto de vista de valor gerado para a organização, é que não houvesse qualquer devolução e o lucro com a venda do produto em fluxo direto, pela primeira vez, fosse o faturamento com o produto menos os custos do fluxo direto.

Quando, entretanto, um produto é devolvido, duas coisas ocorrem: por um lado, agregam-se os custos referentes aos fluxos reversos. Por outro lado, muitas vezes, os produtos devolvidos, quando recomercializados, terão seu faturamento reduzido (com descontos por ter passado por reprocessamento e, portanto, não ser um produto "novo"). Blackburn *at al.* (2004) usam o esquema da Figura 11.8 para ilustrar quantitativamente as perdas sofridas em fluxos reversos.

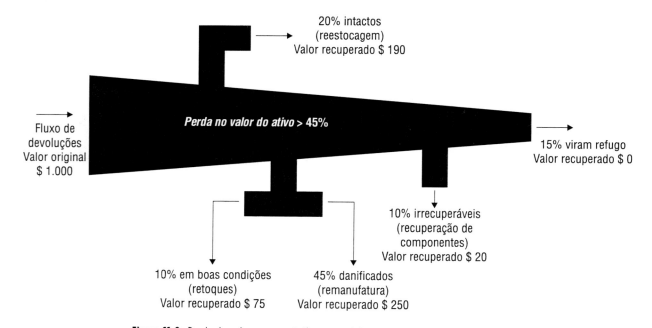

Figura 11.8 Perda de valor representativa em cadeias reversas em retornos comerciais.

Observe que, na ilustração (que é representativa), quase 50% do valor global das devoluções é perdido no processo reverso. Isso passa uma mensagem clara para as organizações, que é a de, sempre que possível, prevenir a ocorrência de devoluções, satisfazendo o cliente logo da primeira vez.

> **FIQUE ATENTO**
> Se for possível tomar ações preventivas para diminuir o fluxo de devoluções, atacando suas causas evitáveis, essa é uma opção preferível, do ponto de vista de geração de valor para a empresa, a lidar com as devoluções depois que elas ocorrem.

Causas evitáveis de devoluções comerciais

Alguns exemplos de causas evitáveis de devoluções são:

- *defeitos ou danos no produto* (*hardware* ou *software*) causados nos processos produtivos ou nos processos de distribuição;
- *cliente com informações insuficientes a respeito da especificação técnica e desempenho do produto* faz a devolução porque o produto não consegue atender suas necessidades;
- *cliente com informação insuficiente sobre como instalar o produto* faz a devolução porque não se vê capacitado a fazer o produto operar ou porque danificou o produto na tentativa de instalá-lo; ou
- *cliente com informação insuficiente sobre o uso do produto* faz a devolução porque, não sabendo utilizá-lo, não consegue ter sua necessidade atendida.

Muitas das causas listadas podem ser evitadas por um processo mais eficiente de comunicação e ajuste de expectativas do cliente, pelo uso de embalagens mais bem desenhadas e vendedores varejistas mais bem preparados com incentivos mais bem alinhados. Se o vendedor é premiado por fazer a venda, mas não sofre qualquer consequência se o produto for posteriormente devolvido, sentir-se-á motivado a inflacionar a expectativa do cliente sobre o produto para fechar a venda, mesmo sabendo ser a devolução uma possibilidade provável de ocorrer no futuro.

Perda de valor no tempo de produtos devolvidos

Por causas evitáveis ou não, uma vez que as devoluções ocorrem, as cadeias de suprimentos têm de lidar com elas. As perdas que acontecem apenas pelo fato de o cliente ter devolvido um produto são substanciais.

> **FIQUE ATENTO**
> A perda de valor no tempo de um produto devolvido pode ser mais ou menos acentuada por dois fatores: o tempo que leva para os processos e ciclos reversos acontecerem e a taxa segundo a qual o produto retornado perde valor por questões de obsolescência.

A Figura 11.9 ilustra o ponto.

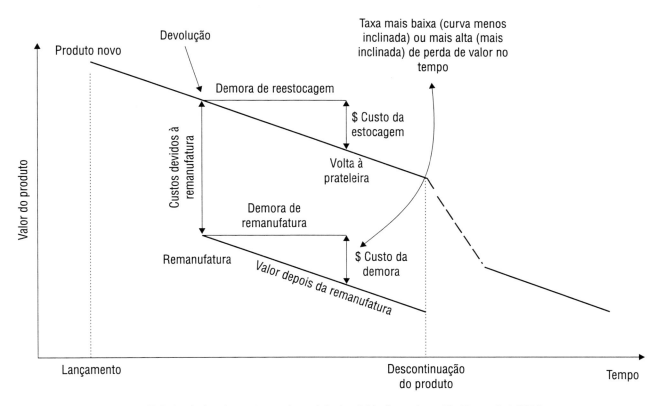

Figura 11.9 Perda de valor no tempo do produto devolvido (baseada em Blackburn *et al.*, 2004).

Acompanhe na Figura 11.9. Em geral, imediatamente depois do lançamento do produto, ele começa a perder valor em razão da obsolescência e o natural fluxo de novos produtos mais avançados tecnologicamente que chegam ao mercado.

Por exemplo, alguns analistas consideram que um computador, hoje, com a taxa de inovação tecnológica corrente, chega a perder 1% do seu valor por semana.

Isso é representado na Figura 11.9 pela curva superior, que tem declividade negativa (valor diminui ao longo do tempo).

A declividade (inclinação) da curva dá uma ideia da velocidade com a qual o produto em questão perde valor no tempo. Curvas com alta declividade representam uma perda rápida de valor no tempo, enquanto curvas menos inclinadas representam produtos que perdem menos valor no tempo.

11.2.7 Configuração logística de cadeias reversas

Em geral, curvas mais inclinadas ocorrem para produtos que têm tecnologia com alta rapidez de evolução, ciclos curtos de vida, alguma disponibilidade de ofertas concorrentes, entre outros. Note que muitas destas características são associadas aos produtos *inovadores*, discutidos no Capítulo 2, e que, em cadeias diretas, requeriam cadeias de suprimentos de *resposta rápida* para terem sucesso no mercado.

Por outro lado, curvas menos inclinadas representam produtos que perdem valor menos rapidamente no tempo, muitas vezes porque a tecnologia envolvida é mais estável, os mercados são mais maduros e os ciclos de vida são mais longos. Novamente, note que muitas destas características são associadas aos produtos *funcionais*, discutidos no Capítulo 2, e que, em cadeias diretas, requeriam cadeias de suprimentos *eficientes* para terem sucesso no mercado.

No Capítulo 10, essas classificações foram retomadas, quando se discutiu que, mantidas as outras características constantes, cadeias de suprimentos de *resposta rápida* seriam favorecidas por estruturas logísticas mais *descentralizadas*, enquanto as cadeias de suprimentos *eficientes* seriam mais favorecidas por estruturas logísticas mais *centralizadas*.

Quando um produto é devolvido e tem de ser remanufaturado, há perda de valor para a organização (já discutida), o que é característica de qualquer produto que passe por reprocessamento (há mais custos envolvidos e o preço muitas vezes tem de ser descontado para a revenda).

Essa perda é representada pelo "degrau" de perda de valor marcado no gráfico da Figura 11.9 como "Custos devidos à remanufatura".

Além disso, entretanto, há as perdas de valor do produto devolvido por obsolescência, ao longo do tempo.

Note que a nova curva, mais baixa, do produto que passa por remanufatura também continua tendo, a partir do ponto em que começa o processo, uma declividade negativa, ou seja, o produto continua perdendo valor durante o tempo (*lead time*) que leva para passar por todo o processo de remanufatura (desde que é devolvido no ponto de varejo até que volte a ser colocado disponível para venda novamente).

A conclusão é clara: quanto mais ágil é o processo de reprocessamento do produto devolvido, menos valor ele perderá no tempo, porque a curva de declividade negativa agirá, reduzindo o valor do produto, por menos tempo.

Isso se aplica a qualquer produto devolvido. Entretanto, para produtos com altas taxas de perda de valor no tempo (com curvas muito inclinadas), a perda de valor por demoras no reprocessamento é muito mais severa. Cadeias reversas mais ágeis podem ter uma estrutura de custo mais alto (aumentando o "degrau" de reprocessamento), mas o custo da demora, para produtos que perdem muito valor no tempo, é geralmente ainda mais relevante.

Por outro lado, para produtos que perdem pouco valor no tempo, o fator tempo de demora não é tão severo e, portanto, pode valer a pena usar cadeias mais eficientes (mesmo que as demoras sejam maiores), de forma que o "degrau" de perda por manufatura seja menor (já que aqui o custo mais relevante não é o de perda de valor por obsolescência, mas o custo do "degrau" que ocorre sempre que há devolução).

> **⚠ FIQUE ATENTO**
> *Agilidade* nos ciclos fechados de devoluções comerciais é essencial para produtos que sofrem grande perda de valor no tempo; *eficiência* nos ciclos fechados de devoluções comerciais é essencial para produtos que não sofrem grande perda de valor no tempo.

Mas quais decisões envolvidas no projeto e gestão de cadeias reversas de suprimentos influenciam na *agilidade* e na *eficiência* destas cadeias? Uma delas é a decisão de centralização ou descentralização.

Centralização e descentralização

Segundo Blackburn *et al.* (2004), o ponto crucial a ser *centralizado* ou *descentralizado*, se há o intuito de aumentar o nível de *eficiência* ou de capacidade de resposta rápida (*agilidade*) de cadeias reversas para devoluções comerciais é aquele em que acontece a atividade de avaliação e teste do produto devolvido (para que se decida qual opção de reprocessamento adotar para o produto).

A Figura 11.10 traz um exemplo das várias opções de reprocessamento para um produto comercial devolvido.

Opção	Operação subsequente
Reúso direto	Reestocagem direta
Retoque/ reembalagem	Limpeza, refechamento
Reparo leve	Restauração do produto para ficar funcional novamente, troca ou conserto de componentes
Reparo com troca de módulos	Troca de módulos inteiros, possivelmente por versões mais avançadas ou melhoradas
Remanufatura	Manufatura de produto novo a partir do produto devolvido
Canibalização	Alguns componentes e módulos reutilizados em outros produtos; outros refugados
Refugo	Destruição, seleção, reciclagem, disposição

Figura 11.10 Opções sobre o que fazer com um produto comercial devolvido.

Cadeias reversas centralizadas

Quando se centraliza a operação de avaliação e teste do produto devolvido, a ênfase é na eficiência da logística reversa, por intermédio da obtenção de economias de escala, tanto no processamento quanto no transporte reverso. Todos os produtos devolvidos são enviados para uma unidade central de triagem para que lá seja identificada sua condição e determinado o que fazer a partir daí. Para minimizar custos, esses produtos são despachados em volumes maiores, mesmo que isso signifique que o ponto de varejo que recebeu a devolução espere mais para enviar uma quantidade mais consolidada de produtos devolvidos ao longo de um período. Depois desta etapa, os produtos, sempre em grandes volumes, são direcionados para as várias opções de operações posteriores (veja a Figura 11.10) realizadas em unidades de reprocessamento também centralizadas para economias de escala. Muitas empresas utilizam centrais de reprocessamento em países de mão de obra mais barata, como a Índia, para maior economia, mesmo que os tempos de transportes sejam mais longos.

Cadeias reversas descentralizadas

Conforme visto, o modelo centralizado favorece a eficiência, mas pode prejudicar a agilidade. O modelo *descentralizado* é o oposto. O diagnóstico rápido sobre a condição do produto, sua triagem e encaminhamento rápido para as diversas opções de operações posteriores tem grande vantagem em rapidez, mesmo que prejudicando a eficiência. Em modelos descentralizados, a primeira triagem às vezes é feita no próprio ponto de varejo que recebeu a devolução. Para rapidez, por exemplo, lotes menores de transporte são usados, processados por unidades operacionais menores, mais locais e mais rapidamente acessíveis. Mesmo que o ponto de varejo que recebeu o produto devolvido não tenha equipamento ou capacitação para especificar com precisão qual o tipo de reparo necessário, se for capaz de triar as devoluções entre "Reúso direto", "Retoque", "Reparo/Remanufatura/Canibalização" e "Refugo", isso já aumentará em muito a agilidade, permitindo que uma grande percentagem de produtos volte à prateleira para venda antes que perca mais valor por obsolescência (por exemplo, as categorias "Reúso direto" e "Retoque" podem ser feitas no próprio ponto de varejo, desde que o pessoal seja adequadamente treinado e equipado para isso).

Quando usar cadeias reversas centralizadas e descentralizadas?

Blackburn *et al.* (2004) propõem a partir daí que há uma correspondência entre as opções de estrutura logística para cadeias reversas e a taxa segundo a qual o produto devolvido perde valor no tempo. Para produtos que perdem valor no tempo rapidamente, uma estrutura mais ágil (descentralizada) seria necessária, e para produtos que perdem valor mais lentamente no tempo, uma estrutura mais eficiente (centralizada) seria necessária. A Figura 11.11 ilustra a ideia.

Valem para as cadeias reversas as mesmas observações feitas nas análises de estruturas logísticas para cadeias diretas. As ineficiências de transporte da descentralização podem ser reduzidas por configurações mais eficientes de transporte, como, por exemplo, o uso de *milk run* e de operadores logísticos (ver Capítulo 10 para mais detalhes).

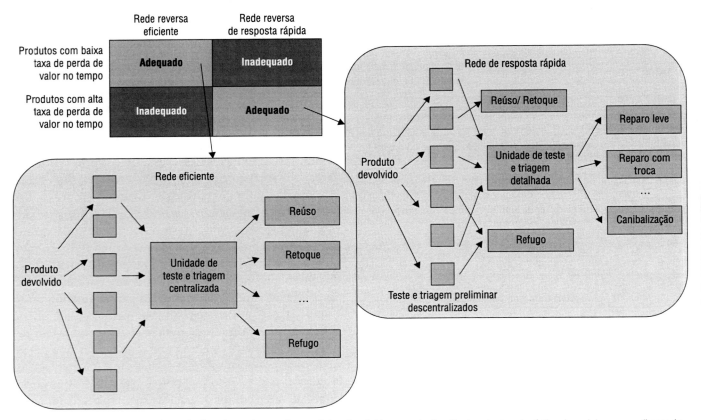

Figura 11.11 Relação entre taxa de perda de valor no tempo dos produtos devolvidos e centralização da estrutura logística da cadeia reversa (baseado em Blackburn *et al.*, 2004).

11.2.8 Aspectos de planejamento e controle em cadeias de ciclo fechado

Há particularidades nas cadeias reversas quanto ao planejamento e controle de operações. O principal diz respeito ao nível de incerteza referente aos insumos, ou seja, os fluxos que fluem de forma reversa.

Há situações mais bem estabelecidas, em que os volumes envolvidos são maiores e as fontes mais dispersas, como, por exemplo, no suprimento de papel, latas de alumínio e garrafas PET usadas, no Brasil, em que cooperativas de catadores elevaram o nível de profissionalismo e confiabilidade dos fluxos. Outro exemplo é o de empresas que executam programas mais bem desenvolvidos de coleta urbana seletiva.

Entretanto, em geral, os insumos dos fluxos de devoluções e reciclagem são menos previsíveis que os insumos de fluxos diretos. Essa incerteza pode ser referente às quantidades e aos momentos de disponibilidade ou à qualidade dos bens que retornam, como a composição do alumínio coletado, dos papéis, do aço ou das garrafas plásticas. Isso pode trazer a necessidade de processos mais flexíveis de reprocessamento, que possam se adaptar economicamente a diferentes quantidades e composições dos seus insumos.

Medidas de desempenho para cadeias de suprimentos sustentáveis e de ciclo fechado

No Capítulo 6 foram discutidos aspectos importantes da mensuração de desempenho e do alinhamento de incentivos em cadeias globais de suprimentos. As considerações feitas lá são válidas para a gestão de cadeias reversas de suprimentos, mas as ênfases dadas às diferentes medidas podem ser diferentes. Beaumon (1999) propõe uma lista de métricas relacionadas a cadeias de ciclo fechado e sustentabilidade que pode ajudar no desenho de sistemas de avaliação de desempenho. Veja a Figura 11.12.

Item	Medida de desempenho (ao longo do ciclo de vida)
Uso de recursos	Total de energia consumida
	Total de material consumido
Remanufatura/Reúso/Reciclagem	Tempo para recuperação do produto
	% de materiais recicláveis/reutilizáveis (volume ou peso) disponíveis ao fim da vida do produto
	% em volume ou peso do produto reciclado e reutilizado
	Pureza do material reciclado utilizado
	% de materias reciclados/reutilizados (volume ou peso) usados como insumo de manufatura
	% do produto descartado ou incinerado
	Fração das embalagens ou contêineres reciclados
	Taxa de recuperação de materiais[1]
	Taxa de recursos reciclados/produtos virgens
	Taxa de materiais reciclados/produtos potencialmente recicláveis
	Produtividade de materiais: saídas em termos econômicos/entradas em termos econômicos
Característica do produto	Vida útil de operação do produto
	Massa total de produtos produzidos
Emissões e efluentes	Total de materiais tóxicos ou perigosos utilizados
	Total de descarte tóxico ou perigoso gerado
	Geração de resíduos sólidos
	% dos produtos (peso ou volume) descartados em aterros sanitários
	Concentração de substâncias perigosas em produtos e coprodutos
	Estimativas de riscos de efeitos adversos em humanos e meio ambiente
	Taxa de descarte:[2] taxa de descartes por entradas
Economia/Emissões	Ecoeficiência:[3] adição do máximo valor com o mínimo uso de recursos e mínima geração de poluição

[1] Taxa de recuperação de materiais para o produto j é definido como: $1 - \dfrac{\sum_{i=1}^{n} S_{ij}}{N_j}$, em que S_{ij} é o número de unidades do item j refugadas no período i e N_j é o número total de itens j introduzidos no processo.

[2] Taxa de descarte é dada por $\dfrac{descarte}{produtos + coprodutos + descarte}$

[3] Ecoeficiência é dada por $\dfrac{valor}{uso\ de\ recursos + poluição}$

Figura 11.12 Medidas de desempenho relacionadas a cadeias de suprimentos de ciclo fechado e sustentabilidade.

11.3 ESTUDOS DE CASO

11.3.1 Estudo de caso I: Remanufatura na Xerox

A Xerox Europa é responsável por 25% do faturamento mundial da empresa com US$ 10,3 bilhões em vendas (2017), receitas com *leasing* e serviços. Serve a 600 mil clientes, tem uma base instalada de mais de 1,5 milhão de máquinas e faz mais de um milhão de entregas (de máquinas, peças e consumíveis) por ano.

Descarte zero

Em 1991, a Xerox corporativamente estabeleceu a meta de se tornar uma empresa com descarte zero (ou seja, como objetivo, a Xerox pretende não gerar nenhum resíduo no ambiente). A organização menciona uma série de vantagens de ser uma empresa de descarte-zero: financeiras, de vantagem competitiva, atendimento a leis e regulamentações e atendimento aos requisitos dos clientes. Todos os produtos Xerox são obrigados, por política interna, a, no mínimo, atenderem aos requisitos do governo e aos requisitos internos da própria empresa quanto a padrões ambientais. Os padrões internos da Xerox são em geral mais exigentes que os padrões legais. O processo de recuperação de produtos acontece conforme mostrado a seguir.

Figura 11.13 Exemplo de uma copiadora/impressora Xerox.

Processo de recuperação de produtos

Produtos são coletados dos clientes da Xerox e retornados para uma das unidades centralizadas de tratamento de retornos. Estes são fluxos reversos do usuário final para a empresa, para descarte ou reutilização. Fluxos de remanufaturados fluem da Xerox para os clientes, portanto, são fluxos diretos. Os clientes de produtos remanufaturados podem não ser os mesmos clientes dos produtos novos. Unidades retornadas são inspecionadas e triadas em quatro categorias. Essas categorias representam alternativas para uso do produto retornado e são a base para as decisões de reutilização. A Figura 11.14 descreve as quatro categorias.

Categoria	Descrição	Alternativa de reúso
1	Muito bom	Reparo
2	Bom	Remanufatura
3	Bom	Canibalização
4	Para disposição	Reciclagem

Figura 11.14 Categorias de recuperação e opções de reúso.

- Produtos de categoria 1 são máquinas virtualmente sem uso, requerendo apenas serviço superficial.
- Produtos de categoria 2 estão em boas condições e requerem substituição de peças e componentes durante o processo de manufatura.
- Produtos de categoria 3 estão em boas condições, mas não economicamente adequadas para remanufatura. As peças então são retiradas da estrutura da máquina e entram no estoque de peças usadas. A classificação das máquinas nas categorias 2 e 3 é baseada, em parte, na demanda por máquinas remanufaturadas e nos níveis de estoques de peças usadas.
- Máquinas classificadas como categoria 4 são apenas adequadas economicamente para reciclagem.

A categorização é baseada em uma variedade de fatores, incluindo: a condição geral e a idade da máquina, a demanda por peças usadas e os estoques correntes de peças usadas. A Xerox desenvolveu um programa de "projeto para o ambiente (PPA)" que explicitamente considera, no estágio de projeto, todas as atividades logísticas necessárias para um produto operacional ser levado economicamente de volta para unidades da empresa e passar por atividades de "recuperação de ativos" ao final de sua vida econômica.

A base do programa de recuperação de ativos é o conceito de *operações de remanufatura de valor agregado*.

A empresa leva de volta todos os produtos (fotocopiadoras, impressoras comerciais e suprimentos) que vende ou cede por *leasing*.

A atual taxa de retorno de produtos é de 65%, em que taxa de retorno é medida como o número de unidades retornadas dividido pelo número de unidades vendidas num período.

A logística reversa da Xerox Europa inclui: transferência do equipamento Xerox do usuário final para os centros de distribuição regionais, teste e categorização de cada equipamento, reparo e remanufatura dos equipamentos e peças, reciclagem e eventual disposição.

Desmontagem e teste são dos mais importantes aspectos da operação de remanufatura. Aqui, há grande incerteza quanto ao número de operações que serão necessárias, à qualidade, aos processos de inspeção e reparo, assim como ao atendimento da demanda por peças sobressalentes. O processo de recuperação é suportado por três centros de reparo da Xerox na Europa.

Benefício financeiro e ambiental

Esse programa de recuperação de ativos resultou em economias de mais de US$ 75 milhões para a Xerox em 1999. A remanufatura de equipamentos e a reutilização de peças são componentes fundamentais da estratégia da Xerox de atingir suas metas de descarte zero.

Pela incorporação de conceitos como facilidade de desmontagem, durabilidade, reutilização e reciclagem no projeto dos produtos, a Xerox maximiza o potencial dos seus produtos e peças ao final da sua vida útil.

Hoje, 90% dos equipamentos projetados pela empresa são remanufaturáveis. A remanufatura de equipamentos, a reutilização de peças e a reciclagem de materiais desviaram mais de 80 mil toneladas de descarte de aterros sanitários só no ano de 1998.

O reúso de peças reduz o uso de matérias-primas virgens e o uso de energia necessária para processá-las. O benefício financeiro da remanufatura e reutilização de peças chega a centenas de milhões de dólares por ano.

Distribuição

Equipamentos restaurados e remanufaturados são distribuídos aos clientes via canais de distribuição tradicionais diretos da Xerox. Peças e componentes são distribuídos dentro de máquinas que contêm componentes reutilizados também usando canais diretos tradicionais. Peças usadas são distribuídas também via cadeia de suprimentos de serviço. A cadeia de serviços é responsável por atividades de manutenção e depende de um fluxo de partes remanufaturadas de qualidade.

Desafios

A maior barreira ao sucesso do programa de remanufatura e reutilização de peças da Xerox tem sido o entendimento equivocado entre os clientes de que os produtos feitos com peças recicladas são inferiores àqueles feitos a partir de peças novas. Os processos e tecnologias únicos da Xerox garantem que todos os produtos, independentemente do conteúdo de peças recicladas, atingem os mesmos padrões de especificação das peças novas quanto à qualidade, desempenho e confiabilidade. Isso é conseguido pela utilização de métodos como a chamada "análise de assinatura" – uma faixa aceitável para ruído, calor e vibração que as peças produzem quando em uso. Só as peças retornadas que têm *assinatura* compatível com a assinatura das peças novas são aprovadas para reutilização.

Previsões

A Xerox acompanha de perto os contratos de *leasing* dos clientes a fim de permitir melhor previsão dos retornos dos produtos.

Infelizmente, os produtos que retornam de contratos de *leasing* representam menos de 5% dos retornos. Consequentemente, a previsão dos retornos dos produtos é difícil e não tem muita acurácia.

O problema da inacurácia das previsões se manifesta em desbalanceamentos entre suprimentos e demanda. Compatibilizar taxas de demanda com as taxas de retorno de produtos é um desafio.

Marketing

O marketing para produtos remanufaturados é mais complexo, já que os potenciais clientes podem requerer um esforço substancial de educação e garantias para convencê-los a comprar produtos remanufaturados. Não se sabe muito sobre a possível canibalização de vendas de produtos novos por produtos remanufaturados e essa questão é sempre motivo de preocupação.

Qualidade dos retornos

A Xerox Europa reportou 116.308 fotocopiadoras retornadas em 1999. A qualidade destes retornos também é difícil de prever, porque não só esses equipamentos são complexos, mas as condições de uma máquina usada dependerão da intensidade e condições do seu uso e da sua idade. Pelo uso da categorização descrita anteriormente, a Xerox é capaz de determinar o melhor uso, do ponto de vista econômico, das máquinas retornadas. A inspeção, triagem e categorização das copiadoras envolve teste visual e eletromecânico. O uso da análise de assinatura auxilia o inspetor a determinar a possibilidade de reutilização dos componentes. Copiadoras são compostas de grande número de peças e componentes.

Intercambialidade de peças, padronização e plataformas

Embora a Xerox utilize, sempre que possível, componentes comuns, ainda não é possível ter a garantia de que peças de diferentes modelos sejam absolutamente intercambiáveis e substituíveis. Com o passar do tempo, as novas copiadoras digitais vão reduzir o número de peças e componentes, mas, no médio prazo, vão fazer aumentar o número de diferentes peças a testar e categorizar. A complexidade do processo de remanufatura é diretamente relacionada não apenas ao número de peças e componentes, mas também ao número de operações requeridas para que o produto retorne a suas condições especificadas de operação.

Remontagem sob encomenda

A Xerox Europa não remanufatura copiadoras para estoque e escolheu remontar as máquinas apenas contra pedido dos clientes. Produtos acabados em geral não são mantidos em estoque; a maioria do estoque é mantida no nível de componentes e partes. A empresa utiliza uma política de remontagem contra pedido, porque seus produtos são baseados em princípios de projeto modular. Isso facilita que a Xerox possa ser capaz de configurar produtos no estágio de remontagem de acordo com as necessidades e preferências dos clientes. A empresa também tem um programa requerendo que os projetistas considerem as consequências de suas escolhas de projeto na recuperação dos produtos ao final de sua vida útil.

Os gestores em ambientes de remontagem sob encomenda também têm maior necessidade de informação, já que os produtos e os processos de teste e remanufatura são mais complicados que em ambientes de remontagem para estoque. Na remontagem por encomenda, há maior número de itens para rastrear, monitorar e controlar. À medida que produtos ficam mais antigos e modelos se tornam obsoletos, menos peças serão necessárias para atender necessidades de remanufatura e reutilização, mas, em paralelo, é neste período que o volume de retornos atinge seu pico, elevando os estoques.

Xerox e operações de remanufatura no Brasil

No início do ano de 2009, a Xerox Brasil tomou uma importante decisão envolvendo a sua unidade de Itatiaia (RJ), cidade que marcou o início das operações da empresa no Brasil. Decidiu retomar parte das atividades realizadas ali e recontratou parte dos ex-funcionários demitidos em 2001, quando a produção da unidade foi transferida para a Flextronics. A terceirização da produção faz parte de um acordo global da matriz para reduzir os seus custos. A Xerox Brasil, no entanto, analisando melhor o contrato, descobriu que o documento só se referia à produção, e não a outras operações realizadas na planta fluminense. Assim, reassumiu as funções de remanufatura, reciclagem e a operação do centro nacional de distribuição dos produtos da empresa; considerou que poderia executar atividades nessas áreas com mais eficiência. A remanufatura representa um terço do negócio da Xerox no Brasil. Além da reintegração à fábrica de Itatiaia, grande parte dos funcionários recontratados voltou para realizar os serviços de atendimento de suporte técnico e de manutenção, e outros tantos atendem grandes clientes dentro de instalações destes, apesar de serem contratados pela Xerox.

Depois da crise mundial que se abateu sobre a companhia em 2001, causada por erros contábeis no seu balanço, que lhe custou US$ 10 milhões, a Xerox quer reconquistar a confiança do mercado. A reintegração vertical é uma das suas estratégias para conseguir essa reconquista.

> **QUESTÕES PARA DISCUSSÃO**
>
> 1. Qual estrutura logística geral a cadeia reversa da Xerox Europa deveria ter? Justifique sua resposta.
> 2. Quais objetivos estratégicos, na sua opinião, levaram a Xerox a estabelecer o objetivo de se tornar uma empresa de descarte zero? Quais métricas você acha que a Xerox deveria usar para acompanhar seu desempenho quanto a esse objetivo?
> 3. O que você sugeriria à Xerox no sentido de tentar melhorar a sua acurácia de previsões?
> 4. Analise a decisão da Xerox de reintegrar verticalmente a operação de remanufatura no Brasil.

Baseado em Guide Jr. et al. (2003) e na matéria "Nova cor na Xerox", por Denise Ramiro, publicada pela revista *Isto É Dinheiro*, em 11 de outubro de 2006.

A seguir, um segundo caso sobre logística reversa.

11.3.2 Estudo de caso II: Cadeia de ciclo fechado na Hewlett Packard

O grupo de soluções em imagem e impressão (IPG) era uma das maiores divisões (representando 25% do total do grupo) de negócios da Hewlett Packard (HP), a gigante fornecedora de produtos e soluções em computadores e periféricos, baseada na Califórnia, nos Estados Unidos, com faturamento de US$ 52,2 bilhões em 2017 (crescimento de 9% sobre o ano anterior).

O IPG é a divisão responsável por produzir as impressoras, *scanners* e câmeras e tinha, nos Estados Unidos, em 1998, uma taxa de retorno (devoluções) de produtos de 6,6% em valor e 5,7% em unidades, seis vezes maior que os retornos do grupo em outras regiões do globo. Isso representou em torno de 50 mil unidades/mês retornando para a empresa a partir de pontos de varejo espalhados pelo país. Os retornos variavam conforme o canal de distribuição (por exemplo, chegavam a 10% em canais mais tolerantes em relação a devoluções, como os grandes varejistas americanos).

Os principais motivos por trás das devoluções são: superestoque de varejistas, expectativas do usuário final não atendidas e defeitos.

Figura 11.15 Edifício da HP no Vale do Silício, Califórnia.

Superestoque

Superestoque se refere a produtos despachados pela HP para os varejistas, e estes, depois de algum tempo, consideram pequena a probabilidade de vendê-los no futuro e os devolvem – por contrato, essas unidades podiam ser devolvidas pelo varejista para a HP.

A HP, então, creditava o valor correspondente ao varejista descontando uma taxa referente aos custos de processamento da devolução. Um estudo feito pela empresa sinalizou que, para evitar essa taxa de processamento da devolução, alguns varejistas abriam a embalagem e retornavam o produto alegando que haviam sido vendidos e devolvidos pelo usuário final (neste caso, a HP não cobrava pelo processamento).

Devoluções pelo usuário final

As principais razões alegadas para devoluções pelo usuário final eram:

- o produto não havia atendido às expectativas do usuário quanto à velocidade e/ou qualidade de impressão ou quanto à compatibilidade;
- o consumidor tinha conhecimento falho sobre as características do produto adquirido; e
- o comportamento do consumidor (arrependimento depois da compra, necessidade de uso por algum tempo – falso "aluguel" ou encontro de melhor preço em outro varejista). Vendedores exagerados, clientes desinformados e expectativas infladas eram fatores importantes aqui.

Defeituosos

Uma parcela (relativamente) pequena de produtos devolvidos tinham de fato um defeito.

A tabela da Figura 11.16 traz uma lista de motivos alegados para devolução de impressoras HP pelo usuário final em 1999.

Razão para o retorno	% dentro da categoria	Comentário
50% Defeituosos		
Instalação/Uso	55%	Cliente não sabia instalar ou usar
Defeito real	40%	Impressoras de fato defeituosas
Desculpa fácil	5%	Cliente achou conveniente alegar defeito
25% Desempenho		
Software	40%	Falha de sistema
Qualidade da impressão	30%	Qualidade da impressão pior que a esperada
Velocidade da impressão	30%	Impressão mais lenta que a esperada
15% Compatibilidade		
Embalagem	15%	Informação insuficiente sobre compatibilidade
Técnicas de venda	85%	Vendedor não informou adequadamente
10% Comportamento do cliente		
Melhor oferta	40%	Preço melhor em outro varejista
Arrependimento	30%	Cliente achou que o dinheiro não foi bem gasto
Falso "aluguel"	30%	Mau uso da política de devoluções

Figura 11.16 Motivos alegados para devolução de impressoras HP (1999).

À medida que os ciclos de vida das impressoras se tornavam menores (um fato no setor), surgiam demandas adicionais sobre os processos de devolução.

Desta forma, ao final do ciclo de vida dos produtos, a HP apresentava probabilidade decrescente de recuperar uma parcela de valor considerável com os retornos.

Além disso, devido à necessidade de a empresa garantir volumes mínimos para transporte eficiente dos produtos dos pontos de venda para seus centros de reprocessamento, os *lead times* de retorno eram longos.

A partir do cálculo dos custos envolvidos com os processos de devolução, a HP resolveu mudar a forma com que encarava as devoluções e retornos. Deixaria, daí em diante, de enxergar os processos de retorno como uma atividade cujo objetivo único era a minimização dos custos, e encarar os retornos como um negócio em si, em que o objetivo é duplo: *minimizar custos* e *maximizar o valor* recuperado dos produtos no ciclo fechado.

O processo atual

Todos os retornos eram enviados a um Depósito Central de Devoluções (DCD) localizado em Lincoln, na Califórnia, onde era feita uma inspeção visual nos produtos, o departamento financeiro era comunicado quanto ao crédito a ser feito ao varejista e, então, era feito o redirecionamento dos produtos triados para três destinos possíveis:

- para o centro (terceirizado) de Teste & Reprocessamento (T&R);
- para a unidade de outro fornecedor terceirizado de serviços encarregado de fazer reciclagem (essa unidade e a unidade de T&R eram localizadas junto ao DCD);
- para o Depósito de Redespachos (também terceirizado), dependendo da condição dos equipamentos. Havia três categorias de produtos na triagem: produtos obsoletos quando recebidos, produtos retornados na caixa fechada e produtos retornados com caixa aberta.

Obsoletos eram enviados para reciclagem, caixas abertas para T&R e caixas fechadas para redespacho.

As atividades executadas pela unidade de T&R eram: separação, teste, reparo (para problemas leves), remanufatura (para problemas mais sérios) ou canibalização (com peças sendo removidas e enviadas para o depósito de peças sobressalentes).

Os materiais não recuperáveis eram enviados para reciclagem ou descarte. Os *lead times* envolvidos desde a devolução de um produto pelo usuário até o produto recuperado estar novamente à venda no varejista podia variar de dois a quatro meses.

Os percentuais envolvidos nas devoluções eram: 15% caixas fechadas, 15% danos "cosméticos", 30% reparos simples, 20% reparos complexos, 5% canibalização e 15% reciclagem.

QUESTÕES PARA DISCUSSÃO

1. Analise a estrutura logística do processo de ciclo fechado atual da HP e a adequação para a nova intenção estratégica da empresa de aumentar a recuperação de valor dos produtos devolvidos. Se você considera a estrutura atual inadequada, que mudança sugeriria?

2. Pense na intenção estratégica da HP de agora visar a ambos: a minimização dos custos com devoluções e a maximização da recuperação de valor das devoluções que ocorrem. Estabeleça alterações de políticas e ações priorizadas que, na sua opinião, seriam necessárias para a empresa atingir seus objetivos.

Baseado no caso "Commercial returns of printers: the HP case", publicado em Flapper *et al.*, 2005.

11.4 RESUMO

- Muitos dos fluxos de logística reversa em cadeias de suprimentos são estabelecidos como parte do esforço de criar cadeias de suprimentos mais sustentáveis.
- Empresas em todo o mundo vêm se empenhando para dar um choque de ecoeficiência à sua gestão.
- *Desenvolvimento sustentável*, segundo a Comissão Mundial de Ambiente e Desenvolvimento (WCED, 1987), é desenvolvimento que atende as necessidades do presente sem comprometer a habilidade de as gerações futuras atenderem suas próprias necessidades.
- Tem ficado cada vez mais claro para a sociedade como um todo que lucro não deve ser o único elemento definidor de sucesso de empresas e economias; também importantes são o futuro das pessoas e do planeta. Essas preocupações são capturadas por medidas de desempenho organizacional mais abrangentes, como o *triple bottom line* (3BL).
- Os fluxos reversos de materiais em cadeias de suprimentos fluem contra a corrente dos fluxos diretos, da ponta do consumo para trás.
- Como fluxos reversos normalmente visam à reincorporação dos materiais ao sistema produtivo direto, para revenda, frequentemente esses sistemas são chamados de cadeias de suprimentos de "ciclo fechado".
- A prática da sustentabilidade gradativamente tem sido percebida como uma potencial fonte de vantagem competitiva estratégica.
- A pegada ecológica tem sido usada como indicador de sustentabilidade ambiental. É uma ferramenta que permite avaliar até que ponto o nosso impacto já ultrapassou o limite, ajudando-nos a perceber se vivemos de forma sustentável.
- Há três regras básicas para um entendimento biológico dos sistemas industriológicos:
    - uso de uma paleta parcimoniosa;
    - *cycle-up*;
    - exploração do poder das plataformas.
- Materiais nas cadeias de suprimentos podem ser classificados em:
    - matérias-primas/componentes;
    - coprodutos ou produtos secundários;
    - subprodutos;
    - produtos intermediários;
    - resíduos, emissões ou efluentes;
    - matéria-prima secundária.
- As matérias-primas podem ser classificadas como naturais, compostas, maciças metálicas e maciças não metálicas, podendo ser renováveis e não renováveis.
- A inclusão de práticas de sustentabilidade ambiental na gestão logística ainda ocorre de forma incipiente e, na maior parte das vezes, como resposta às exigências legais.
- Nos anos 1990, parcialmente em resposta a essa carência, foram desenvolvidos procedimentos de certificação internacional, como aqueles da série ISO 14000, que "abordam vários aspectos da gestão ambiental".
- Os Protocolos de Montreal (década de 1980) e de Kyoto (década de 1990) foram os precursores do estabelecimento de metas quanto a limites de emissões atmosféricas; metas de gestão foram então estabelecidas dentro das organizações tendo em vista a necessidade da redução das emissões atmosféricas dos Gases do Efeito Estufa (GEE).
- Acordo da Basileia teve impacto também nas políticas do comércio internacional, uma vez que a movimentação de resíduos perigosos passou a ser regulamentada em comum acordo entre alguns países signatários.
- O objetivo central do acordo da Basileia foi estabelecer limites para a migração de resíduos dos países desenvolvidos para os países em desenvolvimento.
- Há vários tipos de ciclo fechado em cadeias de suprimentos:
    - ciclos fechados na fase de produção;
    - ciclos fechados na fase de distribuição;
    - ciclos fechados na fase de uso;
    - ciclos fechados na fase de final de vida econômica.
- A compreensão dos motivos que levam a empresa a querer (ou ser forçada a) fechar seus ciclos norteará as formas com que ela executará essas atividades. Os motivos podem ser o lucro, as pessoas e o planeta.
- Se for possível tomar ações preventivas para diminuir o fluxo de devoluções, atacando suas causas evitáveis, essa é uma opção preferível, do ponto de vista de geração de valor para a empresa, a lidar com as devoluções depois que elas ocorrem.
- A perda de valor no tempo de um produto devolvido pode ser mais ou menos acentuada por dois fatores: o tempo que leva para os processos e ciclos reversos acontecerem e a taxa segundo a qual o produto retornado perde valor por questões de obsolescência.
- Agilidade nos ciclos fechados de devoluções comerciais é essencial para produtos que sofrem grande perda de valor no tempo; eficiência nos ciclos fechados de devoluções comerciais é essencial para produtos que não sofrem grande perda de valor no tempo.

11.5 EXERCÍCIOS

1. Quais os principais motivos que levam empresas a lançarem programas ligados ao objetivo de sustentabilidade?
2. Quais as vantagens e desvantagens de uma definição ampla de sustentabilidade como a do Relatório Bundtland?
3. Explique nas suas próprias palavras o que significa a "pegada" ambiental de uma cadeia de suprimentos. Em sua opinião, quais setores industriais mais deixam "pegadas ambientais"? Justifique.
4. Explique em suas palavras o que significa uma cadeia de suprimentos de ciclo fechado. Dê exemplos com os quais você é familiarizado.
5. Por que você acha que as políticas de devolução são tão diferentes nas várias regiões do planeta? Você acha que existe uma tendência de as políticas de devoluções de varejistas brasileiros gradualmente se tornarem liberais como as dos varejistas americanos? Justifique.
6. Logística reversa e cadeias de ciclo fechado são termos sinônimos? Esclareça essa frequente confusão feita em discussões sobre o tema.
7. Em quais fases das cadeias de suprimentos podem ser fechados ciclos? Exemplifique com casos da sua vivência pessoal situações em que ciclos foram fechados em diferentes fases de cadeias de suprimentos com as quais você interagiu.
8. Você já tentou devolver um produto adquirido pela internet? Descreva o processo do seu ponto de vista e analise os pontos fortes e fracos do processo da empresa com a qual você interagiu neste caso.
9. Quais as possíveis motivações que podem levar empresas a estabelecerem cadeias de suprimentos de ciclo fechado em partes da sua cadeia de suprimentos? Por que é importante que as empresas tenham seus motivos bem claros antes de disparar ações concretas?
10. Quais aspectos técnicos podem estar envolvidos no fechamento de ciclo de uma cadeia de suprimentos? Quais informações técnicas, por exemplo, precisam estar presentes quando uma impressora HP chega ao centro de reprocessamento?
11. Explique o conceito de "valor do produto retornado no tempo". Faça uma estimativa do valor perdido ao longo do tempo para os seguintes produtos:
    - telefone celular;
    - computador;
    - fotocopiadora;
    - torno convencional.
12. Qual é exatamente o valor percentual perdido no "funil" descrito na Figura 11.8? Você acha que esses números de perda de valor variam conforme o tipo de produto? Discuta.
13. O que são causas "evitáveis" e "inevitáveis" de devoluções? Dê exemplos.
14. Explique em suas palavras, como se estivesse explicando para um leigo, a Figura 11.9 e sua implicação para o assunto "tratamento de devoluções de produtos".
15. Explique em suas próprias palavras as relações entre cadeias de suprimentos de ciclo fechado de resposta rápida/eficientes e os produtos devolvidos que perdem valor vagarosamente/rapidamente.
16. Como se obtêm cadeias de suprimentos de resposta rápida? Descreva as características gerais de uma cadeia de suprimentos de *ciclo fechado* de resposta rápida (releia o Capítulo 2, se necessário), complementando com o que você aprendeu neste capítulo.
17. Como se obtêm cadeias de suprimentos eficientes? Descreva as características gerais de uma cadeia de suprimentos de *ciclo fechado* eficiente (releia o Capítulo 2, se necessário), complementando com o que você aprendeu neste capítulo.
18. Quais são as cinco principais lições que você tirou da leitura deste capítulo e das discussões destas 18 questões?

11.6 ATIVIDADES PARA SALA DE AULA

1. Com seu grupo, escolha três empresas, uma de cada setor: químico, de autopeças e de alimentos que tenham capital aberto (ações negociadas em bolsa). Visite os *sites* corporativos e localize os últimos relatórios anuais. Analise-os quanto ao uso da lógica 3BL. Compare as abordagens destas três empresas entre si e com o relatório da Natura. Tire conclusões sobre similaridades e contrastes.
2. Com seu grupo, compare e contraste as motivações por trás do estabelecimento de ciclos fechados nas cadeias de suprimentos da Nokia, da Coca-Cola (discutidas ao longo deste capítulo) e da Hewlett Packard (Estudo de Caso II, ao final deste capítulo).

11.7 REFERÊNCIAS

BEAUMON, B. Designing the Green Supply Chain. *Logistics Information Management.* v. 12, n. 4, p. 332-342. 1999.

BLACKBURN, J. D.; GUIDE JR, V. D. R.; SOUZA, G. C.; VAN WASSENHOVE. Reverse Supply Chain for Commercial Returns. *California Management Review.* v. 46, n. 2, Winter 2004.

BOWERSOX, D. J.; CLOSS, D. J. *Logistical Management.* Nova Iorque: McGraw-Hill International Editions, 1996.

BOWMAN, R. J. Green logistics. *Distribution*, v. 94, n. 6, p. 48-52, 1995.

ELKINGTON, J. *Cannibals with forks*: the triple bottom line of 21st century business. Oxford: Capstone, 1997.

FLAPPER, S. D. P.; VAN NUNEN, A. E. E.; VAN WASSENHOVE, L. N. *Managing Closed-Loop Supply Chains.* Spring 2005.

FRIEDMAN, T. L. *Hot, Flat and Crowded.* Nova Iorque, EUA: Farrar, Straus and Giroux, 2008.

GUIDE JR., V. D. R.; JAYARAMAN, V.; LINTON, J. D. Building Contingency Planning for Closed-Loop Supply Chains with Product Recovery. *Journal of Operations Management.* v. 21, p. 259-279, 2003.

INTERNATIONAL ORGANIZATION FOR STANDARDIZATION. ISO 14000 family - Environmental management. Disponível em: https://www.iso.org/iso-14001-environmental-management.html. Acesso em: 8 ago. 2018.

KLEINDORFER, P. R.; SINGHAL, K.; VAN WASSENHOVE, L. N. Sustainable Operations Management. *Production and Operations Management.* v. 14, n. 4, p. 482-492, 2005.

LINTON, J. D.; KLASSEN, R.; JAYARAMAN, V. Sustainable Supply Chains: an Introduction. *Journal of Operations Management.* v. 25, p. 1075-1082, 2007.

UNRUH, G. C. *The Biosphere Rules.* Harvard Business Review. February 2008.

WCED – World Comission on Environment and Development. *Our Common Future.* Oxford, Inglaterra: Oxford University Press, 1987.

11.8 LEITURAS ADICIONAIS RECOMENDADAS

DIAZ, A. F.; GIL, M. J. A.; TORRE, P. G. *Logística Inversa y Medio Ambiente: Aspectos Estratégicos e Operativos.* Madrid, Espanha: McGraw Hill, 2004.

FERGUSON, M. W.; SOUZA, G. C. *Closed-Loop Supply Chains*: New Developments to Improve the Sustainability of Business Practices. Auerbach Publications, 2010. p. 257.

GUIDE JR, V. D. R.; VAN WASSENHOVE, L. N. *Closed-Loop Supply Chains.* Working Paper. INSEAD 2000/75/TM, 2000.

GUIDE JR, V. D. R.; VAN WASSENHOVE, L. N. The Evolution of Closed-Loop Supply Chain Research. *Operations Research.* v. 57, n. 1, p. 10-18, 2009.

KRIKKE, H.; LE BLANC, I.; VAN DE VELDE, S. Product Modularity and the Design of Closed-Loop Supply Chains. *California Management Review.* v. 46, n. 2, Winter 2004.

Sites relacionados

http://www.ces.fgvsp.br – *site* do CES, o Centro de Estudos em Sustentabilidade da EAESP/FGV, um centro de excelência no tema no Brasil.

http://www.epa.gov/Sustainability – *site* do governo americano (da Environmental Protection Agency) que lida com sustentabilidade em vários níveis, como o empresarial, urbano etc.

http://www.un.org/esa/dsd/index.shtml – *site* do United Nations Division for Sustainable Development, um departamento da ONU que visa apoiar iniciativas de desenvolvimento sustentável em nível regional, nacional e internacional.

http://www.conservation.org/Pages/default.aspx – *site* da Conservation International, uma ONG bastante influente em sustentabilidade que também atua aconselhando e trabalhando junto a empresas como o Walmart em suas iniciativas.

http://www.greenpeace.org – *site* do Greenpeace internacional. Outra ONG muito ativa que chama a atenção do público para ações consideradas por eles danosas ao meio ambiente e também trabalha junto a empresas para buscar soluções.

http://www.rlec.org – *site* do Reverse Logistics Executive Council, uma associação empresarial sem fins lucrativos dedicada ao estudo, desenvolvimento e difusão de boas práticas em logística reversa.

http://www.footprintnetwork.org/en/index.php/GFN/ – Global Footprint Network, Advancing the Science of Sustainability. Uma ONG dedicada a desenvolver métricas para "pegada ecológica".

https://www.youtube.com/watch?v=L0c-QUxVJcM – William McDonough sobre *eco-friendly design*. William McDonough, fundador da empresa de design William McDonough + Partners e autor de *Cradle to Cradle* discute projeto para sustentabilidade. *Environmentally friendly (sustainable) design.* Stanford University. Longo, mas muito interessante.

CAPÍTULO 12

Indústria 4.0 e suas implicações para as cadeias globais de suprimentos

OBJETIVOS DE APRENDIZAGEM

- Sintetizar corretamente o significado do termo Indústria 4.0 (I4.0).
- Assimilar as principais tecnologias envolvidas com a Indústria 4.0, suas características principais.
- Explicar as implicações individuais de cada tecnologia principal envolvida na Indústria 4.0 para a administração de cadeias globais de suprimentos.
- Explicar de forma embasada as implicações estratégicas e operacionais da Indústria 4.0 como um todo para as cadeias globais de suprimentos.
- Conceituar as principais alterações e tendências esperadas para o futuro próximo como resultado da Indústria 4.0 nas cadeias globais de suprimentos.

12.1 INTRODUÇÃO

Este capítulo trata da Indústria 4.0 e de suas implicações para as cadeias globais de suprimentos. A Figura 12.1 ilustra, no quadro geral de referência deste livro, onde se localiza a Indústria 4.0 e o seu impacto estratégico na cadeia global de suprimentos.

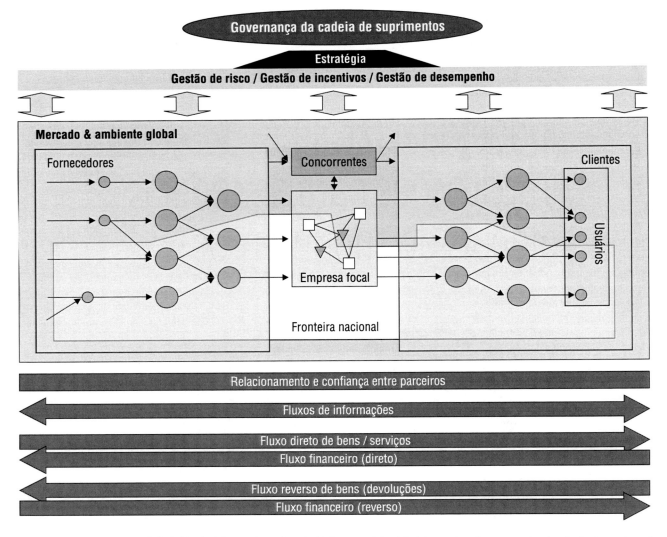

Figura 12.1 Localização (em preto) da Indústria 4.0 e seu impacto estratégico na cadeia global de suprimentos, no quadro de referência geral usado neste livro.

Um exemplo de como a "internet das coisas" (*internet of things* ou IoT), um dos pilares da Indústria 4.0, pode alterar a cadeia de suprimentos e uso de uma simples lavadora de roupas.[1]

De forma simples, a internet das coisas (IoT) é a rede de dispositivos físicos, máquinas, veículos, eletrodomésticos, *smartphones* e outros itens que incorporam eletrônica "embarcada" – *softwares*, sensores, atuadores e conectividade que permitem que essas coisas se conectem, coletem e troquem dados, tanto entre si como com outros atores na cadeia de suprimentos.

Há muitos exemplos de como esses dados podem ser usados para criar valor em uma cadeia de suprimentos. Vamos usar uma máquina de lavar roupas como um caso ilustrativo. À primeira vista, a máquina de lavar doméstica não parece um caso interessante, mas, quando examinada mais de perto, ilustra como a IoT pode funcionar, mostrando como pode ser criado valor, a partir dos dados gerados por ela, por vários atores de uma cadeia de suprimentos e também usados para fins comerciais.

Quando uma máquina de lavar roupas sai pela porta da fábrica onde foi produzida e passa pelo canal de distribuição, varejo e, finalmente, venda, o fabricante, tradicionalmente, a perde de vista, sem saber ao menos quem acaba por adquiri-la ou usá-la.

Um dos benefícios imediatos de uma lavadora de roupas conectada à IoT é o de poder ser controlada por seu usuário pelo seu *smartphone* – começar um ciclo, saber quando um ciclo terminou, mudar o programa

---

[1] Exemplo baseado em "The anatomy of an IoT solution: oil, data and the humble washing machine", escrito por Dave Locke e Karen Lewis para o blog da IBM. Disponível em: https://www.ibm.com/blogs/internet-of-things/washing-iot-solution/. Acesso em: 23 nov. 2018.

de lavagem etc. Outro benefício imediato é o fabricante agora ter a capacidade de se comunicar diretamente com o proprietário da máquina. O valor deste ponto de contato direto com o usuário pode ser usado para nutrir um relacionamento continuado entre fabricante e consumidor, favorecendo a sua retenção como cliente.

Um segundo benefício ocorre quando uma máquina de lavar roupas apresenta defeito. Hoje, se uma máquina quebrar, normalmente o consumidor decidirá fazer uma de duas coisas: reparo por um técnico (durante o período de garantia ou após seu término) ou substituição por uma nova máquina. Se a opção for reparo, o técnico chamado ao local faz um diagnóstico, descobrindo, por exemplo, que a bomba está com defeito. O técnico volta a sua *van*, apenas para se certificar de que a bomba certa não está disponível no veículo. Retorna ao proprietário, pede desculpas e combina uma nova visita quando a peça estiver em estoque. O técnico se despede, sai, faz o pedido da bomba e, duas semanas depois, volta para consertar a máquina e a faz funcionar novamente.

Nesse cenário, o resultado pode até ser considerado aceitável, pois a lavadora voltou a funcionar, mas o usuário não estará plenamente satisfeito, pois sua máquina ficou sem possibilidade de uso por duas semanas. A indisponibilidade de uma lavadora de roupas doméstica é uma situação difícil para o usuário; agora, pense no proprietário de uma máquina de lavar comercial, em um hospital ou uma lavanderia – é uma situação muito pior. E a empresa de serviços de manutenção? O técnico de campo precisou agendar duas viagens para concluir um único trabalho (e gerar uma receita só), usou duas vezes sua mão de obra, duas vezes combustível, duas vezes o veículo e gastou tempo adicional dedicado a tarefas administrativas adicionais (pedido da peça, acompanhamento etc.).

No caso de uma lavadora conectada à IoT, todo esse desperdício poderia ser evitado. A máquina conectada coleta muitos dados eletronicamente e de forma contínua – temperatura, pressão da bomba, desempenho da unidade de controle, peso da carga, ciclos, incrustação de calcário quando a água é "dura", desgaste/vibração de peças etc. Mesmo uma máquina não conectada pode usar (e usa) dados de sensores "embarcados" nela a fim de controlar seus ciclos de lavagem. Entretanto, até que a lavadora de roupas esteja conectada, esses dados são armazenados de forma local e isolada, usados apenas para controlar a operação da própria máquina. Quando conectada, os dados da lavadora podem fluir para vários destinos e ser "minerados", tratados e analisados, com uso de capacidade analítica, por vários atores da cadeia de suprimentos, para geração de valor, o que discutimos a seguir.

1. *Análise para manutenção preditiva*

Os dados da máquina de lavar podem ser capturados, analisados e comparados com dados de um modelo de funcionamento perfeito em computador. Se os dados da lavadora de roupas estiverem comparáveis com os do modelo "perfeito", a máquina está funcionando bem e nada precisa ser feito. No entanto, se forem detectadas anomalias que se desviam do modelo, previsões analíticas podem ser feitas sobre o que pode acontecer no futuro. Se um problema pode ser previsto, uma ação pode ser tomada para mitigar seu impacto. Tome o exemplo dado anteriormente. Se a quebra da bomba for prevista por vibrações anormais identificadas, ações preventivas podem ser tomadas. Primeiro, o sistema pode se certificar de que a bomba certa esteja em estoque quando for necessária, possivelmente, para isso, fazendo um pedido com antecedência; uma vez em estoque, pode-se entrar em contato com o proprietário ou usuário da máquina para marcar um período conveniente para a realização do reparo. O técnico de serviço então visita o local (apenas uma vez!) com as peças certas, em momento conveniente, resolve o problema antes mesmo que ele ocorra, proporcionando assim um melhor nível de serviço, que, por sua vez, aumenta a satisfação do cliente, porque a máquina nunca ficou impossibilitada de trabalhar em razão de defeito.

O uso de uma lavadora de roupas conectada e a aplicação dos dados que fluem dessa máquina permitem a otimização de vários processos - chamadas, tempo de técnico de campo, gerenciamento de estoque, gerando economia em recursos, tempo, dinheiro e uso de ativos da empresa de serviço e, ao mesmo tempo, gerando mais satisfação do usuário.

2. *Da análise operacional preditiva à engenharia preditiva*

No cenário exposto, de prevenção de problemas, a classe de dados usada – temperatura, pressão etc. – é de "telemetria". Mas há outra classe interessante de dados que podem ser coletados quando uma "coisa" é conectada à internet: os dados de uso – como alguém está usando alguma coisa (no caso, a nossa máquina de lavar)? Por exemplo, uma lavadora média pode ter dez ou mais ciclos pré-programados de lavagem. Todos esses programas de lavagem são mesmo usados?

No caso de uma lavadora de roupas conectada, não apenas essa máquina pode enviar dados de telemetria, mas também informações sobre quais programas estão sendo realmente usados, com que frequência e de que forma. Quando esses dados são recebidos e analisados, hipoteticamente, se o fabricante descobrir que 99% dos usuários usam apenas os mesmos três programas de lavagem, esse conhecimento é extremamente valioso. Então, quando projetarem a próxima geração da lavadora, eles poderão se livrar de vários programas, reduzindo os custos de projeto, engenharia e testes. Para o consumidor, a máquina de lavar se torna mais fácil de usar – com menos opções e um conjunto simplificado de configurações.

3. *Expandindo o valor criado na cadeia de suprimentos com dados que alavancam serviços*

A próxima etapa envolve como os vários atores numa cadeia de suprimentos interagem com as coisas de maneiras diferentes. Até agora, em nossa análise, o proprietário ou usuário da máquina de lavar roupas, o fabricante e a empresa de serviços de manutenção se beneficiaram da máquina conectada; mas há outros atores que podem interagir com a lavadora e usar produtivamente seus dados.

Uma parte interessada pode ser o fornecedor de energia elétrica. Ele certamente gostaria de poder interagir com a máquina de lavar roupas para sugerir que ela não seja usada nos períodos de pico, quando a energia custa mais caro. Isso traz benefício de custo para o usuário e ajuda a nivelar a carga na geração de energia ao longo do dia, trazendo também benefício para a companhia de eletricidade.

Pense agora nas empresas fornecedoras de sabão em pó, que gostariam de ter dados de uso da máquina para possivelmente se antecipar e sugerir a reposição do produto quando necessário. Isso traz conveniência para o usuário e melhora o relacionamento e retenção do cliente pelo fabricante de sabão em pó. Isso é semelhante ao modelo de reposição de cartuchos de tinta de impressoras conectadas (uma realidade, já há algum tempo); com uma lavadora conectada, um modelo similar pode ser usado.

4. *Passando do marketing transacional baseado na "obsolescência" para o modelo de "servitização" ("como serviço"), que, diferentemente, favorece durabilidade e sustentabilidade*

Hoje, um consumidor tipicamente compra uma máquina de lavar roupas, usa-a até que quebre de vez e, então, compra outra. Esse é um modelo familiar de negócios em vários setores, como o automotivo e o eletrônico. Mas o mundo está mudando para um mundo "servitizado" (Corrêa e Gianesi, 2018), em que cada vez mais empresas vendem "furos" em vez de "brocas". Em outras palavras, as empresas passam a fornecer aos seus clientes o benefício do produto, sem necessariamente vender a eles o produto. Como com as máquinas copiadoras da Xerox, um novo modelo potencial para a máquina de lavar roupas é aquele em que o consumidor recebe uma máquina de lavar (que continua de propriedade do fabricante) como parte de um contrato de prestação de serviço, em que o usuário paga pelo *uso da máquina*, por lavagem. Toda vez que a máquina detecta uma nova carga de lavagem, o consumidor paga determinada quantia – um certo valor em reais por ciclo de lavagem. A mudança de "venda de produto" para "pagamento por uso" pode ter influência interessante sobre os seus impactos ambientais. Normalmente, uma máquina de lavar roupas é projetada para durar aproximadamente de cinco a sete anos. Com a perspectiva de a empresa de serviços lhe fornecer a máquina de lavar associada a um plano de "pagamento por uso", a empresa agora quer que a máquina dure o maior tempo possível para garantir um retorno saudável do investimento (Corrêa, 2018a). Olhando para o futuro, esse tipo de modelo pode ajudar a impulsionar uma mudança na mentalidade e nos incentivos dos projetistas da máquina, o que incentivaria a fabricação de coisas que durem por mais tempo e que sejam reutilizáveis, remanufaturáveis e recicláveis. Ao melhorar a longevidade da máquina de lavar roupas e sua reciclagem em sentido amplo, a quantidade de resíduos gerados ao final da vida útil poderia ser reduzida, resultando em impacto positivo no planeta.

5. *Dados fluindo nas duas direções*

Para os casos discutidos, a maioria dos dados está fluindo da máquina de lavar até algo como uma plataforma IoT (como a "Watson", da IBM) na nuvem, onde ela pode ser analisada. No entanto, outra vantagem da IoT é sua possibilidade de fluir em ambas as direções – da máquina de lavar para a nuvem e da nuvem para a lavadora. Mas por que enviar dados para a máquina de lavar roupas?

Os dados podem ser uma atualização de *software* ou correção de segurança. Se for detectado um problema com a lavadora, pode ser criada uma atualização de *software*, a ser enviada automaticamente para a máquina (como hoje já ocorre com atualizações automáticas de sistemas operacionais e com aplicativos de computadores). Mais interessante, novos recursos, como um novo programa de lavagem, podem ser desenvolvidos ou eliminados. Para recuperar o custo de desenvolvimento do novo recurso, o fabricante ou empresa de serviços pode cobrar mais pelo novo programa de lavagem. Um exemplo desse modelo em ação é a forma como os carros da Tesla estão lançando novos recursos, como a otimização da bateria e os recursos de autogerenciamento, para seus carros. Além das atualizações de *software* por internet, há uma tendência emergente para o *hardware* modular, que permite que partes do *hardware* sejam também atualizadas diminuindo a necessidade de reposição total do equipamento.

PARA PENSAR

Assista ao vídeo e então responda às questões.
Fonte: https://www.youtube.com/watch?v=QSIPNhOiMoE
Acesso em: 10 jul. 2019

ugr.to/fdha

Questões para discussão

1. Pense nos aparelhos domésticos da sua casa. Quais deles já se encontram conectados e quais ainda não. Para os aparelhos já conectados (por exemplo, sua TV a cabo, seu computador etc.), identifique as vantagens que essa conexão traz aos vários atores das várias cadeias de suprimentos envolvidas, assim como para você, como usuário.

2. Para os aparelhos não conectados ainda (por exemplo, sua geladeira ou seu fogão), analise que tipos de vantagens a sua conexão trará para você, como usuário, e para os vários atores que você conseguir identificar, nas cadeias de suprimentos envolvidas.

3. Para os aparelhos conectados que usem um modelo de "pagamento pelo uso" (como, por exemplo, o decodificador da sua TV a cabo), analise como isso influencia o fabricante/prestador de serviço, em termos de "obsolescência" *versus* "durabilidade", como objetivo de projeto.

Mas por que a Indústria 4.0 (da qual a internet das coisas é um componente fundamental) tem ganhado tanta atenção dentro das empresas e nas cadeias de suprimentos em geral? O restante deste capítulo trata desta questão.

12.2 CONCEITOS

12.2.1 A quarta revolução industrial

O termo "Quarta Revolução Industrial" se tornou bastante comum nas discussões das rupturas tecnológicas que o século XXI tem vivenciado, mas foi a partir das discussões do World Economic Forum (WEF), lideradas pelo engenheiro e economista Klaus Schwab, criador e executivo principal do WEF, que essa discussão se disseminou (Schwab, 2016).

Segundo o economista, a palavra "revolução" denota uma mudança radical e abrupta, e várias ocorreram, historicamente, quando novas tecnologias e formas de perceber o mundo dispararam mudanças profundas nos sistemas econômicos e estruturas sociais vigentes.

A primeira grande mudança social

Esta ocorreu em torno de dez mil anos atrás, quando se deu a transição da alimentação humana "forrageira" de sociedades nômades, para uma baseada em fazendas e agricultura, possibilitada pela domesticação de animais, o que acarretou sociedades mais sedentárias. Pouco a pouco, a colaboração entre animais e humanos fez com que a produção de alimentos, o transporte e a comunicação melhorassem, induzindo aumento populacional e estabelecimento de comunidades humanas mais numerosas, o que finalmente levou à urbanização e o surgimento das cidades. Neste ponto e até a Primeira Revolução Industrial, a produção "industrial" era basicamente dependente de artesãos, que planejavam, projetavam, executavam e controlavam sua produção, com pouca ou nenhuma economia de escala possível (Corrêa e Corrêa, 2017).

Primeira Revolução Industrial

Convenciona-se que a Primeira Revolução Industrial ocorreu em torno da segunda metade do século XVIII, com a transição da "potência" muscular para a potência mecânica, inicialmente com moinhos cuja potência dependia do fluxo de água de rios (às vezes não perenes), mas sobretudo com o desenvolvimento dos motores a vapor que disponibilizaram energia de forma farta e perene ao longo dos anos. Com ele, vieram as estradas de ferro, e a tônica era a produção mecânica, com o importante advento da "intercambialidade de peças", favorecendo a divisão do trabalho e, em termos das cadeias de suprimentos, as primeiras iniciativas de terceirização (Corrêa e Corrêa, 2017).

Segunda Revolução Industrial

A segunda revolução industrial começou no final do século XIX, acelerando-se na primeira parte do século XX, disparada pelo advento da invenção de formas de criação e transmissão de energia elétrica, da "administração científica" (Taylor, 1911), da linha de montagem e, com o tempo, do desenvolvimento pleno do paradigma da "produção em massa". Interessante notar que, neste período, as cadeias de suprimentos muitas vezes eram bem "verticalizadas", com as organizações (um exemplo por excelência é a Ford do início do século XX) produzindo a grande maioria dos componentes de seus produtos.

Terceira Revolução Industrial

A Terceira Revolução Industrial começou nos anos 1950, com o surgimento dos computadores, desenvolvendo-se tremendamente nas décadas seguintes, com a aceleração dos processos de desenvolvimento tecnológico, desenvolvimento de semicondutores, de computadores *mainframe* (de larga escala, na década de 1960), seguidos pelos mini e microcomputadores pessoais (décadas de 1970 e 1980) e pelas arquiteturas computacionais abertas e pela internet (década de 1990). Acompanhando as mudanças deste período, as cadeias de suprimentos tenderam a se desverticalizar, computadorizar (os MRP, MRPII e ERP tiveram um papel importante nisso, ver Corrêa *et al.*, 2018) com intensa terceirização e com a tecnologia da informação e de comunicação permitindo níveis de integração e coordenação nunca antes vistos, entre membros das cadeias de suprimentos.

Quarta Revolução Industrial

A Quarta Revolução Industrial, então, teria se iniciado na virada do milênio, apoiando-se na (e adicionando à) "revolução digital" iniciada na Terceira Revolução Industrial. A Quarta Revolução Industrial se caracteriza, segundo Schwab (2016), por uma internet muito mais ubíqua (quase onipresente) e permitindo mobilidade de acesso, sensores muito mais sensíveis, poderosos e baratos, e por avanços substanciais em inteligência artificial e *machine learning* (aprendizado de máquina). As tecnologias digitais, com seus computadores (*hardware* e *software*) e redes da Quarta Revolução Industrial, não são exatamente novidades, mas vêm se tornando muito mais sofisticadas, integradas e inteligentes, transformando, com isso, a sociedade e a economia global.

Na Alemanha, essas discussões, mais voltadas a aplicações da Quarta Revolução Industrial nas fábricas, nas cadeias de suprimentos e de valor, têm feito referência ao termo "Indústria 4.0", termo este cunhado na feira de Hannover de 2011 para descrever como a Quarta Revolução Industrial está alterando a organização de cadeias globais de valor. Por esse motivo, e porque o escopo da Quarta Revolução Industrial é mais amplo do que nosso interesse neste livro, deste ponto em diante trataremos de "Indústria 4.0" e não da (mais geral) "Quarta Revolução Industrial".

Indústria 4.0

SAIBA MAIS

"Industrie 4.0" (termo original em alemão) descreve um cenário futuro de produção industrial. Conforme definido pelo Plattform Industrie 4.0, esse cenário é caracterizado por três aspectos principais:

- um novo nível de organização e controle de toda a cadeia de valor (cadeia de suprimentos) ao longo de todo o ciclo de vida dos produtos;
- a disponibilidade de todas as informações relevantes em tempo real, que é conseguida por meio da interligação de todas as instâncias, processos e atores que participam da criação de valor; e
- a criação de cadeias de suprimentos que sejam dinâmicas, otimizadas, controladas em tempo real e organizadas por meio de interconexão digital.

Fonte: VDI – The Association of German Engineers. Disponível em: https://www.vdi.de/fileadmin/vdi_de/redakteur_dateien/gma_dateien/6092_PUB_E_TW_GMA_Status_Report_ZVEI_-_Industrie_4_0_-_Technical_Assets_Internet.pdf. Acesso em: 21 nov. 2018.

Assista ao vídeo a seguir para aplicações.
Fonte: https://www.youtube.com/watch?v=HPRURtORnis
Acesso em: 4 jul. 2019

uqr.to/fdhd

Fica claro pela definição exposta que as tecnologias e sua "convergência" têm papel essencial no entendimento da Indústria 4.0. Embora a lista a seguir não seja exaustiva, traz tecnologias que, neste ponto do tempo, têm sido as mais citadas como relevantes, para a Indústria 4.0, principalmente quando interagindo entre si. Discutiremos cada uma delas adiante neste capítulo, assim como seu potencial impacto nas cadeias globais de suprimentos:

Tecnologias de *hardware* da Indústria 4.0:

- manufatura aditiva (impressão 3D);
- veículos autônomos;
- robótica avançada (adaptativa);
- internet das coisas (IoT).

Tecnologias de *software* da Indústria 4.0:

- (*big*) *data analytics* & inteligência artificial;
- *machine learning*;
- realidade virtual e realidade aumentada;
- *blockchain*.

12.2.2 Manufatura aditiva (impressão 3D) – MA/I3D

SAIBA MAIS

Assista ao vídeo com o prof. John Hart, do MIT, antes de prosseguir:
Fonte: https://www.youtube.com/watch?v=ICjQOUzE2Ao
Acesso em: 4 jul. 2019

Figura 12.2 Forma complexa produzida com I3D, impossível ou muito cara para ser produzida por processos tradicionais.

Uma impressora 3D é um dispositivo capaz de construir um objeto sólido tridimensional de qualquer formato a partir de um *design* digital. Mais recentemente, a impressão 3D tem sido chamada de "manufatura aditiva", porque usa um processo "aditivo" no qual diferentes camadas 2D de determinado material são adicionadas sucessivamente à peça a ser produzida. Essas camadas 2D são construídas umas sobre as outras, resultando em objetos 3D, a partir de arquivos digitais que descrevem o formato completo em 3D do objeto a ser impresso. Esses arquivos podem ser gerados por *design* em *softwares* de CAD (Computer Aided Design), escaneados (usando tecnologia de ressonância magnética ou tomografia computadorizada) ou capturados a partir de objetos físicos com *scanners* tridimensionais a laser. A impressão 3D se distingue dos métodos subtrativos de fabricação, nos quais se inicia com um bloco de material e se retira o material desnecessário até que a forma final seja obtida (por exemplo, em processos de furação, fresagem e torneamento). Tecnicamente, processos tradicionais, como injeção, fundição e sinterização se encaixam na definição estrita de manufatura aditiva; o que distingue a I3D é o fato de ela não ser dependente dos complexos e caros moldes, requeridos para aqueles métodos, o que normalmente exige quantidades mínimas de produção (para amortizar o custo do molde) durante o ciclo de vida do produto, comprometendo a sua flexibilidade. Como I3D não requer moldes, a flexibilidade oferecida é muito maior. Outra vantagem fundamental da I3D é a habilidade de executar formas complexas, muito caras ou impossíveis de serem executadas por métodos tradicionais de fabricação sem uso de ferramental custoso de produzir e operar. Outra vantagem é a liberdade de repensar e reprojetar peças para redução de peso e uso de estruturas internas complexas (por exemplo, aquela da Figura 12.2), de forma a melhor servir ao propósito funcional da peça sem as restrições impostas pelos métodos tradicionais de processamento mecânico.

Além disso, antigamente a I3D estava limitada ao uso de material plástico, mas hoje é possível se fazer I3D em metal, cerâmica, concreto, materiais biológicos e muitos outros. Algumas versões de impressoras 3D existem desde os anos 1970, mas não haviam sido comercializadas ou amplamente difundidas até recentemente. Melhorias na tecnologia levaram ao desenvolvimento de impressoras 3D que têm sido amplamente utilizadas para prototipagem rápida ou em fabricação secundária (por exemplo, na produção de ferramentas de modelagem para processos de fabricação tradicionais, como moldagem por injeção). Nos anos 1980, 1990 e início dos anos 2000, a impressão 3D evoluiu, mas dentro dos limites dos departamentos de P&D, a partir de um pequeno oligopólio de empresas (como 3D Systems, zCorp, Stratasys e Objet Geometries), levando a algumas evoluções quanto a resolução do projeto e produto final, disponibilidade de cores, materiais e tempo necessário para impressão. Essas máquinas, capazes de produzir em metal, geralmente custam mais de US$ 500 mil. Esses custos têm caído drasticamente. A tabela na Figura 12.3 traz diferentes categorias de processos de I3D, segundo a ASTM (American Society for Testing and Materials):

Categoria	Descrição
Binder jetting (Jato de agregante)	Agente líquido agregante seletivamente depositado, de forma a ligar partículas de pó
Material jetting (Jato de material)	Gotículas de material (matéria-prima) seletivamente depositadas para formar camadas 2D
Powder bed diffusion (Difusão em base de pó)	Energia térmica seletivamente funde regiões numa base de pó (matéria-prima)
Directed energy deposition (Deposição direta de energia)	Energia térmica focalizada derrete o material (matéria-prima) à medida que este é depositado
Sheet lamination (I3D por laminação)	Folhas finas de material (matéria-prima) são fundidas juntas
Vat photopolymerization (I3D por fotopolimerização)	Fotopolímero líquido seletivamente endurecido e curado por fotoativação (luz especial)
Material extrusion (I3D por extrusão)	Material (matéria-prima) aplicado por extrusão por meio de um bico ou orifício

Fonte: Laplume; Petersen; Pearce (2016).

Figura 12.3 Categorias de processos de I3D, segundo a ASTM.

A impressão 3D está em seu estágio inicial, pois ainda não é capaz de apoiar a produção de alto volume de produtos acabados (Baumers *et al.*, 2016). Entretanto, essa situação está mudando. Muitas indústrias, organizações (incluindo instituições de ensino) e mesmo os consumidores estão começando a usar impressão 3D mais ativamente. É estimado que, até 2019, 10% dos fabricantes com processos discretos irão aplicar impressão 3D/manufatura aditiva (I3D/MA) nas suas operações de fabricação (Gartner, 2015). Além disso, o valor de mercado da I3D/MA é previsto para crescer de US$ 4,1 bilhões em 2014 para US$ 10,8 bilhões em 2021 (Wohlers, 2015).

Implicações para a cadeia de suprimentos (Druehl *et al.*, 2017)

Implicações gerais

I3D/MA tem sido aplicado em vários setores industriais. Na indústria aeroespacial, permitiu uma redução de até 50-80% em peso de componentes, propiciando maior eficiência em voo por meio de menor consumo de combustível. Uma aplicação muito importante de I3D é exatamente na indústria de peças sobressalentes, caras de manter nos volumes necessários, por exemplo, na indústria aeronáutica, que apresenta demanda alta em variedade, porém moderada em número de peças.

Com I3D, os estoques diminuem, pois as peças podem ser "impressas" quando necessárias. Na indústria automotiva, a Ford, por exemplo, foi capaz de eliminar procedimentos administrativos no desenvolvimento de um novo motor, conseguindo assim economias consideráveis nos custos de ferramental e custo final do motor. Na indústria médica, estima-se que a MA tornar-se-á parte integrante dos produtos oferecidos aos pacientes num futuro próximo. A indústria de equipamentos de auxílio à audição, por exemplo, conseguiu encurtar os prazos de entrega de pedidos específicos de pacientes para um dia (Ruffo *et al.*, 2007). Na moda e vestuário, uma variedade de produtos, de sapatos a vestidos, tem sido produzida a partir de materiais, mas ainda limitada à alta costura (Lewandrowski, 2014); a taxa de adoção aqui ainda parece lenta. Recentemente, muitas empresas de calçados esportivos começaram a desenvolver programas inovadores com a aplicação de impressão 3D, como o Nike Zoom Superfly Flyknit, Futurecraft 3D da Adidas e Zante Generate pela New Balance. Veja a Figura 12.4.

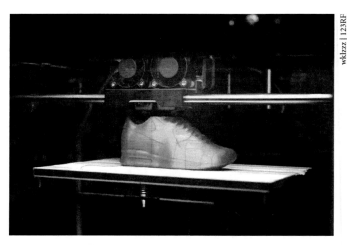

Figura 12.4 Sapato impresso com I3D.

Implicações gerenciais

MA reduz potencialmente a necessidade de trabalho de montagem, pois permite a produção de projetos funcionais integrados em uma única etapa de produção (Weller *et al.*, 2015). Tal flexibilidade permite a customização em massa de produtos (D'Aveni, 2015) e potencialmente promete o encurtamento e simplificação das cadeias de suprimentos. De acordo com Pine (1993), o foco da customização em massa é apoiar a variedade e a customização por meio de flexibilidade e rapidez de resposta visando à demanda fragmentada, nichos heterogêneos, baixo custo/alta qualidade de bens e serviços com ciclos de desenvolvimento de produto e de vida do produto muito mais curtos. Com processos MA automatizados baseados em CAD para construir peças, a produção de produtos personalizados pode ser trazida para montante na cadeia, permitindo que o sistema de manufatura seja mais ágil e capaz de produzir alta variedade de produtos sem excesso de trabalho ou complexidade. A crescente adoção do I3D/MA tem implicações importantes na reconfiguração de cadeias de suprimentos. A produção e design individualizados e personalizados desloca o ponto de desacoplamento (veja o Capítulo 2) do modelo de fabricação "para estoque" para o de produção "sob encomenda", reduzindo em paralelo o tempo de distribuição. Em aplicações de customização em massa, nas quais os clientes são diretamente envolvidos na customização, I3D/MA promove a potencial descentralização da produção e potencialmente requer mais recursos para gerenciar e reduzir riscos e incertezas em razão do aumento da coordenação, comunicação e monitoramento necessários (Manuj e Mentzer, 2008). Na aplicação comercial de I3D, a propriedade e operação dos processos de desenvolvimento e produção são transferidos das organizações para os indivíduos. Assim, atividades de inovação se tornam dispersas em cadeias de suprimentos; o controle e monitoramento de qualidade podem se tornar um desafio.

12.2.3 Veículos autônomos

> **SAIBA MAIS**
>
> Assista aos vídeos a seguir:
>
> Fonte: https://www.youtube.com/watch?v=aWmmy966NlI
> Acesso em: 4 jul. 2019
> uqr.to/fdhf
>
> Fonte: https://www.youtube.com/watch?v=sIICR4eG8_o
> Acesso em: 4 jul. 2019
> uqr.to/fdhg

Veículos autônomos são aqueles capazes de trafegar sem qualquer interferência humana além da definição dos pontos de origem e destino e, possivelmente, das rotas a seguir.

Os carros de passeio autônomos têm dominado o noticiário, mas já há numerosos outros veículos autônomos com grande potencial de uso em cadeias de suprimentos, incluindo caminhões, *drones*, aeronaves, barcos e até submarinos.

Figura 12.5 Cabine de um caminhão autônomo.

> **SAIBA MAIS**
>
> A Volkswagen e a Mobileye, da Intel, estão planejando lançar o primeiro serviço de transporte urbano individual de passageiros (tipo Uber), mas com uso de carros autônomos de Israel, a partir do início de 2019. As duas empresas estão formando uma *joint venture* com uma importadora de carros de Israel, a Champion Motors, em que a Volkswagen fornecerá os veículos elétricos e a Mobileye cuidará da tecnologia de condução autônoma, disseram as empresas em um comunicado recente.
>
> Espera-se que o serviço, chamado "Mobilidade como serviço", seja comercializado em 2022, com a Champion Motors operando o centro de operações e controle da frota.
>
> O governo israelense, que aceitou a proposta, também a apoiará, compartilhando os dados necessários sobre infraestrutura e tráfego, disseram as empresas. Fabricantes de automóveis estão se unindo a empresas de tecnologia para ganhar vantagem na tecnologia sem motoristas, que deve revolucionar o setor de transporte de passageiros.
>
> A Honda anunciou um investimento de US$ 2,75 bilhões na unidade de veículos autônomos Cruise, da General Motors, para o desenvolvimento conjunto de veículos autônomos para implantação em frotas de serviços de veículos de passeio em todo o mundo.
>
> Reportagem de Arunima Banerjee em Bengaluru; edição de Anil D'Silva, para o *site* da *Business Insider*. Disponível em: https://www.businessinsider.com/r-intels-mobileye-volkswagen-plan-israels-first-autonomous-ride-hailing-service-2018-10. Acesso em: 22 nov. 2018.

> **PARA PENSAR**
>
> Quais impactos (empresariais e sociais) você prevê com o desenvolvimento de serviços como o descrito, em que frotas de carros sem motoristas substituem os táxis e "Ubers" de hoje? Como você imagina que isso afete:
>
> 1. A sua vida e a sua casa?
> 2. As cidades (por exemplo, os estacionamentos) e o tráfego?
> 3. O emprego?

À medida que as tecnologias de sensores e inteligência artificial evoluem, a capacidade e habilidades destes veículos aumentam de forma correspondente. É uma questão de tempo que *drones* e até mesmo submersíveis comerciais sejam oferecidos a preços baixos para uso logístico (veja a Figura 12.6).

Figura 12.6 *Drone* usado para entrega urbana.

PARA REFLETIR

Veja o vídeo a seguir.
Fonte: https://www.youtube.com/watch?v=Le46ERPMIWU
Acesso em: 4 jul. 2019

uqr.to/fdhh

Note que, nos testes da Amazon para o uso de *drones* para entregas urbanas, as caixinhas laranja são reutilizáveis e retornáveis por serviço postal pré-endereçado, com o potencial de gerar menos resíduo sólido das caixas descartadas atuais.

Implicações para a cadeia de suprimentos

Empresas de todos os tamanhos estão entrando no mercado de veículos autônomos, desde pequenas empresas iniciantes, passando por grandes empresas de tecnologia, como a Alphabet (empresa-mãe da Google), até grandes fabricantes de automóveis, como a General Motors. Já foi bem documentado que os veículos autônomos terão um impacto considerável nas viagens individuais dos consumidores, mas também terão grande impacto na logística e na gestão da cadeia de suprimentos.

A tecnologia de veículos autônomos tem a capacidade de impactar significativamente as cadeias de suprimentos por meio de redução de custos, redução do tempo de transporte, aumento da segurança, entre outros. De que forma essa nova tecnologia impactará as cadeias de suprimentos?

Implicações para o centro de distribuição e para o "último quilômetro"

Um desafio para fornecedores e distribuidores, o último quilômetro da rota de entrega é tipicamente um gargalo no processo, uma vez que atrasos frequentemente ocorrem mesmo com a proximidade do produto ao consumidor final. As empresas estão atualmente realizando testes com veículos autônomos que poderiam entregar mercadorias sem a presença de um motorista. Um exemplo de como isso pode funcionar vem da Starsky Robotics; a empresa está experimentando ter um motorista remoto controlando o veículo até chegar à rodovia, a partir de um centro de distribuição; uma vez na rodovia, durante a próxima etapa da viagem, outro piloto remoto assumiria o controle do veículo autônomo ou de um comboio deles.

Os veículos autônomos não só podem impactar a logística, reduzindo custos e atrasos, mas também afetar significativamente os centros de distribuição e fábricas. Uma prática comum tem sido a construção de centros de distribuição em terrenos mais distantes dos centros urbanos e, consequentemente, mais baratos, onde estradas e recursos humanos são facilmente acessíveis. Com uma mudança nos requisitos do consumidor, que agora exige tempos de entrega mais rápidos (muitas vezes no mesmo dia), esses grandes centros precisarão estar mais próximos do consumidor final. Os centros de distribuição também possivelmente se tornarão menores, já que as empresas desejarão estar localizadas próximas a cada cidade individualmente, em vez de distribuir a partir de um local maior central. Estima-se que os custos de aluguel aumentarão, o que provavelmente será compensado pela redução de custos na implementação do transporte autônomo durante o último quilômetro de entrega.

Viagem de longa distância e sem motoristas

Ao implementar a tecnologia de veículos autônomos, é mais provável que viagens de longa distância adotem esse tipo de tecnologia mais rapidamente. Viajar em rodovias é mais previsível que em ambientes urbanos, exigindo menos habilidade humana para navegar entre origem e destino. Atualmente, grande parte dos custos de transporte surge da necessidade de os motoristas transportarem mercadorias em um número maior de caminhões menores ou mesmo em outros veículos, como *vans*.

A implementação da tecnologia de veículos autônomos durante viagens de longa distância reduzirá os custos. As empresas que experimentam essa tecnologia ainda veem a necessidade de um motorista estar presente (por segurança), mas os veículos seriam autogeridos e precisariam de muito menos habilidade para navegar. As empresas também analisam o "comboio", em que um grupo de caminhões viajaria junto por longas distâncias e talvez conduzido apenas pelo condutor remoto do primeiro caminhão, ou "líder", que definiria velocidade e direção, e os caminhões seguiriam o caminhão-líder de forma autônoma. Em seguida, quando estivessem na última parte da entrega, esses caminhões tomariam direções diferentes. O comboio não apenas reduz os custos de mão de obra, mas também poderia reduzir os custos de combustível, já que os caminhões estariam trafegando em um ritmo mais regular, de forma otimizada pelo seu *software* de controle.

Implicações de veículos autônomos são de longo alcance. O volume de frete (por unidade de meio de transporte) aumentará com o tempo, pois as unidades não precisarão de tantos intervalos de descanso, paradas para alimentação etc. e os produtos serão entregues com mais eficiência. Fica claro que os veículos autônomos terão impacto na gestão da cadeia de suprimentos como um todo, incluindo as partes a montante (*upstream*) e jusante (*downstream*).

12.2.4 Robótica avançada (adaptativa)

PARA REFLETIR
Veja o vídeo a seguir sobre o uso de robôs na indústria.
Fonte: https://www.youtube.com/watch?v=HX6M4QunVmA
Acesso em: 4 jul. 2019

uqr.to/fdhi

Como consequência da combinação de microprocessadores e métodos de inteligência artificial, os produtos, serviços e máquinas se tornam mais inteligentes, no sentido de terem não apenas habilidades de computação, comunicação e controle, mas também autonomia e até sociabilidade.

Os robôs têm sido objeto de livros e filmes de ficção científica há décadas, no entanto, não são apenas um dispositivo de enredo de ficção. Nas empresas, os robôs têm sido usados na fabricação industrial desde sua introdução, em 1962, em uma fábrica da GM. Mas, até recentemente, eles não haviam ganhado muita atenção além da linha de montagem, produção em ambientes inóspitos (como pintura) ou em outros casos de uso específicos (como a solda de ponto na produção automobilística). Em parte, isso ocorre porque os robôs industriais tradicionais usados na fabricação diferem significativamente da nova geração de robôs. Robôs de fabricação industrial são projetados para operar a uma alta taxa de velocidade, precisão e resistência. Embora esses traços sejam bons para automatizar os processos de fabricação, eles não se traduzem bem em outras áreas da empresa que exigem mais interação humana, como na montagem. A tecnologia robótica tem percorrido um caminho contínuo de aprimoramento ao longo do tempo, à medida que os fabricantes buscam melhorar sua tecnologia e colocar mais tecnologias digitais e cibernéticas modernas nos elementos mecânicos dos robôs.

Nos últimos anos, os robôs aumentaram seu nível de inteligência e flexibilidade à medida que o aprendizado de máquina (*machine learning*) e a inteligência artificial (IA) foram incorporados aos sistemas; houve melhorias significativas na mobilidade de robôs, e a capacidade de conectá-los via IoT e melhores medidas de segurança também foram incorporadas em dispositivos robóticos. O resultado dessas inovações é um novo estilo de robô, mais adequado para trabalhar lado a lado com os humanos, em vez de segregado em uma zona insalubre sem humanos.

Referidos como robôs colaborativos, ou *cobots*, a nova geração de robôs é segura, inteligente e colaborativa e pode trabalhar lado a lado com as pessoas. Eles se tornaram muito sofisticados e são cada vez mais usados como um mecanismo para automatizar processos de negócios que historicamente não se prestavam à automação. Essa próxima geração de *cobots* é um dos fatores que impulsionam a adoção robótica em novos setores e em novos pontos de uso.

PARA PENSAR
Assista ao vídeo a seguir e pense em como as habilidades que você identifica nestes robôs poderiam ser usadas em atividades dentro da cadeia de suprimentos.
Fonte: https://youtu.be/u3vdgJVyKeg
Acesso em: 4 jul. 2019

uqr.to/fdhj

Implicações para a cadeia de suprimentos

A *execução* na cadeia de suprimentos é uma área de negócios pronta para mudanças radicais possibilitadas pela robótica, especialmente nos processos de atendimento de pedidos no armazém. Esses processos normalmente requerem intensiva mão de obra, bem como muita movimentação, em toda a instalação. As organizações que introduziram robôs em suas operações de armazenamento, *picking*, embalagem e atendimento perceberam valor agregado, incluindo melhorias de produtividade, ganhos de eficiência, capacidade de, economicamente, aumentar ou diminuir a escala nos picos e vales de demanda e a capacidade de melhorar os níveis de atendimento ao cliente, principalmente em tempo e precisão.

O exemplo mais familiar de robótica no processo de atendimento é encontrado na Amazon. A gigante de *e-commerce* adquiriu a Kiva Systems (agora conhecida como Amazon Robotics) em 2012 por US$ 775 milhões. Desde então, a empresa expandiu continuamente seu uso a fim de adotar mais de 80 mil robôs em 25 dos seus centros de distribuição. Por meio de sua implantação, conseguiu acelerar os prazos de entrega e reduzir os custos relacionados ao atendimento.

Figura 12.7 Robôs se deslocando em um armazém para separar produtos.

A Amazon mostrou que há um valor a ser obtido por intermédio do uso de robótica dentro de grandes centros de distribuição.

Alguns fornecedores notáveis neste espaço incluem Locus Robotics, Fetch Robotics e 6 River Systems, para citar apenas alguns. Os dispositivos robóticos dessas empresas foram projetados para operar nos mesmos espaços em que os funcionários trabalham, muitas vezes em colaboração com eles. Neste modelo, a partir do WMS (*Warehouse Management System*) é atribuída uma tarefa ao robô, que se movimenta automaticamente para um local de separação. Quando chega a um local, um associado recupera o produto de uma prateleira ou caixa e o coloca em uma cesta ou sacola no robô, que é, então, direcionado pelo WMS para o próximo local de coleta, até que todos os itens de um pedido estejam na sacola, prontos para serem entregues à estação de embalagem e expedição. Quando a coleta estiver completa, o robô se move para a próxima ordem de separação.

Sistemas de navegação sofisticados são essenciais no espaço do robô móvel colaborativo (*cobot*). Isso ocorre porque os *cobots* são projetados para navegar de maneira autônoma em um centro de distribuição e em torno de possíveis obstáculos. Uma vez que a instalação é mapeada dentro do sistema de orientação de robôs, os robôs estão livres para se movimentar.

12.2.5 Internet das coisas (IoT)

A internet das coisas (IoT) é a rede de dispositivos físicos, máquinas, veículos, eletrodomésticos e outros itens que incorporam eletrônica "embarcada" – *softwares*, sensores, atuadores e conectividade que permitem que essas "coisas" se conectem, coletem e troquem dados, tanto entre si como com outros atores na cadeia de suprimentos. Tecnologias associadas com a IoT tipicamente incluem: RFID, "*near field communication*", redes de sensores sem fio, *middleware*, computação na nuvem e *software* de suporte (Druehl *et al.*, 2017). Na Europa, e particularmente na Alemanha, a IoT é uma das tecnologias fundamentais da Indústria 4.0.

Veja o texto de abertura deste capítulo para um exemplo esclarecedor da "anatomia" de uma aplicação de IoT.

12.2.6 (*Big*) *data analytics* & inteligência artificial

Como consequência de as empresas manufatureiras e suas cadeias de suprimentos terem começado a adotar avançadas tecnologias de informação e conhecimento, uma quantidade enorme de dados relacionados à produção tem sido acumulada numa taxa exponencialmente crescente, por muitos atores, durante as fases de pesquisa e desenvolvimento, suprimento, produção, distribuição, uso, manutenção e disposição de produtos (Zhang *et al.*, 2016). Esses dados em maciços volumes são capturados, possivelmente de diversas fontes, em diversos formatos, e necessitam ser analisados de forma rápida e transformados em informação útil a diversos potenciais usuários (para mantê-los informados ou permitir tomada de decisão).

Figura 12.8 Assistente digital doméstico que usa inteligência artificial (IA) para responder a perguntas e fornecer informações.

Por exemplo, técnicas de *data mining* ("mineração de dados") são necessárias quando dados são coletados de diversos sensores. Essa informação permite a avaliação do estado e configuração correntes de vários ativos (máquinas, equipamentos de movimentação, modos de transporte, armazéns, tanto da própria empresa como de parceiros nas cadeias de suprimentos), assim como condições gerais (climáticas, de tráfego, entre outras) que podem afetar a produção e distribuição de produtos e serviços. Além disso, análises no tempo certo destes dados podem proporcionar importantes vantagens competitivas para cadeias de suprimentos, na forma de melhores (ou mesmo otimizadas) decisões, maior coordenação entre ativos e tomadores de decisão da cadeia e, em termos gerais, maior integração, com a resultante mitigação de efeitos negativos na rede, como as otimizações locais em detrimento da otimização global, e de efeitos nocivos, como, por exemplo, o efeito chicote. Veja o Capítulo 7.

Algumas possibilidades são as abordagens de *data mining* combinadas com técnicas como algoritmos de árvores de decisão, redes neurais, algoritmos heurísticos, programação linear, não linear, dinâmica e inteira e outras técnicas avançadas de pesquisa operacional, permitindo melhor análise, classificação, previsão, visualização e tomada de decisão. Sumariando, há três características da Indústria 4.0 necessárias a criar uma estrutura de *big data analytics* (Ustundag e Cevickan, 2018):

1. Aquisição e integração de *big data*: aquisição inclui dados de leitores de etiquetas RFID, códigos de barras, sensores inteligentes, câmeras inteligentes, entre outros.
2. Armazenamento e processamento de *big data*: tanto em tempo real como em retaguarda (*batch*), de forma a "limpar", integrar e transformar dados em informações úteis e "acionáveis".
3. Mineração (*mining*) de *big data* e descoberta de conhecimento na base de dados: aqui, técnicas de *clusterização*, classificação, associação e predição usando técnicas matemáticas, de tecnologia da informação, inteligência artificial e de pesquisa operacional são essenciais.

Implicações para a cadeia de suprimentos[2]

As implicações de (*big*) *data analytics* e inteligência artificial são substanciais nas cadeias de suprimentos.

Fabricantes estão usando *big data* e tecnologias baseadas na nuvem para ir além das restrições dos sistemas ERP (*Enterprise Resource Planning*) e dos sistemas tradicionais de SCM (*Supply Chain Management*). Para os fabricantes cujos modelos de negócios são baseados em ciclos de vida dos produtos curtos e em alta velocidade, os sistemas legados de ERP podem se tornar gargalos importantes. Projetados para trabalhar com dados de pedidos, envios e transações, esses sistemas não são, muitas vezes, suficientes para atender aos desafios que as cadeias de suprimentos enfrentam atualmente. Embora muitas empresas ainda não tenham adotado *big data analytics* em suas operações da cadeia de suprimentos, os fatores a seguir serão importantes catalisadores que farão com que muitos se movimentem, saindo da inércia atual.

A escala, escopo e profundidade dos dados gerados nas cadeias de suprimentos estão hoje acelerando. Fabricantes estão olhando para o *big data* como um catalisador para uma maior colaboração entre parceiros da cadeia, das seguintes formas:

- Permitindo redes de fornecedores mais complexas que se concentram no compartilhamento de conhecimento e colaboração para melhor tomada de decisão, em vez de apenas se concentrarem nas transações realizadas. O *big data* pode revolucionar o jeito como as cadeias de suprimentos se formam, crescem, expandem para novos mercados e amadurecem com o tempo. As transações não são mais o único objetivo; criar redes de compartilhamento de conhecimento, sim.

- *Big data* e análises avançadas estão sendo integradas em ferramentas de otimização, previsão de demanda, planejamento de negócios, colaboração com fornecedores e análise de risco.

- Análises georreferenciadas com base em *big data* são usadas para mesclar e otimizar as redes e rotas de distribuição e entrega de produtos.

- Rastreabilidade e *recalls* são, por natureza, intensivos em dados, tornando a contribuição de *big data* potencialmente significativa para esses processos, principalmente (mas não apenas) em indústrias reguladas, como alimentícia e farmacêutica.

- A qualidade do fornecimento pode melhorar com *big data*, desde o processo de auditoria e desenvolvimento do fornecedor até a inspeção de entrada, fabricação e montagem final. Sistemas de alerta antecipado são implantados a montante, nos fornecedores, e se estendem aos produtos no campo, até sua disposição responsável.

---

[2] Esta seção é baseada em um artigo da Forbes Magazine *on-line*: Ten Ways Big Data Is Revolutionizing Supply Chain Management, escrito por Louis Columbus. Disponível em: https://www.forbes.com/sites/louiscolumbus/2015/07/13/ten-ways-big-data-is-revolutionizing-supply-chain-management/#7d6c35ac69f5. Acesso em: 21 nov. 2018.

12.2.7 Machine learning[3]

> **PARA REFLETIR**
> Assista aos vídeos a seguir.
>
> Fonte: https://www.youtube.com/watch?v=z-EtmaFJieY
> Acesso em: 4 jul. 2019
> uqr.to/fdhp
>
> Fonte: https://www.youtube.com/watch?v=TnUYcTuZJpM
> Acesso em: 4 jul. 2019
> uqr.to/fdhq

Aprendizado de máquina (*machine learning*) é a ciência de fazer com que os computadores aprendam e ajam como os humanos, e melhorem seu aprendizado ao longo do tempo de maneira autônoma, alimentando-se de dados e informações na forma de observações e interações do mundo real. Esse conhecimento adquirido permite que os computadores generalizem seu conhecimento corretamente para novas configurações e situações.

Existem muitos tipos diferentes de algoritmos de aprendizado de máquina, com dezenas publicados a cada dia, e eles são tipicamente agrupados por estilo de aprendizado (como aprendizado supervisionado, aprendizado não supervisionado, aprendizado semissupervisionado) ou por semelhança na forma ou função (por exemplo, classificação, regressão, árvore de decisão, agrupamento, aprendizagem profunda etc.). Independentemente do estilo de aprendizagem ou função, as combinações de algoritmos de aprendizado de máquina consistem no seguinte:

- representação (um conjunto de classificadores ou a linguagem que um computador entende);
- avaliação (também conhecido como função objetivo/função de *scoring*);
- otimização (método de pesquisa; existem métodos de otimização disponíveis "de prateleira" no mercado e personalizados).

Existem diferentes abordagens para fazer com que as máquinas aprendam, desde o uso de árvores de decisão básicas até o uso de redes neurais artificiais, dependendo de qual tarefa se está tentando realizar e do tipo e quantidade de dados que se tem disponíveis.

As máquinas que aprendem são úteis para os seres humanos, porque, com todo o seu poder de processamento, usando *big data*, podem destacar ou encontrar mais rapidamente padrões que teriam sido ignorados pelos seres humanos (pense, por exemplo, nos sistemas de detecção de fraude com cartão de crédito dos bancos, em que IA e aprendizado de máquina são intensamente utilizados). O aprendizado de máquina é uma ferramenta que pode ser usada para melhorar a capacidade dos seres humanos de resolver problemas e fazer inferências sobre uma ampla gama de questões, desde ajudar a diagnosticar doenças, identificar movimentações financeiras ilícitas ou perigosas, até apoiar soluções para a mudança climática global.

Implicações para a cadeia de suprimentos

Há muitas implicações do *machine learning* para as cadeias de suprimentos. Veja algumas:[4]

- Os algoritmos de aprendizado de máquina e os aplicativos que os executam são capazes de analisar rapidamente grandes e diversos conjuntos de dados, melhorando a precisão da previsão de demanda. O aprendizado de máquina está provando ser muito eficaz em levar em conta fatores que os métodos tradicionais não têm como identificar, rastrear ou quantificar ao longo do tempo.

- Reduzir os custos de frete, melhorar o desempenho da entrega de fornecedores e minimizar o risco do fornecedor (por intermédio da identificação de sinais, por exemplo, de insolvência financeira ou interrupção operacional) são três dos benefícios que a aprendizagem de máquina pode oferecer em cadeias de suprimentos colaborativas.

- O aprendizado de máquina tem melhorado muito no reconhecimento de padrões visuais, abrindo muitas aplicações potenciais na inspeção física de qualidade e na manutenção de ativos físicos em toda a cadeia de suprimentos. O aprendizado de máquina também está provando ser muito eficaz na automação da inspeção de qualidade de entrada nos centros de logística (como os armazéns e as operações de *cross-docking*), separando os despachos de produtos *substandard*.

- A previsão de demanda de novos produtos (lançamentos ou "inovações"), incluindo os fatores causais que mais impulsionam as novas vendas, é uma área em que o aprendizado de máquina está sendo aplicado

---

[3] Esta seção é baseada no artigo "What is Machine Learning?", escrito por Daniel Faggella. Disponível em: https://www.techemergence.com/what-is-machine-learning/. Acesso em: 21 nov. 2018.

[4] A lista, compilada de várias fontes, é baseada em "10 Ways Machine Learning Is Revolutionizing Supply Chain Management", por Louis Columbus, da revista Forbes on-line. Disponível em: https://www.forbes.com/sites/louiscolumbus/2018/06/11/10-ways-machine-learning-is-revolutionizing-supply-chain-management/#2219d7fe3e37. Acesso em: 22 nov. 2018.

hoje, com bons resultados. Das abordagens pragmáticas de perguntar aos parceiros de canal, às contribuições de equipes de vendas diretas e indiretas sobre quantos produtos novos eles pensam que venderão e usando modelos estatísticos avançados, há uma grande variação na forma como as empresas preveem a demanda de um novo produto. O aprendizado de máquina pode se mostrar valioso ao levar em conta fatores causais que potencialmente influenciam a demanda, mas que ainda não foram identificados, considerados ou conhecidos antes.

- As empresas podem ampliar a vida útil dos principais ativos da cadeia de suprimentos, incluindo máquinas, motores, meios de transporte e equipamentos de armazenamento, a fim de encontrar novos padrões nos dados de uso coletados por meio de sensores. A indústria de manufatura lidera todas as outras no volume de dados que produz anualmente. O aprendizado de máquina está se mostrando útil na análise de dados derivados de máquinas e processos para determinar quais fatores causais mais influenciam o desempenho e longevidade das máquinas.

- Melhorar o gerenciamento e a conformidade da qualidade do fornecedor, encontrando padrões nos níveis de qualidade dos fornecedores e criando hierarquias de dados de rastreamento para cada fornecedor, sem assistência humana. Em média, uma empresa típica depende de fornecedores externos para mais de 80% dos componentes montados em determinado produto. A qualidade do fornecedor, a conformidade e a habilidade de rastrear são essenciais em setores regulamentados, incluindo a indústria aeroespacial e de defesa, alimentos e bebidas, farmacêutica e equipamentos médicos.

- O aprendizado de máquina está aprimorando o planejamento e controle da produção, levando em consideração várias restrições e apoiando a otimização de soluções.

- A combinação de aprendizado de máquina com análises avançadas, sensores e monitoramento em tempo real está, pela primeira vez, fornecendo visibilidade de ponta a ponta (*end to end*) em muitas cadeias de suprimentos.

12.2.8 Realidade virtual (RV) e realidade aumentada (RA)

Tecnologias de virtualização são baseadas em ferramentas de RV e RA, entendidas como a integração da representação (baseada em computador) de um ambiente do mundo real, mas adicionada de informações que agregam valor ao usuário. Em outras palavras, informação "virtual" pode ser agregada à representação do mundo real com objetivo de enriquecer a percepção humana de realidade com objetos e elementos "aumentados", enriquecidos de informação ou enfatizados (Syberfelt *et al.*, 2017). Com esse propósito, aplicações existentes de RV e RA associam interfaces gráficas com a visão que o usuário tem do ambiente real corrente. As tecnologias de visualização apresentam quatro características para serem consideradas RV/RA:

1. captura do cenário;
2. identificação do cenário;
3. processamento do cenário;
4. visualização aumentada do cenário.

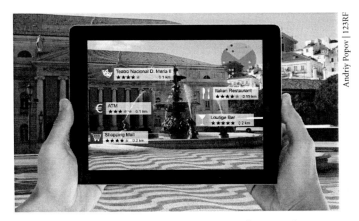

Figura 12.9 Aplicativo com realidade aumentada para turismo.

Sua implantação é feita a partir de *hardwares* do tipo sistemas estacionários de visualização (como câmeras inteligentes fixas), sistemas espaciais de visualização (como câmeras corporais ou instaladas em veículos), *displays* montados em capacetes especiais, óculos inteligentes e lentes inteligentes.

Implicações para a cadeia de suprimentos

Embora até hoje a maioria das aplicações de RV/RA tenha sido direcionada à indústria de *videogames* e de turismo, recentemente essas tecnologias têm sido aplicadas no contexto de controle de qualidade (pense nas especificações de um produto sobrepostas à imagem do produto, disponíveis a um inspetor de qualidade), manutenção (pense no diagrama de um circuito sobreposto à imagem do próprio circuito sendo consertado por um técnico), montagens (pense nas instruções de montagem sobrepostas à imagem do produto sendo montado, acessível nos óculos inteligentes de um montador), *picking* em armazéns (pense em um funcionário fazendo *picking* de uma ordem com a instrução de *picking*, incluindo a localização dos itens, sobrepostos à imagem da prateleira vista pelo funcionário).

12.2.9 Blockchain

SAIBA MAIS
Para uma explicação simples do funcionamento de *blockchains*, assista aos vídeos a seguir.

Como o blockchain *funciona*
Fonte: https://www.youtube.com/watch?v=SSo_EIwHSd4
Acesso em: 4 jul. 2019
uqr.to/fdhw

Especulações informadas sobre setores industriais a serem mais afetados por blockchain
Fonte: https://www.youtube.com/watch?v=G3psxs3gyf8
Acesso em: 4 jul. 2019
uqr.to/fdhx

Don Tapscott sobre a "revolução" blockchain
Fonte: https://www.youtube.com/watch?v=Pl8OIkkwRpc
Acesso em: 4 jul. 2019
uqr.to/fdhz

Blockchain é literalmente uma cadeia de blocos de informação. Quando dizemos as palavras "bloco" (*block*) e "encadeamento" (*chain*) neste contexto, estamos falando de informações digitais (o "bloco") armazenadas de forma encadeada em um banco de dados público (a "cadeia"), com várias cópias redundantes, e seguro, por técnicas avançadas de criptografia, contra fraudes e alterações indevidas.

Para entender por que *blockchain* pode ser útil, precisamos voltar para o século XIV. Foi quando os comerciantes e banqueiros italianos começaram a usar o método contábil de *partidas dobradas*. Nos próximos séculos, livros contábeis "limpos" chegaram a ser considerados um sinal de honestidade, liberando os banqueiros a se tornarem intermediários de pagamentos e acelerando a circulação de dinheiro (Casey e Vigna, 2018). Isso financiou o Renascimento e pavimentou o caminho para a explosão capitalista que mudaria o mundo. No entanto, o sistema não era imune a fraude. Banqueiros e outros atores financeiros muitas vezes violavam seu dever moral de manter livros honestos, e ainda o fazem – é só perguntar aos clientes de Bernie Madoff e seu imenso esquema financeiro de "pirâmide", ou aos acionistas da Enron, ou, mais recentemente, da Petrobras. Além disso, mesmo quando são honestos, a honestidade deles tem um preço.

Nós confiamos em "gestores" de confiança centralizados, como bancos, bolsas de valores e outros intermediários financeiros, e estes acabaram por se tornar imprescindíveis, e isso os transformou em todo-poderosos intermediários. Eles cobram taxas e restringem acesso, criando atrito, reduzindo, assim, inovação, e fortalecendo seu domínio (Casey e Vigna, 2018). A verdadeira promessa da tecnologia *blockchain*, então, é reduzir potencialmente e de forma drástica o "custo de obter confiança" por meio de uma abordagem descentralizada da contabilidade – e, por extensão, criar um novo caminho para a estruturação de organizações econômicas. Uma nova forma de escrituração contábil pode parecer uma coisa tediosa; entretanto, por milhares de anos, desde o código de Hammurabi, na Babilônia, livros contábeis têm sido um dos alicerces da civilização, no aspecto econômico das trocas. Isso porque as trocas de valor em que sociedades são fundadas nos obrigam a confiar um no outro quanto ao que possuímos, ao que devemos e ao que nos é devido. Para conseguir essa confiança, precisamos de um sistema aceito de forma comum a fim de manter controle de nossas transações, um sistema que dá definição e ordem à própria sociedade. Um *blockchain* é um registro eletrônico – uma lista de transações. Essas transações podem, em princípio, representar quase qualquer coisa. Podem ser trocas reais de dinheiro (como nos *blockchains* que estão por trás das criptomoedas, como o *bitcoin*); podem representar trocas de outros ativos, como certificados de ações; podem representar instruções, como ordens para comprar ou vender uma ação; podem incluir os chamados contratos inteligentes (*smart contracts*), que são instruções informatizadas para fazer algo (por exemplo, comprar ações) se outra coisa for verdadeira (por exemplo, o preço da ação caiu abaixo de US$ 10). O que faz de um *blockchain* um tipo especial de registro é que, em vez de ser gerenciado por uma única instituição centralizada, como um banco ou agência governamental, é armazenado em várias cópias idênticas (redundantes) em vários computadores independentes dentro de uma rede descentralizada.

Nenhuma entidade única controla o registro. Qualquer um dos computadores na rede pode fazer uma adição (mas não uma mudança) ao registro, mas apenas seguindo regras ditadas por um *protocolo de consenso*, um algoritmo matemático que requer que a maioria dos outros computadores na rede "concorde" com a adição. Uma vez que um consenso gerado por esse algoritmo foi alcançado, todos os computadores na rede atualizam suas cópias do registro simultaneamente. Se algum deles tenta adicionar uma entrada ao registro sem esse consenso, ou tenta alterar uma entrada retroativamente, o resto da rede rejeita automaticamente a entrada, tomando-a como inválida. Normalmente, as transações são agrupadas em blocos de certo tamanho (por exemplo, um *megabyte*) que estão encadeados (daí o nome *blockchain*) por códigos criptográficos, eles próprios um produto do algoritmo de consenso. Isso produz um registro imutável e compartilhado da "verdade" sobre a transação ou registro, uma "verdade" que, se as coisas foram definidas corretamente, não pode ser adulterada.

Nesse quadro geral há muitas variações. Existem diferentes tipos de protocolos de consenso, por exemplo, e há divergências sobre qual é mais seguro. Há registros públicos de *blockchain* "sem permissão", para os quais, em princípio, qualquer um pode, com um computador, tornar-se parte da rede; assim é o *blockchain* inicial, que dá respaldo tecnológico para a existência do *bitcoin*. Há também *blockchains* privados, que requerem "permissão", são sistemas de registro que não necessariamente incorporam uma criptomoeda. Estes podem ser usados por um grupo de organizações que precisam de um sistema de manutenção de registros, mas são independentes umas das outras e talvez não confiem totalmente uma na outra – um fabricante e seus fornecedores, por exemplo, numa cadeia de suprimentos. O fio comum entre todos eles é que as regras matemáticas e uma criptografia (supostamente) inexpugnável são o que garante a integridade do registro, em vez da "confiança" em determinados seres humanos ou instituições falíveis. Os benefícios deste modelo descentralizado aparecem quando comparado com o custo do sistema econômico atual de construir e manter "confiança". Considere isto: em 2007, a instituição financeira centenária Lehman Brothers relatou lucros e receita recordes, tudo endossado por seu auditor, a Ernst & Young. Nove meses depois, a revelação da situação real destes mesmos ativos levou à falência da megaempresa, provocando a maior crise financeira mundial em 80 anos, ocorrida em 2008. Claramente, as avaliações mencionadas nos anos anteriores nos livros contábeis estavam longe da realidade. E, posteriormente, aprendeu-se que os livros do Lehman Brothers não eram os únicos com dados duvidosos e falsos. Bancos nos EUA e Europa pagaram milhões de milhões de dólares em multas e acordos para cobrir perdas causadas por balanços inflados. Isso foi um poderoso lembrete do alto preço que muitas vezes pagamos por confiar em entidades centralizadas e seus números internamente gerados. A crise foi um exemplo extremo do custo da confiança.

Mais especificamente sobre aplicações em cadeias de suprimentos, os chamados contratos inteligentes (*smart contracts*), suportados tecnologicamente por tecnologias de *blockchain* mais recentes, como a da rede Ethereum, são uma tecnologia que permite aplicações de *blockchain* em várias empresas e cadeias de suprimentos. Trata-se de um contrato entre partes programado em código e enviado para o *blockchain*. O contrato inteligente não depende da intermediação de terceiros; todo o processo é controlado automaticamente pelo funcionamento da tecnologia. Contratos inteligentes são simplesmente programas de computador que executam ações predefinidas (por exemplo, um pagamento) quando certas condições dentro do sistema são atendidas (por exemplo, a entrega da mercadoria). Essa tecnologia reduz ambiguidades (Boschi *et al.*, 2018), e os contratos inteligentes são uma importante parte da aplicação de *blockchain* em cadeias de suprimentos, porque trazem um elemento de confiança em transações, mesmo entre partes desconhecidas. O esquema da Figura 12.10, baseado em Gupta (2018), ilustra graficamente o uso de *blockchain* ao longo de uma cadeia de suprimentos.

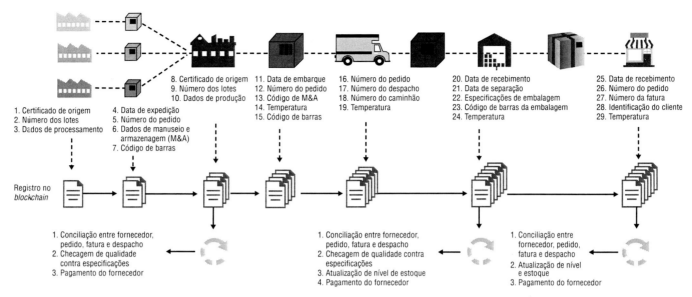

Figura 12.10 Uso de *blockchain* e contratos inteligentes na cadeia de suprimentos (Gupta, 2018).

Implicações para a cadeia de suprimentos[5]

Blockchain no domínio de compras do SCM

Blockchain tem o potencial de trazer confiança digital para o ciclo de compras, o que é fundamental na gestão de cadeias de suprimentos. O recurso de *transparência* oferecido pela tecnologia de *blockchain* é mais útil aqui. Nas cadeias de suprimentos tradicionais, que são orientadas por contratos analógicos, existe uma lacuna entre a entrega real do produto, a geração da fatura e a liquidação do pagamento final. A aplicação do *blockchain* e, em particular, de contratos inteligentes, ajudará as organizações a reduzir ou acabar com essas lacunas atrasadas e caras de pagamento, integrando entrega e pagamento em contratos digitais que fluem entre as empresas e se integram com parceiros de logística e bancos (caso o pagamento não ocorra em criptomoedas, estas podem ser integradas ao próprio processo com *blockchain*). A integração também resulta na redução dos requisitos de capital de giro e simplificação das operações financeiras, o que leva à sustentabilidade da cadeia de suprimentos. O contrato inteligente, que funciona como um livro de regras para essas transações, pode ser usado. Decisões relacionadas ao pagamento podem ser assistidas por tais acordos inteligentes. A origem de qualquer bem pode ser rastreada até sua origem, já que todas as transações serão parte do encadeamento de blocos de informação. Melhor gerenciamento de pedidos de compra, liquidação em tempo real, gerenciamento eficiente de consultas, tudo isso aumenta as vantagens mencionadas.

Blockchain no domínio de fabricação de SCM

Muitos dados são gerados no ciclo de fabricação; desde a etapa de verificação da matéria-prima até o uso de ferramentas de melhoria de processos, como *lean* e *six sigma*. O potencial da aplicação de *blockchain* reside em validar os parâmetros de fabricação tidos como uma atividade custosa e trabalhosa. Contratos inteligentes, que podem verificar tais condições, fornecidas com poder executivo, podem gerar maior automação nos processos de decisão internos das fábricas. Documentação de qualidade também pode ser padronizada com uso do *blockchain* e ser distribuída para todos os nós participantes a fim de auxiliar na tomada de decisões (Apte e Petrovsky, 2016). Há relatos de que algumas empresas começaram com a integração de conceito da tecnologia de *blockchain* em suas práticas de fabricação (Xu *et al.*, 2018). As soluções de *blockchain* dedicadas da Wipro são voltadas a empresas de manufatura e podem ser adaptadas às necessidades individuais dos clientes. Usando um ID único, a Wipro pretende validar os processos de fabricação, eliminando a possibilidade de itens falsificados entrarem na cadeia de suprimentos. Os itens seriam escaneados em todos os pontos do processo de fabricação, e um sistema transparente baseado em *blockchain* poderia gerar benefícios para gestão da qualidade e verificação.

Blockchain em logística e domínio de distribuição do SCM

Os benefícios potenciais da maior transparência e melhor rastreamento são muito sentidos no ciclo de entrega de

---

[5] Esta seção é baseada nos anais do Industry 4.0 in Practice Conference de 2016. Disponível em: http://industry40.ee/wp-content/uploads/2016/06/Industry40_Brochure_2_148x210_3mm-kl15.15.pdf. Acesso em: 22 nov. 2018.

qualquer cadeia de suprimentos. Quanto mais amplamente disseminadas as cadeias de suprimentos, maiores as possibilidades de discrepâncias em relação ao fluxo de informações e à qualidade do produto entregue. Isso afeta diretamente a satisfação do cliente. Com uma concorrência cada vez maior no mercado, nenhuma das organizações quer perder nessa frente. *Blockchain* pode ser útil em tais circunstâncias.

Os recursos implantados no domínio de distribuição, por exemplo, veículos que podem ser facilmente integrados a tecnologias como GPS, podem funcionar como uma fonte de entrada de informações para o *blockchain*. Uma vez que tal integração tenha sido alcançada, a natureza permanente do *blockchain* garantirá que os dados não possam ser forjados/alterados e sejam recuperáveis a qualquer momento no futuro para fins de análise. Essa combinação melhora ainda mais a eficiência operacional da cadeia de suprimentos a jusante.

Algumas organizações já iniciaram projetos-pilotos para implementar a tecnologia de *blockchain* em suas cadeias de suprimentos e planejam escalá-la. É necessário analisar os fatores de adoção com *insights* mais profundos, para que o processo de adoção seja bem entendido.

Conclusão

Estamos vivendo o início de uma nova e fascinante revolução industrial, com novas tecnologias, novos usos de tecnologias já existentes, novos modelos de negócios e novas oportunidades. Essas tecnologias têm muito potencial de apoiar muitas áreas dentro das cadeias de suprimentos. A Figura 12.11 traz uma visão macro dos pontos da cadeia nos quais essas tecnologias apresentam, talvez, maior potencial.

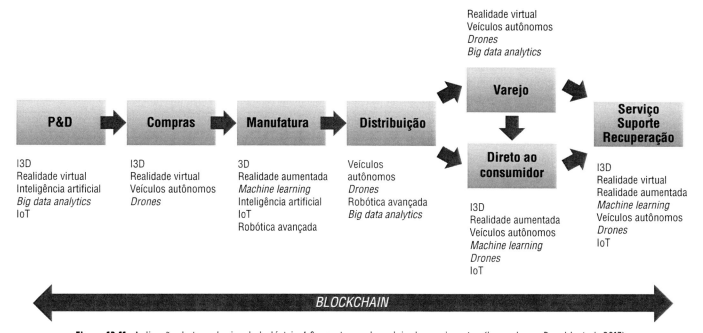

Figura 12.11 Aplicação de tecnologias da Indústria 4.0 em etapas da cadeia de suprimentos (baseado em Druehl *et al.*, 2017).

12.3 ESTUDO DE CASO: ABB E A INDÚSTRIA 4.0

Como provedor de soluções de *softwares* corporativo industrial com oferta combinada de tecnologia de informação (TI) e tecnologia de operação (TO), a Asea Brown Boveri (ABB, faturamento global de US$ 34,3 bilhões em 2017) e seu ecossistema de parceiros selecionados trabalham para executar as melhores soluções aos mais decisivos objetivos de negócios. Mais de 1.100 empresas intensivas globalmente em ativos (geração de energia, indústrias de processos, transporte de massa) confiam em suas soluções para manter as luzes acesas nas maiores cidades do mundo, prever falhas de ativos para garantir confiabilidade para milhões de passageiros e alinhar os recursos de produção e operação em busca de suas estratégias comerciais.

Manutenção é essencial nessa indústria. A manutenção periódica (preventiva) é lenta e está sendo substituída gradualmente por manutenção preditiva. Nos velhos tempos você faria uma revisão em seu carro a cada dez mil quilômetros. Hoje em dia, com manutenção preditiva do carro em si, ou das várias partes do carro, os sensores de bordo indicarão a hora correta para manutenção, sem desperdício e sem paradas. O processo se torna muito mais inteligente. Vários estudos sugerem que entre 60%

e 70% das manutenções periódicas podem ser desnecessárias. A tecnologia inteligente da ABB permite analisar em tempo real as informações sobre a saúde de um ativo. É uma conexão entre o ativo em si, conectado à IoT, as atividades de retaguarda e técnicos de campo que executam a manutenção no ativo. Portanto, a ABB aloca seus recursos, ou seja, operadores de campo, de uma maneira muito mais eficiente e eficaz, garantindo maior disponibilidade do ativo gerenciado.

Por exemplo, a falha catastrófica de um grande transformador é três a dez vezes mais cara para resolver (por substituição) do que a obtenção de sinais de alerta precoces e convocação de uma equipe de campo para investigar e resolver quando o problema ainda não se tornou catastrófico. Além de receber um serviço mais eficiente das equipes de manutenção, com mais inteligência, a maior parte do tempo de manutenção se tornará desnecessária, reduzindo tempo inativo e economizando custos.

Parte da informação retorna ao processo de desenvolvimento do produto, e os registros obtidos podem alimentar o sistema maior, que inclui o projeto, o que por sua vez torna projeto e operação futura muito mais eficientes. A ABB, como fabricante de transformadores e provedora global de serviços, já investigou mais de dez mil falhas, ou falhas parciais, de transformadores de muitos fabricantes diferentes. Os *insights* que obtiveram são usados em um algoritmo sofisticado a fim de determinar quando os transformadores saudáveis estão mostrando sinais de problemas futuros. Naturalmente, os *insights* também são usados para ajudar a otimizar a construção dos transformadores. Como esses novos sistemas vêm *on-line* (IoT), fornecem muito mais informações, usados pela ABB para melhorar tanto o algoritmo quanto os produtos. A ABB Enterprise Software tem desenvolvido *expertise* em gerenciamento de ativos há mais de 35 anos e, além de ser líder na fabricação de equipamentos primários, é também um dos líderes no desenvolvimento inteligente de sensores embutidos para seus produtos e um ator importante na internet das coisas, serviços e pessoas (IoTSP). Esses sensores e a solução de integridade de ativos da ABB trabalham em qualquer equipamento, de qualquer fabricante.

QUESTÕES PARA DISCUSSÃO

1. A ABB é uma empresa de serviços ou de produtos físicos?
2. Quais elementos integrantes da Indústria 4.0 você consegue identificar no caso da ABB?
3. Quais tipos de objetivos os engenheiros de projeto da ABB perseguem quando a empresa, em vez de vender transformadores, cobra pelo seu uso? Se ela simplesmente vendesse os transformadores, quanto diferentes seriam esses objetivos?
4. A ABB usa o termo IoTSP (internet das coisas, serviços e pessoas). O que você interpreta que isso seja? Pesquise na internet para explorar mais esse conceito.

12.4 RESUMO

- A internet das coisas (IoT) é a rede de dispositivos físicos, veículos, eletrodomésticos e outros itens que incorporam eletrônica "embarcada", que permite que essas coisas se conectem, coletem e troquem dados, tanto entre si como com outros atores na cadeia de suprimentos.

- Um dos benefícios de um equipamento conectado à IoT é que o seu fabricante agora tem a capacidade de se comunicar *diretamente* com o proprietário do equipamento.

- Outro benefício é que os dados coletados do equipamento podem auxiliar na predição de possíveis problemas e na tomada de medidas para reduzir quebras e o impacto destas.

- Um terceiro benefício é a utilização de dados sobre o uso do equipamento para alimentar a gestão e venda de consumíveis e melhorar o projeto dos aparelhos.

- A transformação do mercado baseado em "transações de compra e venda" para um com base em "serviço" pode auxiliar nos esforços de sustentabilidade ambiental.

- O termo "Quarta Revolução Industrial" se tornou bastante comum nas discussões das rupturas tecnológicas que o século XXI consolidou.

- A primeira grande mudança social ocorreu em torno de dez mil anos atrás, quando ocorreu a transição da alimentação humana "forrageira" de sociedades nômades, para uma baseada em fazendas e agricultura.

- A Primeira Revolução Industrial ocorreu em torno da segunda metade do século XVIII, com a transição da "potência" muscular para a potência mecânica.

- A Segunda Revolução Industrial começou no final do século XIX, disparada pelo advento da invenção de formas de criação e transmissão de energia elétrica, da "administração científica", da linha de montagem e da "produção em massa".

- A Terceira Revolução Industrial começou nos anos 1950, com o surgimento dos computadores.

- A Quarta Revolução Industrial, iniciada na virada do milênio, caracteriza-se por uma internet muito mais ubíqua (quase onipresente) e permitindo mobilidade de acesso, sensores muito mais sensíveis e poderosos, que se tornaram muito mais baratos, e por avanços substanciais em inteligência artificial e *machine learning*. Na Alemanha, essas discussões têm feito referência ao termo "Industria 4.0".

- "Industrie 4.0" (termo original em alemão para "Indústria 4.0") descreve um cenário futuro de produção industrial com novo nível de organização de toda a cadeia de suprimentos, disponibilidade de informações maciças e criação de cadeias dinâmicas e otimizadas em tempo real.
- As tecnologias de *hardware* da Indústria 4.0 são: manufatura aditiva (impressão 3D), veículos autônomos, robótica avançada (adaptativa) e internet das coisas (IoT).
- As tecnologias de *software* da Indústria 4.0 são: (*big*) *data analytics* & inteligência artificial, *machine learning*, realidade virtual/realidade aumentada e *blockchain*.
- Uma impressora 3D é um dispositivo capaz de construir um objeto sólido tridimensional de qualquer formato a partir de um *design* digital. Com a I3D, as cadeias de suprimentos se tornam mais curtas e simples, para alguns produtos, favorecendo a customização em massa.
- Veículos autônomos são aqueles capazes de trafegar sem qualquer interferência humana além da definição dos pontos de origem e destino e, possivelmente, as rotas a seguir. A tecnologia de veículos autônomos tem a capacidade de impactar significativamente as cadeias de suprimentos por meio de redução de custos e tempo de transporte, segurança, entre outros.
- A robótica avançada surgiu como consequência da combinação de microprocessadores e métodos de inteligência artificial, tornando as máquinas mais inteligentes e também mais autônomas e até "sociais". A *execução* na cadeia de suprimentos é uma área de negócios pronta para mudanças radicais possibilitadas pela robótica, especialmente nos processos de atendimento de pedidos no armazém.
- A internet das coisas implica dispositivos eletronicamente conectados, capturando e trocando informações entre si e com outros atores na cadeia de suprimentos.
- Uma quantidade enorme de dados relacionados à produção tem sido acumulada numa taxa exponencialmente crescente. Esses dados necessitam ser analisados de forma automática, rápida e inteligente e transformados em informação útil a diversos potenciais usuários. Isso é a essência do *big data analytics* e da inteligência artificial, que tem sido adotada para melhorar a tomada de decisão em cadeias de suprimentos.
- Aprendizado de máquina (*machine learning*) é a ciência de fazer com que os computadores aprendam e ajam como os humanos, e melhorem seu aprendizado de maneira autônoma ao longo do tempo. Há muitas implicações do *machine learning* para as cadeias de suprimentos, o que inclui melhores previsões, redução de custos logísticos, inspeção de qualidade e manutenção, controle de suprimentos, planejamento da produção e gestão de ponta a ponta das cadeias.
- Tecnologias de virtualização, baseadas em ferramentas de realidade virtual (RV) e realidade aumentada (RA), são entendidas como a integração da representação (baseada em computador) de um ambiente do mundo real, mas adicionada de informações que agregam valor ao usuário. Implicações na cadeia incluem: controle de qualidade, manutenção, montagem, *picking* em armazéns, entre outros.
- *Blockchain* é literalmente uma cadeia de blocos de informação. Estamos falando de informações digitais (o "bloco", ou *block*) armazenadas em um banco de dados público (a "cadeia", ou *chain*) e seguro contra fraudes e alterações indevidas. *blockchain* tem o potencial de trazer confiança digital e de custo mais baixo para a cadeia de suprimentos, o que é fundamental na sua gestão.

12.5 EXERCÍCIOS

1. O que significa o termo "Indústria 4.0" e qual a diferença entre "Indústria 4.0" e a chamada "Quarta Revolução Industrial"?
2. O que é a internet das coisas (IoT) e qual a sua relação com o conceito de "Indústria 4.0"?
3. Com base no exemplo inicial do Capítulo 12, de uma máquina de lavar roupas conectada à internet, descreva como a internet das coisas alteraria a cadeia de suprimentos se sua geladeira estivesse conectada à internet.
4. O que é a chamada Quarta Revolução Industrial e como ela se diferencia da chamada Terceira Revolução Industrial?
5. Quais as tecnologias de *hardware* consideradas essenciais para a Indústria 4.0? Quais as tecnologias de *software* consideradas essenciais para a Indústria 4.0?
6. Como a manufatura baseada em impressão 3D (I3D) se diferencia dos processos tecnológicos tradicionais de produção?
7. Quais as principais vantagens e desvantagens que a I3D apresenta em relação a outras tecnologias de produção mecânica?
8. Quais as implicações do desenvolvimento da I3D para as cadeias de suprimentos?

9. O que são veículos autônomos? Qual tipo de veículos autônomos você conhece?
10. Quais as implicações do desenvolvimento de veículos autônomos para as cadeias de suprimentos?
11. O que se entende por "robótica avançada"? O que diferencia robótica avançada da robótica tradicional?
12. Quais as implicações do desenvolvimento de robótica avançada para as cadeias de suprimentos?
13. O que se entende por "internet das coisas (IoT)"? No que esse conceito se diferencia do conceito de "internet"?
14. Quais as implicações do desenvolvimento de internet das coisas (IoT) para as cadeias de suprimentos?
15. O que significa e por que é importante o conceito de *big data analytics*? Qual a relação entre *big data analytics* e inteligência artificial?
16. Quais as implicações do desenvolvimento de *big data analytics* e inteligência artificial para as cadeias de suprimentos?
17. O que é *machine learning*?
18. Quais as implicações do desenvolvimento de *machine learning* (aprendizado de máquina) para as cadeias de suprimentos?
19. O que é *blockchain*? O que diferencia o conceito de *blockchain* das bases de dados tradicionais?
20. Quais as implicações do desenvolvimento da tecnologia de *blockchain* para as cadeias de suprimentos?

12.6 ATIVIDADES PARA SALA DE AULA

1. Com seu grupo de trabalho, identifique dois modelos de negócios de empresas atuais que usam a lógica de "venda transacional" (meramente vendendo produtos). Pense criativamente em como você poderia revolucionar essas duas áreas de negócios com uma proposta de "serviço com pagamento conforme o uso" (por exemplo, pense no seu carro, no seu computador, na sua televisão...). Descreva como seria seu revolucionário modelo de negócio para ambos os casos, incluindo, mas sem se restringir a:
   a) Quais tecnologias da Indústria 4.0 seriam necessárias?
   b) Como você convenceria os potenciais clientes a adotarem a sua proposta de serviço e abandonarem a tradicional "compra" do produto?
   c) Faça cálculos simples e calcule o preço do serviço que faria viável seu modelo de negócio. Esse preço seria aceitável pelos potenciais clientes? Demonstre seus cálculos.
   d) Como você cobraria pelo serviço?
2. Com seu grupo de trabalho, pense na sua instituição de ensino. Percorra as tecnologias descritas neste capítulo como importantes para a Indústria 4.0, analisando quais delas seriam viáveis/adequadas para serem adotadas/implantadas. Quais vantagens e desvantagens, na sua opinião, as tecnologias que você selecionou trariam à sua instituição? Como você planejaria a implantação destas tecnologias? Considere:
   a) Sequência de implantação.
   b) Método de implantação.
   c) Custos envolvidos.
   d) Benefícios esperados.
   e) Outras considerações.

12.7 REFERÊNCIAS

APTE, S.; PETROVSKY, N. Will blockchain technology revolutionize excipient supply chain management? *Journal of Excipients and Food Chemicals*. v. 7, n. 3, 2016.

BAUMERS, M.; DICKENS, P.; TUCK, C.; HAGUE, R. The cost of additive manufacturing: machine productivity, economies of scale and technology-push. *Technological Forecasting and Social Change*, 102, p. 193-201, 2016.

BOSCHI, A. A., BORIN, R.; RAIMUNDO, J. C.; BATOCCHIO, A. *An exploration of blockchain technology in supply chain management*. Paper apresentado no 22nd Cambridge International Manufacturing Symposium, University of Cambridge, 27th – 28th September 2018.

CASEY, M. J.; VIGNA, P. The truth machine: The blockchain and the future of everything. New York: St. Martin's Press, 2018.

COHN, A.; WEST, T.; PARKER, C. *Smart after all: blockchain, smart contracts, parametric insurance, and smart energy grids*. Working Paper. 1 GEO. L. TECH. REV. 273 Georgetown Law, 2017. Disponível em: https://perma.cc/TY7W-Q8CX.

CORRÊA, H. L.; CORRÊA, C. A. *Administração de produção e operações*. 4. ed. São Paulo: Atlas, 2017. 690 p.

CORRÊA, H. L.; GIANESI, I. G. N. *Administração estratégica de serviços*. 2. ed. São Paulo: Atlas, 2018.

CORRÊA, H. L.; GIANESI, I. G. N.; CAON, M. *Planejamento, programação e controle da Produção*. 6. ed. São Paulo: Atlas, 2018.

CORRÊA, H. L. (a) Servitization Meets Sustainability. *Future Journal*. Profuturo, FIA Business School, Brazil. v. 10, n. 2, 2018. Disponível em: https://revistafuture.org/FSRJ/article/view/370/425. DOI: 10.24023.

D'AVENI, R. The 3-D printing revolution. *Harvard Business Review*, 41–48, 2015.

DOI: 10.1080/00207543.2018.1444806

DRUEHL, C.; CARRILLO, J.; HSUAN, J. Technological Innovations: Impacts on Supply Chains. *George Mason University School of Business Research Paper*. N. 18-7, 2017. Disponível em: https://ssrn.com/abstract=3082323. Acesso em: 3 jul. 2019.

GARTNER GROUP. *Hype Cycle for 3D Printing*. ID: G00276997, 2015.

GUPTA, A. *Harnessing blockchain in logistics and supply*. 2018. Disponível em: https://www.linkedin.com/pulse/harnessing-blockchain-scm-logistics-space-aradhya-gupta/. Acesso em: 24 nov. 2018.

JESCHKE, S.; BRECHER, C.; MEISEN, T.; ÖZDEMIR, D.; ESCHERT, T. Industrial Internet of Things and Cyber Manufacturing Systems. In: JESCHKE, S.; BRECHER, C.; SONG, H.; RAWAT, D. (Eds.). *Industrial Internet of Things. Springer Series in Wireless Technology*. Springer, Cham, 2017.

LAPLUME, A.; PETERSEN, B.; PEARCE, J. Global value chains from a 3D printing perspective. *Journal of International Business Studies*. 47. 10.1057/jibs.2015.47. 2016. Disponível em: https://www.researchgate.net/publication/291375376_Global_value_chains_from_a_3D_printing_perspective. Acesso em: 21 nov. 2018.

LEWANDROWSKI, N. *3D printing for fashion: additive manufacturing and its potential to transform the ethics and environmental impact of the garment industry*. 2014. Disponível em: http://ft.parsons.edu/skin/wp-content/uploads/2014/05/3Dprintingforfashion-final.pdf.

MANUJ, I.; MENTZER, J. T. Global supply chain risk management strategies, *International Journal of Physical Distribution & Logistics Management*, v. 38, n. 3, p. 192-223, 2008. Disponível em: https://doi.org/10.1108/09600030810866986.

PINE, JOSEPH B. II Making mass customization happen: Strategies for the new competitive realities, *Planning Review*, v. 21, n. 5, p. 23-24, 1993. Disponível em: https://doi.org/10.1108/eb054435.

RUFFO, M.; TUCK, C.; HAGUE, R. Make or buy analysis for rapid manufacturing. *Rapid Prototyping Journal*, v. 13, n. 1, p. 23-29, 2007. Disponível em: https://doi.org/10.1108/13552540710719181.

SCHWAB, K. *The fourth industrial revolution*. New York: World Economic Forum, 2016.

SYBERFELT, A.; DANIELSSON, O.; GUSTAVSON, P. Augmented reality smart glasses in the smart factory: Product evaluation guidelines and review of available products. *IEEE Access*, v. 5, p. 9118-9130, 2017.

TAYLOR, F. *Princípios da administração científica*. São Paulo: Atlas, 1995 (original de 1911).

USTUNDAG, A.; EMRE CEVIKCAN. *Industry 4.0: Managing the Digital Transformation*. Springer Series in Advanced Manufacturing, 2018.

WELLER, C.; R. KLEER; F. T. PILLER. Economic implications of 3D printing: Market structure models in light of additive manufacturing revisited, *International Journal of Production Economics*, v. 164, p. 43-56, 2015.

WOHLERS REPORT. *3D Printing and Additive Manufacturing State of the Industry*. Annual Worldwide Progress Report, 2015. Disponível em: https://www.wohlersassociates.com/2015report.htm.

XU, L. D.; H., W.; LI, S. Internet of Things in Industries: A Survey. *IEEE Transactions on Industrial Informatics*, v. 10, n. 4, 2014. DOI: 10.1109/TII.2014.2300753.

XU, L. D.; XU, E. L.; LI, L. Industry 4.0: state of the art and future trends, *International Journal of Production Research*, v. 56, n. 8, p. 2941-2962, 2018.

ZHANG, Y.; ZHANG, G.; CHEN, H.; PORTER, A. L.; ZHU, D.; LU, J. Topic analysis and forecasting for science, technology and innovation: Methodology with a case study focusing on big data research. *Technological Forecasting & Social Change*, v. 105, p. 179-191, 2016.

ÍNDICE REMISSIVO

3D Systems, 363
3M, 163, 185, 332
4A, 85
6 River Systems, 368
(big) data analytics, 368

A

Abafarma, 243
ABB, 375
abordagem
    conformidade, 110
    universalidade, 110
abordagem por processos, 12
abordagens qualitativas, 232
abordagens quantitativas, 232
Accenture, 306
Ace, 6
Acer, 96
acordos de nível de serviço, 81, 104
Adidas, 364
administração científica, 361
administração de operações, 5
administração integrada de redes de suprimentos, 26
administração por processos de negócios, 11
agilidade, 139
Agrega, 84, 105
Airbus, 123
alinhamento de incentivos, 22
All Small and Mighty, 329
Alphabet, 366
Amazon, 46, 65, 66, 67, 127
Amazon Prime Video, 10
Amazon Robotics, 367
Ambev, 84, 105
AMD, 46
American Airlines, 134, 240
análise de transações, 43

análise operacional preditiva, 359
análise para melhoria de processos, 191
Apple, 34, 35, 47, 85
Apple Computers, 95
Applied Materials Inc., 282
aprendizado de máquina, 362, 367
aprendizagem profunda, 370
Ariel, 6
armazenagem de produtos, 295
arranjos produtivos locais, 18
artesãos, 361
árvores de decisão, 369
aspectos de desempenho, 77
assimetria de informação, 43
Associação para Controle de Cópias de DVDs, 10
ASTM, 363
atividade
    de linha de frente, 106
    de retaguarda, 106
A.T. Kearney, 108
Avon Cosméticos, 44, 290

B

balanced scorecard, 150
Band-Aid, 332
Bayer, 185
benchmarking, 152
Benchmarking Partners, 230
Benetton, 219
Ben Franklin, 2
Bernie Madoff, 372
Bertolini, 332
Best Buy, 280
BIG, 2
big data, 370
big data analytics, 369

Binder jetting, 363
bitcoin, 372
blockchain, 372
BMW, 165
Boeing, 46, 54, 84, 123, 182
Bombardier, 33
Bompreço, 2
Booz Allen and Hamilton, 107
Brapelco, 86
Braslo, 86
Brastemp, 104, 166
Brazil Foods, 299
Bristol Myers-Squibb, 243

C

CAD, 363
cadeia complexa de serviços, 17
cadeia de suprimentos sustentável, 25
cadeias complexas de serviços, 17
cadeias de compradores-vendedores, 5
cadeias de resposta rápida, 36
cadeias de suprimentos de resposta rápida, 36
cadeias de suprimentos eficientes, 36
cadeias eficientes, 36, 37, 38, 42, 52
cadeias globais de valor, 362
cadeias simples de bens, 17
camadas 2D, 363
Camargo Corrêa, 106
câmera inteligente, 369
Canon, 45
Cargill, 25, 112, 185, 332
Carrefour, 6
categorias culturais, 72
categorias de risco, 127
CBA, 6

C&D, 33
centro de distribuição, 2, 3
CESP, 242
CFAR, 230
chaebols, 6, 27
Champion Motors, 365
Chevrolet, 250
China Mobile, 341
Chrysler, 105
ciclo de pedido, 81
Ciro, 6
Cisco, 165
Cisco Systems, 141
clusterização, 369
cobots, 367
Coca-Cola, 46, 342, 355
Coca-Cola Brasil, 332
código de barras, 369
códigos criptográficos, 373
Colgate-Palmolive, 332
collaborative planning forecasting and replenishment, 4
comercialização *on-line*, 65
Comfort Concentrado, 332
Compaq, 185
competências, 44
competências centrais, 42, 44, 45, 59
compras diretas, 2
Computer Aided Design, 363
concorrência pelos mercados, 6, 7, 27
configuração logística, 311
Conservation International, 113
consignação, 268
Consórcio Modular de Resende, 58
contrato de longo prazo, 103
contrato de médio prazo, 103
contrato de receita compartilhada, 170
contrato de recompra, 170
contratos inteligentes, 372, 373
contrato tradicional, 168
controle de qualidade, 372
coopetição, 105
Corolla, 215
Corsa, 252
Costco, 339

Covisint, 84, 88, 105
CPFR, 230
criptografia, 372
criptomoeda, 372, 374
cross-docking, 3, 315, 370
Cruise, 365
CSN, 97
curva ABC, 278
curva de Pareto, 278
custo da confiança, 373
Customer Relationship Management, 72
customização em massa, 52
custos de transação, 42, 45, 46, 82
custo total de propriedade, 159

D

Daimler-Chrysler, 84
Darden Restaurants, 113
data mining, 368
Dell, 46, 47, 96, 98, 241
Dell Computers, 85
demanda dependente, 257
demanda independente, 257
desempenho em custo, 158
desenvolvimento de produtos, 53
desenvolvimento sustentável, 330
DHL, 317
diferenciação, 34, 35, 42, 51, 52
dilema do prisioneiro, 67
dimensionamento de estoques, 51
Directed energy deposition, 363
distribuição física, 5
distribution requirements planning, 276
downcycling, 333
Dreamliner, 84, 124
DuPont, 337
durabilidade, 360
DVD, 10

E

ecoeficiência, 328
e-commerce, 367
economia circular, 334
economia de escala, 361

Economic Value Added, 13
EDS, 85
efeito chicote, 3, 216, 220
eficácia, 9
eficiência, 9
embalagens, 49
Embraer, 18, 30, 31, 46, 47, 54, 97, 182, 300
Embratel, 243
Emirates, 124
Empresa B, 338
Enaer, 33
engenharia aeronáutica, 31
engenharia de desenvolvimento de produtos, 32
engenharia preditiva, 359
Enron, 372
Enterprise Resource Planning, 72, 369
entrega direta, 311
Ericsson, 120
Ernst & Young, 373
ERP, 362, 369
especificidade de ativos, 43
estoque de materiais para manutenção, reparo, consumo e movimentação, 257
estoque de matérias-primas e componentes, 257
estoque de produtos acabados, 257
estoque em processo, 257
estoque gerenciado pelo fornecedor, 16
estratégia competitiva, 34, 35
estratégia corporativa, 34
estratégia de cadeia de suprimentos, 30, 32, 33, 34
estratégia de distribuição, 3
estratégia de expansão, 3
estratégia de foco, 34
estratégia de foco em custo, 34
estratégia funcional, 34
estruturação da função de suprimentos, 100
estrutura logística, 293
estruturas de coordenação e comunicação, 11
Ethereum, 373

ética, 109
etiquetas de radiofrequência, 4

F

FedEx, 46, 139, 162, 301
feira de Hannover, 362
fenômeno da "cauda longa", 76
Ferrari, 152
Fetch Robotics, 368
Fiat, 250
FIFO, 295
flexibilidade, 140
flexibilidade das cadeias de suprimentos, 163
Flextronics, 351
fluxo empurrado puro, 41
fluxograma funcional de processos, 194
fluxo híbrido empurrado-puxado, 41
fluxo puxado puro, 41
fluxos empurrados, 38, 40, 42, 52
fluxos híbridos empurrados-puxados, 39
fluxos puxados, 38, 39
Foodtown, 86
Ford, 5, 21, 56, 84, 88, 105, 183, 250, 362, 364
Ford Motor Co., 318
fornecedor de energia elétrica, 360
frequência, 43
Fundação Ellen MacArthur, 334
Fuqua Business School, 107
Futurecraft 3D, 364

G

Gamesa, 33
ganha-ganha, 69
ganha-perde, 69
Gases do Efeito Estufa (GEE), 337
GE, 54
Geert Hofstede, 72
General Motors, 5, 12, 21, 84, 85, 88, 95, 105, 135, 250, 266, 267, 274, 299, 365, 366
Genexis, 242

gerenciamento de estoque, 359
gestão de demanda, 216
gestão de receitas, 240
gestão do relacionamento com o cliente, 12
gestão global de suprimentos, 93
Gillette, 45
globalização, 19, 27
globalização econômica, 5
global sourcing, 98
GM, 56, 367
Gol, 74
Google, 366
governança, 19, 24
Greenpeace, 25, 111, 343
guanxi, 69

H

Harley-Davidson, 317
Hewlett Packard, 79, 352, 355
Honda, 5, 34, 45, 46, 82, 215, 250, 365
Honeywell, 33
HP, 47, 96, 114
Hulu, 10, 324
Hyiex Integrated Bhd., 112
Hyundai, 6

I

IBM, 3, 94, 95, 114, 306, 358, 360
IBP, 243
II Grande Guerra Mundial, 6
impressão 3D, 363
InBev, 84
incerteza, 43
Índice de Sustentabilidade Empresarial, 336
Índice Dow Jones de Sustentabilidade, 328, 336
Indústria 4.0, 357, 358
Industrie 4.0, 362
Ingram Book Distributors, 65
insourcing, 97
Instituto Coca-Cola, 342
integração vertical, 85, 169

Intel, 46, 96, 98, 365
inteligência artificial, 367, 368
Intel Inside, 96
Interbakers, 86
intercambialidade de peças, 361
InterfaceFLOR, 343
International Business Report, 342
international purchasing, 98
internet das coisas (IoT), 358, 68
Internet of Things (IoT), 105, 358
ISO 14000, 337
ITX, 242

J

Jet Blue, 74
jidoka, 215
JIT/*kanban*, 258
Johnson&Johnson, 332
joint venture, 103
Just in Time, 5, 6, 182, 214

K

kaizen, 215
kanban, 215
kanban de produção, 262
kanban de transporte, 262
Kawasaki, 33
keiretsus, 5, 6, 27
Kellogg's, 17
key accounts, 17
Kindle, 67
Kitchens, 311
Kiva Systems, 367
Klaus Schwab, 361
Kmart, 2, 3

L

Lada, 250
Latecoere, 33
lavadora de roupas, 358
lead time, 223
lean, 5, 197, 202, 255, 374
Lean Enterprise Institute, 205
lean production, 214

Lehman Brothers, 373
Lenovo, 51, 96
Lexus, 45
LG, 6
liderança em custo, 34
Li & Fung, 108
Li & Fung Group, 22
Linux, 47
Liq, 298
Liza, 332
Locus Robotics, 368
logística reversa, 4
L'Oreal Cosméticos, 242

M

machine learning, 362, 367, 370
MAN, 57
manufatura aditiva, 363
manuseio de produtos, 295
manutenção preditiva, 359
Martins, 6
Material extrusion, 363
Material jetting, 363
material requirements planning, 257
Matte Leão Orgânico, 332
Maxxi Atacado, 2
McDonald's, 24, 25, 26, 46, 78, 85, 86, 111
McDonald's Supply Leadership Board, 24
McKinsey, 85, 306
medição de desempenho, 152
medidas de confiabilidade logística, 162
medidas de produtividade, 160
mercado puro, 84, 103
  arm's length, 84
Mercadorama, 2
Mercedes-Benz, 57, 165
método de Pareto, 75
método de ponderação de fatores, 302
método de Winter, 235
método do centro de gravidade, 303
métodos qualitativos, 233
métodos quantitativos, 234

métodos subtrativos de fabricação, 363
Microsoft, 47, 96
Microsoft Dynamics CRM, 72
milagre japonês, 6
milk run, 313
mineração de dados, 368
Minerva, 6
Mobileye, 365
modelo de hélice dupla, 96, 97
modelos intrínsecos, 231
momentos da verdade, 196
Motorola, 44, 341
MPR, 258
MRP, 362
MRPII, 362

N

Nacional, 2
NASA, 46
Natura, 27, 163, 355
Natura Cosméticos, 44, 337
near field communication, 368
NEC, 341
negociação, 69
negociações internacionais, 71
Nestlé, 17, 332
Netflix, 10, 46, 324
Netz, 215
New Balance, 364
Nike, 35, 45, 112
Nike Zoom Superfly Flyknit, 364
Nissan, 105, 215
nível de satisfação do cliente, 78
nível de serviço logístico ao cliente, 79
nível ótimo de serviço logístico ao cliente, 79
Nokia, 120, 341, 355
número de fornecedores, 43

O

Objet Geometries, 363
O Boticário, 27
obsolescência, 360
Office Depot, 149

offshoring, 97
Olive Garden, 113
Omo, 37
OMO, 6
one-click buying, 66
ONU, 330
OpenText, 84, 88, 105
Oracle, 72
Oracle Applications, 72
outsourcing, 97

P

pacotes de serviço por tipo de cliente, 80
Pactual - Electro, 243
padrão de comparação, 154
padronização de componentes, 51
pagamento por uso, 360
Pampers Total Comfort, 332
Panasonic, 341
Pão de Açúcar, 6, 314
parceria estratégica, 103
pares de objetivos de desempenho, 78
pedidos guarda-chuva, 104
Pepsico, 332
perde-perde, 69
Perdigão, 299
pesquisa operacional, 369
Petrobras, 372
Peugeot, 250
Philips, 120
Pinho Sol, 332
pipeline inventory, 256
planejamento e controle da produção, 371
Plattform Industrie 4.0, 362
poka yoke, 138
Ponjita Naturals Curauá, 332
Ponto Frio, 166
Porsche, 45
postergamento, 51
Powder bed diffusion, 363
Pratt & Whitney, 54
previsão de demanda, 224
Primeira Revolução Industrial, 361

Prius, 216, 223
problema do jornaleiro, 79
processo de entrada e atendimento de pedidos, 81
processo de gestão de riscos, 129
processo de negócio, 181
processo de suporte, 188
processos de negócios, 12
processo tradicional de negociação, 14
Procter & Gamble (P&G), 3, 6, 7, 114, 185, 332
produção em massa, 362
produtos funcionais, 35, 36, 37, 77
produtos inovadores, 35, 36, 77
programação linear, 369
Publix, 10
Pureza Vital, 332

Q

quadro de referência, 23
qualidade do fornecedor, 371
Quarta Revolução Industrial, 361
Química Indústria e Comércio, 174

R

Realidade aumentada, 371
Realidade virtual, 371
ReCellular, 341
redes neurais, 369, 370
Red Lobster, 113
redundância de recursos, 139
Renault, 105, 250
responsabilidade social, 4, 109
retenção do cliente, 360
revenue management, 240
revolução, 361
Rhapsody, 77
Rio Coop 2000, 342
riscos acidentais, 127
riscos aleatórios, 126
riscos intencionais, 127
risk pooling, 50, 227, 293
robôs colaborativos, 367
robótica avançada, 367

Roche, 328
Rolls Royce, 54
Rótulos e Etiquetas Flórida, 207
Rumo Logística, 310
rupturas tecnológicas, 361
Ryder, 319

S

sabão em pó, 360
Sadia, 299
Sam's Club, 2, 295, 339
Samsung, 6, 37, 282
Santa Fe Railway, 337
SAP, 72
SAS CRM, 72
Scandinavian Airlines Systems, 196
Seasons 52, 113
Sedex, 318
segmentação dos clientes, 74
Sell, 124
sensor inteligente, 369
service blueprint, 195
serviços compartilhados, 106
Serviços de valor agregado, 295
shared services, 106, 114
Sheet lamination, 363
Siebel, 72
Silicon Valley Toxics Coalition, 343
sinal de rastreabilidade, 236
sistema empurrado-puxado, 40
sistemas de informação, 5
sistemas de transporte, 5
sistemas escalonados, 298
six sigma, 374
smart contracts, 372, 373
Sonaca, 33
Sonae, 2
Sony, 85, 122
Sony-Ericsson, 122
South West Airlines, 73
Souza Cruz, 84, 105
spokes and hub, 3
Starbucks, 113
Starsky Robotics, 366
Statista.com, 67

Stratasys, 363
suavização exponencial, 235
Submarino, 318
Sun Valley Foods, 25
Super Hornet, 183
Supplier Relationship Management, 82
Supply Chain Council, 185
Supply Chain Operations Reference (SCOR), 184, 185
suprimentos imprevisíveis, 37
Surf Excel, 329
Sustainable Solutions Corporation, 343
sustentabilidade, 4, 111, 360
Swatch, 35

T

tabs, 66
Taiwan Semiconductor Manufacturing Co., 281
takt time, 205
Target, 339
técnica ABC, 278
tecnologias de virtualização, 371
telemetria, 359
teoria dos jogos, 70
Terceira Revolução Industrial, 362
terceirização, 95, 361
Terceirização global, 98
Tesla, 360
The Body Shop, 338
The Climate Group, 328
Tiffany's, 34
time-phased order point, 274
tipos de cadeias de ciclo fechado, 339
tipos de estoque, 257
Toddy Orgânico, 332
Todo Dia, 2
Tommy Hilfiger, 108
TopMax, 332
Toshiba, 281, 282
Toyopet, 215
Toyota, 5, 45, 87, 202, 214, 223, 250, 255, 262

trade-offs, 293
Tramontina, 97
transporte, 49
três regras da biosfera, 333
triple bottom line, 330
trocas de informações, 63
turismo, 372
TV a cabo, 361
Tylenol, 127

U

Uber, 324
Unibanco, 85
Unilever, 6, 7, 18, 225, 242, 329, 332
United Airlines, 134
upcycling, 333
UPS, 139, 162, 317

V

valor do cliente para a vida toda, 74
value stream mapping, 183, 193, 197, 199, 200
variabilidade de demanda, 218
Vat photopolymerization, 363
Veículos autônomos, 365
vendor managed inventory, 3
Vick, 114
videogames, 372
visibilidade de ponta a ponta, 371
Visteon, 318
VMI, 267
VOI, 268
Volkswagen, 2, 55, 86, 88, 250, 365
VW, 56
VW Resende, 53

W

Walgreens, 10
Walmart, 1, 2, 7, 76, 223, 230, 314, 339
Walmart Brasil, 332
Walmart Discount City, 2
Warehouse Management System, 368
Watson, 360
WEF, 361
Windows, 47, 96
Wipro, 374
World Economic Forum, 361

X

Xerox, 73, 360
Xerox Brasil, 351
Xerox Europa, 349

Z

Zante Generate, 364
Zara, 219
zCorp, 363
zeibatsus, 6
Zoran Corp., 280